太仓城区图

地图审查号：苏S（2015）105号

苏州图博地图应用开发中心 编制

苏州数字地图网络科技有限公司

责任编辑：王伟龙　电话：0512-53112866

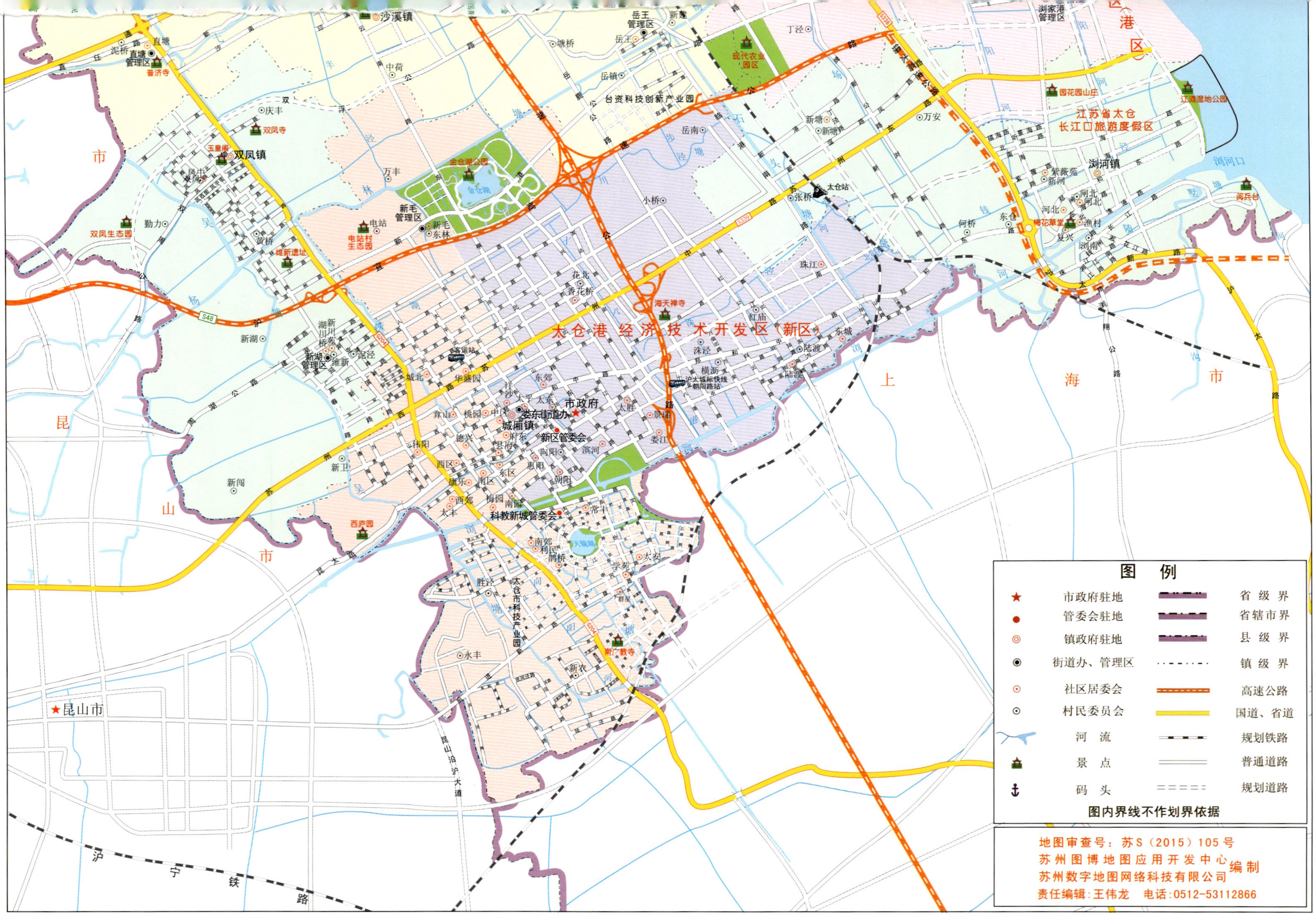
太仓港经济技术开发区（新区）
市政府
娄东街道办
城厢镇
新区管委会
科教新城管委会
浏河镇
双凤镇
沙溪镇
江苏省太仓
长江口旅游度假区
台资科技创新产业园
太仓市科技产业园
新毛
管理区
新湖
管理区
直塘
管理区
浏家港
管理区
岳王
管理区
太仓站
沪太城际快线
朝阳路站
汽车客运站
金仓湖公园
金仓湖
天镜湖
现代农业
园区
电站村
生态园
双凤生态园
双凤寺
普济寺
玉皇阁
维新遗址
海天禅寺
西庐园
南广教寺
园花园山庄
江滩湿地公园
阅兵台
郑和草堂
昆山市
上
海
市
昆
山
市
港
区
沪宁铁路
昆山沿沪大道
S48
S339
G204
S338
图例
市政府驻地
管委会驻地
镇政府驻地
街道办、管理区
社区居委会
村民委员会
河流
景点
码头
省级界
省辖市界
县级界
镇级界
高速公路
国道、省道
规划铁路
普通道路
规划道路
图内界线不作划界依据
地图审查号：苏S（2015）105号
苏州图博地图应用开发中心
苏州数字地图网络科技有限公司
编制
责任编辑：王伟龙　电话：0512-53112866

太仓市域图

太仓市地理位置图
南通兴东机场
泰兴市
沪陕高速
通州市
南通市
靖江市
江阴大桥
张家港市
海门市
通启高速
京沪高铁
江阴市
常合高速
启东市
常州市
在建沿江铁路
苏通大桥
崇启长江大桥
江
苏
省
常熟市
崇明县
硕放机场
太仓市
无锡市
苏绍高速
昆山市
上海长江大桥
宜兴市
苏州市
沪常高速
虹桥机场
上海市
吴江区
浦东国际机场
上
海
市
湖州市
嘉兴市
浙
江
省
东海大桥
沈海高速
汽渡码头
白茆口
长洲
玉影山
鹿河管理区
新海
雅鹿
圣相寺
新明
钱泾口
美锦码头
万方国际码头
孔济庙
太仓市第一党支部诞生地
猛将庙
杨漕
荡茜口
荡茜
武港码头
新联
孟河
大件码头
鹿鸣泾口
华能电厂码头
新华
银杏
永乐
璜泾镇
西塔
荣文
岳庙
浪港口
现代货箱码头
王秀
王秀管理区
孙桥
时思管理区
浪港
时思
太仓国际集装箱码头
正和集装箱码头
香塘
太仓港站
在建沪通铁路
太仓港铁路支线
港区管委会
港口管委会
九曲管理区
九曲
集泾
归庄
归庄管理区
绿化
浮桥
浮桥镇
七丫口
庄西
凡山
昭衍生物医药产业园
方桥
七丫
郑和公园
郑和纪念馆
玖龙码头
杨林口
新城花园
同觉寺
和平花园
建红
老闸
老闸管理区
六尺
浮南
环保电厂码头
项桥
三市
太星
石化码头
虹桥
印北
涂松
新北
海桥
东市
松南
乐荫园
洪泾
西市
利泰
新郎
牌楼管理区
牌楼
岳星
马北
阳鸿石化码头
埃克森美孚码头
新港花苑
茜泾
太
仓
港
经
济
技
术
开
发
区
长
江
市
桥泉港
恶鸪港
鸽龙港
庙港
常
熟
市
G15
S338
G204

太仓市行政中心
市政府
新区管委会
科教新城管委会
图书馆
博物馆
文化馆
大剧院
国税局
人民法院
国土局
开发区派出所
检察院
教师发展中心
美术馆
青少年活动中心
都市庭园
津华园
太仓世纪广场
财富商务大厦
江苏银行
五洋商务广场
招商银行
光大银行
上海银行
民生银行
浦发银行
锦江国际大酒店
国大花园
华淞园
艺术幼儿园
半泾东园
半泾西园
华侨花园
滨河
世纪苑
中升奔驰4S店
大仓时装
新锦爵酒店
三之三双语幼儿园
朝阳
岳阳北村
岳阳南村
铭成花苑
锦绣园
娄江雅苑
南珠园
南珠大桥
东仓大桥
海运堤体育公园
风情水街·海运堤
太和丽都
东仓锦苑
东港滨河花苑
东仓花园
常丰
东仓二园
东仓三园
上海公馆
新南城水岸花苑
国信金融大厦
濮信国际大厦
天镜湖
规划展示馆
传媒中心
鹊桥
利民花园
实验小学科教新城分校
学苑
太安
南渡路
营盘路
上岸路
管堂路
上海市
浏河
高尔夫湖滨花苑
圣相府酒店
滨河幼儿园
东海高尔夫别墅
新东海高尔夫乡村俱乐部
大庆锦绣新城
娄江
美中博乐幼儿园
景瑞
荣御蓝湾名邸
华源上海城
世福园
新区三小
新区幼教中心娄江幼儿园
外贸创业园
世福二园
足球公园
公安局消防大队
第一人民医院
盛世豪郡花园
望府名邸
宝龙城市广场
宝龙福鹏酒店
太胜
民生村镇银行
浙商银行
东盛商业广场
太仓万达广场
裕沁庭
新阳园
能源大厦
雅鹿大厦
发展大厦
工业展览馆
奥森尚座
太古城
东亭大厦
市场监督管理局（食品药品监督管理局）
东亭园
康纪园
汇金大厦
国贸大厦
太东
华荣园
东郊
梅花
梅花园
梅花二园
雅鹿臻园
供销合作总社
开发区中心交管所
江苏中联地毯
迪美斯窗型材
博恩斯坦电子
强力五金
特灵空调
法可赛汽车配件
S339
新区中学
金源污水处理厂
苏州锦园旅游用品
盛达羊毛衫厂
德可森制衣
永达商业广场
常胜一园
常胜二园
裕盛鞋业
英明精密机件
科伦奇制冷系统
汉德环保设备
大庆油田力神泵业太仓分公司
力耐诺泵业
艺博幼儿园
苏州神威贸易
汉事包装材料
华利安运动服装
苏州福共包装材料
荣祥针织
妙乐秀烛业礼品
G15
沈海高速公路
高展商务大厦
国达电机
沪太城际快线朝阳路站
长春奔腾瑞马自动化
钟光铜材加工
国耐重工
新浏河桥
太和大桥
浏河港
浏家港
浏泾
化纤纸箱
顺源
宇航人
斯伯格车料
兴达塑胶
太仓市社会福利服务中心
新安康复医院
见诚自行车
横沥
奥森尚东
大卫医疗
横沥佳苑
高盟机械
桂盟链条
欧亚马自行车
超汇桂盟传动
富达
俊钢
佳诚纸箱
濂辉液压器材
金益成轴承
安通五金化工
图例
政府驻地
行政中心、管委会
街道办事处
社区居民委员会
村民委员会
河流
学校
医院
旅游景点
省级界
县级界
高速公路
国道、省道
普通道路
规划道路
客运站
酒店
单位
图内界线不作划界依据

太仓年鉴

TAICANG ALMANAC

2015

太仓市史志办公室 编

方志出版社
Publishing House of Local Records

图书在版编目（CIP）数据

太仓年鉴. 2015 / 太仓市史志办公室编. --北京：方志出版社，2015.9
ISBN 978-7-5144-1686-2

Ⅰ. ①太… Ⅱ. ①太… Ⅲ. ①太仓市－2015－年鉴
Ⅳ. ①Z525.34

中国版本图书馆CIP数据核字（2015）第221094号

太仓年鉴（2015）

编　　者： 太仓市史志办公室
责任编辑： 刘方圆
出 版 人： 冀祥德
出 版 者： 方志出版社
地址　北京市朝阳区潘家园东里9号（国家方志馆4层）
邮编　100021
网址　http://www.fzph .org
发　　行： 方志出版社发行中心
电话（010）67110500
经　　销： 各地新华书店
印　　刷： 常州市武进第三印刷有限公司
开　　本： 889×1194　1/16
印　　张： 27.375
字　　数： 920千字
版　　次： 2015年9月第1版　2015年9月第1次印刷
印　　数： 0001～1000册
ISBN 978-7-5144-1686-2　**定价：** 200.00元

太仓市年鉴编纂委员会

名誉主任　王剑锋　沈　觅
主　　任　赵建初
副 主 任　张培明　李　刚　张志华
委　　员　（以姓氏笔画为序）
王大明　王洪斌　叶海生　朱锦明　杨喜良
吴建国　邹家祥　张舒源　陆定峰　陆静波
陈伟贤　陈俊良　周鸿斌　顾　超　徐　韬
徐洪明　凌晓波　高健彪　陶乐平　龚　璇
蒋永平　韩　飚　蔡东辉　潘井亚

《太仓年鉴（2015）》编纂人员

主　　编　张志华
副 主 编　陈妙生　殷秋娣
执行编辑　邢友来　施　璎
编　　辑　王维强　范志芳　朱敏峰　章昌健　许燕东
摄　　影　杨忠明　计海新　戴周华
翻　　译　大业翻译社

编辑说明

一、《太仓年鉴》是由太仓市人民政府主办，太仓市史志办公室组织编纂的地方综合性年鉴。《太仓年鉴》创刊于1997年，以太仓行政区划冠名，逐年出版，并标以出版年份。本卷为第19卷。

二、编辑本年鉴的宗旨是以马克思列宁主义、毛泽东思想、邓小平理论、“三个代表”重要思想、科学发展观为指导，全面、系统、准确地记载太仓自然、政治、经济、文化和社会等领域的基本情况，为领导决策提供参考，为社会各界了解太仓、建设太仓和续修志书提供地情资料。

三、《太仓年鉴（2015）》记述时间原则上为2014年1月1日至2014年12月31日，部分内容适当上溯或下延。本年鉴采用分类编辑法，基本结构分“类目”“分目（副分目）”“条目”三个层次，部分类目增设“子目”，以“条目”为基本单位，其中条目以黑体字加【】表示。《太仓年鉴（2015）》继续贯彻省地方志办年鉴创新与规范的有关要求，在保持编写纲目相对稳定的基础上进行适当微调，全书设图片专题（包括封面故事、年度便览、视觉太仓）、特别报道、大事纪要、城市概况、人居环境、太仓港、中德中小企业合作示范区、区域经济、公共服务、社会管理、地方组织机构、城镇街道、附录、索引等16个类目，共77个分目、155个副分目、24个子目、1031个条目，图表126张，随文图片147幅，计92万字。

四、卷首图片专题中，“封面故事”主要介绍天镜湖公园基本情况，“年度便览”收录“数说太仓·2014”和“年度重要荣誉”，“视觉太仓”收录“年度要闻”“群众路线教育实践活动”“竞走世界杯”“现代田园城·美丽金太仓”“十大新闻”“十佳新人新事”“友好交流”“机关优质服务品牌”等内容，共选用图片88幅。

五、“特别报道”主要刊载部分媒体宣传太仓的重要文章和2014年全市重点、亮点工作及“接轨上海”等内容。

六、“附录”中“年度荣誉”内容以有关表彰文件（证书）为准，并经编者筛选，一般收录省条线（含）以上表彰的先进集体和先进个人。

七、本年鉴中的资料、数据均由各部门、各镇（区、街道）和部分企业提供，并经各单位领导审核确认，同类数据若有出入，则以统计资料为准。

八、《太仓年鉴》的编辑出版，得到全市各有关部门、单位和社会各界人士的大力支持，在此深表谢忱。由于编辑水平有限，加之时间仓促，不足之处，恳请广大读者批评指正。

封面故事·天镜湖

天镜湖公园位于太仓市科教新城，总投资约2.5亿元，占地面积约52公顷，其中湖面面积约30公顷。公园主要有城雕广场、湿地公园、生态花园、滨湖休闲及生态岛等区域，是一个集生态旅游、休闲娱乐、康体运动及亲子游戏于一体的市民公园。太仓市最长的两座73米和50米的七孔拱桥、五孔拱桥在天镜湖东西两侧遥相呼应，成为天镜湖公园的一大特色景观。

数说太仓·2014

总面积：809.93平方公里
户籍人口：47.74万人
常住人口：70.85万人
地区生产总值：1065.33亿元
　#第一产业增加值：35.24亿元
　#第二产业增加值：556.65亿元
　#第三产业增加值：473.44亿元
人均地区生产总值：150523元
公共财政预算收入：106.47亿元
全部工业总产值：2630.27亿元
　#规模以上工业：2082.36亿元
全社会固定资产投资：530.42亿元
　#工业投资：287.99亿元
　#服务业投资：242.38亿元
商品房新开工面积：82.43万平方米
商品房施工面积：496.39万平方米
商品房竣工面积：38.88万平方米
社会消费品零售总额：239.04亿元
注册外资：5.70亿美元
实际利用外资：3.96亿美元
进出口总额：138.00亿美元
　#出口总额：60.79亿美元
服务外包接包合同额：6.58亿美元
离岸服务外包执行额：2.87亿美元
引进内资当年新增注册资本：72.80亿元
旅客运输量：2059万人次
货物运输量：1670万吨
太仓港国际国内航线：168条
太仓港集装箱吞吐量：305.68万标箱
太仓港货物吞吐量：1.57亿吨
接待境内外游客：450.64万人次
旅游业总收入：66.79亿元
私人汽车保有量：12.70万辆
金融机构人民币存款余额：1172.26亿元
　#城乡居民储蓄余额：450.61亿元
金融机构人民币贷款余额：1068.03亿元
小学：37所
普通初中：15所
普通高中：3所
特殊教育学校：1所
中等职业学校：1所
高等职业技术学院：1所
老年大学：1所
授权专利：4348件
各类医疗机构：227所
卫生机构拥有床位：3577张
卫生技术人员：4143人
城镇居民人均可支配收入：46377元
城镇居民人均生活消费支出：29250元
农村居民人均可支配收入：23590元
农村居民人均生活消费支出：15838元

年度重要荣誉

- 全国“六五”普法中期先进市
- 全国和谐社区建设示范城市
- 全国文化养老示范基地
- 全国社会主义新农村建设档案工作示范市（县）
- 2014年中国中小城市综合实力百强县市第四名
- 2014年福布斯中国大陆最佳县级城市第六位
- 2014中国城市物流杰出成就奖
- 最具商业发展潜力的十大县市之一
- 全国首批61个社会工作服务标准化示范地区之一
- 入选国家现代农业示范区，位列第一

■ 4月10—11日，全国政协常委、海协会会长陈德铭（中）一行到太仓调研台资企业转型升级情况

（计海新　摄）

■ 6月13日，民政部部长李立国（前左二）、江苏省副省长许津荣（前左三）等领导到太仓调研“政社互动”工作。图为李立国一行在太仓市民政公共服务中心实地考察

（计海新　摄）

■ 6月24日，中央政法委副秘书长、中央综治办主任陈训秋（前右二）到太仓调研“三社联动”和“政社互动”在基层运作情况

（袁其桃　摄）

■ 6月4日，司法部副部长张彦珍（中）到太仓市公共法律服务中心调研考察

（杨 希　摄）

■ 5月29日，文化部副部长、国家文物局局长励小捷（右二）到太仓调研文物保护工作

（高 琪　摄）

■ 7月5日，国家发改委党组成员、国家粮食局党组书记、局长任正晓（中）一行到太仓调研粮食工作，希望太仓深化和拓展“粮食银行”内涵，使其在推进城乡一体化进程中发挥更大作用

（戴周华　摄）

■ 1月10日，工业和信息化部党组成员、总工程师朱宏任（中）一行到太仓调研中德合作情况。朱宏任指出，中德（太仓）中小企业合作示范区是国家级合作区，做好示范区工作具有特殊意义

（戴周华　摄）

■ 12月17日，国家卫生和计划生育委员会副主任王培安（左三）到太仓考察，对太仓“医养结合”养老模式表示肯定

（市人口计生委　供稿）

12月25日，国家卫生和计划生育委员会副主任金小桃（左二）到太仓调研卫生信息化工作

（市人口计生委　供稿）

7月9日，中国科协副主席程东红（左三）一行到太仓调研，对太仓科协推动全民科普、服务经济发展的做法表示肯定

（戴周华　摄）

■ 7月24日，江苏省委副书记、省长李学勇（前右）到太仓调研，重点考察太仓推进城乡一体化工作。图为李学勇在科教新城学苑社区服务中心实地调研

（计海新　摄）

■ 7月16—17日，省委副书记、苏州市委书记石泰峰（右二）到太仓调研。石泰峰对太仓的港口发展、开发区建设、生态建设、现代农业发展等工作给予肯定。图为石泰峰在太仓港集装箱码头实地考察

（计海新　摄）

7月2日，省委常委、副省长徐鸣（右二）一行到太仓调研村级经济发展情况。图为徐鸣在城厢镇东林合作农场实地考察

（戴周华　摄）

7月23日，江苏省副省长、省双拥工作领导小组副组长许津荣（前左）到太仓慰问江苏海警支队一大队官兵

（许 宁　摄）

■ 5月19日，国家宗教局局长王作安（前右）到太仓调研，并先后实地考察双凤寺、同觉寺等地

（计海新　摄）

■ 8月18日，中国工商银行党委书记、董事长，中德经济顾问委员会中方主席姜建清（左三）一行到太仓调研中德合作情况

（戴周华　摄）

自2014年2月以来，按照中央、省委和苏州市委统一部署，太仓市级领导班子、10个镇（区、街道）、78家市级机关部门和直属单位、73名处级以上党员领导干部、1075名科级党员干部、3995个基层党组织、3.9万名党员参加第二批党的群众路线教育实践活动。活动开展以来，太仓市四套班子带头先行，各地各部门迅速行动，广大党员干部积极参与，高标准、优措施、严纪律抓好“学习教育、听取意见，查摆问题、开展批评，整改落实、建章立制”等各环节工作，教育实践活动各项规定动作稳步推进、自选动作特色鲜明，创新实施“专题领题导读”“365服务工程”“民生大巡访”等活动载体，取得干部受教育、作风大改善、形象再提升、人民更满意的成效。太仓市“365服务工程”入选省“打通服务群众‘最后一公里’”创新案例。

2月20日，全市党的群众路线教育实践活动动员大会在市行政中心举行

2月20日，苏州市委常委、副市长周伟强（右）到太仓调研群众路线教育实践活动

3月17日，市委书记王剑锋为全市各级党组织负责人上专题党课

4月3日，市四套班子领导及部分机关干部到太仓革命烈士陵园祭扫烈士墓，缅怀革命先烈

■ 4月22日，苏州市委督导组在太仓市行政服务中心调研

◀ 4月24日，省委督导组组长、省政协原副主席张九汉（前右二）到太仓调研群众路线教育实践活动开展情况

6月10日，市级机关开展“当一日农民”活动。图为党员志愿者同农民一起为机械化插秧做准备

（徐盛兵　摄）

6月24日，市级机关各级党组织深入践行群众路线教育实践活动，在中心广场开展志愿者服务，为市民提供政策法规宣传、科学知识普及和义诊服务

（徐盛兵　摄）

2014年，全市各级党组织创新实施“365服务工程”，形成党组织联系服务群众新常态。图为工作人员整理邮寄“365”服务体系测评表

（本栏目图片除署名外，均由市委组织部供稿）

5月3—4日，2014年国际田联竞走世界杯赛在太仓举行，该届比赛由国际田联主办，中国田径协会、江苏省体育局、太仓市人民政府承办，是竞走项目的单项国际顶级赛事，每两年举行一届。比赛共有来自48个国家和地区的348名运动员及181名官员参加，分为成年组和青年组两个组别，共有成年男子50公里、20公里，成年女子20公里，青年男子10公里、女子10公里5个项目，每个项目同时进行团体比赛。该届比赛是太仓承办的各类比赛中规格最高、参赛队伍最多的赛事。最终，中国竞走队以4金5银1铜的成绩占据奖牌榜首位。比赛期间共有7家境外媒体、20多家国内媒体共48人在太仓现场报道赛事情况，太仓及周边地区近4万名观众到现场观赛。

1月23日，省体育局巡视员周旭（中）和2014年国际田联竞走世界杯赛形象大使、2012年伦敦奥运会男子20公里竞走冠军陈定（左一）共同点击开通2014年国际田联竞走世界杯赛官网

5月2日，2014年国际田联竞走世界杯赛在太仓开幕，国际田联司库瓦伦丁致开幕词

5月2日，陈定（左五）、刘虹（左三）及3位外籍运动员代表2014年国际田联竞走世界杯赛的360多名参赛运动员接受记者现场提问

5月2日，在2014年国际田联竞走世界杯赛开幕式上，5000名市民进行健步走活动

5月2日，2014年国际田联竞走世界杯赛各国（地区）运动队入场

5月2日，2014年国际田联竞走世界杯赛官员入场

（杨 希　摄）

5月3日上午，2014年国际田联竞走世界杯赛成年男子50公里项目开赛。图为记者跟踪拍摄参赛运动员

（扬忠明　摄）

5月3日，俄罗斯选手雷若夫（右）夺得2014年国际田联竞走世界杯赛成年男子50公里冠军。图为雷若夫接受记者采访

5月3日，在2014年国际田联竞走世界杯赛青年男子10公里比赛中，中国小将高文魁（前右一）以39分40秒的成绩夺得冠军

5月3日，中国选手刘虹在2014年国际田联竞走世界杯赛中获女子20公里亚军

5月4日，在2014年国际田联竞走世界杯赛青年女子10公里比赛中，中国选手段丹丹（前左）以43分05秒的成绩夺得冠军，杨家玉（前右）获亚军

5月4日，2014年国际田联竞走世界杯赛成年男子20公里比赛现场

（本栏目图片除署名外，均由市体育局供稿）

“生态园林·美丽太仓”摄影大赛于2013年9月启动，至2014年12月截稿，活动由市住建局、市文联和苏州市摄影家协会主办，主要围绕建设生态园林城市目标，展现太仓园林绿化、生态环境建设、人居环境、节能减排、市政设施、社会保障等重点内容与突出成果。整个大赛历时一年多，吸引众多摄影爱好者参与，共收到参赛作品千余幅，评选出等级奖作品7幅、优秀奖作品20幅、入选奖作品100幅。现将等级奖作品刊出，以飨读者。

冬韵（二等奖）　　（金云达　摄）

绿（一等奖）　（杨希　摄）

新城晨雾（特等奖）　（曹敏强　摄）

林荫路（二等奖）（陆 骏 摄）

庄园（三等奖） （陈建法　摄）

飞雪舞南园（三等奖） （金云达　摄）

高速绿化（三等奖） （初爱民 摄）

2014年4—10月，“水美太仓”水生态文明城市摄影大赛正式启动，整个活动由市水利局和市摄影家协会主办，是太仓第二次举办的以“水”为主题的摄影大赛，主要记录水生态的壮美，聚焦水环境的优美，捕捉人与水的和谐之美。大赛共收到各类作品1200余幅，最后评选出等级奖作品12幅、优秀奖作品20幅、入选奖作品100幅。现将等级奖作品刊出，以飨读者。

繁忙的浏河船闸（一等奖）　　（纪昌盛　摄）

共筑生命防线（一等奖）　　（周杰　摄）

天镜湖（二等奖）　　（陈建法　摄）

河道清淤（二等奖）　　（刘新亚　摄）

农田水利工程（二等奖）　　（张　豪　摄）

河道治理（二等奖）

农桥（三等奖）　　（初爱民　摄）

（朱美云　摄）

堤岸（三等奖）　（王 青　摄）

小河晨雾（三等奖） （金云达 摄）

水美天镜湖（三等奖） （王 健 摄）

水闸春色（三等奖）（王绍梁　摄）

晨雾（三等奖）（朱伟农　摄）

01 “365”服务群众全天候

2月至10月，太仓市级领导班子、10个镇（区、街道）、78家市级机关部门和直属单位、3.9万名党员参加党的群众路线教育实践活动。近9个月来，市委认真贯彻“照镜子、正衣冠、洗洗澡、治治病”总要求，以“为民务实清廉”为主要内容，着力解决党员干部“四风”问题和群众反映强烈的突出问题，取得干部受教育、问题得解决、作风大改善、形象再提升、人民更满意的显著成效。活动中，太仓市实施以“三个目标、六项措施和五项保障”为主要内容的“365服务工程”，实现服务群众全天候、广覆盖，受到广泛欢迎。

02 沪通铁路全面开工建设

3月1日，沪通铁路长江大桥正式开工建设，这标志着中国沿海铁路大通道的重要组成部分沪通铁路全面开工建设。沪通铁路正线全长137公里，为双线电气化铁路，设计行车时速200公里，计划工期5年半。该铁路在王秀和归庄之间进入太仓境内，至石头塘东侧后，平行石头塘贯穿太仓市域，至太仓站后分为两支，一支向西接入京沪铁路既有安亭站，另一支向东接入上海北杨支线杨行站。太仓市主要有太仓港站、太仓站、太仓南站（预留）3个车站。沪通铁路建成后，将对太仓城市发展、优化投资环境等产生巨大的促进作用，对于提升太仓港集疏运能力、加快实施接轨上海战略、构建“公水铁”立体式现代综合交通运输体系具有深远影响。

03 太仓港成功融入世界第一大港

作为江苏省重点建设的第一外贸大港——太仓港主动参与上海国际航运中心分工，与世界第一大港深化资本和战略合作，对接上海自贸区在长三角率先取得突破。太仓港成为“启运港退税政策”扩大试点港口，上海港的江海中转功能转移至太仓港，太仓港与洋山港之间开通“太仓快航”，两港合资经营的上港正和码头高效运作，太仓海通汽车滚装物流项目开工，洋山港码头运营管理系统接通，“网上营业厅”开通，实现两港信息一体化以及沪太通关一体化，航线总数增至168条，全年吞吐货物1.57亿吨，吞吐集装箱305.68万标箱。

04 竞走世界杯赛在太仓开幕

5月2日，由国际田径协会联合会主办，中国田径协会、江苏省体育局和太仓市共同承办的2014年国际田联竞走世界杯赛在太仓开幕。5月3日、4日，来自世界各地的48个国家和地区的348名运动员参加5个项目的竞走比赛。

2014年国际田联竞走世界杯赛是太仓市有史以来举办的规格最高的世界性赛事。比赛的举办不仅集中展示太仓城市建设面貌和社会文明程度，还激发太仓市民关注体育、参与锻炼的热情，掀起全民健身高潮，带动竞赛表演、健身娱乐等体育产业发展，推动体育事业繁荣。

05 国家级现代农业示范区测评太仓获第一

7月，农业部举办国家现代农业示范区培训班及示范区建设经验交流会，对示范区建设情况作通报。太仓市以83.8分的综合得分，在全国153个国家现代农业示范区中排名第一。

至2014年，全国共认定153个国家现代农业示范区。农业部连续3年跟踪监测和绩效评价显示，太仓市综合得分83.8分，比全省综合平均分77.3分高6.5分，比全国综合平均分64.7分高19.1分。近年来，太仓市以高效设施农业规模化、生态休闲农业集聚化、科技创新农业载体化为重点，高起点、高标准、快速度推进现代农业建设，形成“四个十万亩”（粮油、水产、园艺、林地）主导产业基本框架和“1+7”园区化发展格局。

06 太仓港综合保税区通过国家验收

9月11日，太仓港综合保税区（一期）通过国务院联合验收组验收，为太仓又增添一块国家级“金字招牌”，为太仓港的更快发展插上腾飞的翅膀。太仓港综合保税区（一期）面积0.85平方公里，分为口岸作业区、保税物流区、保税服务区和商务配套区等四大功能区，区内可以开展存储进出口货物和其他未办结海关手续的货物、国际转口贸易、国际采购、分销和配送、国际中转、检测和售后服务维修、商品展示、研发加工制造、港口作业等业务，隔离设施、卡口设施及相关配套设施符合《海关特殊监管区域基础和监管设施验收标准》和国家有关法律法规的规定、要求。

07 2014年中国百强县市太仓排名第四

在10月17日举行的《2014年中国中小城市绿皮书》发布会暨第十届中国中小城市科学发展高峰论坛上，太仓市荣获“2014年中国中小城市综合实力百强县市”第四名，连续多年位列百强县前十名。此外，在该次“中国科学发展百强镇”评选中，太仓市城厢镇位列百强镇第84位。

2014年，太仓市在经济发展、社会民生两方面都取得较大进步。全市经济发展稳中有进，全年完成地区生产总值1065.33亿元，较上年增长8.6%。社会和谐幸福，率先在江苏省完成城乡居民的低保、医保、养老保险“三大并轨”，“政社互动”“三社联动”等社会治理创新实践经验在全国推广。

08 太仓纳入全国县级文明城市提名城市行列

10月13日，中央文明办召开全国县级文明城市创建工作现场会，会上明确将太仓市纳入全国县级文明城市提名城市行列。12月中旬，太仓市接受创建全国文明城市测评组对全国县级文明城市提名城市的测评检查。太仓市自2002年获得创建全国文明城市工作先进城市称号以来，2005年、2008年、2011年都分别开展申报工作。2012年、2013年，太仓市接受“城市文明程度指数”和“未成年人思想道德建设”工作现场测评。2014年，太仓市成立创建全国文明城市指挥部及办公室，完成各阶段的创建任务。太仓还将建立常态化创建机制，确保在下一轮创建中成为全国文明城市。

09 太仓获评全国文化养老示范基地

11月16日，“文化养老与公共文化服务”全国论文征集颁奖暨交流会在太仓召开，来自全国各地的40多名群众文化学会负责人及部分获奖论文作者到场，就如何应对中国人口老龄化、建立现代公共文化服务体系等相关问题进行交流与探讨。会上，太仓市被授予“全国文化养老示范基地”称号。

近年来，太仓市委、市政府积极探索“文化养老”发展路径，进一步发挥文化在养老服务方面的积极作用，初步建立起与人口老龄化进程相适应、与经济社会发展水平相协调、覆盖城乡的“文化养老”服务体系。

10 “政社互动”获中国法治政府奖

第三届“中国法治政府奖”11月18日在京揭晓，太仓的“政社互动”等10个项目榜上有名。

2008年，太仓在全国率先开始“政社互动”的理论研究和实践探索，通过试点和面上推广，至2014年，全市“政社互动”理念深入人心，实践充满活力。6年来，太仓以规范行政权力、提升自治能力、激发社会活力为主要任务，通过梳理“两份清单”、签订委托协议、实施“双向评估”等基本程序，加快构建形成政府治理、社会自我调节和居民自治良性互动的社会治理新格局。2014年，太仓“政社互动”模式在苏州推广。根据计划，到2017年全省将实现“政社互动”全覆盖。

2014年度太仓市精神文明建设十佳新人新事

新　人

01 徐伯明　人生终点站的守望者

徐伯明，太仓市殡仪馆司炉组组长。在世俗眼里，殡葬工是“晦气”的代名词，被人歧视，甚至被社会远离。然而，徐伯明不管世俗如何看待，始终坚守在人生的终点站，捍卫每一位逝者最后的尊严。闷热的车间他一干就是整整8年，带头钻进狭小、昏暗的炉膛，半跪半卧着进行检修，一台炉子20分钟，7台火化炉就是2个多小时。盛夏时节，接运高度腐臭的浮尸任务，徐伯明总是冲在最前面，配合公安人员打捞浮尸、装殓运送，任劳任怨。他集思广益带出一个团结的好团队，制定出一套周密的工作程序，自行设计并制作的“龙门吊”，每年为单位节约维修人工费和机械费1.3万元。2014年3月，徐伯明被表彰为“全国殡葬工作先进个人”。

02 梁雪芳　“从头”开始服务老人20年

梁雪芳，明辉化纤科技股份有限公司职工。20岁那年，待字闺中的她经人介绍，从南通嫁到太仓归庄，成为太仓媳妇。次年，本想回南通过春节的她，因当时交通不便，最终没能回去。于是那一年，她萌生了一个想法：去当地的敬老院看望老人，只当是看望自己的父母。这一去就是20年，风雨无阻，曾经学过理发手艺的梁雪芳每月两次到敬老院、日间照料中心为老人理发，每年的中秋节、春节前都要到敬老院看望老人。老人们一见到她就热情地招呼——“归庄阿姨”过来理发啦！去日间照料中心看望老人、为老人理发已成为梁雪芳生活的一部分，就像每天吃饭一样，每到约定的时间，自然地就能想起来，安排好手里的事，然后直奔日间照料中心。梁雪芳淡淡地说：“成为别人的挂念又何尝不是一种幸福呢。”

03 钱惠新　我代您的儿子来爱您

钱惠新，太仓市国税局第五分局股长。2006年，他得知高中同学因公牺牲，第一时间便去看望其母亲姚阿姨，从此他就做出这样一个承诺：代替姚阿姨的儿子去爱护她、孝敬她。8年来，钱惠新就像亲生儿子般地经常去看望老人，嘘寒问暖，细心照顾，他的执着、温暖让失独老人重新找回生活的信心，获得前行的力量。此外，他还发起成立关爱失独老人青年志愿者团队，让更多人关爱失独老人，积极参加各项志愿者服务活动，为身患重病、生活困难的同事子女捐款捐物，慰问贫困家庭学生、结对村困难老党员，参加各种慈善募捐活动，多次参加义务献血。“在别人遭遇天灾人祸时不袖手旁观”是他做人的原则，扶贫帮困已成为他生命中的一部分。

04 何逸　指尖上的“领舞者”

何逸，太仓市艺术幼教中心南园幼儿园教师。8年来，她关心帮扶残疾人，特别是听障人群体，曾成立南京高校手语联盟，坚持宣传和推广手语，为听障人和健听人之间构建起无障碍沟通的桥梁。定期参加市聋人协会的活动；协助市残联顺利完成重大会议和“太仓市首届残疾人文体艺术节”开闭幕式等重大活动的手语翻译工作；开办“聋哑公益学堂”，义务为听障儿童辅导功课；2010年至今，在太仓电视台录播每周一期的手语新闻；2014年，在市残联和太仓名人馆的支持下，开设“心言手语”手语推广公益培训班3期，学员人数近300名，活动受到社会各界的广泛关注。何逸宛若一位指尖上的“领舞者”，用丰富的手指语言，向听障人寂静无声的世界里传递着温暖和关怀，她先后荣获“苏州市百名文明市民标兵”、2013—2014年苏州市“志愿之星”十佳个人等称号。

05 朱连生、徐雪元、景雪球、郁瑞元　四老汉携手勇救九旬落水老妪

朱连生、徐雪元、景雪球、郁瑞元4位老人是浮桥镇鹿新村村民，平均年龄65岁，平日里他们热心善良、乐于助人。2014年6月23日下午3时许，一名90岁高龄的老太不慎落入河中，4位老人闻讯后，不顾自己年迈，奋力跳入河中携手援救老人。由于救援及时，短短十多分钟，落水老人被成功救起。在救援过程中，朱连生因为多处被划伤，也被送到医院治疗。事情发生后，落水老太的儿子非常感激4位老人的救命之恩，而老人们却称“没什么”，一再表示只是做了他们应该做的事情。4位老人在危急时刻，奋不顾身、勇于救人的行为，受到全体村民的赞扬，也成为全村的一段佳话。2014年，4位老人获太仓市公安局授予“见义勇为先进个人”称号，他们见义勇为的精神和行动传递社会正能量，值得人们尊敬和学习。

新 事

01 “四库工程”培育未成年人文明礼仪

2014年，太仓市文明办在未成年人中广泛开展文明礼仪养成教育，精心打造“四库工程”，培育未成年人知礼仪、行礼仪。建宣传资源库：在校园周边、未成年人实践基地、主干道等场所投放公益广告，在传统媒体和“文明太仓”微博等新媒体开设文明礼仪教育专栏，制作文明礼仪展板、宣传品深入社区、家庭宣传普及。编学习资料库：解读文明礼仪知识点，形成知识题库；编写文明礼仪知识系列读本，供校内外教育共享使用。组教育师资库：分批组织教师参加文明礼仪知识培训，选聘优秀老师成立文明礼仪宣讲团，开展巡回宣讲。设主题活动库：精心策划全年文明礼仪主题实践活动，建立知识竞赛、征文演讲、夏令营、风采大赛等特色活动项目库，确保活动“突出个性，践行有效”。

02 “阳光”义工播撒温暖 助特殊儿童健康成长

太仓市爱心学校是一所对智障儿童进行九年制义务教育的特殊教育学校。2013年5月，由浮桥镇茜泾社区志愿者、协鑫电厂志愿者、健雄学院志愿者、浮桥镇村官志愿者以及爱心学校家长志愿者5个志愿服务团队整合成立太仓市爱心学校“阳光”义工联合会。至2014年，5支队伍分批多次到校开展各类志愿服务活动。社区志愿者为学生送上情景剧表演；村官志愿者带领学生参观港区；协鑫电厂志愿者携学生共游金仓湖，做游戏、放风筝；健雄学院志愿者给学生讲故事、教画画……“圆梦太仓·青年公益行动”等一系列志愿服务活动，陪伴这些特殊的孩子度过无数欢乐时光，帮助他们养成独立生活和适应社会的能力，孩子们的每一次进步，都凝聚着志愿者们辛勤的汗水和温暖的帮助。

03 善用全民媒体 推广全民阅读

2014年，太仓市图书馆全年共开展活动42大项、130场次，参与人数达5万余人，实现传统阅读推广方式与新媒体阅读推介模式融合发展。传统阅读推广接地气：《尔雅》6年社区行活动深入12个社区，以展板形式向读者传播文化，推广阅读，共赠阅《尔雅》2000多册。娄东大讲堂活动举办43场次，上万人参加。新媒体阅读推介人气旺：在官方微博、微信开设开卷晨曦、好书·分享坊、娄东诗韵等专栏，进行书目推荐、活动发布、阅读分享等，微博开展“娄情相伴、好书相赠”互动赠书活动，通过与读者互动，共送出图书180册，活动微博被阅读转发3.8万次。50%的读者通过新媒体了解图书馆信息，图书馆新媒体阅读推广内容占52%，以更亲民的方式鼓励市民阅读，形成阅读新风尚。

04 城厢镇邻里“七字诀” 谱写社区睦邻曲

2014年，城厢镇以“邻里牵手·守望亲情”为主题，突出“邻里情”“邻里帮”“邻里和”“邻里学”“邻里乐”“邻里颂”“邻里净”等七大重点，举办首届社区睦邻节，共开展各类活动30余项，打造“社区百家宴”“志愿品牌项目联合行动”“文明新风进万家”等一批特色活动品牌，倡导邻里之间互知、互敬、互帮、互信、互促，引导居民群众树立“以社区为家”“以社区为荣”“与社区共进步”的意识。为期2个多月的活动，拉近社区邻里间距离，受到社区居民的广泛欢迎和好评，全镇13个社区近10万居民踊跃参与，收到良好的成效。

05 乡风文明田园坊 传播农村新风尚

2014年，璜泾镇利用杨漕村原有的“田”字形布局，将革命烈士陵园、太仓第一个党支部纪念馆、村委会、村民活动广场等融入法治文化和勤廉缅梦的元素，建成乡风文明田园坊，打造出“缅之园、廉之园、勤之园、梦之园”四大部分。“缅之园”缅怀革命先烈、祭奠忠骨英魂；“廉之园”弘扬革命传统，教育党员干部遵纪守法、清正廉洁；“勤之园”创新设立“村规民约三字经”，以示杨漕村干群依法自治，勤勉自律的风范；重点打造的“梦之园”，承载百姓健身休闲娱乐功能，内设百姓梦之石、村民文明广场、中式建筑长廊、百姓舞台、公示台等景观，100块梦之石，寄托百姓对美好未来的憧憬和向往，长廊内设置64块展板，宣传中国梦、社会主义核心价值观、未成年人“八礼四仪”、杨漕村乡风文明岗优秀成员事迹，让村民在休闲活动中，潜移默化地接受文化的熏陶、文明的渲染。

2月18日，来自加拿大、荷兰、瑞典、巴西等国家的友人在沙溪古镇感受中国文化的魅力

（姚建平　摄）

2月20日，舍弗勒集团首席执行官克劳斯·罗森菲尔德（左四）一行到太仓访问，市委书记王剑锋（中）会见罗森菲尔德一行

（戴周华　摄）

2月28日，太仓市市长杜小刚（右）会见俄罗斯原副总理、莫斯科国立大学副校长谢尔盖·沙赫赖（左）一行

（戴周华　摄）

3月28日，埃克森美孚全球副总裁兼埃克森美孚炼油及供应公司总裁武德伦（右六）一行到太仓访问。图为市委书记王剑锋（右五），市委副书记、市长杜小刚（右四）等与访问团合影

（港区　供稿）

5月15日，美国南达科他州州长道加德（前左一）一行13人到太仓访问，太仓市副市长陆燕（前左三）在太仓安佑集团会见道加德一行，双方就农业方面开展经贸合作展开交流

（新区 供稿）

6月6日，斯洛文尼亚共和国经济与技术发展部部长梅托德·德拉贡（左一）率斯洛文尼亚经济代表团到太仓访问。图为太仓市市长杜小刚（右一）会见德拉贡一行

（市外事办　供稿）

7月29日，以色列驻华大使馆国际合作、科技和农业参赞尤博恩（左）到太仓考察交流

（市外事办　供稿）

10月13日，比利时安特卫普市市长巴尔特·德韦弗（左一）率企业家代表团到太仓考察比利时在太仓的投资企业发展情况。太仓市市长杜小刚（右一）会见巴尔特·德韦弗一行

（市外事办　供稿）

10月19—22日，英国威勒尔市莫斯兰中学、阿普顿中学、卡斯卡特中学、赫尔伯尔中学和唐菲尔德小学组成校长代表团到太仓交流访问，并分别与太仓市第一中学、太仓市沙溪第一中学、太仓市明德中学、太仓市实验小学和太仓市朱棣文小学签订姐妹学校协议书。图为双方代表在娄东宾馆合影

（苏青青　摄）

10月27日，第9届中国工业设计周暨首届江苏工业设计周太仓分会场·2014年太仓中德工业设计周活动开幕。图为德国巴伐利亚州经济和信息化部设计中心执行长希尔克·克劳斯（左）和太仓市市长杜小刚（右）为“中德工业设计协作联盟”揭牌

（姚建平　摄）

11月12日，德国黑森州中国合作促进中心名誉主席阿尔弗雷德·施密特（中）率团到太仓访问，太仓市委书记王剑锋（左一）会见施密特一行

（戴周华　摄）

2014年度群众最满意的机关优质服务品牌

标　志	品牌名称	单　位	意　义
	红烛	市教育局	红烛，燃烧自己，照亮别人，寓意教育行业的特性，同时让人感觉到教育工作者的精气神。书本是知识的象征，是获取知识不能缺少的工具。正中央的红烛，寓意着教育工作者用自己照亮孩子们的成才之路。“红烛”是对全市教育工作者献身太仓教育事业的高度提炼，是办人民满意教育的持久深化。其核心内涵是“无私奉献、以人为本、服务大局”
	忠诚 为民 敬业 奉献	市公安局	蓝色盾牌是公安机关保护人民群众生命和财产安全的坚强护盾。以“110”三个数字构成右手，象征人民警察；以“民”的首字母“m”构成左手，象征人民群众。两手相握组成“心”形图案，寓意人民警察和人民群众手牵手、心连心。万里长城象征人民警察保护人民、为社会发展保驾护航的坚强力量和雄伟气魄。太仓公安以“忠诚、为民、敬业、奉献”为核心价值观，引领全体民警牢记党和人民的嘱托，践行全心全意为人民服务的宗旨，构建和谐警民关系，合力打造平安、和谐、文明的现代化新太仓
	城管家	市城管局	标志以“城管”二字的声母“CG”为设计元素，以抽象写意的“手”为辅助元素。挥舞有力的“手”代表亲和力，代表城管人把服务群众放在第一位。绿色过度象征着希望和生命，红色过度象征着青春和活力。整个标志象征着太仓日益繁荣、城市管理不断向前、城管人“团结向上，文明和谐”的文化理念。市城管局树立“管理就是服务”的理念，把促进全市经济社会发展和服务民生作为城市管理工作的出发点和落脚点，立志成为城市服务、城市管理、城市文明、城市建设的行家和专家
	心贴心	市残联	标志主色调黄绿相间，给人以温暖、亲切的感觉，体现残联工作者充满热情、积极向上的良好整体形象。中心图形由两个“人”字和一个心形图案组成，形似两个手牵手的人字，意喻市残联牵手全体残疾人平等共享社会文明发展成果。心形图案代表市残联与残疾人之间两心相应，寓意市残联努力成为广大残疾人的贴心娘家。标志外形采用中残联统一的梅花图案，下方字母则为“太仓残联”四字拼音首字母
	三牛精神	市民政局	标志以粗犷憨厚的老黄牛牛头为主体，头顶一颗赤诚之心，善良、爱心、满腔热情；左侧牛蹄印，意在勤奋务实，脚踏实地，一步一个脚印；右侧星星火花符号，意为走出传统，面对富于想象的未来世界，开拓创新，迸发智慧的火花。整个标志寓意以“三牛精神”（内涵乐于苦干的“老黄牛”精神、甘于奉献的“孺子牛”精神、勇于创新的“拓荒牛”精神）为服务品牌，为建设和谐、圆融的社会做出民政的特殊贡献

标 志	品牌名称	单 位	意 义
Happy Sisters 姐妹缘	姐妹缘	市妇联	标志以“女”字为基本元素，由3个“女”字组成，既体现妇联工作对象的特征，又代表广大女性。整个图案像一朵含苞待放的玫瑰花，体现出女性的柔美、靓丽。姐妹缘，是指广大女性不分高低贵贱，都因美丽的缘分联系在一起，以优雅、自信的光彩绽放魅力。市妇联为党和政府联系妇女群众的桥梁纽带，牢牢把握服务妇女、服务家庭、服务社会的根本任务和工作生命线，团结凝聚广大妇女的智慧和力量，助推妇女提素发展，维护妇女合法权益，关爱妇女民生幸福，强化公共产品服务，促进儿童共同成长、共同发展、共同进步，共享改革发展成果
	交通情伴你行	市交通运输局	标志为“太仓交通”四字拼音首字母延伸变形，与汽车、轮船、公路抽象的造型有机结合而成。红色外圈代表公路建设事业蒸蒸日上；汽车代表公路运输事业蓬勃发展；轮船代表水上运输事业乘风破浪。整个标志自成一圆，意指交运局围绕经济社会发展，大局发挥保障职能，把加快建设服务发展之情、注重管理服务基层之情、关注民生服务百姓之情贯穿于交通运输的各项工作中。标识主色调为红色，寓意交运人激情工作、热情服务、真情奉献，为太仓经济社会发展发挥积极作用
检地同行 检企同心	检地同行	太仓出入境检验检疫局	“人”字形：“太”“仓”“检”“企”均包含“人”字结构，集中彰显了太仓国检“以人为本”“因人成事”的行政执法理念。“V”字形：将“人”字水平翻转即成“V”字形，象征英文中的“胜利”。两者结合，体现检验检疫局与地方和企业息息相关、紧密合作、相互依靠、合作共赢的理念。国旗红代表作为国家行政执法机构的单位性质。黄色代表太仓检验检疫局在太仓港实现跨越式发展的进程中呈现出的昂扬士气和蓬勃朝气。“检地同行、检企同心”集中体现太仓检验检疫局立足地方、服务企业、服务发展的理念、决心和热情
法律服务 光明万家	法律服务光明万家	市司法局	标志由太阳、绿叶构成，太阳寓意致力于维护和实现公平正义的法律服务，绿叶寓意千家万户以及由其组成的整个社会大家庭。整个标志寓意着司法行政系统通过为每位社会成员提供平等的法律服务和法律保护，让法律的光芒播撒大地，让公平正义的光辉照亮千家万户。“法律服务 · 光明万家”品牌以组织全市法律服务人员下百村、进千企、入万家为核心途径，着眼于不断拓宽服务民生、服务发展、服务大局的平台和载体。通过健全农村法律服务网络“促百村和谐”，通过完善企业法律服务机制“助千企升级”，通过完善便民利民措施“谋万家幸福”
公积金 惠万家	公积金惠万家	太仓公积金中心	标志以汉字“公”和字母“G”为创意元素，体现公积金“公”字的形象特色，凸现住房建筑的空间立体感和挺立向上的形象，具有较强的视觉效果和行业特征。“公积金”一词既体现国家通过政策优惠、单位资助和个人存储合力实现住房保障的公众资金性质，又形象地表明资金归集积累的过程，体现住房公积金制度法定义务性、互助保障性和资金公众性的特点。“惠万家”是公积金制度的根本宗旨。公积金中心是贯彻落实党和政府提出的让百姓实现“住有所居”目标的职能部门，用公积金制度惠及千万个家庭，帮助百姓安居乐业，是公积金中心义不容辞的职责、价值追求和最终目的。“家”既代表家庭，又可引申为有居方为有家

《太仓年鉴(2015)》各撰稿单位审稿人

(按姓氏笔画排序)

丁皓	丁锴	丁吉明	王大明	王红星	王国其	王建平
王洪斌	王晓东	王晓红	王晓芸	王益清	王盛文	王雪源
戈涛	毛华乾	孔春明	左明	归坚	叶海生	田作磊
包炳祥	冯建华	冯建良	吉长龙	吕寅	朱英	朱凤兰
朱永明	朱锦明	刘拥新	刘晓军	汤俊	汤文英	许正明
许超震	孙小星	孙卫良	芮萌	严桂清	杜建伟	李刚
李洁	李勤	李国良	杨建新	杨喜良	杨瑞兰	时宇明
吴向阳	吴建平	吴建国	吴晓麟	邱华方	何飚	何舜荣
邹家祥	闵诣昉	沈忠	沈诚	沈洁	沈利洪	沈林东
沈建青	宋晓泉	张忠	张渊	张文明	张志华	张志明
张求胜	张国梁	张晓冬	张培明	张舒源	陆定峰	陆静波
陈峰	陈立华	陈伟贤	陈利红	郏祥弟	金明	周平
周瑛	周文军	周苏黔	周建平	周鸿斌	郑珑	赵震
赵新华	胡敏	施卫东	施燕萍	姜超	姜颢	姚胜
姚铿	姚建平	秦文	夏远峰	顾仁	顾超	顾忠盈
顾建康	顾建新	钱丁良	钱伟东	钱军民	倪雪华	徐明
徐韬	徐卫强	徐玉林	徐仲良	徐志强	徐志豪	凌晓波
高健彪	唐宪中	浦利兵	黄世忠	黄浩忠	曹锋	龚志浩
龚金明	龚秋健	盛小玲	盛建华	阎凌清	董英明	蒋永平
嵇永宁	楼浩平	潘井亚				

《太仓年鉴（2015）》各撰稿单位撰稿人

（按姓氏笔画排序）

丁　曜	马中选	王　欢	王　晶	王　溢	王　静	王　嫣
王一鸣	王伟刚	王林志	王轶斐	王艳新	王晓晨	王海燕
王超慧	王慧敏	牛春艳	毛玉霞	毛雨晴	叶　奕	叶伟强
史　玲	邢友来	邢丽萍	吕　迅	吕晓华	朱　奕	朱　莺
朱　慧	朱为民	朱红华	朱利明	朱承飞	朱弇菁	任春艳
邬大为	刘　源	刘宗凡	刘陵岳	刘寅卉	孙　晔	孙方金
苏青青	杜　平	李　军	李凤文	李青玉	李鹏飞	杨　玲
杨　益	杨　静	杨小丽	杨湘琴	肖　洋	时　虹	时海炜
吴　英	吴　越	吴　静	吴　巍	汪倩倩	沈　泓	沈　静
沈建中	张　觅	张　祎	张　超	张　燕	张廷波	张孝东
张怡亮	张建明	张曼娜	陆　静	陆革锋	陈　虹	陈　琳
陈　雯	陈利锋	陈依文	陈智慧	陈新建	武　超	范晓冰
郁　鹰	金　钰	金　辉	金庆苏	金逸淼	周　婷	周庆丰
周晓萍	郑金硕	赵雅英	胡天立	皇甫丹丹	施　祥	施燕秋
洪澄澄	姚秋红	姚魏峰	贺　燕	袁其桃	贾彦乐	顾　阳
顾　杰	顾　俊	顾　健	顾　爽	顾　燕	顾秋艳	顾鸿飞
顾婷婷	顾慧玉	钱　峰	钱　健	徐云峰	徐玉婷	徐莉莉
奚艳萍	高　飞	高　琪	高　筑	席雅琴	唐小雁	浦春燕
陶陵夏	黄　权	黄小荣	黄兴春	黄建锋	曹　欢	曹春英
曹前程	梁延峰	屠震新	董　波	蒋喜桔	蒋攀峰	景　俊
嵇秋红	鲁　云	童　琛	曾　英	赖　慧	鲍佰两	蔡卫军
蔡玉莉	廖君吉	熊晓峰	缪　斌	颜礼宏	瞿金龙	

要　目

目　　录
Contents

封面故事
Cover Story

年度便览
Handbook of Annual

视觉太仓
Visual of Taicang

特别报道
Special Reports

大事纪要
Summary of Major Events

城市概况
Overview of the City

太仓港
Taicang Port

公共服务
Public Services

社会管理
Social Management

地方组织机构
Local Organizations

城镇街道
City, Towns and Communities

附 录
Appendix

索　引
Index

媒体眼中的太仓

太仓港积极分享上海自贸区“溢出效应”

2013年8月，国务院批准设立中国（上海）自由贸易试验区。作为上海国际航运中心核心功能区的洋山保税港区、外高桥保税区，被列为上海自贸区两个海关特殊监管区。

太仓港是国家定位的上海国际航运中心重要组成部分，与上海港建立战略合作关系，在对接分享上海自贸区航运资源、体制机制和政策“溢出”上拥有了先机。经过一年的积极努力，太仓港已经成为上海国际航运中心和上海自贸区“溢出”的重要承接地，在分享上海自贸区远洋运输、江海中转、国际拼箱业务、启运港退税、监管一体化、航运服务和产业转移等方面取得了初步成效，有力提升了太仓港发展能级和服务能力，为苏州开放型经济和长江经济带建设提供了有力支撑和服务。

洋山港远洋运输“溢出”

开辟每8小时1班太仓港至洋山港快航，苏锡常地区远洋货物可由陆路直运洋山港改从太仓港转运洋山港，每标箱综合运输成本可节约200～300元。

太仓港与上海港联手投入8艘驳船，于2014年7月21日零点开始，开辟每周21班、每8小时1班太仓港至洋山港“定点、定时、定线、定航次、定价”五定“太仓快航”，使太仓港至洋山港驳船班次增加到了每周40班。

开通“太仓快航”后，苏锡常地区企业远洋货物可由陆路集卡直拖洋山港改从太仓港转运洋山港出口，并且保证及时装船出运。“太仓快航”驳船公司提供低成本运价，加上苏锡常到太仓港陆路运输距离近、高速公路免费通行等因素，据测算，每标箱综合运输成本比陆路运输至洋山港节约200～300元。“太仓快航”在拥有高效、成本优势的同时，确保了不甩箱，企业的风险可控。据统计，“太仓快航”运行一个月，完成93个航次，完成集装箱吞吐量4.6万标箱。太仓港会同有关部门制定完善通过“太仓快航”促进更多苏锡常地区企业“陆改水”措施，更好地服务苏锡常地区企业走货。

外高桥江海中转功能“溢出”

长江中上游地区集装箱由水运集并到外高桥港区，全部改革调整集并至太仓港，再转运至洋山港，每标箱综合物流成本可节约500元、节省时间2天。

太仓港与上海港合作后，双方决定外高桥港区不再承接长江中上游集装箱中转洋山港业务。自2014年7月20日起，长江34家支线船公司承运的重庆、武汉、长沙、九江等长江中上游地区外贸集装箱，全部转移集并至太仓港。

外高桥港区江海中转功能转移太仓港后，由于缩短了长江驳船承运距离、驳船候泊时间等原因，可为长江驳船公司节省物流成本近500元/标箱，节省2天时间到达洋山港。外高桥港区江海中转功能移至太仓港后，仅一个月，长江中上游驳船公司来太仓港靠泊的航班就达460艘次，完成集装箱吞吐量达2.8万标箱，为长江中上游企业提供了进出更快、成本更低的优质服务。

洋山港启运港退税政策“溢出”

9月1日起，太仓港试点实施启运港退税政策，苏锡常地区货物从太仓港启运报关出口，出口退税周期将缩短至10天。

7月30日，国家财政部、海关总署、国家税务总局下发《关于扩大启运港退税政策试点范围的通知》，从9

月1日起，从太仓港启运报关出口，由符合条件的运输企业承运，从水路转关直航经上海洋山港保税区离境的集装箱货物，将实行启运港退税政策。

据海关统计和测算，苏锡常地区外贸出口企业约60880家，2013年出口退税额758.37亿元，其中苏州出口企业的退税额就达470.77亿元。货物在上海港出口退税周期约30天至40天，出现异常情况则要90天。太仓港实施启运港退税政策，货物从太仓港水路中转洋山港出运，退税周期将缩短至10天。太仓港实施启运港退税政策，极大提高腹地出口企业的资金周转和使用效率，对苏南、长江沿线地区的出口企业起到积极的扶持作用。

监管体制创新“溢出”

沪太通关一体化等新的监管措施在2014年10月实施，苏锡常企业货物在太仓港通关将更加高效、简便。

太仓港到洋山港进出口货物需要两次转关、两次查验。为减少通关手续、提高效率、降低成本，经过前期两地港口、海关、检验检疫等管理部门协商，于2014年10月推出沪太通关一体化，即实现“货物经太仓港中转洋山港出口和经洋山港中转太仓港进口，都只需一次申报、一次查验、一次放行”。10月，海关总署首先在上海、浙江、江苏等省市推行长三角通关一体化改革，下一步还推进长江流域一体化。太仓港积极做好长三角、长江流域通关一体化相关准备工作，太仓港与洋山港码头海勃TOPS4.0系统（上港集团集装箱码头营运管理系统）已正式对接，两港已实现信息一体化。

下一步太仓港将以太仓港综保区为平台，借鉴上海自贸区监管服务模式，在太仓港试行推出“先进区、后报关”“批次进出、集中申报”“集中汇总纳税”“简化无纸通关随附单证”等4项新的监管措施，促进企业货物通关更加高效、简便。

国际集装箱集拼“溢出”

延伸和发展洋山港国际集装箱集拼业务，促进苏州及长江沿线货物在太仓港集拼出海。

上海洋山港正大力发展国际集装箱集拼业务，并于2014年7月正式在上海自贸区内开展试点。长期以来苏州众多贸易企业因为货物装不满整箱而影响出口，而且这部分货量巨大，当前，东部沿海制造业正在加速向长江中上游转移，苏州和长江中上游企业零碎货物在太仓港集拼出海的意愿强烈。为适应“太仓快航”开通和外高桥江海中转功能转移太仓港，延伸和发展洋山港国际集装箱拼箱业务，改善苏州贸易结构，促进苏州一般贸易发展，更好地服务长江中上游企业货物出口，太仓港加强与上海港和长江中上游港口合作，全力发展国际集装箱集拼业务。

下一步太仓港将研究以太仓港综保区为载体，设立长江国际集装箱集拼中心，在太仓港综保区内将苏锡常和长江沿线生产的半成品产品进行再加工和组装，再集中出口或转运，以此来促进苏南和长江经济带产业分工协作，带动一般贸易的快速增长，推动苏南和长江沿线经济转型升级。

航运服务和产业“溢出”

太仓港综保区政策比照洋山保税港区执行，太仓港发展航运服务业、临港产业和临港新城面临新机遇。

国务院批复同意，太仓港综保区的功能和有关税收、外汇政策比照《国务院关于设立上海洋山保税港区的批复》的有关规定执行。太仓港和太仓港综保区积极争取，实施与洋山保税港区有关航运服务领域开放的相同政策，进一步放宽中外合资、中外合作国际船舶运输企业的外资股比限制，吸引更多的国内外航运企业在太仓港开展航运金融、保险、交易、咨询、现代港口物流等业务，推动太仓港航运服务业加快发展。

随着2014年年初上海自贸区行政办公中心由外高桥保税区迁移至洋山保税港区“临港新城”，今后洋山保税港区“临港新城”在城市功能布局上将围绕自贸区展开，规划引入金融服务业、文化创意产业、对外贸易展示交易平台等，届时“临港新城”装备等产业面临结构调整和外迁。太仓港将会同有关部门主动对接，做好洋山“临港新城”产业转移的研究和承接工作。

（摘编自2014年9月2日《苏州日报》

通讯员　徐　峰　记者　高振华）

太仓居家养老体系覆盖城乡

太仓是全国老龄化程度最高的地区之一，截至2013年年底，太仓60周岁以上老年人口达13.23万人，占该市户籍人口的27.89%，养老问题日益严峻。

在家庭养老功能弱化、社会养老机构相对不成熟、老年人花钱购买养老服务的理念还未形成的情况下，这么多人的养老问题该如何解决？在大力推行居家养老的过程中，太仓按照“政府主导、社会参与、全民关怀”的原则，大胆引入第三方组织，走出了一条具有太仓特色的居家养老服务建设之路。

2014年，太仓建立起“10分钟农村居家养老服务圈”，在全国率先建立了覆盖城乡的居家养老服务体系。

发卡代替发钱，引入第三方专业机构提升水平服务对象增加到1.2万人

【实例】 家住城厢镇的居绍珍老人今年78岁，她和83岁的老伴王喜芝原先可领到每月500元的养老补贴。2014年年初，老两口接到通知，从2014年开始补贴不发了。作为替代，他们从民政局领到一张“太仓市养老服务

综合卡”。凭这张卡，城厢镇的养老服务员每月 8 次，每次 3 小时上门为老人提供服务，包括清扫、理发、按摩、身体检查等，基本满足老人的日常生活需求。老人说:“凭卡直接享受服务，真是太方便了，比直接发钱更实惠！”

有意思的是，上门为老人服务的服务员既不是民政局的人，也不是社区的工作人员或志愿者，他们都是第三方养老服务机构专门聘用的居家养老服务员。

【纵深】 太仓市民政局副局长王娴敏告诉记者，按照以往政府包办的模式，需要成立大型国有企业才能服务太仓这么多老年人。实际情况却是，政府的服务队过去每年最多服务 500 名左右有特殊需要的老年人。为此，太仓从 2013 年开始探索通过政府购买服务，引进专业社会组织推进居家养老工作，而政府则主要发挥指导、宣传、监督等职责。

经过多次遴选，2013 年 7 月，太仓民政局与总部在上海的太仓海阳老年事业服务中心达成合作意向，并正式签订委托服务协议，海阳在太仓全市各镇（区）设立“海阳养老服务分社”，为居家养老提供上门助餐、助洁、助急、助行、助浴、助医、助乐等“七助”服务。海阳已经招募居家养老护理员 361 名，并对所有服务人员进行岗前培训和每月一次在岗培训，初步建立起一支能够基本满足老人服务需求的队伍。此外，海阳还在各区（镇）开发各类养老服务供应商 641 家，为老人提供家电维修、家政服务、理发助浴、物品配送、精神关爱等 20 多个项目，涵盖老年人基本服务需求。

为发挥政府监督职能，太仓市专门出台了“养老服务第三方考评办法”，引入第三方组织——太仓市悦心南山家庭服务管理有限公司，对包括海阳在内的当地养老机构、居家养老中心、日间照料站、助餐点等养老服务工作进行考核与评估，考评结果将直接作为政府发放运行补贴及奖励的主要依据。

“居家养老是太仓深化‘政社互动’实践的一个生动案例。太仓坚持居家养老服务社会化方向，通过政府购买服务、社会组织承接、第三方考评，将政府机制与市场机制结合起来，共同为老年人提供居家养老服务。”王娴敏说。截至 2014 年 6 月底，太仓共有 3519 人签订服务协议，服务总人数从原先的 500 人提升到 1.2 万人。到 2014 年 7 月底，居家养老已累计服务达 13.66 万小时。

重心向下加大投入，“10 分钟服务圈”覆盖农村

居家养老专项经费增长 322%

【实例】 吕晓峰老人今年 85 岁，老伴已经过世，子女也不在身边，生活很是孤独寂寞。好在，现在他每天只要步行 4 分钟就可以来到太仓老人民医院边上的日间照料中心。老人在这里可以看书读报、跟随工作人员做保健操，进行心理咨询，或者参与烘焙等中心专门组织的活动。

【纵深】 据了解，2014 年太仓市建成 30 多家这样的老年人日间照料中心，该市老年人日间照料中心总数已达 52 家。新建设老年人日间照料中心（站）的用房面积一般不低于 300 平方米，统一设有休息室、配餐室、多功能活动室、医疗保健室等。2014 年，太仓还首次引入由社会专业力量开办的日间照料中心——海阳老年人日间照料中心，该中心开业以来每天前来活动的老人超过百名。

“这些日间照料中心不仅分布在太仓城区，也分布在各个乡镇和农村社区。”太仓民政局老龄科负责人告诉记者，太仓老年人口大部分生活在农村，农村老龄化程度高于城市，因此太仓居家养老的中心和难点在农村。

针对这个问题，太仓居家养老服务工作一开始就是城乡统一部署、统一标准、统一推进，编制起一张重心向下、覆盖城乡的居家养老服务网络。太仓全市所有镇（区）、村（社区）全部建立了居家养老服务中心（站）。海阳公司在各镇区设立的服务分社已开始正常运营。居家养老服务 70% 供应商、80% 服务人员分布在各镇（区），就近、便利为农村老年人提供服务，形成了“10 分钟农村居家养老服务圈”。

太仓对居家养老服务的财政支持力度也不断加大。2013 年，太仓在过去相继出台若干政策的基础上，出台的《太仓市居家养老服务实施办法》明确，生活困难的七类老年人每人最高可享受 960 元的居家养老政府援助服务；84 周岁以上的高龄老年人每人每月可享受 60 元居家养老政府补助服务；所有居家养老服务专项经费从 2013 年的 1350 万元增长到 4360 万元，增长 322%。太仓居家养老服务工作在政策层面得到倾斜、预算资金得到保障，从而得以扎实推进。

“一卡一平台”，打造“没有围墙”的虚拟智慧养老院

老人手里一张卡，服务员手里一台 pos 机

【实例】 在海阳老年人日间照料中心的二楼，有一个呼叫中心，几名工作人员戴着耳机忙着接听电话。“我们现在有 2000 多名居家养老服务对象，一线的服务人员有 200 多名。”一名负责人告诉记者，这是海阳建立的“95002”呼叫热线，4 名工作人员日间在线（夜间则转接到上海海阳总部），为 80 周岁以上独居老人提供“电话关爱”服务，包括天气预报、吃药提醒、精神慰藉等，通过每周一次的关爱电话，随时了解高龄独居老人动态，关爱独居老人，每周向 969 个电话拨打一次。遇到应急事件，呼叫中心将根据电子地图上显示出的老人所在具体位置，就近安排服务人员或供应商上门提供服务。

【纵深】 除了照料站、服务中心等实体，太仓还致力于打造“没有围墙”的虚拟智慧养老院，呼叫中心只是其中的一个例子。2013 年，太仓开始实施“一卡一平台”工程。养老信息服务综合管理平台把全市老年人数据库、居家养老服务费用结算、居家养老热线呼叫、机构养老、日间照料、助餐点服务与管理全部融合于一个平台，实现该市养老服务组织信息共享、实时动态统计。依靠镇、村居家养老服务中心（站），该市 13.23 万 60 周岁以上老年人的基本信息全部登入到信息平台，其中 80 周岁以上老年人登入更加详细的收入情况、健康情况、联系方式等数据。海

阳公司所有服务人员都有一台具有GPS定位的手机，并能在信息平台上显示工作状态。供应商的信息，包括地址、服务项目、服务价格，也一一登入到信息平台。

依托这个平台，太仓为所有申请养老服务的老年人办理"养老服务综合卡"，每月为享受政府援助和补助的老年人以虚拟化的方式打入相应的资金（自费老人可以自行充值资金），老人凭卡可以在该市养老服务组织享受刷卡服务。养老服务员上门提供服务时，都随身携带着一台移动pos机，到岗、离岗时间全部刷卡，通过电子结算系统，服务的项目、时间和服务费等情况都能当场记录，并能通过信息系统即时汇总统计，真正实现老人一卡在手、养老无忧。

（摘编自2014年9月12日《苏州日报》 记者 高振华）

太仓实施"365工程"构建联系服务群众长效机制

"公司倒闭了，没有及时开证明，我要领失业金材料不全怎么办？"日前，太仓市民黄唐娟来到该市社保中心"疑难诊询窗口"求助。工作人员了解情况后，指导她填写相关材料，按"特殊情况"办理。

"这个窗口就是专门为急事难事特事设立的。"太仓市人社局局长陆俊介绍说，去年一位郎姓市民在上海看病，医院发票错把姓氏写成"朗"，按规定票据有误不能报销医药费。"我们经多方核实，还是顺利办结。后来决定新设窗口，非本人原因造成票据遗失、凭证有误、档案缺失等特殊情况，都可以到这里办理。"

一个姓催生一个服务窗口，这样的便民服务故事在太仓还有很多。民生大巡访、机关干部回家乡走访、"我是人民勤务员"……在群众路线教育实践活动中，太仓始终坚持以群众满意为导向，在机关部门、企事业单位、村社区等基层党组织中实施"365服务工程"，解决政策"走在路上"、服务"停在嘴上"、实惠没有"落在群众身上"的末梢堵塞问题。

所谓"365"，即服务时间全天候、内容全方位、形式全过程的"3个目标"，队伍、载体、机制等"6项服务"，以及思想、组织、经费等"5项保障"。太仓市委常委、组织部部长张彪说："走群众路线，就要把群众需求作为我们工作的'指南针'，把群众是否满意作为'衡量尺'。我们以'365服务工程'构建联系服务群众长效机制，让服务成为基层党组织的第一行动。"

双凤镇雅苑社区居民黄俭元对"365服务工程"最大感受是：反映问题更方便，解决问题更快了。"当时小周上门了解情况，我反映说小区垃圾桶配备不到位，河道比较脏，需定期保洁。没想到社区很快就配了新的垃圾桶，安排保洁人员，河道也重新做了石驳岸。"黄俭元说的小周，就是双凤镇社区工作站巡访干部周雅玉，她和同事曹月芬负责凤中雅苑、凤祥苑社区1000多户居民的巡访工作。周雅玉说，小半年时间，她们跑遍1000多户居民家，还建了居民QQ群。"多走动自然就熟络了，现在大家有问题都愿意找我们，我们也会积极协调处理，不辜负大家的信任。"

全心全意为群众服务、尽心尽意为群众办事、称心称意让群众满意，还需要一整套科学严密的"制度设计"。为此，太仓制定了"365"服务测评体系，评价指标涵盖服务改革、服务发展、服务民生、服务群众、服务党员等5大类35项指标，其中与民生福祉、群众幸福感直接关联的指标占83%。而对于测评结果，除向各级考评单位反馈并要求限期整改外，还直接与村干部享受副主任科员、事业编制挂靠挂钩，作为兑现村干部报酬的重要依据。

太仓市委组织部副部长黄海表示，评测按照调查问卷、随机抽样、组织考评等步骤实施，党员和群众的测评分值权重占70%，真正将评判权交给群众。

"现在调查电话直接打到村民家里，如果我们工作做不好，老百姓怎么可能有好的评价？"谈到"365"，沙溪镇印北村党委书记陈利明直言"压力山大"。在农村党组织第一轮测评中，印北村以85.99分在沙溪镇排名第3，在全市97个村排名第14。记者在组织部门发给印北村的"测评情况反馈意见"中看到，"存在薄弱环节"中有3点，包括人均纯收入增长缓慢、老弱病残帮扶力度不够、村庄卫生和治安环境有待改善等。陈利明表示，村里已经制定有针对性的改进措施，新建8400平方米的物业用房近期顺利出租，一年就可增加收入100万元。

（摘编自2014年11月5日《新华日报》 记者 潘朝晖）

"太仓模式"的五个共识：大病医保市场化运营难题破解术

作为健康保险的一大门类，政府委托类业务正在迎来发展井喷期。

2012年城乡居民大病保险制度全国铺开，2014年11月17日，《国务院办公厅关于加快发展商业健康保险的若干意见》发布，提出全面推进并规范商业保险机构承办城乡居民大病保险，稳步推进商业保险机构参与各类医疗保险经办服务。

根据公开数据，截至2014年9月底，13家保险公司在27个省373个统筹地区开展大病保险，覆盖城乡居民6.5亿人。

随着大病医保制度深入推进，东西部区域差异开始出现。在中国保险学会2014年学术年会分论坛上，江苏省太仓市人社局局长陆俊表示，大病保险应该把握好五个方面，其中合理定位待遇至关重要。“医疗费用究竟多少才算大额？我们觉得应该根据当地城乡居民收入水平和生活水准来决定。”

南开大学卫生与医疗保障中心主任朱铭来亦表示，评价一个保险公司做得好坏不是看提升了10%还是11%的覆盖率，而是其能否有效控制不合理医疗费用，促进大病的健康管理。

太仓模式进行时

太仓，这个地处江苏苏州的小城，自2011年起，政府医疗保险经办机构与商业保险合作开展大病保险，因其在缓解因病致贫、探索大病再保险方面的成功实践为业界熟悉。

三年半后，再来审视太仓模式，运转依然有效。

根据陆俊提供的数据，三年来太仓市报销大病医保二次补偿比例在基本医保基础上提高了12个百分点，医疗费用超过10万的1802人，其中80%以上个人负担控制在20%以下。三年中没有一个患者因为大病医疗费用导致全家纳入低保。

同时，全市单次医疗费用三万元以上人数占住院人数比例下降。大病保险基金三年总投资6800多万元，补偿5354万元，平均每年赔付率稳定在80%左右。商保公司服务费310万元，绩效服务费312万元，年平均收益占筹资总额4.57%，累计结余753万元，返还政府大病保险资金专户，作为风险调节金处理。

几年实践，陆俊认为，社保与商保合作开展大病保险应该把握好五个方面：政府主导、科学界定大病、合理定位待遇、精算保险基金、达成合作共识。

他解释称，大病保险运行必须政府要发挥主导作用，特别是在大病保险待遇目标的定位方向要由政府主导。不能自由竞争，这样很容易带来公共政策的不稳定。科学界定大病方面，按照发生医疗费用的额度来界定比较科学，也可能更容易得到普遍认同。

合理定位待遇则至关重要，包括补偿目标、起付线、补偿基数。“大病保险应该保大病。医疗费用究竟多少才算大额？应该根据当地城乡居民收入水平和生活水准来决定。”

例如，太仓将医疗费用达到5万元作为大病，因为当时的社会平均工资就在这个水平。假如年度内医疗费用累计达到5万元、10万元、15万元以上，目标是通过大病保险补偿以后分别达到70%、75%、80%以上。“要想达到百分之百不现实”陆俊说。

补偿基数则应该把基本医保目录外而又是疾病医治所必需的项目费用纳入。所以太仓起付线1万。将合规费用纳入补偿基数的同时，把高档病房、特需服务、国家药典范围外的药品、器官移植、新型昂贵检查费用排除。

精算方面，太仓资金筹资盘子主要从六个方面进行调研测算分析，包括住院率、医疗费、医保报销比例、自费结构是、平均补偿比例、增量资金等。然后把它分解到人头，得出筹资标准。此外，商保公司除了经办以外还要参与管理，参与健康教育开展的一系列活动，并建立保本微利，风险共担的合作机制。“这应该是政府购买社会公共服务，双方遵循的基本利益原则。”

例如筹资机制是否要建立多元化的能征能缴的筹资机制、如何定位大额医疗费用个人负担的比例等问题还需要继续在探索中解决。

百分百报销难以持续

在论坛上，陆俊和朱铭来同时提到了补偿比例的问题，这也是大病医保制度推行过程中时常面临的一个问题。

朱铭来和研究团队综合考虑患病人数和医疗费用自然增长等多个因素之后，将现有基金承担大病的相应支付能力做了估算。

“我们测算的结果，如果把大病都算上的话，按照病种大概要从基金里提取14%的费用，现在各地方提取比例也就是基金结余的5%左右，所以有一个比较大的缺口。在很多经济欠发达地区基金规模将来出现赤字风险很大，保险公司在竞标竞价过程中不能盲目降价竞争。”他说。

朱铭来和研究团队针对大病医保报销设计了不同起步线、报销比例和封顶线，考虑了多种影响因素后，预测得出的结论是到2015年，我国最少有9个省市、最多15个省市居民医保累计结余将出现赤字。“2014年的实际情况是，据社保部门统计资料显示，已经有多个统筹地区当年结余肯定是赤字了，在吃历年的结余，这个风险还是很大的。”

“我们现在恨不得所有人都百分之百报销才好，实际上以目前的国力和从发达国家的经验来看这是不可能的。大病保险仍然强调的是对弱势群体的倾斜，应当在全民自付比例一定条件下，弱势群体那部分政府兜起来。”朱铭来说。对于中高收入阶层保留一定自付额度是应该的，可通过商业补充保险，包括企业补充保险和个人补充保险来完善。

有效控制不合理医疗费用

朱铭来在调查中还发现一个有趣的现象，东南沿海地区经济比较好的地方，社保部门不大愿意将大病医保交给商保运营，而西部经济欠发达地区因为基金比较困难，社保部门则希望交给商保由其来兜底风险。不同区域的大病医保经营情况完全不一样。

他认为，经营大病保险有几个问题需要认真处理。一是要科学区分政策性和管理性赔付盈亏。现在盈利还是亏损，哪些是政策性哪些是管理性的，缺乏完整考量标准。

经办管理成本应该通过科学预算、市场定价选择替补的方式进行合理确定。保险的预期利润不应该作为固定费用项，应当作为风险共担的模式，赢了亏了两家分。“但是有些地方粗放式管理，基本上没有风险共担机制，5%的管理费再加上3%～4%的利润，这样体现不出管理的特性。”他说。

同时，商业保险公司做大病保险项目一定要把从社保能够对接到的信息和数据做相应的彻底深入的研究和分析。评价一个保险公司做得好坏不是看提升了10%还是11%的覆盖率，最核心的内容是其能否有效控制不合理医疗费用，促进大病的健康管理。

“大病医保不是高利润项目，不要打算从这里发财，参与大病保险对品牌建设、整体服务理念，以及科学数据的经验积累都有很大的好处。”朱铭来称。

陆俊亦表示，大病医保实行购买服务，职责明晰的合作方式。跟商业保险合作不仅仅是少用几个人省几个钱，要有利于促进政府职能转变，把医保部门管理职能转变从原来经办等具体事务转移到研究、完善制度、制订规章、宏观指导上面。

（摘编自2014年11月30日《21世纪经济报道》）

媒体报道题录（部分）

序号	日　期	文章（新闻）标题	刊发（报道）媒体
1	2014年1月6日	多元普惠，倾力描摹名本太仓的幸福蓝图	新华日报
2	2014年1月6日	改革口岸通关模式　推动太仓港平稳发展	苏州日报
3	2014年1月10日	构筑现代田园城，建设美丽金太仓	新华日报
4	2014年1月12日	“太仓发布”释放“政能量”	苏州日报
5	2014年1月14日	文化大发展大繁荣，提升太仓“软实力”	新华日报
6	2014年1月14日	江苏太仓夯实教育“软实力”　迈入均衡发展新征程	光明日报
7	2014年1月16日	太仓：把为群众办实事的各项工作落到实处	新华日报
8	2014年1月23日	国际田联竞走世界杯赛倒计时100天活动在太仓举行	中国新闻网
9	2014年1月23日	太仓年供电破80亿千瓦时	苏州日报
10	2014年1月28日	太仓去年3万多人次参加志愿活动	现代快报
11	2014年1月28日	太仓“三下乡”，鼓点敲在民生上	现代快报
12	2014年2月11日	服务创新　打造太仓港口岸环境新优势	苏州日报
13	2014年2月12日	长江太仓水域驶来“高大上”	苏州日报
14	2014年2月12日	太仓7所小学建立“电力安全读书角”	苏州日报
15	2014年2月12日	太仓：兑现税收优惠28.68亿元	苏州日报
16	2014年2月12日	太仓检验检疫局单月船舶检疫监管数新年创新高	新华网
17	2014年2月23日	有色金属领域五项新标准太仓主导将于年内正式实施	苏州日报
18	2014年3月2日	发展临江产业　打破“一根丝”格局　太仓璜泾“项目建设年”再造区域新优势	苏州日报
19	2014年3月3日	有害生物禁入国门	苏州日报
20	2014年3月4日	太仓打造五大文化养老品牌　13万老年人幸福养老	苏州日报
21	2014年3月4日	太仓社会组织实现6倍提速	姑苏晚报
22	2014年3月5日	娄城志愿者为爱“徒步走”	苏州日报
23	2014年3月10日	太仓投8600万打造3万亩现代水稻产业园	新华网
24	2014年3月20日	江苏太仓边检站开展心理服务下基层活动	人民网
25	2014年3月21日	政策创新促农民持续增收	苏州日报

序号	日　期	文章（新闻）标题	刊发（报道）媒体
26	2014年3月25日	太仓医保筹资标准上涨	扬子晚报
27	2014年3月28日	“股东”种田人均收入两万七	新华日报
28	2014年3月31日	吃江河海三鲜，去太仓	现代快报
29	2014年4月3日	太仓港上海港合资成立码头公司　致力实现一体化通关	新华日报
30	2014年4月4日	临时过渡点有个“活雷锋”	苏州日报
31	2014年4月4日	江苏太仓边检站与驻地小学开展爱国教育活动	人民网
32	2014年4月5日	物流通关两港将实现一体化　苏锡常乃至长江中上游航运更便捷　太仓签约上海，分享自贸溢出效应	解放日报
33	2014年4月9日	太仓：举行“中国蕙兰”叶艺花艺博交会	苏州日报
34	2014年4月9日	“一潮两进”满周岁　沿江钢企享黄金水道红利近亿元	江苏新闻网
35	2014年4月11日	太仓港：年加工木材能力超600万立方米	苏州日报
36	2014年4月18日	太仓农行孙钟靓是个“技术范儿”	扬子晚报
37	2014年4月20日	省作协创作基地落户太仓	新华日报
38	2014年4月20日	太仓举办“诗梦江南”主题活动	苏州日报
39	2014年4月24日	竞走世界杯5月江苏太仓起步	人民日报
40	2014年4月25日	沙溪“以诗为媒”打响文化品牌	新华日报
41	2014年4月29日	太仓科教新城20多家企事业单位实现“云”办公	苏州日报
42	2014年4月29日	太仓科技产业园　二期项目开建 总投资55.11亿	苏州日报
43	2014年5月3日	2014国际田联竞走世界杯赛开幕	苏州日报
44	2014年5月3日	国际田联竞走世界杯 太仓一“走”决高下	新华日报
45	2014年5月4日	太仓竞走世界杯中国队佳绩频传	解放军报
46	2014年5月5日	中国竞走借鸡生蛋尝甜头	北京青年报
47	2014年5月6日	太仓港规划建设长江最大汽车滚装码头	苏州日报
48	2014年5月7日	太仓：新公交卡畅行35个城市	苏州日报
49	2014年5月7日	国税打造“三型”服务　纳税人满意率高达95%以上	苏州日报
50	2014年5月14日	水稻田里也能“种”螃蟹　实现一水两用一地双收	苏州日报
51	2014年5月19日	太仓港铁矿石进口突破千万吨	中国国门时报
52	2014年5月19日	太仓港日本航线每周12班　近洋航线有望突破20条	苏州日报
53	2014年5月19日	太仓港牵手上海港走向“蓝海”	新华日报
54	2014年5月19日	政社勤互动　百姓多参与　苏州善治有底气	人民日报
55	2014年5月26日	流程创新破农田提标“怪圈”　抵押融资换来“活钱”	苏州日报
56	2014年5月30日	今年太仓口岸铁矿石进口量已超千万吨　同比增52.9%	新华日报
57	2014年5月30日	太仓新闻发言人传媒大学受训　提高与媒体沟通技巧	苏州日报
58	2014年6月10日	驱车千里，只为报20年前恩情	苏州日报
59	2014年6月11日	遏制团购业违规行为　5家团购主办方公开道歉	苏州日报

序号	日　期	文章（新闻）标题	刊发（报道）媒体
60	2014年6月12日	旅行社宣传文明旅游有补助　多措并举提升行业水平	苏州日报
61	2014年6月13日	太仓免费安装150台第三代气象信息屏	苏州日报
62	2014年6月16日	太仓人保财险承保地方首例校园食品安全责任险	苏州日报
63	2014年6月19日	服务“零距离”　太仓工商局帮助企业融资43亿余元	苏州日报
64	2014年6月20日	太仓港前5月木材进口量持续走高　同比增长46.3%	新华日报
65	2014年6月23日	村规民约刻成“三字经”　杨漕村打造乡风文明田园坊	苏州日报
66	2014年6月25日	为纳税人减负增效　太仓国税年省办税成本近千万	苏州日报
67	2014年6月26日	《尔雅》成全国图书馆界顶级阅读指导期刊	苏州日报
68	2014年6月27日	优化调整入学政策　新太仓人子女享受公平教育	苏州日报
69	2014年6月28日	“365”让干部走进群众心里　太仓推进农村党组织服务体系建设	光明日报
70	2014年7月2日	太仓城厢镇举办“社区百家宴”　增进邻里情谊	苏州日报
71	2014年7月4日	苏州太仓港吃水深度达12米　货轮需乘涨潮进港	人民网
72	2014年7月4日	太仓：检验检疫局促进贸易便利化	苏州日报
73	2014年7月5日	涉德企知识产权案实现“零诉讼”	苏州日报
74	2014年7月8日	组织培训相关实施者　“太仓港”申报著名商标	苏州日报
75	2014年7月9日	太仓两月办了7期全国县级公立医院综合改革培训	苏州日报
76	2014年7月9日	太仓发布夏季旅游产品　乡村休闲游成为主题	苏州日报
77	2014年7月9日	送水工6年敲出50万字小说	现代快报
78	2014年7月14日	两岸海关电子信息交换系统运行　为企业节省通关时间	苏州日报
79	2014年7月14日	一站式服务居家老人　连续四年获省科技社区立项	苏州日报
80	2014年7月15日	鼠标一点，长江甲鱼送上门　璜泾与苏州豹团网签约	苏州日报
81	2014年7月15日	农业部测评153个国家现代农业示范区	苏州日报
82	2014年7月16日	太仓励志“送水哥”圆了作家梦	江南时报
83	2014年7月16日	太仓国检创新服务	新华日报
84	2014年7月21日	外高桥集装箱中转今起集并至太仓港	解放日报
85	2014年7月22日	太仓港至洋山港远洋中转班轮首航	现代快报
86	2014年7月22日	“太仓快航”首航洋山港　年增60万标箱吞吐量	苏州日报
87	2014年7月22日	太仓快航启动　长三角通关一体化可期	第一财经日报
88	2014年7月24日	出行虹桥、浦东机场　太仓航站楼预计2015年春运投用	苏州日报
89	2014年7月24日	江苏太仓边检站开展“美德少年警营行”警营开放日活动	新华网
90	2014年7月24日	太仓启动大学生救灾志愿服务	姑苏晚报
91	2014年7月25日	“太仓快航”直通上海洋山港	人民日报
92	2014年7月26日	太仓奇纬光电发布智能视膜新品	苏州日报

序号	日 期	文章（新闻）标题	刊发（报道）媒体
93	2014年7月27日	为救白对虾“破个例”	新华日报
94	2014年7月28日	贴一层薄膜 玻璃瞬间变“液晶电视”	现代快报
95	2014年7月28日	普通玻璃贴了张神奇膜 就变成一个液晶显示屏	江南时报
96	2014年7月29日	背靠万家台企 江苏太仓港对台贸易增势良好	中国新闻网
97	2014年7月30日	太仓市民健身运动 武术桥牌当“主角”	苏州日报
98	2014年7月30日	太仓投亿元改造农村电网 将惠及5000余户居民	苏州日报
99	2014年7月30日	太仓地税上半年征收社保费同比增长6.49%	苏州日报
100	2014年7月30日	太仓科技产业园驶入“快车道” 又一批项目年内投产	苏州日报
101	2014年8月6日	太仓白蒜推广规模化机械化种植技术	苏州日报
102	2014年8月6日	太仓：国税微信平台升级版正式上线	苏州日报
103	2014年8月6日	严打严查“四非四违” 太仓连续查获危化品运输车违法	苏州日报
104	2014年8月8日	太仓：越剧《甄嬛》全本在太仓大剧院首演	苏州日报
105	2014年8月8日	太仓：“剑白香猪”落户太仓	苏州日报
106	2014年8月11日	太仓首创社会组织区域 党建工作站	姑苏晚报
107	2014年8月11日	太仓：省科普示范基地花落太仓新邵村	苏州日报
108	2014年8月14日	学校食责险 太仓财政出资投保	苏州日报
109	2014年8月15日	诠释“政社互动”专家精彩点评 《太仓“政社互动”100例》正式出版	苏州日报
110	2014年8月15日	太仓港退税周期将缩至10天	苏州日报
111	2014年8月15日	太仓举办品牌农副产品品鉴会 试行四地联动吸引人气	苏州日报
112	2014年8月15日	太仓三职工参与青奥会保电	苏州日报
113	2014年8月22日	太仓市巾帼心理协会耐心调解挽救101个濒临破碎家庭	姑苏晚报
114	2014年8月24日	从“一枝独秀”到“遍地开花”	苏州日报
115	2014年8月25日	虚报公益性岗位补贴，没门！	苏州日报
116	2014年8月26日	太仓实施“百千万”计划 打造“两中心三基地”	苏州日报
117	2014年8月28日	央视专题报道 太仓居家养老经验	姑苏晚报
118	2014年9月2日	太仓港积极分享上海自贸区“溢出效应”	苏州日报
119	2014年9月2日	江苏太仓成为中德中小企业合作示范区	新华网
120	2014年9月3日	9月1日起太仓港试点实施“启运港退税”政策	新华网
121	2014年9月12日	太仓港综合保税区通过国家验收	苏州日报
122	2014年9月12日	太仓居家养老体系覆盖城乡	苏州日报
123	2014年9月16日	太仓：江面搜救综合大演习	新华日报
124	2014年9月22日	太仓地税局：入库税收20年增75倍	苏州日报
125	2014年9月23日	太仓7万学生免费获保食责险	新华日报

序号	日　期	文章（新闻）标题	刊发（报道）媒体
126	2014 年 9 月 25 日	太仓民企参与社会治理	姑苏晚报
127	2014 年 9 月 26 日	90 余次行动　搜救 540 余人	苏州日报
128	2014 年 9 月 28 日	外研社助力太仓市成立少儿阅读服务示范基地	新华网
129	2014 年 10 月 10 日	太仓港综保区通过国家级验收	新华日报
130	2014 年 10 月 10 日	太仓港已成为江苏第一外贸大港	人民日报
131	2014 年 10 月 10 日	江头海尾，借港出口，从刘家港到太仓港	人民日报
132	2014 年 10 月 14 日	江苏太仓：从“老有所养”到“老有所乐”	光明日报
133	2014 年 10 月 15 日	太仓因病（残）就业困难人员　将享受社保补贴	扬子晚报
134	2014 年 10 月 20 日	220 家德企“集结”太仓　90% 完成增资扩产	苏州日报
135	2014 年 10 月 21 日	百强县市前四强苏州占三 张家港、常熟和太仓分列二、三、四	苏州日报
136	2014 年 10 月 28 日	2014 中德工业设计周在太仓 LOFT 工业园开幕	苏州日报
137	2014 年 10 月 29 日	太仓半泾河出土一保存完整古木船　不晚于元代	苏州日报
138	2014 年 10 月 29 日	德国商会太仓办事处　服务当地 200 多家德资企业	苏州日报
139	2014 年 10 月 30 日	太仓企业新研发　一次检测能“辨认”5 个基因型埃博拉	苏州日报
140	2014 年 10 月 30 日	太仓一女士 26 年收藏了世界各地十几万块橡皮	扬子晚报
141	2014 年 10 月 31 日	太仓城厢镇服务群众“零距离”	新华日报
142	2014 年 10 月 31 日	太仓人保开出首家社区加盟店	苏州日报
143	2014 年 11 月 5 日	太仓实施“365 工程”　构建联系服务群众长效机制	新华日报
144	2014 年 11 月 7 日	太仓千台农机有了财产险	苏州日报
145	2014 年 11 月 14 日	娄东文化：开放、开拓、开明的文化	苏州日报
146	2014 年 11 月 17 日	太仓获设“全国文化养老示范基地”	苏州日报
147	2014 年 11 月 18 日	太仓全国首创“政社互动”　两年内将全省覆盖	苏州日报
148	2014 年 11 月 21 日	太仓长江口旅游度假区，群众信箱为民帮办	新华日报
149	2014 年 11 月 24 日	太仓荣获“全国和谐社区建设示范城市”	苏州日报
150	2014 年 11 月 28 日	留住童年时光　太仓达人 26 年收藏了超 10 万块橡皮	苏州日报
151	2014 年 11 月 28 日	北上海开启交通“大时代”模式太仓浏河古镇迎来大发展	东方早报
152	2014 年 11 月 30 日	太仓大学科技园每 2.5 个工作日有一个新项目落地	苏州日报
153	2014 年 11 月 30 日	“太仓模式”的五个共识：大病医保市场化运营难题破解术	21 世纪经济报道
154	2014 年 12 月 3 日	太仓“政社互动”获中国法治政府奖	新华日报
155	2014 年 12 月 15 日	中兴通讯在太仓建智慧城市产业基地	苏州日报
156	2014 年 12 月 16 日	江苏太仓调查：农地抵押融资的喜与忧	光明日报
157	2014 年 12 月 26 日	沪上资本“抢滩”太仓	新华日报
158	2014 年 12 月 30 日	太仓卖菜哥爆红网络　希望能得专业作家指导	扬子晚报

（市委宣传部）

接轨上海

【概况】 2014年，太仓市贯彻接轨上海发展战略，增强对沪合作，加强农业和旅游交流，强化规划交通对接，放大沪太同城效应，深化产学研合作，做好人才引进，多渠道引进上海资本进驻太仓，推进接轨上海工作持续开展。年内，全市累计引进上海项目104个，注册资本23.48亿元。

【对沪交流合作增强】 2014年，太仓市与上海市发改委、市交流合作办、市政府政策研究室、市政府重大项目办公室及嘉定区、宝山区、上海铁路局等部门开展对接工作，收集上海发展动态，研究上海发展方向，到上海考察城市交通综合运输体系。健全和完善对沪合作交流机制。与上海市虹桥商务区管委会、市政府政策研究中心、市服务业联合会等部门建立对接机制。考察调研长三角沿沪接壤县市接轨上海工作，先后到浙江平湖、嘉善等与上海接壤的县市学习考察。与上海市政府政策研究中心合作，开展“十三五”规划及“十三五”接轨上海发展战略课题研究。与上海股权托管交易中心签订战略合作协议，深化在资本市场与金融创新方面的合作，定期召开项目交流会，就双方共同关注的产业、项目信息进行沟通讨论；上海股权托管交易中心支持会员单位为太仓市推荐企业进行股权融资等金融服务。

【上海自由贸易试验区对接】 2014年，太仓市党政代表团到上海自贸区物流园区、红酒中心、虹桥商务区、漕河泾开发区等地考察相关项目。举办对接上海自贸区恳谈会，邀请东方早报策划访谈太仓市对接自贸区情况。与中国(上海）自由贸易试验区管委会、上海市口岸服务办公室和上海市进出口商会开展对接。太仓天顺风能、苏州国信金融投资集团先后在上海自贸区注册并开展业务。太仓市文化产业发展领导小组办公室与上海东方汇文国际文化服务贸易有限公司（国家对外文化贸易基地）签署《共同促进文化产业发展战略合作协议》，加强与上海自贸区联系。太仓港与上海洋山港深度合作，开发运营3期码头，筹建4期码头；与上海港签订资本和战略合作框架协议，7月，开通太仓到洋山港的“太仓快航”，运行船舶突破300艘次，装载进出口集装箱量突破20万标箱。

【上海资本引进】 2014年，太仓市加强接轨上海招商平台载体建设，与中国工商银行、中国农业银行、中国银行、中国建设银行、交通银行和驻沪使领馆、投资咨询公司、律师行、会计师行、外资银行等建立形成合作关系，建立潜在投资企业数据库。强化在沪对德招商。点对点联系在沪德企，加强和AHK（德国工商总会）、德国中心、德意志银行等机构的招商信息合作。在上海举办2014年太仓（上海）现代服务投资说明会，签约项目15个，投资总额35亿元。开展科技招商活动。吸引沪上优秀人才18人落户太仓创业，注册资金超1亿元。赞助知名活动，拓展招商人脉。通过重点赞助“英国皇家测量师学会年会”“医博会”“产业地产高峰会”“苏州土地招商会”等活动，扩大对沪宣传，拓展招商人脉资源。开展文化产业招商。通过上海文化产业管理部门、上海对外文化贸易协会等部门，搭建常态化招商平台，东上海国际文化影视集团负责运作在沪招商平台，负责与上海各行业协会的联系沟通。12月，2014年太仓文化产业接轨上海投资洽谈会召开，推动太仓市文化产业跨越发展。

【旅游和农业交流】 2014年，太仓市加强与上海的旅游和农业交流，以拓展沪上旅游市场为目标，举办2014年中国·太仓江海河三鲜美食节暨旅游文化节，免费发放美食节消费抵用券千余张，结合各类沪上旅游广告投放，开展上海电视台风尚旅游栏目太仓亲子游拍摄、“5•19”中国旅游日推介会等活动，扩大太仓旅游在上海市场的知名度。加快对沪旅游景区建设。长江口旅游度假区“长江口森林公园”项目和度假区区镇合一建设启动，上海艳阳集团在现代农业园区投资1.5亿元建设艳阳度假综合服务中心项目。增强对沪农技培训与交流，与上海高校、农业部门、农业园区衔接，组织太仓市农委中层干部到上海交通大学学习培训，考察学习奉贤农业园区、金山廊下新农村建设示范区；组织农业园区及乡镇农技站相关人员到上海南汇鲜花港、松江现代农业园区、孙桥现代农业园区、嘉定多个果蔬种植基地实地考察，学习借鉴上海农业发展的新经验、新技术、新措施，全年累计培训相关人员1500人次。

【区域合作】 2014年，太仓市建立太仓嘉定两地“联防联治”环保合作机制，以解决交界区域环境突出问题为目标，推进生态文明建设。太仓市与嘉定区签署《环境保护合作白皮书》，打破环境保护方面的区域分割限制，将两地边界垂直距离500米范围划为“联防联治区”。合力推进生态环境的共防、共治、共保，实行每季度一次联席会议制度。太仓市与嘉定区相关部门开展联合执法行动，梳理、解决交界区域苑建有机肥料厂、海螺水泥有限公司等12个突出环境问题。与嘉定区开展水利水务合作共建，就水资源保护、水环境治理和防汛抗台等三方面加强规划衔接，实行共建共治。加强两地浏河规划协调与衔接，推进堤防护岸建设和整治，控制浏河沿线入河排污口设置，加强监管，防控排污，防汛抗台，提升浏河水质，增强防汛能力，为两地人民群众生产安全和生活便利提供保障。加强太仓嘉定医疗跨区域联动。在《医疗急救资源共享协议》基础上，太仓市医疗急救站与嘉定区医疗急救中心就应急救援网络实现无缝化、制度化、机制化对接，实现区域性应急救援装备设施共建共享、应急物资互相支援、调运，信息互通，支援互助。应急处置定期演练、定期交流，共同提高医疗救治水平。与虹桥商务区就区域战略合作事宜对接，借力虹桥商务区，助推太仓市临沪产业发展。

【交通规划对接】 2014年，太仓市以新一轮城市总体规划为引导，加快现代田园城市建设，打造上海后花园。完善交通规划对接，与上海嘉定区沟通，谋划604省道与嘉定城北路对接、正夫路与嘉定北和路对接，太仓市有轨电车1号线与嘉定有轨电车2号线对接。推进接沪公路网络体系建设。完成338省道上海交界段改造工程和沿江高速沙溪出入口改造工程。推进岳鹿公路（江南路至太浏线）段施工进度，完成岳鹿公路（江南路至太浏线）段新建工程全部路基土方和桥梁下部结构施工，完成岳鹿公路（太浏线至上海界）段新建工程的施工图设计。开展对接上海城北路的岳鹿公路太浏线至上海界的线位和拆迁调研工作。构建多方式接沪运输通道，提升沪太交通运输服务能力。沪通铁路太仓段初步设计方案通过国家发改委审查，开展沪通铁路征地拆迁、三线搬移等前期调研工作。完成太嘉线车辆更新。完成科教新城客运站初步方案设计等前期工作。开展上海（虹桥）机场太仓航站楼（位于太仓汽车客运中心内）筹建工作，年内完成航站楼工作台、显示屏等硬件装设和车辆订购。

【人才引进】 2014年，太仓市深化产学研合作载体建设，与上海第二工业大学签署全面合作框架协议，与中国科学院国家技术转移中心、上海交通大学、华东理工大学、上海理工大学、东华大学、同济大学、复旦大学等7家高校院所续签技术转移太仓分中心协议，与中国科学院上海硅酸盐研究所签订中国科学院（苏州）先进材料研究院共建协议。年内，太仓市签约科技合作项目214项，其中与上海高校、科研院所签约科技合作项目78项，签约金额超亿元。做好人才引进平台建设。联合沪上专业人才服务机构，加强沪上高层次人才引进。与上海外服公司达成举办沪太合作举办高端人才论坛或研讨会活动合作意向。与上海市对外服务有限公司交流洽谈关于人才引进合作事宜。开展相关对接活动。举办校企合作专场暨上海高校学子看太仓、太仓市第三届科技创新工程推进月开幕式暨科技人才双百对接会、2014年苏州国际精英创业周太仓分会场等活动。组织企业到上海参加太仓市—华东理工大学产学研对接会、光电信息技术公共服务平台产学研对接会、科技行—华东理工大学生物医药、新材料领域产学研对接会、上海高校行等活动。借鉴上海经验，完善人才引进“绿色通道”。调研沪太人才结构与流动现状，实施产业人才发展规划，对到太仓工作的沪上高层次人才开展“绿色通道”服务。借鉴上海“千人计划”服务窗口经验，成立太仓市“高层次人才”特服窗口。健雄职业技术学院联合上海高校开展在职教育硕士培养工作。推进沪上到太仓高层次人才培育。年内来自上海的高层次人才共申报江苏省双创人才12项、申报姑苏人才11项、申报太仓市优秀高层次人才计划预评审项目22项，申报太仓科技创新创业领军人才18项。

【卫生事业合作】 2014年，太仓市继续推进沪太院院合作。年内，太仓市第一人民医院继续与上海第十人民医院、第六人民医院、新华医院等3家医院开展合作，市中医医院与上海岳阳医院开展合作。市人民医院聘请上海肿瘤医院邵志敏、上海六院滕银成分别担任其普外甲乳科、妇科名誉主任。市人民医院肾内科、呼吸科、重症医学科、超声科、护理部等加入上海第十人民医院学科联盟。市中医医院的苏州市级“降脂丸对动脉粥样硬化影响的机理研究”课题在上海岳阳医院支持下，发表论文2篇。市第一人民医院与上海市儿童医院建立合作关系，设立上海市儿童医院太仓市第一人民医院儿科协作中心。浏河人民医院与上海第三人民医院签订托管合作协议，实施全面管理。年内，全市共邀请10多位院院合作知名专家到太仓门诊2577人次、会诊手术135人次。开展学科人员培育工作，邀请上海专家到太仓开展讲座、学术指导。市第一人民医院与中国科学院上海巴斯德研究所签订框架协议，筹建联合实验室。市中医医院有7人入选岳阳医院“青苗培养工程”，其中3人就读在职研究生。选送优秀医务骨干至上海中医药大学进行“西学中”培训。

【文化交流活动】 2014年，太仓市营造对接上海自由贸易试验区舆论氛围，邀请上海东方早报策划宣传。围绕德企之乡、产业转型升级、新型城镇化、文化创意产业推介、江海河三鲜美食节暨旅游文化节、2014年国际田联竞走世界杯赛等相关主题，邀请沪上主流媒体到太仓采访，推介太仓，在《解放日报》《文汇报》《东方早报》和东方卫视等沪上主流媒体刊发消息、通讯、专版等报道共40多篇，解放牛网、东方网、新浪、搜狐、腾讯、看看新闻等沪上众多新闻和门户网站相继转载。创新宣传方式。首次尝试在上海轨道交通16个热门换乘站点的LED屏投放2014年国际田联竞走世界杯赛电子海报。在东方卫视周一至周五的晚8点黄金时段《梦想剧场》栏目投放8个月的城市形象广告。对沪媒体合作深入推进。《解放日报》在太仓设立《解放日报》新闻采访基地，在市传媒中心挂牌。《解放日报》资深记者到太仓开展讲座培训，选派太仓日报社若干名记者赴解放日报社国内新闻部挂职学习。与《上海日报》共同完成中英文双语版《太仓概览》《美丽太仓》画册制作。开展文化交流活动。会同苏州凤凰传媒学院制定对接上海的太仓文化产业发展规划。邀请上海新文化影视集团股份公司、东上海国际文化影视集团等文化企业到太仓考察。走访外高桥保税区国家对外文化贸易基地和虹口区国家音乐基地，推介太仓市文化产业。组织服装行业协会的10多家企业参加上海东华大学优秀毕业生服装设计展，搭建服装设计交流平台。

（沈　泓）

1月

2日　太仓市启动第三次全国经济普查入户登记工作。普查主要内容包括单位基本属性、从业人员、财务状况、生产经营情况、生产能力、原材料和能源及主要资源消耗、科技活动情况等。

4日　中国人民政治协商会议太仓市第十三届委员会第三次会议在市行政中心开幕。中共太仓市委书记王剑锋作重要讲话，会议执行主席宋建中代表市政协十三届委员会常务委员会作工作报告，朱薇圆代表市政协十三届委员会常务委员会作十三届二次会议以来提案工作情况的报告。大会表彰市政协十三届一次会议以来优秀政协委员和2013年度优秀提案、提案先进承办单位及“履职为民、服务百姓”系列活动先进集体、先进个人。

5—7日　太仓市第十五届人民代表大会第三次会议在市行政中心举行。大会以无记名投票的方式，选举杜小刚为太仓市人民政府市长。大会通过《关于太仓市人民政府工作报告的决议》《关于太仓市2013年国民经济和社会发展计划执行情况与2014年国民经济和社会发展计划的决议》《关于太仓市2013年财政预算执行情况与2014年财政预算的决议》《关于太仓市人大常委会工作报告的决议》《关于太仓市人民法院工作报告的决议》《关于太仓市人民检察院工作报告的决议》《关于“加快区镇生活污水治理，提升城乡生态环境质量”议案的决议》7项决议。

7日　城厢镇安息堂“吴堂寝园”正式启用。全市共规划建设安息堂8个。城厢镇安息堂占地面积2.7万平方米，总建筑面积2万平方米，总投资约6500万元。5幢骨灰堂可存储骨灰盒8万个，满足城厢镇50年的存储容量。

8—9日　太仓市通过国家生态市初审。考核组听取市政府关于国家生态市初核工作报告，观看专题片和技术资料片，审核资料台账，检查产业转型升级、环境基础设施建设、农村环境综合整治、自然生态保护、环境质量状况、生态文化建设等现场。

10日　工信部党组成员、总工程师朱宏任一行到太仓调研中德合作情况。朱宏任指出，中德（太仓）中小企业合作示范区是国家级合作区，做好示范区工作具有特殊意义。

11日　太仓市申报的《“政社互动”创新实践》获“第7届中国地方政府创新奖”提名奖。

16日　苏州市表彰2013年度道德模范·精神文明十佳新人、十佳新事和苏州好人·百名文明市民标兵，太仓市共有10位好人好事获表彰。

17日　《太仓国家现代农业示范区——现代水稻产业园建设总体规划（2014—2020）》通过专家评审。按照规划，现代水稻产业园突出“生态和谐、美丽田园”定位，打造“江南水稻第一方”，总面积约2040公顷，规划区涉及城厢镇东林村、万丰村，双凤镇庆丰村，沙溪镇中荷村、胜利村和塘桥村。

△　江苏省住房保障体系建设专题现场会在太仓召开。会议讨论《关于进一步加强住房保障体系建设的指导意见》，就如何更好地开展住房保障工作，建立进退有序的保障体制进行探讨。与会人员对太仓市“三房并轨”试点，即廉租房、公租房、直管公房房源统一管理、制度并轨工作予以肯定。

20日　中共太仓市委召开全市党的群众路线教育实践活动动员大会，部署全市教育实践活动。

24日　南京中医药大学太仓附属医院揭牌仪式在市中医医院举行，太仓市中医医院正式列入南京中医药大学非直属附属医院。

本月　太仓市原创的法制微电影《老有所依》获第十届全国法制微电影大赛优秀奖。

△　太仓市城厢镇南园社区和东林佳苑社区经省地

震局评审认定为“江苏省地震安全示范区”。至此，全市有 4 个社区获评省级地震安全示范社区。

△ 阿里巴巴集团研究中心发布国内首份县域电子商务研究报告，太仓市列“2013 年中国电子商务发展百佳县”第 9 位。

△ 全省首台县级气象大气激光雷达在市气象台建成运行。该雷达系统可高精度探测大气污染物性质，监测及预警雾霾天气。

△ 北京宣力投资有限公司和天顺风能（苏州）股份有限公司在中国（上海）自由贸易试验区注册成立宣力节能环保投资控股有限公司（上市公司，证券代码：SZ002531），注册资金 3 亿元。这是太仓企业在中国（上海）自由贸易试验区注册成立的首家企业。

△ 太仓市入选全国首批 61 个社会工作服务标准化建设示范地区名单。

2 月

12 日 2014 年苏州市重大项目春季开工太仓分会场活动在新区举行，太仓市 24 个项目集中开工开业，总投资 103.3 亿元，其中 2 个项目开业，总投资 16.89 亿元。

18 日 苏州市富尔达科技股份有限公司在上海股权托管交易中心正式挂牌上市。这是太仓市第 2 家在上海股权托管交易中心正式挂牌上市的企业。

19 日 由江苏新扬子公司建造的超大型试航海轮“新扬子 150”在太仓海事局维护下出江试航。该轮船长 337 米，船宽 48 米，该航次最大吃水 8.6 米，可装载 10000 标箱集装箱。

20 日 舍弗勒集团首席执行官克劳斯·罗森菲尔德一行访问太仓，市委书记王剑锋会见罗森菲尔德一行。

21 日 浙商银行太仓支行开业，成为入驻太仓的第 21 家银行业金融机构。

△ 中共中央对外联络部经济联络中心主任胡延新率调研组到太仓调研中德合作情况。调研组表示，将发挥经联中心对外联系优势，为深化太仓的对德合作提供帮助。

25 日 国家开发银行苏州分行行长李虹一行到太仓调研，市委书记王剑锋会见李虹一行，双方就国开行和太仓的金融合作情况进行交流。

△ 太仓市武术协会获评“2010—2013 年全国武术之乡建设工作先进单位”。太仓市作为全国第一批“武术之乡”拥有会员 148 人、江苏省武术协会会员 115 人；国家武术一级裁判 5 人，二级裁判 7 人，三级裁判 39 人；国家级社会体育指导员 8 人，一级社会指导员 29 人，二级社会指导员 145 人，三级社会指导员 570 人；204 人具有国家武术段位。

27 日 德国联邦议院议员、前联邦教研部部长安妮特·沙万一行到太仓访问。

△ 国家发改委社会发展司副司长王风玲一行到太仓调研教育现代化工作。

28 日 太仓市委副书记、市长杜小刚会见俄罗斯原副总理、莫斯科国立大学副校长谢尔盖·沙赫赖一行。俄驻沪总领馆副总领德米特里·德米特里耶夫、太仓市副市长赵建初参加会见活动。

本月 国家质检总局发布公告，太仓市有色金属行业新增 2 项国家标准和 3 项行业标准获批发布，并于年内正式实施。

△ “12345”便民服务热线启动“居家养老”服务项目，项目以“12345”便民服务平台为载体，以家庭为核心，以社区为基础，依托“12345”热线成熟的处理机制和运行经验，为全市居家老人提供包括衣食住行、医疗保障在内的全方位服务。

△ 太仓市 2013 年中央财政小型农田水利重点县工程完成施工签约。该工程项目涉及双凤、城厢、浮桥 3 个镇，主要工程内容为建设标准化农田 1626.67 公顷，新建、改建、维修泵站 39 座，渠道 125 公里，配套建筑物 6634 座，喷滴灌 33.33 公顷，低压管道灌溉 166.67 公顷，完成 32 公里排水沟清理，计划总投资 5777 万元。

△ 由苏州金辉纤维新材料有限公司参与制定的两项国家标准 GB/T30127—2013《纺织品远红外性能的检测与评价》、GB/T30124—2013《竹炭涤纶低弹丝》正式发布并于年内实施。

3 月

1 日 沪通铁路长江大桥开工建设，标志着中国沿海铁路大通道的重要组成部分——沪通铁路全面开工建设。沪通铁路的建设将结束太仓没有铁路的历史，推动太仓全面融入长三角一体化发展。

8 日 德国通快集团主办的“决胜千里，马到成功”2014 年通快技术博览会在太仓落下帷幕。该届博览会为期 4 天，通快太仓工厂现场展示高速数控冲床、激光切割机、激光管切割机、数控折弯机、自动化系统、三维激光加工焊接系统、激光器以及激光打标机等系列产品。

11 日 太仓市被全国普法办表彰为全国“六五”普法中期先进市，这是“一五”普法以来，太仓首次获得该项荣誉，弥补太仓普法工作全国综合性荣誉的空白。

△ 位于上海东路的恒丰银行股份有限公司太仓支行开业。

12日 太仓市工业设计协会成立大会在市工业展览馆举行，太仓成为江苏省首个建立县域工业设计协会的县级城市。

△ 英国威勒尔市博肯海德中学与太仓市实验中学签署协议，缔结为姐妹学校。

△ 江苏省司法厅厅长柳玉祥一行到太仓调研法制宣传和公共法律服务全覆盖工作。

12—13日 太仓质检所及江苏省运动健身器材质量监督检验中心通过CMA（中国计量认证）计量认证现场评审。

16日 江苏省人民政府印发《省政府关于同意健雄职业技术学院更名为苏州健雄职业技术学院的批复》（苏政复〔2014〕44号），同意健雄职业技术学院更名为苏州健雄职业技术学院。苏州健雄职业技术学院为专科层次的公办普通高等学校，更名后学校的管理体制、经费渠道等不变。

21日 苏州市农业担保有限公司太仓分公司开业。

21—22日 国务院参事、中国生殖健康产业协会副会长马力一行到太仓，对生殖健康产业基地开展实地评审工作。

23日 民盟苏州市委太仓直属小组举行成立大会，民盟组织在苏州实现全覆盖。民盟江苏省委主委、副省长曹卫星，民盟苏州市委主委、政协副主席蒋来清出席成立大会。

△ 璜泾镇环境保护委员会成立，是太仓市首个镇级环境保护委员会。

△ 太仓市农委在中科院南京土壤所举办基层农技人员土肥专业高级进修班，中国科学院院士、中国科学院土壤研究所研究员、中国科学院农研委主任、著名土壤地理学家、国家级有突出贡献专家赵其国应邀作题为《面向2020年的农业科技战略选择：构建我国生态高值农业产业体系》的科研创新专题学术报告。

28日 太仓市启动实施单独两孩政策。即日起，夫妻双方只要一方是独生子女，有一方是太仓户籍，只有一个孩子的，可在太仓办理再生育审批手续。根据市人口计生委前期统计预算，全市符合单独两孩新政的家庭约有5000户。

△ 2014年中国太仓江海河三鲜美食节暨旅游文化节在浏河镇园花园山庄开幕，并举行新闻发布会。

△ 市委书记王剑锋，市委副书记、市长杜小刚会见埃克森美孚全球副总裁兼埃克森美孚炼油及供应公司总裁武德伦一行。

29日 太仓市第一人民医院入围2013年中国医院•竞争力100/300/500强排行榜，在全国二级甲等医院中排名第三、江苏省二级甲等医院中位居第一。排行榜由香港艾力彼医院管理研究中心和香港医院观察杂志社联合发布。

4月

1日 江苏省住建厅命名太仓市北门街、太胜社区为省级示范路和示范社区。

5—6日 2014年“中国蕙兰”叶艺、花艺博览交易会在太仓市现代农业园新城兰圃举行。江苏、浙江、上海、北京、湖北、四川、云南、湖南、河南、山东及台湾地区等11个省市的兰花参展。

10—11日 全国政协常委、海协会会长陈德铭一行到太仓调研台资企业转型升级情况。陈德铭表示，太仓可以引进更多的科技创新型企业，向产出高、占用资源少的方向发展，支持企业通过研发具有引领性的产品，抢占高端市场，营造良好投资环境。

11日 舍弗勒太仓制造基地五号厂房举行投产仪式。五号厂房生产面积4600平方米，主要生产湿式双离合器和液力变矩器，其中湿式双离合器生产线和液力变矩器生产线为首次在中国运用。

17日 国家体育总局中国田径运动管理中心副主任、田径协会副主席沈纯德到太仓检查2014年国际田联竞争世界杯赛的赛事筹备情况。

19日 土耳其摄影家2014年中国•苏州摄影家作品交流展在太仓美术馆举行。展览至5月10日结束，展出2014年土耳其摄影家代表团10名成员的49幅作品。

△ 诗梦江南系列诗文化主题活动在沙溪镇举行，中国作协副主席高洪波，省作协党组书记、主席范小青等30余位诗人、诗评家参加。活动包括举行中国新诗第3届论坛、创建江苏省作家协会文学创作基地暨中国新诗江南创作研究基地等。中国新诗江南创作研究基地由北京大学中国新诗研究所、首都师范大学中国诗歌研究中心、北京师范大学中国当代文学创作与批评研究中心、南京大学新诗研究所、上海交通大学当代中国文学与文化研究中心联合挂牌成立。

23日 2014年全欧高层次人才太仓创新创业对接会在太仓举行，94名来自德国、瑞典、瑞士等国家的外籍人才参加。

△ “幸福娄城•灿烂夕阳”2014年太仓市文化养老艺术节暨第7届业余文艺百团大展演活动在浏河镇市民广场启动。

△ 国内第一艘由民营企业自主研发建造的具有完全自主知识产权的大型万箱级集装箱船“鑫福

01”号海轮在太仓港扬子江海工码头建造完工。

26 日　2014 年第 9 届太仓阅读节在市图书馆报告厅举行开幕式。

28 日　太仓市首个汽配产业专业性协会——双凤镇商会汽配行业分会成立，共有会员企业 22 家。

30 日　太仓市第 3 届科创月开幕式暨科技人才双百对接会举行。2014 年，按照《太仓市产业投资基金管理暂行办法》，太仓市计划每年安排一亿元资金，以股权投资形式，扶持符合产业政策、发展潜力大、预期盈利能力强、对太仓经济及产业结构调整贡献突出的企业，2 家公司获得首批投资。

△　太仓市民卡 • 公交卡正式发行，首批发行 3000 张。至 2015 年年底，正式取消原太仓市公共交通卡功能。作为太仓市民卡衍生卡的一种，市民凭新公交卡可在公交领域小额支付场所使用。

△　太仓市在全国“社会主义新农村建设档案工作示范县”活动中获评示范单位。

本月　涉嫌非法处理水处理污泥（HW17）的宏光车料（太仓）有限公司构成污染环境罪，相关人员由太仓市人民法院宣判，被追究刑事责任。这是太仓市首例因污染环境而被追究刑事责任的案件。

△　据太仓市第 6 次全国体育普查工作统计，全市体育场地共 1442 个，体育场地面积共计 280 万平方米，人均拥有体育场地面积约 3.96 平方米。

△　太仓港规划建设长江最大汽车集装箱滚装码头。太仓港港务集团有限公司与上海海通公司合作成立海通（太仓）汽车码头有限公司，共同开发建设太仓港汽车集装箱滚装码头，包括 4 个汽车集装箱滚装泊位。项目总投资 17.5 亿元，注册资本 7.6 亿元。

△　苏州市宏达集团有限公司申报的“废弃物资源化利用循环经济标准化试点”和玖龙纸业（太仓）有限公司申报的“废纸资源化利用循环经济标准化试点”入围 2014 年江苏省循环经济标准化试点项目获批名单。

5 月

2 日　2014 年国际田联竞走世界杯赛在太仓开幕。国际田联司库、赛事组织代表瓦伦丁 • 巴拉克切尼夫，国际田联秘书长艾萨 • 盖布里尔，国家体育总局副局长、中国奥委会副主席肖天，江苏省副省长曹卫星等出席开幕式。该世界杯赛是国际体育界最高水平的单项竞走赛事之一，由国际田联主办，每两年举办一届。比赛分成年组、青年组两个组别，包括成年男子 50 公里、20 公里，成年女子 20 公里及青年男子、女子 10 公里共 5 个项目，来自 48 个国家和地区的 348 名运动员参加竞赛。

3—4 日　第 26 届 2014 年国际田联竞走世界杯赛开赛。中国队分获成年男子 10 公里团体冠军、成年女子 20 公里团体亚军、成年男子 50 公里团体季军、青年女子 10 公里团体冠军。中国选手高文魁获成年男子 10 公里冠军、段丹丹获青年女子 10 公里冠军。

4 日　太仓市规划展示馆对外开放，市民可凭有效证件免费进馆参观。市规划展示馆是太仓第一座雕塑性建筑，外形犹如两条竞相追逐的“鱼”。展馆有 19 个展厅，分两层展示。展馆主题是“太仓之梦”，以时间为线索，分为序厅、小城故事、金色太仓、田园之梦、尾厅 5 个章节，全面展示太仓现代化建设成就和未来规划。

△　太仓市婚姻登记处获评“全国 AAA 级婚姻登记机关”称号，是第 2 批国家等级婚姻登记机关中苏州范围内唯一一家获此荣誉的单位。

5—6 日　由国家体育总局田径运动管理中心主办，江苏省体育局和太仓市共同承办的 2014 年全国竞走冠军赛在太仓举行。全国 54 家单位的 449 名运动员参赛。比赛分为成年组、青年组、少年组和基地组 4 个组别。成年男子组分 20 公里和 50 公里，成年女子组为 20 公里；青年男子组分 10 公里和 30 公里，青年女子组为 10 公里；少年男子、女子组均为 10 公里；基地组男子、女子均为 5 公里。

△　太仓市友好交流代表团应邀赴美国沙泉市开展友好交流活动，沙泉市市长鲍尔及市政厅全体议员会见代表团一行，探讨两市在汽车贸易领域合作的可能性。

7—8 日　太仓市文化代表团应邀赴英国威勒尔市举办文化交流活动。威勒尔市议长菲利普 • 戴维斯、市长格雷厄姆 • 伯杰斯在威勒尔市市政厅会见太仓市友好代表团一行。

7—14 日　太仓市委副书记、市长杜小刚率队赴意大利、德国开展国际经贸交流活动，推动中德合作向纵深发展，加强对意大利招商引资，为太仓市对外发展搭建新平台。5 月 7 日，杜小刚到意大利蒙扎市访问，与蒙扎市市长罗贝托 • 斯卡纳卡迪就开展合作展开交流，并举办投资说明会。5 月 9 日，杜小刚拜访德国巴伐利亚银行高层，就筹建太仓德国中心展开交流。5 月 12 日，第 7 届德国太仓日活动在巴符州图特林根举行。德国工商大会代表托马斯、中国驻法兰克福总领馆经济领事佘卫华出席活动。

13 日　全国人大环资委法案室巡视员蔡微、水利部政策法规司副司长陈琴率调研组到太仓专题调研长江流域水资源保护立法工作。调研组实地考察太仓港及市水源地，调查了解长江下游水资源管理、水污染防治、流域管理体制机制、相关立法需求等情况，就长江下游岸线利用管理情况以及围滩工程建设管理情况、河口地区深水航道整治工程对防洪（潮）及河势稳定的影响、咸潮入侵对河口地区的影响等方面进行重点调研。

14 日　江苏省民政厅厅长侯学元到太仓调研养老工作。侯学元对“以居家养老为基础、社区养老为依托、机构养老为补充、信息养老为辅助、文化养老为特色”的太仓市养老服务体系表示肯定。

△　太仓市首家红十字会救护培训基地在市公安局警务中心成立。

15 日　美国南达科他州州长道加德一行 13 人访问太仓，太仓市副市长陆燕在太仓安佑集团会见道加德，双方就农业方面开展经贸合作展开交流。

△　太仓市浏河镇张桥村 64 组村民吴彩英家庭获“全国五好文明家庭”称号。

19 日　国家宗教局局长王作安一行到太仓调研考察双凤寺、同觉寺等，王作安听取市寺庙义工管理工作情况介绍。

△　太仓港至日本航线增至 5 条，总数加密至每周 12 班，直达日本的东京、横滨、名古屋、大阪、神户、下关、博多、门司等 8 个主要港口，辐射日本全境。

21 日　中央电视台科教节目制作中心《历史的拐点》纪录片摄制组在太仓市浏河镇拍摄郑和遗迹。

23—29 日　江苏省第 18 届运动会青少年部田径预赛举行，太仓籍运动员获得 6 枚金牌、5 枚银牌、2 枚铜牌。

27 日　商务部流通业发展司司长向欣到太仓港集装箱码头、渤海商品交易所太仓交易中心等地调研流通服务业发展情况。

28 日　苏州市委副书记陈振一到太仓调研新型合作经济发展情况。太仓市累计组建各类新型合作经济组织 772 家，加入各类合作经济组织的农户 8.07 万户，农户入社率 97.1%。

29 日　由国家体育总局社体中心、中国钓鱼协会和太仓市主办的 2013—2014 年全国钓鱼锦标赛总决赛暨 2014 年全国钓鱼锦标赛（江苏太仓站）比赛，在市现代渔业产业园举行。比赛至 6 月 3 日结束。

△　文化部副部长、国家文物局局长励小捷到太仓调研文物保护工作。

本月　太仓市拥有智能公交候车亭 231 个、电子站牌 117 个、田园式候车亭 139 个，是全国最早建设智能公交候车亭且建成数量最多的县（市）。

△　太仓市首个联盟标准 Q/LM THJ 001 － 2014《涤纶低弹网络丝》由璜泾加弹行业商会发布。省质监局对该项联盟标准作备案。

△　由太仓质检所筹建的国内首家运动健身器材质检中心通过省级资质认证，可对外提供运动健身器材类 44 个产品、23 项参数的检验检测服务。

△　由太仓市纪委、监察局、行政服务中心和便民服务中心等联合开发的“民情 e 路通”手机客户端（“12345”便民服务手机客户端）上线，实现在线提交诉求，查询行政审批服务事项等功能。

△　太仓市新增 10 辆 85 座天然气大容量公交车，天然气公交占比 24%。

△　太仓市现代化养老机构颐悦园正式启用，该园占地面积 1.87 公顷，总建筑面积 3.4 万平方米，共设置床位 602 张，首批 43 名老人入住该园。

6 月

1 日　七浦塘拓浚整治工程太仓一标段（石头塘至沿江高速）通水，通水水面深度 2 米，汛期通水水面可蓄积至 4 米，提升防汛保障功能。七浦塘拓浚整治工程太仓一标段约 4.67 公里，开挖土方 130 万立方米，新建护岸 9.34 公里，新建口门建筑物 8 座，新建桥梁 5 座。河道工程采用直立式挡墙加生态护坡形式，河口宽 59 米，河底宽 25 米，边坡为 1:4，河底高程为 −2.00 米，两侧设置 5 米宽堤顶道路，路面高程 5.2 米。

4 日　司法部副部长张彦珍、政治部副主任徐辉一行到太仓市公共法律服务中心，调研太仓司法行政创新管理工作。

6 日　斯洛文尼亚经济与发展部部长梅托德·德拉贡率斯洛文尼亚经济代表团访问太仓。太仓市委副书记、市长杜小刚在市行政中心会见德拉贡一行。双方就进一步加强经济技术合作进行交流。太仓市副市长陆燕，斯洛文尼亚驻华大使玛利亚·阿达尼娅出席活动。

△　太仓港综合保税区（一期）通过由南京海关组织的联合预验收。太仓港综合保税区是全国第 32 个、江苏第 9 个综合保税区，规划面积 2.07 平方公里，一期验收面积 0.85 平方公里，分为口岸作业区、保税物流区、保税加工区和保税服务区等四大功能区。

7 日　国家商标局发布商标公告，“新毛芋艿”通过审查，成功注册为地理标志证明商标，是太仓市获得的第一个地理标志证明商标。新毛芋艿主产地位于城厢镇新毛管理区及周边地区，总面积近 40 平方公里。

7—9 日　2014 年普通高等学校招生全国统一考试举行。太仓市设考点 1 个、考场 52 个，全市 1523 名考生参加考试，其中 34 名考生为在太仓务工就业人员随迁子女。824 名考生进入江苏省本二平行志愿投档线（“本二线”），其中 326 人进入江苏省本一平行志愿投档线（“本一线”），本一批次、本二批次出线率分别为 21.4%、54.1%，其中本二批次出线率较上年高出 3.1 个百分点，是历史最好成绩。

8 日 美国月季协会授予太仓市恩钿月季公园“2014 年世界月季名园堂”称号，这是中国第一个获此称号的月季园。

9 日 江苏省慈善总会会长俞兴德到太仓调研慈善爱心超市建设工作。太仓市共有慈善爱心超市 36 家，遍及各镇区。

13 日 民政部部长李立国到太仓调研“政社互动”工作。李立国实地考察太仓市民政公共服务中心和城厢镇东林村，指导村民自治工作。

15 日 上海交通大学太仓校友会成立，首批会员 39 人，这是上海交通大学在县级市成立的第一个校友会。

17—19 日 苏州市初中毕业暨升学考试举行。太仓市共有 4173 名考生参加考试。

18 日 由中国美术家协会和太仓市委宣传部主办的“重温经典”娄东（太仓）全国中国画作品展在太仓博物馆开幕。这是中华人民共和国成立以来太仓举办的规格最高、规模最大的美术展览活动，画展至 7 月 18 日结束。

20 日 苏州市委常委、市纪委书记周广智到太仓调研落实党风廉政建设“两个责任”情况。

23—27 日 2014 年中国青少年乒乓球公开赛暨国际乒联青少年巡回赛（太仓站）在市体育馆举行，14 个国家 84 名运动员参赛。中国选手获男子 U18 组冠军、亚军、季军和女子 U18 组冠军，中国队包揽男子、女子 U18 团体赛和女子 U15 团体赛第一名。

24 日 中央政法委副秘书长、中央综治办主任陈训秋到太仓市社会组织服务中心和东林村等地，实地调研“三社联动”和“政社互动”在基层运作情况。

26 日 中国微型小说学会授予沙溪高级中学“中国微型小说教育基地”称号。沙溪高级中学是全国普教系统唯一获“中国微型小说教育基地”称号的学校。

△ 苏州市委副书记陈振一到太仓调研太仓市首创的“农村土地承包经营权抵押登记贷款”，陈振一希望在总结太仓经验基础上进一步在苏州范围内推广。

本月 太仓市农村劳务合作指导站挂牌成立，这是全国首家农村劳务合作指导机构。指导站主要履行对全市农村劳务合作组织的指导、服务和行业管理职责。

△ 太仓市娄东街道陆渡老年人日间照料中心正式启用，是太仓区镇一级首家引入社会力量开展老年人服务的日间照料中心，中心总建筑面积近 700 平方米，可为 80 多名老人提供日间照料服务。

△ 太仓市城厢镇德兴社区“智能•健康”居家养老科技示范社区项目获省科技厅立项，太仓市成为苏州地区唯一一个连续 4 年获得省科技社区项目立项的县（市、区）。

7 月

1 日 国家卫生计生委宣传司主办的婚育新风进万家活动第四阶段示范市（地、州、区）干部能力建设培训班在太仓娄东宾馆开班，来自国家卫计委、民政部、中国人民大学、南开大学等单位的专家、教授围绕全民健康素养促进工作、单独两孩政策及影响、城乡基层治理的理论与实践等方面内容进行讲解。

△ 太仓检验检疫局对太仓口岸所有进出口货物实施检验检疫电子申报，正式实施无纸化通关。该举措简化企业申报数据项目，免收通关单签证费，节约企业人力、物力成本。

2 日 省委常委、副省长徐鸣一行到太仓调研村级经济发展情况。

△ 全国 31 个省（自治区、直辖市）和新疆生产建设兵团的 108 名大型医院领导班子成员在 CTC（中国生殖健康家庭保健培训中心）开始为期 4 天的公立医院院长职业化培训。培训围绕深化医药卫生体制改革的重点任务和医院院长职业化建设有关内容展开，采取集中授课、互动交流、案例分析等形式进行，并开设学员论坛。

2—4 日 2014 年太仓市普通高中共录取学生 1830 人，其中江苏省太仓高级中学录取 630 人，国际班招收 30 人；江苏省沙溪高级中学录取 540 人；太仓市明德高级中学录取 630 人。录取顺序依次为统招生（含指标生）、择校生。

3 日 起航自毛里求斯的“桑巴海角”超大型船舶以 −12 米的吃水靠泊太仓港武港码头，刷新太仓港停泊船舶吃水深度 −11.8 米的纪录，成为长江吃水最深的首艘超大型船舶。

4 日 苏州市荣誉市民、日本池田市前市长、池田市日中友好协会会长仓田薰到太仓访问。双方就日本企业家与太仓开展生物医药项目合作进行交流。

5 日 国家发改委党组成员、国家粮食局党组书记、局长任正晓一行到太仓调研粮食工作，希望太仓深化和拓展“粮食银行”内涵，使其在推进城乡一体化进程中发挥更大作用。

7日 苏州市委副书记、市长周乃翔，苏州市委副书记陈振一，副市长陆留生到太仓检查七浦塘拓浚整治工程情况。七浦塘拓浚整治江边枢纽是七浦塘与长江交汇口的重要口门控制性建筑物，由已建节制闸、船闸和增建泵站三部分组成。增建泵站属于大型泵站，是引排结合的双向泵，建成后将具有引水、改善水环境、挡潮、防洪、排涝及航运等综合功能。

△ 2014年第11届全国武术之乡套路比赛在湖南省永州市东安县闭幕，太仓市武术队获集体太极拳第1名，个人项目获金牌4枚、银牌8枚、铜牌13枚。

9日 中国科协副主席程东红一行到太仓调研，对太仓科协推动全民科普、服务经济发展的做法表示肯定。

10日 中国共产主义青年团中央书记处书记徐晓到太仓调研农村共青团工作。

△ 2014年中德工业设计周系列活动、首届江苏青年设计大赛暨海峡两岸大学生设计营开幕式在江苏（太仓）LOFT工业设计园举行。

11日 全国政协教科文卫体委员会副主任、科技部原副部长陈小娅率全国政协调研组到太仓，就“建立产学研协同创新机制，强化企业技术创新主体地位”课题开展调研。全国政协常委、全国政协教科文卫体委员会副主任、科技部原副部长程津培，江苏省政协副主席麻建国参加调研。

△ 太仓市举行2014年苏州国际精英创业周太仓分会场活动开幕式。开幕式上，举行德国留学生创业园揭牌，“海外引才直通站”“千人计划”引智工作站授牌，领军人才项目启动资金颁发和人才项目签约等活动。

15日 2014年发展中国家人口、可持续发展和减贫部级研讨班在CTC闭幕。研讨班上，主要介绍中国人口信息化建设、可持续发展、减贫能力建设、南南合作等领域的政策体系与实践经验。

△ 2014年江苏省“新健杯”毽球比赛在市体育馆举行。来自南京、徐州、新沂、南通等7个市(区)14支男、女队伍的120多名运动员参加比赛。

16—17日 江苏省委副书记、苏州市委书记石泰峰到太仓调研。石泰峰要求太仓提升目标定位，自我加压、主动作为、跨越赶超、争先进位，打造苏南现代化建设示范区“太仓样本”，树立江苏东大门良好形象。

18日 位于东仓南路的上海银行股份有限公司太仓支行开业。

21日 中共太仓市委十二届八次全体（扩大）会议召开。全会贯彻落实中央决策部署，按照江苏省委和苏州市委最新要求，总结上半年工作，研究部署下半年任务，动员全市上下紧扣苏南现代化建设示范区“太仓样本”目标，坚持推进改革发展和践行群众路线两手抓两促进两丰收，勇于担当、创新实干，攻坚克难、善谋善为，确保完成全年各项目标任务。

△ 太仓市被江苏省委、省政府、省军区命名为省级双拥模范城。这是太仓市连续五届获此荣誉，实现省级双拥模范城“五连冠”。

23日 江苏省副省长、省双拥工作领导小组副组长许津荣到太仓慰问江苏海警支队一大队官兵。

24日 江苏省委副书记，省长李学勇到太仓调研，肯定太仓市在发展现代农业、促进居民增收、加强社会保障等方面取得的成绩，指出要创新方式方法，立足区域优势，继续推进城乡环境建设，促进城乡均衡发展。

28日 司法部副部长、政治部主任张彦珍一行到太仓调研，参与太仓市司法局党组班子党的群众路线教育实践活动专题民主生活会。

29日 以色列驻华大使馆国际合作科技和农业参赞尤博恩到太仓考察交流。

30日 江苏省中小河流治理生态措施应用情况交流会在太仓召开，来自全省水利系统的专家学者对中小河流治理中如何实施生态举措进行交流探讨。

31日 江苏省水利厅副厅长张劲松到太仓调研水利工程及河道管理情况。

本月 太仓市民卡标准卡在太仓博物馆首发，首批发放对象是拥有太仓户籍的已参保人员。太仓市民卡标准卡包含居民身份信息，支持金融、居民健康、公交、公共服务功能。

8月

6日 中共太仓市委在浏河镇召开会议，宣布长江口旅游度假区和浏河镇实行“区政合一”管理体制。

12日 上海市水务局副局长陈远鸣一行到太仓交流考察水务工作。双方表示，两地将取长补短，在咸潮监测、水厂管理、水源地建设等方面作交流探讨。

14日 江苏省安监局党组成员、副局长陆贯一一行到太仓督查安全生产检查整改专项行动情况。

18日 香塘集团有限公司以年营业收入60.57亿元，入选2014年中国民营企业制造业500强，排名402位。

△ 中国工商银行党委书记、董事长，中德经济顾问委员会中方主席姜建清一行到太仓调研中德合作情况。

27日 第3期全国公立医院院长职业化培训班在CTC开班，来自全国30个省（自治区、直辖市）市级以上公立医院领导班子成员、国家卫计委预算管理医院领导班子成员约 90 人参加培训。

28 日　农业部督导组到太仓督导水稻病虫害防控工作。

29 日　江苏省司法厅副厅长万力一行到太仓调研公共法律服务体系建设工作。

31 日　司法部法制宣传司副司长李志路一行到太仓调研“六五”普法工作推进情况，江苏省司法厅副厅长张光东参加活动。

本月　太仓市获 2012—2013 年“全省法治建设示范县（市、区）”称号。

9 月

1 日　太仓港试点实施启运港退税政策，货物从太仓港水路中转上海洋山港出运，退税周期缩短至 10 天，与货物在上海港出口退税周期相比约缩短 20 至 30 天。

△　由中国排球协会和中央电视台主办、江苏省体育局和太仓市承办的 2014 年全国女子排球锦标赛在太仓市体育馆开赛，本次比赛持续至 9 月 7 日，共有来自全国各地 15 支排球队伍 250 多名运动员参赛。

2 日　苏州国信集团入选中国现代服务业企业 500 强，位列第 308 位。

11 日　中国科协 2014 年海峡两岸超仿棉加工技术应用研究青年科学家研讨会在太仓举行，来自两岸的 150 多名超仿棉研究专家、学者，就如何通过技术融合推动超仿棉加工生产进行交流讨论。

△　海关总署会同国家发改委、财政部、国土资源部、住房和城乡建设部、商务部、税务总局、工商总局、质检总局、外汇局组成联合验收组，对太仓港综合保税区（一期）进行验收。联合验收组组长、海关总署加贸司副司长李志辉与江苏省政府副秘书长方伟签署《太仓港综合保税区（一期）验收纪要》，并向太仓市颁发《综合保税区验收合格证书》。

20 日　国家计划生育协会副会长勾清明一行到太仓调研计生特殊困难家庭帮扶工作。

25 日　江苏省外事办副主任黄锡强率调研组到太仓就如何利用郑和品牌、做好海上丝绸之路的人文交流进行专题调研。

10 月

9—12 日　2014 年全国田径锦标赛在苏州市举行，太仓籍运动员胡雨飞获男子十项全能金牌。

13 日　比利时安特卫普市市长巴尔特·德韦弗率企业家代表团到太仓考察比利时在太仓的投资企业发展情况。安特卫普市位于比利时西北部斯海尔德河畔，拥有欧洲第三大港——安特卫普港，是比利时重要的工业城市。

17 日　《2014 年中国中小城市绿皮书》发布会暨第十届中国中小城市科学发展高峰论坛在北京市举行，太仓市获“2014 年中国中小城市综合实力百强县市”第 4 名，与 2013 年持平。城厢镇在“中国科学发展百强镇”评选中排名第 84 位。

△　“2014 年区域创新政策论坛”在太仓市举行。苏浙皖沪三省一市科技部门签署成立“长三角科技发展战略研究联盟”，计划就如何发挥上海自贸区建设对长三角创新发展的辐射带动作用，以及各地如何在机制创新、政策制定、举措出台等方面，为长三角推动实施创新驱动战略、科技发展及自贸区建设等提供智力支持和研究支撑。

18 日　江苏省沙溪高级中学举行百年校庆。

19 日　全市党的群众路线教育实践活动总结大会在市行政中心召开。

19—22 日　英国威勒尔市莫斯兰中学、阿普顿中学、卡斯卡特中学、赫尔伯尔中学和唐菲尔德小学组成校长代表团到太仓交流访问，并分别与太仓市第一中学、太仓市沙溪第一中学、太仓市明德中学、太仓市实验小学和太仓市朱棣文小学签订姐妹学校协议书。

22 日　中国德国商会太仓办事处成立，这是德国工商总会上海办事处在其业务区域内设立的首家办事处。

△　太仓市在第 11 届中国国际物流节暨第 14 届中国国际运输与物流博览会上，获“2014 年中国城市物流杰出成就奖”。

27 日　第 9 届中国工业设计周暨首届江苏工业设计周太仓分会场·2014 年太仓中德工业设计周活动开幕，活动主题“中德设计协同·全产业链整合运营”。开幕式上，德国巴伐利亚州经济和信息化部设计中心执行长希尔克·克劳斯和太仓市委副书记、市长杜小刚为“中德工业设计协作联盟”揭牌。

29 日　“太仓市民学习在线”网站开通，网站规划建设成为市民提供终身教育资讯与终身学习资源的教育平台。

31 日　太仓市入选民政部命名的全国和谐社区建设示范城市名单，城厢镇西区社区获评全国和谐社区建设示范社区。此次获得命名的 14 个示范城市中，太仓市是唯一获此荣誉的县级市。

本月　沪通铁路太仓段开工建设，沪通铁路是太仓境内第一条铁路，太仓段全长 29.03 公里，共设有太仓港站、太仓站、太仓南站 3 个车站。工程规划在 2019 年结束。

△　太仓市举办第 3 届驻沪外国领事看太仓活动。

英国、俄罗斯、奥地利、挪威、以色列等五国的驻沪总领事馆工作人员参观考察太仓港、沙溪镇太星村、市规划展示馆等地，了解太仓历史文化和经济社会发展情况。

△ 《太仓市志（1986—2005）》出版。全书设29卷，共174万字，上承1991版《太仓县志》，着重记述1986年至2005年太仓市（县）改革开放和社会主义现代化建设取得的历史成绩和基本经验，是一部客观反映太仓历史的资料性工具书。

△ 全国55个县（市）试点农田水利设施产权制度改革和创新运行管护机制改革确定，太仓成为江苏五家之一、苏州唯一一家开展农田水利设施产权制度改革和创新运行管护机制的试点县。

△ 省商务厅公布2013年度江苏省开发区科学发展综合评价情况，太仓港经济技术开发区以345.4分的综合得分排名第35位。

11月

1—4日 第2届全国老年学学会工作经验交流会在上海召开，太仓市老年学学会获全国老年学学会工作创新奖，是苏州大市范围内唯一获此荣誉的单位。

3日 2014年对德合作高管对话在北京召开，太仓市委副书记、市长杜小刚受中德经济顾问委员会邀请作主题发言。

12日 德国黑森州中国合作促进中心名誉主席阿尔弗雷德·施密特，黑森州中国合作促进中心名誉主席、黑森州驻中国代表曾德顺率团到太仓访问。中联部经济联络中心主任胡延新、太仓市委书记王剑锋会见访问团。黑森州中国合作促进中心长期致力于加强中德经济和文化合作，与包括6个省政府、5个市政府在内的中方机构签署合作协议17个。

△ 太仓市举行2014年太仓（上海）现代服务业投资说明会，会上太仓市与上海股权托管交易中心达成战略合作协议，并就20多个项目进行重点推介。现场签订项目15个，项目涵盖仓储物流、环保节能、健康养老、电子商务、物联网、旅游度假等领域，投资总额近35亿元。

14日 世界卫生组织健康城市合作中心网络会议暨健康场所命名仪式在上海市举办，太仓市城厢镇被命名为“世卫组织健康单位”。

16日 “文化养老与公共文化服务”全国论文征集颁奖暨交流会在太仓召开，太仓市被授予“全国文化养老示范基地”称号。

18日 太仓市举行2014年金秋国际经贸合作与创新恳谈会。德国工商大会大中华区总监晏思，德国工商大会上海办事处首席代表安德葆，美国商会副会长王晓平，日本福冈县上海事务所所长西冈贵弘，太仓市领导王剑锋、杜小刚出席活动。活动现场签约项目24个，总投资91.5亿元，注册资本37.1亿元，其中外资项目11个，总投资额6.2亿美元，注册外资2.5亿美元；内资项目13个，投资总额52.8亿元，注册资本21.6亿元。

△ 中国社科院社会学所太仓市科教新城常丰社区国情调研基地揭牌。

△ 苏州市人民政府法制办公室申报的《政社互动——运用法治思维和法治方式推进治理体系的现代化》项目入围第3届“中国法治政府奖”。“中国法治政府奖”由中国政法大学法治政府研究院发起设立，是国内首个由学术机构发起设立的奖项，主要对各级行政机关在依法行政、建设法治政府方面的制度创新和措施进行专业评选和表彰。

19日 苏州健雄职业技术学院大学生创业基地获批“江苏省大学生创业示范基地”。

20日 太仓市获“最具商业发展潜力的十大县市”称号，这是太仓市第5次获此荣誉。

△ 江苏省卫生和计划生育委员会发文确认太仓市第一人民医院晋级为三级综合医院。

△ 丝绸之路和平奖基金会理事长、中国前驻外大使崔永乾，基金会高级顾问、中国前驻外大使姚培生到太仓考察全市举办国际活动场地和配套设施情况。

21—24日 首届中国（苏州）民间艺术博览会在苏州国际博览中心举行，太仓参展作品获博览会金奖3个、银奖4个和铜奖3个。

24—30日 2014年全国桥牌A类俱乐部联赛总决赛在太仓举行。

26日 杨林塘航道整治工程玖龙大桥通过交工验收。

28日 太仓市中广核三角洲（江苏）塑化有限公司入围“2014年中国百强福利企业”。

△ 太仓市7家企业的工程技术研究中心被认定为江苏省企业工程技术研究中心，分别是江苏保捷锻压有限公司、江苏大力士投资有限公司、太仓海嘉车辆配件有限公司、法可赛（太仓）汽车配件有限公司、苏州维艾普新材料有限公司、苏州睿昕汽车配件有限公司和太仓沪试试剂有限公司。太仓市累计拥有省级企业工程技术研究中心32家。

30日 人口与发展南南合作高级研讨会在太仓CTC开幕。国家卫生计生委副主任王培安、联合国人口基金副执行主任凯特·吉尔摩现场致辞，联合国人口基金、联合国秘书处、人口与发展南南合作伙伴组织、地区银行和部分国家代表参加会议。

本月 太仓博物馆收藏清代太仓籍诗人吴伟业的“梅村公祠壁记”碑。该碑题名为“国子监司成梅村公祠壁记”，呈长方形青石质地，长0.69米，宽0.48米，厚0.15米，碑文从右至左竖排16行，共计241字，除碑末略有缺损外，碑文大致清晰可辨，整碑保存基本完整。碑文记述清代“梅村公祠”的由来、颓败和补葺过程，由吴伟业家族后裔于清代嘉庆初年（18世纪末）撰文刻碑而成。

△ 全市各村实现银行卡ATM（自动柜员机）全覆盖，太仓是继昆山后全国第2个实现银行卡ATM村村通的县级市。

△ 太仓荣文合成纤维有限公司企业院士工作站获中国纺织工业联合会科学技术奖一等奖。

12月

2日 “和你从太仓出发”管理平台系统上线，这是苏州县域范围内首家县域旅行社“B2B电子商务”（商家对商家的电子商务）平台。

4日 江苏省民政厅厅长侯学元率全省加快发展养老服务业推进会的与会人员到太仓，参观学习太仓居家养老服务工作经验。

4—5日 太仓中德企业合作基地出口精密机械国家级质量示范区通过国家质检总局考核组现场考核验收。

5日 太仓大学科技园通过江苏省人力资源和社会保障厅的考核评审，获批“省级大学生创业园”。

8日 第11届江苏省“五星工程奖”评奖结果揭晓，太仓市获金奖1个、银奖3个、铜奖2个，为历史最好成绩。分别是：器乐曲《凤争艳》获音乐类金奖，舞蹈作品《华灯辉映》《童狮共舞》获广场舞银奖，沪剧小戏《农家军歌》获小戏类银奖。

11日 双凤镇入选第4批江苏省创新型试点乡镇。

△ 太仓市东林农场专业合作社、太仓市绿阳蔬果专业合作社、江苏省仓润农产品专业合作联社入选第2批国家农民合作社示范社。

15日 中共太仓市委十二届九次全体（扩大）会议在市行政中心举行。会议审议通过《中国共产党太仓市第十二届委员会第九次全体（扩大）会议决议》。

17日 国家卫生和计划生育委员会副主任王培安到太仓考察，对太仓“医养结合”养老模式表示肯定。

△ 福布斯中文版发布2014年中国大陆最佳县级城市榜，太仓市在城市总排名中列第71位，其中经营成本指数太仓列县级市首位。

23日 中国—东盟中心联合理事会代表团一行22人到太仓访问。缅甸常驻东盟使团常驻代表、大使闵林，中国驻东盟使团大使杨秀萍，中国—东盟中心秘书长马明强等参加活动。

25日 国家卫生和计划生育委员会副主任金小桃到太仓调研卫生信息化工作。太仓累计建立居民电子健康档案58万份，初步建成诊疗记录与居民电子健康档案、慢病管理、健康体检和妇幼保健等实时无缝对接的卫生管理平台。

26日 江苏省商务厅下发《关于认定江苏省进口商品交易中心试点的通知》，太仓港渤海鼎鹿供应链有限公司申报的太仓木材进口交易中心列入省进口商品交易中心试点。

29日 太仓首批市民卡•学生卡发放，作为太仓市民卡衍生卡的一种，该卡整合学生卫生健康卡、城市通卡和小额电子钱包功能，遵循“一卡多用、一卡通用”原则，主要应用于政府服务、公用事业服务、商业服务、金融服务和学校校内服务五大领域。市民卡•学生卡的发放对象为在太仓就读的中小学学生、中等职业学校学生、特殊教育学校学生和全日制普通高等学校本专科学生（含外地户口在读学生，不含自学考试类、成人教育类、电视网络进修类、研究生及其以上学历等学生）等。

△ 沙溪古镇成为国家AAAA级旅游景区。沙溪古镇保护范围67公顷，景区范围20公顷，保留古镇城防系统和以亲水河棚、水弄堂、各式河埠为特点的临水民居，拥有园林、雕花宅院、洋楼等历史建筑。

△ “江苏省太仓市沙溪镇特色小城镇建设项目”获评“2014年中国人居环境范例奖”。

31日 作为2014年太仓市十大政府实事工程之一的城市公共自行车系统启用，一期工程在主城区先行试点，建成公共自行车站点56个，投放自行车1200辆。

△ “太仓市浏河镇特色小城镇建设”项目获评“江苏人居环境范例奖”。

△ 江苏省科技厅发布第4批省级科技产业园名单，太仓市科技产业园被认定为“江苏省太仓机电装备科技产业园”。

城市概况

自然理地

【地理位置】 太仓位于江苏省东南部，长江口南岸。地处北纬31°20′~31°45′、东经120°58′~121°20′。东濒长江，与崇明岛隔江相望；西连昆山市；南临上海市宝山区、嘉定区；北接常熟市。总面积809.93平方公里，长江水域面积143.97平方公里，陆地面积665.96平方公里。

【地形地貌】 太仓属长江三角洲冲积平原。全境地势平坦，自东北向西南略呈倾斜。东部为沿江平原，西部为低洼圩区。

【水运口岸】 太仓港地处长江入海口南侧，太仓市东部。口岸位于长江白茆沙南水道，上至白茆河口，下至浏河口下游浏黑屋，中心位置在七丫口，即北纬31°37′00″、东经121°14′00″。拥有长江岸线38.8公里，其中深水岸线25公里，距吴淞口13海里，是距长江入海口最近的港口。港区范围内岸线基本平直且边滩稳定，终年不冻不淤，深水区开阔、稳定，能满足10万吨级船舶回转水域的要求，是长江下游地区最佳港址之一。2013年1月1日起，太仓港作为沿海港口管理，执行相关行政事业性收费政策。太仓港为全国第一个获批享受海港待遇的内河港。

（市统计局）

【气候】 气候特点。太仓属北亚热带南部湿润气候区，四季分明。冬季受北方冷高压控制，以少雨寒冷天气为主；夏季受副热带高压控制，天气炎热；春秋季为季风交替时期，天气冷暖多变，干湿相间。2014年，太仓市全年平均气温16.4℃，较历年（1981年至2010年，下同）平均值偏高0.2℃，较2013年偏低0.8℃，年极端最高气温37.3℃，出现在8月4日（历史极值40.0℃，出现在2013年8月7日），极端最低气温−5.1℃，出现在1月22日（历史极值−11.5℃，出现在1977年1月31日）。全年降水量1157.7毫米，较历年平均值少17.2毫米，较2013年偏多25.3毫米。全年雨日132天，较历年平均值少5.4天。全年降水分布不均，降水量最多月出现在8月，为206.8毫米，次多为6月，降水量155.6毫米。汛期（5—9月）总雨量712.3毫米，较历年平均值偏少22.2毫米，较2013年多141.7毫米。汛期雨日74天，较历年平均值偏多15.3天。超过50毫米的暴雨日2天，较历年平均值偏少1.4天。日最大降水量68.2毫米，出现在6月26日。全年日照1849.0小时，较历年平均值偏少26.2小时。6月20日入梅，7月7日出梅，入梅略偏迟，出梅略偏早，梅长17天，较常年偏短。梅雨期出现较明显降水过程4次。其中，6月20日夜至21日中雨，6月25日至26日暴雨，7月1日至2日中到大雨，7月4日傍晚至5日小雨。全年梅雨量197.1毫米，较常年偏少26.2毫米。

四季评述。冬季（2013年12月—2014年2月）气温略偏高，雨雪量偏多，日照偏多。平均气温5.6℃，较历年同期平均值偏低0.5℃。降水量183.5毫米，较历年同期平均值偏多28.2毫米。日照446.7小时，较历年同期平均值少64.7小时。

春季（3—5月）气温偏高，雨量偏多，日照偏多。平均气温16.0℃，较历年同期平均值偏高1.2℃。降水量278.5毫米，较历年同期平均值偏少15.1毫米。日照527.5小时，较历年同期平均值偏多52.6小时。

夏季（6—8月）气温偏低，雨量偏少，日照偏少，梅雨量偏少，高温日数偏少。平均气温25.5℃，较历年同期平均值偏低1.2℃。降水量509.4毫米，较历年同期平均值偏少34.9毫米。日照561.5小时，较历年同期平均值偏多180.6小时。夏季气温整体偏低，出现35℃及以上高温日数仅4天，大大低于常年平均值，暴雨日数偏少，降水分布不均匀，梅雨量偏少。

秋季（9—11月）气温偏高，雨量偏多，日照偏多。平均气温18.8℃，较历年同期平均值偏高0.7℃。降水量214.1毫米，较历年同期平均值偏多2.2毫米。日照493.7小时，较历年同期平均值偏多19.9小时。秋季气温、降水均接近历年均值。

主要气象灾害及影响。2014年，全市主要气象灾害有强对流（雷雨大风、短时强降水等）、暴雨、霾等。

暴雨灾害：全年全市共出现暴雨过程2次，分别为6月26日和9月

1 日，雨量分别达 68.2 毫米和 56.7 毫米。6 月 25 日夜至 26 日，受梅雨雨带影响，全市普遍出现暴雨，日雨量达 68.2 毫米。受暴雨影响，全市多地出现严重积水和城市局地内涝，不少市民家中出现电器短路。9 月 1 日，受强回波影响，全市出现暴雨、雷雨大风和强雷电，造成城市内涝严重。

高温。全市出现 35℃及以上高温天气仅 4 天，大大低于常年平均值，为 2000 年以来同期最少值，较常年平均高温日数偏少 5.9 天。极端最高气温 37.3℃，出现在 8 月 4 日。高温首日明显偏晚，为 2000 年以来最晚年份。

台风。全年受台风外围影响 3 次，影响较轻，无明显灾情。具体如下：第 10 号台风"麦德姆"于 7 月 23 日 15 时 30 分在福建省福清市高山镇沿海登陆后，向偏北方向移动并逐渐减弱，23—25 日，受其登陆后减弱的低压外围影响，太仓普遍出现阵雨天气，伴有 5 ~ 6 级大风，沿江地区阵风 7 ~ 8 级，太仓市气象站极大风速达 14.7 米 / 秒。8 月 1—2 日，受第 12 号台风"娜基莉"外围影响，全市出现 5 ~ 6 级、阵风 7 级的偏北大风，市气象站极大风速 14.1 米 / 秒，过程雨量 17.4 毫米。受第 16 号台风"凤凰"影响，9 月 21—24 日，出现 6 ~ 7 级大风，市气象站极大风速 15.3 米 / 秒（7 级）。21—23 日，出现阵雨天气。（市气象局）

历史沿革

【建置沿革】 太仓在 4500 年前已有原始人类生活。夏商时为滨海村落，商末至战国时先后属吴、越、楚国，秦汉时属会稽郡（吴郡）娄县惠安乡。春秋吴国等吴地政权曾多次于此建仓屯粮，太仓因而得名，亦渐次发展。元代于太仓刘家港开创海运漕粮，通商海外，遂日益繁盛，成为万家之邑，号称"六国码头"。元末筑太仓城。吴元年（1367 年）建太仓卫，明初置镇海卫，屯兵驻防。明弘治十年（1497 年），割昆山、常熟、嘉定 3 个县地建太仓州。清雍正二年（1724 年），升为江苏直隶州，并析地置镇洋县，辖镇洋、崇明、嘉定、宝山等 4 个县。民国元年（1912 年），太仓州和镇洋县合并，定名太仓县。中华人民共和国成立后，始属苏南人民行政公署，后隶属江苏省苏州地区专员公署。1983 年 3 月，改隶苏州市。1993 年 3 月，撤县建太仓市。

（市史志办）

传统文化

【娄东文化】 娄东文化内容丰富，涵盖广泛，积淀深厚，涉及文坛艺苑、经史理学、建筑园林等各个领域，时间上则绵延千百年。娄东文化始于宋元，明清时期最为辉煌，经世代传承，延续至今。

文学上的辉煌是娄东文化的精粹之一。太仓历史上有成就地位的诗人、文学家极多。文学家徐祯卿是明代"吴中四才子""前七子"之一，有《迪功集》《谈艺录》等著作。文学家王世贞为明代"后七子"代表人物，曾独主文坛二十年，著有《弇州山人四部稿》等数十部著作。张溥不仅是著名文学家，著有《七录斋诗文全集》等，他组织的"复社"，成员遍及全国，是中国史上规模最大、影响最广的文学社团。清代诗人吴伟业所创长篇叙事七言歌行，世称"梅村体"，名篇《圆圆曲》为历代传颂，他与钱谦益、龚鼎孳并称"江左三大家"，率"娄东十子"，形成了"娄东诗派"。

经史学术上的成就是娄东文化的一个重要表现。从元、明开始，太仓即有学者从事经史学的研究著述，王世贞、张溥等人著有《读易纂》《弇山堂别集》《书经注疏大全》《通鉴纪事本末》等经史学著作数十种，在经史学上有较高评价。清代经史学家毕沅，造诣很深，他在幕宾的襄助下，编撰了许多有价值的著作，其中《续资治通鉴》是史学中的宏篇巨著。陆世仪则是明末清初理学家，一生著作 40 余种，所著《思辨录》洋洋数百万字。他先后在太仓、无锡、武进、丹阳等地书院宣讲理学，至者数百人，被称为"江南大儒"。

绘画是娄东文化的重彩之笔。元明以来太仓即成为书画之乡，明代画家王履、夏昶等人为太仓书画创下基础。仇英工笔重彩，山水人物，无不精到，与沈周、文徵明、唐寅并称"明四家"。清代王时敏、王鉴首开娄东画风，被誉为"画苑领袖"。王原祁在艺术上达到新的高度，是娄东画派的代表人物。娄东画派由此成为当时中国的主流画派，引领清代画坛三百年。之后，太仓又出现王昱、王宸、王愫、王撰等"小四王"和王三锡、王廷元、王廷周、王鸣韶等"后四王"。中华人民共和国成立后，又有朱屺瞻、宋文治两位国画大师，他们在传统基础上不断创新，成为海派和新金陵画派的代表人物。

戏曲是娄东文化的一朵艺术瑰宝。明代中期，太仓南郊的魏良辅改革昆山腔，创制了流丽悠远的昆曲，成为中国的"百戏之祖"，魏良辅被尊为"曲圣""昆曲鼻祖"。王世贞、王衡、吴伟业等人撰写的《鸣凤记》《真傀儡》《秣陵春》等传奇、杂剧，在中国戏曲史上有较高地位。魏良辅撰写的《南词引正》，沈乘麟撰写的《韵学骊珠》是论述昆曲的经典著作。高步云、朱传茗、汪世喻在昆剧编曲、表演、演奏和培养昆剧人才上均有建树，名重一时。

江南丝竹也发源于太仓。是明代张野塘协助魏良辅改革创制昆曲过程中衍生出来的一种配置齐全的丝竹合奏乐种，优美明快，委婉动听，具有独特的艺术魅力，古人赞为"仙乐霓裳"。历经 400 多年，经久不衰。

古琴家徐上瀛与常熟严澂共创著名的"虞山琴派"，其成员有多位太仓人，他积极钻研发展古琴技艺，誉为"虞山琴派的集大成者"，他所著《溪山琴况》一书，是中国古代重要的音乐美学著作之一。

明代汪关创立"娄东印派"；俞颂华被誉为民国时期"新闻界的释迦牟尼"；著名电影导演朱石麟，执导一批优秀电影，被誉为"香港电影的拓荒者"；吴晓邦高扬"为人生而舞"的旗帜，是中国新舞蹈艺术的奠基人。

【文化遗产】 太仓的文化具有开放性，多种特色文化丰富多彩，有全国桥牌之乡、武术之乡、龙狮之乡、民乐之乡等称号，文学、舞蹈、戏曲、音乐、摄影、书法等文化艺术硕果累累。民间文学双凤民歌，传统音乐江南丝竹、古琴，传统舞蹈滚灯、利泰高跷、矛子舞，传统戏剧昆曲、堂名（昆曲的扩展项目），曲艺宣卷，太仓肉松制作技艺，太仓糟油制作技艺，双凤新湖龙狮制作技艺，民俗太仓七夕节（牛郎织女降生地）等42个项目被列入市政府非物质文化遗产名录。其中江南丝竹被列入国家级非物质文化遗产名录，滚灯、太仓七夕节、双凤民歌、肉松制作技艺和糟油制作技艺被列入江苏省非物质文化遗产名录，唐调（苏州吟唱）、谭氏中医外科、连厢、荡湖船等11个项目被列为苏州市非物质文化遗产名录。袁光华被列入江苏省级非物质文化遗产代表性传承人，季卫东等11人被列入苏州市级非物质文化遗产代表性传承人(其中徐士龙已故)。

【文化名人】 太仓自古为文化之乡，人文荟萃，积淀厚实，形成独具风格的娄东文化。是郑和下西洋的起锚地，江南丝竹的发源地，娄东画派的发祥地，又是神话传说牛郎织女的降生地。早在晋代，名士瞿硎等活动于境内传布文化知识。元代，漕运开通，刘家港发展成为“天下第一码头”。元代的桥梁建筑独具风格，境内至今保存着国内少有的元桥群。明初郑和七下西洋，在刘家港启航停泊，沟通太仓与东南亚各国文化交流。被誉为“百戏之祖”的昆曲和优美动听的江南丝竹源自太仓一带。明清园林之盛，有“太仓园林甲东南”之誉。太仓建州后学堂、书院盛极一时，培养出众多杰出人才，使太仓文化得到全面发展，民间读书成风。

丰厚的文化底蕴孕育了举不胜举的名人，明清犹盛。有“四代一品”的王锡爵家族，“后七子”代表人物王世贞，“江左三大家”之一吴伟业，“明四家”之一仇英，“娄东画派”代表人物王时敏、王鉴、王原祁等。近现代有画家朱屺瞻，电影艺术家朱石麟，舞蹈艺术家吴晓邦，教育家陆宝忠、唐文治、俞庆棠，著名记者俞颂华，物理学家“中国的居里夫人”吴健雄、诺贝尔物理学奖获得者朱棣文以及唐孝威、邹世昌、黄胜年、吴建屏、杨胜利、唐孝炎、顾懋祥、龚知本、陆佑楣等11位两院院士。

（市文广新局）

行政区划

【概况】 太仓市隶属江苏省苏州市管辖，市人民政府驻地县府东街99号。2014年年末，全市有太仓港经济技术开发区、省级高新区（筹）、科教新城、城厢镇、沙溪镇、长江口旅游度假区（浏河镇）、浮桥镇、璜泾镇、双凤镇、娄东街道和74个村民委员会、73个居民委员会。8月，长江口旅游度假区和浏河镇实行“区政合一”管理体制。

（市史志办）

人口方言

【人口】 2014年年末，太仓市户籍人口47.74万人，较上年增加2939人，其中非农业人口27.27万人。人口出生率为8.34‰，死亡率为8.12‰，自然增长率为0.21‰。年末常住人口70.85万人，城市化率为65.34%。

（市统计局）

【方言】 太仓方言属吴语。吴语，又称江东话、江南话、吴越语，自商周春秋至今有三千多年的历史变迁，文化底蕴深厚。吴语主要分布于江苏南部、上海、浙江，以及安徽、江西、福建等部分地区，是中国官方定义的八大方言之一，拥有国际语言代码。语言学上，将吴语使用地域划分为多个层次的若干区域，太仓话被划入“吴语太湖片苏沪嘉小片太仓大区”。“太仓大区”范围大致相当于清代太仓直隶州的辖境，即东北至海门、启东市，西北至太仓与昆山、常熟接壤处，南至今上海市吴淞江北岸。在“太仓大区”内，除太仓话之外，还有嘉定话、宝山话、崇明话、海门话、启东话等与太仓话的近缘方言。当代太仓方言根据语音特征，分为三个小片：一是北片，大致包括鹿河、王秀、归庄和璜泾、时思、沙溪等地区，语音带有较明显的常熟音，突出表现为有翘舌声母；二是南片，大致包括与上海嘉定接壤的浏河、陆渡、南郊等地区，语音近嘉定音；三是中片，即除北片、南片以外的中段地区，语音接近昆山。三片的词汇大部分相同，语法基本一致。

太仓方言与普通话词汇的差别主要有以下几点：一是同样的物体或概念，用词完全不一样。如普通话中的“小姑娘”“花生”“好久”等词在太仓方言中分别为“小细娘（小娘家）”“长生果”“长远”等。

二是词语的文字相同，但表达的意思不同。如普通话中的“壮”，在太仓方言中除了“强壮”的意思外，还有“肥胖”“肥沃”的意思。如“该只猪养得蛮壮”（这头猪养得很肥）、“该块田蛮壮”（这块地很肥沃）等。

三是有些复合词表达的意思相同，但排列次序颠倒。如普通话中的“螺蛳”“热闹”“力气”等词在太仓方言中分别为“蛳螺”“闹热”“气力”等。

太仓方言的语法特点主要有以下几点：一是重叠法。太仓方言词汇中重叠用法较为广泛。量词、名词的重叠形式及其作用与普通话基本相同，而动词、形容词的重叠则较有特色。动词重叠。单音节动词重叠，经常在后面加助词“看”或“好”。加“看”，使动作表尝试性。如“用用看”“看看看”。加“好”表示希望动作做得妥善一些，如“写写好”“坐坐好”。双音节重叠形式为ABAB式，表动作的短暂性，如“打听打听”“孛相孛相”。形容词重叠。单音节形容词重叠有自叠、附加成分重叠及嵌字重叠。附加成分重叠式一为A××式，表示程度，如“辣蓬蓬”“硬绷绷”“干卜卜”“胖笃笃”；一为××A式，表示的程度比前一种更高些，如“绷绷硬”“彻彻软”“雪雪白”。嵌字式为“A过A验”，表示非常高的程度，如“好过好验”“香过香验”“闹过闹验”；还有“A透A过”式，其作用与前一种相同，如“好透好过”“香透香过”。双音节形容词重叠有 AABB 式，如“太太平平”“服服帖帖”,以及“A 里 AB”式,此多带有贬义色彩,如“怪里怪气”“龌里龌龊”。

二是词缀。前缀“阿～”。加在称谓前，表示亲昵，如“阿婆”“阿伯”“阿弟”“阿大”“阿囡”“阿宝”“阿福”“阿张”。加在某些形容词、名词之前，产生贬义，如“阿憨”（傻乎乎的人）、“阿木林”（反应迟钝的人）；还有贬义而泛称的“阿猫阿狗”，以及称有流氓习气的人为“阿飞”。后缀“～头”。加在形容词之后，构成名词，如“老头”“滑头”“寿头”“老实头”。加在某些动词、形容词之后，表示“……价值”或“……值得”的意思，如“看头”“吃头”“花头”“噱头”。加在方位词和名词后，表示位置，如“东横头”“上底头”“灶前头”“水桥头”“河滩头”“角落头”“床横头”。后缀“～子”。太仓方言中有一些在普通话里没有的“子”尾的词，如“角子”（元以下货币单位）、“哑子”（哑巴）、“皮夹子”（票夹）、“石卵子”（鹅卵石、小石块）。

三是词语组合特点。数词的省略。以“一”为首的多位数字，可以省略，甚至连带省去后一个单位数，如“一百六七十”可说成“百六七十”或“百六七”，“一千六百”可说成“千六”，“一万三千”可说成“万三”。量词的省略。表度量衡单位和货币单位的量词，在与数词组成“数＋量＋数＋量”的形式时，常省去后一个量词，如“二丈四（尺）”“五斤三（两）”“一角七（分）”。

（市文广新局）

民族宗教

【民族】 太仓为汉族聚居地区，少量少数民族散居。至 2014 年年末，全市有蒙古、回、藏、苗、彝、壮、布依、朝鲜、满、侗、瑶、白、土家、哈尼、傣、黎、傈僳、佤、畲、水、东乡、纳西、达斡尔、仫佬、羌、布朗、仡佬、锡伯、俄罗斯、鄂伦春、赫哲等 31 个少数民族，共有常住少数民族 904 户 1528 人，其中以回族、满族和土家族居多。少数民族流动人口（公安居住登记）10706 人，以土家族、苗族、彝族、回族等为主。

【宗教】 太仓市是佛教、道教、天主教、基督教、伊斯兰教五教齐全的县级市之一。自 1980 年恢复开放第一个宗教活动场所（城厢基督教堂）以来，全市陆续批准开放活动场所 34 处，其中佛教活动场所 9 处，教职人员 90 余人；道教活动场所 14 处，在观道士 14 人（佛教、道教信徒无法统计）；天主教活动场所 5 处，神父 3 人，修女 3 人，信徒约 9000 人；基督教活动场所 5 处，牧师 2 人，长老 3 人，信徒约 4500 人；伊斯兰教清真寺 1 座，阿訇 1 人，信徒约 500 人。五教均成立宗教团体，分别为市佛教协会、市道教协会、市天主教爱国会、市基督教三自爱国会、市伊斯兰教协会。各宗教团体在落实国家民族宗教政策、推动自身建设、服务社会方面发挥作用。

（市民宗局）

名胜古迹

【南园】 南园为国家 AAA 级景区，位于太仓市南园东路 7 号，总面积 3.33 公顷（1998 年重建），为明代万历年间首辅王锡爵赏梅种菊处。清初，其孙大画家王时敏又加以拓建，邀请当时叠山大师张南垣主持营造，画师与匠师合作，使南园成为融造园与绘画于一体的历史名园，为清代以来太仓园林之首。南园景色可概括为“景域辽阔、空间宽敞、小桥流水、碧波荡漾”。园内设有“门楼”“绣雪堂”“香涛阁”“大还阁”“鹤梅仙馆”“寒碧舫”“潭影轩”“长廊”等，水景约占全园面积的 1/3。

【弇山园】 弇山园（2003 年改造扩建）为国家 AAA 级景区，位于太仓市县府西街 90 号，明朝时为太仓籍文学家王世贞园邸，历史悠久。园内主要景观有宋代花石纲遗物“望海峰”，明洪武年开凿的“通海泉”，元代大型“铁釜”以及“墨妙亭”等。扩建后，恢复“弇山堂”“嘉树亭”“点头石”“分胜亭”“小飞虹”“九曲桥”等景点 20 多处，面积由原 4.4 公顷增至 7.67 公顷。

【沙溪古镇】 沙溪古镇于 2014 年 12 月获评国家 AAAA 级景区。沙溪旧名“沙头”，建于 1300 年前，自古有“东乡十八镇，沙头第一镇”之说。沙溪老街坐落在七浦塘两岸，塘北为主街，明清风格的建筑保留至今。古镇民居进深长，水弄堂密布；临水建筑参差起伏，纵横交错；市河上 3 座古桥俊秀挺拔。除沿河水乡民居外，还有乐荫园、橄榄岛、雕花厅、小白楼等景点。“猛将堂”内 300 年树龄的银杏树和清代古弄“一线天”亦为观光者流连。沙溪老七浦有 1000 多年历史。古人为通舟、取水、洗涤或乘凉观景，临水民宅皆建有河棚间，棚下是水桥和船坞；各家河棚、水桥造型各异；河棚有吊脚楼式的、石头实砌的；河棚窗户有半窗、落地长窗，窗格花型多样，配有栏杆或美人靠；水桥石级有驳岸式和条石悬挑式。这些临水建筑形态纷呈、古朴苍老，是珍贵的历史文化遗产。

【张溥故居】 位于太仓市新华西路 57 号，全国重点文物保护单位，始建于明代天启年间（1621—1627 年），距今约 400 年，为明代文学家、复社领袖张溥生活及活动的场所。故居包括古代建筑实体和张溥遗迹陈列，前者展示江南民居的建筑特色，后者系统介绍张溥的生平事迹。故居是一座保存比较完整的一落三进尚书府第，其中由官帽厅、堂楼和后楼组成的通转走马楼，俗称“迷宫”，建筑特色非常独特，具有很高建筑艺术价值和历史纪念价值。

【王锡爵故居】 位于太仓市新华东路 60 号，江苏省文物保护单位，始建于明代万历年间（1573—1620 年），故居主人为明代万历首辅王锡爵。现存门屋（俗称“太师第门楼”）与王氏宗祠三进，门楼面阔五间，门厅左右为上下二层，此类门楼式样在江浙一带绝无仅有。经修复后的王锡爵故居及其宗祠占地面积1354平方米，总建筑面积为716平方米。王氏一门英才辈出，王锡爵曾孙王掞在清康熙年间官至大学士，人称“祖孙宰相”“两世鼎甲”；王锡爵之孙王时敏、王时敏之孙王原祁是娄东画派“四王”中的代表人物。该建筑具有较高的文化历史价值和建筑艺术价值。故居内设有“大明首相王锡爵陈列”和名家名寺碑廊，保存有元代赵孟頫书法石刻等在内的一批具有较高历史文化价值的历代碑刻。

【元代古桥】 在横穿太仓市区的致河塘上有周泾桥、州桥、皋桥3座保存完好的元代石拱桥，1982年被江苏省人民政府列为省级文物保护单位。周泾桥和州桥为三孔石桥，皋桥为单孔石桥。其中周泾桥最负盛名，建于元代至顺元年（1330年），原名“海门第一桥”。州桥始建于元代天历二年（1329年），原名为“安福桥”。皋桥建于元代元统二年（1334年），原名兴福桥。

【西庐园】 西庐又名西田，位于城厢镇西门外约3公里处，为明末清初著名画家王时敏晚年回归故里所筑的田园式别墅。内有农庆堂、稻香庵、霞外阁、锦镜湖西田诸胜。王时敏曾与诸多画家在此聚会，赋诗作画，晚年自号为“西田老人”。2002年，在原址重建西庐，2004年11月竣工。新建成的西庐园占地面积30公顷，园内亭台错落，竹廊环绕，古木青波相映，芳草鲜花葱茏，是一座开放式生态公园，也是游客感受古人归隐田园的休闲胜地。

【天妃宫】 位于浏河镇新东街90号，是中国最具影响力的航海保护神妈祖的行宫，又称“天妃灵慈宫”，俗称“娘娘庙”。始建于北宋宣和五年（1123年），由旅居娄江口的闽粤海商所建，原址在浏河北岸五杨池，元代至正二年（1342年）移建于现址。天妃宫历经元、明、清、民国诸代多次扩建修缮，主修者有郑和、林则徐等历史名人。郑和下西洋时，曾多次前来朝拜，祈求妈祖保佑赐福。如今天妃宫恢复为道教活动场所，主建筑为后殿楼，上有元代木雕和楠木梁柱等古构件，建筑结构严谨规整，繁简适度，建筑风格古朴典雅，气势轩昂。2013年，被列为全国重点文物保护单位。

【阅兵台】 位于长江浏河段南江堤内侧，由兵台、炮台、厅堂、碑刻四部分组成，是太仓境内珍贵的古代军事建筑设施。阅兵台为宋代名将韩世忠于建炎年间（1127—1130年）所建，至今矗立在阅兵台的4块碑刻真实记载了太仓人民抗金抗倭的史实。后阅兵台在战火中屡经损毁，为弘扬爱国主义精神，浏河镇人民政府对阅兵台进行修复和保护，现为太仓市文物保护单位。

【郑和公园】 位于太仓港口开发区，占地面积122公顷，整个公园建筑风格以还原郑和船队远洋的历史文化为主，融入现代设计理念，再现郑和率领当时世界上规模最大、技术最先进的船队七下西洋的壮举。公园内设郑和纪念馆，以郑和精神为核心，从不同视角展示郑和航海文化，反映郑和七下西洋的起锚地——太仓海运业的特色，采用国内领先的声光电技术，在展示效果与互动实用的结合下，可以身临其境地感受中国600多年前的航海盛举。

【维新遗址】 位于太仓市双凤镇维新村，于2003年被苏州、太仓文博部门发现并建成遗址进行保护。考古人员在清理明代古墓时，意外发现厚达1米多的红烧土堆积和印纹陶罐碎片，经鉴定为距今约4500年的良渚文化及马桥文化遗址。后太仓市人民政府投资500多万元建成保护性建筑，进一步对遗址进行保护、开发及合理利用。

【三市古村落】 位于浮桥镇西侧三市村。据《太仓州志》记载，古村落原为宋末元初时流亡丞相陈宜中所创建，最初由陈、王、周三家营建，故称为“三家市”，距今700多年历史。古村落占地1.2万平方米，是太仓现存唯一的古村落。2012年12月，被列为太仓市文物保护单位，经近几年整修，恢复修缮部分建筑物，三市古村落格局保存较为完整。

（市旅游局）

风俗习惯

【春节】 从农历十二月廿三至正月十五，历时二十多天，春节是最热闹、隆重的传统节日。农历十二月廿三、廿四各家都要祭灶神，俗称“送灶”，祈望灶神“上天言好话，下界保平安”，除夕时再把灶神接回，俗称“接灶”。廿四后，各家开始打扫卫生，掸灰尘、洗被褥、擦洗家具、打扫庭院、置办年货、蒸年糕、做米酒，还要炒豆子、玉米、花生，俗称“炒发禄”，这些习俗在农村仍有保留。除夕，俗称“过年”，斋家堂、祭祖宗。除夕夜，贴春联、挂红灯、贴年画，一家人团圆吃年夜饭，长辈给孩子送压岁钱。当夜守岁，看中央电视台春节联欢晚会，或打牌娱乐至深夜十二点钟，开始燃放烟花爆竹，俗称“关门炮仗”。年初一，早晨燃放“开门炮仗”，谓之“开门见喜”；还需斋灶、斋家堂、敬天地；大人小孩穿戴一新，依次向祖宗拜年，晚辈向长辈拜年，同辈互相恭贺新禧，说声新年好。此日要讲吉利话，禁忌吵嘴骂人。初二开始，亲戚朋友互相往来拜年。初五接财神，燃放烟花爆竹，商店开始营业。2000年后，国家规定春节放假7天，被列为“黄金周”，外出旅游度假者增多。一些家庭或随旅游公司组团旅游，或自驾外出游玩。正月十五元宵节，家家户户吃元宵、馄饨，挂灯笼，小孩子牵兔子灯；有的单位或部门举办灯会、谜会；社区开展各项文体活动，有舞龙舞狮、唱歌跳舞、腰鼓秧歌、拳操舞剑，一片欢乐喜庆景象。

【清明节】 一般每年公历4月5日为清明节，如遇农历有闰年、闰月，公历日期略有变动。清明节要“过清明”祭祖，境内西南部农村还盛行吃青团子。人死后第一个清明节称“新清明”，要办酒祭奠亡者，有的在这一天将骨灰盒下葬或送往公墓。1986年后，清明扫墓风渐趋盛行，无论城乡，家家户户要到祖先坟前扫墓，插一束花，填一抔土，并焚化纸锭冥币，寄托哀思。很多旅居外地的人，回乡扫墓，借此兄弟姐妹团聚。机关、企事业单位，特别是学校，组织人员、学生到烈士墓扫墓，敬献花圈，缅怀革命先烈。

【端午节】 农历五月初五为端午节，以往民间要挂菖蒲、艾草、野菊花、紫苏、荠菜花等，小孩要戴香包，以驱病辟邪。后此种习俗渐淡，但吃粽子的习俗依然盛行。农村多数家庭自己动手采摘芦叶包粽子，并在亲戚邻里间互相赠送；城镇居民多数到商店购买粽子。

【中秋节】 农历八月十五为中秋节，人们在节前准备好月饼等食物，互相赠送贺节。晚辈向长辈送月饼、水果，孝敬老人。家家户户吃馄饨。晚上，全家人围坐在一起边吃月饼、水果，边赏月。有的社区、单位还组织文体活动，演出节目，欢度中秋。

【重阳节】 农历九月初九为重阳节，登高望远的习俗已经不在，太仓人以吃重阳糕取代。重阳节被江苏省定为敬老日、苏州市定为老年节后，成为老年人的节日。每年重阳节，党政机关、企事业单位都要开展敬老活动，慰问老人，向老年人送慰问金、慰问品，并号召全社会发扬尊老爱老的光荣传统。涉老部门和社区组织老年人开展各项文体活动，庆祝老年人自己的节日。

【其他传统习俗】 除传统节日外，一些传统习俗较为流行，如立夏要“称人”（称体重），夏至要吃“夏至粥”（赤豆、麦粒、红枣、大米等掺在一起煮成的粥），七月初七“七夕”女孩子要染红指甲，农历七月十五为“鬼日”要祭祖，十月初一为“十月朝”要祭祀，冬至要“过冬至”祭祖，新丧人家要过“新冬至”等。

【婚嫁】 青年男女通过自由恋爱，或通过介绍人牵线，再经过一段“谈恋爱”时期，然后结婚。在农村，恋爱初期，男方请女方“吃馄饨”，称“走通”；恋爱成熟后，办酒席，请亲朋好友吃酒，称“定亲酒”；定亲以后，选定吉日，正式结婚。20世纪80年代至90年代初期，结婚一般双方都办酒，男方给女方彩礼，女方要备脚盆、马桶、箱柜、被褥、日用品、家用电器等嫁妆。在结婚当天由男方派人去女方家拿嫁妆，称为“扛嫁送”，有十八扛或二十四扛，越多越显得有气派。男方用汽车或摩托车迎娶新娘举行婚礼。90年代中后期起，随着居住和生活条件改善，大多数人家不需要脚盆、马桶、箱柜，日用品、家用电器大多自备，“扛嫁送”不复存在。结婚时用彩车迎亲，在家中或在酒楼宾馆举行婚礼。婚礼由司仪主持，主婚人、证婚人向新郎新娘表示祝贺，并提出希望；新婚夫妇向双方父母鞠躬行礼，新婚夫妇之间互送戒指等礼物，互表忠诚，还要接吻拥抱。亲朋好友送礼金以示喜庆。结婚仪式一般都拍摄录像，制成光盘，留做纪念。

【丧葬】 亲属为逝者设立灵堂，悬挂白布幛联，全家举哀，昼夜守灵，女眷哭灵或放哀乐。20世纪80年代，农村普遍推行新式丧礼，开追悼会，由队里干部、家属代表讲话，亲友戴黑纱或白束腰，晚辈亲属穿白衣服向逝者鞠躬或唱喏致哀。90年代，旧式葬礼复现，要请道士念经、做道场，还要扎库焚化，请乐队吹奏哀乐、唱哀歌。丧礼完毕后，由亲属护送灵柩至火葬场火化并将骨灰带回家中灵台供奉，至第二年清明或腊月进行土葬。在城镇，人死后一般直接送到殡仪馆，由殡仪馆进行沐浴、穿衣、整容，隔天请亲属和生前好友到殡仪馆举行追悼会，然后火化。骨灰安放于公墓或埋葬。2000年后，部分村建造“安息堂”，骨灰不再土葬，统一放在安息堂。

【寿庆】 孩子一周岁时过“搭纪”（亦称“纪过”），办酒席宴请亲朋好友，吃生日蛋糕。亲朋好友送礼祝贺。孩子10岁时，要过“十搭纪”，也要办酒席宴请。平时无论大人、小孩过生日并不太看重，或一家人吃面、吃蛋糕以示纪念，或请至亲庆贺一番。老年人过60岁、70岁、80岁大寿，少数家庭举办庆寿酒。

【其他喜庆习俗】 生小孩要“送糖”，亦称“送舍姆羹”，并办“送糖酒”，宴请亲朋好友，亲朋好友送礼品或礼金恭贺；青年参军办“参军酒”；子女考上大学办“状元酒”；搬家办“乔迁酒”；农村修造新房要办“造房酒”（或称“上梁酒”）。20世纪90年代后期，出现“谢师宴”，即初、高中毕业生为感谢老师的培育，宴请老师。此风流行一时。

（市史志办）

地方特产

【太仓肉松】 太仓肉松历史悠久，清光绪十二年（1886年）太仓开设倪鸿顺肉松店，其肉松为官方礼品，驰誉四方。1915年，获巴拿马国际博览会甲级奖。太仓肉松挑选优质太湖瘦肉型猪宰杀，佐料讲究，炒制工艺先进，采用全封闭式机械化生产，洁净卫生，由于水与脂肪成分比例控制合理，因此肉松保质期得到有效延长。太仓肉松以其独特风味享誉四方。

【太仓糟油】 糟油创制人为清乾隆年间的李梧江。清代袁枚《随园食谱》写道：“糟油出太仓，愈陈愈佳。”《太仓州志》记载：“色味佳胜，他邑所无。”太仓糟油具酱色、糟香、鲜美等特点，能解腥除异味、提鲜增香、开胃增食。

【长江四鲜】 太仓地处长江入海口，江海交汇之处，鱼类品种甚多，较为著名的有合称为“长江四鲜”的银鱼、刀鱼、鮰鱼、鲥鱼。

银鱼，古称“脍残鱼”，鱼形细长，身透明，体光滑，长约一指。喜栖息于近海长江口，学名长江间银鱼，当地人称“面杖鱼”。因其明莹如银、细骨无鳞、肉质鲜美，深受食客青睐。

刀鱼，其状似刀形，故称刀鱼。

刀鱼"狭薄而长头"，与凤鲚有相似之处，但比凤鲚个大，也称江鲚。个大者有一尺（约33厘米）来长。刀鱼肉质细腻鲜嫩，入口即化，但细骨较多。清明前上市；清明后，其细骨变硬，风味大不如前。

鮰鱼，亦称鮠鱼，俗称"白戟"。其吻圆突，口腹部，体无鳞，个大者长达1米。现产量急剧减少，大鮰鱼不易捕捉。鮰鱼肉质肥美，可精炖可红烧。其鳔肥厚，可制鱼肚，历来为上等食用鱼类。

鲥鱼，古称"魱"。形秀而扁，似鲂而长，长约70厘米，银白色，腹部具棱鳞。一般三四龄成熟，春夏之交，溯江而上，主要产于太仓长江入海口至南京燕子矶一带的下游地段。其味极为鲜美，宜不去鳞清炖，为长江鱼类中极品，可惜近年已濒临绝迹。

【中华绒螯蟹】 国家著名特色水产品，具有味鲜美、营养价值高的特点。太仓市临濒长江口，繁育和养殖中华绒螯蟹有着得天独厚的优势，不但蟹种正宗，而且蟹的纯度高、生存力强、易养殖，成蟹的只型大、产量高。太仓蟹养殖以浮桥镇为中心，分布浏家港、浏河、璜泾、沙溪等地，蟹苗除自养外，大部分销往全国各养蟹地区。

【太仓梅山猪】 梅山猪是太仓市最具地方特色的优质种质资源之一，是太湖猪的主要品系之一，以肉质鲜美、繁殖量高而著称，曾多次被国家领导人作为国礼赠送友邦。2011年5月，太仓市种猪场被授予"国家级太湖猪（梅山猪）保种场"称号。

【双凤爊鸡】 双凤爊鸡为太仓著名的传统食品。早年的双凤大户人家乃至普通农家几乎都有一只多代相传的锅，每当入冬腊月，过年过节，则活杀自养之鸡，煮至半熟，稍加冷却后，放入有老汤的锅中，然后按秘方放入茴香、花椒等多种佐料，以文火焖煮。制成后鸡皮色亮，丰腴肥实，香气沁人。

【双凤羊肉】 太仓双凤养羊、食羊的习俗有数百年历史，双凤羊肉专选品质上乘的山羊为原料，皮肥肉酥，味道鲜美。在昆山、嘉定、宝山等周边城市开有多家太仓双凤羊肉食品店。2007年起，每年举办双凤福地文化羊肉美食节活动。2008年9月，双凤镇被中国烹饪协会冠名为"中国羊肉美食之乡"。

【双凤肥羊面】 双凤肥羊面为太仓餐饮文化中的特色品种之一，以酥、浓、香、肥著称，为地方上的冬令特产名吃。专选品质优良的太仓本地上等山羊为原料，辅以10多种调味品、中草药，文火焖煮2小时以上而成红烧羊肉。味入骨肉，皮肥肉酥，汤汁鲜美而绝无膻味。面汤用烹羊原汤熬制，浓而不浊、油而不腻。面则以手工制之，经多次压滚，细、柔、滑、韧，入水便熟，口感极好。

【太仓白蒜】 始种于清代，于20世纪60年代在太仓大面积种植。太仓白蒜蒜头肥硕结实，蒜瓣大而匀称，色泽洁白，味道辛香，为蒜中精品。与上海嘉定白蒜、山东苍山白蒜、新疆白蒜齐名，并称为中国"四大名蒜"。

【新毛芋艿】 芋艿为太仓特色传统蔬菜品种之一，具有悠久的种植历史和优良独特的品种资源。新毛芋艿不但外形圆整，而且带有特别的香味，吃口糯滑，享誉苏、浙、沪。用其制作的"桂花糖芋艿"更是风味独特，是江南人家八月中秋必不可少的名点佳品。太仓常年种植芋艿533.33公顷，年产颇丰。2014年6月，"新毛芋艿"成为太仓首件地理标志证明商标。

【珍蔬紫葛叶】 紫葛叶（又名紫果叶、紫角叶）原是太仓民间一种不起眼的植物，其历史甚为悠久，因其质地肥嫩爽口、鲜美清香，被赞誉为"蔬菜皇后"。紫葛叶含有丰富的维生素、皂素以及胶质等多种营养成分，可清炒，可入汤，对人体有滋补作用，被视为保健蔬菜。紫葛叶不但能入菜，而且还能入药，具有清血凉血、消热解毒、润燥滑肠、解郁除积、接骨止痛等多种功效。

【板桥西瓜】 太仓板桥历来有种植西瓜的习惯，由于土壤肥沃，气候适宜，栽培技术先进，板桥西瓜以其皮薄、品质优、果型适中而闻名苏州、上海等地。主要品种有京欣一号、早佳（84－24）和小型礼品瓜（拿比特、万福来、红小玉、黄小玉、早春红玉等）。这些品种的共有特点是品质优良，皮花，果实圆形或椭圆形，中心糖分占12%以上，礼品瓜1～1.5公斤/个，常规瓜2.5～4公斤/个，商品性极佳。

【太仓毛板青蚕豆】 色青粒大、板子宽阔、尾有凹痕、肉色白净、味鲜而糯、易酥不腻，百粒重130～135克，比一般品种高20克左右，并含有多种营养成分，为蔬菜食品的佳品。毛板青蚕豆食用方法较多，除青食外，还有煮、氽、炒、蒸、拌、汤等食法，且其皮可入药，故深受群众欢迎。太仓毛板青蚕豆是江苏省名贵农特产品，为蚕豆品种中的上品。因产于毛家市（现太仓市城厢镇新毛管理区）周围，故名之，当地人亦称"宣公豆"。上海特产老城隍庙五香豆即以毛板青蚕豆为原料。

【太仓牛踏扁毛豆】 种植历史悠久，是群众欢迎的传统青食良种。其荚形大，粒扁平，皮青色，味鲜洁，吃口糯，晚熟。产品以毛豆形式销售，主要销往上海、苏州等周边大中小城市，销路颇广，供不应求。

【太仓大米】 种植历史悠久，其糯性强，支链淀粉含量高。蒸煮后米饭晶莹剔透，口感柔软滑润，富有弹性，冷而不硬，食味品质极佳。太仓地区为沙壤土质，养分含量高，适宜大米种植，用本地区种植的特种稻加工的优质袋装米、粉以及制作精美的八宝饭、点心等，在上海、厦门、苏州等地销售良好。

【太仓山药糕】 将太仓本地山药蒸至酥烂，捣成山药泥，拌入糯米粉、糖，将果料在碗壁内摆放成图案形，再把拌好的山药泥放入碗中，将豆沙放在山药泥中间，上笼蒸熟。口味微甜，软糯滑爽，有食用价值和药用价值。

【麦秸画】 精选麦秸为原料，经过除膜、切片、劈丝等加工处理，运用拼贴、镂刻、镶嵌等制作方法，按照平面、浮雕、立体等构图造型，利用麦秸原有的光泽、独有的纹理，巧妙设计，精工细作，通过麦秸的明暗、深浅、厚薄、疏密等搭配和点、线、面的合理布局来制作麦秸画工艺品。史仁杰经40多年研究，工艺日益成熟。品种包括山水风景、花鸟鱼虫、人物走兽、房屋建筑等，图案华而不媚、素而不俗。

（市旅游局、市农委）

组织机构及领导人名录

市四套班子

中共太仓市委员会

书　记　王剑锋
副书记　杜小刚　陆卫其
常　委　张　彪　朱大丰　钱文辉　陈雪嵘　邱震德
　　　　顾金泉　王国其　王绍云
　　　　郑　晋（挂职，6月—）
　　　　王永林（因公牺牲，—8月）

太仓市人大常委会

主　任　秦建明
副主任　夏林祥　徐鸣强　嵇永宁　周大伦
调研员　孙耀明
副调研员　王文其（—12月）

太仓市人民政府

市　长　杜小刚
副市长　朱大丰　周文彬　陆　燕　宋文元　朱万里
　　　　赵建初　顾晓东　郑　晋（挂职，6月—）
　　　　佟海英（挂职）
副调研员　周伟忠（—5月）

政协太仓市委员会

主　席　宋建中
副主席　郑银林　吕　寅　朱薇圆　朱凤兰
　　　　孙锦泉（违纪，—1月）
副调研员　杨丽娟（—11月）

市纪委、市人武部、市法院、市检察院

中共太仓市纪律检查委员会

书　记　顾金泉
副书记　邱根生　王益清
常　委　陆秀娟　杨其康　朱柏华　秦建刚（9月—）

太仓市人民武装部

政　委　王绍云
部　长　王军钢
副部长　王向东

太仓市人民法院

院　长　赵新华
副院长　顾建康　张红烈　邱东明　袁　满
党组书记　赵新华
纪检组长　徐生宝
政治处主任　周　红

太仓市人民检察院

检察长　杜建伟
副检察长　俞其林　杨耀红　张莹玮　李　峰
党组书记　杜建伟
纪检组长　张宏斌
政治处主任　薛慧香

市委各部门

市委办公室

主　任　张培明
副主任　周建平　张英姿　韩志敏　曹　锋
　　　　李　峰　顾技峰

市委组织部

部　长　张　彪
副部长　陆　俊　王晓芸　楼浩平　黄　海

市委宣传部

部　长　陈雪嵘
副部长　王建秋　陈永忠　张　忠　刘　菊

市委统战部

部　长　高　扬
副部长　胡　良　杨建新　吴向阳　周　辉
　　　　包炳祥

市委政法委

书　记　王国其
副书记　宋文元　杨志宏　陆利兵　顾虹蝶

市委农村工作办公室

主　任　邹家祥
副主任　蒋建平　闻　铭　徐　莞

编委办

主　任　王晓东
副主任　郑思东　张　健

市委研究室

副主任　王伟刚　张　皓

市委机要局

局　长　韩志敏
副局长　徐　震

市委保密办（保密局）

主任（局长）张英姿
副局长　顾鸿飞

人才工作办公室

主　任　黄　海
副主任　宋　蔚
　　　　张　雷（挂职，—8月）

文明办

主　任　王建秋
副主任　沈　晖　朱　清

社会管理综合治理委员会办公室

主　任　杨志宏
副主任　苏伟平　陈卫平　徐忠诚

市国家安全领导小组办公室

主　任　陆利兵
副主任　金　泉

市级机关党工委

书　记　张　彪
副书记　王晓红

市级机关党委

书　记　王晓红
副书记　郭世桂　朱　丽
纪委书记　王文瑜

非公有制经济工作委员会

书　记　王晓芸
副书记　黄　海　童　刚　周　辉（—6月）

国有资产监督管理工作委员会

书　记　朱大丰
副书记　凌晓波　王孝红
纪工委书记　王孝红

老干部局

局　长　楼浩平
副局长　李春皓　施海鹰

台　办

主　任　沈建青
副主任　王波宁　单晓风

市委党校

校　长　陆卫其
常务副校长　龚金明
副校长　张伟林　李春秀　徐卫岗　毛树兵

档案局（馆）

局（馆）长　顾建新
副局长　张海华　廖丽娜　陈　岗

史志办

主　任　张志华
副主任　陈妙生　殷秋娣

接待办公室

主　任　曹　锋
副主任　江进生　顾熙虹　周叶萍　王益锋

太仓日报社

社　长　高健彪
总　编　姜　颢
副总编　朱乃燕　郁　鹰　奚海燕　周　斌

事业单位登记管理局

局　长　郑思东

市人大各部门

办公室

主　任　杨喜良
副主任　杨群英

人事代表联络工委

主　任　金云明
副主任　张顺明　金雯艳

内务司法工委

主　任　胡春兴
副主任　吴剑宏

财政经济工委

主　任　王文尉
副主任　俞　彪　马　兰

城建环保工委

主　任　华中兴
副主任　高荣奎

教科文卫工委

主　任　张永涛
副主任　陈士基

外事民宗侨台工委

主　任　曹宏杰
副主任　石忠其

研究室

主　任　杨喜良
副主任　周　华

市政府各部门

政府办公室

主　任　李　刚
副主任　徐志豪　陆文卫　曹　锋　芮　萌　王晨清
　　　　刘利民　蒋　华　盛海峰　张玦青　王雪源
　　　　夏永华　陶乐平（—6月）　钱丁良（—6月）
党组书记　李　刚

发展和改革委员会

主　任　龚　璇
副主任　丁芝菁　许子云　郑　珑　顾星球（6月—）
　　　　王正梅（—6月，批捕）
党委书记　龚　璇
副书记　李国平
纪委书记　李国平

经济和信息化委员会

主　任　蔡东辉
副主任　冯建良　樊　荣　唐正道　张　莉
　　　　顾肖峰　朱晓峰
党委书记　蔡东辉
副书记　石　英
纪委书记　石　英

教育局

局　长　周鸿斌
副局长　陆惠良　孙君琪　尤培亚　吴　健
　　　　张金晔
党委书记　周鸿斌
副书记　陆惠良　张跃忠
纪委书记　张跃忠

科学技术局

局　长　朱永明
副局长　徐永明　孙惠球　万芬奇　张荣海
　　　　许昱捷（挂职，—8 月）
党组书记　朱永明

公安局

局　长　宋文元
副局长　沈虹健　徐玉林　王志坚　胡月林　严国强
　　　　徐向明　唐　健　朱锦明（—6 月）
政委　沈明亮
党委书记　宋文元
副书记　沈明亮
督察长　宋文元
纪委书记　徐向明
政治处主任　施军平

监察局

局　长　邱根生
副局长　朱柏华　孙建国　须永良（9 月—）
　　　　秦建刚（—9 月）

民政局

局　长　王大明
副局长　史经涛　周红亚　李卫光　王娴敏
党委书记　王大明
副书记　刘友佺
纪委书记　刘友佺

司法局

局　长　顾潇军
副局长　肖　枫　陆云娟　闵诣昉　高　峰
党组书记　顾潇军
纪检组长　陆云娟

财政局

局　长　凌晓波
副局长　王建良　藕永清　陆锦亚　闵海峰
　　　　项建军　王　燕
党组书记　凌晓波
纪检组长　闵海峰

人力资源和社会保障局

局　长　陆　俊
副局长　徐雪萍　蒯智清　顾敏华　蔡　峻　仲崇学
党委书记　陆　俊
副书记　徐建平
纪委书记　徐建平

国土资源局

局　长　高洪文
副局长　冯志平　王　近　王青青　王海波　金　明
党组书记　高洪文
纪检组长　冯德贤

住房和城乡建设局

局　长　叶海生
副局长　高　强　唐四新　钱建初　包加俊　查晓东
党委书记　叶海生
副书记　张　英
纪委书记　王利民

城市管理局

局　长　朱锦明
副局长　沈国华　陆春林　钱耀忠　刘解平　高宝兴
党委书记　朱锦明
副书记　石培红
纪委书记　石培红

交通运输局

局　长　徐　韬
副局长　张　健　倪永良　陈　艇　王国文(12 月—)
党委书记　徐　韬
副书记　高　洁
纪委书记　陆艳艳
总工程师　李文骞

水利局

局　长　李国良（6 月—）　韩　飚（—6 月）
副局长　曹炳华　周培元　周　栋　张建龙　陆振超
党委书记　李国良（6 月—）　韩　飚（—6 月）
副书记　毛　静
纪委书记　毛　静

农业委员会

主　任　沈　忠
副主任　沈美林　肖海明　赵麒森　冯瑞兴
　　　　邹　翔（8 月—）　徐心慰（—5 月，批捕）
　　　　周雪元（—6 月，批捕）
党委书记　沈　忠
副书记　张　勤
纪委书记　张　勤

商务局

局　长　陆定峰
副局长　刘志刚　杨　俭　程　澄　王轶蕊
　　　　陈利锋（8 月—，试用一年）
党组书记　陆定峰
纪检组长　沈建飞

文化广电新闻出版局

局　长　　潘井亚
副局长　　王俭飞　王　冰　刘　芳　王雪春
党委书记　潘井亚
副书记　　黄海波
纪委书记　黄海波

卫生局

局　长　　顾　超
副局长　　朱　坚　李伟丰　刘　俊　周　纯
党委书记　顾　超
副书记　　李云汉
纪委书记　李云汉

体育局

局　长　　孔春明
副局长　　王跃丰　张建忠　施倚倩
党组书记　孔春明
纪检组长　张　敏

环境保护局

局　长　　吴建国
副局长　　沈玉其　姜志刚　张　勤　周洪海
党组书记　吴建国
纪检组长　胡　敏

旅游局

局　长　　倪雪华
副局长　　张　华　殷　托　黄　健　顾晓峰（—8 月）
党组书记　倪雪华
纪检组长　张　华

民族宗教事务局

局　长　　包炳祥
副局长　　朱文强　时永建
党组书记　包炳祥

人口和计划生育委员会

主　任　　朱　英
副主任　　张　进　张　英　吴建萍　俞叶丹
党组书记　朱　英
纪检组长　黄建琴

审计局

局　长　　王建平
副局长　　陈　俭　张玉柱　高秀娥（—8 月）
党组书记　王建平
纪检组长　王国新

安全生产监督管理局

局　长　　顾振清
副局长　　潘佳平　周照平　张文明
党组书记　顾振清
纪检组长　龚　征

统计局

局　长　　徐洪明
副局长　　盛建华　廖丽萍　苏静妍
党组书记　徐洪明

物价局

局　长　　吴晓麟
副局长　　任玉法　张　燕　黄惠林　彭雪梅
党组书记　吴晓麟
纪检组长　张　燕

粮食局

局　长　　顾宇靖
副局长　　朱献良　征安平　陆月明
党委书记　顾宇靖
副书记　　王耀飞
纪委书记　王耀飞

信访局

局　长　　王雪源
副局长　　张　健　徐国锋
　　　　　张小宏（8 月—，试用一年）
　　　　　王丽坚（—8 月）
党组书记　王雪源

民防局（人防办）

局　长（主　任）严桂清
副局长（副主任）张卫兵　戴美生　曹　宏　王文华
党组书记　严桂清

市级机关事务管理局

局　长　　钱丁良
副局长　　龚志明　张福源　周菊芬　刘忠明
党组书记　钱丁良
纪检组长　张迎红

食品药品监督管理局

局　长　　顾　超
副局长　　李伟丰

口岸管理委员会

主　任　　杜小刚
副主任　　邱震德　陆　燕　顾忠盈　李永江　赵　震
　　　　　楮建伟　胡　鸿

行政服务中心

主　任　　周建平
副主任　　万小宏　于俊伟　秦建刚　凌　玲

法制办公室

主　任　　徐志豪
副主任　　姚　榕　顾泉山

外事办公室

主　任　　曹　锋
副主任　　江进生　顾熙虹　周叶萍　王益锋

服务业发展办公室

主　任　　陆　征
副主任　　施丽萍　朱卫清（9 月—）

上市办公室

主　任　　龚　璇
副主任　　陈伟峰

中小企业局

局　长　　蔡东辉

知识产权局

局　长　朱永明
副局长　张耀良

国有资产监督管理委员会办公室

主　任　凌晓波
副主任　王孝红　周淑亚　顾莺燕

地震局

局　长　高　强

城管执法局

局　长　朱锦明

水务局

局　长　李国良（6月—）　韩　飚（—6月）

生殖健康家庭保健管理中心

主　任　朱　英

广电总台

台　长　高健彪（9月—）　陈永忠（—9月）
副台长　刘　序　陈志平　茅震宇　陆　坚
　　　　山　飚
党委书记　高健彪（9月—）　陈永忠（—9月）
副书记　杨　敏
纪委书记　杨　敏

侨　办

主　任　杨建新
副主任　汪　俊

供销总社

主　任　董英明
副主任　冯剑林　王　辉
党委书记　董英明
副书记　杜凤良
纪委书记　杜凤良

土地储备中心

主　任　金　明
副主任　陆育成　钱　峰　陈雁江（—9月）

反贪污贿赂局（反渎职侵权局）

局　长　浦　强

国库支付中心

主　任　杨怀球

政府采购中心

主　任　陈　政

招商局

局　长　江　宁
副局长　朱煜伟　苏　珂　金丽萍（8月—，试用一年）
　　　　朱永强（8月—，试用一年）
　　　　胡　震（—1月，辞职）

金融合作管理办公室

主　任　王建良
副主任　胡纪明　黄卫东

市重点项目办公室

主　任　王宏宾
副主任　刘　序　王文华

市政府驻南京办事处

主　任　顾熙虹

市政协各部门

办公室（与秘书处合署办公）

秘书长　陆静波
主　任　仇　君
副秘书长　仇　君　李永川　吴　斌（—6月）
副主任　李永川

提案委员会

主　任　吴伟红
副主任　顾钱医　顾鸿飞　陆文卫

经济科技委员会

主　任　宋福荣
副主任　徐忠良　冯建良　王建良　闻　铭
　　　　王正梅（—6月，批捕）

社会事业委员会

主　任　杜根生
副主任　顾小芳　董志军　杨志宏　史经涛　黄海波

城乡建设委员会

主　任　高建林
副主任　沈建国　王青青　高　洁　沈玉其

港澳台侨（民族宗教）委员会

主　任　邵惠锋
副主任　王战超　杨建新　沈建青　包炳祥

学习文史委员会

主　任　杨建中
副主任　黄　蓉　顾建新　张志华

研究室

主　任　张　炜

人民团体

市总工会

主　席　王永林（因公牺牲，—8月）
副主席　周　瑛　周惠东　徐昭君　黄海松
党组书记　周　瑛

团市委

书　记　张　义
副书记　毛华乾　邵　旻
党组书记　张　义

市妇联

主　席　李　洁
副主席　杨琴洁　陈静怡　李　黎
党组书记　李　洁

市科协

主　席　龚秋健
副主席　吴建明　胡俊韬　张学双　王　欣　冯宇霞
党组书记　龚秋健

市文联

主　席　汪　放
副主席　尹小雁　许正明　王雪春　陈解法
党组书记　汪　放

市工商联

主　席　黄浩忠
副主席　周　辉　曲　建　顾振华　杨忠执
包建元　沈锦亚　周建明　黄耀臻
徐义新　顾振其　何永兴　黄正明
管雪平　杨巧明　周善高　郑岳海
党组书记　周　辉

市侨联

主　席　张晓冬
副主席　周　燕

市残联

理事长　左　明
副理事长　周秀芳　许　斌　杨太庆
党组书记　左　明

市哲学社会科学界联合会

主　席　张　忠
副主席　吴　巍　徐卫岗　韩志敏　陆文卫

市红十字会

专职副会长　杨瑞兰

太仓港经济技术开发区

党工委

书　记　王剑锋
副书记　杜小刚　邱震德
纪工委书记　邱震德
纪工委副书记　展建良

管委会

主　任　杜小刚
副主任　邱震德　朱万里　韩　飚　邹家宏
施燕萍　叶海生　佟海英（挂职）
吴忠良　冯玉良　王贵军（挂职，4月—）
陈一飞（—2月）肖建波（挂职，—1月）
主任助理　马　骏　张舒源　陆建林　许超震

党政办公室

主　任　赵　勇（1月—）
副主任　孙　昉　汪华明　杨　波（1月—）
赵　勇（—1月）

科学技术局

局　长　钱振刚
副局长　陆燕芳　佀国宁（挂职，9月—）

人力资源和社会保障局

局　长　马　骏
副局长　周　珏

规划建设局（城市管理局）

局　长　陆建林
副局长　陆建清　杨艳萍　王明娟　王　煜　张玉明

经济发展局

局　长　丰　华
副局长　宋志勤　王晓军
钱　琪（1月—，试用一年）
吕向公（—6月，辞职）

企业管理局（环境保护局）

局　长　陆湘元
副局长　徐建明　顾　杰

农村工作局

局　长　钱　进
副局长　崔玲英

财政局（国有资产管理局）

局　长　藕永清
财政局副局长　徐建东（9月—）
周雅红（1月—，试用一年）
国资局副局长　张红友　柯　峤

社会事业局

局　长　张舒源
副局长　王　浩　江宏卫

纪检监察室

主　任　展建良
副主任　李　萍

总工会（武装部）

主席（部长）　成才洪

保税物流中心管委会

主　任　邱震德
副主任　方　正

招商中心

副局长　胡雪峰　谢伟峰

现代服务业发展中心

主　任　龚利花（1月—）
副主任　奚　玲　张艳维　龚利花（—1月）

新区及下属部门

管委会

主　任　朱万里
副主任　韩　飚（6月—）　时利林　金学良
冯玉良　许昱捷（挂职）　陶乐平（6月—）
张艳萍　夏远峰　李国良（—6月）
邵振良（—4月，批捕）

党　委

书　记　朱万里
副书记　韩　飚（6月—）　叶俭洁　李国良（—6月）
邵振良（—4月，批捕）
纪委书记　叶俭洁

党政办公室

主　任　夏远峰
副主任　吴炜芬　陆　毅　周燕晨

党群工作部

部　长　　顾永忠
副部长　　李慧华

科学技术局

副局长　　郁颖珠　马喜斌
　　　　　刘翔宇（8 月—，试用一年）

经济发展局

局　长　　沈　欢
副局长　　潘国忠　殷　伟

规划建设和环境保护局

局　长　　狄志强
副局长　　朱正其　陈惠强　范伟民
　　　　　马永平　王　彦

人力资源和社会保障局

局　长　　王维军
副局长　　沈　宁

财政局（国有资产管理局）

局　长　　高秀娥（8 月—）　陆锦亚（—8 月）
副局长　　陆建才

招商局

局　长　　笪文敏
副局长　　胡晓瑜　王惠青（—1 月，辞职）

娄东街道

党工委

书　记　　韩　飚（6 月—）　邵振良（—4 月，批捕）
副书记　　浦利兵
委　员　　沈剑明　徐立军　朱建东　孙文彪
　　　　　蔡祖林　邢秋娟　王丽坚（8 月—）
　　　　　王桂明

办事处

主　任　　浦利兵
副主任　　徐立军　朱建东　孙文彪　蔡祖林
　　　　　邢秋娟　王丽坚（8 月—）

人大工委

主　任　　沈剑明

市科教新城

党工委

书　记　　施燕萍
副书记　　王　哲　荣晓佳（挂职，9 月—）
　　　　　张　雷（挂职，—8 月）
委　员　　朱勤昌　龚宣东　姜达敏　包加林
　　　　　吴振键　王永健
纪工委书记　包加林

管委会

主　任　　王　哲
副主任　　朱勤昌　龚宣东　王永健

太仓长江口旅游度假区

党工委

书　记　　徐志强（8 月—）　陆卫其（—8 月）
副书记　　杨晓峰（8 月—）　朱菊明（8 月—）
　　　　　袁志强（8 月—）　顾益新（8 月—）
　　　　　顾晓峰（8 月—）　陶乐平（—6 月）
　　　　　徐志强（—8 月）　倪雪华（—8 月）
委　员　　郭亚萍（8 月—）　陈文贤（8 月—）
　　　　　张俊国（8 月—）　朱学锋（8 月—）
　　　　　杨志刚（8 月—）
纪工委书记　袁志强（8 月—）

管委会

主　任　　杨晓峰（8 月—）　徐志强（—8 月）
副主任　　邵立新（8 月—）　陈　伟（8 月—）
　　　　　王　东（8 月—）　周　静（8 月—）
　　　　　徐　勤（6 月—）　陶乐平（—6 月）
　　　　　倪雪华（—8 月）　杨晓峰（—8 月）

太仓市生物医药产业园

管委会

主　任　　朱大丰
副主任　　芮　萌　王　茜　马晓东

太仓大学科技园

管委会

主　任　　王永林（因公牺牲，—8 月）
副主任　　施燕萍　魏晓锋　王　哲　朱永明

太仓市现代农业园区

管委会

主　任　　肖海明
副主任　　吴建华

太仓港口及下属部门

党工委

书　记　　陆留生
副书记　　王竹鸣
委　员　　胡　鸿　钮建平　邱震德　高强东（—5 月）
　　　　　张兴仁（—5 月）

管委会

主　任　　王竹鸣
副主任　　胡　鸿　钮建平　邱震德　高强东（—5 月）

纪工委

书　记　　张兴仁（—5 月）

机关党委

书　记　张兴仁（—5月）
副书记　徐卫强

党政办公室

主　任　徐卫强
副主任　赵振刚　唐　蔚　谢建华（—8月）

规划建设办公室

主　任　郑国昌（8月—）
副主任　方　健（7月—）　谢建华（8月—）

发展服务局

局　长　孙　松
副局长　钱　晓　王敏勇

港政管理局

局　长　高冬华
副局长　闻叶青　洪方强　浦红国

口岸委办公室

主　任　董济文

条线部门

江苏海警支队

支队长　徐明春（—7月）
政　委　董长龙（—7月）
副支队长（负责军事业务工作）　钱军民（7月—）
副政委（负责全面工作）　居俊峰（7月—）
副支队长（负责后勤工作）　郑大勇（7月—）
参谋长　罗　杰（—12月）　张日勤（12月—）
政治处主任　朱文高
后勤处处长　曹爱兵

太仓边防检查站

站　长　何舜荣
政　委　朱锦仕（10月—）　褚建伟（—10月）
副站长　王亚洲　董卫平
副政委　郭如平
参谋长　徐宝峰
政治处主任　李　科
后勤处处长　李兴华

太仓公安消防大队

大队长　汤　俊
指导员　吴恒喜

太仓出入境检验检疫局

局　长　顾忠盈
副局长　肖　力（—4月）　范英姿（9月—）
　　　　宋乐林　许　强
党组书记　顾忠盈
纪检组长　封君兴（9月—）　范英姿（—9月）

太仓海关

关　长　宋晓泉（11月—）
　　　　李永江（—11月）
副关长　周建达　孙　彧　陈　康（—11月）

太仓海事局

局　长　赵　震
政　委　丁安林
党组书记　赵　震
党组副书记　丁安林
副局长　薛建军　陆裕彪
纪检组长　丁安林

长江引航中心太仓引航站

站　长　秦　文
站长助理　陆志斌

国税局

局　长　王洪斌
副局长　陈　健　蒋　健　唐建国
纪检组长　龚婷瑜

地税局

局　长　陈俊良
副局长　郑祥弟　宋建秋　金　骁　龚建明
党组书记　陈俊良
纪检组长　宋建秋

质监局

局　长　唐宪中
副局长　沈　渊　方海清　晏四祥
党组书记　唐宪中
纪检组长　沈　渊

工商局

局　长　陈伟贤
副局长　肖伟模　夏永刚　张文华（—4月）
　　　　贺　仁（4月—）
党组书记　陈伟贤
纪检组长　苏梅芳

太仓电信

总经理　常惠刚（1月—）
副总经理　陈　峰　金志强　陆献秋（1月—）
党委书记　常惠刚（1月—）
纪委书记　陈　峰
工会主席　金志强

邮政局

局　长　王雷强
副局长　张　开（4月—）　江　挺（—4月）
党委书记　王雷强
纪委书记　张　开（4月—）　江　挺（—4月）
工会主席　张　开（4月—）　江　挺（—4月）
局长助理　张亚倩（11月—）

太仓移动

总经理　阎凌清
总经理助理　金　炜　郑　翎

太仓联通

总经理　赵剑毅
副总经理　杨　军
党委书记　张国良

供电公司

总经理　蒋永平
副总经理　唐　明　马灿明　周　震　朱永元
党委书记　唐　明
党委副书记　蒋永平
纪委书记　麦　强
工会主席　麦　强

太仓公积金中心

主　任　龚志浩
副主任　任　燕　胡　倩

烟草专卖局（分公司）

局　长　邵亚军（—3月）
副局长（主持工作）　沈　诚（3月—）
副局长　曹　忠
副经理　李　宁（3月—）

盐务管理局

局　长　田作磊
副局长　陈文华

气象局

局　长　沈利洪
副局长　周卫兵

太仓国际海员俱乐部

主　任　时宇明
主任助理　杨忠明

人行太仓市支行

行　长　姚建平
副行长　徐　琍　张丽琴

太仓银监办

主　任　丁　皓
副主任　陆晓红

农发行太仓市支行

行　长　丁吉明
副行长　毛羽翔　黄　玉

工行太仓支行

行　长　邱华方
副行长　陈鸿鸽　金羽菁（1—11月）　郭维城
　　曲　阳（1—5月）
纪委书记　王文亚
行长助理　洪熠旻　钱　忠（11月—）
高级经理　张永锡　盛　敏　贺险平

农行太仓分行

行　长　周文军（6月—）　周　旦（—5月）
副行长　林建强　周中华（—10月）　马红琴
　　马忠明（12月—）　张　林（8月—）
行长助理　张　林（—8月）

中行太仓分行

行　长　黄世忠
纪委书记　戴荣春
副行长　吴海燕　黄佳莹
行长助理　吴戈亮　刘　海

建行太仓分行

行　长　邵继明
副行长　张　军　宋　健　吉长龙　王　敏

交行太仓分行

行　长　周苏黔
副行长　沈　玲
行长助理　张金荣

邮储银行太仓支行

行　长　沈林东
副行长　蔡文波

中信银行太仓支行

行　长　何　飚（2月—）
　　金　栋（—2月）
副行长　包　颖
行长助理　顾　飚

华夏银行太仓支行

副行长　沈建中（—11月，主持工作）
　　吴建平（6—11月，12月—，主持工作）
　　卢　纯（12月—）　薛薇红（12月—）
　　王玲燕（—10月）

招商银行太仓支行

行　长　姚　胜
副行长　叶　青
行长助理　陆　明

光大银行太仓支行

行　长　归　坚
副行长　陆　菁
行长助理　林　隐

民生银行太仓支行

行　长　王盛文
副行长　赵　怡

兴业银行太仓支行

行　长　沈　洁
副行长　黄　岭

恒丰银行太仓支行

行　长　张求胜
副行长　孙　微

江苏银行太仓支行

行　长　李　勤
副行长　赵　岚
行长助理　吴　雷

苏州银行太仓支行

行　长　陈利红
副行长　张治虎　葛　铭
风险主管　欧阳峰

太仓农商行

董事长　张云青
行　长　钱伟东
监事长　严国英
副行长　王　星　冯　建　丁　娅　顾必武

太仓民生村镇银行

董事长　刘拥新
行　长　陈明磊
副行长　金　莹
风险总监　王　敏

东吴证券太仓分公司

太仓分公司总经理　徐　明
上海东路证券营业部总经理　管春鸣
人民南路证券营业部副总经理（主持工作）　林　玲
沙溪镇白云中路证券营业部总经理　顾卫东

人保财产太仓支公司

经　理　姚　铿
副经理　池　骋　顾　豪　彭静梅

中国人寿太仓支公司

副总经理（主持工作）　戈　涛
总经理助理　郁　超　严　良　金　燕

太平洋财险太仓支公司

总经理　张　渊
副总经理　许　俭

太平洋人寿太仓支公司

总经理　周　平
副总经理　闻金平

各　镇

城厢镇

党委书记　王红星
副书记　胡　捷　朱晓峰　陆　明　沈　炯
　　谭翰墨（挂职，—8月）
委　员　张俊华　李红艳　严　枫　陈　杰　陆红玉
　　郁卫清
纪委书记　张俊华
人大主席　张俊华
副主席　王诚英
镇　长　胡　捷
副镇长　李红艳　严　枫　江芝才　赵隽春　姚金鑫
　　杨　晨（挂职，9月—）
政协工委主任　陆　明

沙溪镇

党委书记　楼晓舟
副书记　潘红忠　冯建华　杨惠林　李　焱
　　崔靖园（挂职，12月—）
　　沈颂东（挂职，—8月）
委　员　浦绍兴　龚文彬　张永强　乐　琦　沈玉峰
　　毛剑峰　王建春
纪委书记　冯建华
人大主席　华中兴
副主席　浦绍兴　熊晓东
镇　长　潘红忠
副镇长　龚文彬　陆　方　周雪忠　周彩亚　叶　强
政协工委主任　冯建华

浏河镇

党委书记　徐志强
副书记　杨晓峰　袁志强　夏凤军（挂职）　顾益新
委　员　朱菊明　邵立新　郭亚萍　陈文贤　张俊国
　　朱学锋　杨志刚　邹　翔（—8月）
纪委书记　袁志强
人大主席　朱菊明
副主席　张　毅
镇　长　杨晓峰
副镇长　邵立新　陈　伟　王　东　周　静
　　邹　翔（—8月）
政协工委主任　袁志强

浮桥镇

党委书记　许超震
副书记　严　浩　胡月林　吴莉华
委　员　金建良　王坚刚　陆　益　龚惠琴　沈鸽飞
　　龚建国　石万良　陆建忠
纪委书记　吴莉华
人大主席　金建良
副主席　陶菊林
镇　长　严　浩
副镇长　王坚刚　顾玉强　许　刚　吴建达　陆利璟
政协工委主任　吴莉华

璜泾镇

党委书记　姜　超
副书记　毛雅萍　何永林　郭平原
委　员　周宏建　高雪飞　李　健　吴　龙　杨雪萍
　　潘振明　祁殿成
纪委书记　郭平原
人大主席　周宏建
副主席　吴惠强　张振岐
镇　长　毛雅萍
副镇长　高雪飞　陆锦华　俞建国　周志强　孙路远
　　陆　江　龚静华（挂职）
政协工委主任　何永林

双凤镇

党委书记　孙卫良
副书记　王莉萍　王永伟　李潇轩（挂职）　唐建宏
委　员　周建明　吴静怡　徐建明　李春生　张蓓婷
　　吴建斌　梁金龙
纪委书记　王永伟
人大主席　周建明
副主席　袁品球
镇　长　王莉萍
副镇长　吴静怡　徐建明　龚坤明　陈　凯　吴南山
政协工委主任　王永伟

（市委组织部、港口管委会、各条线部门）

人居环境

城市形态

【城市规划定位】 太仓市规划定位为既有现代城市功能、发达工商业，又有优美的田园风光，并体现丰富历史文化内涵的“城乡一体、产城融合、城在田中、园在城中”的现代田园城市。

（鲍佰两　顾　爽）

城乡规划

【城市总体规划】 自2008年6月起，太仓市启动新一轮城市总体规划修编工作，前后经过18轮反复修改、调整和完善，于2011年11月经省政府批准通过。在“现代田园城、美丽金太仓”的城市总体发展目标定位下，新版城市总体规划明确“港口带动、对接上海、交通引导、生态保护和特色取胜”五大发展战略，确立“一市”（太仓市）、“双城”（主城、港城）、“三片区”（沙溪、浏河、璜泾）的城乡一体化市域空间布局结构。

【区域规划】 太仓市完成沙溪、浏河、璜泾3个中心镇总体规划，编制港城核心区、浏河长江口旅游度假区、沙溪南部新城区、璜泾南部新城区等控制性详细规划，基本实现市域范围片区规划全覆盖和重点核心区控制性详细规划全覆盖。

【专项规划】 太仓市开展镇村布局、综合交通、绿地系统、地下空间、特色空间、田园城市、慢行交通、历史名镇保护等专项规划编制30多项，涵盖交通、旅游、生态、文化等城乡建设各类要素（2014年规划执行情况详见“道路”“交通”“旅游”“文化”等分目）。

【乡村规划】 太仓市规划134个农村保留点，涵盖规划建设用地以外自拆自建集中安置小区31个、规划保留村庄103个（含具有历史文化底蕴的特色村庄4个），以规划引领保留和传承农村江南水乡独具特色的历史、文化和田园风貌。

（鲍佰两　顾　爽）

城镇布局

【主城建设】 太仓主城定位为最佳宜居城市、现代服务业中心和高新技术产业基地。其中城中综合组团（含新区）规划形成融合行政办公、商务办公、文化、居住、商业、工业生产等多重功能的综合性组团。科教新城组团规划形成集科教文化、生态宜居、现代服务业等功能于一体的城市新区。陆渡组团依托沪通铁路太仓站枢纽，规划形成以高新技术产业、现代服务业为主导的休闲、生态、宜居的城市组团。金仓湖组团以金仓湖良好的自然生态景观为依托，规划形成集生态旅游、休闲度假、高品质居住于一体的特色组团。双凤组团以福地文化和水乡湿地为特色，规划形成具有明显特色的现代田园城市组团。

【城市副中心建设】 城市副中心——港城组团由港口、港区、港城（含浮桥）三位一体构成，定位为国际化现代港口城市、沿沪滨江生态新城和临沪现代化新兴产业基地。其中核心区规划形成太仓沿江地区综合性的城市公共中心，太仓港的配套服务区，环境宜人、设施配套的现代化新城区。

【新型小城市建设】 沙溪镇。通过挖掘和放大中国历史文化名镇效应，沙溪镇规划形成经济繁荣、生活富裕、环境优美、特色鲜明的集历史古镇、文化名镇、工业强镇、宜居新镇于一体的综合型、现代化小城市。其中南部新城规划为独具特色的“古今人文之城、生态宜居之城”。2014年，沙溪镇提升城乡一体水平，南部新镇区完成主干道沿线绿化、印溪生态湿地公园提档等形态优化工程，印溪商务大厦主体结构封顶。沙溪古镇区完善停车场等基础配套设施，乐荫园商务酒店完成桩基工程。岳王街区、北院新村等老小区综合改造工程竣工。“白云花园”土建工程完工，首批农户安置工作启动。中荷新村、印北新村等农民集中居住小区配套进一步完善。年内，沙溪镇疏浚河道37.93公里，新增绿化面积66.67公顷。

浏河镇。依托长江口旅游度假区

和滨江新城的开发建设优势，浏河镇规划形成现代化滨江临沪宜居休闲小城市。其中滨江新城打造集商业金融、文化娱乐、休闲旅游、生态居住等综合性公共服务功能于一体的现代化城市新区。2014 年，长江口旅游度假区基础设施不断完善，滨江新城主干道基本贯通，钱泾路、长宁路建成通行。滨江大道、338 省道环境整治和景观绿化、洋子泾拓宽等工程加快推进，度假区主要出入口形象标志加快建设，江滩湿地公园、芦苇湿地基本建成。古镇业态日益丰富，老照片陈列馆建成开放。度假区游客服务中心和咨询点建成投运，旅游标识导向系统设置完成。农民集中居住安置房和自建小区建设有序推进，东方花园中区安置房交付使用，滨江花园二期开工建设。

璜泾镇。以“北强工业、东融港区、南建新镇、西兴三农、中心提档”为发展战略，规划形成具有民营经济产业特色的宜居宜业小城市。其中南部新城区重点发展商业、金融业，打造璜泾镇新的发展中心。2014 年，璜泾镇城乡发展日益协调，新镇区核心区拆迁基本完成，片区详规通过专家论证，5 条主干道及桥梁建设项目启动，框架形态加速形成。玄武路西延、湘杨路新建工程 2.4 公里竣工通车。“知青时代”等商业综合体建设稳步推进，茂林尚街开街营业。新华花园公寓房完成分房，雅鹿、新华小区服务中心完工，王秀小区、新华联体小区建设规划启动。

（鲍佰两　顾　爽）

公共建设

道　路

【概况】 2014 年，太仓市公路总里程 1304.32 公里，公路桥梁 1155 座，公路密度 210.37 公里 / 百平方公里。其中高速公路 57.54 公里，一级公路 264.30 公里，二级公路 481.48 公里，三级公路 105.83 公里，四级公路 395.18 公里。航道总里程 373.93 公里。其中五级航道 15.08 公里，六级航道 24.89 公里，七级航道 72.22 公里，等外航道 261.74 公里。全年基础设施建设计划投资 10.3 亿元，实际完成投资 8 亿元。具体项目有：沪通铁路建设工程完成所有企业协商拆迁方案，完成农户签约 50% 以上，处理全线地面附着物 90%；杨林塘航道整治工程各标段进展顺利，船闸完成工程总量 70%；完成岳鹿公路（通港路—协星路）改建工程；沙南公路至昭衍路连接线新建工程完成；东仓路至浏双公路连接线新建工程完成；双浮公路双凤镇区段新建工程完成；沙溪片区西环路（南环路—沙南公路）新建工程完成；沿江高速沙溪出口镇东路改建工程完成；338 省道上海交界段改造工程完成；国省道大中修工作进展顺利，224 省道、339 省道、204 国道部分严重损坏路段大中修工程完成。

【岳鹿公路（通港路—协星路）改建工程】 该工程总投资 8690.09 万元，全长 10.03 公里。2013 年 5 月开工建设，2014 年 5 月建成通车。

【沙南公路至昭衍路连接线新建工程】 该工程总投资 4453.09 万元，全长 2.55 公里。2013 年 5 月开工建设，2014 年 7 月建成通车。

【东仓路至浏双公路连接线新建工程】 该工程总投资 2426.36 万元，全长 0.88 公里。2013 年 5 月开工，2014 年 11 月建成通车。

【双浮公路双凤镇区段新建工程】 该工程总投资 4074 万元，全长 1.87 公里。2013 年 3 月开工，2014 年 7 月建成通车。

【沙溪片区西环路（南环路—沙南公路）新建工程】 该工程总投资 3860 万元，全长 0.85 公里。2013 年 3 月开工，2014 年 7 月建成通车。

【沿江高速沙溪出口镇东路改建工程】 该工程总投资 2391.82 万元，其中匝道桥 0.42 公里，道路 0.98 公里，大桥 217.9 米。2013 年 5 月开工，2014 年 7 月建成通车。

【338 省道上海交界段改造工程】 该工程总投资 981.29 万元，全长 909.6 米。2013 年 6 月开工，2014 年 9 月竣工。

2014 年太仓市公路亮化工程情况表

表 1

序号	工程名称	亮化里程（公里）	总投资（万元）	路灯数量与规格
1	昭衍路至沙南路连接线亮化	2.1	185	H15 米中杆灯 4 套，H11 米单臂路灯 140 套
2	沙溪西环路亮化	0.9	98	H15 米中杆灯 2 套，H12 米双臂路灯 24 套
3	东仓路至浏双线连接线亮化	0.9	118	H15 米中杆灯 4 套，H11 米单臂路灯 42 套
4	城区公交换乘站亮化	0.25	85	H16 米环形灯 5 套，H15 米中杆灯 2 套，H15 米景观灯 8 套
	合　计	4.15	486	—

【农路发展加快】 2014年，太仓市印发《关于加快实施农村公路提档升级工程的意见》，完成新一轮镇村公路网规划工作，拟定全市农村公路提档升级库，完成农路危桥改造10座。1月，柳双路、湘杨路和疏港高速公路线外工程开工建设，总投资3000万元。

【公路亮化工程】 2014年，昭衍路至沙南路连接线工程、沙溪西环路工程、东仓路至浏双线连接线工程、城区公交换乘站等亮化工程完成，维护管理正常。

（唐小雁）

交　通

【概况】 2014年，太仓市共有公路客运站场6个，长江汽渡1个；城市公交线路29条，投放车辆100辆；城乡公交线路19条，投放车辆112辆；镇村公交线路13条，投放车辆27辆；长途客运班线69条，投放车辆143辆。全年完成公交客运量1867.4万人次、长途客运量310.4万人次、太海汽渡客运量42.3万人次，共计安全运送旅客2220.1万人次。

【公交发展】 2014年，全市城乡公交发展更趋均等化。场站建设方面，沙溪新客运站完成招投标；科教新城客运站工程完成可行性研究批复；双凤客运站完成方案报批；城区换乘站及府南街改造完工；建成四期智能候车亭和电子站牌139个，在苏州范围内率先实现城市、城乡线网智能公交全覆盖。服务提升方面，全年新增公交线路2条，调整公交线路7条；开通苏州首条公交定制班线；103辆出租车报废更新，落实出租车计分考核办法，打造“娄城的士”服务品牌。节能减排方面，全年新增新能源公交车23辆，其中气电混合动力公交车13辆，全市清洁能源公交车占比达28%；完成“油改气”的出租车和驾培车分别占比92%和60%；累计发放各类公交卡15万张。

【交通行业管理】 2014年，太仓市提升交通依法行政水平，推广综合执法，扩大公路综合执法辐射范围。全年各公路综合执法点共检查各类运输车辆4687辆，查处擅闯禁区违章3212起，违法超限运输案件64起；水上执法大队加强对沿途企业、码头的管理，保障重点工程推进，完成征收货物港务费91.95万元；开展综合交管所独立运作筹备工作，拟订包括综合交管所职能、机构设置、综合执法运作机制等内容的运作方案。推进法治实事工程建设。市交通运输局“依法规范公路行车环境”被列入市法治实事工程。加快行政审批提速增效。市行政服务中心交通窗口会同各执法单位优化审批环节，再次开展审批项目提速，缩短承诺期限19个工作日。全年办理行政审批及服务3596件。

【运输市场监管】 2014年，全市路政监管共查处超限违章车辆475辆，处置路面污染、违法开挖等公路违法行为18起，发现安保设施隐患18起，整治非标235处。航政监管加强日常巡航，严查航道偷排泥浆违法行为，及时拆除杨林塘违建码头，确保航道整治顺利进行。水上安全监管完成上海亚信会和南京青奥会安保任务，全年完成规费征收1016.4万元，办理进出港船舶签证1.4万艘次，货物吞吐量1232万吨，水上安全形势稳定，连续25年无水上交通死亡责任事故。运政监管创新执法模式，开展夏季环境整治，全年查处各类违章案件892起，其中非法营运案件495起、危险品案件55起。查处二级维护逾期案件283起，对82家专项业户下发相关处罚条款告知书，对39家下发整改通知书，对1家无证业户进行处罚；新增1家“江苏快修”称号企业。年内，制定内河港口发展三年行动计划，强化危货码头安全监管，码头持证率达88.7%。

【交通信息管理】 2014年，太仓市交通信息应急指挥平台四期工程完成，引进高清摄像技术，分辨率提升10倍，为执法取证、事件追溯提供有力保障。重点道路信息化工程开工建设，在双浮公路、协星公路、岳鹿公路、339省道等道路上设置视频监控及信息发布平台，对道路信息化管理和车辆诱导起到促进作用，为道路规划、建设、养护、管理等工作提供参考。构建太仓至苏州交通电子政务市县三级纵向网络，为交通运输行业各项业务开展提供网络传输支持。

【交通应急保障】 2014年，全市开展各类交通运输安全检查314次，发现安全隐患162起，全部整改完成。加强交通在建工程质量监督，全年共抽查原材料及工程实体质量5500余点。应急处置能力提升，编制《太仓市交通运输局应急管理工作方案》，开展水上交通应急救援、道路客运突发险

城区公交换乘站外景　　（2014年11月摄　市交通运输局供稿）

情应急处置、驾校安全生产等实战演练；公路应急基地投入使用，公路防灾抗灾和应急处置救援能力增强。

【城区公交换乘站改扩建】 城区公交换乘站改扩建工程位于上海西路与体育场路交叉口东南角，东邻太仓市体育场，紧靠南洋广场、华旭广场等商业中心。城区换乘站总用地面积6766.6平方米，总建筑面积1144平方米，总投资约1000万元。工程建设期为2014年4月至2015年1月，2015年1月28日投入使用。城区换乘站有始发线路9条，分别为107路、111路、129路、133路、201路、210路、211路、212路、312路，全天发送班车304班；途经线路7条，分别为105路、108路、109路、115路、122路、100路夜间线、127路夜间线，全天发送班车320班。改扩建后的城区公交换乘站总体布局包含换乘区、服务区、停车区、下客区、非机动车停放区等5个功能分区，主要提供乘客换乘和公交首末站功能。

（唐小雁）

供　水

【概况】 太仓市自1997年起，陆续斥资完成长江引水、蓄淡避咸水库、村村通、一户一表改造工程。2013年9月，总投资6.7亿元的太仓市第三水厂一期工程竣工投产，全市形成“双水源、双水厂”的安全供水新格局。太仓市水处理有限责任公司辖水厂2座、城区增压站1座、乡镇供水管理站11个，日供水能力70万吨，负责全市机关、企事业单位及居民生产、经营和生活用水供应。出厂水每6个月送无锡、南京国家水质监测站进行106项指标全分析，均达到或优于国家标准。全市设有20个供水压力监测点，实时监控全市供水管网压力，确保水压稳定，截至2014年底，建成DN（公称通径，下同）100以上的供水主管道1100余公里。2014年，全年供水总量9357万吨，较上年增长2.20%；售水总量8183万吨，较上年增长3.52%；漏损率11.48%，较上年下降1个百分点；全年投资8200万元新增各镇区自来水配套管网75公里，其中改造给水管网12公里；新增用户12942户；在新塘等地新增营业窗口6个，截至年底，全市设立营业窗口21个（其中城区5个，乡镇16个）；全年成功抵御4次、32天咸潮侵袭，成功应对长江（靖江）水污染事件；实现连续安全供水5927天。

（施　祥）

供　电

【概况】 2014年，太仓市全社会用电量90.05千瓦时，较上年增长0.56%，其中工业用电量77.08亿千瓦时，较上年增长1.65%；企业售电量80.455亿千瓦时，较上年增长3.22%；全口径线损率2.76%，较上年下降1.44%；最高用电负荷139.13万千瓦，较上年下降3.29%。新增110千伏及以上变电容量5万千伏安；新建、改造10千伏架空线路209.71公里，电缆16.42公里，新增配变243台、7.25万千伏安。太仓市供电公司实现营业收入54.78亿元，完成业扩报装容量65.08万千伏安，全市营业户数34.09万户。太仓市供电公司连续四年获全国“安康杯”竞赛优胜单位荣誉，并获江苏省电力公司“2014年度安全生产先进集体”称号。

【供电安全生产】 2014年，市供电公司开展“安全管理提升”“百日安全”等活动，全面排查电网设备、消防、车辆、小型基建及客户端设备等安全隐患，落实防范措施。加强电力设施保护。针对高温、大风、冰冻等不同气候特点，采取预防措施，制订特殊时段巡查方案，及时发现并清除线路通道内危险物。完善与政府相关部门协同工作机制，加大电力设施保护宣传力度，加强鱼塘等各类安全警示牌的管理维护，全年无供电安全引起的法律案件发生。主动寻查各类施工工地，推行第一责任人制度，及时发放宣传材料，签订施工安全协议，加挂警示标识，加强重要危险点24小时专人值守，实现35千伏及以上线路设备“零外破”记录。加强舆情应急管理，营造和谐稳定的内外部环境。截至年底，市供电公司实现连续安全生产3745天。

【电网建设推进有序】 2014年，市供电公司推进特高压工程建设，对重点难点问题做好预判和预案，落实特高压工程舆情防控。年内，1000千伏淮上线特高压工程太仓境内43.5基铁塔基础全部完成，进入立塔阶段。加速完善地区电网结构。年内完成110千伏胜泾变扩建变电工程建设并投入运行；完成110千伏板桥输变电工程、110千伏1509新陆线接入寿

5月29日，市供电公司员工在太仓港苏州现代货箱码头有限公司检修电力设备

（吴雪丹　摄）

安变工程建设。加快配电网建设步伐。完成全市19个片区、252个单元配电网网格化规划，建成港城中心区等3个一流配电网区域。完善配电网络架构，实现配网手拉手互供率99.1%的目标。在沿江地区开展配电线路架设避雷线工程，加快配农网绝缘化改造，取得良好效果。

（邹大为）

燃　气

【概况】 2014年，太仓市新建燃气管道50千米，天然气供应量2.6亿多立方米，新增用气人口19.51万人。推进浮宅路L-CNG（液化压缩天然气）加气站等燃气基础设施建设。加强燃气安全管理，市政府印发《关于进一步加强燃气安全管理工作的通知》，全市开展燃气安全检查和整治工作，组织联合大检查6次，共排查隐患70处。启动农民自拆自建集中居住小区配套燃气工程三年（2014—2016年）行动计划。

（鲍佰两　顾　爽）

垃圾处理

【概况】 2014年，太仓市城管局环卫处完成道路保洁346万平方米，收集并转运全市域生活垃圾29万余吨，收集处置建筑垃圾8.8万吨，处理有机物3000余吨，数字环卫平台处理案件6.9万余件。餐厨垃圾无害化处理工程项目完成进场道路、桥梁等建设工作，太胜垃圾中转站投入运行，市区35座老旧公厕完成改造，生活垃圾无害化应急填埋场一期工程完成前期准备工作。年内，垃圾分类扩大至马家地园、娄江雅苑、景瑞荣御蓝湾及电站花苑4个居民小区和教育系统的14所中小学校，建设完成垃圾分类收集房60个。

（朱利明）

污水处理

【概况】 太仓市水处理有限责任公司拥有污水处理厂8座，负责全市(不含港区、新区)污水收集和处理工作。1997年，太仓市第一家污水处理厂——城区污水处理厂开工建设，之后进行二期、三期扩建，日污水处理能力6万吨。2006—2010年，璜泾、双凤、沙溪、浏河、岳王、南郊、港城组团等7座乡镇污水处理厂及配套管网工程陆续建成投产。截至2014年年底，全市共铺设污水主管道316公里，污水日处理能力14.5万吨，污水排放均达到一级A标准。

2014年，全市污水集中处理量4714万吨，较上年增长199万吨，COD(化学需氧量)削减11393吨。其中，市水处理有限责任公司处理污水(不含港区、新区)3309万吨；BOD(生化需氧量)削减量2992吨；COD(化学需氧量)削减量9083吨，较上年增长5.26%；参与城区水环境综合整治，完成2013年度剩余管道敷设0.6公里，完成投资约30万元；优化各镇区污水配套管网建设，建成各镇区污水管网36公里，完成投资6365万元；12月，启动港城组团污水处理厂改扩建工程，建设规模为3万吨/日，2014年主要完成桩基部分施工，完成投资约1800万元。

（施　祥　周　婷）

【区镇生活污水治理工程】 该项目列入市人大1号议案、政府1号实事工程。2014年，全市完成投资8706万元，实施项目59个。完成科教新城文澜路、浏河滨江大道等主管网建设33公里，浏河长江路、沙溪姚泾路提升泵站2座，南园新村、太平新村等截污纳管支管网38公里，城厢太丰小区、浮桥协心小区等农村生活污水治理点9个（包含7座独立处理设施和2个接管工程）。太仓市计划用三年时间（2013—2015年）完成905户截污纳管生活污水接管任务，2014年完成接管316户，累计完成总任务的70%。通过加大基础设施建设，加强从源头有效收集生活污水。

【城区排水达标区建设工作启动】 2014年，太仓市在老城区范围内启动排水达标区试点普查，对市政污水管网和排水户存在的雨污合流、私接、乱接、混接、乱排雨污管道等现象开展网格式普查，并进行整改。年内完成老城区东区社区、南园社区内2个片区普查工作，东区社区整改方案完成，南园社区整改方案进入设计阶段。

（周　婷）

水利设施

【概况】 2014年，太仓市抓好防洪减灾和重点水利工程建设，完善基层防汛组织体系，强化镇（区）基层防汛“八大体系”建设（组织体系、责任体系、预案体系、预警体系、物资储备体系、抢险队伍体系、应急响应体系、制度保障体系）。启动市级防汛仓库扩建及防汛远程监控系统改造升级工程；完成老城区西城区防洪排涝工程方案。充实防汛物资设备，新增冲锋舟及橡皮艇4艘、大型移动发电机组2台、排涝泵80台等应急设备，市、镇两级防汛物资储备满足苏州市防指的要求。充实防汛抢险队伍，通过公开招标组建社会化专业抢险队伍3支，各区镇分别组建专业抢险队伍2支。年内开展防汛应急演练，提高快速反应和应急处置能力。

【江堤达标建设与管理】 太仓市境内长江堤防跨璜泾、浮桥、浏河3个镇，主江堤总长38.38公里，闸外港堤12公里，沿江共有浏河、杨林、七浦等通江水闸11座、涵洞10座，构成沿江防洪挡潮屏障。太仓市堤闸管理处主要承担太仓市境内长江防洪工程的运行管理维护，2008年通过考核成为“国家级水利管理单位”。2014年，该处开展长江堤防水闸维修养护和沿江堤防环境整治，完成长江堤防美锦码头至万方路段路面维修工程等省级项目7个、市级维修养护项目4个，通过国家级水利工程管理单位复核检查。

【圩区达标建设与管理】 太仓市圩区总面积约49平方公里，涉及城厢、沙溪、双凤3镇，共建成联圩10个，圩堤总长74.1公里，排涝闸站46座、圩口闸15座。2014年，全市继续加强圩区管理，10个联圩提前一年完成苏州市圩堤达标管理任务。

浏河套闸 （2014年10月摄 市水利局供稿）

【骨干河道整治】 七浦塘拓浚整治工程：七浦塘太仓段河道总长21.58公里，配套建设跨河桥梁12座、水闸27座、箱涵21座，总投资12.4亿元。年内，沙溪、璜泾、浮桥被列入红线范围内的拆迁安置居民267户，完成评估签约266户，拆除263户；需要拆迁的企业5家，全部完成签约并拆除4家；工程共分9个标段，年内全面开工，1、2、3标段基本完工。项目完成投资6.4亿元，其中拆迁完成1.9亿元，征地安置完成2.1亿元，工程完成2.4亿元，完成率52%。中小河流治理项目：盐铁塘（七浦塘—杨林塘及苏州路—新浏河段）7.36公里河道治理任务完成，概算总投资2956万元；半泾河（七浦塘—杨林塘段）5.7公里河道整治完成，概算总投资2868万元。湖川塘整治工程：一期（十八港—横沥河）3.7公里全面完工，二期（北京路—新区、浏河交界段）因拆迁、土地等因素影响完成65%，完成投资7690万元。

【中小河流治理重点县建设】 该项目总投资3.29亿元。2014年，投资7133万元，包括3个项目区，涉及11个村，完成疏浚河道168公里，土方201万立方米；沟通断头浜1.22公里，新建小型建筑物43座，建设生态护岸28.42公里，岸坡绿化49.93公顷。

【水行政管理】 2014年，太仓市加大苏州区域性通江河道引排水调度，全年共排水740潮次，排水量10.77亿立方米；引水297潮次，引水量3.21亿立方米。开展浏河引排水改善老城区水环境试验和老七浦引排水对沙溪古镇影响试验，增加换水频率，改善水质。年内，建立市级排水管理机构，加强对全市排水许可及排水建设项目管理，加强监管排水设施运行及污水处理安全生产；成立水利工程质量监督站，加强全市水利工程质量监督管理，跟踪水利工程质量动态。加强水行政执法。开展护江2014行动、河湖执法清障月、长江河道采砂管理集中整治月及水资源执法检查等专项执法行动。加强工程性采砂项目监管，严厉打击长江非法采砂。全年出动执法艇136船次、执法车642车次、执法人员3362人次，共处置涉水违法事件54起，立案查处“老太海汽渡鑫海码头吹填”违法案件1起，清除浏河、石头塘等市级河道网簖30处。加强水行政审批。全年完成涉水行政审批37件，依法征收各类涉水规费6631万元。

【河道长效管理】 太仓市推行“河长制”管理工作，实施《关于加强全市河道管理“河长制”工作实施意见》，建立“一河一档”，制定“一河一策”。开展全市河道详查，将50米以上的河、浜录入水信息平台。加强河道长效管理，强化巡查考核，完成27个河道保洁全覆盖达标村建设。加大城区河道日常保洁，城区大半泾、娄江河、东城河等河道种植水生植物1300平方米。完成新区一期16座闸站移交管理工作，做好新老城区闸站联动调水工作。

（周 婷）

信息化工作

【概况】 2014年，太仓市三大电信运营商（电信、移动、联通）和广电网络传输公司拥有固定电话总数20.45万台（数据来源市经信委，下同），移动电话总数96万台，有线电视用户总数23.4万户，互联网宽带上网用户25.06万户，通信3G、4G业务用户总数54.76万户，光纤总长度65.32万芯公里，全市互联网总带宽680千兆。

【电子政务建设】 2014年，太仓市电子政务建设重点推进信息化基础设施建设，创新管理模式，加快推进城市管理信息化。

基础设施建设。推进电子政务云平台建设，扩建后的云计算平台拥有100颗CPU，内存1.8千兆，磁盘容量30千兆，虚拟服务器50多台。组建覆盖市、镇、社区三级的电子政务专网，将网络延伸到全市各村、社区及相关节点，实现网络资源集约化管理。

管理模式创新。加强政府投资信息化项目管理，做好项目实施前的评审工作；强化2015年度政府投资信息化项目预算审批工作，提高财政性资金投资效益。加强“中国太仓”网站群建设及管理，网站群拥有部门子站数42家，主站日访问量1.22万人次；加大政府信息公开的考核力度，提高政府信息公开的及时性、准确性、有效性。

城市管理信息化。实施太仓市交

2014年太仓市信息基础设施调查表

表2

通信网络设施	电信	移动	联通	广电	合计
固话用户数（万台）	18.6	0.8	1.05	—	20.45
移动电话用户数（万台）	30.8	51	14.2	—	96
有线电视用户数（万户）	6	1	—	16.4	23.4
有线电视双向改造覆盖用户数（万户）	—	—	—	10.6	10.6
宽带用户数（万户）	17	4.9	2.42	0.74	25.06
3G业务用户数（万户）	35.7	7.2	11.86(含4G)	—	54.76
基站数（2G/3G/4G）（个）	251/2251/374	320	243/368/292	—	4099
光纤总长度（万芯公里）	42.5	15	0.72	7.1	65.32
交换机数（万门）	37.5	100	22	—	159.5
互联网接入带宽（千兆）	560	64	54	2	680

通运输局应急指挥平台四期工程。做好市域重点道路信息化工程建设；构建太仓至苏州交通电子政务市县三级纵向网络，实现省市县三级网络大贯通。推进数字市政建设。完成雨水管线数据普查共计55公里，全天候实时监控城市低洼点6处、桥梁2座；推进数字照明项目建设，实现对城市主要路灯和景观灯光的实时监控；建设统一的“城管家”APP发布平台，实现便民信息、许可信息及政策公告的发布；建设渣土管理系统，实现对建筑工地、渣土车辆、运营企业、消纳场所等重要环节的监管；完善建设智能停车诱导系统。推进国土资源信息化建设。做好“一张图”工程建设，完成2009—2013年征地批次供地数据数字化整理及入库；开展太仓城乡一体化国土资源信息化管理平台建设；推进“数字太仓”城市地理空间框架建设。

社会服务信息化。市民卡建设。2014年4月，太仓市正式发行市民卡•公交卡。6月30日，完成市民卡首发；9月起，市民卡•标准卡开始大规模发放；截至12月底，发放市民卡8万张，出售公交卡4万张，交易量日均4000笔，完成首批7200张城区学生卡制作及发放，完成发放市民卡•高龄卡600张、市民卡•劳模卡500张、市民卡•爱心卡3399张；太仓市民卡接入“全国城市一卡通互联互通”平台，实现全国城市一卡通互联互通。推进教育信息化建设。完成全市学校光纤城域内网建设；重点升级太仓教育门户网站集群系统，同步推出太仓教育手机微门户应用，搭建太仓教育自动录播教室课堂直播云平台。加快卫生信息化建设。构建全市卫生数据中心和卫生数据共享与交换服务平台，基于居民健康档案的区域卫生信息平台在全市推广使用，累计建立居民电子健康档案58万余份；建立覆盖城乡医疗卫生机构的医院HIS（管理信息）系统、区域体检和区域LIS［实验室（检验科）信息］系统，实现居民电子健康档案调阅、传染病报告、慢病报告、双向转诊；太仓健康网投入运行。

（朱奔菁）

电　信

【概况】 2014年，太仓电信加快4G网络建设和网络优化工作，全年规划建设LTE（移动通信技术的长期演进）基站260个，累计达315个，实现市区、重点乡镇及主干道路全覆盖。完成室分合路110个，开通信源219个，同时持续推进广覆盖，做好新开站的单站验证及周边优化工作。至年底，全市电信“天翼”用户26.5万户，宽带用户15.6万户。8月22日，太仓市互联网协会第2次换届大会召开，会议审议通过第1届理事会工作报告，选举第2届理事会成员，中国电信太仓分公司总经理常惠刚被选举为协会理事长。中国电信太仓分公司连续十年被苏州市消费者权益保护委员会评为“苏州市消费者满意单位”和“苏州市零投诉企业”。

【“城市光网”建设】 2014年，太仓电信继续推进“城市光网”建设，重点完善光缆网络。加快老小区改造、新小区建设及城郊集中居住点的零星覆盖建设，拓展太仓总体出口带宽。全年累计完成住宅光纤覆盖建设17.78万户，实现城区宽带100兆覆盖、乡镇宽带20兆的提供能力。

【智慧城市建设】 2014年，太仓市完成交通数字化公路、智慧农田自动化控制、教育局上网行为管理系统、智慧校园无线校园建设，全市停车诱导系统等重点智慧城市项目签约，其中教育局上网行为管理系统于5月底竣工并交付使用。

【通信保障】 2014年，太仓电信做好全市各类重大通信保障工作，主要有2014年国际田联竞走世界杯赛通信保障、金融行业年终决算网络保障、高考标准化考证视频监控网络保障、水利局汛期通信保障和各类重大赛事的通信保障工作。

（陈依文）

有线传输

【概况】 2014年，太仓市有线传输工作完成30多个电视频道的调整，优化频道设置，完成5套高清央视频道和四套DOX高清频道落地。截至年底，全市网内共计传输有线数字电视频道184套，其中标清基本频道71套，标清付费频道63套，高清基本频道24套，高清付费频道26套。推广高清互动电视，改善互动电视收看效果，实现45套标清、14套高清频道7天回看，丰富互动电视的荧屏内容。组织“高清世界杯”和“高清互动夏令营”等活动，推广社区高清互动整体升级项目，完成太东、伟阳、淞南等村（社区）高清互动升级和整转工作。年内，全市高清互动入户率达5%。

【有线网络建设】 2014年，太仓市制定有线网络整体规划设计方案，在全面规划的基础上推进双向网络改造和优化。年内，共投入700多万元，完成双向网络改造6135户、市区网络优化4074户。同时，优化EPON（以太网无源光网络）网络架构，扩容EOC（基于有线电视同轴电缆网使用以太网协议的接入技术）头端数量，提升带宽出口，升级宽带业务，有线宽带覆盖率达75%。建设完成IP（网络互连协议）城域网和波分项目，形成以市传媒中心为核心，连接沙溪、浏河、璜泾、浮桥的北环，和连接大庆、锦州路、人民路的南环，为传媒中心到每个一级站点提供2个万兆、8个千兆的数据通道和路由保护，提升网络传输能力。

【“广电网络进万家”活动】 “广电网络进万家”活动从2014年5月20日至8月31日结束，其间，广电工作人员走访全市有线电视用户3.9万户，回收意见建议近2万份，激活停机用户2158户。通过用户走访活动，宣传广电网络产品和服务，使全市群众对太仓广电革新有更深入了解。

【安全播出工作】 2014年，市广电网络公司完善安全播出管理体系，强化安全播出管理，基本实现核心机房24小时监控太仓网络全业务和乡镇所有节点机房。围绕重点保障期，开展多次安全播出、安全生产检查，对市传媒中心机房、各乡镇广电站机房、办公区域用电安全、消防安全进行隐患排查和整改。加强市镇数据环网、数字电视信号传输干线巡检，全年巡视主干线路30余次，线路抢修30处，主干线路整改维护40处，保障线路安全，确保全市干线网和接入网设备正常运行，实现全年安全播出无事故。

（陈　琳）

联合通信

【概况】 2014年，太仓联通拥有固话用户数6000台（数据来源太仓联通，下同），宽带用户数2.3万户，移动电话用户数18万户，其中2G业务用户数6.8万户，3G业务用户数7.8万户，4G业务用户数3.4万户。2G、3G、4G基站数分别为252个、386个、290个，拥有光纤总长度14.4万芯公里，交换机数20万门，互联网接入宽带64千兆。年内，太仓联通开展4G营销工作。自工业和信息化部批准苏州成为LTE（移动通信技术的长期演进）混合组网试点城市之一后，苏州联通启动“沃4G”工作。太仓联通召开4G部署座谈培训会，分别从营账操作、宣传布置、渠道管理、提升代理商积极性等层面展开系统培训和讨论。提前走访各个门店，检查指导网点宣传物料布置、厅内氛围等情况；细分门店，制订适宜的目标计划，多管齐下，共同发展。通过实惠的产品，让更多用户体验到“速度更快、资费更优、选择更多、服务更便捷、感知更畅快”的4G业务。针对“沃4G”优势、176专属号段、“沃4G”合约手机等4G营销内容，促进4G业务快速销售。

【太仓联通落实实名制登记】 自开展电话用户真实身份登记工作以来，太仓联通贯彻落实工业和信息化部关于实名制工作的要求，从制度、系统、培训、检查、考核5个环节着手，查漏补缺，逐一梳理信息安全隐患，要求各营业厅整改，并健全相关机制。至2014年年底，太仓联通各营业厅、代理店均具备电话用户实名制登记条件，按照电话用户真实身份登记要求办理各项业务。开展电话用户回访、清理和“双照片”系统留存工作。实名制登记工作取得成效，新增用户实现100%实名登记。

（王晓晨）

移动通信

【概况】 至2014年年底，太仓移动实现业务收入5.7亿元（数据来源太仓移动，下同）。全市移动用户56万户，其中，3G、4G用户25万户，4G用户人均流量980兆。移动光纤宽带覆盖400个小区18万户，累计发展宽带用户5万户。2014年，太仓移动加快4G网络扩展建设，着重覆盖乡镇农村区域，年内新建4G基站328个，累计建设4G基站396个，实现太仓全市移动4G网络室外全覆盖，其中太仓核心城区、开发区4G网络室外覆盖率99%，平均下载速率35兆以上；乡镇及农村地区室外覆盖率96%，平均下载速率30兆以上。年内，太仓移动开展“4G业务服务流程穿越”活动。通过现场模拟体验业务办理过程、员工访谈、实地观察等形式，发现4G业务办理及服务流程中的缺陷及问题，并进行讨论优化，提升4G服务水平。开展渠道转型优化工作。将转型优化作为渠道工作重点，围绕终端、末梢、支撑、管理四大维度，开展渠道提升工作。以商圈掌控为核心，通过渠道布点调整、自办渠道引商入柜、合作渠道终端激励政策倾斜、社会渠道签约拓展、终端销售能力培训等方式，实现传统渠道向终端渠道转型。建立渠道管理提升体系，从业务发展质量、业务办理流程、投诉溯源等方面考虑渠道奖惩，提升渠道发展质量。提升客户满意度。紧扣服务转型要求，通过抓关键环节服务措施，促进客户满意度提升；梳理各类服务协议，杜绝虚假广告和宣传；引导社会渠道提升服务质量，开展营业厅排队等候问题治理、人员服务质量管理等，完善营业厅服务质量监测机制；建立专线服务体系，对资源勘查、业务开通、故障维修、投诉处理等环节实施全过程监控。

（周庆丰）

生态环境

环境质量

【水环境】 饮用水水质：全市集中式生活饮用水源地取水总量为9464万吨，第二水厂、第三水厂2个饮用水水源地水质均达到《地表水环境质量标准》（GB3838－2002）三类水标准和集中式生活饮用水地表水源地特定项目标准，水质达标率100%。

“河流断面长制”及现代化考核断面水质：“河流断面长制”考核断面11个，分别为浏河闸、振东渡口、杨林桥、仪桥、东方红桥、浪港闸、友谊桥、钱泾闸、高墩泾、浏河、新丰桥镇断面；除新丰桥镇断面外，其余10个断面均为现代化考核断面。杨林桥、仪桥2个断面因河道整治工程暂停考核。9个“河流断面长制”考核断面中，共有6个断面水质达到相应功能区要求，达标率66.7%；8个现代化考核断面中，5个断面水质达到Ⅲ类水标准，占比62.5%。

农村水环境质量：全市各村共设监测断面90个（含撤并村，下同）：浮桥镇18个、浏河镇8个、新区10个、双凤镇9个、城厢镇6个、璜泾镇13个、沙溪镇20个、港区6个。各村在上半年、下半年各监测1次，监测项目为溶解氧、高锰酸盐指数、氨氮、总磷，按照地表水Ⅳ类标准评价。2014年全市农村断面达标率72.2%。

2014年太仓市地表水环境功能区断面水质统计表（1月）

表3

编号	采样地点	pH值	溶解氧	高锰酸盐指数	生化需氧量	氨氮	石油类	挥发酚	汞	铅
		无量纲	无量纲	毫克/升	毫克/升	毫克/升	毫克/升	毫克/升	毫克/升	毫克/升
1	浏河闸	7.9	8.2	2.3	3.3	0.95	0.005	0.001	0.00004	0.001
2	振东渡口	8.2	9.3	5.5	5.5	1.29	0.005	0.002	0.00004	0.0005
3	友谊桥	7.3	6.1	1.9	3.2	0.81	0.005	0.001	0.000005	0.003
4	东方红桥	7.7	5.2	3.0	5.7	0.46	0.005	0.002	0.00001	0.002
5	浪港闸	7.4	7.7	8.8	5.2	0.82	0.005	0.002	0.00006	0.001
6	钱泾闸	7.4	6.1	2.0	3.0	0.77	0.005	0.001	0.00003	0.0005
7	高墩泾	8.6	9.3	5.8	3.6	0.75	0.005	0.002	0.00002	0.0005
8	新丰桥镇	8.0	9.9	5.0	3.5	0.93	0.005	0.003	0.00004	0.0005
9	浏　河	7.5	7.9	2.5	2.0	0.41	0.005	0.001	0.00002	0.001

2014年太仓市地表水环境功能区断面水质统计表（6月）

表4

编号	采样地点	pH值	溶解氧	高锰酸盐指数	生化需氧量	氨氮	石油类	挥发酚	汞	铅
		无量纲	无量纲	毫克/升	毫克/升	毫克/升	毫克/升	毫克/升	毫克/升	毫克/升
1	浏河闸	8.0	5.3	2.8	3.0	0.92	0.005	0.001	0.00005	0.0005
2	振东渡口	7.4	3.9	8.1	5.5	1.36	0.005	0.001	0.00004	0.0005
3	友谊桥	7.9	5.6	5.1	4.1	0.88	0.005	0.001	0.00005	0.0005
4	东方红桥	7.7	5.4	4.4	5.0	0.82	0.005	0.001	0.00004	0.0005
5	浪港闸	7.5	5.7	2.5	3.4	0.15	0.005	0.001	0.00005	0.0005
6	钱泾闸	7.6	5.2	4.1	3.6	0.30	0.005	0.001	0.00004	0.0005

续表4

编号	采样地点	pH值	溶解氧	高锰酸盐指数	生化需氧量	氨氮	石油类	挥发酚	汞	铅
		无量纲	无量纲	毫克/升	毫克/升	毫克/升	毫克/升	毫克/升	毫克/升	毫克/升
7	高墩泾	7.6	5.4	5.7	3.7	0.91	0.01	0.001	0.00004	0.0005
8	新丰桥镇	6.9	5.9	5.6	3.4	0.87	0.005	0.001	0.00004	0.0005
9	浏　河	8.0	6.0	2.4	3.2	0.20	0.005	0.001	0.00005	0.0005

2014年太仓市地表水环境功能区断面水质统计表(12月)

表5

编号	采样地点	pH值	溶解氧	高锰酸盐指数	生化需氧量	氨氮	石油类	挥发酚	汞	铅
		无量纲	无量纲	毫克/升	毫克/升	毫克/升	毫克/升	毫克/升	毫克/升	毫克/升
1	浏河闸	6.1	6.3	5.3	3.0	0.96	0.005	0.003	0.00007	0.0005
2	振东渡口	7.6	3.2	8.2	6.0	4.06	0.005	0.002	0.00008	0.0005
3	友谊桥	7.3	6.9	4.1	3.4	0.26	0.005	0.001	0.00008	0.0005
4	东方红桥	7.4	6.3	5.3	6.0	1.22	0.005	0.002	0.00004	0.0005
5	浪港闸	7.2	7.3	3.3	4.5	0.36	0.005	0.001	0.00005	0.0005
6	钱泾闸	7.7	8.6	2.7	3.2	0.12	0.005	0.001	0.00005	0.0005
7	高墩泾	7.4	4.8	11.6	9.0	1.75	0.005	0.003	0.00002	0.0005
8	新丰桥镇	7.6	4.5	6.7	9.6	4.66	0.005	0.003	0.00006	0.0005
9	浏　河	6.8	8.0	2.5	2.4	0.07	0.005	0.001	0.00005	0.0005

2014年太仓市地表水环境功能区断面水质年均值统计表

表6

编号	采样地点	pH值	溶解氧	高锰酸盐指数	生化需氧量	氨氮	石油类	挥发酚	汞	铅
		无量纲	无量纲	毫克/升	毫克/升	毫克/升	毫克/升	毫克/升	毫克/升	毫克/升
1	浏河闸	7.6	6.6	3.3	3.4	0.65	0.005	0.002	0.00004	0.001
2	振东渡口	7.6	5.2	6.0	5.1	1.90	0.005	0.002	0.00003	0.001
3	友谊桥	7.8	6.7	5.7	4.0	0.77	0.005	0.002	0.00004	0.001
4	东方红桥	7.8	6.1	6.4	4.8	0.94	0.005	0.002	0.00004	0.001
5	浪港闸	7.7	7.1	4.6	3.6	0.50	0.005	0.001	0.00003	0.001
6	钱泾闸	7.8	6.6	4.1	3.2	0.58	0.01	0.002	0.00003	0.001
7	高墩泾	7.7	6.2	6.9	4.9	1.34	0.01	0.002	0.00003	0.0005
8	新丰桥镇	7.5	6.3	5.7	4.5	1.80	0.01	0.002	0.00004	0.001
9	浏　河	7.8	7.5	2.4	2.5	0.24	0.005	0.001	0.00003	0.001

2014 年太仓市各村水环境质量统计表（5 月）

表 7

镇村名称	河流名称	断面名称	溶解氧（毫克 / 升）	高锰酸盐指数（毫克 / 升）	氨氮（毫克 / 升）
璜泾镇新明村	光明塘	新明桥	19.2	8.9	1.36
璜泾镇新海村	新泾塘	杨家堰桥	15.0	6.4	0.43
璜泾镇长洲村	中心塘	水闸桥	18.1	9.0	1.59
璜泾镇雅鹿村	连浦塘	长新桥	9.3	8.1	1.83
璜泾镇孟河村	双纲河	孟河二号桥	8.7	8.9	1.42
璜泾镇孙桥村	卢家塘	新孙桥	10.0	7.8	0.15
璜泾镇杨漕村	小桥塘	小桥塘桥	13.2	8.1	0.11
璜泾镇王秀村	石头塘	湘里大桥	11.8	9.3	1.31
璜泾镇荣文村	南顾塘	经南桥	4.8	5.6	1.28
璜泾镇新华村	马洛泾	新逢桥	9.8	9.6	1.00
璜泾镇永乐村	荡茜塘	荡茜桥	6.9	8.6	1.44
璜泾镇新联村	姚　塘	村委边	12.1	9.2	0.27
璜泾镇荡茜村	自然河	新开河桥	6.8	7.4	1.27
浮桥镇浮南村	六尺河	革新桥	6.7	3.6	0.34
浮桥镇新邵村	杨林塘	杨林塘大桥	4.3	5.6	1.45
浮桥镇牌楼村	米场河	杨　桥	7.6	7.4	1.84
浮桥镇丁泾村	米场河	一步二条桥	7.3	8.6	1.46
浮桥镇茜泾村	向阳桥	新港路向阳桥	9.7	2.7	1.62
浮桥镇三里村	向阳桥	向阳河桥	7.2	5.3	1.36
浮桥镇马北村	隋塘河	隋塘河桥	10.2	11.0	0.16
浮桥镇七丫村	杨林塘	仪　桥	4.5	6.8	1.15
浮桥镇浮桥村	七浦塘	浮桥水闸	6.7	4.2	0.42
浮桥镇浪港村	浪　港	滨江路桥	4.8	9.7	1.14
浮桥镇陆公村	浪　港	浪港闸	4.9	10.0	1.12
浮桥镇鹿新村	鹿鸣泾	鹿鸣泾桥	3.2	9.3	1.23
浮桥镇庵弄村	荡茜河	庵弄桥	4.6	8.4	0.88
浮桥镇时思村	李泾河	李泾塘桥	3.9	8.7	1.04
浮桥镇先锋村	浪　港	浮沪璜桥	3.6	6.2	1.37
浮桥镇红星村	石家泾	王家桥	3.5	9.3	1.27
浮桥镇绿化村	璜泾河	绿化桥	4.9	9.6	1.39
浮桥镇老闸村	石头塘	水闸桥	5.5	10.0	1.28
港区杨林村	杨林塘	杨林东大桥	4.8	4.0	1.69
港区三市村	石头塘	南闸二号桥	3.2	9.5	1.42
港区新仓村	七浦塘	新仓桥	4.5	9.0	1.03
港区方桥村	丹浦泾	红光桥	5.6	9.8	1.19
港区荷池村	花浦塘	建亿桥	3.6	5.5	0.89

续表7

镇村名称	河流名称	断面名称	溶解氧（毫克/升）	高锰酸盐指数（毫克/升）	氨氮（毫克/升）
港区和平村	石孔泾	张浦桥	6.5	6.4	1.27
双凤镇勤力村	钭塘桥	勤力村南侧	9.7	8.4	1.14
双凤镇凤中村	吴塘河	王家桥	4.3	9.0	1.73
双凤镇黄桥村	中心河	中心河桥	7.5	7.5	1.31
双凤镇庆丰村	庙泾河	庙泾河二号桥	7.9	15.4	1.08
双凤镇维新村	丁江门河	毛观塘桥西	8.0	6.4	1.34
双凤镇泥泾村	陈庄泾河	陈庄泾桥	7.6	9.3	1.49
双凤镇新湖村	黄枫泾河	黄枫泾桥	12.1	7.3	1.39
双凤镇新卫村	吴塘河	八里桥	3.7	8.4	1.36
双凤镇新闾村	太平河	弄堂桥	8.2	6.5	0.95
新区横沥村	胡介港	胡介港桥	10.1	9.6	1.74
新区洣泾村	胡介港	中心桥	13.6	8.7	0.92
新区红庙村	横　河	横河桥	9.8	7.4	0.38
新区洣桥村	石头塘	四清桥	6.9	7.4	1.09
新区三港村	生态园河	园区新桥	13.0	7.7	0.70
新区陆渡村	江申泾	水闸桥	4.2	10.0	1.63
新区花北村	十八港	新区公墓桥	10.6	3.1	0.13
新区岳南村	千步泾	千步泾桥	7.3	8.3	0.42
新区小桥村	横沥河	小　桥	6.4	9.8	1.42
新区明星村	黄泥浜	富川桥	5.6	7.3	1.47
浏河镇浏南村	墅沟河	墅沟河桥	5.2	8.2	1.86
浏河镇闸北村	老浏河	汤泾桥	11.5	10.0	0.14
浏河镇何桥村	农业园区	新开桥	4.3	7.2	1.38
浏河镇东仓村	苏张泾	农泾桥	11.8	7.0	1.21
浏河镇新闸村	苏张泾	老村委会	8.4	8.2	1.45
浏河镇万安村	半泾桥	凤　洲	10.6	7.4	0.34
浏河镇新塘村	马路塘	柴　场	15.4	9.6	0.81
浏河镇张桥村	界泾河	界泾桥	12.3	7.0	1.16
沙溪镇太星村	姚浜河	姚浜河	3.7	6.5	0.51
沙溪镇岳新村	薛家河	项门桥	4.0	6.8	0.60
沙溪镇塘桥村	千步泾	千步泾桥	3.5	6.5	1.22
沙溪镇岳镇村	千步泾	宽洋桥	4.4	6.0	1.33
沙溪镇新建村	石头塘	唐泾桥	4.8	5.2	1.46
沙溪镇松南村	庙泾河	小岛便桥	6.2	8.2	1.34
沙溪镇徐淞村	蛇肚泾桥	浦家桥	4.5	6.7	1.32
沙溪镇凡山村	东　浜	龚家堰	5.5	4.7	0.21
沙溪镇渠泾村	八千浜	化纤厂南	5.1	4.0	0.87

续表 7

镇村名称	河流名称	断面名称	溶解氧（毫克／升）	高锰酸盐指数（毫克／升）	氨氮（毫克／升）
沙溪镇香塘村	姚家泾塘	白池堰	6.5	4.6	0.24
沙溪镇庄西村	归浦浜	归浦浜桥	4.3	5.5	0.87
沙溪镇项桥村	张　泾	小张泾桥	3.8	9.6	1.74
沙溪镇虹桥村	张泾桥	路泾桥	5.1	6.7	1.68
沙溪镇泥桥村	直北圩	直北桥	4.5	8.4	1.22
沙溪镇泰西村	双庆桥	茜直路桥	3.3	8.5	1.36
沙溪镇洪泾村	横沥河	沙洪桥	4.8	6.9	1.43
沙溪镇半泾村	横中泾	横中泾桥	4.2	7.3	0.40
沙溪镇中荷村	扒横泾	夏家桥	10.1	5.5	0.21
沙溪镇胜利村	新　开	印溪路桥	4.3	4.6	1.05
沙溪镇印北村	黄泥泾	印北二号桥	4.4	5.1	0.23
城厢镇电站村	秦港门	李家桥	17.0	9.1	1.33
城厢镇万丰村	中泾河	中泾河桥	12.7	6.8	1.61
城厢镇东林村	半泾河	新毛桥	11.1	8.9	0.42
城厢镇胜泾村	赤泾桥	团结桥	3.2	7.3	1.39
城厢镇永丰村	沼泾河	沼泾桥	8.0	6.9	1.45
城厢镇新农村	新农村中心河	新泾路桥	10.2	8.7	0.45

2014 年太仓市各村水环境质量统计表（11 月）

表 8

镇村名称	河流名称	断面名称	溶解氧（毫克／升）	高锰酸盐指数（毫克／升）	氨氮（毫克／升）
璜泾镇新明村	光明塘	新明桥	4.0	9.0	1.45
璜泾镇新海村	新泾塘	杨家堰桥	5.8	6.8	0.79
璜泾镇长洲村	中心塘	水闸桥	7.7	6.6	0.46
璜泾镇雅鹿村	连浦塘	长新桥	5.4	5.4	0.46
璜泾镇孟河村	双纲河	孟河二号桥	6.4	7.2	0.77
璜泾镇孙桥村	卢家塘	新孙桥	4.5	5.7	0.17
璜泾镇杨漕村	小桥塘	小桥塘桥	3.6	4.9	0.07
璜泾镇王秀村	石头塘	湘里大桥	2.1	7.8	4.72
璜泾镇荣文村	南顾塘	经南桥	3.5	8.0	2.29
璜泾镇新华村	马洛泾	新逢桥	3.9	7.8	1.12
璜泾镇永乐村	荡茜塘	荡茜桥	3.8	7.7	0.70
璜泾镇新联村	姚　塘	村委边	3.0	6.8	0.76
璜泾镇荡茜村	自然河	新开河桥	4.5	6.3	0.08
浮桥镇浮南村	六尺河	革新桥	3.1	3.0	1.34
浮桥镇新邵村	杨林塘	杨林塘大桥	3.8	4.1	4.99

续表 8

镇村名称	河流名称	断面名称	溶解氧（毫克/升）	高锰酸盐指数（毫克/升）	氨氮（毫克/升）
浮桥镇牌楼村	米场河	杨　桥	6.7	3.7	1.40
浮桥镇丁泾村	米场河	一步二条桥	6.9	3.6	1.12
浮桥镇茜泾村	向阳桥	新港路向阳桥	4.7	4.0	4.25
浮桥镇三里村	向阳桥	向阳河桥	4.5	4.0	4.21
浮桥镇马北村	隋塘河	隋塘河桥	5.1	4.5	6.17
浮桥镇七丫村	杨林塘	仪　桥	3.1	4.0	4.99
浮桥镇浮桥村	七浦塘	浮桥水闸	4.4	3.3	3.34
浮桥镇浪港村	浪　港	滨江路桥	6.0	4.5	4.73
浮桥镇陆公村	浪　港	浪港闸	5.8	4.7	4.75
浮桥镇鹿新村	鹿鸣泾	鹿鸣泾桥	6.0	3.9	4.10
浮桥镇庵弄村	荡茜河	庵弄桥	9.5	4.4	3.97
浮桥镇时思村	李泾河	李泾塘桥	3.4	4.6	1.37
浮桥镇先锋村	浪　港	浮沪璜桥	3.7	4.5	1.42
浮桥镇红星村	石家泾	王家桥	3.2	4.7	1.32
浮桥镇绿化村	璜泾河	绿化桥	3.1	4.3	1.40
浮桥镇老闸村	石头塘	水闸桥	3.4	4.5	1.26
港区杨林村	杨林塘	杨林东大桥	3.2	4.1	5.41
港区三市村	石头塘	南闸二号桥	3.4	4.0	1.12
港区新仓村	七浦塘	新仓桥	4.4	4.5	4.99
港区方桥村	丹浦泾	红光桥	4.6	3.9	1.45
港区荷池村	花浦塘	建亿桥	3.5	4.0	5.67
港区和平村	石孔泾	张浦桥	7.1	3.6	4.51
双凤镇勤力村	斜塘桥	勤力村南侧	3.5	4.0	1.64
双凤镇凤中村	吴塘河	王家桥	9.9	4.6	1.49
双凤镇黄桥村	中心河	中心河桥	6.8	4.1	1.40
双凤镇庆丰村	庙泾河	庙泾河二号桥	7.5	5.1	1.70
双凤镇维新村	丁江门河	毛观塘桥西	3.6	4.8	1.22
双凤镇泥泾村	陈庄泾河	陈庄泾桥	3.7	4.8	1.39
双凤镇新湖村	黄枫泾河	黄枫泾桥	5.9	7.1	2.80
双凤镇新卫村	吴塘河	八里桥	2.1	4.2	2.05
双凤镇新闾村	太平河	弄堂桥	10.6	6.8	0.32
新区横沥村	胡介港	胡介港桥	3.1	3.6	3.55
新区洙泾村	胡介港	中心桥	6.0	3.8	1.54
新区红庙村	横　河	横河桥	4.7	3.7	0.46
新区洙桥村	石头塘	四清桥	3.9	3.8	2.19
新区三港村	生态园河	园区新桥	3.4	3.7	1.45
新区陆渡村	江申泾	水闸桥	1.3	3.4	2.94

续表 8

镇村名称	河流名称	断面名称	溶解氧（毫克/升）	高锰酸盐指数（毫克/升）	氨氮（毫克/升）
新区花北村	十八港	新区公墓桥	5.4	2.2	1.06
新区岳南村	千步泾	千步泾桥	4.0	2.6	1.24
新区小桥村	横沥河	小　桥	6.6	2.7	0.21
新区明星村	黄泥浜	富川桥	3.2	3.5	1.12
浏河镇浏南村	墅沟河	墅沟河桥	3.5	3.9	2.13
浏河镇闸北村	老浏河	汤泾桥	5.0	3.5	0.40
浏河镇何桥村	农业园区	新开桥	4.4	3.7	1.25
浏河镇东仓村	苏张泾	农泾桥	6.3	3.6	1.47
浏河镇新闸村	苏张泾	老村委会	6.7	4.2	0.22
浏河镇万安村	半泾桥	凤　洲	9.1	4.4	0.10
浏河镇新塘村	马路塘	柴　场	4.0	5.4	0.14
浏河镇张桥村	界泾河	界泾桥	9.8	3.7	1.95
沙溪镇太星村	姚浜河	姚浜河	3.4	3.8	0.65
沙溪镇岳新村	薛家河	项门桥	3.8	4.6	2.72
沙溪镇塘桥村	千步泾	千步泾桥	3.4	4.8	1.37
沙溪镇岳镇村	千步泾	宽洋桥	4.5	4.0	1.64
沙溪镇新建村	石头塘	唐泾桥	3.6	4.8	1.25
沙溪镇松南村	庙泾河	小岛便桥	5.2	9.1	2.55
沙溪镇徐淞村	蛇肚泾桥	浦家桥	3.2	3.1	0.72
沙溪镇凡山村	东　浜	龚家堰	6.6	3.9	0.13
沙溪镇渠泾村	八千浜	化纤厂南	4.5	3.0	0.35
沙溪镇香塘村	姚家泾塘	白池堰	4.0	3.1	0.16
沙溪镇庄西村	归浦浜	归浦浜桥	3.2	4.0	0.35
沙溪镇项桥村	张　泾	小张泾桥	3.3	5.5	7.23
沙溪镇虹桥村	张泾桥	路泾桥	4.6	5.1	4.64
沙溪镇泥桥村	直北圩	直北桥	3.2	6.1	2.14
沙溪镇泰西村	双庆桥	茜直路桥	3.1	5.2	2.59
沙溪镇洪泾村	横沥河	沙洪桥	5.5	4.6	0.70
沙溪镇半泾村	横中泾	横中泾桥	3.5	3.9	0.31
沙溪镇中荷村	扒横泾	夏家桥	4.7	4.1	0.46
沙溪镇胜利村	新　开	印溪路桥	2.0	4.1	2.99
沙溪镇印北村	黄泥泾	印北二号桥	3.4	8.5	1.39
城厢镇电站村	秦港门	李家桥	5.6	3.6	1.54
城厢镇万丰村	中泾河	中泾河桥	7.8	3.9	0.85
城厢镇东林村	半泾河	新毛桥	4.9	2.8	0.20
城厢镇胜泾村	赤泾桥	团结桥	3.5	3.7	0.67
城厢镇永丰村	沼泾河	沼泾桥	2.9	4.4	1.16
城厢镇新农村	新农村中心河	新泾路桥	6.0	4.6	0.72

【环境空气】 2014年，太仓市环境空气有效监测天数365天，其中优良天数253天，优良率为69.3%。市区环境空气污染天数112天，占比24.4%，其中轻度污染天气82天，占全年比重的22.5%，中度污染天气共25天，占全年的6.8%，重度污染及以上天气共5天，占全年的1.4%。1月、5月、12月为污染天气高发期，其污染天数占全年污染天数的40%以上。

降尘：全年4个季度降尘监测值分别为：5.87吨/平方公里•月、5.16吨/平方公里•月、5.26吨/平方公里•月、5.48吨/平方公里•月。市区降尘年均值为5.22吨/平方公里•月，较上年月均值(5.28吨/平方公里•月)略有下降。

酸雨：全年采集降水pH年均值为5.19，酸雨发生率为32.6%，较上年明显下降。

【声环境】 2014年，太仓市声环境情况：

区域环境噪声：昼间区域环境噪声等效声级为54.0分贝，达到《环境噪声监测技术规范城市声环境常规监测》二级水平，区域环境噪声质量等级为较好。

城区功能区噪声：昼间、夜间测量值均达相应功能区类别标准，达标率100%。

道路交通噪声：昼间道路交通等效声级（Leq）平均值为65.5分贝，达到《环境噪声监测技术规范 城市声环境常规监测》昼间一级要求，道路交通噪声强度等级为好。道路交通等效声级高于70分贝的路段长5.3公里，占交通干线监测总长度的9.7%。

【工业污染源】 2014年，太仓市工业污染源情况：

工业废气：全市燃煤总量为1387万吨，较上年下降4.3%。电力、热力生产和供应业为煤炭消耗的主要行业，耗煤量1332万吨，占全市总耗煤量的96%。全市工业废气排放总量1284亿立方米，较上年上升10.5%。其中，电力、热力生产和供应业是废气排放量最大的行业，累计排放量1217.7亿立方米，占全市总量的94.8%。全市工业废气中二氧化硫、氮氧化物、烟（粉）尘排放量的排放量分别为1.97万吨、2.29万吨，较上年分别下降4.6%、18%，烟（粉）尘排放量5953吨，较上年上升5.9%。其中电力、热力生产和供应业是废气污染物排放的第一大行业，其二氧化硫、氮氧化物、烟（粉）尘排放量分别为1.60万吨、2.11万吨、0.31万吨，分别占全市总量的81%、92.4%和51.9%。

工业废水：全市工业用水量为4.23亿吨，其中新鲜用水量8608万吨，占总用水量的20.4%；重复用水量3.37亿吨，占总用水量的79.6%。工业废水排放总量5600万吨，较上年增长10%。工业废水排放的主要行业是造纸和纸制品业，排放量2651万吨，占47.3%。全市工业化学需氧量和氨氮排放量分别为4569吨和313吨，较上年分别下降0.2%和6.7%。造纸和纸制品业是全市化学需氧量排放量最大的行业，排放量为2289吨，占全市排放总量的50.1%。造纸和纸制品业同样是全市氨氮排放量最大的行业，其排放量为133吨，占全市排放总量的42.5%。

工业固体废物：全市工业固体废物产生量为279.45万吨，综合利用量为274吨，综合利用率为98%；一般固体废物产生量278万吨，占全市总量的99.5%；危险废物产生量为1.45万吨，处置量1.23万吨，贮存量0.25

2014年太仓市环境空气各级别天数统计表

表9 单位：天

时间	有效监测天数	一级（优）	二级（良）	三级（轻度污染）	四级（中度污染）	五级（重度污染）	六级（严重污染）
1月	31	1	17	4	5	4	0
2月	28	8	13	5	1	1	0
3月	31	2	20	7	2	0	0
4月	30	2	23	4	1	0	0
5月	31	1	12	13	5	0	0
6月	30	8	15	4	3	0	0
7月	31	4	17	8	2	0	0
8月	31	4	23	4	0	0	0
9月	30	7	20	3	0	0	0
10月	31	0	25	5	1	0	0
11月	30	1	19	8	2	0	0
12月	31	0	11	17	3	0	0
合计	365	38	215	82	25	5	0

万吨。危险废物主要来自金属制品业，其产生量为 1.17 万吨，占危险废物总量的 80.7%。

全市共有污水处理厂 11 座，年产污泥量 4.76 万吨，均通过焚烧处置，全市污泥规范化处置率 100%。

（吴　英）

土地资源

【项目建设用地】 2014 年，太仓市完成土地利用总体规划原则性修改，争取规划流量土地指标 920 公顷，按照“突出重点、统筹兼顾、优化布局”原则，将新增流量指标分解落实到各区镇、各载体，修改完善流量指标上图方案和规划修改方案，促进用地布局优化，拓展发展空间，保障一批项目的落地建设。给每个村（涉农社区）安排 0.67 公顷土地流量指标，用于“一村二楼宇”建设，促进村级经济抱团发展。加大对上争取力度，为太仓港浮桥作业区集装箱码头配套堆场扩建四期工程争取新增建设用地指标 35 公顷，保障太仓港综合保税区顺利验收。坚持差别化供地政策，把关项目用地准入，保障项目落地建设。

资料链接

节约集约用地“双提升”行动是指江苏省委、省政府在《关于全面推进节约集约用地的意见》（苏发〔2014〕6 号）中提出，要稳步实施提升节地水平和产出效益的节约集约用地“双提升”行动计划，严守耕地保护数量和质量红线、永久基本农田红线、生态保护红线和城市发展边界线，全力推进“空间优化、五量调节、综合整治”三大战略，整合建立一整套行之有效的节约集约用地制度体系，实现节地水平和产出效益双提升。

【节约集约用地】 2014 年，太仓市贯彻落实省、苏州市节约集约用地会议精神，推进节约集约用地“双提升”行动和“三优三保”行动（以优化建设用地空间布局保障发展；以优化农用地结构布局保护耕地；以优化镇村居住用地布局保护权益），加强土地批后监管举措。开展批而未供和闲置土地自查清理。推进低效用地二次开发，通过用地回购、鼓励流转、引导企业退低进高等举措，盘活优化低效用地 45 宗，面积 93.53 公顷。做好国土资源节约集约模范县（市）创建工作，年内，“节约集约用地江苏行”媒体采访团到太仓采访报道建设高标准厂房的节地经验。

【耕地资源保护】 2014 年，太仓市层层签订基本农田保护责任书，逐级分解落实保护任务，耕地保护责任得到较好落实。完成基本农田划定任务，认真做好落地到户、上图入库以及设立保护标志等工作。全市共树立基本农田保护牌 110 块，安装界址桩 1200 个。开展基本农田普查，摸清基本农田保护现状。完成高标准基本农田建设 1433.33 公顷。推进土地综合整治工作，完成验收占补平衡项目 63 个，新增耕地 163.8 公顷，增减挂钩项目 40 个，新增耕地 76.25 公顷。加快 2 个在建的省以上投资土地整理项目建设，完成浏河—新区万顷良田建设工程规划变更。新获批省以上投资土地整理项目 1 个，即浮桥镇三市村等村高标准基本农田建设项目，建设总面积 921 公顷，争取上级整治资金 3200 万元。

2014 年太仓市国有建设用地使用权公开出让分类情况表

表 10

土地类别	面积（万平方米）	比例（%）
工业及仓储	170.93	64.63
住宅（含安置房用地）	62.75	23.73
商　住	25.07	9.48
商　服	5.72	2.16

2014 年太仓市经营性用地公开出让分类情况表

表 11

土地用途	成交面积（万平方米）	成交总价（亿元）	成交均价（元 / 平方米）	单宗最高成交价（元 / 平方米）
住宅（含安置房用地）	62.75	16.07	2560.79	10841.16
商　住	25.07	12.43	4657.31	13639.31
商　服	5.72	0.67	1175.13	3336.51

5月9日，太仓市土地储备中心在2014年中国（苏南）城市土地推介会上宣传太仓优势 （刘宗凡 摄）

【建设用地报批与供应】 2014年，太仓市共获批城镇建设用地4批次、独立选址项目用地1个，获批用地总面积126.14公顷。共办理建设项目供地119宗，面积275.44公顷。其中招标拍卖挂牌出让供地111宗，面积264.48公顷；划拨供地8宗，面积10.96公顷。办理集体建设用地流转1宗，面积0.81公顷。

【土地招标拍卖挂牌出让】 2014年，太仓市共招标拍卖挂牌出让土地111宗，面积264.48公顷，土地出让金总价34.07亿元。其中，工矿仓储用地74宗，面积170.93公顷，成交金额4.90亿元；经营性用地37宗，面积93.54公顷，成交金额29.17亿元。全市经营性用地出让面积较上年下降6.86%，成交总价较上年上涨13.58%。其中，住宅用地（含安置房用地）出让面积、成交总价分别较上年下降6.45%和7.4%；商住用地出让面积、成交总价分别上涨329.08%和456.65%；商服用地出让面积、成交总价分别下降79.2%和88.97%。

【土地储备管理】 2014年，太仓市新增储备土地入库3宗、10公顷，上市24.67公顷（经营性土地12.93公顷），合同总金额12.7亿元，到账金额8.36亿元，毛收益1.5亿元，合同完成年度计划70.22%。截至年底，库存土地127.6公顷，完成年初总出让计划的44.91%。全年政府性投资项目共提供资金2.42亿元，其中城区基础设施项目2916万元，原中心幼儿园项目2019万元，棉种厂项目1.93亿元。截至2014年年底，城厢第三小学迁建新址土地供应到位，市科技活动中心等政府重点工程项目累计拨付资金1000万元。

年内，太仓市做好土地征收安置工作。人民南路项目改造地块完成上市；弇山西路项目征收完成签约6家，评估54家，建筑面积6.23万平方米的弇山西路安置小区规划完成报批。土地推介成效明显。全年共有9宗储备土地公开出让上市。中南集团落户人民南路地块，雨润集团落户原神明电子地块。配合区镇出让土地招商推介，新区原神明电子地块成功拍卖，合同成交金额6.06亿元。融资规模得到控制。融资贷款从年初的40.99亿元下降到33.38亿元，融资余额明显下降。回笼收储成本6.58亿。全年新增贷款17.34亿元，占年初贷款计划的49.54%，偿还到期贷款24.95亿元。

【地籍管理与地籍测绘】 2014年，太仓市印发《规范地籍调查指界的暂行规定》《年度土地利用变更调查数据领取与反馈的暂行办法》《关于进一步规范土地登记告知服务的通知》等文件，提升地籍规范化管理水平。全年共办理各类登记发证2.05万宗，涉及土地面积3840公顷。开展太仓市第一次地理国情普查工作，第一阶段成果率先通过上级验收，普查工作得到国家和省普查办认可。推进国土资源信息化建设，做好与苏州市国土资源“一张图”平台对接工作，完善相关数据库数据。做好数字太仓地理空间框架建设工作和永久性测量标志保护工作，对测量标志进行核减和增补。全年共办理测绘业务672宗，涉及土地面积868.67公顷。

【土地年度变更调查】 2014年，太仓市开展年度土地变更调查与遥感监测工作，更新土地调查数据库，保持土地调查数据的现势性，为国土资源管理及经济社会发展提供基础资料。截至2013年年底，太仓市土地总面积80992.92公顷。其中，耕地25755.47公顷，占总面积31.8%；园地1926.03公顷，占总面积2.38%；林地面积35.64公顷，占总面积0.044%；城镇村及工矿用地20056.12公顷，占总面积24.76%；交通运输用地4597.12公顷，占总面积5.67%；水域及水利设施用地27642.12公顷，占总面积34.13%；其他土地980.42公顷，占总面积1.21%。

【土地资源执法监察】 2014年，太仓市加大土地动态巡查力度，实现巡查区域全覆盖、无死角，巡查项目全覆盖、无遗漏。聘请村（社区）兼职国土管理员114人，形成“市有执法大队、区镇有国土巡查队伍、村（社区）有兼职国土管理员”的三级防控工作机制。坚持卫片检查与遥感监测工作同步开展，对于卫星遥感监测发现的违法用地，报请市政府责令相关镇区和部门限时整改。落实违法用地零报告和专项报告制度，实行土地动态巡查情况通报制度。加强整改情况督查，加大制度建设力度，提请市政府印发《太仓市进一步加强违法用地、违法建设管理工作意见》，要求各区镇切实落实土地执法监管主体责任，成立区镇国土建设监察中队，建立健全兼职国土建设监察信息员队伍，采取有力措施处置违法用地行为，遏制违法用地蔓延势头。做好涉土信访工作，全年受理群众来信来访43件（次）。

【土地档案管理】 2014年，市国土资源局开展新一轮档案资料数字化扫描工作，加强土地档案查阅管理。全年共归档土地档案2.34万卷（件），接待档案查询1700多人次。

（蔡卫军　刘宗凡）

水资源

建设中的十八港闸站　（2014年11月摄　市水利局供稿）

【概况】 2014年，全市水域面积257平方公里，其中，长江水域面积144平方公里，内陆水域面积113平方公里。区域性河道4条，分别为东西向有浏河、杨林塘、七浦塘3条通江河流，南北向的有盐铁塘1条。境内主要有3个水系：盐铁塘以西的阳澄淀泖圩区水系、盐铁塘—沪浮璜公路一线的阳澄平原区水系以及沪浮璜公路以东的沿江高水片水系。全年全市地表水开采量25.68亿立方米，地下水开采量370万立方米。

【水资源利用】 太仓市夏季高峰供水水量达32万吨/日，冬季枯水期日平均供水量约为28万吨。全市拥有水厂2座，总供水能力70万吨/日，备用水源地水库有效库容1950万吨。其中第二水厂位于港区浪港口上游，日供水能力30万吨，配套蓄淡避咸水库有效库容450万吨；第三水厂位于浏河口上游，一期工程日供水能力40万吨，配套浏河水源地水库有效库容1500万吨。太仓市注重加强水源地保护，2014年，浪港、浏河水源地达标建设通过省级验收。针对上半年发生的长江咸潮及靖江水污染事件，太仓市第一时间关闭长江取水口，取用浏河水源地原水，保障全市供水安全。

【水环境改善】 2014年，太仓市推进城区水环境整治。城北河东延（娄江路—常胜路段）570米河道工程完工，配套的城北河娄江路桥、天津路桥通车，完成投资3500万元。十八港南枢纽工程开工，建设规模为：泵站流量20立方米/秒，闸宽28米，配套建设调度管理中心。年内，项目主体工程完工，完成投资6800万元。滨江新城随塘河、朝阳河2座节制闸完工，完成投资450万元。开展农村河道畅流工程。结合村庄环境整治，全市各镇、区疏浚整治各级河道135条、149公里，疏浚总土方276万立方米，建设各类农桥125座，改善农村生产生活条件。

【水资源管理】 2014年，太仓市加强社会宣传，推动公众参与水资源管理工作。年内，全市开展纪念“3•22”世界水日进村（社区）、企业、学校活动，举办“兴水惠民促发展、生态水利润娄城”水法下乡宣传活动。推进水资源管理信息化，完善信息系统，升级计量设施，重点监控取水大户用水执行过程。严格取水管理，32家企业完成取水许可证换证工作，新增取水许可企业2家，对新太酒精有限公司的超计划用水进行加价收费。加大入河排污口巡查力度，加强对已建入河排污口的监督，严格新设置排污口审批管理。继续加强水功能区水质监测，提高水功能区水质达标率。年内，全市水功能区达标率62.3%，较上年提升1.6个百分点。

【节水型社会建设】 2014年，太仓市完成节水型社会省级示范区创建工作，全市累计建成节水型社区10个、学校18所、机关18个、其他节水载

资料链接

一江两城、五湖六廊、九横九纵：“一江”，指强化长江沿线防洪工程建设和水环境水生态保护，突出长江净水源头和生态屏障作用；“两城”，指推进太仓市主城和港城的城市防洪排涝、供排水系统优化升级和城市水景观、公众休闲系统建设，提升城市品位和宜居品质；“五湖”，指整体打造金仓湖、天镜湖、凤凰湖、澜贝湖、雁月湖五湖辉映的城市湿地整体布局，提升区域水网的整体调蓄能力和生境水平；“六廊”，指系统推进浏河、盐铁塘、七浦塘等3条河流生态景观廊道和杨林塘、石头塘、吴塘等3条沿河生态保护廊道，完善市域水景观整体布局和清水涵养能力；“九横”指东西向9条骨干河道，即浏河、汤泾河—致和塘、新塘河—湖川塘、杨林塘、茜泾—徐泾、七浦塘、浪港、荡茜河—迷泾、钱泾；“九纵”指南北向9条河道，即吴塘、盐铁塘、半泾河、娄江河、十八港、江申泾—白米泾、石头塘、关王塘—向阳河、随塘河。

体14个。推广节水新技术、新工艺、新设备，提高重复用水效率，减少新水取用量，提高企业科学合理用水及节水管理水平，保护水资源。

【水生态文明建设】 太仓市抓好水生态文明城市建设。编制《太仓市水生态文明城市建设试点实施方案》，结合太仓总体空间发展布局和自然生态格局特征，打造“一江两城、五湖六廊、九横九纵”的太仓市水生态文明建设整体布局，实施岸线湿地保护、河湖水生态修复及水土保持等10个项目，扩大城市生态空间，降低自然生态系统扰动，打造“千河灵水百年港，乐水安居金太仓”的水生态文明品牌。生态河湖建设。双凤“凤凰湖”获省级水利风景区称号。“水美乡村”行动共建设生态型河道43条、58公里、绿化95万平方米，种植水生植物75公里，完成城厢和双凤2个省级水美乡镇、太星村及雅鹿村等13个省级水美村庄建设。

（周 婷）

生态保护

【概况】 2014年，太仓市围绕建设“现代田园城”目标，以生态文明建设主线，调整优化生态文明建设规划，推进生态文明建设“十大工程”。年内，太仓市通过国家生态市复核，全市经济发展质量和生态环境质量得到提高和改善。

生态制度：太仓市实施《太仓市重要生态功能区区域保护规划》，重要生态功能保护区面积占市域面积20.64%。编制《太仓市2014年度生态文明建设工程目标任务》和《太仓市水生态文明城市建设试点实施方案》。

生态工程：落实六大类12项生态文明建设“十大工程”，累计投入资金13.2亿元。

生态创建：娄东街道小桥村、岳南村，浏河镇新闸村，浮桥镇三市村、时思村等5个村成功创建省级生态村，全市苏州级以上生态村70个，占比95%。东郊社区和新塘小学分别创建省级绿色社区、绿色学校，全市苏州级以上绿色社区、绿色学校分别占比95.7%、89.2%。

生态经济：全市完成22家重点企业清洁生产中期评估审核，增补43家化工企业清洁生产审核名单。淘汰61家落后产能企业。明确环境安全隐患企业关停流程、环保建设项目“三

2014年太仓市生态文明建设“十大工程”情况表

表12

序号	项目名称	建设内容
1	长江口森林公园	完成江滩湿地公园建设；完成园花园生态景区一期工程。主要实施园花园东入口、四季花园、农家采摘园、亲子乐园等项目
2	天镜湖公园	实施绿化景观工程
3	现代渔业生态湿地园区	启动鱼乐园、风情水街项目
4	大气污染防治工程	华能、宏达脱硫改造，玖龙、华能、宏达、垃圾焚烧厂脱硝改造，华能、国华除尘改造，雅本等化工企业废气治理
5	七浦塘拓浚整治工程（太仓段）	完成四个标段（Ⅴ标、Ⅵ标、Ⅶ标、Ⅷ标）河道工程招标工作，太仓段工程全线展开
6	太仓市盐铁塘、半泾河整治	疏浚整治河道12.8公里，建设护岸15.8公里
7	太仓市塘泾河（石头塘—朝阳河段）拓浚整治工程	完成石头塘—S338省道5.28公里的整治
8	太仓市城北河区域综合整治工程	太阳电器地块拆迁；城北河南岸（常胜路—娄江路）绿化工程，包括贯通绿道，种植绿化约1.5万平方米；毛太路改造（长550米），包括道路黑色化改造和人行道铺装；天津路北侧绿化工程（东亭路—娄江路），改造面积约2.1万平方米，主要为种植绿化及部分路面挖湖建设生态湿地
9	太仓市新区中央公园	建设城市公园21.8公顷及地下车库2万平方米
10	太仓市污水处理厂、港城组团污水处理厂污泥干化工程	建设工业污泥干化50t/d×2、生活污泥干化60t/d×2处理设施的主体工程的建设
11	太仓市柯林固废处置有限公司搬迁扩建项目	完成项目主体建设
12	危废处置工程	顺惠金属制品有限公司扩建污泥处置10万吨处理项目

同时”（建设项目中防治污染的设施，应当与主体工程同时设计、同时施工、同时投产使用）验收、区外项目建设、有机废水处置、监测数据上报等5个事项，排查出存在重大环境安全隐患企业21家，全部予以关闭。

【污染防治】 2014年，太仓市污染防治情况：

污染减排：落实减排项目31个，年度化学需氧量、氨氮、二氧化硫、氮氧化物4项污染物削减量分别为918吨、156吨、941吨、5239吨，削减率分别为9.33%、14.93%、4.55%、16.19%。下达2013年度污染物减排奖励项目“以奖代补”资金603.62万元。

水污染防治：从环评、设施、有机废气产生等方面对47家印染企业进行分块专项检查。完成37家电镀企业重金属防治专项整治。对46家电镀企业及阳极氧化企业进行调查摸底。

大气污染防治：实施《大气污染防治行动计划实施方案》《高污染燃料锅炉大气污染整治实施方案》《高污染排放机动车区域限行实施方案》，制定《第四季度大气污染治理强化方案》《太仓市企业限产停产专项管控方案》《太仓市扬尘污染专项管控方案》《太仓市机动车排气污染防治专项管控方案》《太仓市大气污染防治工作督查方案》。市区、璜泾、归庄北线和双凤南线集中供热管网新增管线60多公里。实施“煤改气”工程，沿线53台燃煤蒸汽锅炉全部淘汰或用清洁能源替代。完成华能、国华、玖龙、宏达等发电厂6台机组脱硫脱硝除尘改造，全市电力行业脱硫、脱硝率分别为90%和80%以上。制订挥发性有机废气整治计划，对全市100家企业下达治理任务，完成首批22家企业治理。完成全市20多个行业、3000多家单位大气污染源清单调查。

固废污染防治：对35家废塑料进口企业和废金属类进口企业执行分类分级管理。检查涉源单位、射线装置持许可证单位及废旧金属熔炼单位91厂次。开展危险废物动态转移审批，网上转移审批561家，转移联单数3429条，转移表面处理污泥1.19万吨。

【环保监管】 2014年，太仓市环保监管工作情况：

执法监管：2014年共出动执法人员1.88万人次，监察频次7148厂次，立案处罚136家，发放信息反馈单1786份，发放行政处理通知书584份，对13家企业进行挂牌督办，对4家企业实施限期治理，对326家企业开展后督察。受理信访3466件，信访处置率100%。对全市抛光作业企业及35家金属、塑料、木制品表面喷漆、喷粉企业及其他80多家存在环境风险隐患企业进行全面排查并现场执法，责令13家企业停产、8家企业限期整改。开展为期百日的“环安行动”，对饮用水源地、危险废物等十大涉及环境安全的风险点开展全面清理整治。梳理出2009—2013年期间1418个存在“三同时”（建设项目中防治污染的设施，应当与主体工程同时设计、同时施工、同时投产使用）问题的建设项目进行验收整治，对全市所有化工园区外的132家化工企业进行清理排查，联合港口、港区、海事、商检等部门开展保护水源地环境安全执法大检查。联合苏南督查中心对环境问题突出的港区进行督查，46家企业中有36家限期整改并开展后督察，其中停产整顿7家、行政处罚10家、限产50%6家。

环境监控：完成长江水污染应急监测、乡镇地表水环境质量考核、地下水专项监测、农村环境质量专项监测、长江水污染综合应急演习等各项监测任务，累计获得监测数据53万余个。按照国控企业监督监测及信息公开办法要求，公布国控企业监督性监测结果，实现环境空气质量24小时实施发布。

环境影响评价：全年共审批建设项目724个，其中环境影响登记表372个，报告表、报告书项目352个。全年劝退、拒批项目16个，总投资2.13亿元。完成环保竣工验收项目108个，试生产核准项目218个。

【环保宣传】 2014年，太仓市联合社会组织、村（社区）开展低碳环保单车行、家庭绿微地系列活动等各类宣传活动20余次。“6•5”世界环境日期间，开展“向污染宣战”主题活动，累计发放宣传品5000余份。加大政策宣传，邀请专家开展新环保法、大气污染防治法等专题讲座，举办各类培训14个，受训1200余人次。加大信息公开，对409家企业按照规定程序、标准和要求进行环境行为评价，其中绿色97家，蓝色158家，黄色126家，红色24家，黑色4家。

（吴　英）

城镇绿化

【概况】 2014年，太仓城市建成区绿化覆盖率42.35%，绿地率39.96%，人均公园绿地面积13.2平方米；建制镇建成区绿化覆盖率39.74%，绿地率31.66%，人均公园绿地面积10.75平方米。

（鲍佰两　顾　爽）

【5项绿化工程获评苏州市优秀工程】 7月，在苏州市园林绿化优秀工程评选活动中，太仓市规划展示馆室外绿化、四通路（上海路与郑和路间）绿化提档、城北河湿地公园及慢行系统、339省道两侧及延伸段绿化提档、双浮公路绿色通道四标段等5个项目获评优秀，其中太仓市规划展示馆室外绿化工程被评为“2014年苏州市园林绿化示范工程”，其余4个项目被评为“2014年苏州市园林绿化优秀工程”。

（吕　迅）

生态修复

【概况】 2014年，太仓市注重构建防护林体系，加大沿河、沿道路绿化力度，实施339省道道路绿化和盐铁塘、湖川塘河道绿化及杨林塘四季苗圃工程、沿江高速横沥桥出入口绿化，在产业集中区周围建设绿化隔离带等生态公益林保护工程，推进森林抚育工作。新增森林面积500公顷，实施森林抚育面积466.67公顷，林木覆盖率达18.4%。保护自然湿地，逐步修复退化湿地，实施长江湿地保护小区建设等生态湿地建设，恢复重建湿地植物群落，自然湿地保护率69.9%。种植水杉326棵，池杉150棵，柽柳2.94万平方米，芦苇1.66万平方米，金叶芦苇2.17万平方米，花叶芦苇1.66万平方米，总投资342.12万元。土方工程量6.63万平方米，开挖土方8.03万立方米，回填3.01万立方米。城北河区域综合整治继续加快，天津路北侧等绿化提档工程完成，基本贯通南岸慢行系统，协鑫热电厂签订搬迁协议，城区北部生态示范区风貌逐步显现。滨河公园西段改造完成。204国道—339省道净水公园启动建设。

（吴　英　鲍佰两　顾　爽）

节能减排

【概况】 2014年，太仓市规模以上企业实现产值2082.36亿元，较上年增长4.82%；综合能源消费量712.12万吨标准煤，较上年减少3.33%，占苏州考核指标745万吨标准煤的95.59%，全市规模以上工业增加值能耗下降7.36%，完成苏州对太仓下达的考核指标。年内，太仓市印发《2014年〈太仓市节能与循环经济专项资金管理办法〉实施细则》，理清和规范清洁生产相关职能与分工。执行项目能评制度，全市改扩建项目完成节能登记表169个，能评报告书1个，实现能评率100%，新增能耗2.22万吨标煤。执行电机能效提升计划，累计淘汰落后电机3.46万千瓦。开展资源综合利用企业年检和认定，完成年检企业7家，认定企业11家；开展省级循环经济标准化试点，玖龙纸业、中化环保化工、宏达集团3家企业通过省级循环经济标准化试点的答辩。全年新增三星级以上“能效之星”企业4家，获评苏州市循环经济示范企业3家，完成能源审计企业5家，开展清洁生产审核企业33家，通过能源管理体系认证或评价企业11家，实施节能监测企业26家。全市呈现能耗减少、产值增长态势，规模以上企业综合能耗总量连续三年下降。

【监督与预警】 太仓市分解下达2014年节能及墙材革新工作目标，明确各镇（区）、相关部门、企业责任，形成一级抓一级、条线管条线的分级责任。建立重点用能企业能耗统计分析和快报制度，召开能耗情况分析座谈会，实现年度考核与日常跟踪相结合的监督模式。根据各镇（区）年度节能目标及能源消费、经济发展的走势，建立各镇（区）能耗指标公报制度，公布节能目标完成进度晴雨表，对能耗增长过快行业、企业及时预警，督促各镇（区）及相关部门采取措施，扭转被动局面。年内，太仓市成立节能专项资金项目管理组，形成权责一致、边界清晰、分工合理、责任到人的岗责体系。落实资金管理办法与细则，使决策权、执行权、监督权既相互制约又相互协调，推进资金落实规范透明。

【节能项目培育与实施】 2014年，太仓市针对节能改造项目数减少以及规模较小的情况，突出电力、造纸、纺织、化纤等主要耗能行业，督促企业在建项目快推进，计划项目快落实。共排出节能项目39个，总投资4.88亿元，其中开工项目20个，总投资2.04亿元，实现年节标煤5.33万吨。推荐上报省级节能项目6个，获奖励资金640万元。

（童　琛）

公共机构节能

【概况】 2014年，太仓市开展节约型机关创建工作。在节能宣传周期间，全市各公共机构制作节能宣传展板100余份，印发宣传资料2000余份，悬挂室外节能标语横幅50余条，发放节能倡议书1000余份，电子显示屏滚动播放各类节能信息累计超过500小时，营造节能氛围。年内，市行政中心、市中医医院被评为江苏省公共机构节能示范单位。全市79%的市级单位获省级节水型单位称号。通过开展节能进机关、进医院、进学校等活动，全年公共机构节能5%。

（顾秋艳）

循环经济

【概况】 2014年，太仓市循环经济发展成效显著，循环经济成为地区节能减排、转型升级的重要切入点。年内，太仓市做好循环经济示范企业创建工

2014年太仓市节能与发展循环经济先进单位名单

表13

序号	单位名称	序号	单位名称
1	太仓协鑫光伏科技有限公司	6	香塘集团有限公司
2	华能太仓发电有限责任公司	7	苏州市宏达集团有限公司
3	怡球金属资源再生（中国）股份有限公司	8	苏州金辉纤维新材料有限公司
4	舍弗勒（中国）有限公司	9	华伦皮塑（苏州）有限公司
5	太仓海螺水泥有限责任公司	10	苏州荣文集团有限公司

作，全市有苏州市级循环经济示范企业 3 家，水重复利用率达 93%，单位产值能耗处于行业内领先地位，废弃物资源化利用率近 100%，涌现出一批循环经济先进典型和案例。

资源综合利用。全年全市共有资源综合利用认定（年检）企业 19 家，其中 2014 年新认定企业 12 家，年检企业 7 家，年资源利用废弃物总量 180 余万吨，平均综合利用率 86%，综合利用产值 8.11 亿元，企业实现利润 1.17 亿元，为企业落实返、退增值税额 523 万元，免增值税 1254 万元。

典型循环经济重点项目。太仓中化环保化工有限公司中水回用和副产品盐酸综合利用项目每年可节约新鲜水 43 万吨，减少污水排放量 44 万吨，利用副产品盐酸作为主要原料，生产氯化钙，利于环境保护。苏州太能生物能源有限公司、太仓市健勇生物质燃料有限公司、苏州五源生物燃料科技有限公司利用锯沫、秸秆等农林废弃物生产生物质燃料，每年可利用木业加工后的废弃物 6 万吨。年内，市政府制定下发《太仓市关停不达标企业、淘汰落后产能、改善生态环境三年（2014—2016）专项行动计划实施方案》，全年累计关停淘汰落后及不达标企业 46 家。年内，太仓市热电联产规划实施，开工建设华能电厂通往璜泾的供热管道，协鑫电厂通往新区的供热管道，关停沿途大量分散小锅炉，全市工业区实施集中供热。

（时　虹）

城市管理

【概况】 2014 年，太仓市城市管理工作按照建设“现代田园城·美丽金太仓”的目标推进各项工作。全年实施行政处罚案件 3233 件，其中一般程序 1967 件，简易程序 1266 件。太仓市城市管理行政执法大队被评为全省城市环境综合整治先进集体，太胜社区、滨河社区和北门街分别被授予“江苏省城市管理示范社区”和“江苏省城市管理示范路”称号。太仓市农村生活垃圾治理模式在全国农村生活垃圾治理工作电视电话会议上被作为典型在全国推介。

【“931”整治行动】 2014 年是太仓市实施城市环境综合整治暨“931”（“九整治、三规范、一提升”。“九整治”指整治城郊接合部、整治城中村、整治棚户区、整治老旧小区、整治背街小巷、整治城市河道环境、整治低洼易淹易涝片区、整治建设工地、整治农贸市场；“三规范”指规范占道经营，规范车辆停放、营运，规范户外广告设置；“一提升”指建立城市管理长效机制，提升城市长效管理水平）行动的关键一年，市城管局对照完成 74 项整治任务的年度工作计划，在全市开展“九整治、三规范、一提升”工作，截至年底，共完成所涉城郊接合部及城市出入口 18 片、城中村 3 个、棚户区 3 处、老旧小区 4 个、背街小巷 6 条、城市河道 6 条、低洼易淹易涝片区 3 个、建设工地 8 个、农贸市场 2 个、经营疏导点 6 个、停车设施和户外广告 14 个等项目的综合整治任务。

【市容管控】 2014 年，全市先后开展夏季环境大整治行动、学校周边环境秩序整治、30 处废旧回收点整治、23 处闲置工地环境整治及占道经营、流动摊、夜排档等整治行动，共现场纠违 13.88 万次，查处 3233 起，开展各类整治 1092 次。全年共拆除各类不规范广告牌 541 块、10782 平方米。加强大型广告安检工作，聘请专业人员检测主城区大型户外广告 55 处。规范广告设施出让行为，制定《户外广告设施（阵地）使用权出让（拍卖）规程》，拆除高炮广告 26 个。完善市、镇（区）、村（社区）三级防违控违拆违网络和机制建设。全年共拆除各类违法建设面积 14 万平方米，拆违总数 391 处，强拆 144 处，自拆 247 处。其中，主城区拆违 21 处、2538 平方米。制定渣土管理流程图、工地管理流程图；推进公司化运营模式，加强对 6 家专营企业的管理和考核力度，成立渣土管理乡镇管理小组，在沙溪、浏河等区镇先行试点渣土管理向区镇延伸，利用渣土管理信息化平台，实现对渣土运输车辆源头和途中不间断、无缝隙管理。全年共查处各类违章 229 起，其中包括外来渣土非法运输处置 13 起。

【城市综合管理】 2014 年，全市完成道路保洁 346 万平方米，收集并转运全市域生活垃圾 29 万余吨，收集处置建筑垃圾 8.8 万吨，处理有机物 3000 余吨，数字环卫平台处理案件 6.9 万余件。餐厨垃圾无害化处理工程项目完成进场道路、桥梁等建设工作，太胜垃圾中转站投入运行，市区 35

9 月 1 日，工作人员在太平路安置人行道挡车石　（市城管局供稿）

座老旧公厕完成改造，生活垃圾无害化应急填埋场一期工程完成前期准备工作。年内，垃圾分类扩大至马家地园、娄江雅苑、景瑞荣御蓝湾及电站花苑4个居民小区和教育系统的14所中小学校，建设完成垃圾分类收集房60个。全年全市共更换路灯灯泡8795盏、球罩86个、镇流器2288个、电缆14910米，补缺灯杆117根，亮灯率和完好率均为98%以上。数字照明控制中心改造完成，滨河路、锦州路等2000盏路灯实现单灯控制。传媒中心电视塔、太平北路、北门街亮化改造工程和新浏河风光带、上海东路亮化工程及县府街、武陵街等道路路灯改造工程完成。高杆灯大修、府南街路灯更换及钟塔室外全彩LED显示屏改造验收完成。全年共修复路面、人行道1.02万平方米，维修河道和桥梁栏杆320米。对卖秧桥进行结构检测，采取道路限载限高措施并安装河道限高装置，对东仓路城北河桥栏杆进行整体改造。完成城市排水防涝规划初稿编制。完成小区16个积水点和东仓南路积水点道路改造。完成桃园二村强排水工程和南园西路东段雨水管铺设，疏通管道175公里。年内，太仓市制定《关于加强和规范住宅小区物业管理工作的实施意见》，建立物业管理矛盾调解中心，组建人民调解员队伍，物业管理信息化平台建设接近尾声。协助指导金厦广场等7个小区业委会筹建、成立、改选和换届，指导江南花园等6个小区业主委员会做好物业退管后的监管，对2013—2014年交付使用的77个住宅小区项目组织“回头看”督查，组建太仓市物业管理协会，培训物业管理人员500余人次。全年共整修小区路面777平方米，疏通下水道4.22万米，清理窨井4217个。24个无物业老旧小区试点开展服务外包。全年新增停车场（点）28处、泊车位4363个，其中城区新增停车泊位3658个。市城管局开展非法侵占公共停车泊位

12月，太仓城市公共自行车系统一期工程竣工。图为奔山园站点
（市城管局供稿）

专项整治行动，印制《太仓市停车服务指南》。延伸区镇管理，沙溪、双凤率先实现停车管理。推进建设项目，联合市住建局完成林荫停车场改造9处，在东仓路等11条道路安装挡车石，完成智能停车诱导系统工程，主城区新增违章停车监控抓拍点24处，在洛阳路和青岛路设置隔离栏。

【工程建设】 2014年，太仓市完成“931”综合整治工程中涉及的9个子项目，城乡公交优化提升工程中的城市公共自行车系统一期工程完成站点建设60个，投放公共自行车1200辆。府南街（新华路—县府街）、南门街（朝阳路—南园西路）、中心路（人民路—府南街）改造工程和朝阳路贯通工程完工。城区违章建筑整治、完善生活垃圾收运体系建设、数字化城市管理全覆盖推进项目、城区店招立面改造、城区亮化和路灯改造等工程完成。

【规范行政执法】 2014年，市城管局举办和开展实战办案技能考试、信息技能培训、新录用人员上岗培训等活动。全年共审核行政处罚案件3233件，其中一般程序1967件，简易程序1266件。年内，对人民路百果园水果店违法建设案件中不能拆除的违法建筑，采用没收、并处工程造价10%的罚款的行政处罚，为推进违法建设查处探索新路径。制定《规范化建设执法机构场所外观标准》，按照统一材质、颜色、文字的标准，在“六外”（城管徽章、门楣、牌匾、玻璃防撞条及立体色带、灯箱、指路标牌）、“六内”（城管服务大厅、调解室、装备室、上墙制度牌、科室门牌、办公桌签牌）12个方面做到规范统一。

【数字城管】 2014年，太仓市数字城管监督指挥中心共立案6.96万件，处置6.66万件，处置率95.7%。其中，事件6.53万件，占93.8%，部件4305件，占6.2%。事件高发前3位分别是暴露垃圾、无照游商、非法小广告；部件高发前3位分别是井盖、公交站亭、路灯问题。年内，数字照明、数字市政、城管家APP、渣土管理、智能停车诱导、数字物业等系统完成开发建设，浏河、璜泾、港区完成数字城管二级平台建设，数字城管平台实现全市域覆盖。

（朱利明）

太仓港

港口综述

【概况】 2014年，太仓港完成集装箱吞吐量305.7万标箱、货物吞吐量1.57亿吨，其中外贸货物吞吐量5343.7万吨。进出口总额137.9亿美元，检验检疫进口货值67.1亿美元。完成铁矿石海进江中转量5300万吨，服务江苏、安徽、江西、湖北、湖南等省份钢铁企业增加至31家。完成木材进口量840万立方米，服务范围由长三角扩大至长江沿线地区。完成进出港船舶8.33万艘次，较上年增长19.7%。向引航站申请引航的250米以上船舶622艘次，较上年增长12.9%。进出境人员9.19万人次，增长12.6%。完成港口项目直接投资20.3亿元，开工建设码头泊位9个，建成投运华能煤炭储运中心泊位6个。至年底，全港拥有各类码头泊位78个，其中万吨级以上泊位34个，集装箱泊位10个，设计吞吐能力1.3亿吨、435万标箱。新辟和加密集装箱航线57条，航线总数增至168条，基本建成内贸转运枢纽、近洋直达集散中心、远洋中转基地。

【港口合作】 2014年，太仓港与上海港合资经营太仓港集装箱三期码头下游泊位2个，吸引资金、业务、人才、管理经验参与太仓港建设发展。7月21日，开辟每8小时1班至洋山港“定点、定时、定线、定航次、定价”五定航班，使太仓港至洋山港集装箱班轮航线达每周40班，保障苏锡常和长江沿线地区远洋货物集并太仓港后及时转运洋山港出海。

【航线开辟】 至2014年年底，太仓港航线总数增至168条。其中，太仓港集装箱海运公司引进社会船公司，新开辟7条日本航线，使太仓港近洋直达航线总数达17条，日本航线达每天2班，韩国航线每周1班，台湾航线每周2班。探索实施台湾—太仓港—“苏满欧”海铁联运，形成新的运输特色。年内，太仓港新开辟内贸航线4条，使全港内贸航线总数增至40条，挂靠沿海主要港口增至17个。全年新辟集装箱航线57条，新引进长江轮船公司34家，开辟和加密长江沿线港口至太仓港集装箱班轮航线（班）38条，推动太仓港服务远洋运输的省份由江苏省扩大至长江沿线的四川、重庆、湖南、湖北、江西、安徽6个省份，服务港口拓展到上游四川省宜宾港至下游江苏省常熟港等33个港口，建立起长江沿线港口远洋、近洋、内贸集装箱向太仓港集并的运输新格局。

【口岸环境】 2013年1月1日起，太仓港作为沿海港口管理，并执行相关的行政事业性收费政策。2014年，太仓港落实海港化管理措施，进出太仓港船舶实际淡吃水控制标准从−11.8米提升至−12米，载重21.8万吨级“伊万”轮、吃水−12米“桑巴海角”轮靠泊太仓港，太仓港成为长江内河沿线接靠船舶吨位最大、吃水最深的港口。落实长江经济带海关通关一体化改革措施，与长江经济带12个直属关区实现通关一体化，与上海洋山港集装箱码头营运管理系统实现对接。经国家税务总局、财政部、海关总署同意，太仓港第二批试点实施启运港退税政策。研究开发太仓港信息中心“集视频监控、电子闸口、货物通关系统（二期）、外贸服务平台、太仓港物流协作”五大功能平台，太仓港信息中心与江苏省电子口岸实现数据对接。获批进口粮食指定口岸，简化中日甩挂运输监管方式，建成固体废物查验场地和水产品查验平台，推动粮食、水产品、特种运输集聚发展。

【港口规划和能力建设】 2014年，正和兴港公司成立，集装箱三期上游2个泊位启用，太仓港10个集装箱泊位全面投运。长江最大的煤炭战略储备基地华能煤炭储运中心6个泊位建成投运，新增吞吐能力610万吨。太仓港商品汽车滚装码头项目开工建设，计划于2015年年底形成一期50万辆汽车滚装进出能力。引导码头企业投入1635万元，实施10项节能减排工程。太仓港集装箱三期工程获“鲁班奖”及交通运输部交通建设项目档案示范工程，武港码头获国家优质工程奖，美锦码头获江苏省交通建设优质工程奖，疏港高速公路获苏州城建交通重点工程表彰。

（任春艳）

港区建设

【概况】 太仓港经济技术开发区濒江沿沪，地处沿海开放带和长江经济带交汇处，陆域规划控制面积261.8平方公里，沿长江入海口38.8公里黄金岸线呈带状分布，是上海国际航运中心组合港和集装箱干线港、江苏省第一外贸大港——太仓港的直接经济腹地。2014年，港区实现地区生产总值256.44亿元，较上年增长5.5%；完成工业总产值795.2亿元，较上年增长2.4%；实现地方公共财政预算税收收入20.23亿元，较上年增长18.3%。

【港区规划】 2014年，港区修改完善浮桥镇（港区）镇村布局规划。配合做好《苏州港太仓港区控制性详细规划》修编。完成九曲红星社区西扩、牌楼社区东扩等方案设计和市政配套方案设计工作。

【港区基础设施建设】 2014年，新港城西部道路框架全线贯通，全年完成平江路（南环路—北环路）、滨江南路提档改造等7.5公里，完成经四河、花蒲河等新开河道3公里，和平路七浦塘大桥及碧云路工程开工，基本打通核心区与老镇区通道。龙江路东侧地块总建筑面积近150万平方米的房产项目持续推进，建设高楼60多幢。邻里中心业态日趋繁荣，中兴商业街建成招商，五洋滨江广场开工建设。港城小学建成并投入使用，综治楼工程竣工。

【港区工业经济】 2014年，港区新兴产业持续发展，产值较上年增长12.5%，占规模工业比重的52%，其中光伏、风电等新能源产业增长近30%，首次突破100亿元。新增规模企业8家，累计159家，实现规模工业总产值661.76亿元，较上年增长5%。全年产值超亿元骨干企业61家，超10亿元企业19家，超20亿元企业11家，超30亿元企业5家，超50亿元企业1家。新材料产业产值超60亿元。新装备产业中，润邦、中集冷箱进入10亿元、20亿元骨干企业行列。

【港区固定资产投入】 2014年，港区完成固定资产投资151.57亿元，较上年增长1.7%。其中，完成工业固定资产投入85亿元。中集冷箱、中化环保制冷剂、霍尼韦尔发泡剂、盟迪新材料、凯利昂液晶面板等11个重点项目建成投产；扬子江海工、美孚润滑油二期、华东润滑油添加剂、宝洁液洗等13个在建项目加快推进。

【港区招商引资】 2014年，港区完成注册外资5522.7万美元，实际利用外资7308.3万美元；内资新增注册资本23.6亿元。引进TPI风电叶片二期、奕瑞医疗器械、100兆瓦分布式光伏发电、三元锂电池等项目。新医药产业中，华益美成为通过新版药品GMP认证的首个体外诊断试剂生产企业，并研制出埃博拉病毒核酸五重PCR(聚合酶链式反应)快速超敏检测试剂盒；吉泰生物项目开工建设。年内，太仓生物港一期2.2万平方米厂房竣工投用，引进人才科技型项目10个。

【港区对外贸易】 2014年，港区进出口总额60.06亿美元，较上年增长7.9%。其中，出口总额18.33亿美元，较上年增长19.1%，进口总额41.73亿美元，较上年增长3.4%。

【港区科技创新】 2014年，港区新认定高新技术企业5家，累计28家；39家高新技术产业企业共实现产值161.22亿元，较上年增长15.6%。全年完成发明专利申请457件；新增太仓市级领军人才9人，其中国家千人计划1人，省双创1人，姑苏计划2人。新增高新技术产品10件，累计78件；省工程技术研究中心2家，累计7家；省民营科技企业19家，累计40家；省研究生工作站2家，累计10家；旭川化学获省重大成果转化资金支持。省级知识产权试点园获省商务厅、省知识产权局联合批复同意。

【港区物流发展】 2013年5月13日，国务院以国函〔2013〕58号文批准设立太仓港综合保税区，规划面积2.07平方公里。2014年9月11日，太仓港综合保税区（一期）通过国务院联合验收组验收。港区累计建成仓库近30万平方米、堆场320万平方米，化工储罐125万立方米。超过1500家商贸物流企业在港区开展业务。渤海商品交易所太仓交易中心上市铅锭、乙二醇、松木板材3个产品，日均盘面交易额10亿元左右。

【港区生态环境】 2014年，港区七浦塘生态公园竣工，以中心区长江路、平江路等9条道路景观为主，完成绿化约100万平方米，绿化保有面积突破1000万平方米。年内，港区开展"六大整治、六大提升"行动（"乱停乱放及非法营运、木材加工行业、

扬子江海工一期项目 （2014年4月 姚建平 摄）

9月，太仓港综合保税区（一期）通过国务院联合验收组验收
（港区供稿）

工业企业环境、违法建设、农民集中居住小区、农村环境”六大整治，实现“交通运管提质、园区管理集中、企业转型升级、港城环境优化、居住小区提档、乡村风貌优美”六大提升）。化工区大气自动预警监测站建成调试。25家化工企业实施雨水强排，印染企业完成提标改造，长江石化、阳鸿石化完成油气回收系统，四方、中集建成油漆废气处理系统，关闭淘汰落后小企业（车间）15家；整治木材违法加工企业40多家。

【港区社会贡献】 2014年，港区地区生产总值在全市占比24.1%，财政收入占比21.3%，进出口总额占比43.5%。全年完成拆迁安置评估201户、签约110户、腾房82户，签约搬迁企业（含个体工商户）55家，拆迁往年农户8户；完成拆迁人员安置11批345人，其中新置换社保164人。

【港区企业选介】 截至2014年年底，15家世界500强企业在港区总计投资项目23个，总投资约300亿元；15家中央企业在港区投资项目25个，总投资266.5亿元；12家美资企业在港区总计投资项目15个，总投资145.8亿元。

江苏宝洁有限公司。美国宝洁公司是世界最大的日用消费品公司之一，经营的300多个品牌产品畅销160多个国家和地区。江苏宝洁有限公司是宝洁华东生产和物流基地项目，位于太仓港经济技术开发区，疏港公路以南、平江路以西、通港路以北、申江路以东，一期总投资19.14亿元，项目包括美发美容用品、妇女卫生用品、护肤用品、婴儿用品和液体清洁洗涤用品等多个品类产品，并建设一体化物流分销中心。

太仓中集冷藏物流装备有限公司。由中国国际海运集装箱（集团）股份有限公司投资建设，总投资15亿元，注册资本4.5亿元。2014年竣工投产。公司位于太仓港经济技术开发区疏港高速路以北，滨江大道以西；是中集集团在太仓全力打造的华东区域重要的冷链物流装备研发和生产制造基地，建设内容包括冷藏箱、冷藏车、冷链及研发中心等，其中冷藏箱设计年产能为7万箱，年产值约40亿元。

中石油润滑油公司华东润滑油厂。是中国石油天然气股份有限公司在太仓特批的独立法人实体，是中石油在太仓市建设的第二个大型润滑油系列产品生产企业，经营范围除生产、销售润滑油复合添加剂外，还包括原华东润滑油厂润滑油的经销。企业注册资本1.6亿元，总投资2.5亿元，占地约6公顷，位于港区虹桥路以北。项目采用中石油2011年获国家科技进步一等奖的高档复合剂生产技术，预计年产润滑油复合添加剂6.8万吨，年销售收入17.82亿元。

迪皮埃复材构件（太仓）有限公司。是美国独资的风力叶片制造公司，创建于2007年，为GE（通用电气公司）战略供应商，为其几大全球合作伙伴世界500强企业长期生产新能源风力涡轮发电机叶片，如GE和三菱集团。迪皮埃太仓公司位于港区滨江大道达港路路口，占地约6.67公顷，建筑面积1.90万平方米，2008年5月投产。公司年生产风力涡轮发电机叶片1000片，产值超4亿元。其总部为全球一流的美资独资大型复合材料结构件开发商和制造商，产品广泛使用于风力、民用交通和军事车辆等领域。

2014年港区世界500强企业基本情况表

表14　　单位：万元

序号	公司名称	投资总额	营业收入
1	埃克森美孚（太仓）石油有限公司	138776	301798
2	苏州碧辟液化石油气有限公司	34387	—
3	碧辟（中国）工业油品有限公司	47144	163306
4	中国石油天然气股份有限公司华东润滑油厂	93000	243717
5	江苏长江石油化工有限公司	41500	13761
6	江苏宝洁有限公司	183600	277486

续表 14

序号	公司名称	投资总额	营业收入
7	太仓中化环保化工有限公司	63195	102535
8	苏州中化国际聚氨酯有限公司	8000	—
9	华能（苏州工业园区）发电有限责任公司	268600	—
10	华能太仓发电有限责任公司	375000	365409
11	华能太仓港务有限责任公司	219300	—
12	五矿邯钢（苏州）钢材加工有限公司	6200	60000
13	国华太仓发电有限公司	503000	238986
14	太仓华电开发建设有限公司	53000	—
15	西本新干线电子商务有限公司	199800	—
16	西本新干线（江苏）有限公司	15000	—
17	太仓武港码头有限公司	183600	52776
18	太仓国际集装箱码头有限公司	137000	35732
19	太仓中集集装箱制造有限公司	49468	125873
20	太仓中集冷藏物流装备有限公司	151000	117130
21	苏州华苏塑料有限公司	82751	86672
22	艺康（太仓）科技有限公司	74700	23940
23	中化蓝天霍尼韦尔新材料有限公司	69986	31185

2014 年港区中央企业基本情况表

表 15　　单位：万元

序号	公司名称	类别	投资总额	营业收入
1	中石油润滑油公司华东润滑油厂	工业	93000	243717
2	太仓北新建材有限公司	工业	45000	25927
3	太仓中化环保化工有限公司	工业	63195	102535
4	苏州中化国际聚氨酯有限公司	工业	8000	—
5	华能太仓发电有限责任公司	工业	643600	365409
6	国华太仓发电有限公司	工业	503000	238986
7	苏州首钢隆兴钢材加工配送有限公司	工业	24000	55437
8	五矿邯钢（苏州）钢材加工有限公司	工业	6200	60000
9	太仓中集集装箱制造有限公司	工业	49468	243003
10	中化蓝天霍尼韦尔新材料有限公司	工业	69986	31185
11	太仓中集冷藏物流装备有限公司	工业	150000	—
12	中建材光电装备（太仓）有限公司	工业	40000	7209

续表 15

序号	公司名称	类别	投资总额	营业收入
13	西本新干线电子商务有限公司	第三产业	199800	429575
14	江苏长江石油化工有限公司	第三产业	41500	13761
15	太仓国际集装箱码头有限公司	第三产业	137000	35732
16	太仓华商冷藏物流有限公司	第三产业	12000	4080
17	太仓武港码头有限公司	第三产业	183600	52776
18	太仓港集装箱海运有限公司	第三产业	150000	29395
19	太仓中理外轮理货有限公司	第三产业	720	2210
20	太仓中联理货有限公司	第三产业	300	2077
21	太仓港正和集装箱码头有限公司	第三产业	219000	8270
22	华能太仓港务有限责任公司	第三产业	6000	—
23	西本新干线（江苏）有限公司	第三产业	15000	—
24	中海集装箱运输苏州有限公司	第三产业	1500	7251
25	招商局物流集团（苏州）有限公司	第三产业	3000	18527

2014 年港区美资企业基本情况表

表 16　　单位：万元

序号	企业名称	类别	注册资本	营业收入
1	玖龙纸业（太仓）有限公司	工业	141661	722180
2	江苏宝洁有限公司	工业	34000	277486
3	苏州华苏塑料有限公司	工业	31540	86672
4	艺康（太仓）科技有限公司	工业	21000	23940
5	埃克森美孚（太仓）有限公司	工业	23970	301798
6	迪皮埃复材构件（太仓）有限公司	工业	14000	36200
7	洛克伍德（太仓）颜料有限公司	工业	9960	8189
8	格瑞夫(太仓）包装有限公司	工业	5146	22311
9	太仓宇加纤维有限公司	工业	4139	—
10	波尔亚太（太仓）塑料有限公司	工业	4980	18052
11	中化蓝天霍尼韦尔新材料有限公司	工业	34993	31185
12	明达工业（太仓）有限公司	工业	49053	—
13	明达码头（太仓）有限公司	第三产业	81340	—
14	明达置业（太仓）有限公司	第三产业	24734	—
15	明达仓储（太仓）有限公司	第三产业	16600	—

（朱　莺）

新区建设

【概况】 2014年，太仓新区瞄准国家高新技术产业开发区建设目标，以提升对德合作品牌优势为抓手，推进经济社会健康较快发展。全年实现地区生产总值265.95亿元，较上年增长9.54%；公共财政预算收入39.37亿元，较上年增长12.77%。

【新区规划】 2014年，新区围绕《太仓市城市总体规划》要求，按照“一市双城三片区”的总体布局和“现代田园城、美丽金太仓”的目标定位，完善《陆渡中心城区控制性详细规划》，推进《板桥区域分区规划》《新区二期公共服务区城市设计》《三平方公里中央商务区城市设计》等分区规划编制。完成景湖小区五期自拆自建房、陆渡锦绣东方城二期规划建设方案，以及中央公园、镇洋小学幼儿园、德资工业园区、陆渡教育园区、东门街改造、陆渡员工集宿区、朝阳菜场、4S汽车城商业方案配套、商务广场E地块、朱棣文小学扩建、新区派出所等建设方案设计。

【新区基础设施建设】 2014年，总建筑面积81万平方米的恒通佳苑、横沥佳苑安置小区基本竣工，总建筑面积5.9万平方米的陆渡教育园区和7600多平方米的安息堂完成施工，积水裕沁庭等140万平方米房地产项目建设加快。江南路等13条道路开工建设，全长880米的郑和路跨线桥竣工通车，陆渡对接主城区交通路网基本形成。中央商务区10幢商务大楼封顶率80%，3平方公里中央商务区空间业态提升。

【新区工业经济】 2014年，新区经济总量高位运行，全年完成工业总产值758.39亿元，销售收入720.47亿元，较上年分别增长7.47%和7.52%。其中，297家规模以上工业企业实现产值607.19亿元，销售收入610.63亿元，较上年分别增长11.18%和14.34%。以德企为主的欧美企业发展强劲，103家规模以上欧美企业完成产值303.3亿元，较上年增长20%，约占规模产值50%，规模产值增长贡献率83%。经济质量提升，工业企业实现利润总额45亿元，利税总额63.5亿元，较上年分别增长25%和24.27%。其中规模企业实现利润44.38亿元，利税62.85亿元，较上年分别增长26.82%和26.44%。“两新”产业（高新技术产业和新兴产业）规模壮大，85家规模以上高新技术产业企业实现产值290.9亿元，较上年增长14.6%，占全市高新产业产值42.6%，对全市高新产值增长贡献率69.5%；77家新兴产业企业完成产值321.1亿元，较上年增长13.3%，高出全市平均值近10个百分点；高新、新兴产值占比分别为47.9%和52.9%，较上年分别提高1.2个和1.7个百分点。工业能耗走低，全区规模以上企业总能耗34.9万吨标煤，较上年下降3.5%，规模企业单位产值能耗低至0.06吨标煤/万元，仅为全市的16.8%，较上年下降13.2%。

【新区固定资产投入】 2014年，新区完成全社会固定资产投资123.62亿元，其中工业性投资71.1亿元，较上年分别增长3%和29.98%。年内，18个市级重点项目开工建设，共计完成投资27.45亿元，占新区固定资产投资目标额22.21%。博格华纳、德特威勒、世钟汽配等10个重大项目开业投产，形成一批新的经济增长点。

【新区招商引资】 2014年，新区引进博泽、新大洲本田、超汇桂盟等一批创新型、税源型、总部型项目，累计新增外资企业32家，实现注册外资2.82亿美元，较上年增长21.69%；实现到账外资1.76亿美元。年内，个私经济净增注册资本13.7亿元，引进内资新增注册资本12.5亿元，较上年分别增长14.38%和15.18%。

【新区对外贸易】 2014年，新区对外贸易保持平稳，完成进出口总额50.3亿美元，较上年增长11.66%，占全市进出口总额的36.4%，对全市外贸增长贡献率为51%。其中，完成出口总额24.07亿美元，占全市出口总额的39.6%，较上年增长8.36%；进口总额26.23亿美元，占全市进口总额的34%，较上年增长14.9%。新区46家进出口百强企业完成进出口总额32.9亿美元，占全区外贸总额的65%，较上年增长13.3%。其中，舍弗勒集团进出口总额净增超亿美元，克朗斯贸易、通快集团等净增5000多万美元。

【新区科技创新】 2014年，新区引进国家“千人计划”专家2人（累计7人）、上海交通大学教授专家2人、海外领军人才13人。获评省双创人才计划3人（累计17人）、姑苏人才计划1人（累计17人）、太仓领军人才22人（累计52人）、太仓创新人才培育计划32人。1人入选省博士集聚计划，33人入选全市高技能突出和重点人才。至年底，新区拥有博士以上学历人才120人、娄东英才312人，各类人才保有量均居全市领先水平。德国留学生创业园、科技创业园、太仓软件园、科技企业加速器等创新载体共引进和培育科技项目90个。新增高新技术企业17家（累计63家）、省民营科技企业21家，获批省研发机构、省工程技术中心各1家，省研究生工作站2家，苏州市工程技术中心5家。中国首个由民营企业与以色列高校共同组建的联合研发实验室在以色列海法成立。全年申报专利2042件，其中发明专利765件，授权专利822件。获批高新技术产品31件、国家创新基金4项、省科技支撑项目2项、省创新资金1项，为企业争取科技经费2000多万元。科技企业上市步伐加快，太仓苏创液化气有限公司、苏州斯迪克电子胶粘材料有限公司准备上市，中焱工贸、昂科生物、金江铜业、久信精密磨具、新宇包装等5家企业筹备在新三板上市。

【新区生态环境】 2014年，新区新增绿化种植面积36万平方米，园林铺装面积1.5万平方米，绿化养护面积600万平方米。完成太平新村、惠

4月11日，舍弗勒太仓制造基地五号厂房投产　　（新区供稿）

阳三村等20万平方米老小区改造。板桥、城北河沿线等区域环境整治持续推进。太仓协鑫电厂拆迁协议签订。数字城管二级平台处理案件2.7万件，陆渡、板桥城管中队开展环境整治180起。太胜社区成为全市首家省级城市管理示范社区。

【新区社会贡献】2014年，新区提供就业岗位9.7万个，新建“大学生见习基地”“校企合作基地”各13家，举办技能培训、创业培训31期。发放被征地农民生活补助费1500万元、灵活就业人员社保补贴200多万元、涉农补贴365万元、低保等救助资金242万元、小额担保贷款370万元。村（社区）集体资产折股量化全覆盖，娄东富农专业联合社首次向农户发放红利257.28万元。陆渡老年人日间照料中心、东城社区卫生服务站、集宿区卫计公共服务阵地等一批公共服务设施完成建设。全年受理群众来信来访155起，推进家饰佳等信访积案化解，信访量较上年下降44%。21个社区（村）建立“便民法律服务阳光屋”，华盛园法治家苑、太仓市新市民法治俱乐部三期工程建设完成。娄东街道法律援助工作站被评为“苏州市基层法律援助示范工作站”。

【新区企业选介】博格华纳汽车零部件（江苏）有限公司。2014年9月4日，博格华纳汽车零部件（江苏）有限公司开业运营。博格华纳是美国财富500强企业之一，总部位于密歇根州，为全球主要汽车生产商提供先进的动力系统解决方案，是该领域中公认的领袖，在全球19个国家建立60多个制造和技术基地，为世界各地的客户提供服务。位于太仓的博格华纳江苏公司为博格华纳在中国投资的第8座工厂，占地面积5万平方米，一期建筑面积1.58万平方米，一期产能150万台，二期建成后将达250万台。太仓工厂2014年生产涡轮增压器5万台，其客户主要包括福特、通用、沃尔沃及比亚迪等乘用车厂商。

德特威勒（苏州）电缆系统有限公司。2014年9月19日，德特威勒中国新的总部——德特威勒（苏州）电缆系统有限公司开业。德特威勒集团于1915年在瑞士成立，旗下电缆系统公司是为电气及ICT（信息与通讯技术）基础设施和光纤到户网络提供优质产品、系统解决方案和服务的领军供应商。近100年来，德特威勒以专业化高品质的产品、领先世界的技术、卓越的安全环保特性、完善的工程和服务支持闻名于欧洲乃至全世界。20世纪90年代末，德特威勒进入中国市场，在上海、苏州设立独资公司，主要生产和销售综合布线系统及电梯电缆的全系列产品，成功实施西门子上海中心、上海东方明珠塔、东航数据中心、中国科技馆数据中心、成都地铁等项目。在中国市场上，德特威勒公司布线系统解决方案被越来越多的用户所认识和接受，德特威勒连续数年被行业权威机构评选为中国市场综合布线十大品牌的电缆系统领导者。为增强德特威勒公司在中国市场的竞争力，德特威勒集团决定在太仓成立德特威勒（苏州）电缆系统有限公司。2012年10月，德特威勒与太仓市签订投资协议，2013年3月，德特威勒太仓工厂开工建设。2014年完成2.7万平方米厂房的建设、装修，并吸收合并德特威勒电缆系统（上海）有限公司和德特威勒（苏州）配线系统有限公司。

舍弗勒五厂。2014年4月11日，舍弗勒太仓制造基地五号厂房投产，标志着舍弗勒大中华区汽车传动系统产品线和产能显著提升。该厂于2013年4月开工建设，2014年1月建成并试生产。作为舍弗勒太仓制造基地三厂的延续和补充，五号厂房总面积6500平方米，其中生产面积4600平方米，主要生产湿式双离合器和液力变矩器，该产品都是汽车自动变速箱中的关键部件。采用LuK创新技术的湿式双离合器和液力变矩器，能使来自汽车发动机的动力更平顺、更高效和更迅速地传递至行驶系统。舍弗勒太仓制造基地五号厂房创造出多个舍弗勒第一：如舍弗勒中国第一条湿式双离合器生产线，第一次大规模采用单件流（Chaku Chaku）模式进行精益化生产管理，以及舍弗勒在中国的第一条液力变矩器生产线。遵循舍弗勒全球统一的生产和质量标准，五号厂房的技术和生产布局具备领先水平。舍弗勒旗下LuK品牌是全球汽车动力传递和减振系统的领导力量，研发和生产多款动力总成关键零部件。

（李青玉）

2014年新区规模企业名录（部分）

表17

序号	企业名称	行业大类	投资国家（地区）
1	老虎粉末涂料制造（太仓）有限公司	化学原料和化学制品制造业	奥地利
2	艾伯纳工业炉（太仓）有限公司	通用设备制造业	奥地利
3	太仓艾格鲁塑料制品有限公司	橡胶和塑料制品业	奥地利
4	史太林格塑胶机械（太仓）有限公司	仪器仪表制造业	奥地利
5	奥胜制造（太仓）有限公司	专用设备制造业	奥地利
6	雅高机械（太仓）有限公司	专用设备制造业	菲律宾
7	和承太阳能材料（太仓）有限公司	电气机械和器材制造业	韩　国
8	卡莱司卓奥斯曼（太仓）建筑材料有限公司	非金属矿物制品业	韩　国
9	和承特种橡胶（太仓）有限公司	化学原料和化学制品制造业	韩　国
10	科思泰半导体配件（苏州）有限公司	计算机、通信和其他电子设备制造业	韩　国
11	太仓世珍集装箱部件有限公司	金属制品业	韩　国
12	和承汽车配件（太仓）有限公司	汽车制造业	韩　国
13	平和精工汽车配件（太仓）有限公司	汽车制造业	韩　国
14	苏州世珍橡塑有限公司	汽车制造业	韩　国
15	太仓韩和汽车配件有限公司	汽车制造业	韩　国
16	正润童车（苏州）有限公司	文教、工美、体育和娱乐用品制造业	韩　国
17	挪亚圣诺（太仓）生物科技有限公司	医药制造业	荷　兰
18	苏州益方动力机械有限公司	汽车制造业	加拿大
19	苏州红枫风电模具有限公司	专用设备制造业	加拿大
20	苏州旭鸿金属制品有限公司	汽车制造业	毛里求斯
21	雷勃电气（苏州）有限公司	电气机械和器材制造业	美　国
22	苏州英翔电子有限公司	电气机械和器材制造业	美　国
23	特灵空调系统（中国）有限公司	电气机械和器材制造业	美　国
24	华利安（太仓）运动服装有限公司	纺织服装、服饰业	美　国
25	太仓环球化纤有限公司	化学纤维制造业	美　国
26	源文兴车料（太仓）有限公司	金属制品业	美　国
27	伟速达（中国）汽车安全系统有限公司	汽车制造业	美　国
28	实用动力（中国）工业有限公司	通用设备制造业	美　国
29	太仓傲奔矽品科技有限公司	橡胶和塑料制品业	美　国
30	艺安包装（苏州）有限公司	橡胶和塑料制品业	美　国
31	多摩川精密电机（苏州）有限公司	电气机械和器材制造业	日　本
32	美南精密电机（太仓）有限公司	电气机械和器材制造业	日　本
33	苏州富士端子有限公司	电气机械和器材制造业	日　本
34	苏州悦贸金属制品有限公司	电气机械和器材制造业	日　本
35	洋保电子（太仓）有限公司	电气机械和器材制造业	日　本
36	义和精密电机（太仓）有限公司	电气机械和器材制造业	日　本

续表17

序号	企业名称	行业大类	投资国家（地区）
37	苏州东京时装有限公司	纺织服装、服饰业	日　本
38	苏州华钟针织有限公司	纺织服装、服饰业	日　本
39	苏州天允服装有限公司	纺织服装、服饰业	日　本
40	丰田通商（太仓）特钢加工有限公司	黑色金属冶炼和压延加工业	日　本
41	长富不锈钢中心（苏州）有限公司	黑色金属冶炼和压延加工业	日　本
42	苏州希思碧电子有限公司	计算机、通信和其他电子设备制造业	日　本
43	太仓阿尔派电子有限公司	计算机、通信和其他电子设备制造业	日　本
44	太仓神明电子有限公司	计算机、通信和其他电子设备制造业	日　本
45	兴和电子（太仓）有限公司	计算机、通信和其他电子设备制造业	日　本
46	苏州静冈刀具有限公司	金属制品业	日　本
47	苏州强力五金有限公司	金属制品业	日　本
48	苏州河田羽绒制品有限公司	皮革、毛皮、羽毛及其制品和制鞋业	日　本
49	苏州明勋鞋业有限公司	皮革、毛皮、羽毛及其制品和制鞋业	日　本
50	苏州新明阳鞋业有限公司	皮革、毛皮、羽毛及其制品和制鞋业	日　本
51	太仓海樱卫生用品有限公司	其他制造业	日　本
52	苏州大熊汽车配件有限公司	汽车制造业	日　本
53	新井精密部件（太仓）有限公司	汽车制造业	日　本
54	凯得爱依安全运动器材（太仓）有限公司	铁路、船舶、航空航天和其他运输设备制造业	日　本
55	椿中岛机械（太仓）有限公司	通用设备制造业	日　本
56	广濑精密机械（太仓）有限公司	通用设备制造业	日　本
57	苏州东金机械金属有限公司	通用设备制造业	日　本
58	苏州松井金属制品有限公司	通用设备制造业	日　本
59	太仓翱铿梯锻压有限公司	通用设备制造业	日　本
60	太仓旭莱自动化机械有限公司	通用设备制造业	日　本
61	太仓置田锻压有限公司	通用设备制造业	日　本
62	三惠（太仓）旅游用品有限公司	文教、工美、体育和娱乐用品制造业	日　本
63	展诚（苏州）塑料制品有限公司	橡胶和塑料制品业	日　本
64	日精塑料机械（太仓）有限公司	专用设备制造业	日　本
65	太仓维欧爱申达特种纺织品有限公司	汽车制造业	瑞　典
66	明士克纸业（太仓）有限公司	造纸和纸制品业	瑞　典
67	德特威勒（苏州）电缆系统有限公司	电气机械和器材制造业	瑞　士
68	法因图尔精密部件（太仓）有限公司	汽车制造业	瑞　士
69	太仓年益科技电子有限公司	电气机械和器材制造业	中国台湾
70	苏州东丰建业制衣有限公司	纺织服装、服饰业	中国台湾
71	苏州锦园旅游用品有限公司	纺织业	中国台湾
72	新丽纤维制品（苏州）有限公司	纺织业	中国台湾
73	华忠金属材料（太仓）有限公司	非金属矿物制品业	中国台湾
74	江兴（太仓）金属制品有限公司	黑色金属冶炼和压延加工业	中国台湾

续表 17

序号	企业名称	行业大类	投资国家（地区）
75	友鹏（太仓）科技有限公司	计算机、通信和其他电子设备制造业	中国台湾
76	高盟机械（太仓）有限公司	金属制品业	中国台湾
77	苏州龙庆家庭用品有限公司	金属制品业	中国台湾
78	苏州兴达喷雾制品有限公司	金属制品业	中国台湾
79	太仓俊钢特殊金属有限公司	金属制品业	中国台湾
80	太仓兴达制罐有限公司	金属制品业	中国台湾
81	苏州新沣复合纤维制品有限公司	汽车制造业	中国台湾
82	英明精密机件（苏州）有限公司	汽车制造业	中国台湾
83	佳格食品（中国）有限公司	食品制造业	中国台湾
84	财荣金属制品（太仓）有限公司	铁路、船舶、航空航天和其他运输设备制造业	中国台湾
85	超汇桂盟传动（苏州）有限公司	铁路、船舶、航空航天和其他运输设备制造业	中国台湾
86	见诚自行车（太仓）有限公司	铁路、船舶、航空航天和其他运输设备制造业	中国台湾
87	陇亿车料（太仓）有限公司	铁路、船舶、航空航天和其他运输设备制造业	中国台湾
88	欧亚马自行车（太仓）有限公司	铁路、船舶、航空航天和其他运输设备制造业	中国台湾
89	瑞铨车料（太仓）有限公司	铁路、船舶、航空航天和其他运输设备制造业	中国台湾
90	瑞振车料（太仓）有限公司	铁路、船舶、航空航天和其他运输设备制造业	中国台湾
91	苏州大忠自行车有限公司	铁路、船舶、航空航天和其他运输设备制造业	中国台湾
92	苏州福而康车料有限公司	铁路、船舶、航空航天和其他运输设备制造业	中国台湾
93	太仓安笙精密金属制品有限公司	铁路、船舶、航空航天和其他运输设备制造业	中国台湾
94	太仓信隆车料有限公司	铁路、船舶、航空航天和其他运输设备制造业	中国台湾
95	天迅金属制品（太仓）有限公司	铁路、船舶、航空航天和其他运输设备制造业	中国台湾
96	祥力自行车配件（太仓）有限公司	铁路、船舶、航空航天和其他运输设备制造业	中国台湾
97	翔宇实业（太仓）有限公司	铁路、船舶、航空航天和其他运输设备制造业	中国台湾
98	旭生机械（太仓）有限公司	铁路、船舶、航空航天和其他运输设备制造业	中国台湾
99	益昌铝制品（太仓）有限公司	铁路、船舶、航空航天和其他运输设备制造业	中国台湾
100	盈毅车料（太仓）有限公司	铁路、船舶、航空航天和其他运输设备制造业	中国台湾
101	元毅车料（太仓）有限公司	铁路、船舶、航空航天和其他运输设备制造业	中国台湾
102	政科车料（太仓）有限公司	铁路、船舶、航空航天和其他运输设备制造业	中国台湾
103	桂盟链条（太仓）有限公司	通用设备制造业	中国台湾
104	佳兴紧固件工业（苏州）有限公司	通用设备制造业	中国台湾
105	金益成（太仓）轴承有限公司	通用设备制造业	中国台湾
106	苏州新太铜高效管有限公司	通用设备制造业	中国台湾
107	太仓濂辉液压器材有限公司	通用设备制造业	中国台湾
108	苏州宗宗金属工艺饰品有限公司	文教、工美、体育和娱乐用品制造业	中国台湾
109	台新纤维制品（苏州）有限公司	文教、工美、体育和娱乐用品制造业	中国台湾
110	永沛得工程机械配件（苏州）有限公司	橡胶和塑料制品业	中国台湾
111	苏州象田光学科技有限公司	仪器仪表制造业	中国台湾
112	日美达印花（太仓）有限公司	印刷和记录媒介复制业	中国台湾

续表 17

序号	企业名称	行业大类	投资国家（地区）
113	政伸印刷（太仓）有限公司	印刷和记录媒介复制业	中国台湾
114	明达铝业科技（太仓）有限公司	有色金属冶炼和压延加工业	中国台湾
115	苏州公诚金属材料有限公司	有色金属冶炼和压延加工业	中国台湾
116	佳诚纸箱（太仓）有限公司	造纸和纸制品业	中国台湾
117	得泰医疗卫生用品（苏州）有限公司	专用设备制造业	中国台湾
118	苏州陆钢精密模具有限公司	专用设备制造业	中国台湾
119	苏州新园纺织有限公司	纺织业	西班牙
120	法可赛（太仓）汽车配件有限公司	汽车制造业	西班牙
121	西螺（苏州）精密紧固件有限公司	通用设备制造业	西班牙
122	凯萨克机械（太仓）有限公司	铁路、船舶、航空航天和其他运输设备制造业	西萨摩亚
123	太仓保利协鑫热电有限公司	电力、热力生产和供应业	中国香港
124	麦格纳（太仓）汽车科技有限公司	电气机械和器材制造业	中国香港
125	欧威尔空调科技（中国）有限公司	电气机械和器材制造业	中国香港
126	苏州凯达电器仪表成套有限公司	电气机械和器材制造业	中国香港
127	苏州科而雅针织有限公司	纺织服装、服饰业	中国香港
128	裕梃鸿（太仓）制衣有限公司	纺织服装、服饰业	中国香港
129	苏州三和管桩有限公司	非金属矿物制品业	中国香港
130	中鸿（太仓）钢材有限公司	黑色金属冶炼和压延加工业	中国香港
131	科纺勒特种纺织品（太仓）有限公司	化学纤维制造业	中国香港
132	江苏爱粤建筑粉末涂料有限公司	化学原料和化学制品制造业	中国香港
133	众华电子科技（太仓）有限公司	计算机、通信和其他电子设备制造业	中国香港
134	太仓海华家具有限公司	家具制造业	中国香港
135	美固龙金属制品（中国）有限公司	金属制品业	中国香港
136	太仓申立金属制品有限公司	金属制品业	中国香港
137	苏州佳高鞋业有限公司	皮革、毛皮、羽毛及其制品和制鞋业	中国香港
138	太仓裕盛体育用品有限公司	皮革、毛皮、羽毛及其制品和制鞋业	中国香港
139	苏州一和儿童礼品有限公司	其他制造业	中国香港
140	苏州鑫睿达精密机械有限公司	汽车制造业	中国香港
141	太仓泷田金属制品有限公司	汽车制造业	中国香港
142	苏州欣科导轨有限公司	通用设备制造业	中国香港
143	英特飞模块地毯（中国）有限公司	文教、工美、体育和娱乐用品制造业	中国香港
144	太仓岭南纸业包装有限公司	造纸和纸制品业	中国香港
145	骏伟塑胶制品（太仓）有限公司	专用设备制造业	中国香港
146	太仓莫迪思能源工程有限公司	专用设备制造业	中国香港
147	白特荣塑胶（太仓）有限公司	橡胶和塑料制品业	新加坡
148	实耐格（太仓）包装有限公司	印刷和记录媒介复制业	新加坡
149	狮威硬质材料（太仓）有限公司	专用设备制造业	新加坡
150	苏州萨尼尼汽车零部件工业制造有限公司	汽车制造业	意大利

续表 17

序号	企业名称	行业大类	投资国家（地区）
151	固耐重工（苏州）有限公司	通用设备制造业	意大利
152	普曼普传动系统（太仓）有限公司	仪器仪表制造业	意大利
153	皮尔金顿太阳能（太仓）有限公司	非金属矿物制品业	英　国
154	昊诚光电（太仓）有限公司	电气机械和器材制造业	中　国
155	江苏通领科技有限公司	电气机械和器材制造业	中　国
156	上海电气集团上海电机厂电机分厂	电气机械和器材制造业	中　国
157	苏州东泰太阳能科技有限公司	电气机械和器材制造业	中　国
158	苏州矽美仕绿色新能源有限公司	电气机械和器材制造业	中　国
159	太仓市益方工贸有限公司	电气机械和器材制造业	中　国
160	天顺（苏州）风电设备有限公司	电气机械和器材制造业	中　国
161	天顺（苏州）金属制品有限公司	电气机械和器材制造业	中　国
162	江苏大仓集团有限公司	纺织服装、服饰业	中　国
163	拉夏贝尔服饰（太仓）有限公司	纺织服装、服饰业	中　国
164	苏州荣建制衣有限公司	纺织服装、服饰业	中　国
165	太仓锦琪服饰有限公司	纺织服装、服饰业	中　国
166	太仓祺美时装有限公司	纺织服装、服饰业	中　国
167	太仓市仓盛服饰有限公司	纺织服装、服饰业	中　国
168	太仓市盛达羊毛衫厂	纺织服装、服饰业	中　国
169	太仓衣稻服装有限公司	纺织服装、服饰业	中　国
170	苏州虹盛印染有限公司	纺织业	中　国
171	太仓市大盛针织有限公司	纺织业	中　国
172	太仓市玛雅针织有限公司	纺织业	中　国
173	苏州好力环保建材有限公司	非金属矿物制品业	中　国
174	太仓海螺水泥有限责任公司	非金属矿物制品业	中　国
175	太仓市建国混凝土制品有限公司	非金属矿物制品业	中　国
176	太仓市顺昌锻造有限公司	黑色金属冶炼和压延加工业	中　国
177	苏州盛万达塑胶包装材料有限公司	化学原料和化学制品制造业	中　国
178	苏州斯迪克电子胶粘材料有限公司	化学原料和化学制品制造业	中　国
179	苏州蔡伦格蒂电子材料有限公司	计算机、通信和其他电子设备制造业	中　国
180	太仓市同维电子有限公司	计算机、通信和其他电子设备制造业	中　国
181	苏州伊斯丹实业有限公司	家具制造业	中　国
182	太仓市康乐沙发家具厂	家具制造业	中　国
183	苏州冠景彩涂板有限公司	金属制品业	中　国
184	太仓锦捷机械有限公司	金属制品业	中　国
185	太仓市国达金属制品有限公司	金属制品业	中　国
186	太仓市合泰机械有限公司	金属制品业	中　国
187	太仓托普斯特金属制品有限公司	金属制品业	中　国
188	太仓夏鑫电镀有限公司	金属制品业	中　国

续表 17

序号	企业名称	行业大类	投资国家（地区）
189	苏州璐萱鞋业有限公司	皮革、毛皮、羽毛及其制品和制鞋业	中　国
190	太仓永兴鞋材有限公司	皮革、毛皮、羽毛及其制品和制鞋业	中　国
191	苏州温橡特种橡胶有限公司	汽车制造业	中　国
192	太仓市锦丰汽车配件有限公司	汽车制造业	中　国
193	太仓市联宏电塑有限公司	汽车制造业	中　国
194	太仓市刘行五金机械制造有限公司	汽车制造业	中　国
195	太仓市天然气有限公司	燃气生产和供应业	中　国
196	太仓苏创液化气有限公司	燃气生产和供应业	中　国
197	三全食品（苏州）有限公司	食品制造业	中　国
198	太仓海润食品有限公司	食品制造业	中　国
199	太仓肉松食品有限公司	食品制造业	中　国
200	太仓市水处理有限责任公司	水的生产和供应业	中　国
201	苏州龙跃锂动车辆有限公司	铁路、船舶、航空航天和其他运输设备制造业	中　国
202	太仓荣南红阳密封件科技有限公司	通用设备制造业	中　国
203	江苏中联地毯有限公司	文教、工美、体育和娱乐用品制造业	中　国
204	江苏东泰聚合材料有限公司	橡胶和塑料制品业	中　国
205	苏州福共包装材料有限公司	橡胶和塑料制品业	中　国
206	苏州裕丰塑胶科技有限公司	橡胶和塑料制品业	中　国
207	太仓冠联高分子材料有限公司	橡胶和塑料制品业	中　国
208	太仓展新胶粘材料有限公司	橡胶和塑料制品业	中　国
209	太仓中航塑业有限公司	橡胶和塑料制品业	中　国
210	苏州市新波生物技术有限公司	医药制造业	中　国
211	苏州奥智机电设备有限公司	仪器仪表制造业	中　国
212	苏州笙亿冲压自动化有限公司	仪器仪表制造业	中　国
213	苏州育龙科教设备有限公司	仪器仪表制造业	中　国
214	苏州华南印务有限公司	印刷和记录媒介复制业	中　国
215	太仓鹏宇印刷包装有限公司	印刷和记录媒介复制业	中　国
216	太仓市兴宇塑料印刷包装有限公司	印刷和记录媒介复制业	中　国
217	苏州宏太铜材有限公司	有色金属冶炼和压延加工业	中　国
218	太仓沪北特种铝材有限公司	有色金属冶炼和压延加工业	中　国
219	太仓市国富五金制品有限公司	有色金属冶炼和压延加工业	中　国
220	太仓市金仓铜业有限公司	有色金属冶炼和压延加工业	中　国
221	太仓市金鑫铜管有限公司	有色金属冶炼和压延加工业	中　国
222	太仓通泰金属加工有限公司	有色金属冶炼和压延加工业	中　国
223	太仓宏杰精密机械有限公司	专用设备制造业	中　国
224	太仓派恩机械有限公司	专用设备制造业	中　国

（李青玉）

中德中小企业合作示范区

综　述

【概况】 至2014年年底，中德中小企业合作示范区德企总数220家，项目总投资近20亿美元，年工业总产值近300亿元。德资企业效益优势明显，220家德企累计用地133.33公顷，每公顷平均产值超1.35亿元，每公顷平均利润超1500万元，每公顷平均税收逾750万元，人均税收近10万元。单位产值能耗0.02吨标煤/万元。2014年，示范区内73家规模以上德企实现产值212亿元，销售收入209亿元，利润总额23亿元，较上年分别增长23%、26%和44%。12月，中德企业合作基地出口精密机械国家级质量示范区通过国家质检总局考核组现场考核验收。

7月11日，太仓德国留学生创业园揭牌投用　（新区供稿）

12月4日，太仓中德合作基地（出口精密器械）国家级质量安全示范区通过考核验收　（太仓检验检疫局供稿）

示范区建设

【概况】 2014年，中德中小企业工业园首期18幢工业厂房和1幢综合楼竣工，主要引进装备制造、汽车零部件、生物医药等产业领域的德国中小科技企业，共有8家德企入驻10幢厂房。德国留学生创业园建筑面积3.6万平方米，致力于孵化信息技术、新材料、生物医药、环保技术等高科技创业企业，建设成为集高科技企业研发、技术创新和产品中试的公共平台和产业载体，创业园区引进各类科技人才项目15个，均代表行业细分领域的领先水平。太仓驻德国办事处常态化运转，推动太仓与德国（欧洲）产业对接和经贸合作。10月，中国德国商会太仓办事处成立，为在太仓的德企提供本

6月25日，太仓市首次举办走进德国大学——卡尔斯鲁厄大学专场推介会
（新区供稿）

土化、国际化服务。史太白太仓中心吸引德企16家，31名学员参加首批培训，培养兼具技术和经营才能的高端复合型人才。太仓德国中心入驻东亭大厦，为初入中国市场的德国企业提供落脚点，为已落户的德企提供一条龙服务。中德（太仓）合作成果展示馆开馆，展示太仓对德合作发展历程及成果，促进中德企业之间交流合作。

【德企发展】 2014年，中德中小企业合作示范区新注册德资企业15家，其中博泽、维特根、勃乐氏等购地建厂项目预计亩均税收超100万元，并专门设立研发中心推动核心技术本土化。示范区内德企扩大投资和生产规模，海瑞恩、毅结特、毕克礼斯等12家德企增资扩产，舍弗勒五厂、裕克施乐二期、兹韦克测试技术等10多个德资项目密集投产。至年底，舍弗勒（中国）有限公司由首期投资3000万美元发展成为总投资6亿多美元的集团公司，2014年实现销售收入近90亿元，纳税超6亿元，成为苏州地区最大的德资企业和太仓工业经济的新龙头。

职教合作

【概况】 2014年，中德中小企业合作示范区继续完善太仓德国企业工人培训中心、舍弗勒中国培训中心、德国巴伐利亚技术工人培训中心、AHK—健雄职业技术学院专业技术工人培训中心、太仓欧美企业培训中心、海瑞恩（太仓）培训中心等6家双元制教育培训机构，累计为全市培养“技术蓝领”3000余人。德国工商大会（AHK）上海代表处授予健雄职业技术学院“德国工商大会职业资格证书（AHK）”考试单位。

经济文化交流

【概况】 2014年，太仓市加强中德经济文化互动交流，举办第七届德国太仓日（图特林根）、第九届太仓啤酒节、德国卡尔斯鲁厄大学专场推介会、中德工业设计周、德国经理人交流培训、中德学生跨界共舞、365杯足球赛等经贸和文化交流活动，接待德国黑森州中国合作促进中心名誉主席阿尔弗雷德·施密特一行、舍弗勒集团首席执行官克劳斯·罗森菲尔德一行和德国联邦议院议员、前联邦教研部部长安妮特·沙万一行等到太仓参观考察，访问德国驻华大使和中德经济顾问委员会中方主席，新搭建德企C&G沙龙理事会、德企党建服务联盟总部、德企党建微频道等服务载体，为深化对德合作奠定政治文化基础。

特色产业

【概况】 落户太仓的220家德资企业技术含量较高，如舍弗勒、慧鱼、通快、宝适、海瑞恩、埃马克、克朗斯等企业是世界同行业的佼佼者，具有“占地小、人员少、能耗低、技术高、产出大”等产业优势和“品牌响、实力强、市场大、抵御风险能力强”等基本特征。示范区形成精密机械加工、汽车零配件制造、新型建筑材料等三大高新技术产业集群，建立起苏州市“精密机械”和“汽车零配件”两大产业基地。截至2014年年底，示范区内精密机械企业有70多家，年产出近130亿元；汽车零配件制造企业30多家，年产出超110亿元。

9月3—7日，第9届太仓啤酒节在新区举行　　（新区供稿）

2014年太仓市规模德企名录

表18

序号	企业名称	行业大类
1	爱科空气处理技术（苏州）有限公司	电气机械和器材制造业
2	博恩斯坦电子（太仓）有限公司	电气机械和器材制造业
3	飞势管道技术（太仓）有限公司	电气机械和器材制造业
4	康唯特空调太仓有限公司	电气机械和器材制造业
5	欧托凯勃汽车线束（太仓）有限公司	电气机械和器材制造业
6	威赛家用电器（太仓）有限公司	电气机械和器材制造业
7	依克斯易速达型材（太仓）有限公司	电气机械和器材制造业
8	爱慕莎居家用品（太仓）有限公司	非金属矿物制品业
9	林德纳新型建筑材料（太仓）有限公司	非金属矿物制品业
10	德恩科电机（太仓）有限公司	计算机、通信和其他电子设备制造业
11	富科—思邦太阳能技术（太仓）有限公司	计算机、通信和其他电子设备制造业
12	海纳电阻器（苏州）有限公司	计算机、通信和其他电子设备制造业
13	海瑞恩精密技术（太仓）有限公司	计算机、通信和其他电子设备制造业
14	太仓阿托斯电气部件有限公司	计算机、通信和其他电子设备制造业
15	益技欧电子器件（中国）有限公司	计算机、通信和其他电子设备制造业
16	卓能电子（太仓）有限公司	计算机、通信和其他电子设备制造业
17	高迈特精密刀具（太仓）有限公司	金属制品业
18	汉亨（苏州）包装材料有限公司	金属制品业
19	萨普精密金属（太仓）有限公司	金属制品业
20	通快金属薄板制品（太仓）有限公司	金属制品业
21	宝适汽车部件（太仓）有限公司	汽车制造业
22	福缔汽车（太仓）有限公司	汽车制造业
23	福立希塑料精密制造（太仓）有限公司	汽车制造业
24	富乐压铸（太仓）有限公司	汽车制造业
25	格堡汽车配件（太仓）有限公司	汽车制造业
26	慧鱼汽车系统（太仓）有限公司	汽车制造业
27	凯乐金霸紧固件（太仓）有限公司	汽车制造业
28	科络普线束技术（太仓）有限公司	汽车制造业
29	佩尔哲汽车内饰系统（太仓）有限公司	汽车制造业
30	慧鱼（太仓）建筑锚栓有限公司	铁路、船舶、航空航天和其他运输设备制造业
31	爱克奇换热技术（太仓）有限公司	通用设备制造业
32	安策阀门（太仓）有限公司	通用设备制造业
33	汉德环保设备（太仓）有限公司	通用设备制造业
34	克恩－里伯斯（太仓）有限公司	通用设备制造业
35	克朗斯机械（太仓）有限公司	通用设备制造业
36	美名格—艾罗（太仓）纺织机械有限公司	通用设备制造业

续表 18

序号	企业名称	行业大类
37	舍弗勒（中国）有限公司	通用设备制造业
38	史杰克西热能设备（太仓）有限公司	通用设备制造业
39	苏州沃特节水产品有限公司	通用设备制造业
40	太仓科伦奇制冷系统有限公司	通用设备制造业
41	亿迈齿轮（太仓）有限公司	通用设备制造业
42	毅结特紧固件系统（太仓）有限公司	通用设备制造业
43	艾森文具用品（太仓）有限公司	文教、工美、体育和娱乐用品制造业
44	妙乐秀烛业礼品（太仓）有限公司	文教、工美、体育和娱乐用品制造业
45	宝丽菲姆保护膜（苏州）有限公司	橡胶和塑料制品业
46	碧安科技术配件系统（太仓）有限公司	橡胶和塑料制品业
47	迪美斯（太仓）窗型材料有限公司	橡胶和塑料制品业
48	蓝浦树脂应用技术（太仓）有限公司	橡胶和塑料制品业
49	麦克—恩福流体技术（太仓）有限责任公司	橡胶和塑料制品业
50	慕贝尔汽车部件（太仓）有限公司	橡胶和塑料制品业
51	欧皮特传动系统（太仓）有限公司	橡胶和塑料制品业
52	瑞好聚合物（苏州）有限公司	橡胶和塑料制品业
53	裕克施乐塑料制品（太仓）有限公司	橡胶和塑料制品业
54	埃马克机床（太仓）有限公司	仪器仪表制造业
55	百福工业机械（太仓）有限公司	仪器仪表制造业
56	孚尔默（太仓）机械有限公司	仪器仪表制造业
57	欧玛执行器（中国）有限公司	仪器仪表制造业
58	斯德拉马机械（太仓）有限公司	仪器仪表制造业
59	苏州托克斯冲压设备有限公司	仪器仪表制造业
60	通快机床（太仓）有限公司	仪器仪表制造业
61	伟思富奇环境试验仪器（太仓）有限公司	仪器仪表制造业
62	世泰科特种材料（太仓）有限公司	有色金属冶炼和压延加工业
63	太仓威尔斯—克恩·里伯斯新材料有限公司	有色金属冶炼和压延加工业
64	威尔斯新材料（太仓）有限公司	有色金属冶炼和压延加工业
65	阀安格水处理系统（太仓）有限公司	专用设备制造业
66	贺利氏电测骑士（太仓）有限公司	专用设备制造业
67	乐客精密工具（太仓）有限公司	专用设备制造业
68	欧科系统工程技术（太仓）有限公司	专用设备制造业
69	瑞好环境科技（太仓）有限公司	专用设备制造业
70	太仓克恩—里伯斯纺织元件有限公司	专用设备制造业
71	太仓摩丹卡勒多尼塑料机械有限公司	专用设备制造业
72	太仓威格玛机械设备有限公司	专用设备制造业
73	温特图尔磨削技术（太仓）有限公司	专用设备制造业

（李青玉）

区域经济

工业经济运行

【概况】 2014年，太仓市工业产值增速、规模工业产值增速、新兴产业占规模工业的比重等多项主要指标稳中有进，全年累计完成工业总产值2630.27亿元，较上年增长2.6%。其中，规模以上工业总产值2082.36亿元，较上年增长4.8%。完成工业销售收入2522.34亿元，较上年增长3.1%。其中，规模以上工业销售收入2024.79亿元，较上年增长6.7%。实现利润总额124.55亿元，其中规模以上工业利润113.22亿元，较上年分别增长8.1%和8.2%；完成规模工业增加值478.76亿元，较上年增长9.5%。

【重点企业】 2014年，太仓市产值百强企业累计完成产值1319.65亿元，较上年增长6.03%，百强企业产值分别占全部和规模以上工业产值50.17%和63.37%，进入百强门槛由2013年的3.05亿元提升到3.25亿元。百强企业中产值超50亿元企业3家，超10亿元(含超50亿元)企业39家。舍弗勒(中国)有限公司年产值88.68亿元，位居百强企业榜首。

2014年太仓市各镇区工业主要经济指标表

表19　　单位：万元

	工业产值		主营业务收入		利税		利润	
	累计	增减（%）	累计	增减（%）	累计	增减（%）	累计	增减（%）
全市合计	26302705	2.6	25223410	3.1	1891965	8.2	1245532	8.1
一、太仓港经济技术开发区	15535498	4.8	14876360	5.7	1576236	11.9	1094650	13.6
港　区	7951631	2.4	7671660	4.1	941236	4.9	644650	6.7
新　区	7583867	7.5	7204700	7.5	635000	24.3	450000	25.0
二、乡　镇	10767207	−0.5	10347050	−0.4	315729	−7.3	150882	−19.6
城　厢	1402889	−0.6	1384950	1.9	69840	3.6	34010	−2.6
沙　溪	3474880	1.8	3314065	0.7	104689	−9.2	52703	−17.2
浏　河	1263402	5.2	1194300	4.8	71125	10.3	46118	4.1
璜　泾	3526036	−6.7	3373635	−6.2	45268	−31.0	13891	−62.4
双　凤	1100000	7.8	1080100	7.8	24807	−10.2	4160	−47.8

2014 年太仓市各镇区规模工业主要经济指标表

表 20　　单位：万元

	工业产值		主营业务收入		利税		利润	
	累计	增减（%）	累计	增减（%）	累计	增减（%）	累计	增减（%）
全市合计	20823583	4.8	20247864	6.7	1706712	9.5	1132190	8.2
一、太仓港经济技术开发区	12689428	7.8	12526893	11.4	1478111	12.2	1028204	12.0
港　区	6617576	5.0	6420483	8.8	849614	3.5	584463	2.9
新　区	6071852	11.2	6106410	14.3	628497	26.4	443741	26.8
二、乡　镇	8134155	0.4	7720971	−0.2	228601	−4.9	103986	−19.0
城　厢	1049252	0.1	1011010	−1.9	51271	7.1	24947	1.5
沙　溪	2592153	2.4	2459808	0.2	80073	−9.8	41383	−17.8
浏　河	942077	5.2	890904	4.6	60514	10.3	39372	2.5
璜　泾	2680185	−3.8	2561619	−1.6	18153	−34.7	−4604	−151.5
双　凤	870488	3.9	797630	0.0	18590	−12.1	2888	−53.0

2014 年太仓市工业主要行业情况表

表 21　　单位：万元

行业	企业数	产值	同比（%）	主营业务收入	同比（%）	利润	同比（%）	利税	同比（%）	资产	同比（%）	出口产品交货值	同比（%）
总　计	1165	20823583	4.82	20247864	6.68	1132190	8.19	1704210	9.37	20161426	5.46	2776796	7.53
一、新材料	78	3741205	−5.08	3500650	−4.99	85996	−28.58	135414	−35.90	2819303	−5.24	338525	1.16
二、新能源	17	935485	18.82	897717	22.96	46285	96.59	97595	174.43	1324034	17.64	146366	16.83
三、高端装备制造	57	2305885	29.52	2240104	32.70	218961	30.48	271753	26.88	2019646	14.92	569574	40.75
四、生物技术和新医药	29	767255	9.42	755462	14.02	155130	62.39	201958	57.83	846552	19.25	115452	−10.40
五、新一代信息技术	37	868801	−0.44	856010	4.12	19330	− 10.71	43492	18.23	713361	10.52	314733	−9.78
六、纺织化纤服装	402	2995442	6.76	2866318	6.60	15500	4.62	67167	26.35	2255897	−0.21	215925	1.26
七、金属加工	306	4716077	3.76	4632729	5.24	180284	−12.19	287850	−3.42	3892712	7.93	810551	3.97
八、石油化工	101	1509717	15.61	1526678	23.99	86371	21.37	126645	15.56	1176225	21.00	130685	4.40
九、轻工食品	108	1005628	−2.41	987197	−3.82	16098	2.77	47779	−1.35	1798913	4.84	134206	10.88
十、电力造纸	30	1978088	−5.58	1984998	−2.91	308234	−0.76	424558	0.31	3314784	−1.01	779	−22.54

2014年太仓市重点工业企业主要经济指标表

表22　　单位：万元

序号	企业名称	产值	同期	同比(%)	销售收入	同期	同比(%)	利润	同期	同比(%)	利税	同期	同比(%)
		8603285	7924652	8.56	8267896	7487239	10.43	750726	729562	2.90	1049150	997920	5.13
	占全市	32.71	32.40	0.31	32.78	30.61	2.17	60.27	63.34	−3.07	55.45	57.07	−1.61
	占规模企业	41.32	41.83	−0.51	40.83	39.52	1.31	66.31	70.07	−3.76	61.47	64.23	−2.76
	一、新材料产业												
1	香塘集团有限公司	533695	525882	1.49	531230	539545	−1.54	12527	7729	62.09	15160	11537	31.40
2	埃克森美孚(太仓)石油有限公司	335349	348249	−3.70	301798	323099	−6.59	45533	57692	−21.07	59076	98625	−40.10
3	中国石油天然气股份有限公司华东润滑油厂	295722	310105	−4.64	243717	301207	−19.09	17645	18291	−3.54	24546	33718	−27.20
4	太仓中化环保化工有限公司	118866	116524	2.01	102535	102074	0.45	82	7570	−98.92	607	9097	−93.33
5	江苏德威新材料股份有限公司	133614	117914	13.31	96615	77779	24.22	6393	6883	−7.13	7713	8659	−10.92
6	旭川化学(苏州)有限公司	114365	124047	−7.81	114639	124199	−7.70	3572	3029	17.96	4111	5284	−22.20
	二、新能源产业												
7	太仓协鑫光伏科技有限公司	274430	214697	27.82	274782	203348	35.13	20537	10462	96.31	67447	18646	261.73
8	奥特斯维能源(太仓)有限公司	155240	140538	10.46	146014	110799	31.78	1299	456	184.81	1346	503	167.63
9	太仓海润太阳能有限公司	126174	111856	12.80	113751	113595	0.14	−1111	748	—	−1111	2262	—
10	天顺(苏州)金属制品有限公司	94525	117178	−19.33	94662	106805	−11.37	17051	18850	−9.54	17353	19007	−8.70
11	苏州天顺新能源科技有限公司	46120	6578	601.13	40240	6451	523.76	579	1676	−65.46	579	1676	−65.46
	三、高端装备制造产业												
12	舍弗勒(中国)有限公司	886756	705069	25.77	892345	699121	27.64	109508	106765	2.57	130049	128298	1.37
13	太仓中集集装箱制造有限公司(含中集冷箱)	261141	160048	63.16	243003	124257	95.57	5517	6467	−14.69	6848	6780	1.01
14	通快机床(太仓)有限公司	133591	96696	38.16	131998	86064	53.37	18169	660	2652.88	21566	5956	262.09
15	江苏保捷锻压有限公司	102438	80000	28.05	88376	79989	10.48	2424	1947	24.47	2948	2384	23.66
16	苏州巨能发电配套设备有限公司	102783	79347	29.54	94871	80957	17.19	8723	8474	2.95	12599	12150	3.69
17	润邦卡哥特科工业有限公司	102020	25283	303.52	89189	14460	516.79	10319	−2231	—	10320	−2231	—
	四、生物技术和新医药产业												
18	江苏宝洁有限公司	277846	200486	38.59	277486	187436	48.04	126040	78608	60.34	157525	100279	57.09
19	苏州市宏达集团有限公司	130858	143800	−9.00	128357	140837	−8.86	2738	5574	−50.88	5970	6326	−5.63
20	雅本化学股份有限公司	43642	40274	8.36	39934	38091	4.84	5784	6340	−8.77	6652	6672	−0.30
21	国药集团致君(苏州)制药有限公司	34519	38426	−10.17	33335	34730	−4.02	−5446	−4028	—	−4841	−3497	—
	五、新一代信息技术产业												
22	太仓市同维电子有限公司	236773	218877	8.18	233717	186270	25.47	3632	2201	65.02	9594	7449	28.79

续表 22

序号	企业名称	产值	同期	同比(%)	销售收入	同期	同比(%)	利润	同期	同比(%)	利税	同期	同比(%)
23	太仓阿尔派电子有限公司	91920	106812	-13.94	91336	104254	-12.39	1913	4321	-55.73	2231	4468	-50.06
24	苏州隆祥电子有限公司	80011	81478	-1.80	78336	78122	0.27	2088	2120	-1.50	4125	2920	41.27
25	苏州荣文集团有限公司	73150	101006	-27.58	70248	97919	-28.26	-2611	-1763	—	-374	-1064	—
	六、纺织化纤服装产业												
27	雅鹿集团股份有限公司	443319	445613	-0.51	384145	393575	-2.40	18923	19021	-0.51	25510	20265	25.88
26	宝利嘉集团有限公司	174751	160058	9.18	124361	136350	-8.79	-9438	-4402	—	-8800	-4160	—
28	拉夏贝尔服饰（太仓）有限公司	104418	55444	88.33	113151	65122	73.75	10072	2605	286.64	23151	7384	213.51
29	龙博士纺织印染（太仓）有限公司	39910	39414	1.26	33347	37034	-9.95	443	166	167.25	1343	1042	28.89
	七、金属加工产业												
30	特灵空调系统（中国）有限公司	368784	310356	18.83	367840	309964	18.67	36487	39471	-7.56	49264	47577	3.55
31	江苏仓环铜业股份有限公司	267425	268381	-0.36	244773	262779	-6.85	3641	3257	11.81	4390	5613	-21.78
32	怡球金属资源再生（中国）股份有限公司	199531	223141	-10.58	201600	231844	-13.05	2401	33764	-92.89	2411	33766	-92.86
33	和承汽车配件（太仓）有限公司	122695	114574	7.09	123676	113162	9.29	3616	3995	-9.49	7752	8709	-11.00
	八、石油化工产业												
34	太仓东华能源燃气有限公司	435077	226783	91.85	446900	204052	119.01	1725	1349	27.88	1766	1695	4.15
35	碧辟（中国）工业油品有限公司	154525	197751	-21.86	163306	160774	1.57	34786	36170	-3.83	51392	52327	-1.79
	九、轻工食品产业												
36	苏州三和管桩有限公司	75380	109546	-31.19	77452	105727	-26.74	3428	4575	-25.07	7401	10586	-30.08
37	苏州口水娃食品有限公司	50930	48789	4.39	49835	48584	2.57	88	2068	-95.73	2815	4304	-34.60
	十、电力造纸产业												
38	玖龙纸业（太仓）有限公司	718180	775936	-7.44	722180	719513	0.37	38598	38618	-0.05	72330	65936	9.70
39	华能太仓发电有限责任公司	365409	399648	-8.57	365409	399302	-8.49	93160	96131	-3.09	119112	124582	-4.39
40	太仓港协鑫发电有限公司	297408	338050	-12.02	297408	338050	-12.02	99892	103937	-3.89	127275	132390	-3.86

（丁　曜）

制造业

产业情况

【概况】 2014年，太仓市战略性新兴产业总体保持平稳较快增长，列统苏州的制造业领域七大新兴产业完成总产值1036.16亿元，占规模工业产值比重49.8%，占比位列苏州各县市之首。位列太仓市新兴产业总量前三位的新材料、节能环保和新能源产值分别为373.56亿元、217.71亿元和182.22亿元，分别占全市新兴产业比重的36.05%、21.01%和17.59%。增速前三位的产业为高端装备制造、新能源、生物技术和新医药产业，较上年分别增长25.44%、22.10%和9.47%。全市十大行业规模以上工业产值呈现“六升四降”态势，高端装备制造、新能源、石油化工、生物技术和新医药、纺织化纤服装、金属加工六大行业保持增长，新一代信息技术新材料、轻工食品、新材料和电子造纸4个行业呈负增长。

【新材料行业价格下跌】 2014年，太仓市78家规模以上新材料企业实现产值374.12亿元，较上年下降5.08%，占全市规模工业比重17.97%。由于石油价格下跌，影响全市石化新材料以及化纤新材料原料成本价格，导致新材料产出及利润下跌。全市新材料产业分三大板块，分别为以港区新材料产业园区内的中化环保、美孚石油、旭川化学、华苏塑料等为代表的新型石油化工材料研发制造板块；集聚在沙溪周边的以上市公司德威、央企中广核三角洲及东又悦等企业为代表的高分子电缆材料及电子信息材料的研发制造板块；以香塘、申久、明辉、金辉等新型化纤企业为代表的特种差别化功能纤维研发制造板块。太仓市有金鑫铜管、威尔斯新材料、斯迪克新材料等新型节能型、功能性金属材料以及膜材料研发制造等行业企业。

【高端装备制造行业增速领先】2014年，太仓市57家规模以上高端装备制造企业实现产值230.59亿元，较上年增长29.52%，占全市规模工业比重11.07%。该行业在舍弗勒五厂、中集冷箱、润邦卡哥特科等新增长点项目逐步产出的带动下，增速位列行业第一。

【新能源行业市场回暖】2014年，太仓市17家规模以上新能源企业实现产值93.55亿元，较上年增长18.82%，占全市规模工业比重4.50%，其中规模以上8家光伏企业实现产值65.6亿元，较上年增长20.0%。天顺、迪皮埃和固瑞特模具等5家风电制造商完成产值24.65亿元，较上年增长20.60%。

【生物技术和新医药行业发展稳定】2014年，太仓市29家规模以上生物医药企业实现产值76.73亿元，较上年增长9.42%，占全市规模工业比重3.68%。全市生物医药产业分为三大板块，分别为以昭衍、冠科为龙头的医药研发试验基地；以致君万庆、雅本化学为龙头的国内外著名药企的生产基地；以宏达制酶为龙头的世界最大酶产业基地。

【信息技术行业略有回落】2014年，太仓市37家规模以上信息技术企业实现产值86.88亿元，较上年下降0.44%，占全市规模工业比重4.17%。同维电子完成产值23.68亿元，完成增长8.18%。部分劳动密集型电子元器件代工企业面临压力较大，人工成本提高、部分订单萎缩、出口总量下降等原因，导致企业发展较以往有一定差距，全年该行业出口交货值下降9.78%。

【金属加工行业发展较慢】2014年，太仓市306家规模以上金属加工企业实现产值471.61亿元，较上年增长3.76%，占全市规模工业比重22.65%。该行业产业基础较好，在怡球金属、仓环铜业、新宝谊钢管、长富不锈钢等龙头企业带动下，形成具有相当实力的产业规模，各类主要产品如循环再生铝锭、高性能铜管材、工程用钢管、新型家电金属面料等均有自身竞争优势，占据国内一定市场份额。

【纺织化纤服装行业起伏较大】2014年，太仓市402家规模以上纺织化纤服装企业实现产值299.54亿元，较上年增长6.76%，占全市规模工业比重14.38%，全口径（含新材料中的化纤企业）完成产值453.80亿元，占规模工业比重21.79%，增速同比持平。棉纺行业棉价采购价格下降到每吨1.40万元，由于央行降息、出口退税、棉价低位等利好消息促使企业经营情况改善。利泰纺织作为江苏金昇集团纺织板块总部参与集团在乌兹别克投资棉纺企业的前期建设和运营。化纤行业整体价格震荡明显，2014年第一季度运行稳定，第二季度随着5月、6月化纤产业链上游原料涨价导致申久等长丝制造企业涨价2000元/吨左右，引起中下游加弹企业开机率下降，市场接近萧条，从第三季度起价格调整，市场有所起色，申久、长乐等长丝制造企业盈利状况得到改善，生产回暖，盈利能力增强，运行压力减轻，运营质量转好。服装企业运行平淡，雅鹿集团完成产值44亿元，同比持平。

【石油化工行业有待突破】2014年，太仓市101家规模以上石油化工企业实现产值150.97亿元，较上年增长15.61%，占全市规模工业比重7.25%。年内，因东华能源上海订单转移到太仓，全市石油化工行业产能大幅扩大，产值增长20.83亿元，增幅91.85%，直接拉动全行业15.9个百分点。

【轻工食品行业未达预期】2014年，太仓市108家规模以上轻工食品企业实现产值100.56亿元，较上年下降2.41%，占全市规模工业比重4.82%。佳格食品完成年产值9985万元，口水娃食品完成年产值5.09亿元，较上年增长4.39%。

【电力造纸行业平稳运行】2014年，太仓市30家规模以上电力造纸企业实现产值197.81亿元，较上年下降5.58%，占全市规模工业比重9.50%。全年经济增速较慢，造成电力需求不足，三大电厂产值较上年下降11亿元。造纸行业的玖龙纸业完成产值71.82亿元，较上年下降7.44%。

（丁　曜）

工业园区

【太仓市生物医药产业园概况】太仓市生物医药产业园位于沙溪镇东北部，靠近太仓港和建设中的沪通铁路。该园成立于2012年2月，是统筹全市生物医药产业发展而成立的高科技产业园区。园区实行“一园多区”，核心区规划占地面积9.73平方公里，首期建设2.93平方公里启动区。截至2014年年底，全市共有生物医药企业70多家，其中落户生物医药产业园核心区的约有30家。2014年，全市规模以上生物医药企业共实现产值52.12亿元，较上年下降2.2%。其中化药、原料药版块实现产值34.84亿元，较上年下降5.57%；医疗器械版块实现产值8.58亿元，较上年增长8.18%；生物制药版块共实现产值6.62亿元，较上年增长0.79%；研发孵化评价版块实现产值2.08亿元，较上年增长9.51%。

（景　俊）

【太仓大学科技园概况】太仓大学科技园地处科教新城核心地带，启动区总占地面积20.13公顷，于2010年10月启动建设，2012年10月30日建成开园，2013年4月获评省级大学科技园。2014年，太仓大学科技园获评江苏省三星级中小企业公共服务平台、省级大学生创业示范园、省级重点培育小企业创业基地、国家级高校学生科技创业实习基地，上报国家级大学科技园。与上海第二工业大学合作设立技术转移中心，与上海大学数码艺术学院合作设立产学研合作基地，与28家中介机构及市版权登记中心、省科技厅情报所太仓分所建立合作关系，其中10家中介机构入驻园区科技服务超市。

（陈　雯）

【太仓市科技产业园概况】　太仓市科技产业园位于城厢镇西南部，东至204国道，西至昆山市界，南至太蓬路，北至新浏河，规划面积10.5平方公里，重点发展机电装备、新材料、汽车零部件等先进制造业，规划建设成为特色鲜明、配套完善、高新技术企业集聚的省级现代化产业园区。2014年，园区产值达20亿元，初步形成以机电装备为主的产业导向和特色。年内，获批省机电装备科技产业园，成为推动太仓市经济发展的重要载体。

城厢镇按照建设“城厢产业发展主阵地、转型创新新平台、临沪产业新高地”目标定位，加快规划编制，推进基础设施建设，完善园区内交通、卫生、环境等配套服务体系，推进公共服务平台建设，园区形态功能不断优化，综合承载能力得到提升。2014年，高标准完成科技产业园一期3.3平方公里的道路、河道、绿化等基础设施建设，水、电、燃气、综合管线等各项配套设施功能全部到位；二期7.2平方公里区域道路框架全面拉开，绿化、亮化、河道等配套设施同步推进。年内，园区入驻企业67家，其中投产的重点项目有美利驰医疗器械、联禾厚普精密机械、上海连成水泵（一期）、新中联物流设施、捷赛机械、佳电飞球电机、福地工业设施、亿迈齿轮、辛柏机械等，在建重点项目有和泰物流、阿美泰克工业设备、圣灌制药机械设备、富乐压铸等，拟建重点项目有天永机械、福成工业设施、底特精密机械以及中科院上硅所等。

（张怡亮）

【太仓台资科技创新产业园概况】　太仓台资科技创新产业园位于沙溪镇南部，成立于2006年。园区内工业用地分三大区，东部为一类工业用地，中部为二类工业用地，西部为一类工业发展预留地，规划总用地面积333.15公顷。园区采取一次规划、分步实施的开发方案。第一期自陆璜公路至岳杨路区域，占地面积161公顷，基本开发完毕；第二期自岳杨路至岳鹿公路区域，占地面积172公顷。

园区功能定位为太仓市一流的工业园区，规划成为苏州地区重要的高科技产业为导向的现代化工业园区。园区以电子信息、精密机械、汽车配件、现代物流和民生类产品为主导产业，至2014年年底，园区开发建设161公顷，工业企业占地面积106.67公顷；完成注册企业122家，实际进驻企业114家，其中台资企业45家、内资企业49家、其他外资企业20家。累计注册外资（含台资）4.88亿美元，注册内资10.8亿元。自2008年以来，年均新增注册近6000万美元。2014年，园区新增注册外资企业2家，新增注册资本2681万美元，实际到账外资2702万美元。园区注重企业质量和园区产业结构转型升级，投产和在建项目中，精密机械企业占比30%，民生产品企业占比30%，电子信息企业占比35%。2014年，园区规模以上企业（销售收入2000万元以上）31家，占园区企业总数的27.2%。全年规模以上企业完成进出口总额7829万美元，完成出口3241万美元。全年园区销售收入约32亿元。2011—2014年，年均亩产115万元。一批投资规模较大、有一定科技含量的企业相继落户园区，如瑞宏精密电子有限公司、苏州海铂晶体有限公司、苏州海铂瑞恩新材料有限公司、苏州豪凯光电科技有限公司、苏州悠远环境科技有限公司、贺利氏回收技术（太仓）有限公司以及安佑生物科技集团有限公司（总部经济），为园区工业经济总量增长奠定基础。

（沈建中）

【太仓市沙溪镇新材料产业园概况】太仓市沙溪镇新材料产业园前身为沙溪镇工业开发区，位于沙溪镇东侧，成立于2001年，2011年经市政府批准，更名为太仓市沙溪镇新材料产业园。该园规划面积5平方公里，东至沙鹿公路，西至沿江高速公路，南至新北东路，北至米泾河。为进一步拓展园区规模，在沿江高速公路以西、锡太一级公路以北，规划1.3平方公里产业配套区。

园区功能定位为太仓市一流的工业园区和苏州地区重要的以新材料产业为导向的现代化工业园区，重点发展功能性差别化纤维新材料、新型高分子材料、有色金属材料等产业。园区自成立以来，发挥产业集聚效应，培育一批竞争力强、特色优势明显的产业群，形成以振辉、明辉、金辉等企业为龙头的功能性差别化纤维新材料产业，以东又悦、生富、鑫昌光电为龙头的电子、电气用有色金属材料产业，以长鸿塑胶、德威新材料、三角洲塑化为龙头的高分子电缆料和塑胶管材、板材产业。2014年，园区实现工业产值125亿元。至年底，园区入驻企业91家，其中外商投资企业32家，内资企业59家；规模以上企业48家，占园区企业工业产值的74%。

（沈建中）

【苏州机电（浏河）优质产品生产示范区概况】　苏州机电（浏河）优质产品生产示范区主要位于浏河北部工业园，机电产业是太仓长江口旅游度假区（浏河镇）的工业主导产业，2009年浏河镇获评苏州机电（浏河）特色产业基地。2014年，示范区加大企业自主创新能力，推进机电产业结构调整，促进资源综合利用，实施以质取胜和名牌战略，开展质量管理、标准化、计量、安全、科技等服务活动，帮助企业建立相关体系。示范区内规模以上企业100%按照产品执行标准组织生产，其中江苏保捷锻压有限公司还参与修订行业标准，企业负责人担任全国锻标委委员。拥有江苏省著名商标1件，苏州市名牌产品2件，质量信用A级企业1家。江苏保捷锻压有限公司、太仓海嘉车辆配件有限公司建立省级工程技术研究中心，江苏保捷锻压有限公司获评省级研究生工作站与苏州创新先锋企业。6家企业获得高新企业认证，有7件产品被认定为高新技术产品。示范区内企业共拥有发明专利和实用新型专利100多件。至年底，示范区共有苏州市贯龙电磁线股份有限公司、苏州巨能发电配套设备有限公司、江苏保捷锻压有限公司、太仓海嘉车辆配件有限公司、太仓优尼泰克精密机械有限公司等机电类生产企业20多家，其中规模以上企业13家，占旅游度假区规模工业企业总数的12.77%；产值超10亿元的企业2家，产值超亿元企业6家；全年实现工业产值30.7亿元，占旅游度假区规模工业总产值的32.59%；完成销售收入27.96亿元，占旅游度假区规模销售收入的31.38%。

（王佚斐）

【璜泾镇纤维新材料产业园概况】 璜泾镇纤维新材料产业园位于璜泾镇鹿河管理区，规划面积3.04平方公里。园区以整合提升传统产业、催生新兴产业为方向，按照千亿级容量、国际化标准、科创型定位，逐步建设成为以纤维新材料产业为主导，先进装备制造、现代物流等临江产业同步发展的特色园区。2014年，园内业态更为繁荣，天丝利塑化、晓谕精密机械等8个项目竣工投产，大田包装、惠林节能等7个项目加快建设，嘉璜工业、申久三期等项目稳步实施，至年底，园区累计入驻企业20家。配套设施逐步完善，220千伏变电站、华能电厂蒸汽管道集中供热等重点配套项目进展顺利，园区内道路、水电、天然气、绿化等配套设施继续完善。创新驱动增强，引进人才项目4个，成功申报涤纶低弹网络丝省级联盟标准，荣文院士工作站获评中国纺织工业联合会科技一等奖。

（姚巍峰）

服务业

综　述

【概况】 2014年，太仓市服务业经济总量扩大，总部经济初显规模，全年实现服务业增加值473.44亿元，较上年增长9.9%，占地区生产总值44.4%。年内，服务业集聚区发展稳定，集聚区形态、产业发展重点、规模体量、运作模式不断变化，形成一批形态新、成长性好、发展进度快、示范引领强的新型服务业集聚区，森茂汽车城和天境湖文化科技产业园被列入苏州市第五批现代服务业集聚区。截至年底，全市共有苏州市级以上服务业集聚区7家。10月，太仓市获“2014年中国城市物流杰出成就奖”，是获得该奖项的唯一一个县级市。

【总部经济规模显现】 2014年，太仓市新认定总部企业4家，分别为太仓武港码头有限公司、通快（中国）有限公司、江苏德威新材料股份有限公司、苏州口水娃食品有限公司。截至年底，全市累计认定总部企业21家（其中3家为成长型总部企业），新认定拉夏贝尔、武钢码头、德威新材3家苏州市总部企业，苏州市总部企业达7家。年内，对12家总部企业兑现奖励资金495万元。

【现代服务业对外宣传】 2014年，太仓市针对上海客商举办形式多样的现代服务业投资说明活动，与上海现代服务业联合会签订战略合作协议，“邦邦模式”全国首场推广活动在太仓举行，部分企业家初步达成到太仓投资意向。11月12日，太仓在上海举办现代服务业投资推介活动，推介会上签约项目15个，总投资约35亿元，涵盖总部经济、仓储物流、能源管理、健康养老、电子商务、物联网、休闲旅游等领域。

【企业培优】 2014年，苏州国信集团有限公司和西本新干线电子商务有限公司被列入省“十百千”重点培育企业（第二批）。耐克体育用品中国有限公司、西本新干线电子商务公司和苏州国信集团被列为2013年省服务业百强企业，国信集团同时还被评为省创新百企。太仓阳鸿石化有限公司升级为国家AAAA级物流企业。苏州市苏创集团有限公司获省服务业名牌，娄东宾馆有限公司获苏州质量奖。

（沈　泓）

服务业集聚区

【江苏（太仓）LOFT工业设计园】 2014年，江苏（太仓）LOFT工业设计园（以下简称“太仓LOFT”）结合太仓以及长三角地区产业发展情况，通过制造设计服务对接项目和举办行业大赛及展览，推动品牌创新和产业转型。10月，在太仓工业设计周期间，园区达成包含精密机床设计、医疗器械设计、生活用品设计、化工混气装置设计、旅游商品设计、养老助残设备设计、冲压机床设计、水处理装置设计、数控机床设计等工业设计项目8个。年内，太仓LOFT举办首届江苏青年设计大赛，该大赛以青年设计师和设计学子为主体，为全省创新设计人才和资源导入提供平台，搭建起设计院校、设计企业、制造企业以及政府相关部门之间交流互动和协同发展的桥梁，吸引、培育大批工业设计领域人才，发掘、孵化多个创新设计项目。截至2014年年底，园区为飞利浦、通用、樱花、中化集团等600多家国内外大中小微型企业提供产品设计创新一站式服务3000余单，创造经济产值约4.5亿元，拉动后续工业经济增加值超90亿元。

2014年，园区运营商灵狮集团改良升级园区运营模式，推进产业融合，独创“设计+电商”融合发展新型服务模式。年底，“设区网”上线，标志灵狮3.0大数据运营模式落地。这种基于互联网线上设计产业的园区整合运营模式，把线下实体园区作为设区网的服务窗口，为初创型企业及快速扩张期企业提供创新型“线上+线下”服务，促使“设计+电商”模式贯穿整个产品前端设计到后端市场渠道整合的产业链，成为设计企业获得成功的孵化器和助推器。太仓LOFT引入移动电子商务等新业态，吸纳线上市场和线下市场相互融合的新企业。至年底，引进数家在太仓具有较大影响力的电商企业。

年内，园区运营商灵狮集团与国

内最大的设计集团——浪尖设计集团签署共同搭建工业设计全产业链整合运营平台的合作协议，通过该平台整合优化配置太仓及周边设计创新资源储备，提供设计创新、生产制造和交易的高端整合服务，增强区域设计要素聚集力和体制创新力，提高太仓工业产业竞争力。园区与康辉科技共建养老助残弱势群体无障碍联合设计中心，组建以设计人员为主，电气、工程人才为辅的研发中心和养老助残设备展示、体验、交易中心。加快产品研发周期和效率，通过实物展示和免费体验，完成新产品系列的试调过程，拓宽居家养老产业宣传渠道，提高产品知名度和影响力，增加市场占有率。

园区整合中德两国设计行业资源，引进德国前沿工业设计理念及以“德国设计”为代表的现代服务业高端业态，搭建国际性创新设计合作平台，成立国内首个“中德工业设计协作联盟”，完善和优化太仓德国制造产业链结构，实现太仓德国设计与德国制造并驾齐驱。园区与德国巴伐利亚设计中心共同策划组织中德工业设计创新展览。其中德方展区以“德国设计之魂，巴伐利亚之最”为主题，通过“设计是文化、设计是对话、设计是创新、设计是态度”4个分区，展示工业设计起源地德国既严谨又创新的设计精神。太仓本土设计制造企业以“设计在生活、设计在港口、设计在装备、设计在健康”为主题，展现工业设计作为制造业竞争的源泉和核心动力之一，所蕴含的推动产业创新发展、提高附加值、成就品牌的驱动力，展现出太仓工业设计的水平。

（李　军）

商贸发展

【概况】 2014年，太仓市实现社会消费品零售总额239.04亿元，较上年增长9.3%，其中批发零售额完成204.34亿元，较上年增长10.1%，完成住宿餐饮零售额34.7亿元，较上年增长5.1%。年内，市商务局打造品牌商贸集聚区，推进城西生活资料商贸发展示范区、功能区创建工作。推动森茂汽车城产业集聚，新入驻汽车4S店（整车销售、零配件、售后服务、信息反馈“四位一体”汽车特许经营模式）5家，累计32家；全年汽车销售总量2.99万辆，较上年增长9%。持续优化行业秩序，肉菜追溯体系运维步入正轨，完成招标和合同签订，制定考核办法；健全食品安全保障和市场保供工作机制，组织开展生猪屠宰集中整治行动，落实生猪储备任务；开展酒类流通行业、电视购物规范整治行动。开展省级商务综合执法改革试点工作。争创全国流通领域改革与发展试点。与商务部研究院、中国社科院、上海商务委等开展合作调研，制定基础方案，推进太仓流通领域现代化，促进内外贸流通一体化发展。11月20日，太仓市第5次入选2014年长三角最具商业发展潜力十大县（市）名单。

【电子商务协会成立】 11月21日，太仓市电子商务协会成立，举行第一次会员大会，42家电商企业成为首批会员，会员覆盖B2B（企业对企业电子商务模式）、B2C（商对客电子商务模式）、代运营、快递公司、电商园区及培训机构等领域。太仓拥有电子商务企业100多家，包括以B2B为代表的西北新干线，以B2C为代表的雅鹿、口水娃等，以做电子商务平台为代表的苏州麦卡软件、恩源信息科技等。太仓电商涉足阿里巴巴、淘宝、京东、一号店等大型平台，销售产品有大宗生产资料、服装、食品、空气净化器、家居用品、体育用品、隐形眼镜、汽车用品等。在C2C（个人与个人之间的电子商务）领域，数十家企业通过阿里巴巴平台营销国际市场。市电子商务协会致力整合资源，规范全市电子商务行业发展，壮大电商产业规模、提升市场竞争力，在政府和从事电子商务的企事业单位之间发挥桥梁纽带作用，助力太仓传统企业加快电商化转型步伐。

【商贸特色活动】 2014年，太仓组织开展商贸特色活动，促进商贸流通，扩大市民消费，彰显太仓文化特色。3月28日—5月28日，太仓市举行2014年中国·太仓江海河三鲜美食节暨旅游文化节。3月28日，2014年中国·太仓江海河三鲜美食节暨旅游文化节新闻发布会在园花园山庄举行。活动主题为“鲜来太仓——寻鲜之旅，近在太仓”，旨在传承弘扬太仓江海河三鲜美食文化，扩大太仓旅游品牌，推动太仓商贸业和旅游业发展。活动包括餐饮业转型发展培训、中国冷菜大赛江苏赛区比赛、同觉寺首届素食文化交流周、江海河情——主题文艺晚会等分项活动14项。该届美食节首次尝试向太仓及周边地区发放消费优惠券5000张，扩大消费群体。

（陈利锋）

5月26日，江海河美食走进社区，邀请市民品鉴“江海河三鲜”

（市商务局供稿）

物　流

【概况】 2014年，太仓市物流业增加值105.98亿元，较上年增长11.2%（按可比价格计算），占全市地区生产总值比重9.95%，占全市服务业增加值比重22.56%。全年货物运输量1670万吨，较上年增长13.6%；货物运输周转量28.88亿吨公里，较上年增长17.9%。全年太仓港货物吞吐量1.57亿吨，较上年增长32.45%。其中木材673.69万吨，较上年增长30.91%；煤炭3158.64万吨，较上年增长93.21%；集装箱吞吐量实现305.7万标箱。太仓港保税物流中心共操作进出口业务2.8万票，进出口货值32.08亿美元，其中一线进出口12亿美元，占全市外贸进出口总量的10%；全市物流业税收4.30亿元，较上年增长22.7%。

【物流企业】 至2014年年底，太仓市规模以上物流企业170家，从业人员7862人，营业收入56.03亿元，较上年增长6.12%。其中，太仓港经济技术开发区124家，占规模以上物流企业总数72.9%。营业收入总额49.26亿元，较上年增长11.9%，占规模以上物流企业营业收入总额87.92%。全市年营业收入超4000万元以上的物流企业32家；江苏省重点物流企业3家，分别为苏州依厂物流有限公司、苏州市佳盛实业有限公司、苏州隆兴物流有限责任公司；全市被评为AAA级（含）以上物流企业8家。

【物流园区及港口物流发展】 至2014年年底，太仓港总泊位共78个，其中万吨级以上泊位34个，集装箱专用泊位10个，设计吞吐能力1.3亿吨、435万标箱；开通国际国内航线168条，其中近洋航线17条，挂靠日本、韩国和中国台湾地区的15个港口；内贸干线40条，覆盖沿海主要港口；洋山支线40条，实现公交化运营，无缝对接上海洋山港母船公司远洋航线；长江（运河）支线71条，可将长江、京杭运河沿线7个省份、33个港口内贸集装箱集疏运至太仓港。全球前20强班轮公司全部在太仓港开展业务。2013年1月1日起，太仓港作为沿海港口管理，执行相关行政事业性收费政策。2014年9月1日起，太仓港被批准列入启运港退税

2014年太仓市营业收入超4000万元物流企业名单

表23

序号	企业名称	序号	企业名称
1	太仓武港码头有限公司	17	太仓港福人林产品开发有限公司
2	太仓港集装箱海运有限公司	18	太仓港国际货运有限公司
3	太仓国际集装箱码头有限公司	19	太仓市鑫龙运输有限公司
4	苏州依厂物流有限公司	20	太仓港正和兴港集装箱码头有限公司
5	太仓阳鸿石化有限公司	21	太仓港长海船务有限公司
6	苏州美锦汇风能源投资有限公司	22	中海集装箱运输苏州有限公司
7	苏州现代货箱码头有限公司	23	苏州市捷特物流有限公司
8	苏州耀徽物流有限公司	24	五洲在线商务服务（江苏）有限公司
9	苏州天良港粮食现代物流园有限公司	25	太仓瑞泰国际物流有限公司
10	招商局物流集团苏州有限公司	26	太仓中海船务代理有限公司
11	太仓万方国际码头有限公司	27	江苏弘仁供应链管理有限公司
12	太仓港上港正和集装箱码头有限公司	28	太仓华商冷藏物流有限公司
13	苏州龙达国际货运代理有限公司	29	太仓市东仓物流有限公司
14	太仓市邮政局	30	苏州华航物流有限公司
15	江苏长江石油化工有限公司	31	江苏亚东朗升国际物流有限公司太仓分公司
16	中国外运长江有限公司太仓分公司	32	江苏泰德国际物流有限公司

2014年太仓市AAA级及以上物流企业名单

表24

序号	企业名称	级别	评定时间
1	江苏长江石油化工有限公司	AAAA	2010年
2	苏州依厂物流有限公司	AAAA	2011年
3	太仓武港码头有限公司	AAAA	2012年
4	太仓阳鸿石化有限公司	AAAA	2013年
5	中国太仓外轮代理有限公司	AAA	2010年
6	太仓超大物流有限公司	AAA	2010年
7	苏州佳盛实业有限公司	AAA	2010年
8	太仓万方国际码头有限公司	AAA	2012年

政策试点扩围名单，有11家企业核准从事启运港至离境港的中间运输，有38条驳船符合退税政策。至年底，太仓物流园区共建成仓库面积40万平方米，堆场面积321万平方米，储罐容量125.33万立方米。太仓港驻苏州园区、新区和昆山3个服务中心加强陆改水物流新模式的宣传推介，创新服务方式,拓展“无水港”布设范围，完善“无水港”运作机制。加强与沿江港口和驳船公司合作，加快长江中上游揽货网点和驳船体系建设，促进沿江货物加速向太仓港集拼中转。太仓港综合保税区在原太仓保税物流中心基础上升格获批，除原有功能外，增加加工生产功能，于2014年上半年正式封关运行。太仓港发展成为长江集装箱运输第一大港、货物吞吐量超亿吨大港、长江沿线铁矿石进口第一大港、全国海运木材进口第一大港、长江沿线最大的煤炭储运基地以及长江沿线较大的液体化工品仓储基地，加快向沿江集装箱运输的内贸转运枢纽、近洋直达集散中心、远洋中转基地的目标发展。

【公共服务平台建设】 2013年9月，物流园信息服务平台——太仓物流网上线,2014年基本建成基于电子政务、电子商务、电子物流三位一体的公共信息平台，形成货、港、船三大功能区域。太仓港信息中心（口岸公共信息平台）一期工程主要包括四大系统：船舶管理系统、进出口货物通关系统、港口航运系统、危险品作业管理系统。至2014年年底，信息平台促进太仓口岸整体物流和通关效率的提升。信息中心二期工程建成投运，推进信息中心与上级电子口岸的有效对接，为关检“三个一”（一次申报、一次查验、一次放行）试点推行和通关效率提升提供支撑。年内，太仓港口岸集中查验运行正常，集装箱查验进入“读秒时代”。查验中心拥有国内先进的集装箱快速查验设备，实现海关、国检集中统一驻点办公和场地、检查设施共享共用。

（王　晶　金　辉）

旅　游

【概况】 2014年，太仓市旅游行业突出度假区开发、乡村旅游规划和项目可持续发展重点，实行项目建设、行业提升和市场拓展，促进旅游业全面发展。全年共接待游客450.64万人次，较上年增长9.8%；实现旅游总收入66.79亿元，较上年增长11.15%。接待海外旅游人数6.59万人次，较上年增长41.1%，其中外国人5.32万人次，较上年增长30.1%；香港、澳门和台湾同胞1.29万人次，较上年增长108.1%。景区接待人数362.9万人次，较上年增长7.7%。旅游饭店平均客房出租率为49.6%。

截至年底，全市共有省级旅游度假区1家，A级旅游景区6家，其中AAAA级、AAA级、AA级各2家。共有星级乡村旅游点2家，星级农家乐4家，全国农业旅游示范点3家，苏州市级工业旅游示范点1家。共有旅行社14家,其中出境游旅行社8家，三星级旅行社5家，二星级旅行社2家，持证导游76人。共有旅游饭店17家,其中五星级2家,四星级3家，三星级6家，二星级2家，另有国际品牌酒店和主题商务酒店各2家。

【旅游项目建设】 2014年，太仓现代农业园区百竹园和亲子园建成开放，新增的梅园和樱花园基本建成，总投资1.5亿元的艳阳度假综合服务中心项目启动。园区打造农业生态旅游标杆，创建国家级休闲农庄。沙溪古镇组织实施国家AAAA级景区创建计划，先后建成开放吴晓邦舞蹈艺术馆、连环画博物馆、沙溪文史馆、洪泾往事、唐调馆、牙行、中医药博物馆等项目和一批标准化配套设施，累计完成古镇改造工程投资约4亿元，12月11日接受省旅游局考核验收，12月底获评国家AAAA级景区。金仓湖公园实行市镇共建体制，规划

2014年太仓市主要旅游节庆活动

表25

序号	时间	节庆活动名称	主办单位
1	3月28日—5月28日	2014年中国·太仓江海河三鲜美食节暨旅游文化节	市政府
2	4月12日—5月3日	2014年中国·江南牡丹文化节	浏河镇
3	4月5—6日	2014年“中国蕙兰”叶艺、花艺博览交易会	江苏省兰协、台湾国兰联合协会等
4	5月6日	首届素食文化交流周活动	同觉寺
5	6月1日	2014年“欢乐金仓湖”端午龙舟竞渡赛	城厢镇
6	6月28日—7月28日	2014年南园荷花展	弇山园
7	9月3—8日	2014年第9届太仓啤酒节	欧商会
8	9月10日	东林村金秋羊肉美食节	东林村
9	9月19—21日	居室花卉促销	现代农业园
10	10月11日	2014年太仓秋冬季会务休闲产品专题推介会	市旅游局
11	11月1日—12月1日	2014年南园金秋菊展	弇山园
12	11月1—30日	园花园菊展	园花园山庄
13	12月3—4日	华丽菲尼克斯之旅“双凤福地·时尚慢生活”体验推介会	菲尼克斯度假村

二期开发方案，加强管理，完善停车场、游览线路、草坪绿化等，全年游客量87万多人次。双凤勤力生态园于7月11日获评江苏省级水利风景区，以华丽菲尼克斯度假村为先行的休闲板块完善旅游综合配套，成为太仓乡村休闲游的精品和亮点。该园后续开发方案形成，按照AAAA级景区建设标准，计划打造成以“四季福地—彩色渔乡”为概念的综合旅游度假区。中华奇石馆项目引进协议于11月底签订，目标为建成国内行业一流的奇石博物馆，成为城市旅游的亮点。旅游集散服务中心实施功能分解，旅游行政服务中心与旅游局合署办公，旅游集散中心与交运集团合作。旅游集散中心建设和运营方案报经市政府同意，基本建设到位并投入运营。2014年共有长江口旅游度假区基础设施建设、长江口森林公园、沙溪古镇AAAA景区提升计划、乐荫园地块改造、双凤生态园续建、黄金樽温泉度假村等6个旅游建设项目列入苏州市政府考核范围，总投资18.39亿元，2014年计划投资4.24亿元，实际完成投资3.6亿元。有2个项目获省级旅游业引导资金，其中浏河古镇项目获70万元，电站村生态园项目获40万元。沙溪镇、三市村、科教新城、城厢镇、浏河镇、东林村等6家单位获太仓市级旅游业引导资金。

【长江口旅游度假区建设】 6月16日，市委办公室下发《关于印发〈江苏省太仓长江口旅游度假区党工委管委会主要职责内设机构和人员编制规定〉的通知》（太委办〔2014〕32号），明确度假区党工委、管委会与浏河镇党委政府实行“区政合一”管理体制，度假区下设二室七局。8月6日，长江口旅游度假区和浏河镇“区政合一”会议在浏河镇召开。截至年底，度假区党工委、管委会和二室七局建制全面到位。拆迁工作、道路配套、三大入口建设进展顺利；江滩湿地公园基本建成并对外开放；浏河古镇新增游客中心、邢少兰艺术馆、文史馆等景观节点，初步形成古镇旅游基础。度假区招商工作抓紧推进，洽谈碧桂园城市综合体、东海半岛假日酒店、美国六旗小镇、复星游乐园等项目；开展以三鲜美食节为重点的旅游宣传推广活动，取得较好的市场影响力。

【全市乡村旅游开发】 2013年11月，全市乡村旅游总体规划编制工作启动，经过几个阶段的推进，总体规划形成初稿。2014年8月13日，太仓市召开《太仓市乡村旅游总体规划（2014—2030）》评审会。评审专家组认为，该规划达到《旅游规划通则》要求，提炼出太仓乡村旅游资源特色，对乡村旅游的定位和发展目标把握较为准确，确定的发展思路可行，提出的乡村旅游空间布局体系有利于推进太仓乡村旅游的全面发展，具有一定的科学性和可操作性。建议该规划经过认真修改、完善后，按规定程序报批。12月1日，《太仓市乡村旅游总体规划（2014—2030）》通过市政府审定并启动实施。太仓以自身的生态环境和现代农业为基础，以上海为主要目标市场，以“一产＋二产＋三产”的产业复合发展为基本模式，打造五大专题休闲园区（金仓湖乡村休闲度假区、太仓植物休闲大观园、长江口旅游度假区、双凤七彩渔乡、沙溪古镇乡村休闲园区），培育六大优质乡村游憩观光点（璜泾万亩现代农业园、稻蟹共生科技农业园、浏河现代农业园科技园、塘桥蔬果乐园、嘉实休闲农庄、江南漂）和建设七大美丽乡村（太星村、太丰村、永丰村、协心农庄、杨漕村、三家市村、洪泾村），逐步形成“上海精品特供农业区”“全景乡村旅游目的地”“大太仓国家农业公园”和“全国50强都市型现代农业示范区”。配合总体规划，按照错位发展、一村一品、突出特色的原则，太星村、三市村、电站村、东林村等部分先行示范村策划和启动乡村旅游开发建设。

【旅行社建设】 4月，“和你从太仓出发”品牌创建活动启动。各旅行社推出成熟线路，市旅游局统一包装、策划、协调和宣传推广，活动得到全市10多家旅行社支持。12月2日，“和你从太仓出发”B2B（商家对商家的电子商务）网上管理平台上线，“和你从太仓出发”品牌创建走向成熟。旅行社地接业务得到拓展。截至2014年年底，全市地接业务量突破2000人次，改变过去基本没有地接的状况。年内，有6家旅行社获地接奖励。行业信息化建设得到推进。参照国家旅游局下发的新版旅游合同示范文本，各大旅行社推行电子化合同签订，部分重点旅行社试点应用“旅游团队服务管理系统”，行业规范性得到提升。导游队伍建设加强。结合导游年检，全市76名持证导游通过网上培训考试，年检通过率100%。10月28日，第三届导游员（讲解员）大赛在娄东宾馆举行，32名导游员和讲解员参赛，共选出优秀导游5名、最佳导游5名。2014年，新增新世纪国际旅行社、金色阳光旅行社为江苏省三星级旅行社，全市三星级旅行社累计5家。

【旅游饭店建设】 2014年，全市各旅游饭店重新定位营销市场，从严控制管理成本。陆渡宾馆引入4D（情感、理性、直觉、知觉）现场管理模式，成为苏州地区饭店行业实行规范管理的典范。新小地方酒店通过三星级酒店评审，新小地方酒店海运堤店获苏州市“金盘级”旅游餐馆称号，为提升社会餐饮标准水平提供示范。9—10月，在苏州市组织的第三方网络服务质量评价中，娄东宾馆网络评价达A级，锦江国际酒店达B级，港湾假日酒店、新小地方酒店获苏州前六甲。11月3—4日，苏州市三星级旅游饭店品质提升会议和旅游质监管理工作会议分别在太仓市港湾假日酒店、陆渡宾馆召开，太仓旅游饭店管理工作得到业内肯定。12月，旨在联合“酒店＋景区＋工厂店”共同运作的“太仓假日”品牌创建活动启动，引起全市旅游行业及苏州地区的关注。经公开招标，金太仓宾馆、宝龙福朋喜来登酒店、玫瑰庄园、娄东宾馆、世代大酒店、郑和国际酒店、华旭假日酒店等8家酒店被确定为2014—2015年苏州市党政机关会议定点饭店。

【旅游安全工作】 2014年年初，市旅游局与各旅游企业负责人签订安全生产责任书，强化安全生产责任制。4月，《关于企业、旅行社租用太仓市包车客运车辆有关注意事项的告知书》下发，具体告知市民和游客如何做好出行安全防范。5月，商贸旅游行业消防运动会在市体育馆举行，9家旅游企业参赛，以赛促训，促进消防安全知识普及应用。8月，市旅游局与太仓出入境检验检疫局签署《关于建立业务联络协调机制的合作备忘录》，建立动态协作机制，保障出入境人员旅游安全。年内，全市未发生旅游安全事故，未发生重大矛盾纠纷投诉。红太阳国际旅行社获评2013—2014年江苏省旅游行业“诚信双评”示范单位，花园酒店、锦江国际大酒店、娄东宾馆、红太阳旅行社、国贸旅行社等5家单位获评苏州市2010—2012年旅游行业文明单位。

【旅游宣传】 2014年，太仓市围绕2014年中国·太仓江海河三鲜美食节暨旅游文化节，先后举办烹饪技能大赛、三鲜原材料展销、花艺博览会、牡丹节、素食周、荷花展、夏季亲子体验游等系列活动，免费发放几千张美食节消费抵用券，提升旅游人气。围绕秋冬季旅游产品发布，相继开展“带着微博去太仓”、花卉进家庭、秋冬季会务休闲产品专题推介会、导游员讲解大赛、菊花展、华丽菲尼克斯体验式推介等系列活动，营造太仓秋冬季旅游氛围。结合各类活动，策划众多媒体

6月28日，“田园太仓·童趣盛夏”主题活动在太仓南园举行
（市旅游局供稿）

宣传。3月28日，首次采取新闻发布会方式举办美食节开幕式，形式简明，效果明显。4月初，组织太仓旅游企业参加苏州国际旅游交易博览会，获评“最佳形象展示奖”；组织参加苏州国际旅游文化节“欢乐大比拼”活动，获季军1个、优秀奖3个。4月12日，邀请新华社、《中国旅游报》、搜狐网站、天涯论坛等24家国内主流媒体40多人到太仓采风，宣传太仓特色。4月下旬，与上海知名广播FM89.9合作，开展为期两天的“踏春品鲜，鲜来太仓”骑行活动。5月18日，组织太仓旅游企业赴苏州高新区举行“亲水消夏玩生态”夏季旅游产品走进市民活动。6月，与上海电视台《风尚旅游》栏目合作，策划“田园太仓·童趣盛夏”主题活动，受到观众朋友热切关注。10月11—12日，与来自苏沪的50家旅游企业代表和来自省市的近20家媒体合作，开展以微电影和微聚会文艺化相结合的秋冬季会务休闲产品专题推介会。11月，配合南园菊花展，与旅游电商“同程网”合作，演出现场版亲子剧《三只小猪》，活跃南园人气。12月，策划华丽菲尼克斯之旅“双凤福地·时尚慢生活”体验推介会，在全市和旅游市场上产生积极影响。全年，在上海市宝山区和嘉定区的40多个住宅区、高档写字楼持续投放宣传太仓的广告。在《苏州旅游》《雨花》《旅游情报》等杂志刊登太仓旅游宣传广告。太仓旅游整体推行以“鲜来太仓”为口号，以“四季旅游”为特色，以新媒体宣传为主要媒介，“线上炒作”与“线下体验”齐头并进的推介模式，旅游人气获得快速提升。“太仓旅游”官方微博连续两年被评为太仓市优秀政务微博。

太仓市主要旅游景点一览表

表26

类别	名称	级别	颁布时间	地址
度假区	长江口旅游度假区（包括江滩湿地公园、浏河古镇、园花园山庄、天妃宫、阅兵台等景点区）	江苏省级	2012年	太仓市浏河镇东部
A级景区	现代农业园	AAAA	2012年	太仓市新港路与协星公路交叉口
	沙溪古镇	AAAA	2014年	太仓市沙溪镇白云路170号
	南园	AAA	2005年	太仓市南园东路7号
	弇山园	AAA	2005年	太仓市城厢镇县府西街40号
	张溥故居	AA	2008年	太仓市新华西路57号
	王锡爵故居	AA	2008年	太仓市城厢镇新华东路60号
水利风景区	金仓湖公园	国家级	2009年	太仓市新毛区新兴东路100号
	双凤生态园	江苏省级	2014年	太仓市双凤双浮线与中心路交叉口
其他景区	郑和公园	—	—	太仓市港区滨江大道与南环路交叉口
	天镜湖公园	—	—	太仓市太平新路与文治路交叉口
	西庐园	—	—	太仓市城厢镇西部昆太路附近
乡村旅游点	现代农业园	★★★★	2011年	太仓市新港路与协星公路交叉口
	双凤生态园	★★★	2014年	太仓市双凤双浮线与中心路交叉口
星级农家乐	天竹园生态农庄	★★★★★	2009年	太仓市沙溪镇沙南路188号
	嘉乐农庄	★★★★	2009年	太仓市昆太路889号
	雅园酒店	★★★	2009年	太仓市城厢镇电站村
	西川水产饭店	★★★	2009年	太仓市新湖镇建湖西路28号
农业旅游示范点	艳阳农庄	国家级	2006年	太仓市新港路现代农业园内
	园花园山庄	国家级	2009年	太仓市城厢镇电站村
	电站村生态园	国家级	2008年	太仓市浏河镇新闸村
工业旅游示范点	LOFT工业设计园	苏州市级	2010年	太仓市上海东路95号

太仓市主要旅游饭店一览表

表 27

类别	名称	级别	颁布时间	地址
星级酒店	金陵花园酒店	★★★★★	2005 年	太仓市城厢镇人民北路 11 号
	锦江国际大酒店	★★★★★	2008 年	太仓市上海东路 89 号
	陆渡宾馆	★★★★	2008 年	太仓市郑和中路 78 号
	娄东宾馆	★★★★	2009 年	太仓市县府街 6 号
	世代大酒店	★★★★	2009 年	太仓市县府东街 30 号
	青草湖度假村	★★★	2004 年	太仓市浏家港飞马路 88 号
	太阳城酒店	★★★	2005 年	太仓市上海西路 63 号
	港湾假日酒店	★★★	2005 年	太仓市浏河镇郑和路 888 号
	鎏渊大酒店	★★★	2006 年	太仓市长春路 166 号
	香江假日酒店	★★★	2010 年	太仓市太仓港华苏路 18 号
	新小地方大酒店	★★★	2013 年	太仓市浏河镇郑和北路 188 号
	星晨大酒店	★★	2002 年	太仓市太平南路 78 号
	森林大酒店	★★	2006 年	太仓市璜泾镇园林路 8 号
国际品牌酒店	宝龙福朋喜来登酒店	—	2010 年	太仓市上海东路 288 号
	华旭假日酒店	—	2012 年	太仓市新华西路 9 号
主题酒店	郑和国际酒店	—	2010 年	太仓市太仓港北环路 18 号
	玫瑰庄园	—	2010 年	太仓市新港路现代农业园内

太仓市主要旅行社一览表

表 28

类别	名称	级别	颁布时间	地址
国际旅行社	顺达国际旅行社	★★★	2013 年	太仓市长春南路金色江南会所商铺 01 号
	国贸国际旅行社	★★★	2013 年	太仓市长春南路金色江南商铺 03 号
	红太阳国际旅行社	★★★	2013 年	太仓市县府东街 28–3 号
	金色阳光国际旅行社	★★★	2014 年	太仓市上海东路 1 号上海国际广场 1–409
	新世纪国际旅行社	★★★	2014 年	太仓市郑和西路 31 号
	华夏国际旅行社	★★	2013 年	太仓市人民南路 30–1 号
	春秋国际旅行社	—	—	太仓市惠阳路 247 号
	山水国际旅行社	—	—	太仓市太平南路 18 号上城国际 430 室
国内旅行社	春之旅旅行社	★★	2013 年	太仓市上海西路 44–5 号
	天马旅行社	—	—	太仓市太平南路 18 号上城国际 808 室
	信天游旅行社	—	—	太仓市上海东路 77 号五洋广场 1 号楼 1208 室
	风之旅旅行社	—	—	太仓市公园弄 11 号
	苏州雄狮旅行社	—	—	太仓市城厢镇花墙村太丰工业小区
	青新假日旅行社	—	—	太仓市城厢镇东港路 7–6 号

（陈新建）

金　融

银　行

【概况】 2014年，太仓市银行业金融机构（不含异地支行）本外币各项存款余额1216.53亿元，较上年增加26.31亿元，增长2.21%；本外币各项贷款余额1119.88亿元，较上年增加58.87亿元，增长5.55%；全市银行业金融机构实现账面利润36.18亿元，较上年增加5.15亿元，增长16.6%。截至年底，全市银行业金融机构（不含异地支行）不良贷款余额8.09亿元，较上年减少2.47亿元，不良贷款率0.72%，较上年下降0.27个百分点。

【银行机构】 2014年，太仓市共有银行机构24家，新增汇丰银行、浙商银行、浙江泰隆银行、上海银行4家非法人机构。其中，法人机构2家，非法人机构22家；非法人机构中，政策性银行1家，国有商业银行5家，股份制商业银行9家，城市商业银行5家，其他银行1家，外资银行1家。全市营业网点192个（不含异地支行），新增营业网点9个，分别是汇丰银行、浙商银行、浙江泰隆银行、上海银行4家支行，苏州银行、太仓民生村镇银行各1家支行，兴业银行新增社区支行2家，招商银行新增社区支行1家，浦发银行新增小微支行1家，中国农业银行1家分理处迁出；中国工商银行2家分理处升格为支行。全市银行业从业人员2902人(不含异地支行)。汇丰银行(中国)有限公司太仓支行是太仓市成立的第一家外资银行。

2014年太仓市银行业金融机构网点、人员一览表

表29

序号	机构名称	小计（家）	总行（家）	分行（家）	支行（家）		社区支行（家）	小微支行（家）	分理处（家）	营业所（家）	从业人员（人）	备注
					一级支行	二级支行						
1	人民银行	—	—	—	—	—	—	—	—	—	37	—
2	银监会	—	—	—	—	—	—	—	—	—	5	—
3	农业发展银行	1	—	—	1	—	—	—	—	—	20	政策性银行
4	工商银行	18	—	—	1	16	—	—	1	—	264	国有商业银行
5	农业银行	27	—	1	21	—	—	—	5	—	428	
6	中国银行	17	—	1	16	—	—	—	—	—	352	
7	建设银行	17	—	1	12	—	—	—	4	—	329	
8	交通银行	3	—	1	2	—	—	—	—	—	59	
9	邮政储蓄银行	37	—	—	1	15	—	—	—	21	233	其他
10	中信银行	1	—	—	1	—	—	—	—	—	32	股份制商业银行
11	华夏银行	1	—	—	1	—	—	—	—	—	32	
12	招商银行	2	—	—	1	—	1	—	—	—	31	
13	浦发银行	2	—	—	1	—	—	1	—	—	35	
14	光大银行	1	—	—	1	—	—	—	—	—	31	
15	民生银行	1	—	—	1	—	—	—	—	—	41	
16	兴业银行	3	—	—	1	—	2	—	—	—	26	
17	恒丰银行	1	—	—	1	—	—	—	—	—	25	
18	浙商银行	1	—	—	1	—	—	—	—	—	20	
19	江苏银行	2	—	—	1	1	—	—	—	—	42	城市商业银行
20	苏州银行	4	—	—	1	3	—	—	—	—	65	
21	宁波银行	1	—	—	1	—	—	—	—	—	34	
22	浙江泰隆银行	1	—	—	1	—	—	—	—	—	14	
23	上海银行	1	—	—	1	—	—	—	—	—	22	

续表 29

序号	机构名称	小计（家）	总行（家）	分行（家）	支行（家）		社区支行（家）	小微支行（家）	分理处（家）	营业所（家）	从业人员（人）	备注
					一级支行	二级支行						
24	农村商业银行	52	1	—	31	—	—	—	20	—	712	法人机构
25	民生村镇银行	3	1	—	2	—	—	—	—	—	87	
26	汇丰银行	1	—	—	1	—	—	—	—	—	6	外资银行
27	合计	198	2	4	102	35	3	1	30	21	2982	—

说明：数据包括农村商业银行异地支行 6 家，从业人员 80 人

（杨　玲）

【中国人民银行太仓市支行概况】 2014 年，人行太仓市支行发挥金融服务地方经济作用，截至年底，全市金融机构本外币各项存款余额 1216.53 亿元，较年初增加 26.31 亿元，增长 2.21%；本外币各项贷款余额 1119.88 亿元，较年初增加 58.87 亿元，增长 5.5%。全市社会融资总量 164.2 亿元，较上年减少 84.8 亿元，下降 34.06%。全市银行业金融机构实现利润 36.18 亿元，较上年增加 5.15 亿元，增长 16.6%。完成太仓国税征管系统接入工作，实现国地税征管服务平台统一。全年办理各级预算收入 325.55 亿元，办理各类凭证 211.98 万笔，办理拨款金额 164.93 亿元，办理退库金额 42.96 亿元。

【货币政策执行】 2014 年，人行太仓支行面对经济下行压力，引导辖内银行机构执行科学稳健的货币政策，发掘有效信贷需求，保持社会融资规模合理适度和货币信贷总量平稳适度增长。发挥支农再贷款政策工具作用，为涉农法人金融机构向上争取支农再贷款额度，太仓农村商业银行和太仓民生村镇银行分别获批支农再贷款 1 亿元和 1.5 亿元。完善政银企对接协调机制，做好银政企对接推进工作。10 月，牵头辖内银行机构走进太仓大学科技园，围绕金融支持科技文化产业发展开展专项对接活动。年末，全市 86 个重点项目获得授信 77.18 亿元，占 2014 年投资计划 43.08%，用信余额 40.78 亿元；“五个十大”项目（2014 年太仓市十大政府实事工程、十大产业项目、十大科技创新项目、十大城乡建设项目、十大生态建设项目）合计获得授信 60.55 亿元，用信 35.74 亿元；70 个重点技改项目获得授信 101.38 亿元，完成总投资额 69.46%，用信 72.73 亿元；开发区项目获得授信 32.23 亿元，占 2014 年拟融资 61.65%，用信 32.02 亿元。

【农村金融改革】 2014 年，太仓市推进太仓土地承包经营权抵押贷款试点业务扩面，苏州银行太仓支行、太仓市农村商业银行共向 7 家合作农场累计发放贷款 1.36 亿元，年末抵押融资贷款余额 1.5 亿元。推进农村金融综合服务站建设，制定《太仓市农村金融综合服务站建设工作实施方案》。推动支付服务网络向农村延伸。11 月，太仓市实施 ATM（自动柜员机）覆盖全市各村，是全国第 2 个实现 ATM“村村通”的县级市。加大对新型农业经营主体支持力度，制定《关于太仓市金融服务农村改革的指导意见》。金融支农惠农效果显现，截至年底，太仓市银行机构对新型农业经营主体贷款余额 9.94 亿元，较年初增长 61.17%。

【金融风险防范】 2014 年，人行太仓市支行协调完善金融稳定协调机制，统筹推进金融监管合作，参与各类金融风险事件的化解和处置，加强对相关行业和企业互保联保风险监测预警，协调银行机构维护银企互信合作机制，营造和谐稳定的金融环境。推进金融生态建设，强

2014 年太仓市金融机构本外币信贷收支表

表 30　　单位：亿元

项目	2014 年年末余额	较年初增减数		项目	2014 年年末余额	较年初增减数	
		2014 年	2013 年			2014 年	2013 年
各项存款	1216.53	26.31	133.15	各项贷款	1119.88	58.87	132.48
其中：1. 单位存款	734.47	3.52	77.56	其中：1. 短期贷款	496.38	−31.27	89.22
2. 个人存款	463.04	23.74	51.79	2. 中长期贷款	577.37	72.95	40.21
储蓄存款	453.46	29.72	43.71	3. 票据融资	44.60	16.61	3.03

说明：1. 本表统计机构包括太仓辖内的中国人民银行、政策性银行、国有商业银行、其他商业银行、城市商业银行、农村商业银行、邮政储蓄银行

2. 本表来源于信贷统计资料

化长效机制管理，根据2014年江苏省金融生态县评估标准，太仓市金融生态评估自评得分93.03分，列苏州五县市之首。加强“两综合两管理”（综合执法检查、综合评价、开业管理、营业管理）工作，修订完善《太仓市银行业金融机构执行人民银行政策情况评价细则（2014年）》。拓展开业管理对象范围，完善开业管理内容与流程，浙商银行、上海银行、汇丰银行、浙江泰隆商业银行分别在太仓开业。做好《存款保险条例（草案）》公开征求意见期间各项工作，组织银行机构召开专题会议，确保重大事项或风险信息联系通畅，全年辖区未发生金融突发事件。

4月10日，中国人民银行南京分行调研组到太仓调研土地承包经营权抵押贷款开展情况 （陈平频 摄）

【人民币满意工程建设】 2014年，人行太仓市支行提高人民币流通监测水平，做好现金投放回笼情况分析，投放现金27亿元，现金计划执行准确率98%以上。规范人民币收付行为，全面检查辖内商业银行人民币清分整点中心，现场检查5家商业银行的8个网点。加强辖区商业银行柜面现金收付两条线管理和ATM（自动柜员机）配款管理，督促商业银行按要求在营业网点柜面增设小型清分机和A类点钞机具；履行人民币防伪反假宣传职责，完成2个反假宣传综合示范站建设，组织参与各类反假 宣传5次，处理假币收缴纠纷和投诉2起，举办反假培训班2期，培训160人，联合太仓市总工会举办2014年太仓市银行业点钞识假技能比赛。做好假币收缴和污损残缺人民币兑换工作，办理污损残缺人民币兑换967张、金额2.13万元，收缴假币59.31万元。

【征信管理】 2014年，人行太仓市支行继续加强企业征信系统运行管理，新发放贷款卡394张，办理企业年审3446家，受理企业信用报告查询472份。做好个人征信查询服务工作，确保新版个人信用报告上线，全年受理个人信用报告查询1.28万份。做好中征码上线准备、企业征信系统配号和机构信用代码生成工作，做好企业征信系统和机构信用代码系统无缝连接，确保征信查询功能的连续性、准确性。

10月30日，太仓重点银行机构与太仓大学科技园开展专项对接活动 （吴思静 摄）

【外汇管理改革】 2014年，人行太仓市支行争取跨国公司外汇资金集中运营试点，为20多家涉外企业讲解“跨国公司外汇资金集中运营管理试点政策”，做好天顺风能（苏州）有限公司拟申报跨国公司外汇资金集中运营业务备案的各项前期准备工作。强化资本项目事后监测，运用跨境资金流动监测与分析系统进行资本金异常结汇为主题的非现场核查，要求辖内银行严格执行资本金结汇政策，准确报送数据。做好太仓地区货物贸易外汇监管工作，全市共有189家企业列入“贸易外汇收支名录”，重点监测企业558家，被列为现场核查企业117家，完成现场核查企业117家。推进跨境人民币结算业务，全年全市新增116家企业参与跨境贸易人民币结算，共有296家企业参与，其中跨境进出口货物人民币结算1739笔，交易金额49.11亿元，跨境融资额20.8亿元。

（赵雅英）

【苏州银监分局太仓监管办事处概况】 2014年，中国银行业监督管理委员会苏州监管分局太仓监管办事处（以下简称“太仓银监办”）强化银行业改革发展，防范化解各类风险，提升金融服务水平，增强监管效能和服务保障能力。每月监测分析辖内银行业金融机构不良贷款情况，要求各行加强信贷业务全流程监督检查，建立风险防控责任制。

区域性金融风险防范。太仓银监办专题调研璜泾镇化纤加弹行业银行授信风险情况，形成调研报告，提示过度授信、产能过剩、集中度和联保体传染风险，提出风险对策建议，形成调研文章《化纤加弹行业授信风险亟需关注》，在中国银监会江苏监管局《银行业监管调研》发表。针对化纤加弹行业企业联保存在的主要风险，太仓银监办邀请市公安局、各涉贷银行召开璜泾镇化纤加弹企业联保问题专题会议，要求妥善采取措施，不得单方面抽贷、压贷。联合市公安局等部门开展打击逃废债专项整治活动。向辖内银行发放《关于银企信贷业务纠纷风险提示的通知》，处置信贷纠纷。协调璜泾镇化纤加弹联保企业与工行太仓支行压降贷款纠纷事宜、太仓友好化纤有限公司与太仓民生银行设备抵押纠纷事宜等。

农村中小金融机构监管。太仓银监办督促太仓农村商业银行落实《商业银行公司治理指引》，加强股权质押管理，防范化解各类风险；坚定支农支小市场定位，服务实体经济；加强"信用村"、小贷中心、综合金融服务站等平台建设。引导太仓民生村镇银行坚持支农支小方针，加强风险防控，做好增资扩股准备工作，依法合规审慎经营，按月监控未达标指标。

（杨　玲）

【中国农业发展银行太仓市支行概况】2014年，农发行太仓市支行各项贷款余额11.15亿元，政策指令性贷款余额1.11亿元，较上年减少1226万元。分别是：地方储备贷款余额1.03亿元，新增粮食财务挂账贷款余额749.84万元；政策指导性贷款余额10.04亿元，较上年减少8923万元。分别是：粮食收购贷款余额5100万元，棉花调销贷款余额5939万元，加工企业贷款余额1970万元，农业开发贷款余额1.2亿元，农民集中住房贷款余额1.74亿元，水利建设贷款余额5.8亿元。账面利润2291万元。全年企事业单位存款日均余额4.15亿元，人均企事业单位存款2308万元/人，人均企事业单位存款较上年减少93万元。全年中间业务收入35.40万元。完成国际结算业务量1300万美元。加强收购资金管理，做好夏、秋粮食收购资金供应和管理，加强对小麦收购后的促销收贷和粮食库存监管检查工作，保证按期结零。加强地方储备稻谷轮库销售监管工作，督促企业及时回笼货款收回贷款。完成棉花调销贷款和2013年度发放的秋粮收购贷款结零和商业性流动资金贷款续贷工作。申报天良港粮食现代物流园工程建设项目和苏州国信集团太仓港农副产品物流园项目。年内，农发行太仓市支行加强信贷风险管理，落实风险防范措施，提高风险防范能力。对地方储备粮贷款，重点加强库存管理，防范轮换风险；对政策性以外的贷款，落实风险防范措施，实行全额担保贷款方式，提高风险防控能力。对2013年度企业市场化收购小麦、稻谷发放的收购贷款全部提前结零。开展贷款客户风险排查，做好风险监测工作。履行信贷资产安全检查职责，组织开展地方储备粮、准政策性粮油库存及资金检查和贷款风险排查，加强贷款风险管理。

（顾　健）

【中国工商银行股份有限公司太仓支行概况】2014年，工行太仓支行实现拨备前利润4.70亿元。截至年底，本外币各项存款余额93.25亿元，其中人民币储蓄存款余额较年初新增1.34亿元。本外币各项贷款余额140.20亿元，其中个人贷款余额较年初新增2.6亿元。年内，陆渡支行、莱茵广场支行和新市分理处迁址、升格、更名和改造计划完成，设立离行式自助银行（点）3个。推出"融e购""工银e支付""工银e投资"等互联网金融业务。加强信贷管理，开展金融知识普及月和金融知识进社区、进校园等活动，开展反假币宣传和"预防和打击非法集资宣传教育"等活动，防堵电信诈骗8起，挽回客户经济损失14.52万元，获评"安全管理星级支行"称号。

（钱　健）

【中国农业银行股份有限公司太仓分行概况】2014年，农行太仓分行本外币存款余额210.65亿元，降幅7.37%；本外币贷款余额196.99亿元，增幅3.72%。年内，农行太仓分行加强信贷风险防控，尤其是钢贸、加弹等重点领域的风险防控。清收不良贷款1.99亿元，收回太仓粮食系统委托资产2150万元。阻止电信诈骗26起，减少客户损失38.9万元。拓宽支付结算渠道，服务地方经济，为市政府新型城镇化建设、旧城改造等项目提供信贷支持。截至年底，申报获批旧城改造项目29个，总授信101.25亿元，投放68.50亿元。加大涉农支持力度，发放农户小额贷款205笔、5664万元，发放农村个人生产经营贷款107笔、1.52亿元；为重

5月8日，农业银行太仓分行开展"金融知识下乡——反假币义务宣传"活动　（朱奕　摄）

农行太仓分行支持太仓市“四个十万亩”现代高效农业园区建设。图为浏岛现代农业园内的祥和专业合作社蔬菜大棚　　（朱奕　摄）

点企业提供信贷支持 1245 万元。支持城乡居民养老保险金融服务，发放社保卡 57 万张。在全市各镇设立营业网点 27 个，设立“村村通”ATM（自动柜员机）64 台,在各村设立“惠农通”服务站点 92 个。

（朱　奕）

【中国银行股份有限公司太仓分行概况】 2014 年，中行太仓分行本外币各项存款余额 188.31 亿元，人民币公司存款余额新增 3.48 亿元，日均新增 10.85 亿元，人民币储蓄存款余额新增 2.4 亿元，日均新增 3.43 亿元。本外币各项贷款余额 153.4 亿元，其中个人贷款新增 5.82 亿元，增长 1.79 个百分点。本外币贷款五级分类不良率 0.20%。加大重点项目贷款投放力度，支持港口建设，新增贷款投放 6.35 亿元。支持太仓市天然气四期项目，投放贷款 1.7 亿元。加大对中小企业金融支持力度，开办微型金融业务，投放微型金融贷款 350 万元。强化金融风险防范，防堵电信诈骗 16 起,挽回损失 42.54 万元。与公安机关协作，辖内南园支行帮助追回被骗资金 5.3 万元，南郊支行冻结止付资金 15.5 万元。实现水费与天然气居民代缴业务，增设 ATM（自动柜员机）3 台。

【中国银行股份有限公司太仓分行金融服务】 2014 年，中行太仓分行创新业务流程，针对中小企业推行微型金融商业模式，缩短业务审批时间。开发“农贷通”“村村通”“德信通”“科才通”等 20 多个中小企业产品扶持小微企业发展；支持村级经济组织 20 户，累计投放贷款 2 亿元；拓展中小企业区域特色产品“德信通”金融服务品牌，授信总量 8.1 亿元。创新融资担保方式，缓解中小企业融资困难，支持实体经济发展；加强与保险公司合作，通过投保信用保险，买断企业应收账款，降低融资利率；探索推出货押融资模式，突破传统以房产、土地等不动产抵押方式，盘活资金，加速企业资金周转。

（杨　益）

【中国建设银行股份有限公司太仓分行概况】 2014 年，建行太仓分行本外币一般性存款余额 158.44 亿元，较上年增长 3.19 亿元，余额占比提升 0.88%；一般性存款日均余额 154.98 亿元，新增 7.56 亿元，余额占比提升 0.46%。本外币贷款余额 171.73 亿元，增长 19.03 亿元。处置不良贷款 5209.67 万元，不良贷款率 0.11%。累计网点数量 17 个，高端客户理财中心 1 个，私人银行 1 个，附行式自助银行 17 家，离行式自助银行 11 家，ATM（自动柜员机）110 台。加快电子渠道建设，成立电子银行部。4 月，建行太仓分行设立“好人基金”，是太仓市首个拥有自己独立标志的慈善冠名基金。

【中国建设银行股份有限公司太仓分行金融服务】 2014 年，建行太仓分行加大对地方实体经济和社会事业的金融支持，防控各类风险。加大对城镇化、实事民生、生态农业等领域信贷支持力度，通过城乡一体化基金以及新农村建设贷款，为各镇城乡一体化农民安置房建设提供信贷支持。与市政府、东吴证券签订《全面战略合作框架协议》，加强太仓地区多层次资本市场建设；重点发展投行业务，实现直接融资与间接融资业务、融资类产品与投资类产品的协调发展；将造价咨询产品纳入金融服务方案，提升固定资产贷款项目造价咨询业务承

5 月 20 日，建行苏州分行与太仓市政府、东吴证券签订《全面战略合作框架协议》，加强太仓地区多层次资本市场建设　　（张艺馨　摄）

办率。研发推出结算通 IC 借记卡，简化办理流程，优化客户结算体验，发挥全国汇款双向免费优势。推进评分卡、征信贷、善融贷、网银循环贷等重点产品，服务中小企业。推广供应链融资、国内保理、海外代付、收汇通、跨境盈、汇财宝、委付宝等业务。

（高　飞）

【太仓农村商业银行概况】 2014 年，太仓农商行本外币各项存款余额 227.69 亿元，较年初净增 1.78 亿元；各项贷款余额 160.41 亿元（含外币、贴现），较年初增加 6.93 亿元；十级分类不良贷款 3.91 亿元，占比 2.44%；各项收入 18.28 亿元，较上年增加 3.60 亿元；利润总额 3.19 亿元，较上年增加 1192.21 万元；净利润 2.55 亿元，较上年增加 1309.47 万元；资本充足率 11.97%，拨备覆盖率 173.35%；“郑和卡”发卡总量 47.89 万张，较上年新增 6.42 万张，卡内存款余额 15.25 亿元；电子渠道柜面替代率 51.52%。全年发售理财产品 99 期，募集资金 57.68 亿元。国际业务结算量 10.50 亿美元，较上年增加 8962 万美元，新开户 42 户。新建信用村 19 个，发放信用村农户贷款 551 户，金额 8228 万元。小企业阳光信贷客户数 6018 户，金额 31.53 亿元。发放农村土地承包经营权抵押贷款 8 户，金额 1.5 亿元。开办公积金还贷委托提取业务，受理业务 3781 笔，累计提取金额 5620.7 万元。成立小贷事业部，累计发放贷款 175 户，总金额 3261 万元，余额 2807 万元。年内，太仓农商行完成新信贷管理系统建设工作，启动管理会计的资金转移定价（FTP）和客户关系管理系统（RPM）建设，开展流程银行建设项目工作。新增 ATM（自动柜员机）28 台，在村、镇、社区增点 21 个，建成农村金融综合服务站 48 个，站内配置工作台、点钞机、自助银行等设施；在城中支行设立全市首家夜市银行。全年收回风险贷款 1600 万元，对 3 家担保公司划扣保证金，下降不良贷款 477.19 万元；对 6 家企业进行以物抵债，消化不良贷款 497.95 万元；对 31 家企业以 1.3 亿元价格打包出售给江苏资产管理有限公司；核销不良贷款 2.3 亿元；通过诉讼现金清收 3438.57 万元，其中清收不良贷款本金 3043.58 万元。至年底，农商行金融大厦基本完成内部修饰，该大厦位于上海东路 198 号，于 2012 年 1 月开工建设，总投资 4.2 亿元，总建筑面积 6.07 万平方米，于 2013 年 9 月封顶。

【太仓农村商业银行金融服务】 2014 年，太仓农商行网银理财功能上线；超级网银开发上线，实现 24 小时无间断小额［小于（含）5 万元］跨行汇款功能；自主建设 POS（销售终端）平台，包括传统银联 POS 机和电话转账 POS 机；全年布放银商 POS 机 49 台、传统 POS 机 23 台、电话 POS 机 11 台；完成市民卡 A 卡和 B 卡首发及城厢镇东区、西区市民卡开卡 7 万张；微信银行功能上线，包括余额明细查询、动账提醒等不涉及付款交易的功能；ATM（自动柜员机）取款 10 元面额出钞功能上线。

（毛雨晴）

【交通银行股份有限公司太仓分行概况】 2014 年，交行太仓分行人民币总存款 32.73 亿元，其中对公存款 25.75 亿元，人民币储蓄 6.98 亿元，实现中间业务收入 4837.08 万元，实现年度利润总额 1.61 亿元。年内，交行太仓分行加强与上市公司和拟上市公司业务合作，形成本部、沙溪和港口 3 个营销团队，提供对公对私一揽子跟踪服务。

（徐莉莉）

【江苏银行股份有限公司太仓支行概况】 2014 年，江苏银行太仓支行各项存款余额 45.62 亿元，较年初增加 7.63 亿元；各项贷款余额 27.77 亿元，较年初增加 1.55 亿元。完成国际业务结算 1.52 亿美元，实现中间业务收入 893 万元。创新银企合作模式。推出支持中小型科技类企业的“苏科贷”产品，在江苏省科技成果转化风险补偿专项资金贷款业务基础上，支持科技型小微企业，引导更多金融资金支持科技企业发展。严控操作风险、市场风险、信用风险，跟踪贷款实际投向，严格金融风险防范。推广为期 3 年的“智存宝”储蓄存款业务和“POS”贷、“卡易贷”等个人融资业务。

（姚秋红）

【中信银行股份有限公司太仓支行概况】 2014 年，中信银行太仓支行本外币存款余额 31.01 亿元，较上年减少 15.83%；本外币贷款余额 38.78 亿元，较上年增长 16.50%。全年利息收入占总营业收入 90.29%，较上年下降 2.84 个百分点；中间业务收入占总营业务收入 9.24%，较上年上升 2.45 个百分点。对公中长期贷款占比 67.53%，较上年下降 10.95 个百分点；个人贷款占比 2.69%，较上年上升 0.51 个百分点；表外融资总量占比 33.96%，较上年上升 2.27 个百分点。全年运用对公理财、出口应收款融资、内保外贷等产品，拓宽业务产品线。年内，获批德丰城乡一体化市政及配套设施工程、南郊二期安置房工程、生态设施农业产业园项目和湖川塘拓浚政治工程建设，授信总额 8.4 亿元，实际投放 5.4 亿元。年末，公积金网络信用贷、快速房抵贷开启，实现贷款投放 2500 万元。

（张　超）

【华夏银行股份有限公司太仓支行概况】 2014 年，华夏银行太仓支行各项存款余额 19.78 亿元，储蓄存款余额 2.34 亿元。年内，华夏银行太仓支行创新金融产品，通过“票据池”“票转证”“福费廷”等业务拓展储备客户。拓展新增授信客户，拓展现金流大、具有进出口业务的企业和销售百强企业及拟上市企业等，加大对存量客户（原有客户市场）排摸，主要包括化纤加弹市场。调研木材市场、木材流通协会、科技创业园等，拓展新市场客户群。

（曹　欢）

【中国光大银行股份有限公司太仓支行概况】 2014 年，光大银行太仓支行资产总额 23.72 亿元，一般存款余额 16.56 亿元，各项贷款余额 23.62 亿元，实现账面利润 1.54 亿元。在保持传统信贷均衡平稳增长同时，通过投行、资管、租赁等渠道提供多元化融资服务。推行“小额化、便利化、标准化”小微金融服务。通过科贷通、抵押融易贷、股权融易贷等服务品牌，支持中小企业和小微企业发展。发挥光大集团综合金融平台优势，围绕实体经济金融需求，拓展保险债权计划、高资质理财、金融租赁、银关保等产品，推广汽车“全程通”等特色融资业务。办理光大银行全国范围内第一笔“银关贷”业务，授信琪优势化工（太仓）有限公司2000万元。

（熊晓峰）

【中国民生银行股份有限公司太仓支行概况】 2014年，民生银行太仓支行存款余额29.15亿元，较上年增加8.95亿元；各项贷款余额27.04亿元，较上年增加9.5亿元，其中小微贷款余额8.36亿元，小微不良率2.58%。年内，民生银行太仓支行做好风险管控，提高信贷资产质量，推进二级行架构搭建工作。设立自助服务点7个，服务延伸至乡镇。探索推广股权投资基金、理财直接融资工具、直接债务融资工具、商票模式、票据管家、现金管理、应收账款保理池等产品。为民营中小企业、小微企业提供金融创新服务及信贷支持，推出针对小微客户的“加按保”金融产品，共办理“加按保”业务近2500万元，为小微企业融资提供信贷支持。

（吕晓华）

【招商银行股份有限公司太仓支行概况】 2014年，招商银行太仓支行人民币自营存款余额17.03亿元，自营贷款余额19.43亿元。年内，围绕区域产业转型升级，加大信贷支持力度，重点支持战略新兴产业、城乡一体化项目和骨干企业。继续重点投向科技型、成长型中小企业，组建小企业专营队伍，降低准入门槛，提升审贷效率，开发供应链融资、流量贷、税贷通、三板贷、“千鹰展翼”等小企业特色金融产品。发展票据业务、同业业务、股票质押业务，推进轻资本占用业务。发行联名卡2张，分别是与太仓个私协会联名的生意一卡通“娄东民商卡”，与太仓青年联合会联名的“青年M+卡”。运用新兴融资工具盘活表内外资产，通过资产转让、零售代销、融资租赁等腾出贷款规模。加强信贷基础管理，对公贷款全年无新增不良贷款。

（王　欢）

【苏州银行股份有限公司太仓支行概况】 2014年，苏州银行太仓支行本外币存款余额23.97亿元，较上年增长6.84亿元，增长率39.92%；贷款余额27.81亿元，较上年增长10.12亿元，增长率57.2%，全年不良贷款率0.09%。2月27日，苏州银行股份有限公司璜泾支行开业。

（范晓冰）

【中国邮政储蓄银行股份有限公司太仓市支行概况】 2014年，邮储银行太仓市支行实现收入5044.77万元，利润2335万元。个金存款余额8.26亿元，大理财保有量3.87亿元，净增1.29亿元，增幅50.26%。信贷余额6.78亿元，净增1.76亿元，增幅35%；存款日均余额7.19亿元，净增1.86亿元，增幅34.95%。年度呆账核销不良贷款57笔，核销金额300.35万元。拓展小微客户群，全年向全市小微企业发放贷款3亿元，帮助300户小微企业主缓解生产经营资金短缺困难。

（杨　静）

【兴业银行股份有限公司太仓支行概况】 兴业银行太仓支行成立于2013年7月，位于城厢镇上海东路1号。截至2014年年底，兴业银行太仓支行本外币存款7.58亿元，各项贷款2.4亿元。9月，兴业银行彩虹天下社区支行开业；11月，兴业银行华源上海城社区支行开业。

（奚艳萍）

【太仓民生村镇银行股份有限公司概况】 2014年，太仓民生村镇银行各项存款余额11.43亿元，较年初减少0.82亿元；各项贷款（含贴现）余额12.89亿元，较年初增加3.05亿元。实现净利润2199.91万元。不良贷款余额70万元，不良贷款率0.05%。太仓民生村镇银行坚持“立足太仓，服务三农”经营理念，支持农业、农村、农民发展。针对性开展授信业务，涉农贷款余额12.2亿元，占全部贷款94.67%。继续与双凤镇合作，为双凤镇勤力村600户农户提供拆迁自建房贷款2亿元，贷款用途为拆迁农户自建房及配套家庭装修，涉及农户拆迁319户，贷款余额总计8435万元。5月，太仓民生村镇银行璜泾支行开业。

（刘寅卉）

【恒丰银行股份有限公司太仓支行概况】 2014年3月11日，恒丰银行太仓支行开业。截至年底，各项存款余额8.03亿元，较年初新增5.06亿元，其中对公存款余额7.13亿元，较年初新增4.47亿元；各项贷款余额5.96亿元，较年初新增4.16亿元，不良

9月25日，民生银行太仓支行携手市妇联开展“春蕾”助学行动

（王怡　摄）

贷款率为零。支持太仓市2014年民生重点项目建设，累计向全市重点工程、项目发放贷款15笔、6.58亿元。支持地方“三农”经济和小微企业发展，累计发放涉农企业流动资金贷款和小微企业贷款8798万元。提供开放的金融信息中介平台，推出“一贯”移动互联网金融平台，平台将客户需求与银行优势业务有效链接，具有高收益、低风险、易操作和低门槛等特点。平台第一款产品基于银票质押融资，投资门槛1000元。支撑该产品的银票大部分是相对难以变现的小额承兑汇票，为小微企业提供便捷、直接的融资渠道。

（高　筑）

证　券

【概况】 2014年，太仓市拥有证券公司分支机构3家。全市证券机构新增证券资金账户数4783户，累计成交884.18亿元，较上年增长76.16%，托管市值105.67亿元，较上年增长63.83%。

（贾彦乐）

【东吴证券股份有限公司太仓分公司概况】 2014年，东吴证券太仓分公司下属6家营业部累计完成新增开户2286户，成交量593.32亿元，较上年同期上升38.62%。新开融资融券信用资金账户2355户，授信额度28.7亿元，累计实现双融佣金、利息收入950万元。债券质押式报价回购业务总签约数753户，日均保有量334.73万元，“现金宝”业务日均保有量1067.52万元；创新产品理财，共销售各类理财产品1.6亿元。签约“新三板”企业11家，协议金额约1000万元，实现业务收入350万元，股票质押企业3家，质押金额2.25亿元，企业债签约2家，其中太仓科教新城20亿元企业债报省发改委。

（曾　英）

保　险

【概况】 2014年，太仓市共有保险机构30家，其中，财产险17家、人寿险12家，保险代理机构1家，从业人员累计近万人。全市保费收入17.84亿元。其中，财产险实现保费收入8.86亿元，人寿险实现保费收入8.98亿元。

【中国人民财产保险股份有限公司太仓支公司概况】 2014年，人保财险太仓支公司共缴纳税款2021.45万元，代收车船税2321.04万元。承担社会各类财产巨额风险2003亿元，处理各类赔案3.6万余件，累计支付赔款人民币1.85亿元。年内，人保

2014年太仓市保险机构一览表

表31

序号	类　别	单　位	地　址
1	财产保险	中国人民财产保险股份有限公司太仓支公司	太仓市县府街28号
2		中国太平洋财产保险股份有限公司太仓支公司	太仓市上海东路93号
3		中国平安财产保险股份有限公司太仓支公司	太仓市东盛商业广场A2号
4		天安保险股份有限公司太仓支公司	太仓市人民南路3号
5		中华联合财产保险公司太仓支公司	太仓市奔山路商铺111～311
6		太平财险有限公司太仓支公司	太仓市长春南路109号
7		永安财产保险股份有限公司太仓营销服务部	太仓市上海西路74号
8		紫金保险股份有限公司太仓支公司	太仓市上海东路华侨大厦
9		阳光财产保险股份有限公司太仓支公司	太仓市长春北路32号
10		都邦财产保险股份有限公司太仓支公司	太仓市上海东路86号世纪财富大厦
11		永诚财产保险股份有限公司太仓支公司	太仓市人民北路33号
12		长安责任保险股份有限公司	太仓市人民北路30－18
13		大地财产保险股份有限公司太仓支公司	太仓市东亭北路1号－2
14		中国人寿财产保险股份有限公司太仓支公司	太仓市长春南路35－17
15		中银保险股份有限公司太仓支公司	太仓市新华东路68号
16		安邦财产保险股份有限公司太仓新港营销服务部	太仓市长春北路9号
17		大众保险股份有限公司太仓支公司	太仓市东仓北路2号东昌大厦

续表 31

序号	类别	单位	地址
18	人寿保险	中国人寿保险股份有限公司太仓支公司	太仓市县府街 28 号
19		中国太平洋人寿保险股份有限公司太仓支公司	太仓市东仓北路 2 号东昌大厦
20		中国平安人寿保险股份有限公司太仓支公司	太仓市太平北路 65 号 3 楼
21		美国友邦保险有限公司太仓营销部	太仓市上海东路 86 号世纪财富大厦 10 楼
22		太平人寿保险有限公司太仓分公司	太仓市朝阳东路 3 号香塘发展大厦 3 楼
23		新华人寿苏州中心支公司	太仓市太平南路 52 号 3 楼
24		泰康人寿保险有限公司太仓分公司	太仓市武陵街 124 号
25		人民健康保险有限公司太仓支公司	太仓市上海东路 86 号世纪财富大厦 9 楼
26		人民人寿保险有限公司太仓支公司	太仓市富阳路 8 号
27		东吴人寿保险有限公司太仓支公司	太仓市人民南路 139 号兴业大厦 3 楼
28		信泰人寿保险有限公司太仓分公司	太仓市上海东路 86 号世纪财富大厦 8 楼
29		华泰人寿保险有限公司太仓分公司	太仓市太平北路 55 － 8 号 2 ～ 3 楼
30	机构中介	苏州东江保险代理有限公司	太仓市常胜南路 118 号

（张　觅）

财险太仓支公司营业大厅柜面获人保财险总公司“金牌服务示范窗口”和苏州市“苏州保险业十佳文明服务窗口”称号。

（王慧敏）

【中国人寿保险股份有限公司太仓支公司概况】 2014 年，中国人寿太仓支公司总保费累计完成 3.50 亿元。其中寿险首年保费 1.05 亿元，首年期交保费完成 5983.26 万元，较上年增长 23.66%；短险业务完成 2469.39 万元，较上年增长 12.43%；完成短期意外险 1507.18 万元，较上年增长 14.38%；完成续收保费 2.20 亿元。年内，中国人寿太仓支公司共服务保险客户 91.3 万人次，全年承保件数 16.2 万件。短险理赔件数 7000 多件，赔付金额 8500 万元。中国人寿太仓支公司是太仓地区规模最大的寿险专业公司，占太仓市寿险市场份额 40% 以上，拥有个险、团险、银保等专业持证销售人员 636 人。中国人寿太仓客服中心通过设立综合柜员制，优化人员配置结构，改善理赔、保全、调查等业务处理时效；探索“综合柜员制”建设，取消前后台制，倡导“首问责任制”，缩短客户等候时间。全年柜面受理股份公司保全业务 3.76 万件，受理集团公司保全业务 3.76 万件，受理短险保全 4508 件，受理长险理赔和短险标准理赔 7272 件，受理个人长险契约 8640 件，受理团单契约 159 件。

（廖君吉）

【中国太平洋财产保险股份有限公司太仓支公司概况】 2014 年，太平洋财险太仓支公司实现入账保费 2.35 亿元，较上年增长 18.39%，市场占有率 26.52%，为全市各大企事业单位及市民提供风险保障 2000 亿元。全年累计受理赔案 4.46 万件，较上年增长 21.86%。连续第 8 年保持“零”有效投诉。璜泾镇营销服务部建成，沙溪营销服务部迁址改造完工，实现全市 20 分钟服务圈辐射。公司参与政府项目合作，做好农业保险和民生类保险服务，开办政策性农业保险新险种 3 个，推出涉农商业险种“农村村级集体资产保险”和“农机财产保险”。年内，太平洋产险太仓支公司独家承保“第 26 届国际田联竞走世界杯”一揽子保险，在系统内首次启用“活动中断取消保险”。

（孙　晔）

【中国太平洋人寿保险股份有限公司太仓支公司概况】 2014 年，太平洋人寿太仓支公司规模保费 1.11 亿元，较上年增长 18.5%。理赔案件 1398 笔，赔款 222.60 万元，平均理赔时效 2.5 天。年内，推出“学生平安保险”“优生优育疾病保险”和“残疾人人身意外伤害保险”等保险产品。

（吴　静）

房地产

【概况】 2014 年，太仓市完成房地产投资 71.7 亿元（数据来源市住建局，下同），较上年增长 6%；商品房施工面积 593.3 万平方米，较上年增长 4%；新开工面积 179.5 万平方米，较上年增长 31%；竣工面积 133.4 万平方米，较上年下降 17%。商品房销量 105.55 万平方米，较上年下降 21%，销售金额 82.4 亿元，较上年下降 17%，销售均价 7810 元 / 平方米，较上年增长 5%。

（鲍佰两　顾　爽）

【太仓市建筑行业协会概况】 太仓市建筑行业协会是太仓地区从事土木工程建筑、线路、管道、设备安装、建筑装修装饰、咨询监理、工程监督和建筑科学研究、勘察设计及建筑院校等企事业单位自愿组成的非营利性社会团体。至2014年年底，拥有会员163家。年内，协会被市民政局评为“AAAA”级行业协会。年内，协会开展2014年度省、苏州市优质工程等奖项申报和太仓市奖项评选工作，提高企业综合实力和市场竞争力。由江苏通力建设工程有限公司施工的“艾欧斯密斯电器产品（苏州）有限公司车间”工程获2013年度江苏省“扬子杯”优质工程奖。17项工程被评为苏州市“姑苏杯”优质工程；11项工程被评为苏州市“天堂杯”优质工程；4项市政工程被评为苏州市市政优质工程。开展培训工作，共举办各类培训班涉及18个种类、53批次，培训人数7046人次。

（王海燕）

【太仓市房地产业协会概况】 太仓市房地产业协会成立于2006年，是由太仓从事房地产开发、物业管理、房产测绘、中介服务等企、事业单位自愿组成，并根据国务院《社会团体登记管理条例》规定，经太仓市民政局批准建立的非营利性社会团体，系江苏省房地产业协会、苏州市房地产业协会团体会员单位。至2014年年底，拥有会员103家。年内，协会为企业提供信息和人才培训等服务，协调行业内部企业之间的竞争与服务关系，指导房地产企业健康发展。自办简报《太仓房产业》、期刊《太仓楼市》及与市广电总台联办《太仓房地产》栏目，宣传太仓房地产行业。年内，定期组织培训、考察、交流等活动，向会员单位传递国家、省、市有关房地产开发的法律、法规及政策。开展首届“太仓市优秀楼盘”评选工作，表彰近几年来在规划设计、开发建设、配套设施和物业服务上受到专家及广大消费者一致认可楼盘4个。开通“太仓市房地产业协会”微信公众号，拓宽会员联络平台。

（沈　静）

邮　政

【概况】 2014年，太仓邮政实现业务收入9125万元，较上年增幅8.5%；实现收支差额490万元，较上年增幅66.99%。市邮政局做好技术升级改造，完成所有网点前台字符终端更换成图形终端，实现两个台席终端具备同时核查身份证功能，完成所有网点信息机顶盒升级和高清电视电话会议系统升级改造，完成储蓄个人客户营销系统搭建开通。太仓邮政报刊业务局优化投递作业QC（质量控制）小组获命名“2014年江苏省优秀质量管理小组”，窗口服务满意度89.96分，银企账单有效回收率大于98%，退信率小于2%。2月20日，优化调整邮路，由原来的4条邮路调整为3条邮路，全年减少里程4万多公里，节约成本约20万元。继续打造“关爱百姓、情暖邮路”服务品牌，为高龄老人、残疾人、贫困户、民工子弟等特殊群体提供代寄信件、包裹、代领汇款等“一对一、一对多”服务。

【双挂号回执业务】 1月，市邮政局配合服务市委组织部开展的“365服务体系调查问卷（民主评议村干部）”项目，开展双挂号回执业务。活动采取随机抽取评选（收件）人的方式，每个村抽取50户，投递及回收时限14天。按照市委组织部时限要求，市邮政局使用双挂号回执业务，投递民主评议村干部调查问卷4512件，回收4222件，回收率93.57%。

【邮政金融转型升级】 4月24日，太仓邮政启动“2014年邮政金融转型升级主题营销活动”，提出“以发卡促扩面、以代发促沉淀、以结算提黏度、以服务提品质、以项目求突破”的发展要求，推进网点工程、素质工程、客户工程、发卡工程等“四大工程”。8月，完成网点模式转型23个，提升邮政服务水平。

【临时邮局入驻“世界杯竞走赛”现场】 2014年，市邮政局开展“世界杯竞走赛”系列服务活动，制作纪念邮折5000册，提供邮政服务。5月，2014年国际田联竞走世界杯赛期间，与市体育局合作，在比赛现场和运动员入驻宾馆开办“临时邮局”，为市民、游客和运动员提供现场制作DIY贺卡，首次启用“么么闪印”服务，私人定制个性明信片，现场加盖印有“2014年国际田联竞走世界杯赛纪念”字样的纪念戳，销售邮资（信）封、邮资（明信）片、邮折等。

【邮政公益服务】 5月29日，太仓邮政参与“祈福迎祥·佛佑万方”助困活动，关爱弱势群体。设计制作公益募捐产品——“祈福献爱心”邮折。活动销售部分收入以市民族宗教事务

5月3—4日，“临时邮局”入驻2014年国际田联竞走世界杯赛现场

（市邮政局供稿）

局名义捐赠市妇联、市残联等用于公益慈善事业。7月，“小包裹，大爱心，圆梦2014”爱心包裹动员活动在市邮政局启动，全市邮政网点开设捐赠站。爱心包裹项目是中国扶贫基金会在2009年发起的一项全民公益活动，通过动员社会力量捐购爱心包裹的形式，关爱贫困地区和灾区的学生或家庭。全市共计捐赠爱心包裹4265个，金额42.65万元。

【村邮站建成】 7月，市邮政局在全市5个镇建设农村地区邮政便民服务站（村邮站）。8月5日，全市建成投运村邮站8个。每天下午由邮政投递员至相关站点进行平信投递交接。8个村邮站均设在村委会办公地点，配置接收平常信件的邮箱，挂放“邮政便民服务站”（村邮站）名称牌，平均站内面积41平方米，为全市49.57平方公里内的群众提供平信代收寄、代投交业务，共计服务人数2.75万户。

（屠震新）

供销合作

【概况】 2014年，太仓市供销合作总社坚持为农服务，推进再生资源回收、农药集中配送、农民合作联社三大平台建设，推进经济效益与社会效益双赢并进。年内，市供销合作总社被苏州市供销合作总社评为2014年度目标考核先进单位，太仓市佳稼农资公司获评苏州市供销系统为农服务创新示范点。

【再生资源体系建设】 2014年，市供销合作总社摸底调查全市30个废品回收站点，制定专项整治方案、下发整改通知书。推进城区流动回收体系建设，规范城区流动回收队伍，实行“统一车辆、统一服装、统一标识、统一佩戴收购证”等规范要求。系统内共有流动收购人员23人，覆盖城区23个社区、97个小区，覆盖率90%。在璜泾镇新明村、浏河镇新塘村、城厢镇电站村等地试点探索新型回收合作模式。利用村级劳务合作社，投放流动回收车，开展面向村民和周边企业的废品回收业务；规范社区服务站废品回收人员，配备流动回收车，规范回收运营。继续推进“绿色·让太仓更美好”主题教育活动，宣传再生资源分类和废电池回收知识；组织开展再生资源进社区活动和中小学生暑期宣传教育行动，6个社区、310名学生参加；开展再生资源宣传教育进农村活动，发放各类宣传品400余件。

【农药集中配送体系建设】 2014年，市供销合作总社完成年度农药招投标工作。在太仓市农林网、供销网站上发布用药招标公告。116种农药参加招标活动，50家农药生产企业参与投标活动，年度招标预算价3434万元，定标2898万元，比招标价减少536万元，成交额比预算价下浮15.6%，降低农民种地农药使用成本。全市农药集中配送销售农药3006.1万元，配送率91.24%。

【为农服务】 2014年，市供销合作总社加快推进国家农业综合开发供销社新型合作示范“产销对接”项目。太仓市绿润农副产品有限公司联合太仓市绿阳蔬果专业合作社、太仓市电站生态园农产品产销专业合作社、太仓市东林农场专业合作社三家合作社组成，形成产销对接模式，项目总投资3500.27万元。3月12日，第6届“放心农资下乡”活动暨首家庄稼医院沙溪站启动。3月12日，开设农技、农业法律法规咨询、果树果苗赠送、蔬菜种子、新农药、新化肥以及各类农业技术讲解等活动，活动持续一个月，近万农户参与。举办2014年度农产品经纪人暨农民创业培训班，学员通过考试获得国家人社部和全国总社联合颁发的农产品经纪人职业技能资格证书。市供销合作总社累计组织培训近550人，430人获得国家级证书，其中101人获得中级证书。

【农民专业合作社】 2014年，市供销合作总社帮扶沙溪镇中荷生态农民专业合作社等7家合作社建设。组织4家特色农民专业合作社参加2014海峡两岸（江苏）名优农产品展销会。江苏省仓润农产品专业合作联合社完成销售39亿元，仓润本部经济销售近5亿元。在全市设立农副产品平价直销店5家、苏州市区24家，日销农副产品超15吨。做好太仓和苏州10所学校的农副产品配给供应。加快推进冷链物流深加工区建设，仓润本部深加工区二期工程总投资3000万元，完成集冷藏、保鲜、仓储于一体的1万立方米冷库建设，二期工程通过消防验收，进入设备安装调试阶段，设备安装完成率80%。

（顾　杰）

粮油购销

【概况】 2014年，太仓市收购入库粮油11.6万吨，较上年增长5.6%，其中小麦5.1万吨，水稻5.6万吨，油菜籽9000吨。执行粮食订单收购每斤加0.1元的价外补贴政策，订单收购实际执行数量6.37万吨，为农民增收1274万元。完成地方储备粮储备计划，市粮油批发市场批发各类粮油25.5万吨，交易额10.7亿元。依托太仓港发展集装箱运粮，拓展“北粮南运、西粮东运、江海联运、铁水联运”业务，集装箱运粮1万标箱，太仓港获批“进口粮食指定口岸”。

【粮食设施建设】 2014年，市粮食局实施《太仓市粮食流通仓储设施建设规划（2013—2017年）》，粮食仓储设施提档升级工程被列入市政府实事工程和省危仓老库改造工程。总投资7773万元，全市粮库维修改造项目全部完工，新塘粮库扩建工程完成工程量60%，易地新建璜泾粮库前期工作完成。按照粮食仓储设施布点规划，分别在中心库、骨干库和收纳库配备不同规模的低温烘干设施，全市低温烘干设施装机容量588吨，为全市农民处理高水分粮食近万吨，减损增收71万元。

【粮油管理】 2014年，市粮食局健全依法管粮监管制度，完善部门联合执法和跨区域联合执法机制，组织开展粮食收购督查、粮食流通检

11 月 29 日，市粮食局粮库可视化信息系统建成投用　　（市粮食局供稿）

查、成品粮油抽查等活动，抽样检测全市市场成品粮油 12 个批次、120 个样品，总体检测合格率 100%。新增放心粮油店 2 家，全市放心粮油店累计 62 家。市粮油质量检测中心完成整体搬迁，投入 200 万元升级改造检测设备，粮油检测水平从原粮扩大至成品粮，从品质指标扩大至卫生指标。

【粮食信息化建设】 2014 年，市粮食局编制实施太仓粮库信息化建设方案，投资 150 万元建设“局端”“库端”信息平台和信息集成运用平台，在全市粮食收购库点安装高清摄像头，摄像监控画面实时进入“库端”信息平台，通过互联网信息系统实时进入“局端”信息平台，实时查看全市粮库收购作业现场，实现粮库收储作业远程可视化监控和粮食收储作业现场控制。推进粮食信息化和现代化两化融合，投入 566 万元，采购安装粮情检化验、卸粮传送等现代化设备 170 台（套），粮食收购地磅称重和质量检测数据通过“库端”信息平台实时进入“局端”信息平台，通过二维码直接进入粮食收购管理软件，粮食收储作业效率提升 3 倍。

【粮食产销衔接】 2014 年，市粮食局建立“合作农场＋订单收购＋粮食银行”的粮食产销合作模式，易裕和华天粮油购销公司分别组建良友、田宝宝农场专业合作社。商品粮银行新吸储 2.64 万吨，土地流转费银行新增 2121 户，累计存入土地流转费 1350 万元，为农民减损增收 450 万元。7 月 5 日，国家发改委党组成员、国家粮食局党组书记、局长任正晓一行在易裕“粮食银行”东林分部、城厢镇东林佳苑和东林村合作农场视察调研，听取易裕“粮食银行”口粮银行、商品粮银行和土地流转农户口粮保供 3 项业务的运作情况介绍。任正晓肯定太仓“粮食银行”的粮食保供、为农服务优势。

【爱粮节粮宣传】 2014 年，市粮食局组织爱粮节粮主题宣传 48 次。与市妇联联合开展“爱粮节粮进万家”活动，表彰“节粮主妇”，举办爱粮节粮科普讲座，组织 168 户家庭参观中心储备库。与市教育局联合开展“爱粮节粮进校园”活动，在中小学开展“爱粮节粮我先行”主题班会和征文活动，市中心储备库和粮油质量检测中心入选太仓市中小学爱粮节粮教育社会实践基地。联合市文明办等开展“十佳爱粮节粮饭店”“十佳爱粮节粮食堂”评选表彰活动，印发爱粮节粮餐台提示牌、宣传画近 10 万份，在全市饭店张贴爱粮节粮标识。

（曹前程）

食盐专营

【概况】 2014 年，太仓市坚持食盐专营，打击假冒伪劣食用盐，管理工业盐与副产盐和食盐销售，保障全市食盐安全，维护全市盐业市场稳定。加强食品安全工作，推进渠道建设，提高市场掌控能力，推进食盐流通现代化建设。苏盐太仓分公司拥有终端客户 1300 家，专职配送车辆 3 台，日配送量约 13 吨；建立食盐放心消费示范店 106 家。全年全市销售盐产品 1.27 万吨，其中食用盐 3989 吨。完善食盐供应应急保障体系，太仓食盐储备中心作为第一期食盐储备项目方案获省局认可。

【食盐市场安全监管】 2014 年，苏盐太仓分公司与全市所有终端食盐客

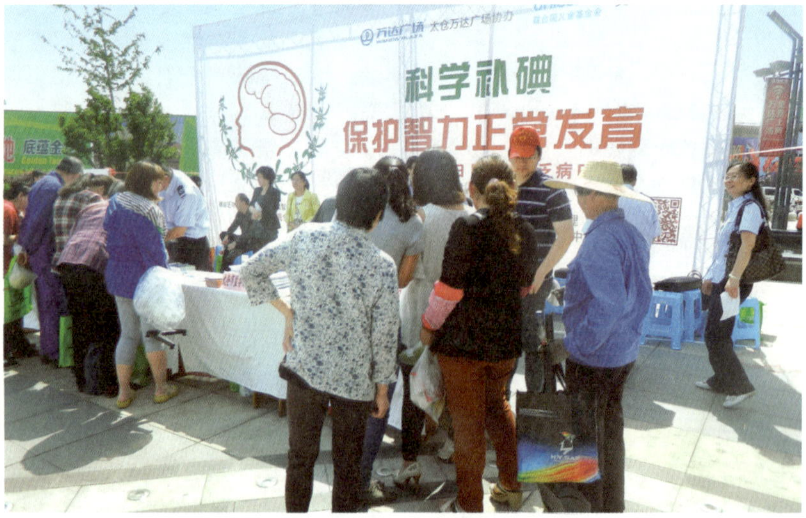

5 月 15 日，太仓市开展全国第 21 个碘盐宣传日活动　　（杨鹏　摄）

户和全市中小学校签订《食盐购销行政指导提示书》，规范盐业经营行为，夯实食盐安全责任。加强市场检查力度，管理盐政市场，规范市场经营行为。不定期突击检查农贸市场、城乡接合部、餐饮等区域，打击涉盐违法行为。宣传食盐安全知识，提高市民食用合格碘盐、自觉抵制私盐意识，免费发放“减盐勺”，普及健康食盐常识。全年共检查食品加工户、小工业用盐户、学校及周边食堂等各类用盐户800余户（次），发放宣传材料5000余份，查处盐业违法案件61件，罚没盐产品1.22吨。

（李凤文）

烟草专卖

【概况】 2014年，太仓市烟草专卖局（分公司）按照国家烟草专卖局下发的《烟草零售市场检查工作指引（试行）》，确立“服务守法户、帮助一般守法户、监管重点违规户”的专卖管理原则，对三类客户进行分类服务管理，建立违规户、无证户、销售大户等信息库，创新烟草零售市场检查方法，保护合法经营，打击违法经营，维护市场秩序。全年共查处各类涉烟案件87起，查获涉案卷烟180.43件（烟），其中假冒烟1.63件（烟），罚没款共计27.32万元，移交公安机关查办案件4起。2014年，实现税利2.75亿元，较上年增长3.38%。

【专卖管理工作】 2014年，太仓市加强烟草联合打假，开展市场专项整顿活动。加强辖区内重要路段巡查，强化监管专卖品运输环节，消灭监管工作空白点。推行“APCD”市场检查工作法，即“分析（Analysis）、计划（Plan）、检查（Check）、处理（Deal with）”四步骤，通过单位各个子系统获取、分析、应用监管对象的各类信息（主要是订单信息），从中发现存在的问题疑点，筛选数据异常的卷烟零售户，确定检查重点对象，提高发现涉烟违法案件概率，避免无效检查和对客户正常经营的干扰。市烟草局将行政审批时限由法定20个工作日压缩至8个工作日，开通零售许可证网上申报绿色通道服务，全年新办许可证273份，延期许可证337份，变更许可证28份，暂停供货卷烟零售户185户，恢复供货零售户26户，注销许可证109份，正常供货零售户3409户。

【营销网建工作】 市烟草局制定《零售终端信息采集与分析工作实施方案》，在驻点销售环节、卷烟需求预测、零售客户毛利测算等方面进行市场信息采集工作，完善市场信息采集，增强市场调控能力，保障终端市场营销稳定。召开重点零售客户规范自律会议，向零售客户强调规范经营的重要性，实现市场需求基本满足、零售客户有所选择、零售价格保持稳定、社会库存基本合理、供求关系稍紧平衡的市场状态。

（刘陵岳）

7月2日，太仓市烟草专卖局执法人员走访烟草销售驻点，规范烟草专卖市场 （刘洁 摄）

都市农业

综　述

【概况】 2014年，太仓市现代农业围绕美丽田园城建设目标，以国家现代农业示范区建设为总揽，以农业现代化工程为总抓手，以农产品质量安全和粮食安全为重点，开展全领域科学规划布局、全方位产业指导服务，各项工作成效显著。太仓国家现代农业示范区以2013年83.8分、2014年85.4分的综合得分，在国家现代农业示范区建设综合得分中连续两年蝉联全国第一。全年实现农林牧渔业总产值66.3亿元，较上年增长5.1%；农业增加值38.84亿元，较上年增长5.4%；农民人均收入2.89万元，较上年增长12.5%。拥有规模以上涉农企业69家（其中省级农业龙头企业6家、苏州市级农业龙头企业13家、太仓市级规模以上涉农企业50家），实现销售收入146.68亿元，辐射带动市内外农户9.24万户。农产品出口2655万美元。

【主导产业丰产丰收】 2014年，太仓市粮、油、蔬、果种植面积4.68万公顷，其中水稻种植面积1.19万公顷，单产627公斤/亩（1公顷≈15亩，下同）；小麦种植面积1.12万公顷，单产347公斤/亩，粮食生产实现“十一连增”。

【农业基础设施建设】 2014年，太仓市加快农业基础设施建设，新建高标准农田2666.67公顷，累计2.02万公顷；新增设施农（渔）业面积162.73公顷，累计7133.33公顷。

【农产品安全保供】 太仓市完善市镇两级农产品质量监管机构，配备市、镇、村三级质量安全监管员151名。全市建成市、镇、村合作社基地检测室35家（镇级6家、村级20家、基

太仓高标准农田　（2014年9月摄　市农委供稿）

地9家）。农产品追溯管理平台提档升级，5家基地产品信息可查询追溯。生产监管、质量检测、执法查处三位一体监管模式逐步完善，地产农产品质量安全监管网络实现全覆盖。全市“三品”（无公害农产品、绿色食品、有机农产品）有效认证数128个。农产品定量监测合格率98.4%，瘦肉精检查合格率100%。年处理量达万头的市病死畜禽无害化集中处理中心启动建设。

【现代农业园区建设】 2014年，太仓市按照“四高”（发展水准高、科技含量高、服务水平高、综合效益高）标准，打造各级农业园。市现代农业园区高标准建成亲子园、百竹园旅游项目，完成蒋恩钿纪念馆改造。各镇级现代农业产业园加快推进，建设粮食高产增效示范方9个、省级“菜篮子”工程蔬菜基地1个、果园50.33公顷；重点推进现代水稻产业园建设，完成400公顷基建任务。太仓市现代水稻产业园、双凤镇现代渔业产业园、璜泾镇现代农业园被认定为首批苏州市级现代农业园区。

【农业科技创新】 2014年，太仓市建成粮食现代化综合科技示范基地、绿色防控及农作物病虫害专业化统防统治融合示范基地、土壤生态修复与耕地质量提升技术示范基地、农机科技服务中心等四大综合展示基地，指导开展生态循环养羊、鱼类循环养殖、稻蟹共生、鸭稻共作等种养新技术新模式试验示范。在城厢镇万丰村新建省级基本农田耕地监测点1个，全市基本农田耕地质量监测点10个，测土配方示范点29个，一次性施肥技术首试成功。启动建设5000平方米生物农业科技创新平台。与常熟理工学院、华泰昌农业科技有限公司合作申报的《还原型食用菌（金针菇）液体菌种选育及应用》项目获2013年度太仓市科技进步二等奖。

【为农服务】 2014年，太仓市继续实施新型职业农民培训，录取农业委培生108人，组织高级进修班9期189人、各类技术技能培训31期1911人。规范项目申报，申报各类项目57个，立项49个，总投资1.13亿元，争取财政资金0.56亿元。推进农药集中配送，全市农药集中配送率90%；推广测土配方施肥技术，覆盖率85%。发挥“12316”三农热线作用，发布各类服务信息20万条。建成太仓市农业补贴监督管理平台。

（吕　迅）

种植业

【概况】 2014年，全市种植业围绕“四个十万亩”（粮油、水产、园艺、林地）主导产业落地，种植结构和空间布局进一步调整优化，粮、油、蔬、果种植面积趋于稳定。扶持壮大合作农场，开展粮食高产增效创建和省级“菜篮子”工程建设，打造粮食、蔬菜、林果等特色产业基地。《太仓现代水稻产业园建设总体规划》颁布实施，《水稻机插育秧基质》省级地方标准通过初审，《水稻工厂化基质育秧技术规程》获批苏州农业地方标准，太仓市克服罕见连续低温阴雨寡照天气，水稻丰产方单产全省第一，连续两年获全省农产品质量安全工作考核一等奖。举办第2届品牌农副产品品鉴会，开展“3•15”放心农资下乡活动、食品安全宣传周等活动。全年实现种植业总产值28.6亿元，较上年增长6.3%。

【璜泾通过出口蔬菜产地认证复检】 2014年年初，璜泾镇鹿河蔬菜专业合作社和绿秀生产专业合作社通过苏州市商检局出口蔬菜产地认证复检，两个合作社共有五大区域通过复查，备案面积29.73公顷，主栽品种包括西兰花、大叶菠菜、刀豆等。

【3家农业企业获融资】 2月20日，苏州银行太仓支行举行“创新农村金融服务”产品推介会暨土地承包经营权抵押授信签约仪式，苏州银行太仓支行与太仓市金诸农业发展有限公司、太仓市欣科农场和太仓市绿源农场等3家农业企业签约授信合作意向。

【首家庄稼医院成立】 3月12日，太仓市首家庄稼医院在沙溪镇成立。该院由太仓市佳稼农业生产资料有限公司组建，免费为农民提供农作物病、虫、草、鼠害防治和咨询答疑及农业科技信息，引导农民科学测土施肥、用药，实行植保门诊、处方、供药“一条龙”服务。

【“职业农民”签约委培】 5月14日，太仓市委农村工作办公室、市农业委员会在市明德高中举办江苏农林职业技术学院录取通知书发放暨委托培养协议签约仪式。全年定向委培学校在2013年江苏农林职业技术学院、苏

2014年太仓市农产品质量安全诚信示范企业名单

表32

序号	星级	企业名称	序号	星级	企业名称
1	三星级	太仓市鹿杨蔬果生产专业合作社	12	二星级	太仓市勤力生态养殖专业合作社
2	三星级	太仓市绿阳蔬果专业合作社	13	一星级	太仓市祥和蔬菜专业合作社
3	三星级	太仓市利勤水产养殖专业合作社	14	一星级	太仓市浏河镇何桥葡萄专业合作社
4	三星级	太仓市双凤勤之立生态养殖场	15	一星级	太仓市锦沙黄桃专业合作社
5	二星级	太仓市东林村农场专业合作社	16	一星级	苏州华泰昌农业科技有限公司
6	二星级	太仓市电站生态园农产品产销专业合作社	17	一星级	太仓市雅丰农场专业合作社
7	二星级	太仓市海丰农场专业合作社	18	一星级	太仓市璜泾镇绿秀蔬菜专业合作社
8	二星级	太仓市隆顺果蔬专业合作社	19	一星级	太仓市孙桥三苏草莓生产专业合作社
9	二星级	太仓市金渚种猪场	20	一星级	太仓新东方生物科技养殖有限公司
10	二星级	太仓宏业生态园艺有限公司	21	一星级	太仓市强绿农场专业合作社
11	二星级	太仓市新湖惠民蔬菜专业合作社	22	一星级	太仓市金蜜蜂果园专业合作社

州农业职业技术学院2所院校基础上，新增江苏农牧科技职业学院，经考试后录取签约委培生108人。

【农业科技成果对接】 6月6日，太仓市举行农业科技成果对接会，来自上海交通大学、省海洋渔业局的专家教授，与太仓30多家农业科技企业、农产品深加工企业、农业科技合作社、规模型养殖户等进行产学研合作交流对接。

【蔬菜病虫绿色防控示范区建立】 2014年，太仓市在沙溪镇塘桥蔬菜示范园、泰西村中启蔬菜基地和璜泾镇鹿杨蔬菜基地建立蔬菜病虫绿色防控示范区3个，面积100公顷，包含露地种植和大棚种植，品种涉及叶菜类、茄果类等，主要通过采用物理、生物技术和无公害生物农药等手段实现防虫控病目的。

【太仓农产品签约苏州豹团网】 7月14日，太仓市璜泾镇政府与苏州豹团网签订协议，首批19个种类的农产品分期在该网络平台以团购形式销售。该次签约的农产品包括璜泾大米、大文甲鱼、草莓、“小树林”虫草鸡等。农产品按时令在豹团网上开展团购，市民在网上预订付款后，在豹团网取货点取货。

【“新毛芋艿”成为太仓首件地理标志证明商标】 6月7日，“新毛芋艿”被国家商标局核准为地理标志证明商标，成为太仓市第一个地理标志证明商标。新毛芋艿主产地位于城厢镇新毛管理区及周边地区，种植总面积约40平方公里。

【一次性施肥技术首次试验成功】 2014年，太仓市首次开展水稻一次性施肥新技术试验，种植的3.33公顷试验田获得丰收，平均亩产644.7公斤（1公顷≈15亩，下同），成为全国该类试验水稻的最高亩产。与常规追肥方式种植水稻相比，该技术可平均每亩增产20公斤（3%），而水稻亩均减少氮肥施用量15%，每亩可节省追肥人工成本约60元，并且一次性施肥可减少氨挥发损失50%，减少N、P淋溶损失35%，降低农业面源污染，生态效益明显。

【农业补贴监督管理平台建成】 太仓市在苏州地区率先开发建设农业补贴监督管理平台。至2014年年底，全市各镇部分村安装农业综合补贴查询终端机15台。该机直接与市农业补贴监督管理平台联网，可查询国家农作物良种补贴、粮食直补和农资综合补贴、苏州市水稻良种补贴、渔船柴油补贴、农机购置补贴、能繁母猪补贴、生猪规模化养殖场无害化处理补贴等多个领域的各种补贴。村民可在终端机感应区刷个人身份证，直接查询自己全年的涉农补贴情况。该系统与市政务通实时联网，村民可以查询全市的农林牧副渔等相关政策。

（吕　迅）

畜牧水产业

【概况】 2014年，全市畜牧水产业推广健康生态养殖技术和循环养殖新模式，加快畜牧水产业转型升级。应对H7N9疫情，暂停活禽交易；应对流入小反刍兽疫疫情，实施紧急免疫。梳理生猪发酵床项目，推广母猪智能化群养系统，落实生猪良种补贴和能繁母猪补贴等政策。严格执行长江禁渔和伏季休渔制度，打击非法捕捞行为，试点开展循环流水生态养殖、“稻蟹共生”等循环养殖新技术，渔业科技入户物化补贴发放到位，畜牧水产业继续保持良好发展态势。年内，浏河渔港被农业部评为第3批“全国文明渔港”，双凤现代渔业产业园被认定为首批苏州市级现代农业园区。继续举办太仓江海河三鲜美食节。6月26日，江苏省渔业互助保险协会太仓市办事处成立，开展渔业互助保险承保业务和理赔工作。全年畜牧业产值14.45亿元，较上年下降3.0%；渔业产值13.96亿元，较上年增长7.8%。

【长江深水航道渔业资源增殖放流】 1月17日，2013年度“长江深水航道渔业资源增殖放流”活动在长江太海汽渡举行。该次放流直接投入资金80万元，共投放草鱼、鲢鱼、鳙鱼、鳊鱼、黄颡鱼等冬片鱼种5万余公斤和暗纹东方豚鱼苗3万尾。

【公路动物防疫监督检查信息管理系统投入使用】 3月1日，由太仓204国道南郊公路动物防疫监督检查站自主研发的网络版“江苏省太仓公路动物防疫监督检查信息管理系统”正式投入使用，该系统简化检查站备案报检程序，实现检查登记由传统的纸质文档向电子文档的根本性转变。

【刀鱼上市价格翻番】 2014年，太仓气温较往年偏低，影响刀鱼洄游时间，刀鱼数量较少，导致3月1日长江刀鱼开捕后，价格比2013年有大幅上涨。125克以上的刀鱼售价约5200元/公斤，150克以上的刀鱼售价高达5800～6400元/公斤，而2013年同期，150克左右的刀鱼售价仅为2800元/公斤左右。

【万头湖羊养殖基地建成】 璜泾镇新联村建成苏州地区规模最大的湖羊养殖基地。该村以村民入股的方式，成立新发生态养殖专业合作社，从苏州等地引进优质湖羊品种，开始湖羊养殖。基地存栏湖羊4000多头，2014年湖羊养殖数量约1.2万头，年销售额可达上千万元，净收入增加10%左右。该基地湖羊品质好，热销江、浙、沪等地，还通过基地销售平台远销内蒙古、新疆等地。基地利用羊粪肥效高的特点，把羊粪发酵后制成有机肥，用于水稻、林果的种植，打造生态产业链。

【印度尼西亚组团到太仓考察养兔经验】 9月24日，由养兔业人士和政府官员组成的印度尼西亚考察组到太仓参观考察养兔产业发展情况，学习相关养兔技术。考察行程由江苏省畜牧总站统一协调，太仓市金星獭兔有限公司示范养殖场被列为其中一个考察学习场点，考察组主要参观场区内力克斯獭兔青年种兔群以及核心繁殖群、屠宰加工车间，了解獭兔皮毛的加工、储存等情况。

（吕　迅）

林果园艺业

【概况】 2014年，全市新增林地、绿地670公顷，林地总量1.18万公顷，林木覆盖率18.4%。新增以香樟、榉树、朴树、广玉兰、葡萄、梨、枇杷、桃为主栽品种的高效林果73.33公顷，建成城厢镇永丰村、沙溪镇太星村、璜泾镇杨漕村等一批优质水果基地，免费“送苗下乡”10万余株。新建省级绿化示范村2个，苏州市级绿化示范村4个。颁布实施《太仓市政府投资农村绿化工程考核细则（试行）》《太仓市政府投资农村绿化工程监理考核办法（试行）》《太仓市政府投资农村绿化工程养护管理考核细则（试行）》《关于加强太仓市政府投资农村绿化养护单位管理意见（试行）》等文件，提升绿化建管水平。

【“爱鸟周”活动】 4月20日，配合江苏省第32届“同在蓝天下，人鸟共家园”爱鸟周活动，太仓市农委、太仓市摄影家协会在市图书馆举办“爱鸟周及湿地保护”图片展。展出作品均由中国摄影家协会会员摄影家金云达拍摄于太仓境内，展现近年来太仓自然环境优化和生态文明建设成果。

【2014年营造林实绩数据上报】 5月至7月，太仓市采用GPS定位测量，开展营造林小班调查工作，共完成6镇3区营造林小班426个，合计新增造林面积338公顷，绘制到1:10000的纸质和电子森林资源分布图。

【湿地植物群落恢复与重建】 太仓市在长江湿地保护小区种植水杉、池杉、柽柳、芦苇等，通过湿地水植的引种，将以前的死水滩全部连通，因地制宜，通过适量的土方改造，形成人工仿生态湖泊，并种植大量本土绿化，构建错落有致的生态系统，吸引周边沼泽鸟类定居，营造清新宜人的湿地风景区。

（吕　迅）

休闲观光农业

【概况】 2014年，全市休闲观光农业创新发展方式，深化休闲农业内涵，各级各类农业示范园区和休闲观光景点进一步提档升级。市现代农业园区新增景点亲子园、百竹园，并对外开放，完成蒋恩钿纪念馆改造，新建新港公路月季带4公里、梅花园3.33公顷、湿地公园5.33公顷、樱花园6.67公顷；先后举办“中国惠兰”叶艺花艺博览交易会、“我最喜爱的现代农业园景点”活动、“七夕”分享园区游玩照片得门票活动、省“花卉进家庭”推广系列活动；恩钿月季园荣获“世界月季名园堂”称号。园花园山庄举办第8届江南牡丹节、金秋菊花展等。全年，农业休闲旅游接待游客180.56万人次，休闲农业旅游收入2.89亿元。

【2014年“中国蕙兰”叶艺花艺博览交易会】 4月5—6日，在太仓市现代农业园区新城兰圃召开。该次博览交易会由江苏省兰花协会、台湾国兰联合协会和上海农学会兰花专业委员会主办，太仓市兰花协会承办，新城兰花园艺公司协办。有来自江苏、浙江、上海、北京、湖北、四川等11个省、市的兰家、兰协、兰园组团参与。其间，云南大理兰国花业董事长李光宏、中国著名兰艺大师丁永康、《国兰》杂志执行主编赵培诚进行主题授课。

【蒋恩钿纪念馆改造完成】 5月，月季夫人蒋恩钿纪念馆改造完成。该次改造为2009年纪念馆落成以来第一次较大规模的改造，改造后的纪念馆新增图片资料60余张，梳理蒋恩钿所处时代有关人文背景，新增与公园有关的国内外交流活动资料，新建实物场景，再现当年月季夫人工作生活时的景象。

【江苏省“花卉进家庭”系列推广活动】 9月19—21日，江苏省“花卉进家庭”系列推广活动之居室花卉促销展（太仓站）在市现代农业园区举行。该次活动由江苏省花木协会主办，江苏省园艺技术推广站、太仓市现代农业园区管理委员会承办，苏州市花卉苗木协会、太仓市农业委员会、江苏省插画艺术专业委员会协办。活动以“畅想美丽家园”为主题，由家庭花卉制作、阳台植物景观示范、花卉居室配置推介、家庭园艺资材销售、家庭养花技术讲座、花卉信息发布等6个部分组成，并举办“最佳阳台植物布置”奖评选活动。活动期间，接待游客3万余人次。

（吕　迅）

农业机械化

【概况】 2014年，全市农业机械化工作落实各级农机购置补贴政策，围绕保障粮食生产要求，优化农机装备结构，促进农机农艺融合，推进农业机械化工作转型升级。全市农业综合机械化水平达87%，粮食生产主要农作物耕种收综合机械化水平超93%。全市新增补贴农机具911台（套），总投入2761万元，其中争取中央和省补贴资金524万元，市级财政奖励资金423万元。创新农机服务模式和运作机制，新建标准化机库10个，启动建设农机服务中心。编制《太仓市秸秆全量综合利用总体规划（2014—2020）》，打造秸秆全量利用“太仓模式”。年内，市农机安全监理所获农业部配送的农机安全检测车，太仓市项氏农机有限公司成为苏州市首家农机科技开发示范基地。

【《太仓市秸秆全量综合利用总体规划（2014—2020）》通过论证】 12月2日，《太仓市秸秆全量综合利用总体规划（2014—2020）》（以下简称《规划》）通过专家论证。《规划》按照建设太仓国家现代农业示范区，创建秸秆全量利用太仓模式的定位，立足太仓社会经济、自然资源、农业生产现状，确立政策引导、因地制宜、生态循环、产业融合、市场运作的原则，规划太仓市秸秆近远期全量利用技术方案与目标。分现状分析、规划总则、总体规划、重点建设项目、保障措施、效益分析等6个方面。

【首家全市性插秧机维修服务点建成】 5月，太仓市安排专项资金，以政府购买服务的方式，在沙溪建成首家全市性插秧机维修服务点。该服务点委托农机销售单位专业技术人员，免费为农户提供维修、保养等服务。一旦农机出现故障，农户只需承担配件费用即可享受服务。

【灭茬旋耕智能施肥播种机问世】 3月，由太仓市项氏农机有限公司研发的新型农机具——灭茬旋耕智能施肥播种机问世，该机器配备“微电脑”和智能报警器，具有旋耕、开沟、播种、施肥、镇压覆土等功能，每天作业面积为6～7公顷，相当于200～300人的工作量，有效提升农业机械化水平。

【首届农机装备展览会】 3月24—25日，首届太仓市农机装备展览会在城厢镇万丰村海丰农场举行。省农机局、苏州市农委领导和太仓市农业条线干部职工、农机户代表及农机企业参展商共400多人参加开幕式。展览会集中展示近年来国内外39家公司的130多个新型农机具，为农机产品的生产商、经销商和用户之间搭建起沟通合作的平台。

【拖拉机驾驶员成为太仓市首批职业技能鉴定工种】 4月16日，60多名农机从业人员在太仓市农机推广站参加苏州市职业技能鉴定站举办的拖拉机驾驶员（初级）职业技能鉴定考核，为2014年太仓农机行业首批职业技能鉴定。经鉴定考核合格的人员，取得农业部职业技能鉴定指导中心颁发的职业资格证书（初级），对符合奖补政策的人员，省财政给予每人600元的奖励资金。

【多功能大蒜播种机引入太仓】 9月，太仓市丰稔专业合作社投资30多万元从美国进口多功能大蒜播种机，该机器集开沟、播种、覆土等多道种植工序于一体，有效提高白蒜的播种效率和作业标准。

【韩国秸秆收储机械引入太仓】 6月，城厢镇东林村投资1000多万元引进韩国先进的秸秆收储机械10台套，实现搂草、打捆、青贮包膜全程机械化，年内收集秸秆约1万吨，通过东林养殖场年产3万头羊所需的秸秆饲料，实现过腹还田。

秸秆收储机械化　　（2014年10月摄　市农委供稿）

【农用机械财产保险】 10月21日，农业机械财产保险推进会在太仓召开，推行农业机械财产保险。农业机械财产保险是太仓市新推出的一项涉农保险，在苏州乃至全省尚属首家。该保险旨在提高农业机械使用效率，延长农业机械使用年限，减少财政和农机所有人负担，弥补因自然灾害和意外事故所造成的损失。参保范围是全市从事农田作业且年检合格的拖拉机、联合收割机和插秧机。该保险保费由市级财政承担50%，镇级财政承担20%，农用机械所有人承担30%。在保险期限内，新购置或报废的农用机械按实际保险天数结算保险费用。

（吕　迅）

农田水利

【概况】 2014年，太仓市加快农田水利建设，启动第二轮小型农田水利重点县项目。该项目分布于太仓市各镇、区，涉及灌区12个，三年计划投资1.62亿元，建成高标准农田5180公顷。年内，第一个年度项目完成，总投资5777万元，建成高标准农田1626.67公顷（其中建设高效节水灌溉区406.67公顷），建设灌溉泵站56座、渠道85公里、配套建筑物6638座，清理排水沟32公里。年内，《太仓市农田水利规划》修编、评审完成，《太仓市中央财政农田水利工程建设管理工作规则》颁布实施。太仓市细化市镇两级管理责任，增强项目区所在乡镇的主动性和积极性，对全市521座灌溉站按照市、镇、村6∶2∶2比例落实管理资金680万元。

【农田水利设施产权制度改革】 8月，水利部、财政部、国家发展和改革委员会联合印发《关于开展农田水利设施产权制度改革和创新运行管护机制试点工作的通知》，确定全国55个县（后增加为100个）试点农田水利设施产权制度改革和创新运行管护机制改革，其中江苏占5个名额。根据《省水利厅、省财政厅关于印发江苏省2014中央财政农田水利建设项目立项指南的通知》精神，太仓成为江苏5家之一、苏州唯一一家开展农田水利设施产权制度改革和创新运行管护机制的试点县。至年底，实施方案通过省水利厅审批，主要试点任务包括实行建管一体化，建立项目建设管理公开公示制度，产权确权和移交，建立工程管护经费的长效机制，探索财政资金购买公共服务的方式，建立政府绩效考核为基本依据的奖惩办法等6项。

（周　婷）

现代农业园区

【概况】 太仓国家现代农业园区以高效设施农业规模化、生态休闲农业集聚化、科技创新农业载体化为发展定位，实施点、线、面结合，市、镇、村联动发展战略，坚持园区化、产业化、农场化推进现代农业建设，形成“以1个太仓市国家现代农业园区为引领、7个区镇现代农业园区（2000公顷现代水稻产业园、电站林果基地、陆渡—浏河现代农业产业园、沙溪塘桥现代农业园区、浮桥镇中华绒螯蟹养殖示范区、双凤镇现代渔业产业园、璜泾镇现代农业园）为支撑，X个村级基地、合作社为带动面”的“1+7+X”现代农业园区网络，全市现代农业发展的园区化建设、规模化生产、多元化投入、企业化经营模式逐步显现。2014年，全市规划在建各类园区15个，总规划面积1.33万公顷，建成面积1.07万公顷，共有国家农业产业化示范基地1个、省现代农业产业园区1个、苏州市级现代农业园区3个。

【太仓国家现代农业示范区建设综合得分蝉联全国第一】 2014年6月，据农业部现代农业示范区建设工作领导小组办公室发布的《2014国家现代农业示范区建设水平监测评价报告》显示，全国153个现代农业示范区建设水平综合得分平均67.9分，太仓以85.4分的综合得分蝉联全国第一，进入基本实现农业现代化阶段。

（吕　迅）

科技创新

【概况】 2014年，太仓市推进科技创新工程，提升科技创新能力，财政科技拨款5.31亿元，全年共获批上级各类项目148个，其中国家级项目21个，省级项目52个，共对上争取资金7173万元。全年全市共申请专利8046件，其中发明专利3214件；共授权专利4348件，其中发明专利324件，万人发明专利拥有量17.13件。年内，太仓市被认定为江苏省知识产权示范市，国家可持续发展实验区通过专家组验收和科技部等19个部门的验收联席评审。

【科技创新】 2014年，太仓市科技产业园获批江苏省机电装备科技产业园，该产业园始建于2010年年底，以机电装备产业为主导产业，是在太仓市科技产业园基础上建设而成，是全市发展战略性新兴产业、加快经济转型升级的重要载体。园区东至204国道，西至昆山界，南至太蓬公路，北至新浏河，规划面积10.5平方公里。年内，双凤镇获批江苏省创新型试点乡镇；全市新认定省工程技术研究中心7家，分别为江苏省分模模锻精密塑性成形技术工程技术研究中心（江苏保捷锻压有限公司）、江苏省环保型胶粘剂工程技术研究中心（江苏大力士投资有限公司）、江苏省（海嘉）汽车零配件铝合金压铸工程技术研究中心（太仓海嘉车辆配件有限公司）、江苏省汽车电子排挡系统工程技术研究中心（法可赛（太仓）汽车配件有限公司）、江苏省真空绝热材料工程技术研究中心（苏州维艾普新材料有限公司）、江苏省高性能汽车离合器工程技术研究中心（苏州睿昕汽车配件有限公司）、江苏省超高纯环保试剂工程技术研究中心（太仓沪试试剂有限公司）；省研究生工作站7家，分别为太仓冠联高分子材料有限公司（与东南大学合作）、润邦卡哥特科工业有限公司（与南京理工大学合作）、江苏保捷锻压有限公司（与苏州大学合作)、苏州百狮腾电气有限公司（与南京理工大学合作)、苏州弘森药业有限公司（与南京理工大学合作)、安佑生物科技集团有限公司（与苏州大学合作)、太仓市金诸农业发展有限公司（与扬州大学合作)；省外资研发机构1家，为伟速达（中国）汽车安全系统有限公司研发中心；新认定苏州市级重点实验室2家，分别为苏州市绿色生物催化技术重点实验室(苏州健雄职业技术学院)、苏州市智能家居无线传感应用技术重点实验室(苏州健雄职业技术学院)；工程技术研究中心35家；新认定省科普教育基地2家，分别为太仓市规划展示馆(民防科普馆)、太仓市档案馆；城厢镇德兴社区获评江苏省科技社区。全市省级科技社区拥有量在全省县级市中居首位。

6月6日，太仓市举办农业科技成果对接会　　（程嵩颖　摄）

【科技领军人才】 2014年，太仓市新引进国家“千人计划”人才5人，分别为江苏雷雨雅光电科技有限公司的王亮、太仓睿联通信科技有限公司的沈漫源、同济移动传感科技有限公司的刘钢、苏州列文电子科技有限公司的金传洪、苏州古霸精密设备科技有限公司的廖良生；新增省“双创”人才7人，分别为苏州晶特晶体科技有限公司的陈远帆、江苏亚禾电气科技有限公司的劳长石、壹埃光学（苏州）有限公司的曹雪官、依科赛生物科技（太仓）有限公司的吕万革、苏州天兼新材料科技有限公司的陆海荣、中美冠科生物技术（太仓）有限公司的郭晟、赛业（苏州）生物科技有限公司的欧阳应斌；省“博士集聚”计划4人，分别为苏州光蓝信息技术有限公司的吴东方、安佑生物科技集团有限公司的顾菀婷、苏州驿通滤材科技有限公司的王解兵、苏州斯迪克新材料股份有限公司的曾金栋；省科技副总11人，分别为中润科技有限公司的马敬红、太仓荣文合成纤维有限公司的龚静华、苏州金仓合金新材料有限公司的戴挺、固耐重工（苏州）有限公司的周怡军、太仓市飞凤食品有限公司的夏文水、苏州东南碳制品有限公司的易文斌、太仓安佑生物科技有限公司的周岩民、苏州斯迪克新材料股份有限公司的毛春、苏州上研化肥科技发展有限公司的陈明良、江苏德威新材料股份有限公司的严锋、江苏宝泽高分子材料股份有限公司的张明祖；“姑苏领军人才”9人，分别为苏州拓康自动化技术有限公司的张庆军、苏州欧凯医药技术有限公司的黄新江、苏州中尧节能环保设备有限公司的刘友宏、苏州雷姆斯汽车工程有限公司的耿彤、苏州康吉诊断试剂有限公司的邵敏华、辛柏机械技术（太仓）有限公司的郑清好、苏州康邦新材料有限公司的汪济奎、壹埃光学(苏州)有限公司的曹雪官、安佑生物科技集团股份有限公司的陈志祥。

2014年部分苏州市工程技术研究中心名单

表33

序号	名　称
1	苏州市环保型除甲醛壁纸工程技术研究中心
2	苏州智能小型化立体车库工程技术研究中心
3	苏州市特种电磁线工程技术研究中心
4	苏州市汽车零部件改性塑料工程技术研究中心
5	苏州市（宇兆）高效太阳能电池组件工程技术研究中心
6	苏州市海洋工程与港口特种起重装备工程技术研究中心
7	苏州市无线传感器网络工程技术研究中心
8	苏州市高效节能余热发电双螺杆压缩机工程技术研究中心
9	苏州市光电特种玻璃工程技术研究中心

【科技合作】 2014年，太仓市举办第3届“科创月”活动，太仓市政府与上海第二工业大学、中科院南京分院签订合作协议，新增校企联盟28个、产学研联合体30个、产学研合作项目233个；“科贷通”“科才通”“苏科贷”等科技金融产品全年为32家企业累计提供贷款7950万元。

【高新技术产业】 2014年，太仓市新认定国家火炬计划重点高新技术企业3家，分别为中广核三角洲（江苏）塑化有限公司、华伦皮塑（苏州）有限公司、旭川化学（苏州）有限公司；高新技术企业47家；省民营科技企业122家；创新先锋企业3家，分别为太仓市同维电子有限公司、苏州新亚科技有限公司、江苏保捷锻压有

2014 年太仓市部分高新技术企业名单

表 34

序号	企业名称	序号	企业名称
1	江苏博众汽车部件有限公司	6	美固龙金属制品（中国）有限公司
2	固耐重工（苏州）有限公司	7	赛业（苏州）生物科技有限公司
3	苏州奥智机电设备有限公司	8	苏州弘森药业有限公司
4	天顺风能（苏州）股份有限公司	9	昭衍（苏州）新药研究中心有限公司
5	太仓市康辉科技发展有限公司	10	苏州金江铜业有限公司

2014 年太仓市部分省民营科技企业名单

表 35

序号	企业名称	序号	企业名称
1	太仓市广盛机械有限公司	6	太仓安佑生物科技有限公司
2	江苏泰昌电子有限公司	7	苏州东南碳制品有限公司
3	苏州惠林节能材料有限公司	8	苏州天鸣信息科技有限公司
4	太仓思比科微电子技术有限公司	9	苏州华益美生物科技有限公司
5	吉翔宝（太仓）离型材料科技发展有限公司	—	—

2014 年太仓市高新技术产业产值情况表

表 36

区　镇	高新产业产值（亿元）	规模工业产值（亿元）	占比（%）	区　镇	高新产业产值（亿元）	规模工业产值（亿元）	占比（%）
城　厢	44.69	104.93	42.6	双　凤	36.14	87.05	41.5
沙　溪	74.00	259.22	28.5	新　区	290.87	607.19	47.9
浏　河	42.52	94.21	45.1	港区（含浮桥）	161.22	661.76	24.36
璜　泾	32.94	268.02	12.3	总　计	682.38	2082.38	32.8

5 月 28 日，太仓市举办科技型领军人才论坛　　（施素贤　摄）

限公司。全市高新技术产业实现产值 682.39 亿元，高新占比 32.8%。

（周晓萍）

对外及对港澳台经贸

综　述

【概况】 2014 年，太仓市新批外资及港澳台资项目 66 个，实现注册外资及港澳台资 5.7 亿美元，较上年下降 28.19%，到账外资及港澳台资 3.96 亿美元，较上年下降 35.86%；

进出口总额138亿美元，较上年增长8.05%，其中出口60.79亿美元，较上年增长10.16%；新批境外投资项目14个，增资项目1个，中方境外投资总额9767.5万美元；服务外包接包合同额6.58亿美元，较上年下降5.17%，离岸执行额2.87亿美元，较上年下降2.05%。全年新增境外投资企业20家，累计64家。

【太仓港木材进口交易中心成为太仓市首个江苏省级进口商品交易中心】 12月，根据《江苏省进口商品交易中心试点暂行办法》，太仓港渤海鼎鹿供应链有限公司申请的太仓木材进口交易中心，被省商务厅认定为进口商品交易中心试点。木材进口交易中心的获批，有助于太仓市扩大木材进口，有助于太仓港渤海鼎鹿供应链有限公司依托太仓港，发挥太仓港木材、铁矿石、煤炭、化工原料、有色金属等大宗生产资料的集疏运优势，建设太仓港大宗生产资料电子商务平台和华东现代物流服务中心，为全市做大港口物贸经济夯实基础。

7月2日，太仓市外经贸新政策宣讲会召开，全市50家外经贸企业、10家报关代理企业参会 （市商务局供稿）

服务外包

【概况】 2014，太仓市服务外包接包合同额和离岸执行额分别为6.58亿美元和2.87亿美元，新增受训人员1066人，累计服务外包企业233家，获得各类国际资质认证54项。9月，中国国际投资促进会授予市商务局“服务外包人才培养突出贡献奖”称号。

【外包企业拓展海外市场】 2014年，太仓创思维力信息技术有限公司并购日本SWL公司，创思维力是太仓市首家经科技局认定的技术先进型服务企业，核心产品为基于自主研发的外包云平台上的B2B（企业对企业）云服务，业务涉及BPO（商务流程外包）业务流程外包和IDC（互联网数据中心）云计算数据中心，其境外企业主营业务为BPO业务流程外包和软件开发等。苏州康乃德生物医药有限公司对其在美国设立的境外公司投资总额由50万美元增至150万美元，推进开展美国Arena制药公司独家全球授权新药项目的临床前开发和产业化工作，该境外公司主营业务为医药产品境外管理机构申报咨询与服务、生物医药技术及产品引进服务等。中美冠科生物技术（太仓）有限公司入选“中国服务外包领军与成长型企业”名单，是太仓第2家入选该名单的企业。

【《太仓市商务发展专项引导资金使用管理办法（试行）》出台】 6月，太仓市根据苏州市《关于促进商务转型发展的若干政策措施》《关于促进电子商务发展的若干政策意见》及太仓市《关于鼓励国际服务外包产业发展的若干政策意见》《太仓市产业投资基金管理暂行办法》等文件精神，结合太仓实际制定《太仓市商务发展专项引导资金使用管理办法（试行）》。原《关于促进服务外包产业加快发展若干政策实施细则》《关于对〈关于促进服务外包产业加快发展若干政策实施细则〉文件的补充说明》停止执行。太仓通过整合服务外包发展专项资金，首次设立太仓市商务发展专项引导资金，共计2500万元。首次将电子商务、商贸流通业列入奖励扶持范围，专项资金用于促进服务外包产业跨越式发展，推动电子商务产业快速发展，支持商贸流通业创新发展。

2014年全市离岸服务外包收入前10名企业情况表

表37 单位：万美元

序号	企业名称	服务外包收入	序号	企业名称	服务外包收入
1	克朗斯机械（太仓）有限公司	1898.39	6	太仓市供应链金融服务有限公司	394.03
2	中美冠科生物技术（太仓）有限公司	1715.17	7	太仓新港物流管理中心有限公司	321.69
3	昭衍（苏州）新药研究中心有限公司	1571.77	8	太仓思比科微电子技术有限公司	287.05
4	特灵空调系统（中国）有限公司	1551.34	9	苏州游视网络科技有限公司	280.70
5	耐克体育（中国）有限公司	1029.51	10	苏州安软信息科技有限公司	212.37

单位：万美元

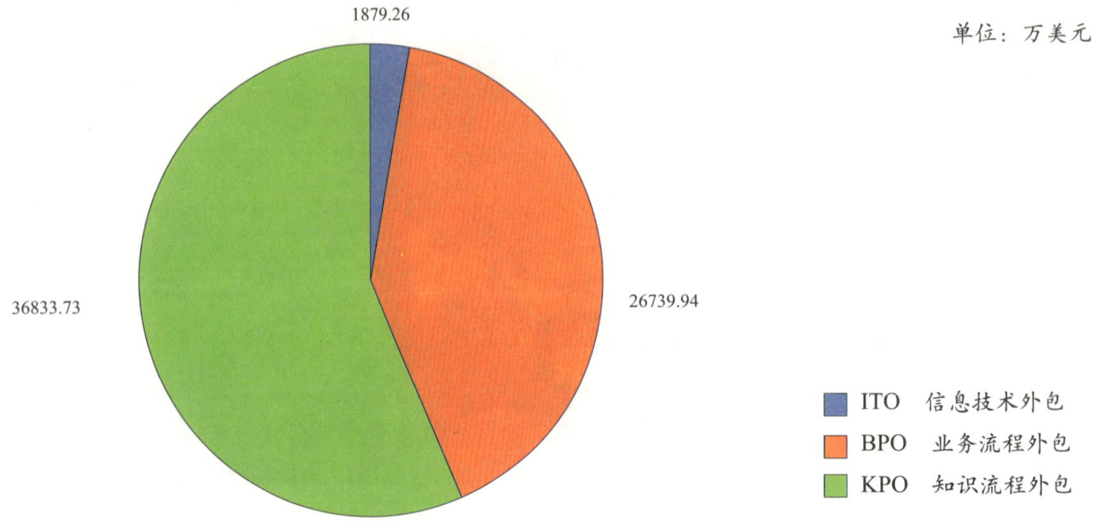

图 1　2014 年太仓市服务外包接包合同业务类型份额图

在无偿奖励基础上，首次提出有偿股权投资方式，通过服务外包产业投资基金进行奖励，扶持企业发展。

对外及对港澳台贸易

【概况】 2014 年，太仓市对外贸易保持稳定增长，外贸进出口增速列苏州 4 县市第 2。保税仓库进出境货物进口 21.83 亿美元，较上年增长 9.22%，比全市进口增速高 2.8 个百分点，保税仓库保持稳定增长态势，拉动全市外贸进口额。一般贸易进出口 71.98 亿美元，占进出口总额 52.2%。欧盟进出口 29.12 亿美元，较上年增长 26.29%，阿联酋进出口 1.45 亿美元，较上年增长 142%，沙特阿拉伯进出口 7.3 亿美元，较上年增长 24.3%。新增境外投资企业 20 家，累计 64 家。为企业兑现外贸扶持资金 2596.19 万元。太仓港综合保税区通过国家验收，太仓木材进口交易中心被省商务厅列为江苏省进口商品交易中心试点，依托太仓港，围绕大宗货物和高档日用品的物流配送、展示交易等，发展进口商品交易平台建设和进口商品集散贸易。

2014 年太仓市主要出口商品表

表 38　　单位：万美元

序号	商品名称	累计	较上年增减 (%)	序号	商品名称	累计	较上年增减 (%)
1	机器、电子产品、电气设备及零件	145075	0.17	5	化工产品	35495	−0.24
2	光学、检验、及医疗设备	4130	0.10	6	塑料、橡胶及其制品	31209	0.12
3	纺织原料及纺织制品	72925	0.00	7	杂项制品	28707	0.10
4	贱金属及其制品	64272	0.05	8	纸浆、纸、纸板及其制品	2966	0.18

2014 年太仓市对外贸易情况表

（按企业性质分）

表 39　　单位：万美元

类　别	进出口		出　口		进　口	
	累计	较上年增减（%）	累计	较上年增减（%）	累计	较上年增减（%）
内资企业	434749	17.35	165697	20.92	269052	15.25
外资企业	945216	1.66	442212	5.40	503004	−1.43

2014年太仓市对外贸易情况表

（按贸易方式分）

表40 单位：万美元

类别	进出口		出口		进口	
	累计	较上年增减（%）	累计	较上年增减（%）	累计	较上年增减（%）
全市	1379965	8.05	607908	10.16	772057	6.45
一般贸易	719786	5.73	309756	10.07	410030	2.67
加工贸易	404286	15.96	271781	18.84	132505	10.47
其中：来料加工	108573	−2.65	59825	−1.60	48748	−3.91
进料加工	295713	24.72	211956	26.24	83757	21.02
其他贸易	255893	3.31	26371	−36.83	229522	11.44

单位：万美元

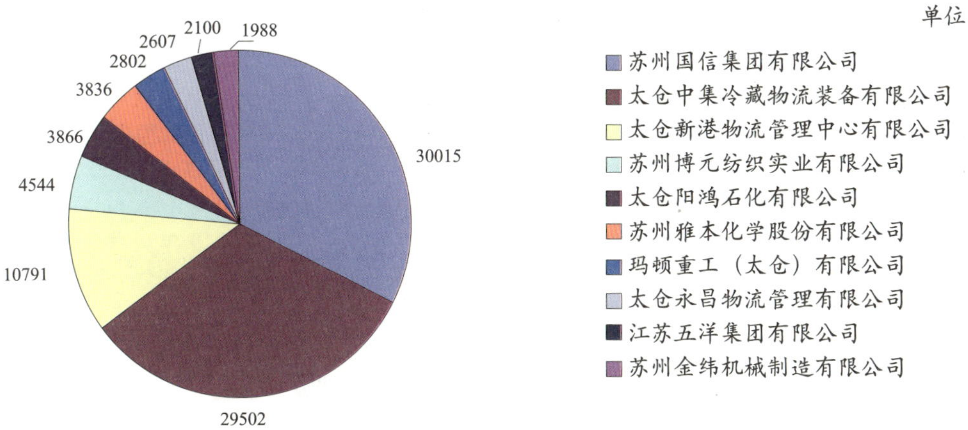

图2　2014年太仓市出口前10名民营企业份额图

单位：万美元

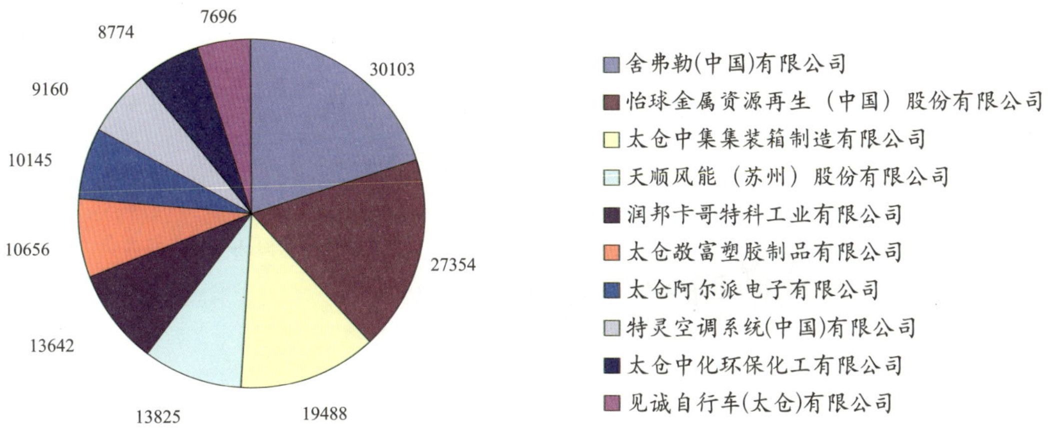

图3　2014年太仓市出口前10名外资企业及港澳台资企业份额图

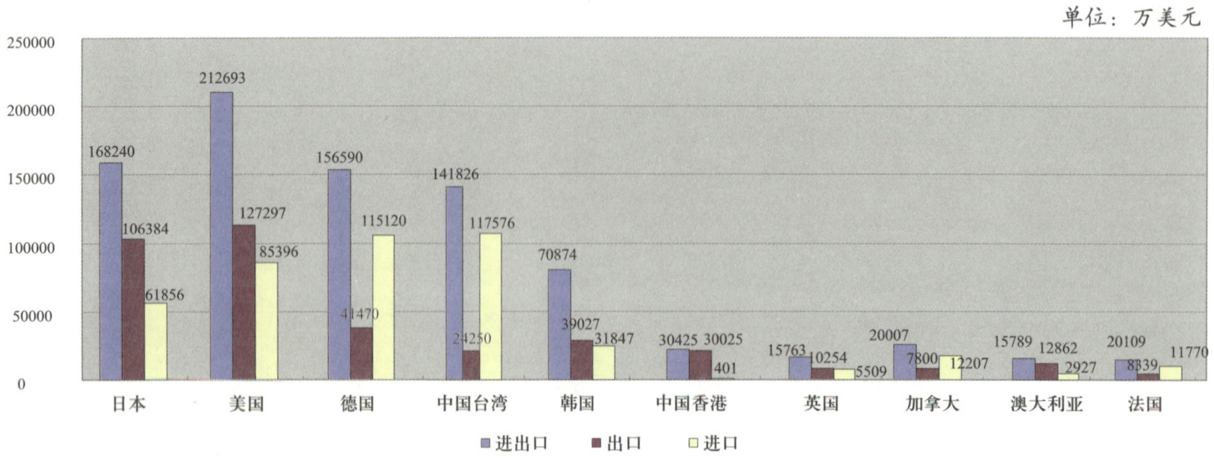

图 4　2014 年太仓市主要贸易伙伴进出口及进出境情况图

利用外资和港澳台资

【概况】 2014 年，太仓市新批外资及港澳台资项目 66 个，其中独资 58 个，合资 8 个。新批第二产业项目 35 家，注册外资及港澳台资 3.13 亿美元；新批第三产业项目 31 家，注册外资及港澳台资 2.57 亿美元。全年完成注册外资及港澳台资 5.7 亿美元，较上年下降 28.19%，实际到账外资及港澳台资 3.96 亿美元，较上年下降 35.86%。战略性新兴产业和高技术项目实际使用外资及港澳台资占比 45%，现代服务业新设项目占服务业新设项目总数 40%。全市增资项目 51 个，新增注册外资及港澳台资 1.7 亿美元，占注册外资及港澳台资总量 29.25%。

2014 年是“中德合作创新年”，太仓市作为中德合作先行市，推动战略合作伙伴关系。年内，德国工商总会上海代表处在太仓设立首家办事处，太仓驻德办事处揭幕，连续 7 年在德国举办“德国太仓日”活动，中德（太仓）中小企业工业园建成投用，中德质量安全示范区通过国家验收。太仓市成为中德经济顾问委员会中方会员。加大对接上海自由贸易试验区和虹桥商务区力度。3 月，太仓市对接上海自由贸易试验区恳谈会在上海外高桥保税区举行，上海市口岸服务办公室与太仓市政府签订《沪太口岸合作机制备忘录》，在口岸合作、对口交流、沪太通关一体化等方面加强合作与交流，实现同城效应，推进两地互惠共赢。加快总部经济发展，新设立或引进地区总部或功能性机构 4 家，外资融资租赁企业 2 家，填补太仓该领域中利用外资的空白。开展外资审批事项“清单式审核、备案化管理”省级试点工作，提升审批效率；注重跟踪服务，为耐克公司争取到总部开办扶持资金 200 万元。

【2014 年金秋国际经贸合作与创新恳谈会】 11 月 18 日，太仓市举行 2014 年金秋国际经贸合作与创新恳谈会，会上签约项目 24 个，总投资 91.5 亿元，注册资本 37.1 亿元，其中外资及港澳台资项目 11 个，总投资额 6.2 亿美元，注册外资 2.5 亿美元；内资项目 13 个，投资总额 52.8 亿元，注册资本 21.6 亿元。

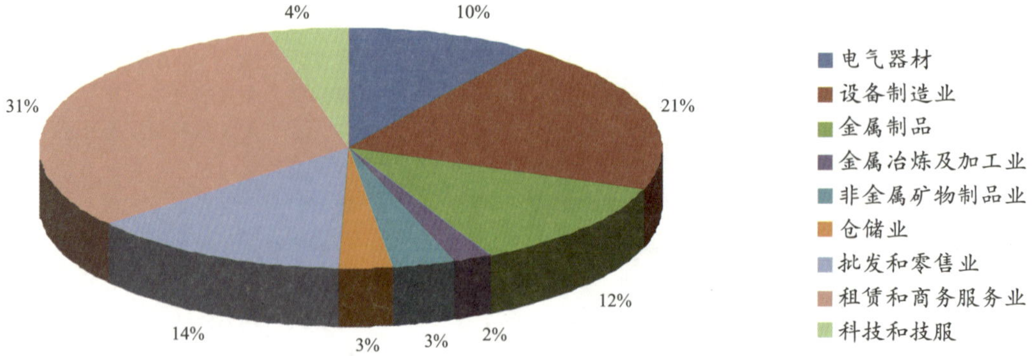

图 5　2014 年太仓市注册外资及港澳台资主要行业图

单位：万美元

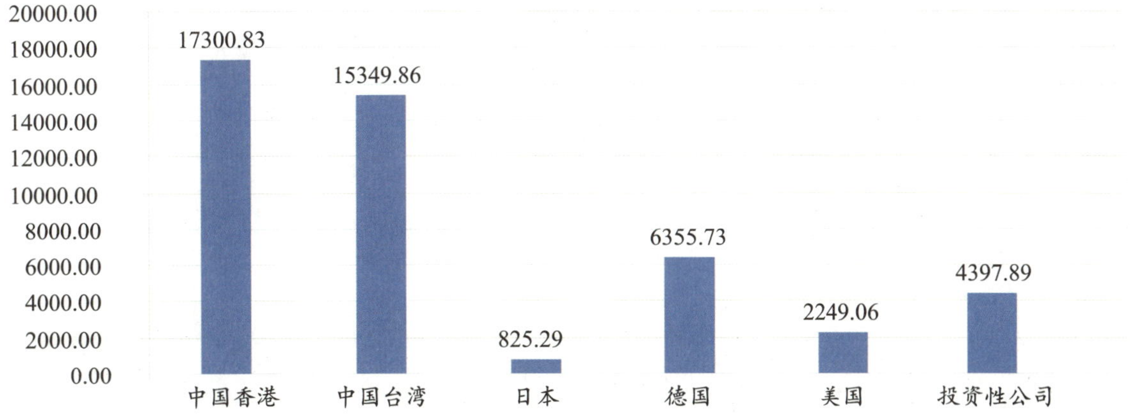

图 6　2014 年太仓市注册外资主要国别及港澳台资图

对外及对港澳台经济合作

【概况】 2014 年，太仓市实现外资及港澳台资投资总额 9767.5 万美元，较上年增长 213.97%；对外工程承包劳务合作合同额 3877 万美元，较上年增长 25.2%；实现对外工程承包劳务合作营业额 4117 万美元，较上年增长 51.1%；新批外资及港澳台资投资项目 14 个，其中非贸易型项目 11 个；增资项目 1 个。

（陈利锋）

2014 年太仓市新批、增资外资及港澳台投资项目明细表

表 41

项目名称	投资地	投资方
（美国）康乃德生物医药有限公司	美国	苏州康乃德生物医药有限公司
日本 SWL 公司	日本	太仓创思维力信息技术有限公司
佰斯莱有限公司	英属维尔京群岛	雅鹿集团股份有限公司
香塘投资有限公司	美国	苏州香塘创业投资有限公司
智利高展集团股份有限公司	智利	江苏高展集团有限公司
艾格鲁塑料制品（香港）有限公司	中国香港	太仓艾格鲁塑料制品有限公司
高展集团股份有限公司	秘鲁	江苏高展集团有限公司
新井精密部件（美国）公司	美国	新井精密部件（太仓）有限公司
华泰资通科技有限公司	泰国	苏州力硕电子科技有限公司
澳洲康乃德生物医药有限公司	澳大利亚	苏州康乃德生物医药有限公司
联合实业公司	加拿大	苏州兴亚投资有限公司
太阳电器（香港）有限公司	中国香港	太阳电器（苏州）有限公司
开曼若森投资有限公司	英属开曼群岛	太仓市若森投资管理有限公司
太仓港集装箱海运有限公司	中国香港	太仓船务（香港）有限公司

2014 年太仓市境外投资情况表

表 42　　单位：万美元

地　区	新批、增资境外投资项目数		新增境外投资额	
	生产性企业	非生产性企业	生产性企业	非生产性企业
全　市	11	3	9332.5	435
新　区	4	3	2720.0	435
港　区	—	—	—	—
城厢镇	2	—	282.5	—
沙溪镇	3	—	530.0	—
浏河镇	1	—	800.0	—

行政服务

【概况】 2014年，太仓市行政服务中心完善审批机制，提升服务效能，推进行政审批与便民服务各项工作。全年受理办件33.1万件，日均办件1311件，其中即办件21.9万件，承诺件11.2件，承诺件提前办结率95%，按时办结率100%，无投诉件。

【第9轮审批提速】 2014年，市行政服务中心推进行政审批事项“减、转、放、免”改革，开展第9轮行政审批提速增效工作。10月，完成涉及19个进驻部门的114个事项的提速增效工作，共减少项目承诺时限358个工作日，提速率11.1%，其中12个事项提速为即办件，依法取消4个部门的5个审批项目。

8月，市民在企业设立登记“一口式”服务窗口办理业务

（市行政服务中心供稿）

【企业设立登记“一口式”服务】 2014年，市行政服务中心对全市企业设立登记所涉及的工商执照、刻章、组织机构代码证以及国地税税务登记证等事项，实行“一次告知、一口受理、资源共享、限时办结”审批服务，通过综合窗口统一受理，简化办事流程，部门同步并联审批，确保5个工作日完成全部审批事项。

【远程在线审批模式】 2014年，市行政服务中心依托“全业务网上审批服务平台”建设，在市发改委、市住建局行政服务窗口试点推行网上远程审批模式，方便企业通过网上远程提交资料，利用“在线咨询系统”实时咨询，窗口单位实时受理，全程信息化网上审批，实现项目的受理、审核、审批、签发全过程电子化处理。

【“在线客服”咨询系统】 2014年，市行政服务中心更新外网界面，优化检索操作，升级中心外网功能，依托“政务公开、中心动态、办事须知、政民互动、‘12345’热线”五大板块，提供在线开展事项的申报、跟踪、咨询、预约受理等各项服务，建立在线即时咨询系统，所有窗口单位以“在线客服”形式即时答复审批事项咨询，提供企业网上即时指导、即时审核、即时服务。

【镇区便民服务中心建设】 2014年，太仓市依法落实沙溪镇简政放权工作，沙溪镇便民服务中心完成第2批9个行政部门的30个审批事项下放工作。双凤镇便民服务中心完工，16个部门的20个窗口集中对外开展“一站式”基层政务服务。浮桥镇便民服务中心完成新址选址和筹建方案规划。

【“民情e路通”综合诉求平台】 2014年，市纪委、监察局、行政服务中心和便民服务中心等联合升级开发“民情e路通”手机客户端（“12345”便民服务手机客户端）。市民通过智能手机使用“民情e路通”，实现在线提交诉求、查询行政审批服务事项等功能。“民情e路通”手机客户端是以“12345”平台为基础，继电话、网络、微博之后开发的一款移动受理平台，实现诉求入口、受理权限、办理要求“三统一”。市民注册后，即可提交“诉求”，根据不同类型，有咨询、投诉、举报、表扬、是否公开等可选，提交后可实时查询处理进度，并对处理结果评价。各职能部门也可通过手机客户端的“政务通——市民诉求”即时受理群众诉求。

【“12345”便民服务热线】 2014年，市行政服务中心规范完善“12345”便民服务热线群众诉求处办流程，明确诉求受理部门职责，制定《“12345”热线成员单位开展工作考核意见》，加强各单位热线诉求处办工作考评和督查，提升诉求处办水平。全年办理市民各类诉求24.13万件，较上年同期增长38.67%，其中一次性处理诉求22.81万件，一次性处理率94.53%；形成工单转交各部门办理1.32万件，办结1.31万件，办结率99.5%。

（贺　燕）

公共财政

财政收支

【概况】 2014年，太仓市财政运行健康平稳，财政改革成效明显，财政收入稳定增长。全市实现公共财政预算收入106.47亿元，较上年增长6.3%，税收占比85.4%，较上年提高3.4个百分点。其中，总量前三名为新区、港区（含浮桥镇）和城厢镇，分别是39.10亿元、19.42亿元和8.86亿元；增幅前三名为璜泾镇、港区（含浮桥镇）和科教新城，分别是13.9%、13.5%和13.4%。调整支出结构，严格控制一般性支出，压缩三公经费近30%，保障财政资金用于重点公共建设。加大民生投入力度，全市实现民生支出53.27亿元，占公共财政预算支出54.5%。兑现工业经济、科技创新、港口奖励等方面的各类奖励2.44亿元，支持太仓市实施千企升级行动计划。年内，沙溪镇财政分局（所）、双凤镇财政分局（所）、浮桥镇财政分局（所）通过省财政厅“规范化财政所”验收，城厢镇、浏河镇财政分局（所）获苏州市财政局授予“乡镇财政示范点”称号。

6月10日，市财政局举办打击非法集资宣传活动　　（市财政局供稿）

【财政改革深化】 2014年，市财政局以新《中华人民共和国预算法》和省《深化财税体制改革，加快建立现代财政制度的实施意见》为依据，深化财政各项改革，提升财政科学化、规范化管理水平。创新预算管理，完善政府预算体系，健全社保基金预算向人大报告机制，试编国有资本经营预算，公开市级预决算和9家试点单位部门预算、三公经费。制定财政性结余资金管理办法，对两年以上的资金予以收回。规范预算单位分类及科室专户管理，明确财政管理职责。实行专业化管理模式，初步构建项目标准化体系。清理收费项目，梳理暂存款和特定资金，13家单位试点非税收支脱钩。完善市与区镇间转移支付体系。加快政府财政管理信息系统二期建设，财政综合业务系统、办公自动化系统上线，非税收入管理系统优化升级。搭建数据中心底层架构，完成预算、指标、支付等数据接入。虚拟化云计算平台建设基本完成，电子凭证库与无纸化支付完成前期准备。模块功能完善，业务运行规范。

【资金运行规范】 2014年，太仓市推进权责发生制政府财务报告编制，在城厢镇开展试点工作。完善财政账户设置及资金使用有关规定，将财政账户分为预算管理类、过渡管理类、专项管理类三类，资金除与下级往来等以外全部通过财政零余额账户支付。根据财政部要求，将财政账户撤并为人行金库、社保、非税三大类。完善办理财政业务的金融机构考核办法，根据考核分数确定银行的财政存款，提高财政资金集中度。深化国库集中支付改革，明确财政与单位职责，完善公务卡、备用金等各项管理制度。强化财政监管，市财政局开展专项检查34项，涉及21家单位，涉及资金14.36亿元。对重点项目实施绩效管理，将2000万元及以上涉及重大民生的项目纳入市本级绩效目标管理，对3个项目进行绩效后评价。加强政府投资项目管理，融资资金核拨由审批制变更为备案制，提高超核减费征收效率。开展全市行政事业单位资产清查，对市级预算单位部分办公设备实施批量集中采购，规范区镇采购行为。

【金融服务】 2014年，太仓市加强金融生态环境建设，发挥金融生态联席会作用。在全市开展规模以上企业“健康体检”，排查和化解潜在风险点，全年未发生较大金融风险，全市银行、小贷不良率均低于苏州平均水平。加大预防和打击非法集资力度，配合公安部门打击非法集资案件1起。支持实体经济，继续

2014 年太仓市财政总收入情况表

表 43

项目 \ 预算级次	财政总收入（原口径）			上划中央四税			地方财政收入		
	实绩（万元）	较上年同期		实绩（万元）	较上年同期		实绩（万元）	较上年同期	
		增减额（万元）	增减(%)		增减额（万元）	增减(%)		增减额（万元）	增减(%)
一、国　税	1276856	134458	11.8	866693	88456	11.4	410163	46002	12.6
消费税	8499	−620	−6.8	8499	−620	−6.8	—	—	—
增值税	872400	100394	13.0	620620	68266	12.4	251780	32128	14.6
其中：改征增值税	5029	9340	26.0	—	—	—	45209	9340	26.0
国税企业所得税	395957	34684	9.6	237574	20810	9.6	158383	13874	9.6
二、地　税	588363	54015	10.1	88797	11469	14.8	499566	42546	9.3
企业所得税	60875	14304	30.7	36525	8583	30.7	24350	5721	30.7
个人所得税	87120	4810	5.8	52272	2886	5.8	34848	1924	5.8
营业税	182805	16265	9.8	—	—	—	182805	16265	9.8
城市维护建设税	68738	9872	16.8	—	—	—	68738	9872	16.8
城镇土地使用税	35945	−730	−2.0	—	—	—	35945	−730	−2.0
农业二税	49262	2531	5.4	—	—	—	49262	2531	5.4
其他地方级税收	103618	6963	7.2	—	—	—	103618	6963	7.2
三、财　政	576250	−370738	−39.1	—	—	—	576250	−370738	−39.1
行政性收费收入	36121	−12249	−25.3	—	—	—	36121	−12249	−25.3
专款收入（专项、罚没）	43397	557	1.3	—	—	—	43397	557	1.3
国有资本经营收入	37000	9343	33.8	—	—	—	37000	9343	33.8
国有资源（资产）有偿使用收入	30377	−24053	−44.2	—	—	—	30377	−24053	−44.2
其他收入	8103	1235	18.0	—	—	—	8103	1235	18.0
政府性基金收入	366252	−136571	−27.2	—	—	—	366252	−136571	−27.2
社保基金收入	55000	−209000	−79.2	—	—	—	55000	−209000	−79.2
合　计	2441469	−182265	−6.9	955490	99925	11.7	1485979	−282190	−16.0
附：外向型经济	864679	111466	14.8	—	—	—	—	—	—
个体私营经济	551139	28201	5.4	—	—	—	—	—	—

说明：1. 财政总收入（原口径）合计中未包括：国税部门征收上划中央的总分机构企业待分配所得税 17127 万元

2. 自 2012 年 10 月起，地税征收的部分营业税改征增值税，税目名称为改征增值税，由国税征收

2014年太仓市财政收入分项目执行情况表

表44

项目	累计收入（万元）	上年同期（万元）	增减（%）
一、公共财政预算收入	1064727	1001346	6.3
（一）税收收入	909729	821181	10.8
1.增值税	251780	219652	14.6
其中：改征增值税	45209	35869	26.0
2.营业税	182805	166540	9.8
3.企业所得税	182733	163138	12.0
4.个人所得税	34848	32924	5.8
5.城市维护建设税	68738	58866	16.8
6.房产税	41463	37875	9.5
7.印花税	14122	11584	21.9
8.城镇土地使用税	35945	36675	−2.0
9.土地增值税	43086	43036	0.1
10.车船税	4947	4160	18.9
11.耕占税	5973	6955	−14.1
12.契税	43289	39776	8.8
（二）非税收入	154998	180165	−14.0
1.行政事业性收费	36121	48370	−25.3
2.没收入	5604	8754	−36.0
3.专项收入	37793	34086	10.9
排污费收入	3276	4377	−25.2
城市水资源费收入	1463	1015	44.1
教育费附加收入	33054	28694	15.2
4.国有资本经营收入	37000	27657	33.8
5.国有资源（资产）有偿使用收入	30377	54430	−44.2
6.其他各项收入	8103	6868	18.0
二、政府性基金收入	366252	502823	−27.2
1.文教基金收入	22559	19447	16.0
2.国有土地收入	298841	457007	−34.6
3.城市基础设施配套费收入	19142	5928	222.9
4.其他各项基金	25710	20441	25.8
三、社保基金收入	55000	264000	−79.2
四、上划中央收入	955490	855565	11.7
1.增值税	620620	552354	12.4
2.消费税（100%）	8499	9119	−6.8
3.企业所得税（60%）	274099	244706	12.0
4.个人所得税（60%）	52272	49386	5.8
全口径收入（原口径）	2441469	2623734	−6.9

2014 年太仓市公共财政预算税收收入分地区执行情况表

表 45

地　区	目标收入（万元）	累计收入（万元）	上年同期（万元）	增减（%）
全　市	915500	909729	821181	10.8
港　区	194200	194200	171091	13.5
直　属	163200	166845	143808	16.0
浮桥镇	31000	27355	27283	0.3
新　区	395100	391077	348098	12.3
城厢镇	88400	88601	78600	12.7
科教新城	28800	29023	25598	13.4
沙溪镇	57500	57500	51131	12.5
浏河镇	47800	45167	42500	6.3
璜泾镇	25200	25524	22411	13.9
双凤镇	24200	24363	21538	13.1
其　他	54300	54274	60214	-9.9

加大产业投资基金的股权投资，发挥财政资金引导作用，8 家企业共获得支持资金 5300 万元。在产业投资基金基础上，设立科技型中小企业贷款风险补偿资金池，扩大资金扶持覆盖面，破解中小企业融资难题。建立融资服务平台，在企业公共服务平台基础上建立金融服务中心，为银企合作搭建网络服务平台，为金融机构贷款及企业借款提供便利。开展金融创新服务暨银企合作对接等 7 项专场活动，涉及 37 家金融机构，逾百家企业受益。

（梁廷峰）

政府采购

【概况】 2014 年，太仓市扩容政府集中采购品目，颁布《太仓市 2014 年政府集中采购目录》，政府采购品目涵盖更全，专用设备由 2013 年的 20 类增加至 28 类，增长 40%，服务类由 7 类增加至 15 类，增长 114%。政府采购操作实行网络化，政府采购网与政府财政管理信息系统对接，从采购项目的立项、资金来源、项目审批、采购方式确立以及采购资金支付，全部通过网络运行，各环节程序全部在网上操作。年内，太仓市政府采购中心共计完成政府集中采购任务 1131 次，其中公开招标 159 次，竞争性谈判 32 次，单一来源采购 27 次，询价采购 473 次，协议供货及定点采购 440 次，共计完成货物、工程、服务类采购金额 2.65 亿元，节约资金 3189 万元，资金节约率 12.04%。

【批量采购】 2014 年，太仓市印发《关于太仓市市级预算单位部分办公设备实施批量集中采购的意见》，把过去相对分散、价格优势不明显的通用类产品集中起来，形成一定规模的批量采购。全年累计有 95 个部门预算单位申请列入政府批量采购，采购预算 412.94 万元，实际采购 406.1 万元，节约资金 6.84 万元，节约率 1.66%。

【定点、协议供货商调整】 2014 年，太仓市重新公开招标 2014 年度政府采购协议定点供应商，扩大协议供货产品类别，从原先电脑、复印机、打印机扩展至高拍仪、展台等产品。通过评定，最终确定中标供应商 19 家、品牌 57 个、产品类别 17 个。

【扶持小微企业发展】 太仓市加大政府采购对小微企业发展扶持力度，在 2014 年至 2015 年政府采购定点供应单位招标工作中，放低门槛，降低注册资本、资质、业绩等要求，将一些技术含量低、价格透明、采购金额小的普通项目实行定点采购。其中有 24 家个体工商户中标成为定点供应商，涉及办公文化用品、办公家具、体育用品等。

（张廷波）

国家税务

【国税收入】 2014 年，太仓市国税总收入 132.4 亿元，较上年增长 11.6%；公共财政预算收入 41 亿元，较上年增长 12.6%；国税公共财政预算收入占比 38.5%，列苏州国税系统第一。全年减免抵退 51.5 亿元，占入库税收总量 46%，其中办理出口退税 19.5 亿元，流转税税收优惠 6.4 亿元，所得税税收优惠 5.4 亿元，享受小微企业优惠户数由扩围前 2057 户提高至 3105 户。太仓市国税局依法落实固定资产加速折旧、增值税征收率简并等各项普惠政策。完成邮政、电信业 43 户“营改增”企业的接收、辅导、申报、征收工作，全年入库“营改增”增值税 4.5 亿元，“营改增”政策累计惠及纳税人 1.2 万户，金额 9 亿元。涉税事项审批办结时限提速超过 30%。年内，市国税局获评江苏省文明单位。

【纳税服务】 2014年，市国税局提升“实体办税”服务质量，适应办税服务厅向综合纳税服务场所转型要求。打造“一厅多点”实体办税服务厅格局，强化一个分局办税主厅功能，规范各延伸点业务指导和服务制度，基本完成纳税人“有需求找办税服务厅”的改革目标。整合全市出口退税业务，规范政策执行，提升出口退税服务水平。推广“网上办税”，完善网上办税操作指南。网上申报、网上提交、网上（自助）报税、网上（自助）认证比例分别为99.66%、97.13%、69.14%、86.95%，催报催缴税务文书全部邮递送至纳税人。落实《全国县级税务机关纳税服务规范（1.0版）》要求，规范纳税服务行为，提高纳税人满意度和税法遵从度。打造多元型办税格局，通过“太仓国税”微信平台发布各类涉税信息590余条、税收政策及解读150余条、咨询热点问题650余条。依托太仓国税办税服务特服号（0512—96888743），提供涉税咨询、涉税查询、预约服务等，全年全市办税服务特服号累计通话时长1240小时，解答纳税人各类疑问2.32万次。成立税收政策咨询专家委员会，对纳税人书面咨询给予确定性回函。市国税局年度纳税人测评满意率99.5%，列苏州国税系统第一。

【税收征管】 2014年，市国税局推进税源专业化管理，共启动风险应对1030户次（人均34户次），应对总成效近3.2亿元。依托“团队＋项目”模式开展大企业项目化应对，成效3636.3万元。采用“征管牵头、集中分析、分局实施”形式，优选“防转”典型对象实施分析应对，多户企业利润率提升，“防转”总成效超过1亿元，其中跨境“防转”成效占比超三成。以防止虚开发票为“控险”重点，疏理增设预警指标，遏制虚开发票现象，共查结发票案件50件，查补金额近2300万元。强化涉税资料管理，建立风险应对和稽查案底库，对连续多年产生涉税风险的企业加强监控力度。

【税收稽查】 2014年，市国税局依法落实《苏州市国税局税收职责清单业务工作规程》。贯彻执行省国税局新税务行政处罚自由裁量基准，统一处罚裁量标准；自查税收优惠、“营改增”政策执行等情况，规范税收执法行为。开展执法督察，全年共完成43项1862条预警任务。发挥稽查打击威慑作用，全年共下达检查任务136件，查处百万元以上案件7起，稽查查补总额3950万元，对8户欠税不交企业采取强制执行措施，在主流媒体曝光稽查典型案例12起。

（张孝东）

地方税务

【地税收入】 2014年，太仓地税总收入100.31亿元，较上年增长10.40%。其中，完成地方税收收入63.24亿元，较上年增长10.28%，非税收入37.07亿元，较上年增长10.61%；公共财政预算收入（含教育费附加）53.32亿元，较上年增长9.63%，占全市公共财政预算收入50.08%。年内，太仓地税局获评“全国职工书屋”示范点和“苏州市五一劳动奖状”。

【纳税服务】 2014年，太仓地税局围绕经济发展重点和难点，研究分析税收数据，开展税收政策调研，在各级刊物刊登调研文章10篇，其中国家级2篇、省部级1篇。落实各项税收优惠政策，利用落实税收优惠政策服务平台，提醒全市1309户（次）可能享受税收优惠的对象，共落实各类税收优惠5.16亿元。减免各类软件应用服务费、税控机换版费、CA（证书管理机构）认证费等各种工本费，累计为纳税人减负近500万元。年内，开展“入户入企入会，问症问需问策”等活动，累计走访党委、政府、社区、企业、商会协会等151户（次），组织纳税人座谈6场（次），邮寄意见征求表500余份，收集整改意见建议58条。开展“便民办税春风行动”，完善咨询服务团队，加强“纳税人学堂”“纳税人之家”建设，举办各类培训辅导班、座谈会等52场（次），辅导财务负责人和办税人员5400余人（次）。贯彻落实《全国县级税务机关纳税服务规范》，梳理业务流程、简化办税程序、简并办理环节、缩短办理时限，提升纳税服务效能。创新税收宣传方式，在太仓图书馆设立“书香税苑”税收图书专柜，聘请地税义务税收宣传员，深入各行各业宣传各项税收惠民政策，制作的税收动漫《八戒开店记》获第9届全国税收动漫优秀奖。

【税收征管】 2014年，太仓地税局推进税源专业化改革，细化考核，加强监控，征管质量监控指标综合排名苏州地税系统第三，其中纳服类指标、风险类指标全年保持第一。探索多部门协作的新型税收征管手段，依托政府税收保障平台，累计采集31

4月，太仓地税局向外籍人员宣传个人所得税政策　（赖慧　摄）

个部门14万条数据信息，增加地方税收8521万元；在苏州地税系统内首家落实工商变更前股权转让前置申报制度，全年入库个人股权转让所得税3719万元，较上年增长143.71%；创新实施境外上市企业闭环管理模式，指导企业自行调整补税3025万元；以特别纳税调整为突破口，强化企业所得税预、清缴工作，汇缴补税1.19亿元。落实风险管理导向，建设风险指标模型，加强行业风险评估与检查，全年入库税款3.33亿元，贡献率5.14%，风险应对面11%，人均风险应对34户，均位列苏州地税系统第一。继续强化土地增值税清算工作，组建专业清算团队，梳理房地产项目28个，清算入库土地增值税1.04亿元，较上年增长136.91%，清算税款占比列苏州地税系统第一。

【税务稽查】 2014年，太仓地税局对社保欠费企业采取法律措施27户（次），涉及金额316.03万元。《实行社保费非诉强制执行机制》被确定为太仓市"关爱民生法治行"重点项目，《非诉行政执行在社会保险费征缴工作中的运用》入围太仓市"运用法治思维和法治方式优秀实践案例"。针对执法风险防范的需要，建立风险应对复审机制，全年复审面7%，列苏州地税系统第一。制定《税收风险应对复审办法》《税收风险应对复审方案》等制度，初步形成中高等风险应对内控体系。整合稽查资源，开展专项检查、区域专项整治、重点税源企业检查以及打击发票违法犯罪活动，全年共检查企业53户，查补各项收入717.11万元，组织企业自查入库590.52万元。强化对检查成果的增值利用，提炼总结的《某市场有限公司设置"账外账"偷税案》获得苏州地税优秀典型案例奖。

（赖　慧）

审　计

【概况】 2014年，太仓市共完成审计项目33项（其中审计调查6项），审查出违规金额3437.29万元，审查出管理不规范金额51.01亿元，提出审计建议97条；被审计单位完成整改70条，整改率72%；编报审计信息宣传稿件73篇，被各级录用60篇；向有关部门移交处理事项7项，审计建议促使有关部门出台规章制度9项；提交审计决定13份，审计决定执行率92%；向社会公布审计结果4项。

【预算执行审计】 市审计局创新审计思路，规划审计方案，加强支出预算的各项配套审计，提升审计质量。除对财政、税务进行常规审计外，增加太仓日报社等10家单位的预算执行情况和社保基金、行政事业单位机关运行支出等4项专题以及排污费、墙改基金等5项专项资金审计。将港区、新区、科教新城纳入"同级审"范围，扩大审计监督覆盖面。

【政府投资审计】 市审计局跟进全市5个"十大工程"和重点项目，加大审计监督力度。全年完成结算审计232项，送审69.95亿元，核减6.88亿元，核减率9.84%；加大跟踪审计力度，继续跟踪审计海运堤二期、港城邻里中心等2个项目，涉及项目总投资3.8亿元，提出审计建议17条，节约建设投资资金203万元；完成专项审计调查报告2个，提出审计建议6条并监督落实；加大协审管理力度，完善协审单位管理制度，加强对协审单位和参审人员的管理。

【经济责任审计】 市审计局全年开展经济责任审计10项，提出审计建议29条。在审计内容上加大绩效分析的比重，包括领导干部重大经济决策、专项资金管理、重点项目管理、行政成本使用、环境保护整治等，把三公经费使用情况纳入领导评价体系；发挥经济责任审计联席会作用，形成监督合力，共同推进经济责任审计工作。把落实中央《关于改进工作作风、密切联系群众的八项规定》（以下简称《八项规定》）情况作为经济责任审计重要内容，市审计局配合市纪委开展专项督查，对全市10家单位公务活动经费管理使用情况进行专项检查，全市各部门、单位认真贯彻落实中央《八项规定》，三公经费较上年有下降；联合市财政局开展"小金库"专项治理，在全市各部门和单位自查自纠"小金库"基础上，抽查6家单位进行清理检查，未发现私设"小金库"现象。

【专项资金审计】 市审计局实施民本审计，抓住民生政策、民生资金、民生工程三个环节，加大审计监督力度，确保财政资金专款专用。审计社会保障基金预算管理、排污费专项资金、新型墙体材料专项基金、科技发展专项资金、公交优化专项资金、城镇保障性安居工程等项目，实时关注政策执行、资金拨付情况、资金使用绩效等。市审计局配合市纪委专案行动，审计太仓港经济技术开发区14

5月6日，市审计局与市墙改办在太仓浙建地产发展有限公司审计墙改基金征收情况

（冯瑜　摄）

8月6日，审计人员在太仓市工业投资发展股份有限公司进行现场审计
（李秉烨 摄）

家企业拆迁补偿情况，查出问题金额4500多万元，审计结果上报市纪委。

【国有企业审计】 太仓市以维护国有资产安全和市场经济秩序为目标，重点关注企业运行效率、资产负债结构、经营能力等情况，查找和揭示经营管理中的风险点，促进企业由粗放型管理向精细化管理转型升级。全年完成太仓市水处理有限责任公司国有资本运营情况和工业投资发展股份有限公司董事长离任审计2个国有企业审计项目，提出会计核算、资金调度管理、固定资产管理、下属公司管理等方面的审计建议。

【内部审计】 2014年，市审计局与市纪委、市监察局合力推进监察审计，加大对内审工作的部署指导，组织召开市属11家重点部门监察审计室工作会议，听取工作计划，对五大类94个内审项目和审计工作规范提出具体要求。截至年底，太仓市属11家重点部门和6个镇1个区完成审计项目294个，审计金额240.04亿元，审计发现问题资金0.35亿元，促进各单位出台规章制度13项。完善考核办法，健全内部监察审计考核制度。完善《太仓市内部审计工作考核办法(试行)》，促进内审机构规范内审工作，提高内审管理制度化、规范化。以双凤镇内审为推进试点，开展“参与镇村内部审计监管”，在双凤镇推进驻点审计指导工作，为内审工作程序规范化运行树立典型。

【审计结果公告】 2014年公布审计结果公告4项，分别是：《太仓市审计局关于2011年至2013年城乡公交服务优化提升工程专项资金审计调查结果的公告》《太仓市审计局关于太仓市2011至2013年新型墙体材料专项基金绩效情况审计结果的公告》《太仓市审计局关于太仓市第一人民医院2013年度财务收支及信息系统情况审计结果的公告》《太仓市审计局关于太仓市红十字会2010至2013年度接受使用捐赠资金情况审计结果的公告》。

（王 嫣）

人口与计划生育

【概况】 2014年，太仓市常住人口出生7130人，其中女性3462人，出生性别比105.95，出生政策符合率98.15%。人口出生率8.03‰，较上年上升1.36个千分点；人口死亡率8.12‰，较上年上升0.78个千分点，人口自然增长率−0.09‰，连续20年人口自然负增长。全市已婚育龄妇女86755人，只生一个孩子的已婚育龄妇女71086人，占已婚育龄妇女的81.94%，一孩率74.21%。全市免费孕前优生健康检查目标人群覆盖率111.56%。全年中国生殖健康家庭保健培训中心（CTC）承办19期国家卫生计生系统干部培训班和4期人口与发展领域的国际合作项目，共计接待2800余人次。

【单独两孩政策贯彻落实】 3月28日，根据《江苏省人民代表大会常务委员会关于修改〈江苏省人口与计划生育条例〉的决定》，太仓市启动实施城乡统一的“一方为独生子女的夫妇可生育两个孩子的政策”(简称“单独两孩”政策)。市人口计生委组织开展独生子女属性核查，开展出生人口分析测算，核查总量32.5万人、符合新政家庭约5000户。组织全市机关事业单位符合“单独二孩”政策家庭生育意愿调查，收回有效问卷1040份，其中愿意生育占比25.1%，明确不再生育占比31.8%，未确定占比42.7%。3月31日，市人口计生委举办单独两孩政策实施工作培训，专题辅导单独两孩政策的适用范围、再生育审批流程、新政实施的便民举措等。太仓市建立人口计生、教育、卫生系统再生育审批通报制度。简化审批程序，建立村（社区）委托受理制，简易程序10个工作日内完成审批发证。开通优生优育咨询服务电话，举办优生优育讲座，建立完善高危门诊和孕前保健制度，加强高危人群监测随访。全年审批发放再生育一个孩子生育证240例，占全市再生育审批总量1278例的18.8%。

【计生特殊家庭养老帮扶】 2014年，太仓市探索应用社会组织开展特殊困难家庭养老帮扶工作，建立多元特殊家庭帮扶模式。1月，“太仓市连心家园关爱服务中心”成立，统筹协调全市各镇区连心家园关爱帮扶活动。组建市、镇（区）两级连心家园志愿者骨干队伍，构建政府买单、公益服务、社会援助、政策推动相结合的多渠道帮扶运作机制。全市共有特殊家庭303户，其中失独后没有第三代的家庭有112户。6月9日，“连心家园——关爱失独家庭行动”全省启动会在太仓召开，太仓关爱帮扶失独家庭经验

11月30—31日，人口与发展南南合作高级研讨会在CTC举行
（市人口计生委供稿）

份，避孕药具2000余盒。启动流动人口卫生计生基本公共服务均等化试点工作，安装新型避孕药具免费发放机20台、宣传资料架178个。落实流动人口计生基本项目免费服务，将流动人口纳入“两癌（宫颈癌和乳腺癌）筛查”和RTI（生殖道感染）检查。免费开展孕环情检查8394人次，办理流动人口一孩生育登记单41例，开展计划生育手术1563例，生殖健康检查2.3万人，提供“六免一奖”经费131万元。3月，安徽省滁州市定远县驻太仓机构按民办非企业形式在民政部门注册成立皖江红新市民计划生育服务中心，定远县与太仓市签署为期一年的政府购买服务协议，确定流动人口基础信息比对、生殖健康服务组织、违法怀孕对象落实长效措施动员等10个项目为首期购买项目。太仓市明确服务标准、权利义务和购买方式，制定业务规范。服务安徽省滁州市定远籍流动人口1600余人次，未发现生育三孩及以上的定远籍流动人口家庭。7月，“江苏省太仓市阜南籍流动人口计划生育协会”在浏河镇成立。6—9月，市人口计生委连续第8年开展计划生育专项治理行动，以多孩以上家庭为重点，开展走访入户宣传服务，健全流动人口工作巡查、信息通报、重大事件报告等制度，重点治理违法生育和“两非”行为（非医学需要的胎儿性别鉴定和非医学需要的人工终止妊娠行为）。

在全省推广。7月18日，市连心家园关爱服务中心组织承办的“心手相连，共享阳光——关怀关爱失独家庭”公益创投项目启动，各镇区计生协会志愿者、“连心家园”骨干成员接受心理咨询培训。项目以“跨越苦难、自助助人、重塑人生、奉献社会”为目标，开展心理慰藉、生活照料、交流互动、异地疗伤、技能培训、健康（法律）讲座等，设置爱心帮扶热线和心理疏导热线等项目热线电话。主要为全市112户49周岁以上失去独生子女的家庭服务，178名失独父母受惠。市人口计生委为1085位计生特扶对象续保住院护工服务保险和人身意外伤害团体保险，金额33.1万元。9月，中国计划生育协会副会长勾清明走访浏河镇“连心家园”、城厢镇“连心家园”烘焙基地和市连心家园关爱服务中心，肯定太仓在计生特殊家庭帮扶工作的经验。

【“生育关怀、服务到家”活动】 4月，太仓市政府办印发《关于开展“生育关怀、服务到家”活动的意见》（太政办〔2014〕31号），部署“生育关怀、服务到家”活动，围绕“优生促进、科学育儿、青春健康、避孕节育、政策服务、新太仓人”提供服务。保障人口计生政府公共服务，围绕家庭生命周期的按需服务新模式基本形成，提升人口和计划生育公共服务的知晓率、获得率和满意度，提高家庭生活质量和幸福指数。“生育关怀、服务到家”活动是人口计生服务管理转型发展主业品牌和作风效能建设行业品牌，是立足于人口和家庭发展的社会治理体制建设的重要标志。全市共完成信息归户13万户，开通网上服务大厅，服务家庭9.9万户，目标人群服务率93.58%。

【流动人口计划生育】 2月18日，太仓以“关怀关爱、与你同行”为主题，开展城乡联动、多部门参与的流动人口计划生育“春风行动”主题日宣传活动，共为4000余名流动人口提供计生政策咨询、便民维权服务等计生服务，发放计生宣传资料4000余

6月9日，“连心家园——关爱失独家庭行动”全省启动会在太仓召开
（顾海兵 摄）

【计划生育奖励扶助】 2014年，市人口计生委持续推进太仓计划生育一次性奖励登记工作。加强政策法规培训指导。兑现各项奖励扶助政策，对6266名符合一次性奖励对象发放奖励金2255.76万元。对1.74万名农村奖励对象发放奖励金1654.11万元。对1225名独生子女死亡或伤病残后未再生育或者收养子女的父母发放特扶金681.24万元。救助170户符合计划生育公益金家庭，发放金额36.2万元。

【家庭幸福指数提升】 2014年，太仓市推进幸福家庭建设工作，开展"幸福家庭评选活动""免费孕前优生健康检查""青春健康校企行"等专项行动，提高人口素质与家庭发展能力，促进家庭幸福和社会和谐。市文明办、市综治办、市民政局、市人口计生委在全市联合开展太仓市幸福家庭评选活动，共评选出"太仓市幸福家庭建设示范村（社区）"8个、"太仓市幸福家庭建设示范企业"2家、"太仓市幸福家庭"20户、"太仓市新市民幸福家庭"10户。市人口计生委调研开展青春健康教育校企行30场次，惠及13所学校和6家企业，3500余名学生和青年职工参与。7月11日，市人口计生委、文明办、卫生局等单位共同主办的"七彩夏日——青春健康社区行"活动启动，在7个社区宣传普及青春期生理和心理健康知识。

【出生人口素质提升】 2014年，市人口计生委继续开展免费孕前优生健康检查，向待孕夫妇免费发放宣传资料4000余份，指导孕前危险因素自查4000余人次，为4016人进行免费孕前优生健康检查，覆盖率111.56%，对99名重点人群提供个性化咨询指导和转诊治疗。开展出生缺陷干预，赠送优生优育疾病保险4162份，27例获赔，全市出生缺陷发生率4.05‰。开展0～3岁科学育儿工作，发放《指导服务手册》4000余册，举办高质量公益讲座16场，普及科学育儿理念；开通《宝贝家》《孕育指南》数字电视节目，赠送优生优育节目券1万余份；组织开展亲子课程免费体验活动，参与体验8970人次；开设免费借阅认知绘本、益智玩具等家庭读物，0～3岁科学育儿指导服务目标人群覆盖率100%。

（杜　平）

劳动就业

人力资源

【概况】 2014年，太仓市劳动年龄段人口26.15万人，其中农村劳动力11.16万人。全市充分就业社区（村）创建达标率100%，其中苏州市级示范社区8个，省级示范社区3个，充分转移乡镇创建率80%以上。应届高校毕业生2358人（本科1221人，专科654人，五年制大专483人），就业率97.80%。全市城镇登记失业人员2739人，城镇登记失业率2.01%，实现就业再就业2126人，再就业率99.40%。农村劳动力转移率96%，其中从事第二产业5.80万人，从事第三产业3.94万人。登记失业的被征地农民109人，实现就业再就业108人，再就业率99.08%。

【技能人才配套服务】 太仓市通过数据信息推进人才机制建设，推广CA（证书管理机构）认证系统，完善"人才基础库""高级人才库""人才储备库"等分类人才库，全市人才资源总量增至12.86万人，其中高层次人才0.77万人。借助"德国太仓日""苏州国际精英周"等活动，促进项目对接。2014年精英周期间，共落户创业项目38个、创新项目4个。调整发布《太仓市2014年度紧缺高层次人才引进资助目录》，规范中高层次人才优惠政策。根据国家、省、市有关要求，建设高端人才工作载体。苏州维艾普新材料有限公司获批江苏省博士后创新实践基地，入选江苏省企业首席技师1人，入选2013年度姑苏高技能重点人才28人，获评2014年度苏州市姑苏高技能重点人才30人。

【事业单位和军转干部管理】 太仓市有各类应设事业单位321个，应设岗位12507个，2014年招考录用425人，办理解聘合同132人次，实有总人数11071人。年内，太仓市印发《关于进一步完善机关事业单位编外用工管理的有关意见》，加强机关事业单位编外用工管理工作。建立全市编外用工人员数据库，全市机关事业单位共有3815人纳入数据库监管范围。建立市、镇、社区职责明晰、上下衔接的军队转业干部自主择业管理服务体系，为军转干部提供档案管理、职称评定、退役金年审登记、医疗保险等配套服务。2014年，接收安置军转干部9人，全市现有企业军转干部474人，339人得到不同程度补助，补助率71.1%，补助金额合计569万元。

【工资福利规范】 2014年，太仓市完成公务员津补贴调整规范工作。由原按职级确定标准改为按职级、工作年限确定标准，涉及在职机关工作人员2577名，人均月增资262元，119名离休干部人均月增资925元，1891名退休干部人均月增资1276元。年内，印发《太仓市机关事业单位工作人员带薪年休假制度实施办法》（太委办〔2014〕40号），加强和规范年休假制度管理。

（顾　阳）

就　业

【就业援助】 2014年，太仓市印发《进一步扶持农村劳务合作社发展，促进农民就业创业实施细则》《大学生见实习基地管理办法》《太仓市农村公益性岗位管理实施办法》等扶持就业创业文件。全市获批灵活就业社会保险补贴41258人次，补贴金额1026.32万元；312家申报单位的2350人获批社保补贴，补贴金额726.25万元；发放大龄就业困难人员临时物价补贴5362人次，补贴金额29.17万元；获批一次性创业就业补贴134人，补贴金额26.80万元；获批政府小额担保贷款114人，贷款金额1478万元。

【公共就业服务平台】 太仓市公共就业服务以市人力资源市场为中心，以

8 月 19 日，太仓市举行叉车司机岗位操作技能竞赛　　（市人社局供稿）

经济开发区、苏州健雄职业技术学院及各镇的 11 个分市场为主干，以 73 个社区、74 个村的劳动保障服务站为延伸，建立辐射全市的人力资源市场体系群，承担全市公共就业服务主渠道作用。全市各市场每周联动错时举办招聘会，在全市范围实现公共市场天天有招聘会。2014 年，全市公共就业服务机构共举办现场招聘会 868 期，进场单位 20659 家次，提供招聘岗位 38.10 万个，进场人数 55.83 万人次，达成就业意向 5.37 万人次。太仓市鼓励和规范发展私营职业中介机构，作为公共职介网络的补充。全市经行政许可设立民办职业介绍所 33 家，发挥其在促进和保障市场灵活性及提高市场效率方面的补益作用。

【职业技能培训】 2014 年，太仓市启动分类式技能培训提升和定向辅助式企业培训，提高劳动者技能。开设现代制造业、现代服务业紧缺的高技能人才和创新型技能人才培训，全年共完成各类培训 2.35 万人次，其中，技能培训 3480 人。举办创业培训 30 期，培训 1046 人。面向全市企业内在技术革新环境下有提升需要的员工，开展企业内技能提升培训，累计培训 5577 人。全年共组织物流师、营销师、人力资源管理师、秘书等工种全国全省统一鉴定 624 人次，实施职业技能鉴定 1.15 万人次，发放国家职业资格证书 9109 份，其中初级工 4574 人，中级工 2916 人，高级工 1619 人。组织 800 余人次参加收银员、家政服务员、无线电调试工及叉车司机等 10 多个工种技能竞赛。

【农村劳务合作组织建设】 根据市政府下发的《关于进一步扶持农村劳务合作社发展，促进农民就业创业的意见》（太政发〔2013〕95 号）要求，太仓市以沙溪镇为先行点，实施农村劳务合作社实体化建设，探索公共就业服务实名化管理，挖掘农村劳务合作社在扩大就业和促进农民增收方面的潜力。试点工作相继完成基础数据调研、全镇农村劳务合作社组织架构建设、劳务合作社软件系统业务模块的设计与开发等任务，2014 年 5 月，完成“太仓市村（居）人力资源管理平台”测试工作。农村劳务合作社实体化建设实现“管理模式、扶持项目、岗位设置、服务对象”四大突破，进入面向全市推广阶段。

【大学生见(实)习频道上线】 11 月，大学生见（实）习管理频道在太仓人才网上线试运行。系统主要应用于大学生见（实）习基地规范化管理及岗位补贴发放，分为企业及学生用户两个界面。频道制定严格的企业审核和准入制度，要求每家企业每年提供见（实）习岗位 5 个以上，一方面实现对新申请见（实）习企业资质的严格把控，盘活现有企业面向大学生的岗位资源，发挥见（实）习基地培训和训练大学生的功能；另一方面借助网络端电子化管理，企业可通过太仓市人才网实习补贴预申报系统在线申报补贴，提高办事效率。

（顾　阳）

劳动者权益保护

【和谐劳动关系构建】 2014 年，太仓市劳动争议信访调解平台下移，完成组建六镇一区劳动人事争议人民调解室，运用市人社局劳动关系调处实时联动系统，促使 55% 的争议案件在基层得以化解。劳动监察工作加强劳动关系预警指标分析研判，建立企业用工日常动态监测机制，全市主动监察企业 1215 家，人均主动监察数为苏州市最高。劳动争议仲裁工作加强巡回庭建设，根据全市行政区划调整，对原镇（区）仲裁庭进行调整，变更成立沙溪镇、港区、新区 3 家巡回仲裁庭，并做到硬件、人员、信息化、考核及培训五到位。2014 年，共处理劳动人事争议 2518 起，其中立案处理 833 件，仲裁委调解和撤诉案件占受理案件总数的 79%。全市 882 家 20 人以下小微企业的 1.15 万名职工享受免费人事代理服务，代理率 79%，劳动合同签订率 100%，职工参保率 75% 以上，有效防控劳资矛盾。

（顾　阳）

社会保障

社会保险

【概况】 2014 年，太仓市各项社会保险参保率 99% 以上，新增城保（企业职工基本养老保险）人数 11.39 万人，其中土地换保障 2252 人，居保（城乡居民基本养老保险）转城保 2872 人。全市社会保险基金总收入 29.89 亿元，社会保险基金当期结余 1.19 亿元，滚存结余 62.82 亿元。社保服务深化示范建设，研发集学社保政策、查参保档案、算相关待遇、搜医保报销等功能的“51社保”手机软件；设立“疑难诊询服务窗口”，受理调处非群众本人原因导致社保业务难以经办的业务；推出“就业社保政策咨询港”，会同就业、医保等部门建立工作日不间断专职专人咨询服务，实现政策咨询高效率与专业化。

【养老保险】 2014年，太仓市贯彻落实征地补偿和被征地农民社会保障新政策，规范社会保险费征缴管理工作，促进征地补偿办法规范化、程序化、科学化。实施因病（残）就业困难人员享受社保补贴政策，扶持社会困难群体。完成新一轮退休人员养老金水平调整，5.6万名企业退休人员平均养老金为1875元/月；7.1万名土地换保障、小统筹人员养老金为1075元/月；2.9万名居保养老人员养老金为375元/月，缴纳补充居保人员养老金为484元/月，城乡养老待遇水平在苏州市范围内保持领先。

【医疗和生育保险】 2014年，太仓市印发《关于调整太仓市2014年度社会医疗保险有关政策的通知》等文件，调整个人账户用于购买商业保险和健身消费的额度，调整医疗专项基金筹资水平，调整大病补充医疗保险缴费标准。在浏河、浮桥、双凤、沙溪、璜泾5个镇设立基层医保结报站，便于市外就医或付现就医的乡镇参保人员就近办理医保报销业务。全民大病保险运行平稳，医疗费用10万元以上患者的实际自负率控制在28%以下。截至年底，受理理赔案件2701件，累计赔付1443.39万元，综合结报率69.50%，其中基本医疗保险结报率从67.94%提高到75.05%，居民医疗保险结报率从51.56%提高到64.98%。

【失业和工伤保险】 2014年，太仓市失业保险参保单位1.03万家，参保人数25.29万人，领取失业保险金7834人，较上年上浮10.76%。1月起，依托企业网上申报操作平台，开通“工伤备案”模块，改变以往书面现场备案模式，开创工伤申报快速便捷模式，年内完成工伤备案2250起。工伤保险探索合理简化事实清楚、权利义务明确的工伤认定申请，推广工伤现场认定新模式。截至年底，处理现场认定案件4596起。4月，启动新一轮工伤保险费率调整工作，全市968家企事业单位涉及浮动费率。11月，印发《太仓市灵活就业人员职业伤害保险暂行办法》，探索为因工作遭受事故伤害的自主就业者提供相应保障，太仓市户籍5万余名劳动年龄段内的灵活就业人员可免费参加职业伤害保险。

【退休人员管理服务】 2014年，太仓市企业退休人员纳入社会化管理服务13.21万人，农村养老人员纳入社会化管理服务3.07万人。完成常规慰问城乡养老人员3.73万人，为2533名异地居住的本地退休养老人员提供免费代办服务。年内，确定定点体检医疗机构27家，完成城乡退休养老人员免费体检4.80万人。市人社局每月编发《娄江夕阳红》报4万份，累计发行106期。举办第十届“郑和卡杯”夕阳红艺术节，组织全市近万名城乡老人参加13项比赛活动。

（顾　阳）

太仓市社保中心设立“疑难诊询服务窗口”。图为工作人员指导办事群众填写业务受理单　（2014年5月摄　市人社局供稿）

社会救助

【最低生活保障】 2014年起，太仓市低保标准由苏州市政府统一调整，从2014年7月起，低保标准从原来的650元/月调整到700元/月。拓展低保边缘重病困难对象救助范围，将低保边缘重病困难对象救助病种从原来的15类扩展到17类。截至2014年年底，全市共有低保户1086户2149人，低保边缘对象1502户1575人，五保对象213户216人，全市累计向低保等困难家庭发放救助金3125万元。

【医疗救助】 2014年，太仓市调整低收入家庭人员年度专项医疗救助待遇标准，门诊结算救助比例提高至70%。全年拨付医疗救助资金838万元，救助5.40万人次，其中实施保费救助3651人次、73万元，实时医疗救助4.94万人次、387万元，年度医疗救助384人次、156万元，年度专项医疗救助582人次、222万元。

【慈善救助】 2014年，太仓市开展“慈善一日捐”“爱是你我”“星空下的慈爱”等慈善活动，全年募集善款380余万元，慈善救助支出360余万元，累计救助3000余人次。太仓市蝉联全国公益慈善城市100强称号，获评中国城市公益慈善指数“六星级”城市。

【孤儿救助】 2014年，太仓市共有孤儿19人，其中在福利机构集中养育的孤儿12人，社会散居孤儿7人。当年集中养育孤儿养育标准由1600元/月提高到1760元/月，散居孤儿养育标准由1000元/月提高到1120元/月。政府有关部门组织开展关爱孤儿活动，在春节、“六一”及开学前夕，组织看望每个孤儿，了解他们的生活、学习情况，保证孤儿生活质量。

【自然灾害救助】 2014年，太仓市实施《太仓市自然灾害救助应急预案》，明确各地各部门职责，规范救灾流程，提高救灾效率。围绕“城镇化与减灾”主题，开展防灾减灾宣传教育活动，组织全市170多名灾害信息员开展专题培训。成立大学生救灾志愿者队伍，完成市防灾减灾指导中心升级提档工作。城厢镇梅园社区创建为全国综合减灾示范社区。

【其他救助】 2014年，太仓市发放临时救助资金3036户次、148万元。受理审核批准新申请公租房、经济适用房低收入家庭72户，下拨危房修建款32.8万元。深化帮困助学，开展“星空下的慈爱”助学活动，全市共有346名贫困大学生和257名贫困高中生分别享受每人4000元和3000元的助学金，助学金总额215.5万元。6—11月，太仓市启动临时物价补贴机制，对困难对象累计发放物价补贴3.22万人次、178.7万元。

（胡天立）

社会福利

【残疾人福利】 2014年，太仓市加强残疾人福利制度建设，规范重残救助审批程序。全年共向无固定收入重残人员1111人发放救助金582万元，向一户多残、依老养残人员78人发放救助金32万元。加大对福利企业扶持力度，全市32家福利企业共享受减免、返还、奖励资金656.13万元。截至2014年年底，全市福利企业共有残疾职工942人。实施困难残疾人家庭“扶贫帮困促增收”行动计划。市残联通过入户调查、社区服务大厅窗口登记、召开座谈会等方式，普查全市453户低保和866户低保边缘残疾人家庭情况，摸清困难残疾人的家庭状况、个人收入、社会保障、社会救助、社会福利等情况，掌握困难残疾人及其家庭的实际需求情况。完成就业年龄段持证残疾人就业情况调查，掌握全市就业年龄段已就业残疾人就业情况和未就业残疾人未就业原因、就业意向等，为促进残疾人就业提供可靠依据。加大残疾人就业帮扶力度。与太仓欧商投资企业协会合作，建立残疾人就业实训基地——中德善美实业有限公司。年内，首批11名残疾员工经过培训测试被正式录用。探索发挥残疾人创业就业促进会作用。全年共有25名残疾人被推荐到促进会会员单位中直接上岗。全市建立残疾人庇护性就业机构4家，为80余名精神、智力残疾人提供庇护性就业。浮桥镇残疾人创业培训实践基地举办残疾人创业（SIYB）培训班，18名残疾人获得人力资源和社会保障部、国际劳工组织联合颁发的创业培训合格证书。继续做好全市24家福利企业超比例安置奖励工作，共发放金额28.4万元。年内，残疾预防和辅具适配工作力度加大。市残联完善预防、治疗、融合三位一体康复服务体系，投资200万元支持双凤镇康复医院建设，全年新建社区康复服务站3家。支持专业康复机构建设，向港区医院及启悦特殊儿童康复中心配发康复器材2套。做好成人肢体康复服务，全年提供免费康复服务900人次。按照太人社医〔2012〕4号文件要求，对纳入医保报销范围的残疾儿童康复训练、假肢、矫形器、助听器等康复补助进行结算，共结算资金6.78万元。启悦特殊儿童康复中心每月举办读书会活动，以故事会的形式，通过志愿者与特殊儿童交流互动，帮助他们更好地融入社会生活。市残联联合市民政局、财政局、人社局、卫生局4部门印发《太仓市贫困精神残疾人免费基本用药实施办法（暂行）》，启用省规定的第二代精神残疾人免费基本用药范围，基本用药对象扩大到低保、低保边缘重病困难对象、重残、五保等纳入医疗救助范围的困难人群，以及由市镇残联原认定的未享受实时医疗救助的贫困精神残疾人，定点医疗机构为第三人民医院（市精神病防治康复技术指导中心）。全年为130余户残疾人家庭提供“四进家庭”（康复知识进家庭、康复指导进家庭、无障碍设施进家庭、辅助器具进家庭）康复服务。

（陆　静　胡天立）

【妇女儿童福利】 2014年，太仓市依托“巾帼建功”领导小组，促进妇女创业就业。年内，举办“我与中国

11月12日，中德善美实业有限公司培训师维罗妮卡（右）向残疾员工讲解技术操作步骤　（市残联供稿）

市妇联举办成人拉丁舞培训　　（2014年8月摄　市妇联供稿）

梦——半边天的责任与担当”演讲比赛。市妇联联合市人社局、卫生局、总工会等部门，举办商场（超市）女收银员、家政服务员、育婴员、妇幼保健专技人员岗位操作技能竞赛；举办“娄东女性大讲堂”，助推岗位女性成才发展。开展政企对接活动，组织女企业家赴上海、浙江等地学习考察，举办专题讲座，帮助女企业家了解经济形势和产业发展布局，加强女企业家依法、诚信经营法治教育，鼓励转型升级发展。深化巾帼家庭服务品牌建设，联合市人社局，投入70余万元，建成500多平方米的太仓市家庭服务业公共实训基地，打造集“创业就业培训、模拟操作实训、自主择业指导”为一体的综合服务平台。举办家政、月嫂、育婴师等免费技能培训班10期，200多名妇女获得国家级职业资格证书，近500名妇女实现就业再就业。市巾帼职业培训学校被推荐为“全国巾帼家政培训示范基地”。发挥农村女致富带头人联谊会作用，举办农产品女经纪人培训班，组织会员赴苏州园区、常熟等地参观学习，制作会员品牌农产品推介手册，为49名妇女提供小额贷款资金622万元。年内，太仓市成立性别平等咨询评估委员会，开展主席走进《政务直通车》、“法官说法”法律讲座、广场普法宣传、维权业务培训等活动15场次，维护妇女儿童合法权益。市妇联主动对接公安部门，推广和落实家庭暴力告诫制度，成功干预2起开具告诫书的家暴案件。成立由10名资深律师和法官组成的妇女维权法律顾问团，把维权服务送到基层。依托幸福家庭婚姻指导中心、“七夕缘”驿站，发挥巾帼法律、巾帼心理2支志愿者队伍作用，全年提供维权咨询服务600余人次，成功调解104对。市妇联全年接待来信来访60件次，调处成功率95%以上。年内，全市启动新一轮农村妇女“两癌”筛查工作，共检查农村妇女33607人。实施“家在太仓·姐妹缘”——五关爱项目，依托市女企业家联谊会，冠名设立“康乃馨”慈善基金，筹集爱心公益款12万元，实施“康乃馨”行动第三批帮扶项目，帮扶单亲贫困母亲30人。深化“风信子”行动，组织六一慰问、“8•26”逛书城等活动，新结对“希望妈妈”80多对，捐资捐物10万余元。深化“蒲公英”行动，募集爱心企业善款7万余元，结对7所试点学校，增办1个流动儿童“春蕾班”，组织“四走进”（走进社会、走进校园、走进家庭、走进心灵）等活动40多场次，评选“蒲公英”好家长10人、好少年350人。

（顾　燕）

【老年福利】　2014年，太仓市落实尊老金、70周岁以上免费乘车、60周岁以上免费体检等各项老年人优待政策，为全市2.2万余名80周岁以上老年人发放尊老金1800余万元。元旦、春节、重阳节期间，为全市老年人发放慰问金、慰问品600余万元。上门为全市百岁老人开展夏季送清凉体检服务。开展“孝满娄城夕阳美”和“敬老月”系列活动，全市通过开展“快乐寿星”“孝亲敬老之星”等评选表彰活动和“夕阳红艺术节”“孝满娄城——道德讲堂”等活动，提高老年人幸福指数。

【福利彩票】　2014年，全市福利彩票累计销售1.68亿元，较上年减少52.8万元，降幅0.3%。其中，电脑票销量6308.85万元，较上年减少328.28万元，降幅4.95%；江苏“快3”彩票销量6003.19万元，较上年增加668.39万元，增幅12.53%；“刮刮乐”销量1764.58万元，较上年减少286.07万元，降幅13.95%；“中福在线”销量2674.33万元，较上年减少106.85万元，降幅3.84%。

（胡天立）

住房保障

【住房公积金管理概况】　2014年，太仓市归集住房公积金13.83亿元，完成年计划的104.04%，较上年增加6.66个百分点；年末余额29.12亿元，较上年末增长20.98%；年末人均月缴额773元，较上年增长12.02%。全年新增缴存职工38707人，完成苏州市实事项目分解任务的129.02%；年末应缴人数15.65万人，比年初净增缴存人数8993人。9月，全市公积金基数调整工作按期完成，全市有2333家单位的12.82万名职工参加调整。通过基数调整，全市住房公积金月应缴额1.19亿元，比调整前增加1500万元，增长15%。全市公积金资金归集量扩大，人均缴存水平提高，缴存职工利用公积金落实安居的消费能力得到提升。

【住房公积金相关政策放宽】　为增加公积金贷款对职工购房的资金扶持力度，2014年5月起，太仓市公积金贷款最高限额上调至新房50万元、二手房35万元，与苏州市区和各县

3月5日，市民在市中心广场咨询公积金相关问题（太仓公积金中心供稿）

市贷款最高限额实现统一。10月31日起，申请贷款时公积金缴存期限缩短为6个月，第二次贷公积金首付降低至30%。全年全市共向204户申贷职工家庭退费51.95万元。12月12日起，太仓市执行差别化贷款政策，加大对刚需人群购房支持力度。年内，向太仓市高层次人才、“985”和“211”人才发放公积金贷款19笔，共1090.2万元。

【公积金贷款发放量创历史新高】2014年，太仓市应对购房刚需持续释放、职工使用需求旺盛、资金供应持续紧绷的情况，强化可贷楼盘备案工作，加强对房产开发企业的资质审核，对申报房源的现场踏勘和对已备案楼盘的跟踪管理，防范和控制新建住房公积金贷款风险。太仓公积金中心优化贷款资金发放流程。制作每周放款清单，实行业务科掌握发放节奏、财务科落实资金、银行按清单实施放款模式，强化资金运行动态平衡管理和贷款资金发放风险控制。强化贷后逾期管理。与放贷银行、住房置业担保公司联合，实现点面结合催收。年内发放个人贷款2578笔，共6.78亿元，放贷额较上年增加10.78%，户均贷款额26.29万元；年末个贷余额25.57亿元，较上年增长18.6%；办理公积金提取8.77亿元，较上年增长15.54%。强化贷款风险管理，公积金还款逾期率连续8年为零。

【经济适用房公积金贷款贴息】2014年，太仓市落实中等偏低收入住房困难家庭公积金贷款贴息政策，在全市范围内启动公积金贷款首次贴息工作，贴息对象为购买太仓市经济适用房并办理公积金贷款且还贷无逾期的借款人。全年受理购买经济适用房的中低收入职工公积金贷款14笔，共191万元；连续第3年受理贷款贴息申请，向46名购买太仓市保障性住房的借款人发放贷款利息补贴13.2万元。

（王　溢）

【保障性住房建设】2014年，全市新增保障性安居工程2000套，基本建成8345套。其中公租房（含廉租房）新增1026套，基本建成3962套；限价商品房新增123套，基本建成3451套；棚户区安置房新增851套，基本建成932套。发放廉租补贴154户。城北青年公寓公租房项目完成主体结构和二次结构施工。继续扩大保障范围，最低、中低、中等偏低收入标准分别调整至700元、1800元、2500元，公租房租赁补贴扩大到全市农村住房困难家庭。

【城市更新改造】太仓市推进棚户区更新改造，原太仓市第一中学地块完成国有土地房屋征收，西城区2号地块4.4万平方米安置房完成基础施工。城区小规模住宅区改造完成，南园新村、郑和西路两侧、胜利村等零星小区9.22万平方米建筑开展综合整治。小商品市场迁建加快推进，完成新址商场结构封顶。继续开展直管公房更新转换，古松弄地块198户承租户完成更新转换191家，西郊东街等地块转换全部完成。

【农村住房建设】全市各镇住宅竣工面积13.77万平方米，实有住宅总建筑面积389.26万平方米，人均住宅建筑面积61.86平方米；公共建筑竣工面积3.56万平方米，其中混合结构建筑面积3.56万平方米，占新建公共建筑总面积的100%；生产性建筑竣工面积12.5万平方米，其中混合结构建筑面积10.7万平方米，占新建生产建筑总面积的85.6%。

村庄住宅竣工面积32.85万平方米，实有住宅总建筑面积936.24万平方米，人均住宅建筑面积42.81平方米；公共建筑竣工面积1.68万平方米，其中混合结构建筑面积1.48万平方米，占新建公共建筑总面积的88.1%；生产性建筑竣工面积5.64万平方米，其中混合结构建筑面积5.64万平方米，占新建生产建筑总面积的100%。

（鲍佰两　顾　爽）

养老服务

【老年人口概况】截至2014年年底，全市60周岁以上人口总数13.89万人，占户籍总人口29.09%，较上年增加6500人。其中，70周岁以上老人6.2万人，80周岁以上老人2.3万人，百岁老人78人，全市最高龄老人为107岁。

【机构养老】2014年，太仓市有养老机构10家，老年护理院8家，养老总床位4963张。太仓市社会福利中心、沙溪镇颐悦园、浏河镇颐悦园、浮桥镇颐悦园等4家养老机构均通过ISO9001质量体系认证。年内，太仓市颐悦园完成改造建设，5月正式投用，首批入住老人110人。太仓市颐

太仓市颐悦园建成启用　　（2014年5月　张祥杰　摄）

悦园开设失智老人区，接收失智老人入住，填补太仓市养老机构多年来无法收住失智老人的空白。

【居家养老】 2014年，太仓市通过政府购买服务方式，引入专业社会组织开展居家养老服务，开发服务供应商近700家，组建300余人的居家养老服务队伍，开通养老呼叫热线，借助信息化手段，为全市城乡5000余名老年人提供23万小时的上门服务，形成10分钟居家养老服务圈，在全省率先实现居家养老服务城乡全覆盖。

（胡天立）

双拥优抚安置

【概况】 2014年，太仓市开展社会化拥军、随军家属安置等拥军实事工作，地方与驻苏州、驻太仓部队开展形式多样的双拥共建活动。完成各类优抚对象证件换发工作。全年安置接收退役士兵182名，并组织开展技能培训，联合高校实施退役士兵高等学历教育，退役士兵参训率、结业率、就业率为100%。太仓市革命烈士陵园成功创建苏州市爱国主义教育基地。年内，组织开展全国首个烈士纪念日活动。太仓市再度获评“江苏省双拥模范城”，实现该项荣誉“五连冠”。

（胡天立）

教　育

【概况】 2014年，太仓市加大教育投入和对外交流合作，抓好校舍升级、教育信息化和教育督导宣传，提升师资队伍业务水平。至年底，全市有普通高等学校1所，在校学生4795人，教职工338人；普通中等专业学校1所，在校学生3396人，教职工211人；普通中学18所，在校学生19867人，教职工1890人；小学37所，在校学生40127人，教职工2342人；特殊教育学校1所，在校学生51人，教职工15人；幼儿园36所，在园儿童13225人，教职工789人。

校舍升级工程。全年教育系统主要基本建设项目30个（其中新开工项目12个），总投资额约11.5亿元；竣工项目22个，总竣工面积约25万平方米。2014年市政府实事工程——爱心学校迁建工程完成主体建设。太仓市双凤中学、太仓市港城小学、太仓市沙溪第二小学等多所异地新建学校投入使用。江苏省沙溪高级中学、太仓市经贸小学改扩建工程竣工；太仓市九曲小学老闸校区、太仓市良辅中学等改建项目陆续建成投用。江苏省太仓中等专业学校、太仓市朱棣文小学等6所学校完成校舍加固任务。太仓市城厢第三小学、太仓市新湖小学异地新建工程进展顺利；太仓市沙溪实验中学食堂与体育馆新建、江苏省太仓中等专业学校新教学楼、太仓市九曲小学综合楼、金浪中学实验楼等项目按序推进。

教育信息化。年内，全市教育信息化会议召开，实施教育信息化指导意见，推进基础设施工程建设。全市学校光纤城域内网建设完成，班班通互动白板教学设备配备率达100%，全市约30%的学校实现无线校园网覆盖，建成录播教室16间（其中未来教室7间）。加快信息化应用平台建设，太仓教育门户网站集群系统后台升级完成，太仓教育手机微门户应用同步推出。加强信息化教学应用研

3月6日，太仓市责任督学挂牌督导会议召开，标志着全市责任督学挂牌督导工作全面展开　　（苏青青　摄）

2014年太仓市教育事业基本概况表

表46

学校类型	学校数（所）	班级数（个）	毕业生数（人）	招生数（人）	在校学生数（人）	毕业班学生数（人）	教职工	
							合计（人）	专任教师（人）
高等院校	1	151	1336	1710	4795	1583	338	239
中等职业学校	1	88	1081	1189	3396	1132	211	188
普通中学	18	479	6049	6834	19867	6272	1890	1752
高中	3	124	1740	1789	5307	1763	539	491
初中（九年一贯制）	15	355	4309	5045	14560	4509	1351	1261
小学（含民工子弟学校）	37	928	4784	7442	40127	5627	2342	2195
特殊学校	1	6	14	5	51	8	15	14
幼儿园	36	382	4280	5068	13225	4490	789	669
非学校单位	5	—	—	—	—	—	115	—

究。开展电子白板教学应用等教育技术类竞赛和教学研讨活动，围绕“白板互动教学”组织信息技术能力全员培训，7件微课作品获苏州市中小学教师微课大赛特等奖。

教育督导。太仓市实施责任督学挂牌督导制度。实施《太仓市中小学校责任督学挂牌督导工作意见（试行）》，33名责任督学深入全市所有学校、幼儿园，开展托儿所幼儿园卫生保健、农村义务学校基本办学条件、“减负万里行·第2季”等专项督查等活动。完成对太仓市第一中学等8所中小学校的素质教育综合督导。

教育宣传。继续办好“太仓教育”微博，开展“教育局长在线”微访谈活动，开通“太仓教育”微信，搭建覆盖报纸、电视、网络的全方位宣传网络。创新新闻宣传发布。在“12345”便民服务中心、《太仓日报》开设专栏，组织安心行动——同看学校食堂、平安行动——同走平安上学路等一系列“零距离看教育”体验式新闻活动，开展“温暖行动——构建帮困助学立交桥”宣传行动。市教育局被评为2014年度全省教育信息工作先进单位，“太仓教育”微博获2014年太仓市优秀政务微博，获2014年度江苏省教育系统官方微博创新奖。

【学前教育】 2014年，太仓市学前教育新三年行动计划推进顺利，新增县府街幼儿园、利民幼儿园2所公办幼儿园，科教新城幼教中心南郊幼儿园和璜泾镇幼教中心王秀幼儿园创建为省优质园，实验幼教中心华盛幼儿园和港城幼教中心新城幼儿园创建为苏州市优质园，5所省优质园完成复审工作。通过省幼儿园课程游戏化建设项目1个，实验、艺术、新区、城厢、科教新城等5个幼教中心下辖的13所幼儿园成为北京外研社少儿阅读（太仓）示范基地。

【义务教育】 2014年，太仓市合理调整义务教育就近入学区域，热点普通高中统招名额分配到各初中的比例保持在70%。推进教师轮岗交流，全年全市义务段学校共计交流教师290人，占符合流动条件教师的15.49%，较上年增长1.59个百分点。深化课程改革，加大好课品牌建设力度。开展苏州市义务教育改革项目建设工作，太仓市实验中学、太仓市实验小学、太仓市明德初级中学、太仓市朱棣文小学、太仓市新区第二小学等5所学校确立为苏州市义务教育改革项目学校；太仓市新塘小学跻身省“绿色学校”行列。太仓市经贸小学被授予“省科学教育特色学校”称号。开展阳光体育特色教育活动，召开“武术进校园”现场推进会，太仓市明德小学、太仓市新区第三小学、太仓市南郊小学被评为“武术特色项目学校”；太仓市港口开发区第一小学、太仓市沙溪镇第三小学、太仓市新区第四小学、太仓市归庄小学、太仓市双凤中心小学、太仓市新湖小学、太仓市耀华小学、太仓市弇贤小学等8所学校成为“武术进校园”实验基地学校。开展校园足球活动，太仓市新区第二小学、太仓市实验中学获评苏州市青少年校园足球活动先进单位。

【普通高中教育】 2014年，太仓市普通高中教育深化课程与教学改革，强化内涵建设，走多元发展之路。推进省、市课程基地建设力度，太仓市明德高级中学“机器人创新实践基地”成功创建省级课程基地，江苏省沙溪高级中学“人文读写课程基地”在苏州市课程基地视导中获得优秀奖。全市高考创下历史最好成绩，本一、本二出线率分别为21.4%、54.1%，本二出线率较上年提高3.12个百分点。

【特殊教育】 2014年，太仓市定期开展特殊教育随班就读研讨活动，提高普校特殊教育质量。开展重度智残、肢残学生普查，落实送教上门服务对象8人。调研区域资源教室建设可行性方案，太仓市城厢第一小学、太仓市城厢第三小学、太仓市城厢第四小学、太仓市朱棣文小学成为资源教室建设实验学校。加强特殊教育指导中心功能，全方位提高特殊教育质量。

改善特殊教育学校办学条件，异地新建太仓市特殊教育学校。普及特殊教育学前三年入学，入学率达 90%。逐年提高特殊教育生均公用经费，生均公用经费 1.55 万元。

【职业教育】 2014 年，江苏省太仓中等专业学校获江苏省职业教育教学成果评比一等奖、教育部职业教育教学成果评比二等奖。成功申报省联合职业技术学院五年一贯制高职办学点，开设机电一体、平面设计 2 个专业教学班，招生 100 名。“殷利计算机工作室”“邢晓东艺术设计工作室”被评为首批“苏州市中等职业学校名师工作室”。新增中央财政支持建设服务外包实训基地，省高水平示范实训基地——汽车应用与维修实训基地、省品牌专业——计算机专业。

【民办教育】 2014 年苏州市政府实事项目——外来工子弟学校提档升级工程推进顺利。太仓市投入 342 万元用于 153 块电子白板和 39 个专用教室标准化设施设备的配备，提升在太仓务工人员子弟学校装备现代化水平。组织在太务工人员子弟学校教师全员通识培训，遴选 81 名种子教师开展教学业务专题培训。明确民办学校教师基本准入标准，设立太仓市民办学校教师工资指导线，月工资不低于 2800 元，并缴纳社会养老保险，提高民办学校教师待遇。

【社会教育】 2014 年，太仓市推进省、市社区教育机构标准化建设，新增城厢镇南园社区市民学校、娄东街道惠阳社区市民学校、浮桥镇和平花园社区市民学校、浮桥镇新港花苑社区市民学校、双凤镇勤力村市民学校、浏河镇渔村社区市民学校、沙溪镇香塘村社区市民学校、沙溪镇归庄社区市民学校、璜泾镇新海村市民学校等省标准化居民学校 9 所；浏河镇、璜泾镇获评苏州市学习型乡镇，城厢镇老年大学、沙溪镇老年大学获评苏州市教育现代化乡镇老年大学。10 月 29 日—11 月 4 日，以“全民学习 • 幸福娄东”为主题的太仓市首届全民终身学习周活动举行，同时开展“乐学娄东”主题学习活动、娄东大讲堂活动、社区教育特色品牌评选活动、“关注弱势群体学习”活动、老年大学学习成果展、社区教育征文赛等多项活动，推进学习型社会建设。

【师资队伍建设】 2014 年，全市幼儿园教师本科学历达 73.04%，小学教师本科及以上学历达 79.54%，初中教师本科及以上学历达 95.31%，普通高中教师研究生比例达 30.14%（含在读），职业学校教师研究生比例达 24.87%（含在读）。年内，举办“太仓市德育管理干部、班主任专题培训班”“生本教育理论与实践培训班”“第三期电子白板培训班”，开展“翻转课堂与微课程”“课件高效制作与视觉化设计”“电视基本知识扫描和实践指导”等培训，共培训教师 2400 多人次。印发《太仓市星级教师评选暂行办法》，评选出首批星级教师。

年内，太仓市新区第二小学获评全国教育系统先进集体，太仓市实验小学钱澜获评全国优秀教育工作者，江苏省太仓中等专业学校邢晓东、太仓市双凤中学柏黎平、太仓市明德小学陈惠良等 3 人获评江苏省优秀教育工作者，太仓市教师发展中心孔伯良等 48 人获评苏州市优秀教育工作者，江苏省太仓高级中学物理教研组获评苏州市第六届优秀教师群体、江苏省沙溪高级中学张燕等 4 人获评苏州市第六届师德标兵，江苏省太仓中等专业学校季卫霞等 14 人获评苏州市第四届爱生模范，同时评出太仓市优秀教育工作者 80 人、优秀教师群体 5 个、爱生模范 30 人。获评“姑苏教育人才”3 人，其中江苏省太仓高级中学王永元获评苏州市第二届教育名家，江苏省太仓中等专业学校周新源、太仓市实验小学钱澜获评苏州市首届教育领军人才。3 名教师被聘为苏州市名师发展共同体主持人。江苏省太仓高级中学偶伟国（数学）获评江苏省第十三批特级教师，江苏省太仓高级中学偶伟国（数学）、太仓实验中学吴志明（物理）2 人获评中小学正高级教师，王文英获评第三批“江苏人民教育家培养工程”培养对象，教师发展中心顾健等 23 人获评苏州市学科带头人。

【语言文字】 2014 年，太仓市以“家在太仓：说好普通话，圆梦你我他”为主题，举办第 17 届全国推普周系列活动。年内，举办苏州市第六届“普通话、苏州话、英语口语”太仓赛区比赛，全市 26 所中小学参赛；组织参加以“书写经典，传承文明”为主题的“2014 年苏州市规范汉字书写大赛”；举办太仓市第五届中小学读书节“走进名人馆 • 中华经典诵读大赛”活动；参加“书香江苏之夜”经典诵读活动；开展普通话达标培训测试工作，提高全社会公民普通话水平等级。全市共有 622 人参加

9 月 9 日，“教育因你而美丽”太仓市庆祝第 30 个教师节大会举行，一批中小学优秀教师受表彰 （苏青青 摄）

普通话水平测试，其中教师 102 人、职业中学学生 486 人、社会人员 34 人，其中 564 人达到三级甲等及以上等级。太仓市明德初级中学、太仓市陆渡中学、太仓市双凤镇新湖小学 3 所学校获评苏州市第四批“语言文字规范化示范校”。

【招生考试】 2014 年，太仓市组织招生考试 17 批，累计参加考试人数 3.74 万人次，其中高考 1524 人、中考 4044 人。高考、中考以及高等教育自学考试和成人高考等历次国家级考试实现“零差错”。在高考工作中，首次印发《太仓市 2014 高考工作清单》《各成员单位工作职责》等材料，明确各成员单位的工作任务和主体责任。播放室内采用双机双岗制度，考试场外电力电信采用双线全程巡查制度，市公安局加强对驾驶人员的政治审核和重点人群的安保力量，确保高考平安顺畅。在中招工作中，印发《太仓市中招工作质量考核办法（试行）》，对中招过程的主要环节和重点内容进行考评，并将考评结果纳入学校年度综合考核。首次承接完成苏州中考太仓点网上阅卷工作。

【教育合作与交流】 2014 年，太仓市教育合作交流工作成效明显，江苏省太仓高级中学首届中美 2+1 国际班学生均升入美国加利福尼亚州著名高校就读，升学率 100%；澳大利亚维多利亚州东大区教育代表团到太仓交流访问；英国威勒尔市 6 所友好学校分别与太仓市实验中学、太仓市第一中学、太仓市沙溪第一中学、太仓市明德中学、太仓市实验小学和太仓市朱棣文小学签订姐妹学校协议书；太仓市选派 13 名中小学骨干教师参加海外培训，组织 218 名师生参加省、苏州市教育国际交流协会举办的暑期出国修学旅行。

【太仓市家长学校总校】 2014 年 9 月成立，至年底，有工作人员 2 人。太仓市家长学校总校主要任务是搭建学校、家庭、社会三结合教育平台，统筹规划、协调、指导全市家庭教育工作。管理、指导全市中小学家长学校，建立健全各级家长学校组织机构、制度建设，指导考核各中小学家长学校的日常工作，提高全市中小学家长学校工作水平。年内，总校向全市 64 所中小学及幼教中心家长学校印发指导材料 200 多篇，向各学段家长印发指导材料 200 多篇。依托“林老师”讲师团，面向家长作公益讲座 73 场，接听热线电话 183 个，上传优秀案例 83 篇，在线咨询共回复 298 条，举办大型现场咨询活动 8 场，共接待面询家长 25 人，受众 2 万余人次，为家长解除家庭教育方面的困惑。

【太仓市第八届中小学科技节和第三届“市长杯”青少年科技创新大赛举行】 该届科技节以“科技成就梦想，创新点亮人生”为主题，开展“市长杯”青少年科技创新赛、智能机器人竞赛、航空模型比赛、科学幻想画比赛、“娄东民居”制作赛、“科技之星奥斯卡——创意变变变”、科技辅导员培训活动、科技创新专家讲座活动、“你点我讲——科普大讲堂”活动九大项目比赛。科技节在立足全员参与的宗旨上，推选 1000 多名选手参加最后角逐。共收到科技创新作品 97 件，部分作品申请专利。252 幅科学幻想画作品用环保生态、智能化生活方式创想未来科学的主流构思。太仓市朱棣文小学、太仓市明德中学等 17 所学校获优秀组织奖，29 名科技老师获优秀辅导员称号，516 名选手分获各项比赛一、二、三等奖。

（苏青青）

苏州健雄职业技术学院

【概况】 2014 年，经省政府同意，健雄职业技术学院更名为苏州健雄职业技术学院。苏州健雄职业技术学院为专科层次的公办普通高等学校。全日制在校生 5362 人，在编教职工 334 人，其中专任教师 234 人，高级职称 86 人（正高 11 人、副高 75 人），硕士 204 人、博士 10 人，江苏省“333 高层次人才培养工程”3 人，江苏省“青蓝工程”中青年学术带头人 4 人，江苏省“青蓝工程”中青年骨干教师 14 人，太仓市高校专业建设领军人才 5 人。年内，《“定岗双元”人才培养模式研究与实践》获江苏省高等教育教学成果特等奖和 2014 年职业教育国家级教学成果奖。吴健雄陈列馆入选苏州市科普教育基地、江苏省华侨华人文化交流基地。苏州健雄职业技术学院入选江苏省大学生创业示范基地和全国职工教育培训示范点。

【人才培养】 2014 年，苏州健雄职业技术学院设有中德工程学院、软件与服务外包学院、电气工程学院、现代港口与物流管理系、应用外语系、生物与化学工程系、艺术设计系、职业素质教育中心、继续教育学院、健雄联合研究院等教科研单位 10 个，专业 27 个。录取新生 1833 人。2014 届高职毕业生 1470 人，“专转本”89 人。毕业生就业率 99.09%，毕业生就业竞争力指数列全省高职高专第 4 位。联合研究院录取工商管理硕士、公共管理硕士、教育硕士、工程硕士等专业硕士新生 150 人，办学专业增至 9 个，在籍研究生增至 548 人，68 人获专业硕士学位。

【合作办学】 2014 年，苏州健雄职业技术学院与合作企业新建“福伊特班”“铁王班”“仕德伟班”等定岗双元班。7 月 31 日，科技部农村技术开发中心地方工作处处长王强率加拿大西安大略大学校长助理兼科技处长 Dan sinal、技术转移中心亚洲区主任凌挺等到苏州健雄职业技术学院洽谈教育和科技合作事宜。9 月 12 日，中德职业教育“健雄开放日”活动在苏州健雄职业技术学院举行。德国联邦教育和科教部国际合作部主任 Christian Stertz，德国联邦职业教育研究所教育主管 Hannelore Kress，德国工商大会总部领导 Michael Blank、Steffev Bayer，德国工商大会教育集团总经理 Friedhelm Rudorf 等德国教育专家，德国驻韩国、马来西亚等国商会代表，国内德资企业和高校代表一行 200 余人参加。9 月 15 日，美国荷晶大学国际交流处主任马修一行考察苏州健雄职业技术学院，双方就“3+1”专升本和“3+1+1”专升硕交流合作办学项目进行研讨。10 月 22

苏州健雄职业技术学院吴健雄广场
(2014 年 6 月摄　苏州健雄职业技术学院供稿)

日，加拿大的洛基山学院国际事务副校长 Patricia Bowron 参观访问苏州健雄职业技术学院，探讨中外合作办学。12 月 25 日，雅思考试培训中心项目在苏州健雄职业技术学院落户签约，这是太仓首个雅思托福考试培训点。新增中高职衔接“3+3”招生专业 3 个，启动与上海同济大学、南京师范大学“高职 + 本科”合作办学项目。

【科研服务】 2014 年，苏州健雄职业技术学院《高职教育产学合作机制研究》《日常生活变迁中的教育——明清时期杂字研究》获第 9 届高校哲学社会科学研究优秀成果奖三等奖，这是学院首次在江苏高校哲学社会科学研究优秀成果评选中获奖。健雄学院大学生创业基地获评江苏省大学生创业示范基地，基地以服务学生创业实践为重点，吸纳有发展潜力的高新技术企业、有市场前景的产品研发中心、有国际水准的培训机构作为“母体公司”入驻，通过“传、帮、带”的方式为大学生创业提供支撑扶持，免费为学生提供实战型技术与技能培训，掌握创办公司的知识技巧。条件成熟后，“母体公司”将业务外包学生，帮助有创业意向的大学生进入基地创业苗圃进行创业实践，累计引入“母体公司”29 家、大学生创业企业 18 家和培训机构 2 家，培养大学生 2000 余人次。孵化企业 5 家，累计孵化企业总数 35 家，其中扶持大学生创业企业 18 家，3 家企业创业产值超过 15 万元。联合苏州大学、扬州大学、江苏大学等高校扩充科技专家库，培育企业高科技人才。新增江苏省“双创计划”人才 1 人、“姑苏人才计划”1 人、太仓科技创新创业领军人才计划 1 人。物联网技术实战平台、生物医药检测实验平台、现代光电技术平台建成投用。电站村农业科技实验室和浏河科技服务站初步建成。联合南京师范大学环境科学研究所承接环境评测项目 8 个。全年立项课题 47 个，结项课题 41 个（其中省高校哲学社会科学基金项目 6 个）。2 个重点实验室获苏州市科学技术局立项。全年科研到账经费 216.5 万元(纵向 137.66 万元，横向 78.9 万元)。新增授权专利 11 个，专利转化实现零突破。

【继续教育】 2014 年，苏州健雄职业技术学院在职学历教育招生 859 人（开放及远程教育招生 597 人，健雄成人教育招生 262 人）。全年累计开设培训项目 37 个、培训 7360 人次。北京外国语大学外研社太仓分中心暨外研社少儿阅读服务（太仓）示范基地在苏州健雄职业技术学院成立。外研社少儿阅读服务（太仓）示范基地由外语教学与研究出版社、太仓市教育局和苏州健雄职业技术学院共同筹建，实施以“创建阅读氛围、创新阅读教学、创造阅读能力”为核心的少儿阅读服务解决方案。

（王超慧）

医疗卫生

综　述

【医疗卫生机构概况】 截至 2014 年年底，太仓市有各级各类医疗卫生机构 227 家，其中三级综合性医院 1 家，二级中医医院 1 家，区域性医院 4 家，卫生院 13 家，社区卫生服务中心 4 家，社区卫生服务站 98 家，企事业、学校卫生室 29 所；二级康复医院 1 家（民营），民营医院 4 家，民营门诊部及诊所 64 家；另有精神病防治院、疾病预防控制、卫生监督、妇幼保健、采供血、急救、卫生培训与健康促进中心、医学会各 1 家。卫生服务体系健全率 100%。

【执业医师】 2014 年，太仓市有卫生技术人员 4143 人（其中执业医师 1615 人，注册护士 1602 人），常住人口拥有卫生技术人员 5.85 人 / 千人(执业医师 2.28 人 / 千人，注册护士 2.26 人 / 千人)。全市医院开设床位 3577 张，床位数 5.05 张 / 千人。

【医疗基础设施建设】 2014 年，太仓市中医医院老病房楼改造工程竣工投运，市鹿河卫生院新建工程竣工投运，科教新城学苑社区卫生服务站投用。年内，太仓市推进浏河镇、沙溪镇、璜泾镇人民医院和双凤镇卫生院新建扩建工程，推进港区医院迁建工程筹建工作，完成医学影像诊断中心建设，依托市第一人民医院的区域消毒供应中心建成投运。规范开发和应用电子病历，建立以病人为中心的体检系统、社区卫生服务信息等系统，健全全民健康管理网络。

【卫生人才建设】 2014 年，太仓市组织开展卫生系统人才对口支援工作，在市第一人民医院、市中医医院选派业务骨干 42 人与基层医疗卫生单位结对，促进城乡医疗卫生协同发展。招聘专业技术人员 243 人，推荐优秀应届高中毕业生报考医学院校享受政府助学金 15 人，累计 66 人。新增卫生类高级技术资格人员 63 人。

（叶伟强　杨湘琴）

公共卫生服务

【农村卫生和社区卫生】 2014 年，太仓市新改建社区卫生服务站 8 家，标准化社区卫生服务站建设率 100%。推行家庭医生制度和健康管理服务团队，为社区居民提供健康服务。加强全科医学培训基地建设，推进基本公共卫生项目管理，新增老年人和儿童中医健康管理项目 2 个。开展 60 岁以上居民免费健康体检，参检人数 12.03 万人，体检率 77.88%。推进居民健康档案建档，累计建立电子健康档案 59.21 万份，建档率 83.78%。全年肿瘤登记随访病人 2352 人，脑卒中登记随访 1017 人，冠心病登记随访 1524 人。

【妇幼保健】 2014 年，太仓市深化妇幼健康优质服务，强化母婴安全管理，应对“单独二孩”生育政策，提升妇幼保健综合实力。5 家爱婴医院通过苏州市级复评，市妇幼保健所、陆渡镇、璜泾镇试点启动“婴幼儿健康促进工程”。全年孕产妇死亡率 0，婴儿死亡率 3.03‰，围产儿死亡率 3.84‰，出生缺陷发生率 4.80‰，孕产妇保健覆盖率 99.31%，儿童保健覆盖率 99.44%，产前筛查率 97.73%，新生儿疾病筛查率 99.60%，新生儿听力筛查率 99.59%，产后访视率 98.02%，婚检率 95.98%。全市住院期间纯母乳喂养率 88.16%，剖宫产率 42.09%（呈逐年下降态势）。推进重大妇幼卫生项目，新增乳腺彩超检查和宫颈 TCT（新柏氏液基细胞学检测）检查，完成“两癌”（宫颈癌和乳腺癌）筛查 4.23 万人、妇女病普查 5567 人，妇女病普查率 90.01%；孕产期艾滋病及梅毒、乙肝检测 8082 人次。农村孕产妇住院分娩补助 3754 人，新增叶酸服用 2185 人，免费发放叶酸 5124 瓶。开展中国母婴营养与健康队列研究项目，对象增至 716 例，为妇女儿童在孕产期及婴幼儿期保健提供个性化服务。

【精神卫生】 2014 年，市卫生局协同市残联完善精神疾病患者免费服药政策，落实精神疾病患者免费服药和免费检测工作。新增重性精神疾病患者 182 人，全市登记在册精神疾病患者 3697 人，重性精神疾病患者建档 2317 人。

（叶伟强　杨湘琴）

医疗服务

【卫生监督】 2014 年，太仓市审核发放餐饮服务许可证 641 件，公共场所卫生许可证 455 件，医疗机构放射诊疗许可证 47 件。推行餐饮业食品安全信息公示，累计完成 2119 户餐饮单位的动态等级评定，餐饮单位量化分级率 100%，其中优秀 202 户，良好 411 户。抽检各类食品、原辅料 349 件，合格 343 件，合格率 98.3%；抽检餐饮具消毒效果 148 件，合格 134 件，合格率 90.5%。在集体用餐配送单位、学校食堂推行“五常法”（常组织、常整顿、常清洁、常规范、常自律）管理。继续实施“非法行医回头看”行动，查处无证行医案件 20 户次，依法移送公安机关 6 起；民营医疗机构量化分级 100%。定期开展公共场所、生活饮用水、二次供水的监督检查。

【医政管理】 2014 年，太仓市做好医疗质量与安全管理督导工作，推行临床路径管理，构建分级诊疗、社区首诊、双向转诊的医疗服务模式。开展抗菌药物临床应用专项整治活动和优质护理服务示范工程。推进平安医院建设工作，完善医疗纠纷第三方调解机制，全年未发生重大医患纠纷。提升医疗技术能力，加强临床重点专科建设，深化优质护理服务。市第一人民医院通过省卫计委三级医院评审，市中医医院通过二级甲等医院复审。

【无偿献血】 2014 年，太仓市加强宣传无偿献血宣传，坚持科学用血、合理用血。在沙溪镇建立首个乡镇固定采血点。全年共采集全血 6475 人次、8582 个单位（1.72 吨），血小板采集 340 份治疗量。保持采供血动态平衡，临床用血 100% 来自无偿献血。

【卫生应急】 2014 年，市卫生局规范院前急救医疗行为，实行各类突发事件医疗救治常态管理。加大基层医疗机构急救装备和技能培训，提升基层急救医疗能力，完善规范重大活动的医疗安全保障工作。全年接听急救电话 10.84 万次，出车 1.24 万次，接送病人 1.04 万人次，其中救治危重病人 2049 人，转院 2029 人；平均调度时间 38 秒，平均出车时间 69 秒。

【卫生改革】 2014 年，太仓市深化公立医院综合改革，实施公立医院综合改革周年评估，加强公立医院运行情况监测，全市公立医院综合改革呈现整体推进、群众反映平稳、费用控

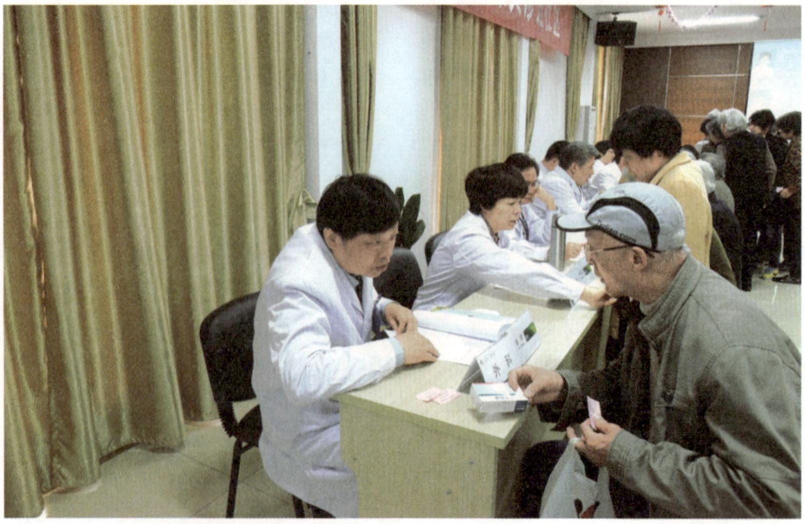

4 月，市第一人民医院专家进社区开展义诊活动　（倪伟中　摄）

制初见成效的良好局面。逐步形成公立医院补偿由服务收费和政府补助，落实公立医院基建债务化解方案，完善医保体制改革、卫生体制改革与药品流通体制改革联动，控制病人医疗费用增长。完善与上海、苏州等地医院协作机制，成立上海市儿童医院太仓市第一人民医院儿科协作中心。推进基层首诊，分级诊疗，双向转诊及家庭医生制度建设，制定《关于进一步加强市级医院与基层医疗卫生机构之间上下联动分工协作机制的意见》《太仓市医疗卫生机构双向转诊的实施细则》和《太仓市家庭医生制度实施意见》，在基层医疗卫生机构增加非基本药物品种95种，方便常见病、多发病病人用药。

（叶伟强　杨湘琴）

12月1日，市疾病预防控制中心在苏州健雄职业技术学院开展“世界艾滋病日”宣传活动

（赵红芳　摄）

疾病预防控制

【概况】 2014年，太仓市强化血吸虫病、结核病、艾滋病、性病、乙肝、麻疹、手足口病等传染病防控工作。全市29家传染病直报单位实现网络直报，覆盖率100%。全年全市报告乙类传染病10种1120例，较上年下降3.86%，其中死亡4例（均为肺结核）。无甲类病例发生。全年开展职业危害监测286户次，检测职业有害因素8527项，合格7828项，合格率91.8%。开展职业健康检查4.86万人次，较上年增加3.8%，发现职业危害异常等1992人次。免费开展学生体检5.67万人，体检率99.75%。市卫生局投入300多万元，添置离子色谱仪、进口采样仪、现场检测设备等，为传染病防控、食品检验检测、职业卫生技术服务、突发公共卫生事件处置等提供保障。太仓市疾病预防控制中心获江苏省职业卫生技术服务机构乙级资质。市卫生局与苏州大学合作的《老年轻度认知功能障碍早期干预研究》结题，与北京大学协作开展的“工作场所肥胖干预”和与江苏省疾病预防控制中心协作开展的“2014年居民营养健康状况追踪调查”有序推进。

【免疫预防】 2014年，太仓市推进实施江苏省扩大儿童免疫规划，免费接种18.92万人次，接种率95%以上。全市各小学、幼儿园入学前接种证查验率100%。完成数字化计免接种门诊改造9家，建制镇数字化门诊覆盖率62.5%。启用冷链温控管理系统，23个接种点及市疫苗储存库均配置温控装置，实现全市疫苗冷链安全从手工监控到自动化监控的全天候监控。

【艾滋病防治】 2014年，全市20家社区卫生服务中心、3家民营医疗机构全部通过艾滋病快速检测点验收，加强艾滋病初筛检测。落实日常监测管理，全年全市HIV（艾滋病毒）抗体共检测74992例，其中自愿咨询检测834例。鼓励社会志愿干预，组织干预1569人次。开展高危人群干预，为5110人次进行艾滋病预防知识宣传，发放宣传资料5110份、安全套9510只，检测630人次。

【结核病防治】 2014年，太仓市加强结核病防治队伍培训，规范结核病的发现、诊断、治疗、管理等工作。全年全市登记初诊病人895人，痰检率95.86%，确诊病人295人，病人系统管理率97.88%，新发涂阳病人治愈率89.25%，病人报告率100%，病人转诊率100%，追踪到位率99.35%。开展免费痰涂片检查8555张，胸片检查共计749张。

【肠道传染病防治】 2014年，太仓市各医疗机构肠道门诊腹泻病就诊4488人，检索病人1215例，检索率27.07%。全市肠道传染病共报病72例，其中甲肝、戊肝及未分型肝炎共38例、伤寒4例、菌痢30例，均进行流行病学调查。

【血地寄防】 2014年，太仓市加强沙溪等重点地区查螺灭螺工作，通过苏州市灭螺考核。利用血防综合查病、流动人口筛查、流行地区学生筛查、体检剩余血清筛查、渔船民监测等手段，共检测5799人，发现阳性8人，均已排除。对在册的152名晚期血吸虫病人进行随访体检，完善电子健康档案，录入国家晚期血吸虫病信息管理系统。开展“防治碘缺乏病日”宣传活动，做好居民食用盐监测工作，共抽检居民户盐样300份，合格297份，合格率99.0%。采集100名8～10岁儿童和50名育龄妇女的尿样和家中盐样，进行碘缺乏病监测；8～10岁学生尿碘中位数158.95微克/升，育龄妇女尿碘中位数110.15微克/升。组织开展全市疟疾防治知识竞赛和血检技能竞赛。开展血片互检2次，抽检疟疾血片245片，无误诊漏诊，制作合格率100%，染色合格率100%，清洁度合格率100%。监测“三热”（临床诊断疟疾、疑似疟疾、不明发热）病人1468人次，未发现疟疾病人。对港区、浏河镇共计1500

人次进行肠道寄生虫病检查，均为阴性。10月，太仓市通过江苏省消除疟疾达标考核。

（叶伟强　杨湘琴）

健康促进

【爱国卫生和健康城市建设】 2014年，太仓市开展夏季环境大整治和农村环境卫生整治工作“回头看”行动，完成847个村庄复核、2300户卫生户厕提档改造，农村卫生厕所普及率99.8%。巩固除害防病成果，四害（苍蝇、蚊子、老鼠、蟑螂）密度得到控制。加大农村生活饮用水安全监测力度，监测点由10个增加至28个，覆盖率100%，项目合格率100%。浮桥镇通过“江苏省卫生镇”复审检查。深化健康教育与健康促进工作，新增市民健康自我管理小组45个，累计107个。加强控烟工作，全市无吸烟单位超过300家。全市居民医疗保险（新农合）参保率99%以上，人均基金700元。全市人均期望寿命82.90岁，其中男性80.58岁，女性85.14岁。

（叶伟强　杨湘琴）

文　化

文化设施

【太仓市图书馆】 太仓市图书馆位于上海东路100号，属国家一级图书馆，总建筑面积1.9万平方米，阅览席位700余个，藏书量93万余册，与苏州地区公共馆共建共享清华同方期刊全文、万方、维普、龙渊等数据库8个。图书馆一层为少儿活动及阅览区域，设有少儿图书借阅室、亲子阅读区、多功能报告厅、4D影院等服务区域。其中少儿图书借阅室收藏少儿图书7万册、少儿报刊300多种；多功能报告厅面积150平方米，座位217个；4D影院座位32个。二层为综合服务区域，设有电子阅览室、音像资料借阅室、报刊阅览室、盲文阅览室。其中，电子阅览室拥有电脑64台；音像资料借阅室拥有音像资料1万余件；报刊阅览室拥有杂志1400余种、报刊240余种；盲文阅览室拥有盲文书籍800余册。三层为流通区域，设有图书借阅室2个，开架图书36万册。四层设有地方文献室、珍贵文献室、东仓书库等。其中，地方文献室陈列太仓地方文献2000余册；珍贵文献室陈列文献3000册。

2014年，太仓市图书馆共接待读者93万人次，外借图书86万册次。年内，举办各类阅读活动366场次，直接参与人数5.89万人次。其中，讲座45场，市民参与人数1.02万人次；展览15场，参与人数1.83万人次；少儿活动19项、总活动次数137场次，参与总人数2.16万人次。全馆有效借阅证2.82万张，新增图书6.50万册。流动借阅车外出服务290次，接待读者4144人次，借阅数5738册次。

【太仓博物馆】 太仓博物馆位于上海东路100号，总建筑面积1.4万平方米，全馆拥有藏品约1400件，其中等级文物144件，包括一级文物5件、二级文物13件、三级文物126件。博物馆分为地下一层和地上四层。二层为太仓历史文化陈列厅，分为“仓”“港”“文”3个厅。三层为馆藏文物精品陈列和娄东画派陈列，其中文物厅展出文物86件，书画厅展出文物33件。四层为太仓革命历史陈列。地下一层为六国码头场景。一层和四层有临时展厅4个，每个展厅面积约600平方米，定期举办临时展览。2014年，太仓博物馆及下属张溥故居、王锡爵故居共接待观众14万人次，讲解240余场次，举办临时展览19场，巡展13场次。临时展览内容涵盖书画、牙雕、木雕、玉雕、碑拓、邮票、瓷器、紫砂器、织锦等方面，兼具地域和多元文化特色。在展览中加入互动体验活动，注重新媒体宣传，利用微博、微信等配合展览推出抽奖活动，改变原来单一的展陈模式。巡展活动配套开展讲解、送书、知识竞赛等活动，将文化惠民展览活动惠及学校、社区、福利院、养老院、部队等基层单位。

【太仓市文化馆】 太仓市文化馆位于上海东路98号，毗邻太仓大剧院，为国家一级文化馆，江苏省文明单位。建筑面积7648平方米，分为地下一层和地上三层。一层为小剧场（387座）、化妆间、展示厅、多功能厅、舞蹈戏曲排练厅、专业录音棚等群众文化活动场所。二层为办公用房。三层为公共电子阅览室、舞美中心办公室。太仓市文化馆配有铝合金流动舞台、流动演出车等现代化演出和技术设备。2014年，太仓市文化馆策划、组织、开展各类演出活动及展览约300场次，开展面向基层、业余文艺团队、企事业单位辅导活动1000余次。馆内常设“娄东戏台”“舞林会友”“太仓乐坛”“各门类艺术培训”等10余项常态化免费开放项目和弱势群体、外来务工人员子女免费艺术培训班。创作的作品在全国“群星奖”“蒲公英奖”“五星工程奖”“江苏省五个一工程”“江苏省小戏小品比赛”等大赛和评奖活动中获得奖项。

【宋文治艺术馆（太仓名人馆）】 宋文治艺术馆位于县府东街12号，占地1428平方米，总建筑面积536平方米，由太仓县人民政府于1989年拨款建成。全馆为分艺术馆和松石斋（即宋文治故居）两个组成部分。艺术馆为南北向，计15间。宋文治汉白玉雕像坐落院内，供参观者瞻仰。艺术馆楼下两厅展出宋文治代表作品60幅，系宋文治在20世纪40年代至80年代创作。楼上陈列明清书画佳作30幅和宋文治艺术成果资料及名家字画佳作、古陶文物。

太仓名人馆位于太平南路38号，与宋文治艺术馆仅一街之隔，于2013年建成开放，总建筑面积4050平方米，展厅面积2072平方米。展陈内容涵盖从宋代至今的太仓名人115位，馆内分三层，一层、二层为展厅部分，三层为办公区域。名人馆分8个部分分别展出文苑撷英、翰墨清芬、名宦乡贤、科教精英、梨园艺坛、实业名家、状元及第、中外院士等内容。太仓名人馆是苏州市爱国主义教育基地及时代精神教育基地。太仓名人馆从2014年起，作为宋文治艺术馆的新馆，承担相关美术展览功能。全年接待观众约20万人次，讲解200余场次，举办各类活动150多场次，临时展览10场。

（高　琪）

【太仓美术馆】 太仓美术馆位于东仓南路102号，于2013年10月31日落成开馆，与太仓书画院合署办公。该馆由原吴晓邦舞蹈艺术馆改扩建而成，建筑占地面积935.4平方米，总建筑面积2238.2平方米。展厅总面积为802平方米，展线总长度321.5米。太仓美术馆为地方性近现代书画艺术博物馆，主要职能为：征集收藏书画艺术品、举办陈列艺术展览、开展书画艺术研究、组织书画艺术创作和培训、进行审美教育和对外艺术交流等。2014年，太仓美术馆以“打造本土文化品牌，服务本土文艺创作”为目标，在“展示、收藏、陈列、创研、教育培训”等方面开展工作。全年共举办临时性展览15个、陈列展3个、文艺讲座12次；组织书画家外出观摩10次，实地写生采风1次；收藏各类太仓籍书画名家作品13件，本土书画家作品30件；发表篆刻评论1篇、书学论文3篇；接待到馆参观交流者3万余人。编印发行《太仓美术馆年鉴（2012—2013)》。

（蒋喜桔）

公共文化服务

【概况】 2014年，太仓市文化工作拓展工作方式，促进文化工作科学发展、和谐发展和创新发展，构建覆盖城乡、普惠百姓的公共文化服务体系新格局。开展文化惠民工程建设，完善文化产业体系，规范和繁荣文化市场，强化文化遗产保护和品牌文化建设，保障群众文化权益，营造良好的社会文化环境。

公共文化。太仓市成功创建为第二批省公共文化服务体系示范区。完成政府实事工程（文化惠民工程）建设。完成建造广场露天舞台32座、自助图书借还点5座，为基层配备数字电影放映机8套、流动舞台设备5套，开展文化培训50期。开展文化惠民，送戏下乡350余场次，放映农村数字电影1650场次，全年开展各类送书、送戏、送图书、送展览、送电影、送培训等各类惠民活动3000场次。举办“重温经典”娄东（太仓）全国中国画作品展、2014年中国•长三角滚灯艺术大展演、第九届太仓阅读节、“世界读书日”活动等重大文化活动。开展第七届“百团大展演”、“唱响娄城”K歌大赛、第十届江南丝竹演奏比赛等文化活动赛事。打造文化养老服务品牌，开展2014年文化养老艺术节和文化养老课题研究，举办“文化养老与公共文化服务”全国论文征集颁奖暨理论交流会。4个节目进入第十一届江苏省“五星工程奖”舞台类决赛，为历史最多。图书馆接待读者93万人，外借图书86万册次，举办各类活动366场次，直接参与人数5.89万人次。博物馆及下属张溥故居、王锡爵故居共接待观众14万人次，讲解240余场次，举办临时展览19场，巡展13场次。宋文治艺术馆（太仓名人馆）全年接待观众约20万人次，讲解200余场次，举办各类活动150余场次，临时展览10场。璜泾镇、城厢镇文体站获评“一级文化站”，沙溪镇、双凤镇文体站获评“二级文化站”，浏河镇、浮桥镇文体站获评“三级文化站”。开展对外文化交流，江南丝竹赴欧洲开展访问交流，“新娄东画派”赴德国、比利时和江西省南昌市、安徽省合肥市等地巡展。

文化产业。太仓市加强与上海文化产业管理部门、行业协会及企业的联系，赴外高桥保税区国家对外文化贸易基地和虹口区国家音乐基地洽谈合作事宜，举办太仓文化产业接轨上海主题招商推介会。组织参展第三届中国苏州文化创意设计产业交易博览会。落实2013年度太仓市文化产业引导资金兑现，做好上级政策申报工作，为企业争取上级政策扶持，共组织申报省文化产业引导资金项目9个、苏州市姑苏宣传文化人才计划6人。组织申报2014年度文化产业引导资金和人才计划，共申报文化产业人才计划4人、文化产业引导资金扶持项目8个。走访市重点文化企业，指导企业项目向上政策申报。启动修编《太仓市文化产业“十三五”规划》。

文化执法。太仓市加强游艺厅规范经营管理工作，完成艺术品经营单位备案，做好全国文化市场技术监管与服务平台、行政审批事项清理和提速等工作。行政审批服务窗口共受理各类咨询520人次，审核、审批、变更、年检共计366户。抓好广播电视安全播出工作，加强卫星电视和电影管理。开展印刷复制业、出版物发行法规培训暨年检工作，加强内部资料性出版物管理，多形式开展版权保护工作，引导企业推进软件正版化。做好全市文化娱乐场所安全生产工作，强化互联网安全，开展校园周边文化市场集中整治和2014年“扫黄打非”专项行动。全年共出动执法人员2082人

9月13日，2014年中国•长三角地区滚灯艺术大展演在科教新城天镜湖广场举行

（市文广新局供稿）

次，执法车辆 520 台次，检查文化场所 1041 家次，会同有关部门开展联合执法行动 6 次，收缴非法音像制品、非法书刊 4000 余件，取缔无证摊点和零售店面 14 个，处理各类举报 24 起，立案查处 14 起。

影视市场。每月统计上报院线电影放映数据，掌握电影市场动态情况，并反馈至电影经营单位。全市 4 家院线影院全年共放映 4.2 万场次，较上年减少 4260 场次；观众 87 万多人次，较上年增长 22.6%；票房收入 3200 余万元，较上年增长 32.07%。

【"重温经典"娄东（太仓）全国中国画作品展】 6 月 18 日，由中国美术家协会、太仓市委宣传部主办，太仓市文广新局等承办的"重温经典"娄东（太仓）全国中国画作品展在市博物馆开幕。该画展为中华人民共和国成立以来太仓举办的规格最高、规模最大的画展，参展作品来自全国各地，经专家们严格初评和复评，从参加初评的 3400 多件作品中优选出 194 件作品进行展出，其中 61 件获优秀奖。展出作品集山水、花鸟、人物画之大成，艺术风格精彩纷呈，主题多样、贴近生活、贴近时代，体现当代中国画创作的新水平。61 件优秀奖作品中，太仓籍画家创作的有 5 幅，分别为蔡萌萌的《春山春水春江南》、邢少兰的《金秋苗寨满山歌》、王斌的《苗岭壮歌》、邢曦峰的《初雪》和沈国红的《月落江村》。这是太仓本土山水画家作品首次在全国性大展中入选和获奖，使太仓山水画创作达到新的高度，显现出"娄东画派"后续力量的水准。

【太仓市被设立为"全国文化养老示范基地"】 作为长三角地区第一个富裕型中国长寿之乡，太仓市经济社会发展平稳，社会保障体系日益完善，文化发展繁荣。2014 年，太仓市探索文化养老发展路径，发挥文化在养老服务方面的积极作用，建立起与人口老龄化进程相适应、与经济社会发展水平相协调、覆盖城乡的文化养老服务体系。11 月 16 日，由中国群众文化学会、中国文化报社主办的"文化养老与公共文化服务"全国论文征集颁奖暨交流会在太仓召开，会上，太仓市被中国群众文化学会评为"全国文化养老示范基地"。

4 月 18—20 日，太仓组团参加第三届中国·苏州文化创意设计产业交易博览会
（市文广新局供稿）

【文化养老艺术节活动】 4 月，太仓市启动文化养老艺术节活动，活动以"文化养老，让老年人生活更美好"为主题，分为"孝满娄城""美哉娄城""舞动娄城"三大类 31 个小类，共开展"百团大展演"欢乐百村（社区）行、"群众文艺创作节目大赛"、"第十届江南丝竹演奏比赛"等文化惠民和文化赛事活动 300 多场次，30 余万人次参与健康讲座、棋牌、体育竞技、书画展览、插花艺术展等各种形式的活动。全市成立文化养老文艺志愿者服务队 8 支，为镇、村（社区）文化养老文艺辅导员志愿者代表颁发聘书。年内，评出太仓市"十佳"文化养老之星。

【太仓市参加中国·苏州文化创意设计产业交易博览会】 4 月 18 日，第三届中国·苏州文化创意设计产业交易博览会（以下简称"创博会"）在苏州开幕，太仓市连续第三年参加创博会，推介太仓优秀文创产品。该届创博会为期 3 天，太仓市共有 4 家企业参展，并搭建太仓市公共艺术与设计馆、沙溪旅游馆 2 个主题展馆，现场签订订单 300 多万元。城市公共艺术与设计馆展出天工设计、仓海设计、LOFT 工业设计园、荣文库柏等企业设计的雕塑摆设、家具、灯具等创意产品，其中仓海设计的光能自转地球仪以及天工设计的"莲"雕塑，受到众多媒体和参观者关注。沙溪旅游馆侧重推介其丰富的旅游资源，图文并茂地介绍龚氏雕花厅、诗歌馆、吴晓邦故居、沙溪文史馆等景点，展示古镇沙溪深厚的文化底蕴。

【南洋广场商业街获批省"正版正货"示范街】 2014 年，太仓市多形式推进版权保护工作，将版权宣传折页及版权相关案例通过各个版权产业园区发放到相关企业，让版权企业及时了解版权登记程序，通过集中宣传，营造浓厚的版权保护氛围，倡导企业使用正版软件，并加强自我版权保护意识，进行相关版权保护措施；倡导全市各商业街开展"正版正货"示范街创建活动。具体指导南洋广场商业街项目创建江苏省"正版正货"示范街，南洋广场成为全市首个获批省级"正版正货"示范街的商业广场。

【文化场所执法检查】 2014 年，市文化行政综合执法大队共出动执法人员 2082 人次、执法车辆 520 台次，检查文化场所 1041 家次，会同太仓工商局、市公安局、市城管局等部门开展联合执法行动 6 次，收缴非法音像制品、非法书刊 4000 余件，取缔无证摊点和零售店面 14 个，处理各类举报 24 起，立案查处 14 起，其中网络案件2起、网吧案件7起、出版物案件5起。全年，巡查全市文物点170余处，拍照核查所有文物点，建立电子档案记录。

【"娄东大讲堂"开展讲座45场】"娄东大讲堂"在讲座的内容与形式上追求精益求精，成为太仓市图书馆品牌活动。2014年，市图书馆"娄东大讲堂"共开展讲座45场，吸引读者1.56万人次。其中名家系列讲座6场，主讲人包括著名诗人、上海市作家协会副主席赵丽宏，著名美学家、南京大学新闻传播学院博士生导师潘知常，著名作家、演讲家林华主，国家一级演员、苏州评弹名家袁小良，著名演员六小龄童，百家讲坛主讲人莫砺锋等。其他讲座有生活健康类讲座11场、科技教育类讲座8场、文化艺术类讲座19场、道德讲堂1场。

2014年太仓市公共文化服务活动表

表47

序号	时　间	名　称
1	1月21日	迎新春文化惠民进社区
2	1月	2014年新年音乐会、2014年迎春戏曲年会
3	1月	"文化、卫生、科技三下乡"文艺演出
4	2月14日	"凯达杯"第一届闹元宵娄东名人灯谜会
5	2月20日	"新娄东画派山水画展"在宁波美术馆展出
6	3月29日	市图书馆"娄东大讲堂"与上海市文联、太仓市文化馆、太仓大剧院合作举办"文化名人太仓行"活动
7	3月29日	叶辛《谈〈孽债〉创作始末》讲座
8	3—10月	太仓市"唱响娄城"K歌大赛
9	4月18日	太仓文化企业参展第三届苏州创博会
10	4月18日	太仓市娄东文化研究中心成立大会暨第一次理事会
11	4月23日	"幸福娄城•灿烂夕阳"太仓市文化养老艺术节暨第七届业余文艺团队"百团大展演"启动
12	4月23日	"尔雅六年"社区巡展第一站在马家地园开展活动，免费赠送《尔雅》及其他书籍
13	4月25日	"版权知识进校园'4•26'世界知识产权日"版权宣传活动
14	4月26日	第九届"太仓阅读节"开幕
15	4月	2014年江南牡丹节开幕式文艺演出
16	4—10月	2014年太仓市基层文艺培训
17	5月9日	"文博之友"座谈会
18	5月16日	参展第十届深圳文博会
19	5月18日	2014年"5•18"国际博物馆日系列主题活动
20	5月	江南丝竹、"新娄东画派"赴欧洲开展文化交流活动
21	5月	2014年国际田联竞走世界杯赛闭幕式文艺演出
22	6月18日	"重温经典"娄东（太仓）全国中国画作品展
23	6月24日	太仓市非物质文化遗产新项目展示展演
24	6月	"江南丝竹"参加苏州文化遗产日展演，"双凤民歌"参加第28届世界遗产大会在苏州召开的十周年展演专场
25	7月2日	"书香江苏之夜经典诵读"太仓专场演出
26	9月8日	"太仓滚灯"参加中央电视台2014年中秋文艺晚会演出
27	9月13日	在科教新城天镜湖广场举办2014年中国•长三角地区滚灯艺术大展演
28	9月16日	新娄东画派山水画展在江西省南昌市展出

续表 47

序号	时　间	名　称
29	9 月	2014 年度太仓市群众文艺创作节目大赛、太仓市第十届江南丝竹演奏比赛
30	9 月	娄东文化讲座进学校、养生讲座进社区、社科普及知识展览、流动车送书
31	9 月	2014 年“同乐江苏”南京国际爵士音乐太仓专场
32	9—10 月	“万紫千红”宋文治经典作品展、“起承转合”纪念宋文治诞辰 95 周年艺术展
33	10 月 10 日	“江南美”蔡萌萌山水画作品展在上海朵云轩展出
34	11 月 17 日	全市印刷业及软件企业使用正版软件培训班
35	12 月 30 日	2014 年太仓文化产业接轨上海投资洽谈会
36	全年	各类惠民活动 3000 场次，其中送戏下乡 350 场次，放映农村数字电影 1668 场次
37	全年	全市院线影院共放映 4.20 万场次，观众 87 万人次，票房收入 3200 万元

（高　琪）

传播媒体

广播电视

【概况】 2014 年，全市广播电视工作强化舆论宣传，做优本土节目，抓好新闻报道，注重产业经营，各项工作推进有序。年内，实行新的节目质量考核办法，采用收视率、广告搭载量和节目质量综合评价 3 个指标考核各档节目。开展管理创新专题培训、电视摄像业务培训、新闻从业人员业务培训等各类培训 15 次，提升全体从业人员采编水平。

12 月 21 日，市广电总台副台长茅震宇（左）参加《政务直通车》直播节目
（姚松　摄）

【舆论宣传加强】 2014 年，全市新闻宣传围绕中心工作，结合“党的群众路线教育实践活动”和“全面深化改革”两大工作重心，转变作风文风，做好各项新闻报道，为推动全市深化改革提供宣传引领和精神动力。一是重大局。做好“党的群众路线教育实践活动”“改革绘新篇 • 实干抓落实”“2014 年国际田联竞走世界杯赛”等重大题材的宣传报道。开辟教育实践活动专栏——《教育实践进行时》，结合活动的各个环节，推出“一把手谈教育实践”“教育实践在基层”“你呼我应”“群众眼里的共产党员”等系列报道，为教育实践活动持续开展营造舆论氛围。二是提质量。打破“时政报道”和“民生报道”的界限，试行以民生视角做时政新闻，以时政视角做民生新闻。发挥《娄东民生》《连心桥》《王霏帮你忙》《政务直通车》等节目的舆论监督作用，及时传递真声音，为民解难事。全年，《连心桥》共报道各部门解决群众困难事约 400 起，追踪报道 69 个问题的落实解决过程，报道群众关心的政策解读 21 个。三是拓外宣。注重通联外宣工作，全年外发录用新闻 3415 条次，其中央视录用 31 条，《太仓竞走世界杯启动百天倒计时》《全国钓鱼锦标赛总决赛在江苏太仓开赛》等一批新闻登上央视；省级以上录用 1205 条次，《太仓：“365”服务工程凝心聚力》《太仓港综合保税区通过国家级验收》等一批反映太仓市经济社会面貌以及传递正能量的稿件在江苏电视台《江苏新时空》等栏目播出。其他网上被下载以及在《苏州新闻》《联播苏州》播出新闻较上年增长 10%。

【本土节目优化】 2014 年，市广电总台推出《时尚 8 点伴》《周末微影院》《快乐大鼻子》等一批展现太仓本土特色的节目，重点打造方言脱口秀品牌栏目——《太仓闲话》，节目内容充满地方趣味。做好文化纪录片栏目《梦江南》、《老街的钟声》《花魂》等多部纪录片获“2013 年度苏州市

7月22日，“小候鸟”夏令营成员参观市传媒中心　　（姚松　摄）

广播电视政府奖”。3件作品获“2013年度江苏省广播电视节目政府奖”，其中二等奖2件、三等奖1件；28件作品获“苏州市广播电视节目政府奖”，其中一等奖5件、二等奖8件、三等奖15件。广播节目打造FM96.7新闻广播、FM92.7交通广播2套频率，推出《生活在太仓》《么么下午茶》《乐活太仓》等品牌栏目，受到听众喜爱。在做好各档自办栏目的同时，开展“爱在同一片蓝天下”“心连心•太仓情”“《娄东民生》‘小候鸟’夏令营”“‘小城大爱’暑期夏令营”等爱心志愿活动，共慰问帮扶困难群众60余人，累计金额35万元。

【产业经营拓展】 2014年，市广电总台推出经济信息类日播栏目——《生活1+1》，举办包括企业家迎春乒乓球赛、益智类选拔活动《1战成名》、春季房车展、群鸿颁奖晚会、总工会文体节开幕式、全市羽毛球公开赛、浙建海豚计划、旅游局消夏亲子游活动、农产品品鉴会、少儿达人秀、十一房展会等大型活动13场。在拓展新媒体产业方面，开通“太仓广播电视台扬帆微生活”微信公众平台，开办美食、乐活、民生、心情、百科等版块，全年累计推送信息1900余条，合作商家700余家，实施微信互动400余次。年内，微信公众平台关注用户数4万余人。开发建立微信看电视、微信听广播功能版块，受到关注用户认可。“太仓广播电视台扬帆微生活”被市委宣传部、市互联网信息工作领导小组办公室、市互联网协会授予“优秀政务微信公众号”称号。

2014年市广电总台部分获奖作品一览表

表48

序号	题　目	主创人员	奖项
1	《关注舌尖上的浪费》 《厉行节约　反对浪费》	新闻中心	2013年中央电视台中国电视新闻协作网优秀节目二等奖
2	《世界杯“表情”》 《我说世界杯》	新闻中心	2014年中央电视台中国电视新闻协作网优秀节目二等奖
3	《新闻主播的狂野赛车梦》	卢灼华	江苏省2013年度优秀广播电视政府奖电视主持社教作品（广播电视播音与主持作品奖）二等奖
4	《回眸小镇》	张玉平	江苏省2013年度优秀广播电视政府奖电视播音文艺作品（广播电视播音与主持作品奖）二等奖
5	《医者救死扶伤　病人一年后“还债”》	张　琳　沈贤德	江苏省2013年度优秀广播电视政府奖短信息（电视新闻奖）三等奖第十六届“苏州新闻奖”短消息三等奖
6	系列报道《你呼我应》	王　嵘　孙　宵 赵永强	2014年度苏州重大报道特别奖
7	《一位社区书记的两份“保证书”》	潘晓亮　王　磊 王　霏　曹　燕	第十六届“苏州新闻奖”专题二等奖
8	《由买方变卖方　十年环保结硕果》	吴金柱　严尤峰	第十六届“苏州新闻奖”短消息三等奖
9	《书记押上身家解开老板跑路后死结》	孙　宵　潘晓亮 王　磊　陆捷妮	第十六届“苏州新闻奖”专题三等奖

（毛玉霞）

报　刊

太仓日报社组织开展“千企升级”大型系列报道。图为报社记者在相关企业现场采访
（2014年11月摄　太仓日报社供稿）

【概况】 2014年，太仓市有报纸出版单位1家，即太仓日报社，出版发行的《太仓日报》规格为对开12版，每周6期，统一刊号CN32—0131，全年共出版302期，出版总期数5157期。年内，太仓日报社加强新闻队伍建设，发扬纸质媒体优势，组织策划重大活动跟踪采访报道，重视新闻深度报道，增强主流媒体公信力，提升报纸可读性，扩大读者影响力，提升媒体品牌权威性，增强传统媒体核心竞争力。全年配合全市中心工作，抓住“打造苏南现代化建设示范区的‘太仓样本’”和“改革与创新”主题，先后开设《“改革与创新”区镇领导论坛》《深化改革进行时——中国梦·打造太仓样本》《“创新太仓”科创月系列报道》《他们为太仓添魅力——走近先进科技工作者》等栏目。年内，《太仓日报》有27篇（次）新闻（理论）作品在苏州市级以上各类新闻评选中获奖。

【党报舆论引导】 2014年，太仓日报社围绕全市党的群众路线教育实践活动，通过专栏宣传、专题报道、评论引导、专版展示和公益宣传等多种报道方式，引导社会舆论，巩固积极健康向上的主流舆论，在全市营造良好舆论环境。《太仓日报》头版开设《践行群众路线·抓好四治四兴》专栏，共刊发稿件50余篇；开设《密切联系群众——来自基层一线的报道》专题，共刊发稿件40余篇。组织“中国梦·百姓梦”大型系列报道，继续推出“平凡中奉献”“身边的好人”通讯报道，宣传社会正能量。

【民生新闻】 2014年，太仓日报社创新栏目定位，以“关注民生、反映民意”为目标，发挥舆论监督作用。调整《太仓日报》及周末增刊《娄东民生报》版面设置，开设“逛街”“视界”“关注”等版面，加大民生新闻报道力度。改革新闻报道方式，控减日常领导活动和会议报道。组织策划“本报记者走转改——我在现场、基层故事、民生记录”等大型新闻行动，开设《2014太仓民生观察》等大型栏目，加大民生报道力度。设立记者品牌工作室，推出《忠言经济》《张望城市》《廖看市场》《飞进社区》4个栏目。

【新媒体建设】 2014年，太仓日报社顺应全媒体时代，整合内外部资源，发展特色媒体产品，实现“网刊融合”。加强与移动通信商和网络运营商合作搭建信息传播平台，维护开发手机客户端，《太仓日报·手机报》订阅数升至2万户。10月20日，“太仓样样有资讯网”上线，资讯网是集服务资讯、新闻通讯于一体的综合性服务网站，生活资讯部分包含房产、汽车、美食、装饰、休闲、健康、财经、中介、商贸、数码、供求、论坛在内的12个频道；新闻通讯部分包含国际新闻、国内新闻、太仓新闻3个频道。

（郁　鹰）

2014年《太仓日报》部分获奖作品情况一览表

表49

作品名称	获得奖项	作　者
《“政社互动”向全国推广》（消息）	江苏省报纸优秀作品三等奖 江苏省县市报新闻奖一等奖	周　斌 薛海荣
《“良心债，一定不能欠！”》（通讯）	江苏省报纸优秀作品三等奖 江苏省县市报新闻奖二等奖 苏州新闻奖一等奖	曹鹏飞
《太仓签下全国“第一单”》（消息）	江苏省报纸优秀作品三等奖	李　华
《一元钱，我们住上了“星级宿舍”》（通讯）	江苏省县市报新闻奖二等奖	姚建平
“千企升级行动计划”（系列报道）	苏州市重大报道特别奖	集体采写
《见微知著——民生新闻选材触角延伸刍议》（论文）	苏州市新闻传播理论作品奖三等奖	朱乃燕
《把握时政新闻的时代看点》（论文）	苏州市新闻传播理论作品奖三等奖	宋祖荫

网络媒体

【网络媒体发展概况】 2014年，太仓市互联网普及率为58.9%，比江苏省整体水平高5.1个百分点，与苏南地区平均水平相当；全市网民规模41.7万人。全市互联网基础应用的使用率相对较高，商务交易类应用有较大成长潜力。即时通信、搜索引擎、网络新闻、网络音乐、网络视频等满足网民基本沟通、信息查询、娱乐功能的应用使用率均在70%以上。在网民中，86.3%的网民通过手机上网，其中21.2%的网民仅用手机接入互联网，手机成为太仓网民上网的首要设备，平板电脑、电视成为网民重要的网络娱乐设备。太仓市平板电脑上网接入率为36%，较全国平均水平高出1.2个百分点。随着网络技术和宽带技术的发展，网络电视成为新兴的家庭娱乐模式，截至年底，全市网络电视使用率21.2%，比全国平均水平高出5.6个百分点，较江苏省平均水平高出2.1个百分点。网民在商务交易类应用上的使用行为更加深入，网络购物、网上支付使用率均在50%以上，旅行预订、团购、打车软件的使用率在30%左右，互联网理财使用率超过15%。与江苏省整体水平相比，太仓网民对网络游戏、网络文学使用率偏高，对博客和QQ空间、网络购物、电子邮件的使用率较全省平均水平低2个百分点。

【信息获取类网络应用】 搜索引擎。2014年，太仓网民搜索引擎使用率为79%，与江苏省整体水平持平。搜索引擎用户规模随着网民规模的扩大而持续增加，搜索引擎企业产品和服务呈多元化趋势，吸引网民使用互联网搜索，手机搜索成为网民的主要应用。

网络新闻。2014年，太仓网民网络新闻使用率为76%，高于江苏省和苏南地区的整体水平。网民网上收看新闻资讯的渠道从单一的新闻资讯类媒体转变成以新闻资讯类网站为主体，微博、社交网站并存的格局。

【休闲娱乐类网络应用】 网络游戏。2014年，太仓市网络游戏使用率为62%，较江苏省和苏南地区使用率高6个百分点。网络游戏市场主要有电脑网游、手机游戏和电视游戏，电脑网游仍是市场中坚，但增长速度放缓；手机游戏在2014年上半年达到最高峰，下半年稳中有降。

网络视频。2014年，太仓市网民对网络视频的使用率为74%，比江苏省和苏南地区高2个百分点。

网络文学。2014年，太仓市网络文学使用率为52%，比江苏省整体水平高4.6个百分点，比苏南地区平均水平高3.2个百分点。网络文学获得广大网民认可，形成成熟的产业链，成为影视作品重要的提供方，网络文学市场得到进一步发展。

【交流沟通类网络应用】 即时通信。2014年，太仓市即时通信应用的使用率为88.1%，是太仓市第一大互联网应用。即时通信工具中，QQ/TM、微信是网民的常用工具，渗透率分别为90.1%、82.9%；陌陌的渗透率为30%，用户相对较多；阿里旺旺、YY/YY语音、百度Hi的渗透率均在20%以上，QT语音、飞信的渗透率在10%～20%之间，属于相对小众的应用，其他即时通信工具的渗透率均在10%以下。

微博。2014年，腾讯、网易和搜狐等公司纷纷减少对微博客的投入，整体微博客用户呈现下降趋势。截至2014年年底，太仓市网民中，有40.1%的网民使用过微博，比江苏省整体水平高1.5个百分点。微博的传播方式覆盖面广、速度快，信息被接受程度较好，是网民重要的网络新闻信息来源。

2014年太仓网民与江苏省各类互联网应用使用率情况对比表

表50

应用	江苏	太仓	差异	应用	江苏	太仓	差异
即时通信	89.9%	88.1%	−1.8%	网上支付	52.1%	51.2%	−0.9%
搜索引擎	79.0%	79.0%	0.0%	网上银行	44.0%	42.4%	−1.6%
网络新闻	74.6%	76.0%	1.4%	电子邮件	42.9%	40.6%	−2.3%
网络音乐	74.0%	74.4%	0.4%	微博	38.6%	40.1%	1.5%
网络视频	72.0%	74.0%	2.0%	旅行预订	35.2%	37.4%	2.2%
网络游戏	55.6%	62.0%	6.4%	打车软件	26.4%	31.2%	4.8%
博客/QQ空间	67.0%	61.5%	−5.5%	团购	29.1%	28.9%	−0.2%
网络购物	59.3%	56.7%	−2.6%	论坛/BBS	20.1%	19.6%	−0.5%
网络文学	47.4%	52.0%	4.6%	互联网理财	16.1%	15.5%	−0.6%

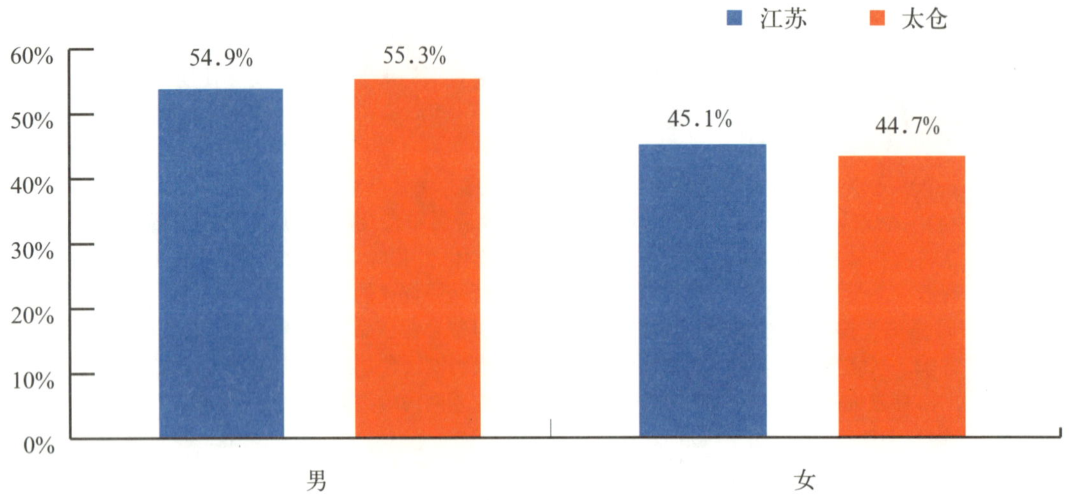

图 7　江苏省与太仓市网民性别结构对比图

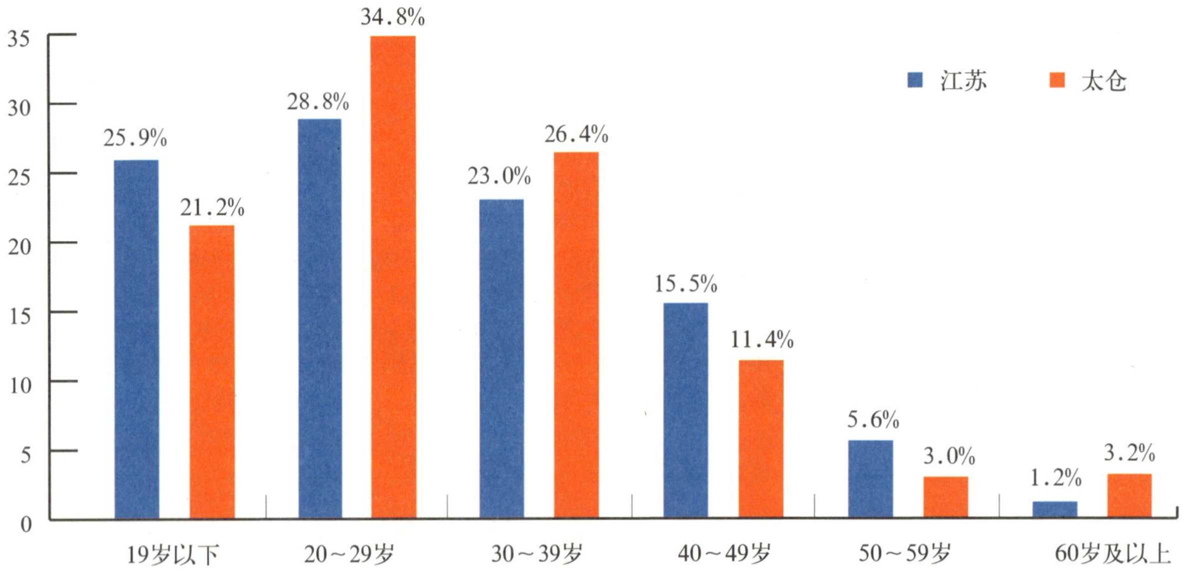

图 8　江苏省与太仓市网民年龄结构对比图

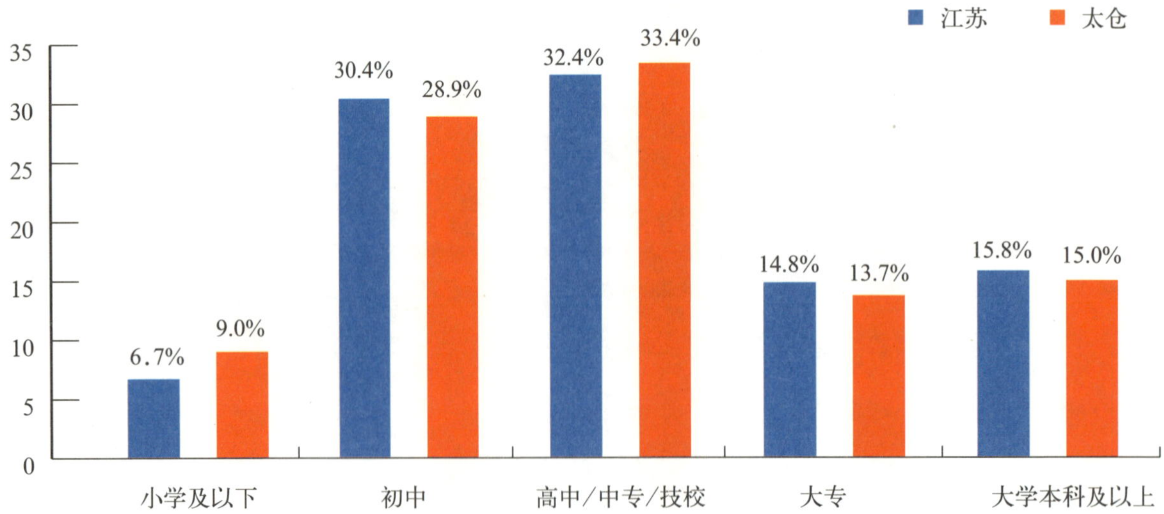

图 9　江苏省与太仓市网民学历结构对比图

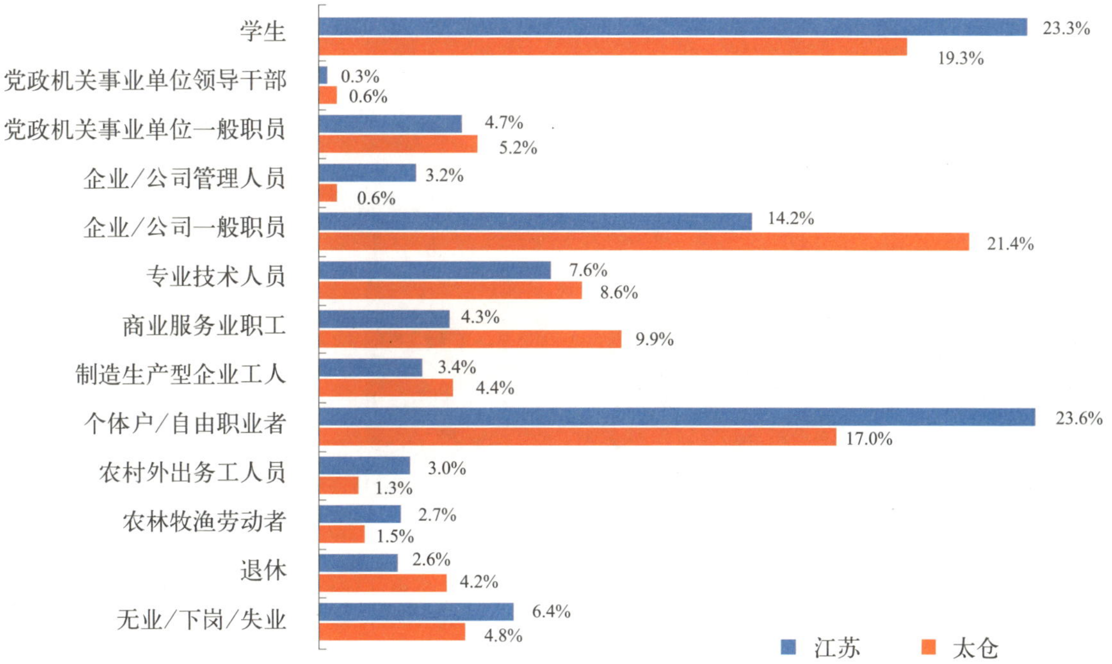

图 10　**江苏省与太仓市网民职业结构对比图**

【网民规模及属性】 截至 2014 年年底，太仓市互联网普及率为 58.9%，网民规模 41.7 万人。太仓市互联网普及率比江苏省整体水平高出 5.1 个百分点，与苏南地区平均水平相当。年内，太仓市加快推进“智慧太仓”建设，完善智慧城市建设规划，推进信息化工程建设，优化整合各种生产要素，以更加精细和动态的方式管理生产生活，形成技术集成、综合应用、高端发展的现代化、网络化、信息化、智能化城市。以上举措为太仓市民接触互联网及各类互联网应用创造有利条件，推动太仓市互联网普及率提升。

（朱　慧）

遗产保护

【概况】 2014 年，太仓市完成全国第一次可移动文物普查的全部数据采集及国家统一信息平台软件录入报送工作。推进文物保护措施，规范文保工程操作程序，颁布实施《太仓市文物保护工程管理办法》，开展全市文博单位安全、消防检查工作，加大文物稽查力度，张溥宅第和太仓石拱桥保护规划编制立项得到国家文物局批复，多个文物保护工程实施完成，制定维修或保养方案。做好申报海上丝绸之路世界文化遗产工作，编撰《海上丝绸之路——太仓遗迹》申遗文本，上报国家文物局。开展全市各类博物馆年检工作，加强引导和规范民办馆，开展文化类民办非企业登记工作，浏天七浦、民间收藏、娄东中医等民办展示馆陆续开馆。古镇保护工作有序推进，浏河古镇的保护纳入长江口旅游度假区总体规划，沙溪古镇完善细部改造。做好半泾河古代沉船保护工作，邀请国内专家和南京博物院开展指导，推进各项考古发掘和保护。结合“世界博物馆日”“文化遗产宣传日”，

11 月 15 日，太仓市完成第一次全国可移动文物普查数据录入工作。图为普查小组在太仓市第一中学采集数据　（市文广新局供稿）

12 月 10 日，万丰村古沉船考古发掘和整体搬迁工作完成。图为古沉船整体搬迁现场
（市文广新局供稿）

开展文物保护宣传工作。征集接受捐赠藏品 11 套 77 件。加强非物质文化遗产保护。完成市非物质文化遗产项目代表性传承人、首批市非物质文化遗产保护示范基地、第五批市非物质文化遗产项目的申报评定工作。举办第二届市非物质文化遗产项目大展示活动。筹建成立太仓市娄东文化研究中心，全年组织出版书籍 3 部。

【第一次可移动文物普查实施阶段工作完成】 2014 年，太仓市在全省率先完成第一次可移动文物普查实施阶段工作，得到国家文物局和省文物局认可。第一次全国可移动文物普查主要任务是对全市所有国有单位收藏的文物按照国家相关规范和标准，开展文物测量、拍照和相关信息数据采集，并录入国家统一信息平台。太仓市采取统一管理、分组落实、跟踪指导、上下联动的方法，组织相关人员开展业务培训，组建普查录入小组 7 个，将全市工作任务合理分配，普查办技术骨干组人员全程跟踪技术指导，确保普查数据录入准确无误。截至年底，太仓市全部完成 14 家收藏单位共 1964 套（7946 件）近 3 万个指标项的数据采集及国家统一信息平台的录入报送工作。

【娄东文化研究中心成立】 4 月 18 日，太仓市娄东文化研究中心举行成立大会暨第一次理事会，推选产生市娄东文化研究中心第一届理事会名誉理事长、理事长、副理事长、总干事、理事和监事、财务等成员，就 2014 年娄东文化研究工作展开讨论。继 2013 年《娄东文化读本》出版后，年内市娄东文化研究中心又组织全市有关研究学者编写出版《王世贞弇山园诗文集》《太仓与海上丝绸之路》《娄风德韵》等书籍 3 部。

【大半泾河万丰段发现木质古船】 5 月 27 日，太仓市大半泾河万丰段河道疏浚拓宽时，在主河道外侧发现一条木质古船。8 月 8 日，江苏省考古研究所联合太仓博物馆对古船遗址进行考古发掘，至 10 月中旬，古船船体基本清理完毕。12 月 1 日，古船被整体搬迁上岸，进行后期保护修复工作。根据古船遗址发掘现场资料显示，该古船长 17.4 米，最宽处达 4.8 米，船体平面略呈柳叶形，横剖面为 V 形，共有 11 个隔舱。省内外多位专家在现场研究论证后推断，该古船年代不晚于元代。万丰村古船的发现为研究太仓航运史提供又一个宝贵物证。

（高　琪）

【沙溪古镇保护】 2014 年，沙溪古镇开展灾害风险排查治理、文物安全、抢救实物资料及文化交流等活动。古镇保护办公室、景区综合治理办公室、古镇物业管理公司（原沙溪房管所）和旅游公司等相关部门召开防灾安全工作会议，建立部门联动和防控制度，完善值班制度和应急处理制度，共同做好防灾工作。结合古镇实际，组织灾害风险排查。古镇物业管理公司（原沙溪房管所）负责街区内老公房排查，检查用电装置和设施及线路是否存在风险，采暖设备、燃气煤气是否合理使用；景区综合治理办公室负责排查景区内消防设施、消防供水、消防通道使用是否正常，景区内商户、住户是否存在违章搭线等不当行为；旅游公司负责各景点排查，尤其是客栈、民宿等经营场所，及时查找安全隐患，发现隐情，统一报送古镇保护办公室，由办公室指派人员核实处理。年内，开展文物安全和抢救实物资料工作。组织人员检查区域内文物点安全情况，查出问题及时解决，整改安全隐患。发挥各文保督察员作用，做到定期巡查和不间断巡查相结合，节假日加强值班，保证信息渠道畅通。5 月，因穿山寺扩建，寺内原有建筑拆除重建。古镇保护办公室获悉后成功抢救古碑、古马等文物 17 件，由沙溪镇人民政府接管并妥善安置。年内，制定吴晓邦故居维修及环境整治方案，该方案通过江苏省文物局审核，并给予项目补助资金 50 万元。沙溪古镇依托古镇资源开展文化活动，打响文化品牌。在原有 5 大旅游板块基础上，增添唐调研习所、牙行等展馆 2 处，提档升级沙溪文史馆、洪泾往事展示，将挖掘的文化资源通过不同形式进行展示。依托古镇平台，举办第三届“诗梦江南·沙溪论坛”，国内著名学者雅集沙溪，共商新诗发展。与北京大学、首都师范大学等 5 所高校签订《战略合作协议》，为高校提供创作、交流、研究和开展系列诗文化活动平台，打响沙溪文化品牌。

（沈建中）

编史修志

【概况】 2014 年，全市编史修志工作取得阶段性成果——《太仓市志（1986—2005）》高质量出版发行，在全市范围内免费赠阅；改革开放时期中共太仓地方史专题资料丛书第1部——《中共太仓市委重要文献汇编》（上、中、下）出版发行；《太仓年鉴（2014）》改革创新，被列为省级试点，并获评第三届江苏省年鉴奖市、县（市、区）综合年鉴特等奖；明·崇祯·张采《太仓州志》2函16册影印出版；全市乡镇志编纂全面启动，专业志、部门志编纂进展有序；全市党史征编、宣传工作重点突出，市史志办被苏州市委党史办评为“2012—2013年苏州党史系统先进集体”。

【江苏省部分市、县（市、区）地方志工作交流研讨会在太仓召开】 11月26—27日，省地方志办公室在太仓娄东宾馆召开江苏省部分市、县（市、区）地方志工作交流研讨会，学习贯彻全国第五次地方志工作会议精神，针对全省部分市、县（市、区）先期完成第二轮修志任务后，如何做好地方志工作展开交流研讨。省地方志办公室副主任蔡金良和南京、无锡、常州、苏州、太仓等23家市、县（市、区）地方志部门负责人出席会议。太仓史志办在会上作题为《与时俱进、积极作为，努力开创太仓市地方志工作新局面》的交流发言，提出全面启动新一轮乡镇志编修、高品质完成旧志整理和做好地方志资料长编等工作做法，受到与会人员肯定。

【《太仓市志（1986—2005）》出版发行】 10月，《太仓市志（1986—2005）》由方志出版社出版发行。该志的编纂是近几年史志工作的重点，从2006年10月至2014年10月，志书编纂历时8年。《太仓市志（1986—2005）》为1991年出版的《太仓县志》的续志，记述断限为1986—2005年，分上、下两册。全书设有建置区划、自然环境、基础设施等29卷，共174万字。该志着重记述1986—2005年太仓市（县）改革开放和社会主义现代化建设取得的历史成绩和基本经验，反映太仓20年经济社会发展的轨迹和变革，是认识太仓、了解太仓、研究太仓的一部资料性工具书，也是太仓的百科全书。《太仓市志》既能为市委、市政府的科学决策和社会管理提供历史借鉴和可靠依据，又能为广大读者了解和研究太仓历史提供权威资料，是一部有益当代、惠及后世的优秀地方志书。出版以后，史志办按照读志用志的要求，将志书免费发放给全市各镇（区）和机关、事业单位。

【全市地方志工作会议召开】 10月28日，全市地方志工作会议在市行政中心召开，《太仓市志（1986—2005）》举行赠阅首发式。省地方志办公室副主任蔡金良、苏州市地方志办公室主任邬才生和太仓市副市长赵建初出席会议，全市各镇（区）、各部委办局分管领导等100余人参加会议。会上，史志办主任张志华总结《太仓市志》编纂情况，并部署下阶段地方志工作任务，要求全面启动乡镇志编纂工作；双凤镇党委副书记王永伟就《双凤镇志》的编写、出版等工作作交流发言；苏州市地方志办公室主任邬才生和江苏省地方志办公室副主任蔡金良对《太仓市志（1986—2005）》的编纂出版和太仓地方志工作的推进情况表示肯定。会上，太仓市副市长赵建初在肯定全市地方志、年鉴、旧志整理等工作的同时，提出要做好地方志书编纂工作，启动新一轮乡镇志编修，全面客观记录好太仓经济社会发展历程。

11月26—27日，江苏省部分市、县（市、区）地方志工作交流研讨会在太仓召开　（邢友来　摄）

【《太仓年鉴（2014）》创新与规范】 2014年，市史志办把“坚持太仓特色，形成太仓风格”视为年鉴工作创新与规范的着力点，以“做美视觉、做优框架、做实内容”为目标，贯彻省地方志办有关年鉴纲目创新与规范的要求，提升年鉴编纂质量。9月，《太仓年鉴（2014）》由方志出版社出版发行，为全市连续编纂出版的第18部综合年鉴。全书坚持纲目创新与规范，重新设计年鉴框架，将原来32个传统类目调整归并为16个类目，分别为图片专题（包括封面故事、年度便览、视觉太仓）、特别报道、大事纪要、城市概况、人居环境、太仓港、中德中小企业合作示范区、区域经济、公共服务、社会管理、地方组织机构、城镇街道、附录和索引等。全书共78个分目、180个副分目、1025个条目，共计100.9万字，是一部展示太仓概况与特色，记录太仓地情与历史，体现地情参考、工作参阅、研究参用等功能的权威资料工具书。

【《中共太仓地方史·第三卷（1978—2012）》编纂】 《中共太仓地方史·第三卷（1978—2012）》（以下简称“党史第三卷”）时限为1978年中共十一届三中全会召开到2012年中共十八大召开前，除正史之外，编辑出版太仓改革开放时期党史专题资料丛书

明•崇祯•张采《太仓州志》影印出版　　　　（2014 年 11 月邢友来　摄）

15 卷，内容涉及党的建设、党代会文献汇编、经济建设和发展、工业经济、农村工作、城市和交通建设、社会事业、社会保障和社会管理、商贸工作、财税工作、两区及镇的建设和发展等。2014 年，编纂工作重点推进党史专题资料丛书的编写。至年底，全市 81 个党史专题资料的 72 家涉编单位完成专题资料编写的有 52 家。10 月，改革开放时期中共太仓地方史专题资料丛书的第 1 部——《中共太仓市委重要文献汇编》（上、中、下）3 册出版发行，并向全市各级党组织免费赠阅。《改革开放中的太仓财政》及《璜泾镇的建设和发展》基本完成修改，进入印刷厂校排。

【明•崇祯《太仓州志》影印出版】 2014 年，市史志办继续抓好太仓历代旧志整理影印工作。7 月，明•崇祯•张采《太仓州志》整理影印完成，由广陵书社正式出版。该旧志 2 函 16 册，宣纸印刷，手工线装，为 2013 年以来市史志办整理出版的第 3 部旧志（前两部分别为明•弘治•桑悦《太仓州志》影印版 1 函 3 册，明•弘治•桑悦《太仓州志》点校版 1 函 4 册）。年内，明•嘉靖《太仓州志》、清•宣统《太仓州志》等 2 部旧志进入出版程序。《太仓历代旧志丛编》初具规模，在苏州和省内旧志整理方面形成一定影响，太仓旧志整理影印工作得到上级有关领导与专家的肯定。

【年鉴工作经验交流与业务提升】 11 月 28 日，市史志办受邀参加省地方志办公室在南通召开的全省综合年鉴大纲创新研讨会暨第三届江苏年鉴奖评选细则讨论会，省地方志办公室副主任、《江苏年鉴》主编牟国义和南京、无锡、常州、徐州、南通、江阴等 24 家市、县（市、区）史志部门相关人员出席会议，太仓市史志办作为全省县级年鉴大纲创新与规范试点单位，在会上就《太仓年鉴（2014）》纲目创新与规范的主要做法和经验作交流发言，受到省与会领导和专家的肯定。12 月 24 日，市史志办在市委党校组织开展《太仓年鉴》撰稿业务提升培训，邀请省地方志办公室副主任、《江苏年鉴》主编牟国义到太仓讲课，全市各单位年鉴撰稿员约 100 人参加培训。会上，牟国义结合《太仓年鉴（2014）》编写大纲和年鉴创新与规范的要求，以 2014 年年鉴部分原稿为实例，列举出原稿中存在的总结模式明显、部门痕迹过重、资料过于琐碎等问题，要求各单位撰稿员在以后的撰稿中注意补充资料的有效信息，加大挖掘重要内容的深度，去除无效冗余信息，提升年鉴原稿的撰写质量。

【新一轮乡镇志编纂启动】 10 月 22 日，市委办、市政府办联合印发《关于做好乡镇志编纂工作的通知》，要求用 3 年时间完成新一轮乡镇志的编纂任务。11 月起，市史志办重点做好乡镇志启动的督促工作，抓好工作推进。12 月 19 日，市史志办在市委党校组织开展全市乡镇志编纂业务培训，邀请省地方志办公室指导处处长方亚光、常熟市史志办副主任科员浦君芝等领导、专家到太仓讲解乡镇志编纂工作，城厢、沙溪、浏河、浮桥、璜泾等镇负责乡镇志工作的分管领导、联络员及全体编写人员约 50 人参加培训。整个培训对全市乡镇志编纂工作起到及时有效的推动作用。12 月 29 日，浏河镇召开《浏河镇志》编纂业务培训会，全镇 70 多家镇志资料采编单位派人参加。会议对各资料采编单位就完善镇志资料初稿编撰班子、落实资料采编人员等问题提出要求。浏河镇是全市乡镇志编纂工作启动以来第一家对资料采编单位进行大规模动员和编纂业务培训的镇，为推动全市新一轮乡镇志编纂工作起到示范带动作用。

【党史宣传工作重点突出】 2014 年，市史志办利用媒体，结合重大纪念活动，开展各类党史宣传教育活动。围绕第一个国家公祭日开展宣传活动。12 月 13 日是第一个国家公祭日。12 月上旬，史志办为电视台提供相关史料，并组织联系“三一惨案”“七十二家村惨案”的幸存者、知情者，协助拍摄电视专题片 25 分钟、电视新闻 5 条；为《太仓日报》提供有关史料，配合制作第一个国家公祭日专版。修订《呜咽娄水——侵华日军在太仓的暴行》。2010 年史志办编辑出版的《呜咽娄水——侵华日军在太仓的暴行》一书得到中央党史研究室的重视，并被列入中央党史研究室第二批抗日战争中国人口伤亡和财产损失调研丛书出版计划。12 月起，市史志办按照中央党史研究室的出版要求，做好修订的前期准备工作。发挥党史阵地的宣传教育作用。做好太仓革命历史陈列馆的维护管理工作，开展各类参观学习活动，发挥爱国主义教育基地的宣传教育作用。同时，多渠道、多方位加强党史宣传教育力度，做好《世纪风采》等党史期刊的发行工作。

【专业志、部门志编修成果显著】 市史志办加强对全市各专业志、部门志的编修指导，做好各类启动志书的人员培训及篇目设置辅导工作。全市自二轮修志开展以来，出版的乡镇志、专业志、部门志有《新塘镇志》《双凤镇志》《太仓市水利志》《太仓市教育志》《太仓市人事志》《太仓市科协志》《太仓市民政志》《太仓市交通志》《太仓市体育志》《太仓市人大志》《太仓市政协志》《太仓市军事志》等12部；在编的有《太仓市农业志》《太仓市地名志》《共青团志》《太仓市老干部志》《太仓市计生志》《太仓市宗教志》等6部，完成初稿编写的有《太仓市环保志》《太仓市建行志》等。

（邢友来）

档案管理

【概况】 2014年，太仓市档案工作坚守"为党管档、为国守史、为民服务"职责，夯实完善档案资源体系、利用体系和安全体系，推动全市档案事业发展。全年开展各类业务培训9批次，800余人参加培训。市档案馆建筑面积1.1万平方米，作为国家一级档案馆，该馆积极构建档案安全保管基地、爱国主义教育基地和档案利用中心、政府信息查阅中心、电子文件中心"五位一体"的公共档案馆。截至年底，馆藏档案全宗222个198346卷、262132件，图书资料13628册，政府公开信息文件12680件。4月，太仓市通过"全国社会主义新农村建设档案工作示范县"验收。市城建档案馆晋升为江苏省AAAAA级数字档案馆。

【档案征集】 2014年，太仓市共征集特色档案1305件。其中书画91幅，包括"陇上书界泰斗"顾子惠书画作品30幅，中国女画家、雕塑家潘玉良创作的蒋恩铠先生肖像油画1幅，另有中国书法家协会、中国美术家协会等书画家程十发、邱笑秋、张改琴、高向阳等书画作品。市档案局工作人员赴北京市、浙江省杭州市等地征集名人档案318件，累计征集到5位院士的院士证书。新增苏州市级综合以上荣誉档案19件、外交礼品档案8件，图片869张。

【出生医学档案首次进馆】 市档案馆集中管理出生医学档案，首次接收出生医学证明档案。累计接收太仓市妇幼保健所、太仓市各家医院、各镇卫生院在2003年至2013年期间的出生医学证明档案4万余件。

【太仓市通过"全国社会主义新农村建设档案工作示范县"验收】 4月29—30日，以省档案局副局长项瑞荃为组长，省民政厅、省农委相关领导组成的全国社会主义新农村建设档案工作示范县验收组对太仓市进行评估，根据《全国社会主义新农村建设档案工作示范县验收标准》，评估组通过听取汇报、查阅佐证材料、实地检查等方式，分组查阅太仓市城厢镇、璜泾镇和城厢镇水利站、市婚姻登记处、璜泾镇杨漕村等10家涉农单位。验收组认为太仓档案工作达到验收标准，现场通过"全国社会主义新农村建设档案工作示范县"验收。

4月29日，"全国社会主义新农村建设档案工作示范县"验收组现场检查太仓创建情况 （市档案局供稿）

【全省数字档案馆（室）建设推进会暨现场教学培训班在太仓召开】 2月19日，全省数字档案馆（室）建设推进会暨现场教学培训班在太仓召开，全省各市、县、区以及大型国有企业档案负责人近200人参加会议。省档案局巡视员、省档案学会理事长齐丽华出席会议并讲话。与会代表实地调研太仓市档案馆，参观太仓市历史文化档案陈列馆、太仓市档案资料和政府信息公开查阅服务中心、档案库房等地，观看太仓利用RFID（射频识别）技术自主研发的自动盘库车盘库演示以及档案查阅窗口的电子化查档过程，现场组织学习。会议邀请全国数字档案馆示范单位山东省青岛市档案局、浙江省绍兴市档案局介绍数字档案馆（室）建设先进经验。

【档案信息化建设】 4月，太仓市城建档案馆晋升"江苏省AAAAA级数字档案馆"，是太仓首个通过省级最高标准评估的基层数字档案馆。太仓市推进村级档案网络化管理，60个村建立数字档案室，纳入全市数字档案馆室系统，形成市、镇、村档案三级联动模式。市档案局扩容全市电子数据备份中心存储容量至180太字节(TB)，提升全市电子数据备份中心硬件水平，新增备份数据1193万页，累计备份数据3228万页。

【基层档案规范化建设】 2014年，34家单位完成档案星级复查工作，市交通运输局运输管理处、太仓边防检查站2家单位晋升省五星级档案室，6家单位晋升省三星级档案室，14家单位通过省三星级档案室复查。太仓市第一人民医院、太仓市中医医院档

11月7日，顾子惠亲属向市档案局捐赠顾子惠书画作品　（市档案局供稿）

案规范化建设启动。市城管指挥中心、市城市管理物业管理指导中心、市住房保障管理中心等新建单位开展档案规范化建设。4月8日，市档案局与市国资委联合召开国家档案局第10号令《企业文件材料归档范围和档案保管期限规定》宣贯会，推进市属国有企业档案规范化建设。继续抓好重点工程项目档案登记备案工作，全年共登记备案苏州市级项目11个、省级项目2个。

【档案查阅服务进村入户】　市档案局完善民生档案基层查阅窗口管理制度和服务流程，延伸“民生档案基层查阅窗口”至镇、村（社区），实现民生档案查阅“村村通”。市民凭第二代居民身份证即可就近查询12个（生育档案、婚姻档案、建房批复档案、退伍士兵档案、劳动就业档案、工商登记档案、林权证档案、师范学籍档案、收养档案、土地证档案、优抚档案、土地流转档案）专题民生档案。与市人社局合作开发，在《民生服务户户通》系统中开辟家庭档案版块，利用接收数字电视的数字视频变换盒（俗称机顶盒），实现个人民生档案查阅“户户通”，至年底实现婚姻、独生子女2个专题25万条档案的自助查阅和远程出证功能。全年全市档案查阅系统面向社会提供服务1.3万余人次，其中民生档案利用率占80%以上。

【档案馆基础工作】　根据国家一级档案馆复查标准，市档案局做好《太仓市档案馆全宗指南》续编工作。6月，市档案馆依托档案自动盘库系统对馆藏近20万卷档案资料、23万余件档案开展全面检查及清点核对。加强印章档案的管理，对馆藏766枚印章档案做好整理保护，建立印章档案专题数据库。加强重点档案抢救保护，申报国家档案抢救经费78万元，对馆藏1000余幅书画定制书画套，修复史志宗谱档案240余张，聘请南京博物院专家修复馆藏珍贵书画37幅。

（嵇秋红）

【城建档案管理】　2014年，全市共签订建设工程档案报送责任书171份，办理建设工程档案预验收项目143个，竣工档案专项验收项目155个，总建筑面积282万平方米。整理入库建设档案1.44万卷，完成文字材料数字化118万页，图纸材料数字化3.7万张。至年底，市城建档案馆馆藏档案总量16.23万卷，提供档案查询利用935人次，利用案卷3622卷。完成城乡建设档案异地备份，信息化建设水平得到提升。市城建档案馆为100多个在建和竣工重点、民生工程提供上门业务指导，编制完成《田园城市，秀美乡村》《2011—2013年重点工程简介》画册。

（鲍佰两　顾　爽）

体育健身

综　述

【概况】　2014年，太仓市提高体育现代化建设水平，争创省级公共体育服务体系示范区，发展群众体育和业余训练。年内，根据江苏省体育局《2014年度全省县级体育重点工作督查办法》，市体育局以考核分97.97分列全省第6名。2月，中国钓鱼协会授予市体育局“2013年度CAA全国优秀竞赛组织单位”称号；江苏省竞赛管理中心、江苏省社会体育管理中心、江苏省体育局青少年训练管理中心、江苏省棋牌运动管理中心授予市体育局“2013年度承办全国以上体育竞赛优秀组织奖”。11月，国家体育总局社会体育指导中心授予市体育局“全国钓鱼项目推广贡献奖”；太仓市获江苏省第18届运动会青少年部县（市、区）综合金牌奖第十名。12月，太仓华丽垂钓体育健康学校成立。

【太仓籍运动员】　2014年，太仓市注册苏州市级运动项目有田径、篮球、足球、排球、手球、乒乓球、羽毛球、武术、跆拳道、柔道等，共注册运动员654人。注册江苏省级项目有：田径、武术、竞走，共注册运动员70多人。全年太仓向苏州市体育运动学校输送运动员10余人，向江苏省训练基地输送运动员6人，其中3人进入江苏省田径队。5月23—28日，19名太仓籍运动员参加江苏省第18届运动会青少部田径预赛，共获6枚金牌、5枚银牌、2枚铜牌，其中在太仓体校训练的学生吴宇杰和杨懿朱分获男子乙组800米、1500米和女子乙组跳远三项冠军。9月27日，在仁川亚运会男子射击10米移动靶混合速和标准速团体决赛中，太仓籍运动员张杰与队友获2个项目团体金牌，张杰成为太仓市首位亚运会冠军。9月28日，在江苏省18届运动会青少年部田径决赛中，太仓籍运动

太仓市体育场地情况统计表

表 51

场地类型	数量（个）	用地面积(平方米)	建筑面积(平方米)	场地面积（平方米）
合 计	1442	3408252	167887	2807238
体育场	7	138215	3665	117339
田径场	3	58958	140	54881
小运动场	40	299912	1577	249393
体育馆	5	27020	34944	6943
游泳馆	12	8771	8447	5952
室外游泳池	2	2265	54	1720
综合房（馆）	26	43744	53054	32958
篮球房（馆）	9	14940	11890	8566
羽毛球房（馆）	10	7072	6983	5247
乒乓球房（馆）	227	83484	22758	18945
摔跤、柔道、拳击、跆拳道、空手道房（馆）	2	437	343	309
健身房（馆）	102	7657	10735	9001
棋牌房（室）	44	1830	2349	2054
保龄球房（馆）	1	1038	921	810
台球房（馆）	41	3759	5188	4314
沙狐球房（馆）	1	28	56	50
网球房（馆）	1	702	632	569
足球场	4	28530	800	22658
室外五人制足球场	6	6250	—	5843
室外七人制足球场	1	1500	—	1036
篮球场	341	263233	30	210603
三人制篮球场	46	16154	—	12281
排球场	65	35038	—	24442
室外手球场	2	2015	—	1711
室外网球场	21	14913	—	11766
羽毛球场	12	5265	—	3326
乒乓球场	32	9325	100	6133
室外轮滑场	1	1200	—	900
室外门球场	26	14398	67	10190
汽车赛车场	1	68670	900	66670
射击房（馆）	2	229	563	507
水上运动场	1	696660	—	666660
高尔夫球场	2	900640	1200	817857
城市健身步道	20	538568	—	383554
全民健身路径	259	63896	—	10945
户外营地	2	—	—	—
其他类体育场地	65	41936	491	31106

员共获 8 枚金牌、6 枚银牌、1 枚铜牌，其中个人单项金牌 6 枚。10 月 13 日，在 2014 年全国田径锦标赛上，太仓籍运动员胡雨飞以 7433 分成绩获男子十项全能金牌，胡雨飞曾于 4 月在全国田径大奖赛广东肇庆站比赛中以 7582 分打破该项目江苏最高纪录。

【社会体育指导员】 截至 2014 年年底，太仓市共有社会体育指导员 1589 人。9 月 22—27 日，市体育局在全市及各镇区培训三级社会体育指导员 289 人。与市委组织部联合对全市 100 余名大学生村干部进行二级社会体育指导员培训考核，扩大社会体育指导员队伍。

（徐云峰）

体育设施

【概况】 2014 年，太仓市完成城乡一体“10 分钟”体育健身圈建设。璜泾镇、沙溪镇、浏河镇和浮桥镇牌楼建有镇区级全民健身中心。在村（社区）和农民工集中居住区建设“三个一”（一个篮球场或门球场、一个室内活动室和一个健身路径点）工程。全市共有晨练、晚练点 269 个，各级全民健身工程（点）238 个，健身设施和活动场地覆盖全市各村（社区）。推动中小学校体育设施逐步分类向社会开放，开放率 61%。根据第 6 次全国体育场地普查数据统计，太仓市共有体育设施面积约 280 万平方米，人均 3.96 平方米。

（徐云峰）

全民健身

【概况】 2014 年，太仓市共举办全民健身活动约 200 项次，18 万余人次参与，包括市民健步走活动，太仓百村篮球赛、乒乓球赛，广场健身舞比赛，足球联赛、篮球联赛、羽毛球联赛等。全年全市国民体质测试样本 3563 例，其中幼儿 560 例、成年人 3003 例。

【篮球比赛】 4 月 12 日—7 月 13 日，2014 年“华南印务杯”太仓市第 8 届篮球联赛举行。联赛分甲级组和乙级组，共 28 支队伍参赛。莆鑫海鲜城队和克朗斯队分获甲级组和乙级组冠军。6 月 6—8 日，苏州市首届市民健身运动会暨“体彩杯”太仓市第 8 届百村篮球赛在浮桥镇举行。沙溪镇庄西村获冠军。7 月 25 日至 8 月 17 日，2014 年沙溪镇第 24 届男子篮球联赛在沙溪镇体育健身中心篮球馆举行。参加比赛的甲、乙级组各 8 支队均来自沙溪镇各企、事业单位和村委员会，参赛运动员近 170 人。庄西—莱尔特代表队、中荷村代表队和松南村—宏棕俊盟代表队分获甲级组前三名。太沙公馆代表队、胜利村代表队和小学联队分获乙级组前三名。9 月 27 日，2014 年“肯德基”三人篮球赛在市民篮球公园举行。全市 39 支球队、100 余名篮球爱好者参赛。健雄队获总冠军，代表太仓参加苏州比赛。11 月 8—23 日，太仓市第 2 届“篮协杯”篮球赛举行，全市 19 支篮球队、6 支老年人投篮队、258 名运动员参赛，该届比赛分职工组和中老年组 2 个组，职工组 15 支队伍全部来自基层工会在职职工，中老年组 4 支队伍来自 40 ～ 60 岁的中老年篮球爱好者。托克期工会、健雄学院工会和市公安局工会分获职工组前三名。太仓快乐联盟和沙溪镇代表队分获中老年组前两名；市级机关队蝉联投篮比赛团体冠军。

【足球比赛】 6 月 7 日—7 月 6 日，太仓市五人制足球联赛在新区举行，全市 16 支球队、160 名运动员参赛。机关足球俱乐部、华旭足球俱乐部、罗泾 FC 足球俱乐部分获前三名。8 月 2 日至 9 月 13 日，太仓市第 2 届 11 人制足协杯比赛在太仓市新区足球公园举行。舍弗勒足球俱乐部、银河足球俱乐部、金诚渔港足球俱乐部分获前三名。10 月 18 日，2014 年太仓市足球联赛开赛。该届联赛采用跨年度赛制，10—12 月为上半赛季，第 2 年 3—5 月为下半赛季，其中 1 月和 2 月为联赛间歇期。联赛分为超级联赛、冠军联赛、甲级联赛 3 个级别，有 24 支队伍、500 余名运动员参赛。其中 3 个级别均有 8 支队伍参赛。

【乒乓球比赛】 6 月 6—8 日，苏州市首届市民健身运动会暨“体彩杯”太仓市第 8 届百村乒乓球在浮桥镇玖龙纸业体育馆举行。沙溪镇半泾村获乒乓球赛男子团体和女子团体冠军。6 月 28 日，2014 年苏州市首届市民健身运动会太仓赛区浏河镇乒乓球比赛在浏河镇举行，12 支队伍、51 人参赛。浏河镇金融系统代表队、浏河镇个体代表队、浏河人民医院代表队分获男子团体前三名。6 月 28 日，城厢镇总工会、镇文体站在城厢镇第四小学体育馆举办市民健身运动会暨 2014 年城厢镇职工乒乓球比赛举行，39 名选手参赛。7 月 12 日，市级机关乒乓球混合团体比赛在太仓地税局乒乓球馆举行。24 支乒乓球代表队参赛，教育局代表队、环保局代表队、地税局代表队分获前三名。

【排球比赛】 6 月 14 日，太仓市首届排球联赛在苏州健雄职业技术学院、太仓市第一中学等 5 个场地开赛，比赛至 10 月结束。全市 11 支队伍参赛。太仓中专代表队获冠军。

【门球比赛】 5 月 18 日，太仓市第 3 届残疾人文体艺术节门球擂台赛在市残疾人服务中心门球场开赛，首场有来自城厢镇和娄东街道的近 40 名残疾人门球爱好者参赛。黄珠菊、杨学鸿和蔡兰利分获前三名。7 月 7 日，2014 年苏州市第 4 届少儿门球赛在太仓市东仓大桥北堍门球场开赛。14 支队伍、160 余名球员参赛。

【羽毛球比赛】 7 月 12 日，苏州市首届市民健身运动会太仓赛区浏河镇羽毛球比赛在浏河镇全民健身中心举行。10 支队伍、40 余名运动员参赛。10 月 18—19 日，太仓市第 2 届羽毛球俱乐部联赛暨羽毛球个人单项赛在市体育馆举行。比赛项目分混合团体赛和个人单项赛两项，每项分设男女单打、男女双打、混合双打等。6 支俱乐部的 14 支队伍、140 余人参赛。

【毽球比赛】 7 月 15—16 日，由江苏省社会体育管理中心、江苏省毽球协会主办的 2014 年“新健杯”江苏

7月15—16日，2014年江苏省毽球比赛在市体育馆举行
（市体育局供稿）

省毽球比赛在太仓市体育馆举行。省内7个市（区）男、女14支队伍、120名运动员参赛。如皋磨头小学一队、二队和南京市赤壁路小学分获花毽团体前三名。如皋市毽协一队、二队和南京理治小学分获围踢项目前三名。南理工一队、新沂市第三中学和新沂市桥口小学分获女子三人赛前三名。新沂市第三中学、南理工一队和新沂市实验学校分获男子三人赛前三名。南理工一队的狄圣均和吴亭亭获混双冠军。新沂市第三中学获男、女双团体冠军；刘成鑫和陈晨获男双冠军，马昕和施梦获女双冠军。仪征化纤二队、徐州毽球俱乐部一队和仪征化纤一队分获女子平推赛前三名。徐州毽球俱乐部一队、二队和如皋市毽协二队分获男子平推赛前三名。

【户外运动】 3月15日，“农商行杯”第6届家庭运动会在金仓湖公园举行，100余户家庭参加环金仓湖健步走。比赛设有机关组和镇区组2个组别，行程约4.8公里。4月1日，“金仓湖之春”文化艺术节开幕式暨“中国梦·我的梦”风筝放飞活动在金仓湖公园举行。500余名风筝放飞爱好者参加开幕式。6月10日，苏州市首届市民健身运动会太仓赛区龙舟赛暨2014“欢乐金仓湖”端午龙舟竞渡赛在金仓湖举行，27支代表队参赛。比赛项目是400米直航竞速，诺伊曼队、边检站队分获第一、第二名。9月21日，130余名单车爱好者在太仓参加“世界无车日·环保骑游会”活动，宣传绿色生活、低碳出行、倡导环保理念。

【健美健身】 5月16日，2014年双凤镇群众文化广场健身舞展演活动在双凤镇文体中心广场举办。各村、社区13支队伍、200余名队员交流表演。6—10月，2014年苏州市首届市民健身运动会太仓赛区比赛举行，比赛包括篮球、乒乓球、羽毛球、象棋、围棋、门球、体育舞蹈、桥牌比赛等15项竞赛项目和健身秧歌、柔力球、佳木斯健身舞步展示、健身气功等4个展示项目。6月7日，2014年江苏省老年人体育节太仓分会场暨苏州市首届市民健身运动会太仓赛区万人健步走活动在市体育中心举行，1000人参加活动。9月6日，2014年苏州市首届市民健身运动会太仓赛区暨太仓市第2届假日体育活动开幕式在市中心广场举行，10支广场舞队伍参与开幕式表演。9月21日，“舞动娄城·群舞飞扬”太仓市广场舞比赛在天镜湖广场开赛，全市80支代表队、2000余人参赛。

【智力运动】 7月13—19日，2014年中国体育彩票全国青少年桥牌夏令营江苏太仓分营举行，180余名学员参赛。9月20日，2014年“太仓日报杯”小学生象棋联赛在科教新城实验小学开赛，2014年太仓市中小学生象棋锦标赛中前8名的校队参加比赛，整个联赛至11月底结束。8支队伍参赛队分别为实验小学代表队、朱棣文小学代表队、城一小代表队、城四小代表队、经贸小学代表队、新区三小代表队、城三小代表队、沙三小代表队，各队根据自身情况和对手特点派出4男2女参赛。

【双凤镇第一届短跑运动会】 11月21日，双凤镇第一届短跑运动会在双凤中学举行，庆祝双凤镇全民健身中心落成。运动会设男子100米、女子100米、男子200米，女子200米及4×100米混合接力赛5个项目。各村（社区）75人参赛。张志刚获男子100米冠军，顾方芳获女子100米冠军，吴钧获男子200米冠军，宋菊英获女子200米冠军，新川苑社区获4×100米混合接力赛冠军。

（徐云峰）

学校体育

【2014年太仓市中小学生阳光体育运动联赛】 3月15日至12月6日，太仓市举办2014年中小学生阳光体育运动联赛，比赛包括篮球、排球、足球和中小学生绳毽锦标赛等十大项28个项次。全市约5000人次学生参加。孙晨怡等13人次（含队次）破小学女子200米等7项田径运动会纪录（含年龄组纪录），秦缘天等13人次（含队次）破小学男子毽球等19项冬季三项赛纪录。

【江苏省青少年田径锦标赛暨县组田径比赛】 7月11—13日，2014年县级田径赛（第一赛区）比赛在盐城大丰市举行。太仓市体校16名运动员参加男、女6个组别比赛，共获女子乙组三级跳远、男子丙组跳远、女子丙组跳高、女子甲组五项全能、女子甲组标枪、男子乙组1500米、女子乙组5000米竞走、男子甲组10000米竞走等8个项目9枚金牌，团体总分188.5分，金牌数第1名，总分第3名，是太仓在该项赛事参赛历史中的最好成绩。

6 月 28 日，2014 年太仓市中小学生阳光体育运动联赛（篮球）在太仓第一中学举行　　（市体育局供稿）

【江苏省第 8 届中小学生桥牌锦标赛】 12 月 6—7 日，江苏省第 8 届中小学生桥牌锦标赛在江苏省沙溪高级中学举行。省内 6 所小学、11 所初中和 7 所高中参赛。南京市第一中学 1 队、太仓市明德高级中学和苏州市第十中学 1 队分获高中组团体赛前三名。太仓市沙溪第一中学 2 队、南京市弘光中学 1 队和太仓市第一中学 1 队分获初中组团体赛前三名。太仓市城厢第一小学、太仓市荣文学校（小学部）和太仓市直塘小学分获小学组团体赛前三名。

【江苏省首届中小学生跳绳踢毽锦标赛】 12 月 20—21 日，2014 年江苏省首届中小学生跳绳踢毽锦标赛在太仓市体育馆举行。南京、无锡、扬州、南通、宿迁、镇江、苏州等七市 21 所学校（22 支运动队）参加，男、女运动员 279 名参赛。比赛分初中组与小学组两个组别，包括单人跳短绳、单人双飞、8 人同步跳长绳、长绳“8”字跳、混合接力跳、3 分钟单腿踢与 2 分钟盘踢等 8 个比赛项目。太仓市新塘小学、城厢第一小学获小学组团体一等奖，市第二中学获中学组团体一等奖，新塘小学、市第一中学获得道德风尚奖。

【苏州市小学生排球赛】 7 月 7—9 日，2014 年苏州市小学生排球赛在太仓市体育馆举行，昆山市、姑苏区等 6 市（区）男、女 12 支队伍，共 130 名运动员参赛。姑苏区男队、常熟市男队和昆山市男队分获男子组前三名，昆山市女队、姑苏区女队、常熟市女队分获女子组前三名。

【苏州市中学生排球赛】 7 月 10—11 日，2014 年苏州市中学生排球赛在市太仓市体育馆举行，常熟市、张家港市、昆山市和太仓市 4 家单位共男、女 9 支队伍，近百名运动员参赛。比赛分初中、高中 2 个组别。太仓市、常熟市、张家港市分获初中男子组别前三名，昆山市、常熟市和太仓市分获初中女子组前三名，江苏省太仓中等专业学校和太仓市明德高级中学分获高中女子组前两名。

（徐云峰）

重大体育赛事

【2014 年国际田联竞走世界杯赛准备工作】 赛前筹备。1 月 12 日，2014 年国际田联竞走世界杯赛（以下简称“竞走世界杯”）组委会在国家体育总局召开新闻发布会。21—22 日，国际田联对太仓市竞走世界杯筹备情况进行第 2 次联合考察。国际田联官员，国家体育总局田管中心副主任沈纯德、办公室副主任王晓莹，竞赛部部长陈雷，副部长付维波等出席考察工作会议。23 日，竞走世界杯倒计时 100 天活动在太仓举行，中央电视台体育频道、《解放日报》等 20 余家新闻媒体现场采访报道。4 月 1 日，竞走世界杯倒计时 30 天动员大会在太仓市行政中心召开。12 日，竞走世界杯志愿者动员暨培训大会在苏州健雄职业技术学院举行。17 日，国家体育总局中国田径运动管理中心副主任、田径协会副主席沈纯德，中国田径运动管理中心副主任王楠等到太仓检查赛区部分工作点准备情况。

新闻发布会。5 月 2 日上午，竞走世界杯组委会在太仓召开新闻发布会，国际田联秘书长艾萨·盖布里

5 月 4 日，2014 年国际田联竞走世界杯赛（男子 20 公里）在太仓市上海东路赛道开赛　　（市体育局供稿）

尔，国家体育总局田径运动管理中心主任、中国田径协会副主席兼秘书长杜兆才，中国田径协会副主席沈纯德，太仓市委副书记、市长杜小刚出席会议。5月2日下午，竞走世界杯举行开幕式，5000名市民参加健步走活动。国际田联司库、赛事组织代表瓦伦汀·巴拉克尼切夫，国际田联秘书长艾萨·盖布里尔，国家体育总局副局长、中国奥委会副主任肖天，江苏省副省长曹卫星，国家体育总局田径运动管理中心主任、中国田径协会副主席兼秘书长、国际田联理事杜兆才，国家体育总局田径运动管理中心副主任、中国田径协会副主席沈纯德等出席开幕式。

5月5日，2014年全国竞走冠军赛在太仓市上海东路赛道开赛

（市体育局供稿）

【2014年国际田联竞走世界杯赛】 5月3—4日，2014年国际田联竞走世界杯赛在太仓举行，该届比赛由国际田联主办，中国田径协会、江苏省体育局、太仓市人民政府承办，是竞走项目单项国际顶级赛事，每两年举行一届。该届比赛共有48个国家和地区的348名运动员及181名官员参加。比赛为期两天，设成年男子50公里、成年男子20公里、成年女子20公里和青年男子10公里、青年女子10公里等5个项目。比赛时间安排为：5月3日上午举行成年男子50公里比赛，下午举行青年男子10公里和成年女子20公里比赛；5月4日上午举行青年女子10公里和成年男子20公里比赛。俄罗斯选手科德亚普金娜、中国选手刘虹和俄罗斯选手艾米拉分获女子20公里前三名。俄罗斯选手雷若夫·米哈伊尔、诺斯科夫·伊万和澳大利亚选手塔伦特·杰瑞德分获男子50公里前三名。乌克兰选手迪川科·鲁斯兰、中国选手蔡泽林和俄罗斯选手卢赞文·安德烈分获男子20公里前三名。中国选手高文魁、日本选手松永大介和俄罗斯选手马尔克夫·尼古拉分获男子青年10公里前三名。中国选手段丹丹、杨家玉和捷克选手特霍托娃·艾那卡分获青年女子10公里前三名。其间，7家境外媒体、20余家国内媒体、48名记者现场报道赛事，4万人次观看比赛。

【2014年全国竞走冠军赛】 5月5—6日，2014年全国竞走冠军赛在太仓举行。54家单位、449名运动员参赛。青海队马海军获男子成年组冠军；吉林队王迪获女子成年组20公里冠军；山东队孙送获男子青年10公里冠军；内蒙古组白力嘎获男子人才基地组10公里冠军；山东选手刘友宁获男子人才基地组5公里冠军；云南选手张俊获男子少年组10公里冠军；黑龙江选手王娜获女子青年组10公里冠军；徐州选手邵丽娜获女子人才基地组10公里冠军，市体育运动学校选手赵天春获得第8名；宝鸡选手倪婕获女子人才基地组5公里冠军；陕西选手杨柳静获女子少年组10公里冠军。

【2013—2014年全国钓鱼锦标赛总决赛暨2014年度全国钓鱼锦标赛】 5月29日至6月3日，由国家体育总局社体中心、中国钓鱼协会、太仓市人民政府主办的2013—2014年全国钓鱼锦标赛总决赛暨2014年全国钓鱼锦标赛（江苏太仓站）在太仓市双凤现代渔业产业园举行。第一阶段比赛时间为5月29—31日，属2013—2014年全国钓鱼锦标赛总决赛，有20支队伍60名选手参赛。湖北省黄冈市队、太仓二队和江苏省一队分获前三名，5名选手获“2013—2014年最佳钓手”。第二阶段比赛时间为6月1—3日，属2014年全国钓鱼锦标赛（江苏太仓站），来自20个省市的68支队伍、204名选手参赛。比赛设个人手竿对象鱼、个人手竿混合鱼、个人抛竿以及个人总成绩、团体总成绩等5个项目。湖北省孝感队刘志强、鹤岗市队徐涛、江苏省一队周达分获个人总成绩前三名；湖北省黄冈市队、江苏省苏州市一队、江苏省一队分获团体前三名。

【2014年中国青少年乒乓球公开赛暨国际乒联青少年巡回赛（太仓站）】 6月23—27日，2014年中国青少年乒乓球公开赛暨国际乒联青少年巡回赛（太仓站）在太仓市体育馆举行。国际乒联竞赛经理劳尔科林，中国乒乓球协会副主席、国家体育总局乒羽中心副主任陆元盛，国家体育总局乒羽中心乒乓球一部副部长赵霞等出席活动。来自14个国家和地区的120多名运动员参赛。比赛分为U18和U15两个组别，分别进行男、女团体和男、女单打比赛。中国队获男子U18组冠、亚、季军，张博涵获冠军，朱诚获亚军，魏世皓、房胤池并列第三。中华台北选手黎昕阳获男子U15组单打冠军，中国选手衡寅号获亚军，中国选手张人元和中华台北选手林昀儒并列第三。日本选手HAYATA Hina获女子U15组冠军，中国选手薛宇媛获亚军，中国选手胡佳倩和中华台北选手李幼芃并列第三。

2014 年太仓市承办省级以上体育竞赛统计表

表 52

序号	比赛时间	比赛名称	比赛地点
1	5 月 3—4 日	2014 年国际田联竞走世界杯赛	太仓市上海路
2	5 月 5—6 日	2014 年全国竞走冠军赛	太仓市上海路
3	5 月 29 日—6 月 3 日	2013—2014 年全国钓鱼锦标赛总决赛暨 2014 年度全国钓鱼锦标赛（江苏太仓站）	太仓市双凤现代渔业产业园
4	6 月 23—27 日	2014 年中国青少年乒乓球公开赛暨国际乒联青少年巡回赛（太仓站）	太仓市体育馆
5	9 月 1—7 日	2014 年全国女子排球锦标赛	太仓市体育馆
6	11 月 24—30 日	2014 年全国桥牌 A 类俱乐部联赛（总决赛）	太仓华旭假日酒店
7	12 月 13—14 日	2014 年中国武术套路“王中王”争霸赛总决赛	太仓市体育馆

【第 11 届全国武术之乡武术套路比赛】 7 月 6—8 日，2014 年第 11 届全国武术之乡武术套路比赛在湖南省东安县举行。89 支代表队、1038 名运动员参赛，太仓代表队获集体太极拳第一名（金牌），在个人项目中获得 4 枚金牌、8 枚银牌、13 枚铜牌；曹孝萍获“道德风尚”优秀教练员奖，浦建良获“道德风尚”优秀运动员奖。奖牌总数 26 枚，是太仓在历届全国武术之乡武术比赛中获得奖牌数量最多的一次。

【2014 年全国女子排球锦标赛】 9 月 1—7 日，2014 年全国女子排球锦标赛在太仓市体育馆举行。比赛由中国排球协会和中央电视台主办，江苏省体育局和太仓市人民政府承办。这是太仓市连续第 8 年承办全国排球锦标赛，第 5 次承办全国女排锦标赛。比赛共有 14 支队伍、300 余名运动员参赛，上海队、福建队、八一队分获前三名。

【2014 年全国桥牌 A 类俱乐部联赛（总决赛）】 11 月 24—30 日，2014 年全国桥牌 A 类俱乐部联赛（总决赛）在太仓华旭酒店举行。深圳南港动力桥牌俱乐部获年度联赛冠军，上海金融桥牌俱乐部和恒源祥桥牌俱乐部分获亚、季军。

11 月 24 日，2014 年全国桥牌 A 类俱乐部联赛在太仓华旭酒店开赛
（市体育局供稿）

【2014 年中国武术套路“王中王”争霸赛总决赛】 12 月 13—14 日，2014 年中国武术套路“王中王”争霸赛总决赛在太仓市体育馆举行。来自全国 10 个省市的 14 名在挑战赛中获得各单项“王”称号的男、女运动员在总决赛中参加长拳、南拳、太极拳、短器械一项、长器械一项等 5 个项目比赛，浙江选手张耀文、江苏选手魏海玲分获男、女“王中王”称号。

（徐云峰）

体育经济

【概况】 2014 年，太仓市体育彩票销售总量 1.69 亿元，再创历史新高。年内，市体育场馆举办各项群众性体育活动，承接各类赛事、活动，提高体育场馆使用率。经省体育产业发展引导资金领导小组审定，太仓申报的“竞走世界杯赛”和太仓新动力（文化）发展有限公司的“全地型车赛道建设”项目分别获省级引导资金 100 万元和 50 万元。11 月，太仓市华丽农业科技有限公司、太仓市新塘毽绳厂、新动力文化发展（太仓）有限公司、太仓双凤现代渔业产业园等 4 家单位获评 2014 年度太仓市体育产业基地。

（徐云峰）

经济事务管理

发展和改革

【概况】 2014年，太仓市发展和改革工作坚持“稳中求进、转中求好”工作导向，适应经济新常态，推进重点工作，强化服务基层、服务企业、服务社会的意识。年内，市发改委做好计划目标编制工作。编制主要经济指标的区镇分解计划，提交市政府下发。编制经济社会计划白皮书，下达至各区镇、部门。做好计划目标实施。做好经济进入“新常态”周期下的分析预测工作，完成每季度经济运行分析监测报告。修订完善2014年科学发展观考评办法，突出重视政府性债务风险防范、民营经济活力释放和自主能力创新三方面。做好现代化指标监测和推进。形成《关于省基本实现现代化指标体系及〈苏南规划太仓实施方案〉目标体系2013年完成情况监测分析》。从指标监测情况看，有统计基础的指标综合实现程度为88.5%。做好“十三五”规划启动前期工作。完成全市产业布局和产业发展调研，摸排前期研究课题25项，汇总上报太仓市需要纳入上级“十三五”规划争取政策支持的重点内容。

【固定资产投资】 2014年，太仓市固定资产投资累计完成530.42亿元，较上年增长2.0%。其中，工业投资完成287.99亿元，较上年增长11.2%，占全社会投资的54.3%；服务业投资完成242.38亿元，较上年减少7.1%，占全社会投资的45.7%。推进转型升级，部分新兴产业投资持续较快增长，其中新能源产业完成投资18.51亿元，较上年增长56.5%，生物和新医药产业完成投资15.68亿元，较上年增长32.5%，节能环保产业完成投资18.69亿元，较上年增长18.2%。生产经营性服务业投资快速增长，完成投资66.56亿元，较上年增长66.6%，占全部服务业投资的27.5%。民间资本投资较快增长，个私经济累计完成投资251.34亿元，较上年增长19.9%，占全社会固定资产投资比重的47.4%。全年共引进内资项目1074个，新增注册资本72.80亿元，完成年计划的112%。推进重点项目建设，计划总投资亿元以上项目年度完成投资191.64亿元，占总量的41.8%；新开工亿元以上建设进度较快，列统项目年内完成投资95.56亿元，占总量的37.3%。36个市级重点项目完成投资达到和超过序时进度，其中润邦卡哥特科一期、中德(太仓)中小企业工业园、博格华纳汽车涡轮增压器一期、舍弗勒五厂扩建项目、福群汽车零部件项目、中江有色丝二期、大田铭博包装容器等14个项目竣工投产或开始试生产。做好项目服务，加快政府投资项目信息化平台建设，推进信息化监管。简化流程，变革外商投资项目审批制度，推进投资便利化。对接重点项目、大项目，提前告知企业产业政策、办件资料及要求。

【改革与金融创新】 2014年，太仓市印发《关于全面深化重要领域改革的意见》和《太仓市2014年深化改革工作任务》，明确全市深化改革6个重要领域，分解2014年改革具体任务。专题调研政府举债体制改革和对接上海国资改革，调研报告获市政府主要领导批示。加快构建多层次资本市场。累计组织企业参加“新三板”挂牌政策等培训会10期，参与企业158家、249人次。召开全市上市工作例会和小贷公司“新三板”挂牌融资工作座谈会。截至年底，全市“新三板”拟挂牌企业10家，券商签约企业4家，上市后备企业60家。苏州富尔达科技股份有限公司在上海股交中心挂牌，为太仓市第2家在该中心挂牌的企业。完善发债预审流程，建立债券风险防控机制，资产经营投资公司和太仓港港口开发建设投资公司分别发行7年期企业债12亿元。

【能源电力】 市发改委编制2014年度太仓市《有序用电方案》及《电力供应应急预案》，共涉及3141户，其中有序用电方案涉及2718户、应急预案涉及423户。做好电力安全生产工作。协调做好全市电力设施保护工作领导小组、电力供需协调领导小组成员调整。对全市重点配电站及输变电线路进行重点防范。做好竞走世界杯比赛及亚信峰会期间能源安全保供工作。长输管道安全保供。协助制定全市天然气管道保护工作联席工作制度，召开太仓市首次天然气管道保护工作联席工作会议，印发《太仓市集中开展“六打六治”打非治违打击破坏损害油气管道非法违法行为专项行动实施方案》及中石油西气东输长输管道占压问题整改方案。会同市安监局及相关区镇开展跨地区、跨部门联合执法5次，发现隐患27处，完成隐患整改3处。推进电力需求侧管理城市综合试点工作。组织10家企业完成第一批电力需求侧管理城市综合试点项目申报、评审检验工作；完成永久性降低负荷6504千瓦。12家企业与服务商签约或启动该项工作，可降低负荷8000千瓦。结合有序用电工作，对各区、镇进行走访、宣传，与企业进行互动沟通，宣传电力需求侧管理的有关知识、理念。11月，做好电力需求侧管理城市综合试点200多家企业的培训工作。

【综合协调】 2014年，太仓市对上争取中央、省各类专项资金9595万元。苏州博克生物等5个项目获苏州市发改委批复。为太仓市棉纺和粮食等龙头企业累计对上争取2014年国家棉花和粮食进口配额1.45万吨，其中棉花加工贸易配额7000吨，粮食一般贸易配额5000吨，棉纺企业购买国家储备棉奖励棉花一般贸易关税配额477吨，加工贸易配额2000吨。组织企业申报省战略性新兴产业发展专项资金项目和省工程中心。协鑫电厂等2家企业入围江苏省“直购电企业”试点项目，奥特斯维等3家企业入围2014年度苏州市分布式光伏发电项目计划，实现年度5.9兆瓦太阳能光伏发电项目。太仓市专项对接上海虹桥商务区管委会，重点在区域规划、产业协作等方面实施对接。全年落实专项扶贫资金852万元。推荐玖龙纸业中水回用项目申报2014年中央预算项目，组织申报新区体育公园项目为2014年公共体育设施建设项目。

（沈　泓）

国有资产监督管理

【概况】 2014年，太仓市国有资产监督管理工作加强资产管理，提升国企整体实力，改善国资布局结构，加强经营管理，防范债务风险。启动第2轮国资整合工作，优化整合国有资源。完成市级国有资产清查工作，建立资产管理实时监管系统。全市共有国有控股企业177家，其中市级96家，区镇81家；国有控股企业注册资本总额595.88亿元，其中市属339.99亿元，区镇255.89亿元。

【国企改革】 2014年，太仓市开展第2轮国资整合工作，优化国资布局。市属国有公司按照对应负责全市投资量较大的基础设施和公益设施建设的六大领域，由原有八大市属国有公司整合为六大市属国有公司。原太仓金土投资发展有限公司、太仓市工业投资发展有限公司整合重组为太仓市产业投资发展集团有限公司。完成太仓市交通发展投资集团有限公司组建。加快其他市级国有资源整合，科技、农业、交通、住建、城管、广电传媒等资源向市属国有公司集聚。截至年底，累计完成公司整合14家。

【国企发展】 2014年，太仓市资产经营投资有限公司以经营转型为抓手，创新投资模式，与绿地集团、太仓市水处理有限责任公司共同开发的科教新城书院路项目上市预售；加快推进金仓湖旅游度假区前期开发建设；参股太仓东港担保有限公司。太仓市城市建设投资集团有限公司提升公司外部评级，经中诚信国际资信有限公司公告，企业信用评级由AA上升为AA+，市场获取资金利率下降50个基点，降低中票、短融发行成本；加快建设天镜湖景观工程、淏华国际大厦、沙溪生物医药产业园配套设施项目等工程。太仓市水处理有限责任公司做实主营业务，提升供排水能力，全年供水9357万吨，较上年增长2.2%，污水处理3309万吨；新增供水管网（DN100以上）74公里、污水管道36公里；推进市政府2014年1号实事工程——区镇生活污水治理工程。太仓市产业投资发展集团有限公司围绕主营业务发展，加大太仓市科技企业加速器园区建设力度，引入西曼太科电子（太仓）有限公司等8家科技企业入驻，出租厂房总面积2.6万平方米，为园区申报省级加速器奠定基础；工业地产经营取得突破性进展，完成沙溪造纸厂、联翔机电（太仓）有限公司资产收购，出售太仓市佳鹿塑业有限公司厂房；拓展新业务，搭建购易通电子商务平台。太仓市城通建设投资有限公司围绕城市改造和片区开发，整合娄城大厦、城北青年公寓、府南新村及古松弄两侧地块改造、小商品市场、城北河区域综合整治等九大项目资源，全年完成投资约4亿元。9月，太仓市交通发展集团有限公司成立，做好沪通铁路太仓段投资主体及资本金落实工作；城区公交换乘站建成投用；建成出租车扬招站点9个。

【国资监管】 2014年，市国资办加强制度监管和科学监管，研究制定人力资源、考核、薪酬、投资、分类管理、履职待遇和业务支出等6个国资监管文件，促进国资监管工作规范化、制度化、科学化。开展市级国有资产清理工作，理顺资产管理体制，厘清资产分布、配置状况，推动资产盘活利用，保障国有资产保值增值。对国资企业进行分层分类管理，规范国资监管制度体系。建立落实专项审计和专项检查机制，对市属国有公司2013年领导人员年薪、工资总额、职务消费、劳动用工等执行情况进行专项检查，对市场竞争类企业的财务状况、风险控制、经营情况、薪酬管理开展专项审计，针对检查审计中存在的问题，下达整改建议书，督促企业限时整改。搭建国资监管信息化平台，建立以资产、财务、人事、决策等模块组成的国有资产监督管理系统与债务管理信息系统，加强实时监控和过程监管，提高国资监管效率。

【债务风险控制】 2014年，太仓市完成国有企业信息化管理平台建设，形成市级国企财务、资产、人事资料集中保存，政府、国资、企业分级监管的全覆盖监管平台，完成试运行。在市属一级公司成立监察审计室，加强公司规章制度拟订、经济财务审计和常态化监督检查等工作。加强政府性债务统计、分析基础工作，完善债务统计报表体系，建立债务风险防范预警机制。实施政府性债务计划管理，编制政府性债务收支计划。对市级政府性债务进行分类管理，制订政府性债务贴息计划。开展市级公司与财政之间因货币出资形成的往来调查，清理国资公司和区镇之间因融资而形成的各种三角债关系，构筑风险防范网格化管理体系。

（金逸森　梁延峰）

工商行政管理

【概况】 2014年，太仓工商局制定《关于充分发挥工商职能作用，进一步优化营商和消费环境的若干意见》，制定服务举措18项。两级登记窗口推出预约服务、延时服务、委托登记等服务。帮助5家国家级字号及9家省级字号完成审批工作，指导41家个体工商户转型升级为企业，为1651家企业办理转型升级变更登记。办理股权出质登记62户，助企融资额35.2亿元；办理动产抵押登记564件，融资金额42.23亿元。新发展农民专业合作社100户。新注册商标近900件，新注册境外商标32件，新申报中国驰名商标1件，7件商标被新认定为江苏省著名商标，12件商标被重新认定为江苏省著名商标，7件商标被认定苏州市知名商标，9件商标被再认定为苏州市知名商标。申报"新毛芋艿"为地理标志证明商标，填补全市无地理标志证明商标的空白。新申报太仓大米、太仓白蒜、太仓毛板青蚕豆和太仓牛踏扁毛豆农产品地理标志证明商标4件。全市商标拥有数6900余件。8月8—10日，市商标战略推进工作领导小组主办的太仓市第2届品牌农副产品品鉴会暨太仓现代农业园区推介会在太仓万达广场举行，44家企业（46个展位）参展，其中有水果、蔬菜、水产等种、养、产、销专业合作社34家。

8月8—10日，太仓市第2届品牌农副产品品鉴会在太仓万达广场举行

（太仓工商局供稿）

【工商登记制度改革】 2014年，太仓工商局做好工商登记制度改革宣传和培训，优化审批程序、转变政府职能、释放市场潜力。3月1日，太仓市实施以注册资本实缴改认缴、取消注册资本最低限制额和首期出资比例、货币出资比例等为内容的注册资本登记制度改革，推行全程电子化登记管理和电子营业执照，实现工商登记便利化，降低市场主体准入门槛。全年新登记市场主体8097户，较上年增长27.23%，其中新登记企业2917家，较上年增长47.92%；新增资金额192.69亿元，较上年增长55.45%；2092家公司制企业完成网上登记，发放电子营业执照副本450个。按照国务院改革方案和《企业信息公示暂行条例》要求，取消企业年检、个体户验照贴花制度。8月，全市推行企业年报公示制度。截至年底，3.6万家企业和个体户完成2013年度年报公示工作，申报率77.2%。按照国务院公布确定的首批31项、省政府首批公布确定的78项前置改后置审批项目，组织实施"先照后证"改革，做好前置改后置审批事项的衔接和落实，提醒告知申请人在取得营业执照后需到相关许可部门办理许可手续，取得许可后方可开展相关经营活动，按照"谁审批、谁监管""谁主管、谁负责"

2014年太仓市个体工商户、私营企业登记注册情况表

表53

登记类型	项　目	单位	2014年发展		期末实有	
			数量	较上年增减（%）	数量	较上年增减（%）
私营企业（不含分支机构）	户数	户	2430	46.12	14620	13.12
	注册资本	亿元	73.98	100.40	628.27	12.08
	从业人员	人	16891	-9.86	218522	5.12
个体工商户	户数	户	5363	13.91	35909	9.73
	资金总额	亿元	4.55	26.98	22.28	17.76
	从业人员	人	7085	10.48	51034	7.89

原则将企业注册情况抄告后置审批部门。253 家企业完成“先照后证”设立、变更登记工作。配合市行政服务中心做好并联审批登记工作，探索建立企业设立登记“一口受理、一口办理”平台，设立“企业设立登记联办专窗”，实现对工商营业执照、公章备案、组织机构代码证和国税、地税税务登记证的“一照三证一章”办理服务“六个一”模式（一个窗口咨询、一个窗口告知、一个窗口受理、一个窗口录入、一个窗口收费、一个窗口发照）。21 家企业完成并联审批流程。

3 月 14 日，太仓工商局执法人员销毁不可利用罚没物资

（太仓工商局供稿）

【工商执法监督】 2014 年，太仓工商局开展违法广告、房地产合同、商标侵权等专项执法行动，立案查处一般程序行政处罚案件 159 件，结案 143 件，案值 5724 万元，罚没入库 547 万元。加强监管建材团购活动，依法查处 3 起建材团购涉及的虚假广告；开展无证无照调查摸底和无照经营行为查处；贯彻落实《网络交易管理办法》，督促具备登记注册条件的网络商品交易经营者依法办理工商登记，监督已登记注册的网络经营主体悬挂营业执照电子链接标识；运用农资监管软件，建立农资经营单位登记台账，明确农资经营单位责任，加强农资市场监管。

【消费者权益保护】 2014 年，太仓工商局开展新修订的《中华人民共和国消费者权益保护法》普法宣传，在《太仓日报·娄东民生》开辟“让消费者更有力量”专栏，在市广播电台开辟“有事我帮忙”固定消费维权新栏目。成立由 7 名律师组成的太仓市律师志愿团，参与调解疑难复杂案件；成立家庭装饰、汽车销售行业消费纠纷联动调处中心，引入专业人才加入消费维权队伍，受理消费投诉 43 起，为消费者挽回经济损失 10 余万元。做好消费品市场检查，依法查办涉及商标侵权、产品质量不合格等侵犯消费者权益类案件 36 件，查扣没收电饭锅、洗发水、硒鼓等一批假冒商品以及蚕丝被、羊毛衫、羊毛裤等一批质量不合格商品；加强商品质量监测工作，共抽检台灯、插座、床上用品、成品油、皮革制品、染发用品等消费热点领域商品 135 批次；开展商品质量比较试验，在政务微博“红盾太仓在线”等媒体上发布消费警示。完善“12315”投诉举报网络工作机制，按照“登记、分流、调查、处理、督办、反馈、归档”处理流程，依法及时处理投诉举报，共受理各类投诉、举报 192 件，为消费者挽回经济损失 78.19 万元，办结率 98.9%，解答咨询 1930 件。办理 12345 市便民中心转办各类咨询、建议、举报等共计 160 件，苏州市“寒山闻钟”交办（回复）单 21 件、市长信箱 21 件。办结率 100%。市消保委全年受理调解消费投诉 139 件，为消费者挽回经济损失 89 万元。

（王艳新）

太仓市被认定的中国驰名商标

表 54

商标名称	注册人名义 / 利害关系人	类别	核定使用商品 / 服务	认定时间
雅鹿	雅鹿集团股份有限公司	25	服装	2002 年
雅鹿·自由自在	雅鹿集团股份有限公司	25	服装	2007 年
Yalu & Freedom	雅鹿集团股份有限公司	25	服装	2007 年
乡村树	雅鹿集团股份有限公司	25	服装	2007 年
太仓	太仓肉松食品有限公司	29	肉松	2008 年
图形	江苏德威新材料股份有限公司	1	聚氯乙烯树脂、合成树脂塑料	2009 年
安佑及图	安佑（中国）动物营养研发有限公司	31	猪饲料	2012 年

太仓市被认定的江苏省著名商标

表 55

商标名称	注册人/利害关系人	类别	核定使用商品/服务	认定时间
妙管家	妙管家（苏州）日用品有限公司	3	玻璃清洁剂、厕所清洁剂、衣领清洁剂等	2011 年 12 月
YE CHIU 及图	怡球金属资源再生(中国)股份有限公司	6	普通金属锭、铝锭、锌锭	2011 年 12 月
托克斯及图形	太仓托克斯冲压技术有限公司	7	压力机、机床、冲床（工业用机器）	2011 年 12 月
FrognieZila	苏州群鸿服饰有限公司	25	工作服、皮衣，鞋，帽等	2011 年 12 月
口水娃及图	苏州口水娃食品有限公司	29	精制坚果仁、熟制豆	2011 年 12 月
沪星及图	太仓市弇西树脂化工有限公司	2	涂料、油漆、稀释剂等	2011 年 12 月再认定
仓环	江苏仓环铜业股份有限公司	6	铜管等	2011 年 12 月再认定
贯龙及图	太仓市贯龙电磁线有限公司	9	电缆、电线等	2011 年 12 月再认定
醒狮牌	太仓利泰纺织厂有限公司	23	天然棉纱、化纤纱	2011 年 12 月再认定
明辉及图	太仓市金辉化纤实业有限公司	23	弹力丝、人造丝	2011 年 12 月再认定
大仓	江苏大仓集团有限公司	25	衣物、鞋、帽等	2011 年 12 月再认定
飞凤	太仓市飞凤食品有限公司	29	肉、非活家禽	2011 年 12 月再认定
DONON 及图	苏州东南碳制品有限公司	9	石墨电刷、碳电刷	2012 年再认定
锦典及图	苏州怡成服饰有限公司	25	针织服装等	2012 年再认定
正凰	太仓市好滋味食品有限公司	29	蛋、非活家禽等	2012 年再认定
金星力克斯	太仓市金星獭兔有限公司	31	活动物、种家禽、活家禽等	2012 年再认定
三角洲	江苏三角洲塑化有限公司	1	塑料粒	2012 年再认定
Shubao 舒宝	苏州舒适家具有限公司	20	家具	2012 年再认定
蓝冰	雅鹿集团股份有限公司	25	服装等	2012 年再认定
美固龙	美固龙金属制品（中国）有限公司	6	金属容器	2012 年再认定
天顺风能	天顺风能（苏州）股份有限公司	7	风力动力设备、风力机和其配件、风力发电设备	2012 年 12 月
玖龙	玖龙纸业（太仓）有限公司	16	纸、牛皮卡纸、白卡纸等	2012 年 12 月
温橡及图	苏州温橡特种橡胶有限公司	17	橡胶减震缓冲器、橡皮圈、密封环垫片等	2012 年 12 月
斯迪克及图	苏州斯迪克新材料科技股份有限公司	17	保护膜、双面胶、导电屏蔽材料等	2012 年 12 月
苏革 SUGE	江苏东泰聚合材料有限公司	18	(牛、羊等)的生皮、仿皮、仿皮革等	2012 年 12 月
中润	江苏中润化纤有限公司	22	纺织纤维	2012 年 12 月
图形	江苏申久化纤有限公司	23	长丝、人造丝、弹力丝（纺织用）等	2012 年 12 月
璜泾加弹	太仓市璜泾加弹行业商会	23	弹力丝、人造丝	2012 年 12 月
力九和及图	太仓力九和塑胶工业有限公司	27	汽车地垫、家居地垫、商业地垫等	2012 年 12 月

续表 55

商标名称	注册人/利害关系人	类别	核定使用商品/服务	认定时间
锦凯	苏州锦凯纺织有限公司	23	弹力丝（纺织用）	2013 年再认定
康辉及图	苏州康辉纺织有限公司	23	纱、棉纱和棉线等	2013 年再认定
都市星期天 DUSHI INGQITIAN	苏州星期天鞋业有限公司	25	鞋等	2013 年再认定
雅鹿及图	雅鹿集团股份有限公司	25	服装	2013 年再认定
太仓牌及图	太仓肉松食品有限公司	29	肉松	2013 年再认定
DW 及图	江苏德威新材料股份有限公司	1	合成树脂塑料等	2013 年再认定
恩丰 enfeng	太仓汇丰化学肥料有限公司	1	肥料	2013 年再认定
ARREN	华伦皮塑（苏州）有限公司	18	仿皮、半加工或未加工皮革等	2013 年再认定
開明 KaiMing	太仓市开林油漆有限公司	2	油漆等	2013 年再认定
兰燕及图	太仓市兰燕甲板敷料涂料有限公司	2	涂料、油漆等	2013 年再认定
图形	苏州市苏创集团有限公司	4	气体燃料、石油气、润滑油等	2013 年再认定
庆君康	苏州致君万庆药业有限公司	5	人用药、医用药物、医药制剂等	2013 年再认定
天祥 TIANXIANG	太仓市磁力驱动泵有限公司	7	磁力泵	2013 年再认定
春草	江苏泰昌电子有限公司	9	磁性材料和器件、电感线圈等	2013 年再认定
XUSHI	苏州富瑞铜合金科技有限公司	6	金属管、金属套管、金属支架等	2013 年 12 月
绿宝EMERALD	苏州荣文库柏照明系统有限公司	11	灯、电灯、舞台灯具	2013 年 12 月
RiSing	苏州睿昕汽车配件有限公司	11	车灯、汽车前灯、车辆转向指示灯等	2013 年 12 月
欧亚马	欧亚马自行车（太仓）有限公司	12	自行车、电动自行车及零部件、滑板车等	2013 年 12 月
见诚	见诚自行车（太仓）有限公司	12	自行车、儿童车、电动自行车等	2013 年 12 月
香塘	太仓振辉化纤有限公司	23	人造丝、纱、丝纱等	2013 年 12 月
宝利嘉 BLJ	宝利嘉集团有限公司	23	纱、棉纱和棉线、线	2013 年 12 月
双爱及图	太仓塑料助剂厂有限公司	1	过氧化二异丙苯、氯化聚乙烯	2014 年 12 月
旭川XUCHUAN	旭川化学（苏州）有限公司	1	工业用化学品、化学试剂（非医用或兽医用）、合成树脂塑料等	2014 年 12 月
维艾普及图	苏州维艾普新材料有限公司	17	保温用非导热材料、防热散发合成物、防热辐射合成物等	2014 年 12 月
荣文及图	苏州荣文集团有限公司	23	弹力丝（纺织用）、长丝、纱等	2014 年 12 月
金诸及图	太仓市金诸农业发展有限公司	31	非医用饲料添加剂、活动物、饲料等	2014 年 12 月
太仓港	江苏省太仓港港口开发建设投资公司	39	观光旅游、旅行预定、运输等	2014 年 12 月
新太	太仓新太酒精有限公司	5	医用酒精、药酒、消毒剂等	2014 年 12 月

2014年各镇（区）私营企业、个体工商户发展情况统计表

表56

镇（区）	私营企业								个体工商户					
	户数（家）	较上年（%）	注册资本（万元）	较上年（%）	从业人数（人）	较上年（%）	2014年增减资（老企业）		户数（家）	较上年（%）	注册资金（万元）	较上年（%）	从业人数（人）	较上年（%）
							户数（家）	资本（万元）						
港区（含浮桥镇）	412	39.19	120172.00	59.63	2997	−16.87	56	68989.53	609	3.57	5231.00	−7.87	634	−25.93
新区	753	64.41	166227.7	93.65	4670	−10.88	100	56855.40	1086	0.91	7003.1	−0.66	1857	14.49
（开发区）	675	69.17	155076.69	92.83	4233	−8.67	83	44853.40	939	9.31	5935.10	8.97	1699	20.84
（陆渡镇）	78	32.20	11151	105.89	437	−27.77	17	12002.00	147	−32.26	1068.00	−33.08	158	−26.85
城厢镇	614	38.91	141650.75	93.71	3807	−20.87	86	58710.50	1533	21.76	10030.80	35.53	1665	18.25
沙溪镇	238	33.71	66797	66.41	1749	−4.11	47	46205.00	802	28.73	7787.00	44.28	1263	25.30
浏河镇	146	40.38	79377.8	111.05	1172	7.62	24	−9593.00	668	41.23	6886.10	53.14	682	35.05
璜泾镇	132	51.72	97256	179.87	1294	13.21	22	15242.69	354	1.72	6509.00	85.36	471	6.08
双凤镇	135	37.76	68362	204.77	966	−5.94	24	16972.13	311	−8.80	2018.00	−11.45	513	−10.00
全市	2430	46.12	739843.24	100.40	16891	−9.86	369	250912.26	5363	13.91	45465.00	26.98	7085	10.48

质量技术监督

【概况】 2014年，太仓质监工作推进质量强市，以“监管保安全、履职惠民生”为目标，做好产品质量、服务质量、工程质量、环境质量、经济运行质量的整体提升。年内，国家、省、市三级监督抽查太仓日用消费品产品、工业生产资料等产品167批次，检验合格165批次，平均抽样合格率98.80%，高于苏州大市平均水平。省级监督抽查太仓食品89批次，检验合格88批次，平均抽样合格率98.88%。大中型工程建设项目竣工验收合格率、住宅工程分户验收率均达100%。全市获评优质结构工程36项，获评苏州市优质工程“姑苏杯”17项。实施污染减排工程，化学需氧量、氨氮、二氧化硫完成“十二五”减排任务。6月，市政府办公室印发《太仓市关停不达标企业、淘汰落后产能、改善生态环境三年（2014—2016）专项行动计划实施方案》，在全市开展淘汰落后产能、促进转型升级、改善生态环境活动。推进名牌培育工程，全年全市6家企业的6个产品获江苏名牌产品称号，新增名牌产品2个；40家企业41个产品获苏州名牌产品称号，新增名牌产品17个。5家单位获苏州市质量奖，38家企业获评质量信用等级评定。太仓质量技术监督局质监窗口获评2013年度全国组织机构代码“文明服务窗口”。

7月25日，太仓质监局在太仓金阳气体有限公司稽查特种设备安全情况（黄权　摄）

【质监服务】 2014年，太仓市产品质量监督检验所完成检验检测产品6653批次，检验项目新增电线电缆、建材、化工等3类42个产品、47个参数。市产品质量监督检验所筹建的国内首家省级运动健身器材质量监督检验中心通过省级资质认证，可对外开展运动健身器材类44个产品、465项参数的检验检测。这是太仓首个省级质量监督检验中心，也是全国首家运动健身器材质量监督检验机构。太仓市计量测试所推进精测平台建设，完成检测13.6万台件，CNAS（中国合格评定国家认可委员会）认可项目由原先137项增至200项。太仓市方圆质量技术检测中心承接检验检测样品3329批次，完成检验报告3224批次，咨询培训签订服务协议143份，组织专业技术培训班14期，培训人员627人次。

2月17日，苏州质监局在太仓调研省级运动健身器材产品质量监督检验中心筹建工作（黄权　摄）

【惠民利企】 2014年，太仓质监局完成企业能源计量审查12家，引导重点用能单位开展能耗限额对标和能源计量数据网上填报工作。落实定量包装商品生产企业分类分级监管，完成6类37家生产企业首次分类工作。组织开展计量专项检查，继续推进计量惠民工程，抓好计量器具“四统一”（统一配置、统一管理、统一检定、统一轮换）长效管理和“四免费”（基层医疗机构强检计量器具免费检定，集贸市场公平秤免费检定，居民血压计、体重计免费校准，菜市场管理员免费配标准砝码）检定工作，组织化妆品生产企业产品过度包装专项整治、“民用四表”（热量表、电表、水表、燃气表）计量监督专项检查。

【执法打假】 2014年，太仓质监局组织依法查处违反质量、标准化、计量法律法规的行为，共组织检查单位700余家次，出动执法人员1456人次，立案查处行政违法案件60起。案件移交公安机关8起，受理举报投诉案件146起。打击生产销售假冒伪劣产品违法行为，规范市场经济秩序。

【特种设备安全监察】 2014年，太仓市出动安全监察人员304人次，检查企业152家，发现各类隐患733起，开出监察指令书89份，均督促整改。受理各类特种设备安装、维修、改造开工告知760起，培训特种设备人员3230人次，注册登记特种设备2451台。全年全市未发生特种设备事故。

【标准立项指导】 2014年，太仓市6家企业主导或参与制定的7项国家、9项行业标准发布。全市25家单位主导或参与近50项国家级标准的制定(修订)工作，获批国行标立项6项。太仓质监局组织申报2014年省级循环经济标准化试点3项、2015年省级循环经济标准化试点2项。璜经加弹行业联盟标准省级备案完成。

2014年太仓市获得江苏名牌产品企业名单

表57

序号	企业名称	产品名称	备注
1	苏州星期天鞋业有限公司	鞋子	复评
2	太仓中化环保化工有限公司	四氟乙烷	复评
3	太仓市开林油漆有限公司	油漆	复评
4	太仓汇丰化学肥料有限公司	化肥	复评
5	苏州市富尔达科技股份有限公司	闭门器	申报
6	江苏长乐纤维科技有限公司	纺织	申报

2014年太仓市参与制定（修订）国标、行标企业名单

表58

序号	标准号	标准名称	参与（负责）起草单位
1	SN/T 3518-2013	石油产品运动粘度的测定 斯塔宾格粘度计法	中国石油天然气股份有限公司 华东润滑油厂
2	GB/T 19447-2013	热交换器用铜及铜合金无缝翅片管	江苏仓环铜业股份有限公司
3	GB/T 5126-2013	铝及铝合金冷拉薄壁管材涡流探伤方法	苏州龙骏无损检测设备有限公司
4	YS/T 669-2013	同步器齿环用挤制铜合金管	苏州撼力铜合金材料有限公司
5	YS/T 909-2013	电真空器件用无氧铜管材	江苏仓环铜业股份有限公司
6	YS/T 911-2013	铜及铜合金U形管	苏州富瑞铜业有限公司
7	GB/T 30127-2013	纺织品 远红外性能的检测和评价	苏州金辉纤维新材料有限公司
8	GB/T 30124-2013	竹炭涤纶低弹丝	苏州金辉纤维新材料有限公司
9	FZ/T 54066-2013	阳离子染料可染改性涤纶预取向丝	苏州金辉纤维新材料有限公司
10	GB/T 8891-2013	铜及铜合金散热管	江苏仓环铜业股份有限公司
11	GB/T 19850-2013	导电用无缝铜管	江苏仓环铜业股份有限公司
12	GB/T 8892-2014	压力表用铜合金管	苏州富瑞铜业有限公司
13	JB/T 8133.5-2013	电炭制品物理化学性能试验方法 第5部分：刷体与软接线联接处的联接电阻	苏州东南碳制品有限公司
14	JB/T 8133.6-2013	电炭制品物理化学性能试验方法 第6部分：电刷软接线的脱出拉力	苏州东南碳制品有限公司
15	QB/T 4548-2013	高尔夫球鞋	耐克体育（中国）有限公司
16	GA/T 1145-2014	警用约束叉	太仓市友联电器有限公司

（黄 权）

价　格

【概况】 2014年，太仓市价格工作围绕使市场在资源配置中起决定性作用和发挥政府调控作用，加强价格总水平调控，完善主要由市场决定价格的机制，推进资源环境价格改革，提升价格监管和服务水平。按照《太仓市2014年价格调控目标责任制实施意见》，全市居民消费价格保持平稳，全年涨幅1.8%。健全完善价格监测预警体系，新增农副产品采价点12个，实现城乡全覆盖；建成平价商店22家，全年共销售平价蔬菜408.2万公斤，受益261万人次。全年使用价格调节基金313.38万元，用于平价商店建设和保供稳价补贴。

【天然气价格改革】 市物价局推进太仓市居民生活用管道天然气价格改革。3月7日，太仓市举行居民生活用管道天然气价格调整听证会，全市各行各业20位听证会参加人和4位听证人出席。12月30日，《关于调整太仓市居民生活用天然气销售价格并实行阶梯式气价的通知》颁布实施，调整太仓市居民生活用天然气销售价格并实行阶梯式气价。太仓市居民用天然气销售基准价格上调0.25元/立方米，由2.20元/立方米调整至2.45元/立方米。推行居民用天然气阶梯式气价政策，对户籍人口在4人及以下的居民天然气用户按年用气量分三档实行阶梯式气价。对执行居民用天然气销售价格的非居民用户（学校、养老院、福利院、居民住宅小区共用设施、城市社区服务设施、农村社区服务设施）不执行居民阶梯气价，销售价格从2.20元/立方米调整至2.70元/立方米。对持有太仓市城镇居民最低生活保障证和太仓市特困职工救助证的用户由太仓市天然气有限公司对其补贴每户每月5立方米天然气。通知规定自2015年1月1日起执行。

3月7日，太仓市居民生活用管道天然气价格调整听证会召开
（陈智慧　摄）

【医药价格改革】 2014年，市物价局组织对全市县级公立医院和参加医改的乡镇中心卫生医院进行整体评估，分析上报试点医院医药价格综合改革前后运行和工作情况。医疗服务价格调整对药品零差价销售的补偿达到预期效果，反映服务价格调整和药品使用控制的双重效应，患者看病负担有所减轻。

【行政事业性收费规范】 2014年，市物价局对全市220家收费单位2013年度行政事业性收费情况进行年审，当年行政事业性收费总额14.99亿元，较上年度增加1.28亿元，占当年地方财政收入5.7%，较上年度下降0.25个百分点。公布《太仓市2014年行政事业性收费目录》，编印《太仓市2014年涉企行政事业性收费汇编》1500册。清理和规范民生、涉企收费，全年注销收费单位3家，减少收费项目8项，调整收费项目35项，减负475.53万元。截至年底，全市共有涉企收费单位87家，涉企行政事业性收费项目54项，其中行政机关17家、23项，事业单位70家、31项。

【房地产市场价格监管】 2014年，市物价局把关商品房价格备案和前期物业收费审核。全年全市共有70家房地产开发商申报100批次约116万平方米住宅商品房销售价格，备案均价8450元/平方米，销售均价7922元/平方米，较上年上涨9.4%。调整全市2014年度经济适用房销售价格，住宅房平均销售价超面积部分由4300元/平方米调整为4600元/平方米。完成37个住宅及商业小区前期物业收费标准备案登记。

【公益性服务价格管理】 市物价局加强民办幼儿园、民办小学收费管理，调整公示14所民办幼儿园收费备案标准、7所民办小学学费标准，新核发2家公立幼儿园收费许可证，调整2家幼儿园保育教育费标准。加强机动车停车场收费管理，根据《太仓市机动车停车场专项管理办法》（太政规〔2013〕3号），重新划定33处公共停车场点并调整收费标准，2014年3月1日起正式执行。审批经营性停车场设立，批准新设立经营性停车场9处。加强社会福利机构收费管理，新核发收费许可证并核定收费项目标准1家，重新核定收费标准2家。

【价格秩序规范】 2014年，市物价局组织开展专项整治活动，主要针对与百姓生活关系密切，涉及面广、问题较多的商贸、生活必需品和农产品等领域。加强重要节日期间市场价格巡查，重点检查生活必需品、地方特色食品、交通运输、餐饮住宿等价格收费，查处市场价格违法行为，稳定市场价格秩序。依法查处散布涨价信息、扰乱市场秩序的行为，健全快速反应和应急处置机制，及时处置全市洗车行业涉嫌串通涨价行为。构建价

9 月 17 日，市物价局组织检查平价商店建设情况　（陈智慧　摄）

格诚信体系，初步完成基础数据录入，宣传和上报价格诚信单位，促进经营者诚信经营、公平竞争。

【价格专项检查】 2014 年，市物价局组织开展汽车销售及维修行业明码标价、医疗卫生服务价格、水利工程供水价格、宾馆和酒店明码标价、涉企收费、洗车等行业专项检查。配合苏州市物价局对商业银行服务价格专项检查进行处理和复查，对全市汽车检测线和太仓市第一人民医院进行专项检查；协助省物价局开展汽车行业反垄断调查。

【价格举报】 2014 年，市物价局完成“12358”全国网上价格举报系统的地方平台接入工作，完善与“12345”市民服务热线的联动。完善举报工作责任制度，全年共接到各类举报、投诉电话 120 余件，主要涉及交通运输、零售、医药、餐饮、物业等行业，处理近 30 件，退款 6 件，共 638.2 元。

【居民消费价格】 2014 年，太仓市居民消费价格指数（CPI）同比上涨 1.8%，创 5 年来新低（2010—2013 年涨幅依次为 3.2%、4.8%、2.1%、1.9%），单月同比涨幅分别为 2.1%、1.8%、2.0%、1.7%、2.4%、2.0%、1.9%、1.8%、1.6%、1.5%、1.3%、1.5%，呈低位运行、温和上涨的格局。从分类看，食品、烟酒、衣着、交通通讯、娱乐教育文化用品及服务、居住分别上涨 3.5%、0.9%、0.4%、0.2%、0.9%、3.2%；家庭设备及用品、医疗保健和个人用品分别下降 0.9%、0.8%。

2014 年太仓市居民消费价格指数表

表 59

时间	同期比（%）	累计比（%）	时间	同期比（%）	累计比（%）
1 月	102.1	102.1	7 月	101.9	102.0
2 月	101.8	102.0	8 月	101.8	101.2
3 月	102.0	102.0	9 月	101.6	101.9
4 月	101.7	101.9	10 月	101.5	101.8
5 月	102.4	102.0	11 月	101.3	101.8
6 月	102.0	102.0	12 月	101.5	101.8

（陈智慧）

2014 年太仓市部分商品（服务）价格表

表 60

品名	规格等级	计价单位	市场价格（元）			
			第一季度	第二季度	第三季度	第四季度
面粉	特一	公斤	4.53	4.60	4.60	4.60
粳米	特等	公斤	4.60	4.60	4.60	4.60
切面	水面	公斤	5.73	5.80	5.73	5.87
菜油	一级散装	公斤	14.00	14.00	14.00	13.80
猪肉	去骨腿肉	公斤	23.93	23.00	24.47	25.60

续表 60

品名	规格等级	计价单位	市场价格（元）			
			第一季度	第二季度	第三季度	第四季度
鸡	活草鸡	公斤	19.87	19.93	20.53	21.00
鸡蛋	新鲜洋鸡蛋	公斤	10.47	11.20	12.53	12.53
带鱼	250 克以下	公斤	46.40	48.33	48.33	41.93
鲢鱼（花）	1000 克以上	公斤	15.33	15.27	15.67	15.20
草鱼	1500 克以上	公斤	16.60	17.33	17.73	16.53
鲫鱼	200 克左右	公斤	20.07	19.93	20.00	19.53
河虾	中等鲜活	公斤	121.20	86.93	112.80	125.53
鳝鱼	100 克左右	公斤	72.40	66.47	66.47	66.60
大白菜	鲜统	公斤	1.73	2.40	3.20	2.80
芹菜	鲜统	公斤	6.67	5.80	6.33	6.33
黄瓜	鲜统	公斤	8.60	5.73	5.13	6.87
萝卜	鲜统	公斤	3.67	3.13	3.67	3.53
豆腐	水豆腐	公斤	2.80	3.00	2.80	2.80
食盐	加碘盐袋装 500 克	袋	1.40	1.40	1.40	1.40
食糖	白砂糖	公斤	7.50	8.00	8.00	8.00
卷烟	南京（金）	盒	20.00	20.00	20.00	20.00
绿茶	一级龙井茶礼盒 200 克	盒	94.80	94.80	94.80	94.80
苹果	一级	公斤	11.33	10.40	9.93	9.73
梨	一级	公斤	8.60	10.20	10.13	6.40
香蕉	一级	公斤	7.67	8.67	8.60	8.53
西瓜	一级	公斤	10.13	6.07	2.33	5.27
饼干	阿尔法营养饼干奶香型	盒	21.80	19.97	20.47	21.47
奶粉	光明 400 克袋装全脂奶粉	袋	36.13	42.80	42.80	42.80
肉包子	50 克	只	1.50	1.50	1.50	1.50
菜肉大馄饨	50 克	碗	10.00	12.00	11.00	10.33
爆鱼面	50 克	碗	11.33	12.00	12.00	12.00
洗衣机	美的 MB55—3006G	台	899.00	899.00	899.00	899.00
电冰箱	美的 BCD—196SQMK	台	1565.67	1599.00	1599.00	1489.00
毛毯	堂皇拉舍尔 230×200	条	1480.00	1480.00	1480.00	1480.00
床单	堂皇四件套 220×240	套	1980.00	1980.00	1980.00	1980.00
铁锅	爱仕达精致铁锅	只	89.00	89.00	95.67	92.33
洗衣粉	白猫 350 克袋装	袋	4.50	4.50	4.50	4.50
牙膏	中华健齿白清新薄荷 200 克	支	5.23	6.70	6.70	6.70
灯泡	RT-Mart 节能灯泡 8 瓦	只	9.90	9.90	9.90	9.90

续表 60

品名	规格等级	计价单位	市场价格（元）			
			第一季度	第二季度	第三季度	第四季度
金饰品	铂金 PT950	克	388.00	381.33	374.67	384.67
银翘解毒片	银翘解毒胶囊 0.4 克 ×24s	盒	17.20	17.20	17.20	17.20
板蓝根冲剂	10 克 ×20 包	盒	10.80	10.80	10.80	10.80
胃药	胃苏颗粒 5 克 ×3 袋	盒	8.70	8.70	8.70	8.70
止泻药	诺氟沙星胶囊 0.1 克 ×40s	瓶	5.90	5.90	5.90	5.90
青霉素针剂	头孢曲松钠 1 克	支	10.00	10.00	10.00	10.00
课本	高中一年级语文	本	6.54	6.66	6.56	6.35
地方报纸	姑苏晚报	份	0.70	0.70	0.70	0.70
电视报	苏州广播电视报	份	1.00	1.00	1.00	1.00
砖头	85 砖	块	0.29	0.32	0.33	0.35
水泥	325 普通	袋	22.17	24.00	25.00	25.00
木材	花旗松板材 5×20 厘米以上	立方米	2000.00	2000.00	2000.00	2000.00
房租（公房）	居住砖混一等	平方米	2.50	2.50	2.50	2.50
自来水	民用	立方米	2.60	2.60	2.60	2.60
电	民用直供	千瓦时	0.5283	0.5383	0.5283	0.5283
天然气	民用	立方米	2.20	2.20	2.20	2.20
仔猪	头重 10 ~ 15 公斤	公斤	12.67	11.67	18.00	18.00
尿素	含氮 46%	吨	1930.00	1850.00	1856.67	1870.00
碳铵	含氮 17%	吨	760.00	760.00	760.00	760.00
农用柴油	0#	升	7.15	7.22	7.12	6.24
市内电话费	住宅	次	0.20	0.20	0.20	0.20
长途电话费	当地—南京	元 /6 秒	0.07	0.07	0.07	0.07
平信邮寄	本埠	封	0.80	0.80	0.80	0.80
长途汽车费	—	人 / 公里	0.29	0.29	0.29	0.29
出租汽车费	起步价	3 公里	9.00	9.00	9.00	9.00
理发	男子一级全套	次	20.00	22.00	22.00	22.00
洗浴	普通男子大池	次	12.00	12.00	12.00	12.00
学杂费	初中学生杂费	学期 / 生	11.00	11.00	11.00	11.00
幼托费	公办幼托所（一级）	月 / 生	230.00	230.00	230.00	230.00
公园门票	南园	张	25.00	25.00	25.00	25.00
挂号费	乡镇医院普通门诊含诊疗费	次	10.00	10.00	10.00	10.00
注射费	肌肉注射	次	4.00	4.00	4.00	4.00
手术费	阑尾切除	次	520.00	520.00	520.00	520.00
住院费	二等病房	床 / 日	55.00	55.00	55.00	55.00

2014 年太仓市全社会平均价格指数统计表

表 61

类　别	平均价格指数（%）	类　别	平均价格指数（%）
居民消费价格总指数	101.8	二、烟酒	100.9
一、食品类	103.5	三、衣着	100.4
其中：（1）粮食	104.3	四、家庭设备及用品	99.1
（2）油脂	90.1	五、医疗保健和个人用品	99.2
（3）肉食及制品	99.3	六、交通和通讯	100.2
（4）水产品	97.4	七、娱乐教育文化用品及服务	100.9
（5）蛋	114.2	八、居住类	103.2
（6）鲜菜	97.2	农业生产资料价格指数	98.7
（7）干鲜瓜果	112.4	—	—

（鲁　云）

统　计

【概况】 2014 年，太仓市统计工作推进统计制度方法改革，夯实统计基层基础建设，加快统计信息化进程，组织各项统计调查工作，加强对经济运行和社会发展的统计监测，为全市经济社会发展提供优质高效的统计服务。年内，太仓市第三次全国经济普查登记工作基本完成，共登记普查对象 52912 家，其中基本单位 17335 家，个体工商户 35577 家。1 月 1 日—3 月 31 日，太仓市统计局组织 800 多名普查员和普查指导员开展入户登记工作，普查对象为太仓辖内从事第二产业和第三产业的全部法人单位、产业活动单位和个体经营户。普查标准时点为 2013 年 12 月 31 日，时期资料为 2013 年度。普查采用全国统一的电子地图划分普查小区，用手持电子终端设备 PDA 对企业进行空间定位，对工商登记、税务登记、组织机构代码等相关证照拍摄留底，同时录入相关普查数据。普查主要内容包括单位基本属性、从业人员、财务状况、生产经营情况、生产能力、原材料和能源及主要资源消耗、科技活动情况等。市统计局通过建立值班、报告、督查等制度，建立“普查员初审、指导员互审、镇区经普办复审、市经普办会审”的四重逐级审核制度，确保经济普查源头数据真实、完整。市统计局编印《第三次全国经济普查资料简编》，与中国矿业大学、江苏大学联合开发《太仓市产业发展现状及转型升级的路径研究》等课题 10 个。

1 月 1 日，太仓市开展第三次全国经济普查入户登记工作

（徐玲　摄）

【统计调查】 2014 年，市统计局继续做好统计年定报工作，贯彻各项统计报表制度，加强对核算、农业、工业、能源、投资、科技、贸易、城乡住户、劳动工资等方面统计数据质量的审核评估，各项统计年定报数据按时上报、如期公布。2014 年基本单位名录库维护更新工作完成。4 月，市统计局印发《2014 年全市统计行政执法检查工作计划》，对 50 家统计调查单位进行专业监审，其中工业、能源单位 22 家，贸易、餐饮业单位 6 家，建筑、房地产业单位 6 家，劳动工资单位 6 家，服务业单位 10 家；对 84 家单位进行统计行政指导，其中工业、能源单位 20 家，固定资产投资、建筑业和房地产业单位 15 家，贸易、服务业单位 25 家，劳动工资、人口和劳动力单位 10 家，市级部门 14 家；下发结论书 17 份，建议书 12 份，责令改正书 15 份；查处统计违法案件 6 起。城乡一体化住户调查主要反映居民家庭收入和支出状况，提供家庭就业、消费、住房、社区发展等有关信息，为各级政府研究制定城乡统筹发展政策和民生政策提供基础数据，是一项重要的民生统计。

5月27日，市统计局组织开展城乡一体化住户调查　（严伟　摄）

市统计局制定《辅调员管理制度》《记账户管理制度》，通过各类培训确保记账规范化，维护统计数据真实性、准确性、完整性和及时性。提高市重点项目投资统计水平，客观反映区域重点项目建设进展情况成效。市统计局建立重点项目投资统计跟踪监测制度，完整搜集整理投资月报表、投资台账、施工进度表、设备订购合同及付款凭证等，基本反映项目单位固定资产投资的规模、构成和进度等基本情况。继续扩大服务业网报规模。贯彻执行苏州市服务业、贸易统计报表制度，将满足条件的单位纳入联网直报，加强数据查询和日常统计工作考核。截至年底，全市服务业网报单位767家（包括贸易、房地产），较上年减少42家。市统计局组织开展人口、劳动力抽样调查，企业集团（上市公司、总部公司）抽样调查，采购经理调查，企业景气调查，工业品价格调查等各类专项调查；完成作风效能大家评、市级机关事业单位“365”服务工程测评、企业用工情况等调查，完成调查问卷3752份。

【统计服务】 2014年，《2013年太仓市国民经济和社会发展统计公报》发布，《太仓统计年鉴（2014）》出版，客观反映2013年全市经济社会发展情况。全年，市统计局完成统计分析39篇，调研文章5篇，统计快讯90篇，统计动态139篇，参考文摘74篇。市统计局提高统计监测能力，强化能源数据审核力度，实时监测现代化各项指标完成情况，撰写每季度能耗分析、《2013年苏南现代化建设示范区指标完成情况简析》等统计信息。8月，太仓市企业数据库项目通过验收。该项目依托太仓市电子政务系统和全市信息资源共享平台，以全市联网直报企业统计数据为重点，通过对企业数据的加工整理，形成基于数据模型的决策支持系统，对全市企业数据进行深层次应用。项目建成后，通过对企业信息及数据的收集分析，为市统计局和各经济主管部门提供各项企业统计数据的查询汇总和报表分析，为社会公众提供统计信息查询服务。

【统计规范化建设】 2014年，市统计局继续贯彻落实国家、省统计局《关于切实做好“一套表”联网直报工作中违法违规和不规范报送行为专项整治自查自纠工作的通知》精神。8月22日，“一套表”联网直报专项整治工作会议召开，明确“一套表”联网直报专项整治的工作目标、整治重点、工作步骤和时间安排，对可能存在冒名报送和指令报送的单位和统计调查对象开展实地核查整改，确保源头数据质量。会议印发《太仓市“一套表”联网直报中违法违规行为和不规范报送行为专项整治自查自纠工作实施方案》。市统计局组织排摸全市1796家联网直报企业，检查结果基本排除冒名报送和指令报送的情况。建立统计“双基”（基层统计网络建设、基础工作建设）验收进度报告制度。各镇（区）统计机构按照要求每月向市统计局报告本地区统计“双基”建设进展情况，填写《统计调查单位“双基”建设验收一览表》。市统计局组织全市开展部门统计规范化创建活动，印发《2014年太仓市部门统计基础建设工作计划》，抽取14家单位进行部门规范化指导并全部通过验收，2家单位获推荐江苏省部门统计示范点。

【统计队伍建设】 3月28日，市统计局印发《2014年全市统计人员教育培训计划》，分类分层组织统计系统干部和基层统计人员专题培训。各专业科室分别对604名基层统计人员开展工业能源、投资、房地产、部门统计、服务业、住户调查、粮食测产等专业统计培训。5月20日，举办统计系统数据处理办公软件操作培训班，30人参加培训。7月22日，举办统计系统关系数据库管理系统软件操作培训班，30人参加培训。9月21日，2014年全国统计从业资格考试举行，全市332名统计人员报考。全年有1770名持证人员在线学习统计法律法规。

【统计法制工作】 2月，市统计局印发《2014年依法行政工作计划》，实施依法行政、依法统计工作。组织举办统计执法业务培训班，规范统计执法行为。3月，印发《2014年全市统计法制工作要点》，明确2014年统计法制工作任务。成立《江苏省统计条例》宣讲分团。在《太仓日报》、市普法杂志《太阳》刊登《江苏省统计条例》，列入市委中心组学法内容，举办专题宣讲会。4月，市统计局在市区设置大型户外统计法制宣传公益广告牌2块，总面积141平方米。12月4日，参加全国法制宣传日户外宣传，印发统计法宣传资料2000份，制作2000只环保宣传袋分发市民。开展统计“六五”普法考试，1844家联网直报单位统计人员参加考试。

（席雅琴）

社会事务管理

民政事务

【婚姻登记】 2014年，太仓市共办理结婚登记3354对、离婚登记967对、补领婚姻登记证1154对，出具婚姻登记记录证明4412份。市婚姻登记处推行婚姻登记预约服务，发放咨询服务卡，为新太仓人开通查档绿色通道，方便当事人办事。市婚姻登记处与巾帼心理协会合作，设立“婚姻驿站”，免费为婚姻困境中的夫妻提供面谈、电话、网络等咨询指导服务。市婚姻登记处创建成为国家AAA级婚姻登记机关。

【收养登记】 2014年，太仓市启动收养登记DNA比对工作，委托苏州市立医院司法鉴定所开展收养人与被收养人DNA比对工作，对鉴定结果符合法律法规政策规定的收养当事人，依法规范办理收养登记手续。全年共办理收养登记31件。

【殡葬管理】 太仓市加快推进殡葬改革，全市8座镇级公益性安息堂建设完成。召开全市文明殡葬推进会，倡导绿色生态殡葬。推进惠民殡葬，取消殡仪服务引导费等收费项目，降低遗体沐浴、整容及高档骨灰盒等收费价格。市殡仪馆全年火化遗体4220具，免除基本丧葬费550多万元。

（胡天立）

信　访

【概况】 2014年，太仓市信访形势继续保持平稳有序，信访疑难问题和信访突发事件化解在基层，越级上访事件减少，全年未发生影响社会稳定的信访突出问题和个人极端事件。全年全市共受理群众来信到访1375件批，其中来信1098件，到访277批5081人次（其中集访153批4888人次），市政府收到复查申请46件，受理17件，不予受理29件。4月10日，

4月10日，太仓市召开全市信访工作会议，表彰2013年度太仓市信访工作先进集体和先进工作者　（陆宇东　摄）

全市信访工作会议召开，市政府与各镇区、各单位签订信访工作目标责任书，信访工作组织领导得到加强。4—9月，市四套班子领导在党的群众路线教育实践活动中开展“大接访”活动，每天安排一名市领导在市信访局接待到访群众。

【信访工作改革】 5月8日，“深入学习贯彻中央文件精神，扎实做好全市信访工作”专题会议召开，市信访局组织各镇区、各单位信访干部学习中央文件精神。制定《关于规范信访事项受理办理相关文书格式的通知》，修订完善原有的信访工作制度和接访、办信、复查工作程序，严格规范受理办理程序。2014年是国务院新修订的《信访条例》颁布的第十年。市信访局结合《信访条例》宣传月活动，通过印制《信访指南》、制作展板、拉横幅标语等，宣传信访工作的政策、法规和规章，解读《信访条例》关于信访人权利义务和依法上访的相关规定，提高公民法律素质，增强法制意识，鼓励公民依法信访、理性诉求、按规定逐级信访，营造依法、理性、有序信访的社会氛围。

【信访工作秩序规范】 2014年，市信访局提档改造太仓市人民来访接待中心，在强化信访接待功能的基础上，增设信访复查、诉讼引导、矛盾调解、法律咨询等受理窗口，使人民来访接待中心成为“一站式接待，一条龙办理，一揽子解决”的信访绿色通道，提高工作效率，减少信访成本。加强安保措施建设，在候访区、接待窗口、集访接待室、接谈室、听证室等公共区域安装录音录像设备，构建规范、公开的信访工作环境。做好群众来信来访工作，指导督促有关部门做好信访事项的处理落实工作，对15件信访事项开展群众满意度测评工作，在办理上级交办件、领导批示件过程中，变信访群众上访为信访干部下访，组织信访工作人员到基层落实核查，掌握第一手资料，力争一封信、一次访解决问题，提高一次性结案率，减少重复信访和越级上访。依法开展复查复核工作，对符合复查条件的16件信访案件，会同有关部门复查，作出复查意见书，依法维护信访群众合法权益。减少集访越访和群体性事件，通过矛盾排查、市领导接待、联合接访、会商会办等方式，加强社会管理服务，依法解决商铺纠纷、劳资矛盾等集访。

【重要活动期间信访工作】 在2014年南京青年奥林匹克运动会、2014年中国APEC峰会等重大活动期间，太仓市未发生因责任不到位而产生重大群体性信访事件，未发生因处置不及时而产生个人极端事件，未发生因工作不得力而产生社会炒作和负面舆情。下半年，太仓市召开

5月13日，在《信访条例》宣传月活动中，太仓市组织10家单位在市中心广场联合举办法律政策宣传咨询活动 （陆宇东 摄）

信访工作专题会议，开展矛盾纠纷排化解工作，化解国家信访局、省委、苏州市委教育实践活动办公室集中交办给太仓的信访积案4件，组织各部门排查信访突出问题和信访重点人员42件，促成责任单位按时化解落实。

【非正常上访百日整治活动】 太仓市信访工作以“三个坚持”（坚持实事求是，依法按政策办事；坚持以人为本，切实解决生活实际困难；坚持有效化解，做到办一件稳一件，防止出现负面效应）工作原则，开展进京非正常上访百日整治活动和信访积案化解活动，完善信访积案化解长效机制。市信访局发挥牵头协调作用，强化部门联动，加强信息沟通和协调配合。分类信访矛盾，解决合理诉求。无政策依据的在耐心劝解疏导的基础上，对生活确有困难的实施帮扶救助；长期缠访闹访的依法处理。全年全市发生进京非正常上访9人次，较2013年的114人次明显下降。

（顾慧玉）

民族宗教事务

【概况】 太仓市是少数民族散杂居地区，截至2014年年底，全市共有少数民族31个，常住少数民族904户1528人，少数民族流动人口（公安居住登记）10706人。太仓自1980年恢复开放第一个宗教活动场所（城厢基督教堂）以来，陆续批准开放34处，其中佛教活动场所9处，教职人员90余人；道教活动场所14处，在观道士14人；天主教活动场所5处，神父3人，修女3人，信徒约9000人；基督教活动场所5处，牧师2人，长老3人，信徒约4500人；伊斯兰教清真寺1座，阿訇1人，信徒约500人。五教均成立宗教团体，分别为市佛教协会、市道教协会、市天主教爱国会、市基督教三自爱国会、市伊斯兰教协会。各宗教团体在落实国家民族宗教政策、推动自身建设、服务社会方面发挥积极作用。

【民族团结工作】 2014年，市民宗局与城厢镇德兴社区联合举行2014年“邻里亲·民族情”新春联谊和“邻里牵手·守望亲”2014年城厢镇社区睦邻节——“民族百家宴·浓浓邻里情”等活动，拉近邻里间距离，促进民族团结。年内，成立蒋慧民族舞蹈传承推广基地、浏河民族书屋，打造少数民族服务之家服务品牌，建立民族工作示范社区。帮助在太仓的少数民族同胞排忧解难，包括支持就业、创业、就学等。全年为35名少数民族学生落实少数民族考生中高考加分政策，市民宗局协助为清真寺阿訇办理婚事，为其爱人安排工作等。年内，市民宗局被省政府评为“全省民族团结进步模范集体”。

【宗教事务管理】 2014年，市民宗局对全市小、远、散宗教活动场所和活动点进行调研走访，与宗教界人士、信教群众座谈，宣传党的宗教政策、宗教界人士关切的法律法规。5月，开展为期一个月的宗教政策法规学习宣传月活动，在全市宗教活动场所开展宗教政策法规宣传，提高宗教界人士和信教群众依法依规开展宗教活动的观念。9月22日，召开专题会议，印发《关于开展星级宗教活动场所认定实施意见》《江苏省星级宗教活动场所申请表》《江苏省星级宗教活动场所认定考核评分细则》，市民宗局按照权限对申请星级宗教活动场所进行达标考评。

【宗教活动场所建设】 2014年，太仓市改善宗教场所基础设施条件，市政府投资50万元用于张泾天主堂改造，新区管委会投资50万元用于娄东天主教堂改造，城厢镇投资10万元用于高真堂改造。市民宗局鼓励宗教活动场所广集社会力量，提升宗教活动场所绿化建设层次，全市宗教活动场所园林化建设初具雏形，服务信众档次逐年提高。年内，海天禅寺被江苏省委统战部、省宗教局评为先进集体。

【宗教界自身建设】 市民宗局鼓励全市宗教界加强自身建设，引导信众服务社会、服务大众。年内，组织市清真寺民主管理委员会成员及穆斯林代表赴镇江山巷清真寺、丹阳清真寺学习参观。协助同觉寺举办首届太仓市同觉素食文化周，成立同觉寺义工管委会；支持娄东天主堂组建业余乐队和市三自爱国会组织义工培训等。

【宗教界参与社会慈善事业】 太仓市支持和鼓励宗教界从事公益慈善活动，引导宗教界公益慈善活动健康开展，发挥宗教界人士和信教群众在促进经济发展、社会和谐和文化繁荣中的作用。2014年，海天禅寺募集资金200万元，成立海天慈善基金会，旨在弘扬佛教文化，投身公益慈善事业。双凤寺、同觉寺每年一度的中秋慈善晚会、菩提之光慈善晚会为养老、助残、扶困提供定向捐赠、捐助，获得社会各界好评。崇恩禅寺计华法师累计向省、市红十字会和困难群众捐款、捐物超过百万元。3 月 31 日，在南京召开的江苏省红十字会第九次大会上，计华法师被评为 2009—2013 年全省“十佳博爱之星”。

【民族宗教事务调研】 5 月 19 日，国家宗教局局长王作安到太仓调研，希望太仓加强和创新宗教事务管理，探索实践义工参与寺院管理，引导信众服务社会、服务大众。王作安一行先后到双凤寺、同觉寺等地调研考察。王作安对同觉寺在居士、义工管理工作上所取得的成绩给予肯定，指出建设生态寺院、提倡文明敬香、规范放生活动的重要性，希望同觉寺继续加强居士和义工培养、提高素质，推进居士义工参与寺院管理，探索佛教教义中的积极因素，使之服务社会。8 月 23 日，市长杜小刚先后到城厢基督堂、清真寺、娄东天主堂、三里庙、海天禅寺等宗教活动场所调研，杜小刚希望宗教界人士紧跟时代步伐，挖掘和弘扬宗教教义中有利于社会发展、有利于时代进步的积极因素，发挥爱国爱教、遵纪守法、团结进步、服务社会的传统，促进宗教与社会的和谐、宗教与宗教的和谐、宗教教派之间的和谐。

（颜礼宏）

综合事务管理

海　关

【概况】 2014 年，太仓市外贸进出口 137.9 亿美元，较上年增长 8.1%，增速位居苏州大市第 2；太仓港外贸货物吞吐量 5343.7 万吨、集装箱 107.9 万标箱，较上年分别增长 22.37%、56.2%。太仓海关累计税收入库 109.09 亿元，较上年增长 2.2%。监管进出口货物 3295.15 万吨，较上年增长 0.9%；监管集装箱 52.62 万箱次，较上年增长 12.4%；接受申报报关单 17.57 万份，较上年增长 20.9%。完成稽查作业 22 份，其中常规稽查 11 家。办理备案手册 1368 份，较上年下降 6.2%。核销结案手册 1473 份，较上年下降 4%。减免税审批货值 5378.8 万美元，减免税款 3638 万元，较上年分别增长 146% 和 68%。2014 年，太仓海关以新型信息化监管模式促进贸易便利化，加强企业分类管理，推行进出口货物分类通关、税款电子支付、通关业务无纸化、关检合作“三个一”（一次申报、一次查验、一次放行）等便捷通关举措，启动长江经济带海关区域通关一体化作业模式，营造“可预见、低成本、高效便利”的通关环境。

单位：亿元

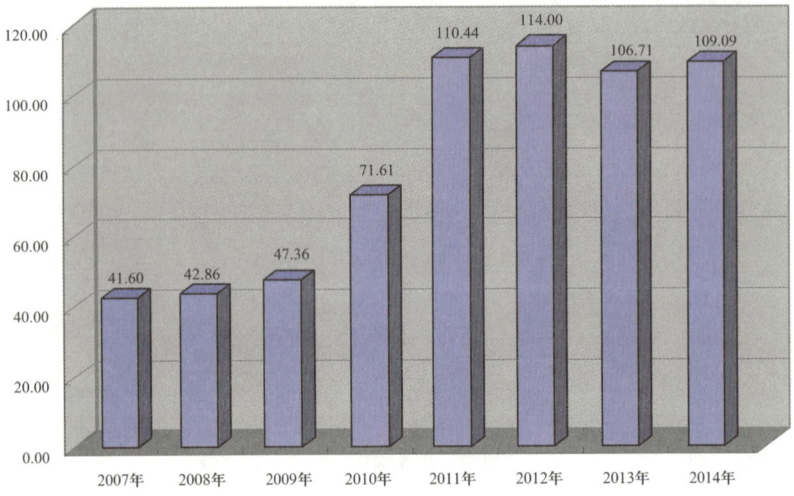

图 11　2007—2014 年太仓海关入库税收统计图

【走私稽查】 2014 年，太仓海关保持打击走私高压态势，开展农产品“绿风”行动，维护粮食安全。全年立案违规案件 257 起，案值 7059.82 万元（其中一般案件 9 起，案值 1280.84 万元；“两简”案件 248 起，简易程序案件 213 起、简单案件 35 起）。结处案件 256 起（含 2013 年立案 2 起），累计入库罚没款 221.1 万元。移交伪报品名、低报价格走私出口硅镁铁刑事案件 2 起，完成协查 8 次。

【通关业务改革】 2014 年，太仓海关落实保税监管、报关单位及报关人员管理模式简化新政等措施。取消加工贸易备案（变更）等 6 项行政审

9 月 11 日，太仓港综合保税区（一期）通过国家联合验收组验收

（太仓海关供稿）

批。优化南京海关下放的10项内部审批流程。持续推进通关无纸化改革，全程无纸化报关单13.9万份，全程无纸化占比80.26%，税单无纸化作业完成无纸税单6.23万票，占总开数88.15%，金额55.21亿元，占比51.61%。内销集中申报1.75亿美元，税收2.38亿元，占料件内销税收的75%。实施加工贸易报核无纸化，对辖内17家联网监管企业实现报核无纸化工作。推进关检合作"三个一"(一次申报、一次查验、一次放行）试点，完成一次申报3317票、一次查验34票、一次放行34票。部署扩大至所有依法需要报关报检的货物，太仓港信息中心率先获批与江苏省电子口岸进行"三个一"数据对接。9月22日，长江经济带海关区域通关一体化启动，累计接受申报一体化（狭义）报关单759票。海关新舱单系统测试上线，推广船舶吨税电子支付系统，加快太仓海关三级监控指挥中心建设。

【太仓港综合保税区建设】 2014年，太仓海关配合太仓港综合保税区做好功能规划设计和卡口、围网、监管用房等软硬件设施建设工作。召开保税物流中心内企业盘库整改会议，引入会计师事务所等中介力量对主要仓库进行实货盘点，建立企业仓库进出口的海关底账，强化后续监管，规划企业经营。9月11日，太仓港综合保税区（一期）通过国家联合验收组验收。太仓港综合保税区(一期)0.85平方公里范围的隔离设施、卡口设施及相关配套设施，符合《海关特殊监管区域基础和监管设施验收标准》和国家有关法律法规的规定及要求，具备封关运作条件。

（黄兴春）

检验检疫

【概况】 2014年，太仓检验检疫出入境货物4.4万批，货值76.9亿美元；检疫监管进出境船舶3140艘次、船员6万人次，集装箱2.8万批、62.02万标箱。签发各类优惠原产地证书1.73万份，金额8.93亿美元，为企业争取进口国关税优惠2924万美元。检出不合格货物2580批，货值18.4亿美元，对24批"安卫环"指标不合格的进口食品、消费品实施退货或销毁。检出梅毒、病毒性肝炎等传染病23例，成功防控埃博拉疫情。与加拿大等国相关机构展开技术谈判，帮助木材进口商成功索赔766万美元。截获各类动植物有害生物528种、1.3万种次，其中全国首次截获18种。全年免收检验检疫费2000余万元。进口原木622万立方米；进口铁矿石2609万吨，较上年增长12%；进口煤炭196万吨，较上年增长27%；进口废纸166万吨；进口食品、化妆品1.7万吨，较上年增长31%。

【国家级质量示范区建成】 12月4—5日，太仓中德企业合作基地出口精密机械质量示范区通过现场考核验收，成为全国首家"投资集聚"类国家级质量安全示范区。太仓出入境检验检疫局与示范区企业签订质量诚信承诺书，建立进出口产品风险管理制度，成立技术促进委员会。

【检验检疫无纸化】 2014年，太仓检验检疫局推动无纸化报检通关模式建设，以电子监管方式实现检验检疫流程无纸化，以电子通关单取代纸质通关单实现通关无纸化。7月14日，部分入境货物检验检疫无纸化查验试运行；7月21日，正式实施。简化进出口申报手续，实现进境集装箱装载或带有木质包装的非法检货物以及

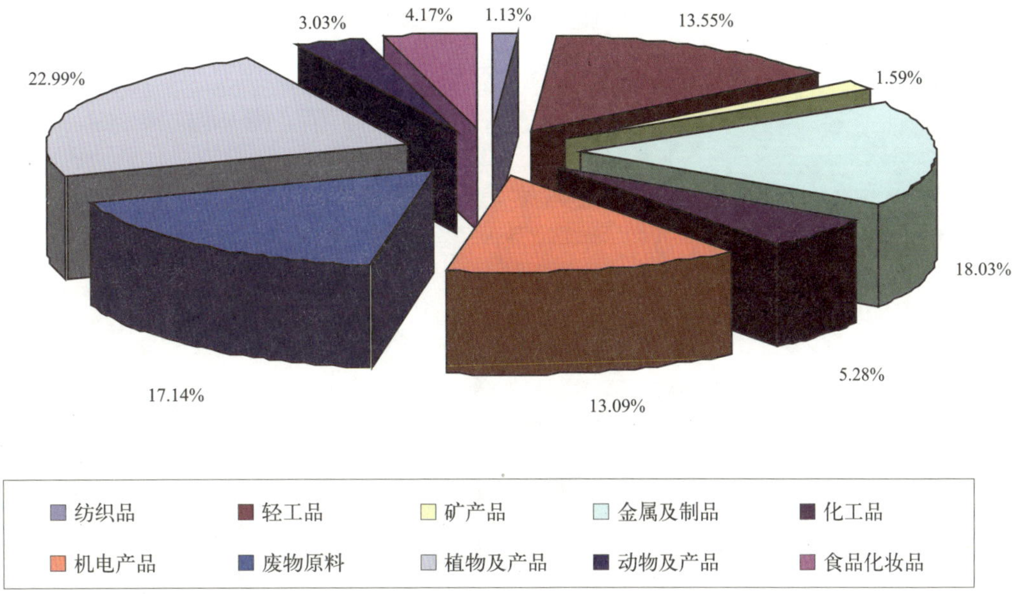

图12　2014年太仓检验检疫出入境货物品种组成图（批次）

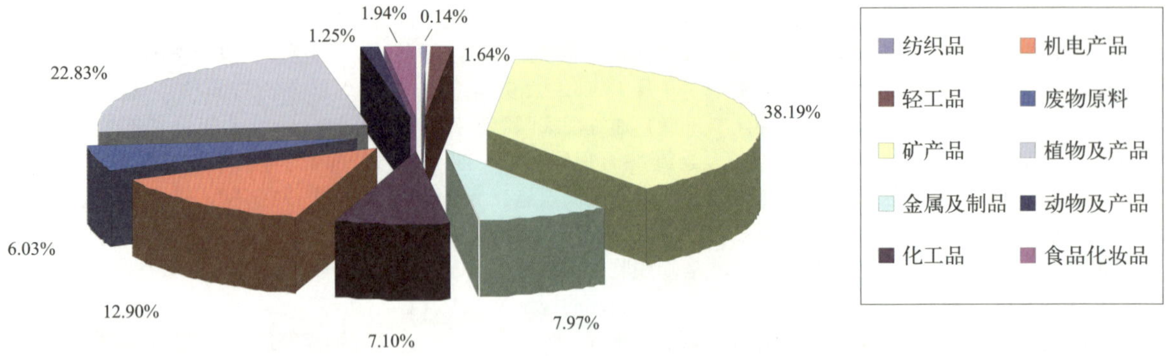

图 13　2014 年太仓检验检疫出入境货物品种组成图（金额）

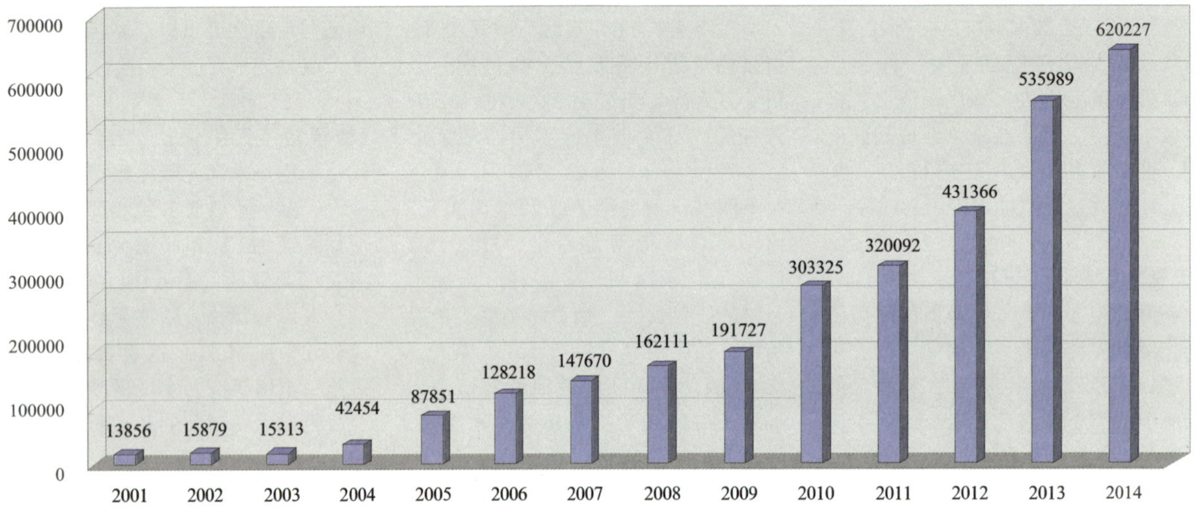

图 14　2001—2014 年太仓地区经检验检疫的出入境集装箱量统计图（标箱）

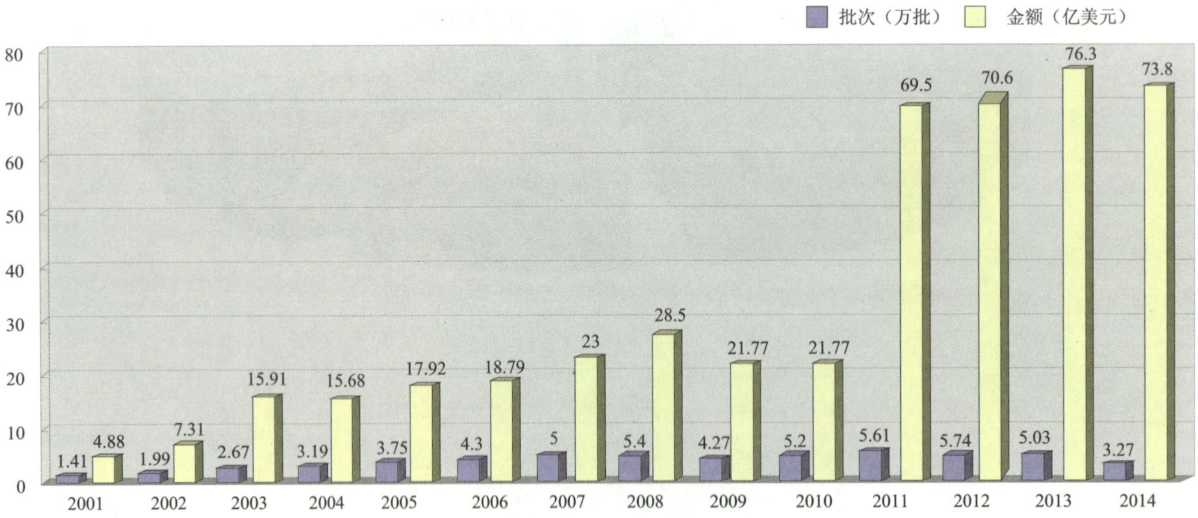

图 15　2001—2014 年太仓地区经检验检疫的出入境货物量统计图

进境空箱的全程无纸化检验检疫。外贸企业不出厂门即可完成报检、取证、通关全过程，口岸物流速度大幅提升，累计为企业节省成本约300万元。

【“三个一”通关模式】 11月12日，太仓检验检疫局与海关签署关检合作“三个一”备忘录，加快推进“一次申报、一次查验、一次放行”的“三个一”通关模式，深化“信息互换、监管互认、执法互助”。关检合作“三个一”新模式扩展至港口所有进出境货物，提升口岸查验放行速度，单批货物通关最快只需5分钟。全年累计合作放行进口废纸3074批、8.53万标箱、99.5万吨，进口煤炭实施共同查验14批次。

【口岸配套建设】 2014年，太仓检验检疫局推动建成进口废物原料查验场地、综合保税区快速处理中心、进口板材后方检疫监管堆场等一批口岸配套功能设施，实现“一般商品集中查验，重点敏感商品定点查验”业务模式。指导万方件杂货、现代货箱2个码头通过进口粮食指定口岸现场考核。协助华能煤码头通过对外开放，配套完成石化实验室煤炭检测项目扩项。

【埃博拉疫情防控】 8月21日，太仓口岸埃博拉出血热疫情防控联席会议召开，防范埃博拉出血热疫情输入扩散。9月7日，对来自利比里亚的入境船舶开展随船检疫，排除染疫风险。实施埃博拉疫区入境船舶检疫2艘，筛查疫区入境船员48人，对来自疫区的9.2万吨入境货物实施消毒，无一例埃博拉疫情从太仓港传入传出。

12月4日，国家质检总局考核组现场考核太仓中德企业合作基地出口精密机械国家级质量示范区建设情况 （太仓检验检疫局供稿）

【不合格进口消费品集中销毁】 12月30日，太仓检验检疫局联合港区污水处理厂，集中对太仓口岸检出的不合格液体食品实施销毁。全年共检出进口不合格食品、化妆品817批次、7544吨，货值1495万美元，不合格原因包括超范围使用食品添加剂、进口产品品质指标不符合国家标准、外包装破损等。

（武　超）

11月12日，太仓出入境检验检疫局与太仓海关签署关检合作“三个一”备忘录 （太仓检验检疫局供稿）

海　事

【概况】 2014年，太仓海事局保障船舶进出港7.9万艘次，较上年增长19.8%，其中国际航行船舶进出口岸4530艘次，较上年增长11.7%；国内航行船舶进出港7.45万艘次，较上年增长20.4%。保障台湾海峡两岸直航船舶进出港296艘次。维护安全渡运1.98万艘次，保障41.6万人次人员、25万（台）次车辆安全渡江。安全监管货物1.57亿吨，较上年增长32.45%，其中，外贸货物5343.7万吨、液货危险品740.34万吨、集装箱305.68万标箱，共计征收国家规费2.97亿元（其中港口建设费2.57亿元，较上年增长13.7%）。全年办理船舶载运危险货物审批1.91万艘次，较上年增长150.8%（其中外贸危险货物审批1.12万艘次，较上年增长223.8%；内贸危险货物审批7907艘次，较上年增长90.2%）。通航水工作业许可和报备50起；审批船舶防污染作业2056件，较上年增长25.8%；办理各类船舶登记10艘次。开展各类船舶安全检查668艘次［其中PSC（港口国监督）检查91艘次、FSC（船旗国监督）检查577艘次］，依法滞留37艘次，集装箱开箱检查453箱次，办理海事行政处罚案件396件。海巡艇累计巡航时间9932.3小时，巡航里程9.3海里，陆域巡查1375次。全年成功应对大雾、大风等恶劣天气 83 次，共 106 天；应对“娜基莉”“麦德姆”“凤凰”等台风影响，发布预警信息 1.43 万条，劝离、撤离船舶 1.24 万艘次。辖区发生水上交通事故 19 起，开展水上搜救行动 75 次，成功救助遇险人员 542 人次，无人员死亡（失踪），水上搜救成功率 100%，救助遇险船舶 91 艘次，成功救助 88 艘次，船舶救助成功率 96.7%；全辖区未发生水域污染事故。

9 月 15 日，太仓市举行 2014 年长江太仓段水上搜救综合演习
（太仓海事局供稿）

【事故险情防控】 2014 年，太仓海事局印发《2014 年事故预防预控工作要点》，对船舶超载治理、汽渡船舶管理、危化品运输管理、灾害性天气预防等防控重点提出明确要求，保障水上安全形势稳定。推动建立“政府主导、企业投入、社会参与、统筹调用”的水上搜救资源配置机制。将志愿者队伍纳入太仓市地方志愿者管理体系，编制年度培训计划和《太仓市水上搜救志愿者培训教材》。太仓市水上搜救志愿者总队获“2013 年太仓市优秀志愿者团队”“2013 年度太仓市水上搜救工作先进集体”等称号。9 月 15 日，2014 年长江太仓段水上搜救综合演习举行，主要包含人员救助、救助受伤船员、消防灭火、防污清污、饮用水防污染应急处置、遇险船舶拖带、落水装载危化品集装箱定位及打捞、参演人员、船艇接受检阅等演习科目 8 个，集中全市水上搜救成员单位，共计出动现场应急救助人员约 300 人、船艇 14 艘、消防车 2 辆、“120”急救车 2 辆、气象检测车 1 辆、应急通讯车 1 辆等搜救力量。

【海事安全监管】 2014 年，太仓海事局推动责任码头建设，推进液货船、干散货船选船机制和船舶代理诚信管理。做好 2014 年上海亚信峰会和 2014 年南京青年奥林匹克运动会期间的水上安保远端控制工作。开展打非治违、水上交通安全检查专项整改行动，排查各类安全隐患，查处违法船舶和违法行为。加强客运船舶安全监管，建立“南通、太仓、常熟”两岸三地汽渡船联管联防机制，形成监管合力。服务保障太仓港 12.5 米深水航道发挥黄金效应，太仓港大型船舶吃水从 11.8 米提高至 12 米，凸显深水航道经济效益。7 月 3 日，在 3 艘海巡艇接力护航下，吃水 12 米的矿砂船“桑巴海角”轮靠泊太仓港武港码头，刷新长江太仓段深水航道通航船舶吃水纪录。“桑巴海角”轮船长 289 米、船宽 45 米，载重吨 17.11 万吨。2013 年 11 月 1 日，交通输运部取消五星旗海轮进出长江太仓港及以下水域强制引航，要求太仓港及以下水域船舶航行和海事监管执行《1972 年国际海上避碰规则》《长江江苏段船舶定线制规定》。太仓海事局结合长江太仓段水上安全监管实际情况，做好五星旗海船取消强制引航的安全监管工作，落实通航条件受限大型船舶安全保障举措。做好太仓港至洋山港水上穿梭巴士安全监管和服务保障。与辖区代理公司签订倡议书规范代理海事业务办理，整治非法代理。推广船舶签证、船载危货申报等电子申报工作。

【海事服务口岸】 2 月 25 日，太仓市建立太仓口岸查验单位合作机制，

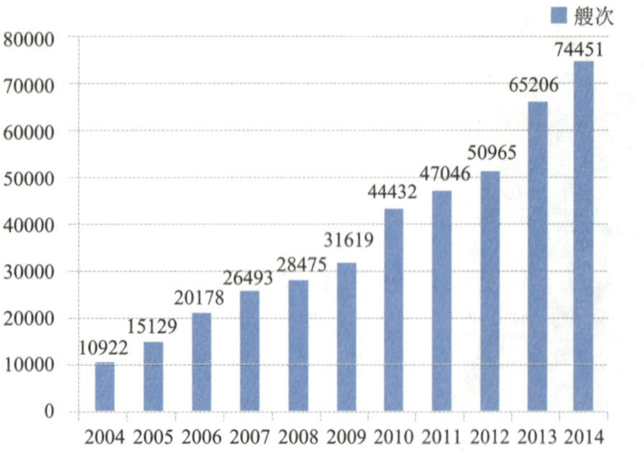

图 16　2004—2014 年太仓港国内航行船舶进出港签证统计图

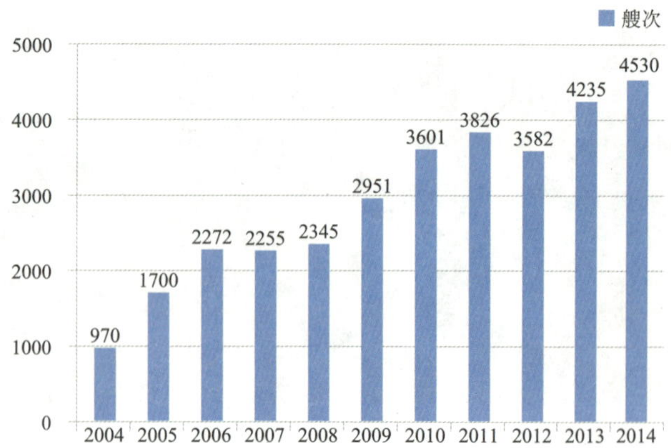

图 17　2004—2014 年太仓港国际航行船舶进出口岸查验统计图

7月3日，首艘吃水12米的矿砂船“桑巴海角”轮靠泊太仓港武港码头
（太仓海事局供稿）

太仓海事局、太仓海关、太仓检验检疫局、太仓边防检查站4家查验单位共同签署《太仓口岸查验单位合作备忘录》。太仓海事局做好苏州港太仓港区现代物流粮油码头、渤海物流码头、扬子江海工基地、海通汽车滚装码头等重点工程海事服务工作，指导华能太仓港务码头通过口岸开放预验收和临时靠泊外轮。协助开展《江苏省沿江沿海港口布局规划》《太仓港控制性详细规划》调研工作。

【海事基础设施建设】 2014年，太仓海事局推进基层应急待命点建设，在璜泾镇、浏河镇建设应急待命点，改善水上搜救装备配备。规范使用和科学管理执法装备，维护保养执法记录仪等信息化设备。做好船艇管用养修工作，提高船艇规范化管理水平，在编船舶适航率均为95%以上。推进辖区码头信息化监管全覆盖，筹建江苏海事系统内首个船员自助服务站。

（马中选）

长江引航

【概况】 2014年，太仓引航站共安全引领中外籍船舶5638艘次，总吨1.21亿吨，净吨6769.6万吨，载重吨2.06亿吨。全年实现引航零事故、服务零投诉。未发生因引航因素而造成压船压港现象。实现吃水12米船舶靠泊太仓港常态化。7月3日，引领吃水12米“桑巴海角”轮安全靠泊武港码头，靠泊太仓港船舶吃水从11.8米提高至12米。为重点物资船舶开辟“绿色通道”。为未正式对外开放的扬子江海工码头提供“一船一议”引航服务，安全引领船长337米的超六代集装箱船“韩进金格”轮安全出江。为武港码头、华能电厂、玖龙纸业、美锦码头、阳鸿码头等单位8次刷新进出港船舶在船长或吃水方面的靠离泊纪录。其中，靠泊武港码头的“企业”轮，船长312米，是长江进口长度最长的营运散货船舶；美锦码头出口的“春和”轮，吃水11.8米，是长江出口最大吃水船。

（刘　源）

气　象

【概况】 2014年，太仓市推进气象现代化建设，按照“气象工作法治化、气象业务现代化、气象服务社会化”的要求，借助现代化装备提升气象防灾减灾水平，服务太仓经济社会发展大局。年内，市气象局围绕气象防灾减灾任务，开展科普宣传，提高公众防灾减灾意识；健全具有太仓特色的公共气象服务体系，提高为地方政府的决策服务能力；履行公共服务和社会管理职能，气象灾害预警信息“进村入户”、校园安全气象保障、沿江气象服务保障等工程的建设运行，有效提升气象服务民生的水平。

【气象现代化设施建设】 2014年，市气象局推进气象现代化建设项目。年初，高能激光雷达安装调试完成，稳定运行5个多月后，于6月10日完成竣工验收。年内，雨滴谱和大气场强仪各2台完成安装，微波辐射计项目于年底完成安装并投入试运行。市气象局网络设备升级改装设备采购到位，70台第三代气象信息显示屏投入使用（用于“校校通”工程和重点危化企业），80台显示屏根据实际情况逐步安装到位。2015年气象现代化建设经费得到落实，4个项目所需建设经费316万元均列入财政预算。

【气象防灾减灾】 2014年，市气象局根据《关于城乡气象灾害防御体系建设的考核办法》，在全市各镇开展“健全城乡气象灾害防御机制、完善城乡气象防灾队伍建设、完善城乡气象灾害预警和气象服务信息发布网络、完善气象公共服务保障机制”等4个方面的考核工作。贯彻落实《苏州市重大气象灾害预警信息手机全网发布实施细则》，与移动、联通、电信等运营商合作推行重大气象灾害预警信息全网发布，为全市提供灾害预警服务。年内，全市实现气象预警信息“进村入户”，以家庭为单位发送气象预警信息。推出“太仓气象”微信服务，拓宽气象信息服务渠道；实施危化企业雷电灾害预警服务、雾霾等重污染天气环境气象服务和气象科普“四进”（进学校、进社会、进农村、进企业）服务等3项重点工作，为地方经济建设和百姓民生服务。

【公共气象服务】 2014年，市气象局巩固业务基础和保障能力，提升公共气象服务水平。完成地面观测任务，保证数据传输质量。按规定做好每日数据文件的上传和备份，按要求巡检区域自动站，未出现重大责任事故。全年TS（一般降水预报准确率）为92.6%，SS1（一般降水定性预报准确率）为88.6%，SS2（一般降水定量预报准确率）为79.9%，其中暴雨33.3%，寒潮100%，高温80%。做好重大灾害性天气、重要活动、重要节假日等气象保障服务。春运期间，共向市春运办发送《春运专题气象服务》43期、《专题气象服务》3期、《气象旬报》4期，发送短信4500多人次，发布预警信号4次，均取得良好效果。春节、清明、高考、中秋期间预报准确率较高，社会反映良好。5月3—4日，2014年国际田联竞走世界杯赛在太仓举行，市气象局根据比赛组委会的要求制作比赛期间气候统计分析图表，供组委会规划比赛日程。同时，做好赛前、赛时气象跟踪服务，及时通报天气变化，针对赛程先后制作专题气象服务材料3期，给比赛组委会成员发送滚动预报。9月15日，2014年长江太仓段水上搜救综合演习在太仓举行，市气象局集合气象应急小组，驾驶移动气象监测车现场监测实时气象要素，为演习提供气象服务。开展多元化为农气象服务。市气象局做好关键农时季节气象服务，全年共制作《春耕春播专题气象服务》《夏收夏种专题气象服务》《秋收秋种专题气象服务》20余期，发送给市农委和各镇农技站。加强同市农委作栽站、植保站等业务部门的联系，及时了解农业生产情况，结合种植周期天气情况，为种植大户和农村信息员发送服务短信20条，共计4740人次。发挥为农服务专家联盟作用，增加突发病虫害时期气象服务。4月，小麦齐穗扬花期，全市多降水过程，市气象局及时制作《小麦穗期病虫防治专题服务》4期。气象台工作人员连同植保站工作人员到东林合作农场查看小麦病情和防治用药情况，做好后期用药气象保障工作。建立完善政府主导、部门联动、社会参与的气象防灾减灾机制。市气象局将气象信息员、防汛责任人、相关部委办局负责人纳入预警短信服务对象信息库。全年共发布专题气象服务113期、重要天气公报3期、预警信号23次、预警短信63次，共计3.18万人次。强化部门合作，建立完善部门间合作、共建、共享机制。市气象局与市水利局共建防汛平台；与市农委共建专家联盟，共同服务“三农”；与市环保局共建重污染天气监测预警、信息宣传和研究合作机制；与市民政局共同推行综合防灾体系建设和防灾宣传培训；与移动、联通、电信等运营商合作推进重大气象灾害预警信息全网发布。

（杨小丽）

群众组织

群众团体

太仓市总工会

【概况】 2014年，太仓市累计建立工会组织1.27万家，工会会员31.42万人。其中，独立建会2095家，覆盖建会企业数1.04万家。年内，全市新建工会组织419家，新增会员1.15万人。全市1331家25人以上正常经营非公企业中，有1291家企业建立工会组织，建会率97%。全市20家世界500强所属企业，有18家建立工会组织。全市各级工会组织开展争创“模范职工之家”活动，获评全国模范职工之家1个，苏州市模范职工之家9个，职工小家5个。

【劳动技能竞赛】 2014年，太仓市举办全市性技能竞赛13个，198家企业、2394名职工参加。全市各级工会开展重点工程劳动竞赛33次，参赛职工1.96万人次；开展技术练兵、技能竞赛及各种劳动竞赛714次，参赛职工9.53万人次，晋升技术等级人数336人。

【职工科技创新】 2014年，太仓市职工提出技术革新、技术攻关、创造发明2119项，创造经济效益5.5亿元，申请国家专利3709件，获批国家专利1350件；基层职工提出合理化建议1.25万条，被采纳实施建议6147条，创造效益1.84亿元；基层上报优秀合理化建议“金点子”和创新成果149条，其中获苏州市职工专项合理化建议和创新成果表彰5项。

【劳模精神弘扬】 2014年，太仓市推荐评选全国、省、苏州市级“五一劳动奖章”、奖状、工人先锋号37个。市总工会做好劳模管理服务，建立劳模电子档案库，开展“百名劳模疗休养活动”，发放慰问金、特困帮扶金和生活困难补助金等68万元。落实《太仓市劳动模范评选和管理办法》和《市政府办公室关于调整市以上劳动模范待遇标准的通知》。年内新建劳模创新工作室7家。

【企业民主管理】 2014年，太仓市开展以职工代表大会为基本形式的各类非公企业民主管理。职工代表大会审议通过集体合同草案、工资协议、公司章程、制度、职工福利、奖惩措施等，成为各类非公企业管理制度重要组成部分。全年全市各类独立建会企事业单位应建制1890家，实际建立职代会厂务公开制度1836家，建制率97.14%，其中百人以上企业454家，建制率99.56%。

【职工权益保障】 2014年，太仓市规范工资集体协商机制，培育工资协商典型单位16家。全年全市生产经营正常的独立建会企业1705家，签订集体合同1690家，占建会数99.12%。签订工资专项合同1653家，占建会数96.95%。

【劳动争议调处】 2014年，太仓市1511家企业建立预警制度，建制率96%。建立独立工会的企业建立劳动争议调解委员会1533家，建制率95%以上。村级、行业、社区、集团区域性工会162个，建立劳动争议调解委员会的区域工会156个，覆盖企业6897家，建制率97%以上。劳动关系预警联络员2286人，劳动争议调解率95%以上。年内，市总工会受理群众来访12件，12345热线3件；电话投诉咨询26起；直接参与的劳动人事仲裁集体争议43起，调解和处理企业集体争议8起，涉及职工人数1574人。参加法院陪审28次。配合市人民法院做好劳动争议诉前调解工作。截至年底，全市劳动法律监督组织1575家，建制率98%，其中百人以上企业建立劳动法律监督委员会445家，建制率99.77%。

【劳动者保护】 2014年，太仓市下发《太仓市总工会重、特大职工伤亡事故应急处置预案》。全市293家企业2806个班组6.33万名职工参加“安康杯”竞赛。市总工会开展劳动安全卫生专项集体合同推行状况调研，发放调查问卷1800份。全市参加争创劳动保护合格工会225家、劳动保护示范工会175家。市总工会在高温季节开展“送清凉、送安全、送法律”三送活动，筹集慰问资金30.5万元，走访企业和工地247家，开展检查监督活动113次，发放防暑降温用品40.78万元，走访慰问农民工7226人次，发放各种宣传资料1.28万份。

【工会法治文化】 2014年，市总工会打造“五月风”职工文化品牌，主要包括：依托工人文化宫，创建“五月风”文体艺术协会和“五月风”职工艺术团；创办《五月风》月报，每期发行1万份，免费发放至全市各级工会和企业班组；建立“五月风——太仓职工微家园”官方微信公众号。年内，全市各级工会开展法治宣传，累计培训工会干部1500余人次，发放各类法律宣传资料1.5万份，解答职工咨询2000余人次。“太仓职工微家园”官方微信公众号举办法律知识竞赛活动，普及工会法律知识，参加职工1000余人。

【职工素质提升】 2014年，市总工会组织班组长培训20批次，参训班组长3832人次。各镇区、条线、企业自办技能培训班175班次，3.62万人次参训。依托太仓市职工业余学校培训电工1472人、电焊工659人。开设保姆、护理、钟点工等培训课程，培训人数278人，87名学员取得家政服务员资格证书。培育全国总工会“五有”（有3000册图书、有20种以上刊物、有80张以上音像制品、有可上网电脑、有1～2名管理人员）标准职工读书站20个，获全国职工书屋称号1家，申报苏州市职工读书站示范点12家。截至年底，全市建立“五有”标准职工读书站199家、职工读书点418家。其中，获全国总工会“职工书屋”称号13家，获省总工会“职工书屋”称号16家，获苏州市总工会“职工读书站”称号107家。官方网站和微信平台增设“好书导读”“读书之声”等栏目。向全市窗口单位及公共场所赠送“公共读书角”1000个。

【职工文化活动】 2014年，市总工会举办“学习·创新·圆梦”第2届职工文体艺术节，整合读书、征文、诵读、娱乐、体育等项目31个。发动全市职工参加市广电总台“1战成名”益智娱乐节目，把工会章程及工会工作知识列入比赛题库，宣传工会组织和工会知识。组织参加“姑苏职工大舞台”文艺演出。180多部电影进企业、进社区、进村及职工集中居住区放映，受益观众1.68万人次。培育勤廉文化示范点7家，申报星级示范点2家，弘扬勤廉文化。

4月28日，市总工会举办太仓市第2届职工文体艺术节
（市总工会供稿）

【帮扶救助】 2014年，市总工会完善职工服务中心建设，在千人以上规模企业试点建立职工服务中心（站、点）。建立社工、义工队伍，形成职工帮扶网络，开展培训3期，参训人数300余人，在10家规模企业试点开展职工心理疏导、沟通技巧等活动。走访慰问困难职工家庭458户（其中持特困证家庭57户），发放慰问金和慰问品共57.42万元。工会爱心超市为306户在职困难职工家庭提供优惠购物服务。全市职工互助互济参保人数3.82万人，入账资金209.87万元（其中参加女职工特种保障金人数6057人，参保金额30.28万元），累计为72名患重病职工发放互助保障金61.72万元。“金秋助学”品牌向中小学生和农民工子女延伸，全年为24名困难职工子女发放助学金6.51万元。坚持优先救助患癌症、尿毒症、白血病等重大疾病患者，全年为52名患重大疾病的特困职工家庭帮扶医疗救助资金15.6万元。

【工会会员优惠服务】 2014年，太仓市35家商家参与工会会员优惠服务合作并获授牌，涉及文化、百货、旅游、餐饮、宾馆、娱乐、法律服务等领域，凡太仓市机关、企事业单位工会会员本人，均可持工会会员证在上述商家享受优惠服务。

【工会干部能力素质提升】 2014年，市总工会和镇区、产业（条线）二级工会组织举办各类培训、讲座66期，全市工会干部参加岗位业务学习7519人次。基层工会开展培训活动，万名基层工会会员参加学习，提升业务素质，全市工会干部培训率85%以上。698人参加全国总工会上岗培训并通过测试。

（李鹏飞）

9月18日，市总工会授予太仓现代农业园“工会会员优惠服务单位”
（市总工会供稿）

【太仓国际海员俱乐部概况】2014年，太仓国际海员俱乐部立足职责，密切联系海员，了解海员所需，提升接待工作和宣传服务实效性，帮助海员树立积极向上的人生观和职业观。全年共接待抵达太仓港的中外船舶733艘次，接待中外海员近1600人次，直接业务经营收益约70万元。年内，太仓国际海员俱乐部加强同各兄弟单位的交流，借鉴其他俱乐部的优秀模式，接待慰问工作从海员需要入手，慰问品不局限于常规宣传资料及水果饮料等，将日常生活用品也纳入慰问品范围。依托基层党组织建设，改进接待宣传工作作风，坚持优质码头服务，在2014年南京青年奥林匹克运动会举办期间，配合执行特别安保措施，往返相关单位妥善处理和协调各种问题，确保各项业务顺利完成。同时，与所接待的海员们解释沟通，让他们理解检查严格、手续复杂的原因和必要性，以支持码头、边防等相关单位和部门的工作。为抵港海员们提供力所能及的免费服务，如赠送电话卡、代充话费、邮寄物品等。年内，设立海员俱乐部港口办事处，提供接待服务。

（王　静）

中国共产主义青年团太仓市委员会

【概况】2014年，太仓市各级共青团组织深化“青春创新创业、青春文明和谐、青春固本燎原”三大行动，扩大团组织覆盖面和影响力。团市委开展“青春邀约走基层，服务青年听转办”“微调研、微聚会、微服务”团干部大走访等活动，开展各类走访调研活动37次，召开专题座谈会20场次，走访联系普通青年1200余人次，征集各类意见建议78条，直接为青年办实事75件。截至年底，全市共有各级团组织2117个，其中基层团委45个，基层团工委4个，团总支65个，团支部1955个；共有团员40501人；专兼职团干部1930人。

【青少年思想引领】2014年，围绕“我的中国梦”“社会主义核心价值观”等主题，全市各级团组织开展“奋斗的青春最美丽”主题团日活动120场次，开展“我为核心价值观代言”“红领巾寻访”“青春向上”青年公开课等活动179场次，覆盖青少年5万余人次。团市委联合市委宣传部、市文联举办“青春风向标”微电影大赛；开展全市青少年培育和践行社会主义核心价值观调查。团市委官方微博、微信公众号增设“青享惠”“青

2014年太仓市共青团组织情况统计表

表62

内容		团组织（个）				团员（人）	团干部（人）	
		基层团委数	基层团工委数	团总支数	团支部数	团员数	专职团干部数	兼职团干部数
公办学校	高校	1	—	8	147	5392	3	7
	中学	7	—	11	231	7256	1	59
	中职	1	—	6	85	1625	1	6
民办学校	高校	—	—	—	—	—	—	—
	中学	—	—	—	1	5	—	1
	中职	—	—	—	—	—	—	—
国有企业		9	1	33	27	1518	—	99
非公企业		12	1	2	1196	15467	—	1409

续表 62

内容	团组织（个）				团员（人）	团干部（人）	
	基层团委数	基层团工委数	团总支数	团支部数	团员数	专职团干部数	兼职团干部数
机关事业单位	15	2	5	115	1736	1	191
社会组织	—	—	—	6	177	—	6
农　村	—	—	—	86	4715	—	86
城市社区	—	—	—	61	2610	—	60
总　数	45	4	65	1955	40501	6	1924

公益”“青互动”版块，推送微团刊196期，吸引粉丝6200余人；组建共青团网络宣传员队伍245人。

【青年创新创业】 2014年，太仓市实施“2014年度太仓市创新人才培育计划”，146位企业创新人才获命名。以区镇为单位成立创新人才沙龙，组织各类活动15场。开展第6届太仓市“十佳青年创新创业先锋”评选活动；举办太仓市青年创业训练营，培训创业青年30人；开展太仓市农村青年创业大赛，培育2个项目参加苏州市级大赛，分别获个人一等奖、三等奖和团体优秀组织奖；培育4个项目参加江苏省创新创业大赛，获创意类优秀奖1人；深化青年创业小额贷款工作，帮助41位创业青年争取无息小额贷款520万元；开展“农村青年信用示范户”评选工作，评定农村青年信用示范户10人。培育新型青年职业农民，1人获“全国农村青年致富带头人”称号，太仓现代农业园获“全国青少年农业科普示范基地”称号。年内，新增苏州市级青年文明号5家，省级青年文明号2家。依托太仓市青年商会平台，帮助青年企业家解决各类具体问题30余个，举办培训20场次。

【青少年社会治理创新】 2014年，团市委依托“太仓市重点青少年群体服务管理平台”将全市划分148个基础网格，分类动态管理重点青少年群体。该平台获评2014年度江苏省“成长护航工程”示范项目。全年全市25周岁以下青少年犯罪212件345人，较上年下降23.74%。苏州市预防青少年违法犯罪领导小组（扩大）会议暨重点青少年群体服务管理推进会在太仓召开；在全省“成长护航工程”专项督查中太仓市列全省第一。构建社区团组织、青少年社工机构、青少年社会组织“三社联动”，推进社区青少年事务工作。太仓市启航青少年事务服务中心城厢镇太丰社区站开展社区活动250次，累计覆盖流动儿童5329人次。成立苏州市青少年发展基金会太仓分会，加大青年公益社会组织扶持力度，全市各级团组织培育青年社会组织25家。“精准服务，梦想启航”——重点青少年线上线下综合服务项目获评2014年度全省共青团工作创新创优成果一等奖。

【青年志愿者公益活动】 2014年，团市委组织350名语言类志愿者完成2014年国际田联竞走世界杯赛志愿服务工作；推进太仓青年志愿服务T站建设，开展微志愿活动170场次，直接服务群众5000人次。举行“为爱暴走·让公益成为时尚”“爱在同一片蓝天下”“圆梦太仓”等各类志愿服务活动160余场，参与志愿服务800人次，服务覆盖近1万人次。组织全市青年参与植树护绿活动20次，种植树木400余株，指导娄城单车公益俱乐部等青年社会组织开展环保宣传教育活动18场次。培育红领巾生态环保社团，开展“现代田园、绿色梦想——我是美丽太仓小主人”等生态环保活动53场。

【服务青年】 2014年，太仓市举办“服务企业发展·促进青年就业”团员青年专场招聘会，提供岗位670个，初步达成就业意向142人；举办“毕业生就业指导会”7场，提供就业指导1400余人次。新建青年就业创业见习基地10家，开展“暑期人岗对接

10月13日，太仓市庆祝少先队建队65周年主题队日活动在市实验小学举行
（团市委供稿）

3月2日，“为爱暴走·让公益成为时尚”——迎接2014年国际田联竞走世界杯赛青年公益活动在太仓举行　　（团市委供稿）

计划”“总经理助理见习计划”等活动。发挥实践育人优势，提供见习岗位109个。开展太仓籍大学生暑期夏令营、“三下乡”社会实践和中小学“七彩夏日”等活动百余场，丰富在校青少年社会实践。举办第3届“青春唱响”青年学生歌唱比赛、“一站到底”五四团员青年专场活动、太仓市青年菁英足球邀请赛等活动，近千名青年参赛。举办“丘比特之箭·爱神陪你情人节”“青春旅途”等相亲交友活动，搭建青年社交平台，百余人次参加。继续开展“圆梦太仓”青年公益行动，新建“希望来吧”1个，持续推进农民工子女结对关爱；开展“2014共青团暖冬行动”，全市各级团组织开展各类慰问活动百余场次，向各类困难青少年群体发放慰问金、慰问品计25.39万元。

【基层团组织建设】 2014年，团市委重点推进沙溪镇半泾村团员服务中心、中化太仓产业园兰庭书苑、新区德企青年服务联盟等团建项目9个。新建非公企业团组织200家；新增非公团建示范单位9家，达标单位500家。成立青年社会组织联合团工委，覆盖30家青年社会组织。举办全市基层团干部培训班、少先队辅导员培训班、青年文明号争创集体负责人培训班等各类培训6次，全市240余名团干部、少先队辅导员参加。联合市委组织部等部门开展“全市青年干部风采大赛”，41家单位、123名青年干部参加。配合市委组织部举办大学生村干部培训班，改版大学生村干部家园网。

（陆革锋）

太仓市妇女联合会

【概况】 2014年，太仓市各级妇女组织把握联系和服务妇女主线，推动妇女工作实现新发展。年内，太仓市妇女工作会议召开，印发《中共太仓市委关于进一步加强和改进新形势下妇女工作的意见》，表彰一批妇女工作先进集体和先进个人。截至年底，全市共有镇（区、街道）妇联9个，村（社区）妇代会147个，机关部门妇委会23个。

【妇女宣传教育】 2014年，太仓市印发《关于进一步深化太仓市家庭文明建设工作的意见》，发挥妇女在家庭文明建设中的作用。年内，太仓市举办“和谐娄城·幸福家庭”第五届家庭文化艺术节，围绕终身学习在家庭、绿化美化在家庭、健康生活在家庭、低碳环保在家庭、平安建设在家庭、勤廉文化在家庭、文明和谐在家庭等七大主题，开展第六届家庭运动会、“当好廉内助，筑牢家庭廉政关”专题讲座等活动40多项，征集“勤廉家书”102封、“治家格言”394条。深化“美丽家园”“家庭道德建设示范点”创建，下拨以奖代补资金27万元，开展“万盆月季进家庭”“爱粮节粮进家庭”等系列活动，成立“双爱双讲”巾帼讲师团，组织“家庭道德建设”专场文艺演出、道德巡讲等活动15场次，培育树立第二批“美丽家园”示范点19个和“家庭道德建设示范点”8个。结合全国妇联寻找“最美家庭”活动，启动“百名妇女干部寻访百名‘和谐之星’”暨“最美家庭”寻访活动，召开表彰大会，评选最美家庭、五好文明家庭等典型3000多个。新增全国五好文明家庭1户，省五好文明家庭2户、标兵户1户，苏州市健康家庭20户，11名女性获苏州“好母亲”称号。评比表彰最美女村干部（小巷女总理）等一批优秀女性典型，2名女村干部被评为省优秀女村干部（小巷女总理）。

【妇女创业就业】 2014年，太仓市依托“巾帼建功”领导小组，举办“我与中国梦——半边天的责任与担当”演讲比赛。市妇联联合市人社局、卫生局、总工会等部门，举办商场（超市）女收银员、家政服务员、育婴员、妇幼保健专技人员岗位操作技能竞赛；举办“娄东女性大讲堂”，助推岗位女性成才发展。开展政企对接活动，组织女企业家赴上海、浙江等地学习考察，举办专题讲座，帮助女企业家了解经济形势和产业发展布局，加强女企业家依法、诚信经营法治教育，鼓励她们转型升级发展。深化巾帼家庭服务品牌建设，联合市人社局，投入70多万元，建成500多平方米的太仓市家庭服务业公共实训基地，打造集“创业就业培训、模拟操作实训、自主择业指导”为一体的综合服务平台。举办家政、月嫂、育婴师等免费技能培训班10期，200多名妇女获得国家级职业资格证书，近500多名妇女实现就业再就业。市巾帼职业培训学校被推荐为“全国巾帼家政培训示范基地”。发挥农村女致富带头人联谊会作用，举办农产品女经纪人培训班，组织会员赴苏州园区、常熟等地参观学习，制作会员品牌农产品推介手册，为49名妇女提供小额贷款资金622万元，选树太仓市十佳职业女农民，新增省巾帼绿色示范基地1

个、省巾帼科技示范基地1个、苏州级巾帼现代农业科技示范基地1个。

【妇女儿童合法权益维护】 2014年，太仓市成立性别平等咨询评估委员会，开展主席走进《政务直通车》、“法官说法”法律讲座、广场普法宣传、维权业务培训等活动15场次，推进妇女议事会制度，举办现场观摩学习会，畅通妇女利益表达和诉求渠道。市妇联主动对接公安部门，推广和落实家庭暴力告诫制度，成功干预2起开具告诫书的家暴案件。成立由10名资深律师和法官组成的妇女维权法律顾问团，把维权服务送到基层。依托幸福家庭婚姻指导中心、“七夕缘”驿站，发挥巾帼法律、巾帼心理2支志愿者队伍作用，全年提供维权咨询服务600多人次，成功调解104对。市妇联全年接待来信来访60件次，调处成功率95%以上。深化“平安家庭”创建，举办“法律在身边·平安进家庭”知识竞赛，1000余人参与，60人获奖。选树省“平安家庭”示范户2个、太仓级示范户50个，新增市法院城厢法庭为省“维护妇女权益示范岗”，市综治办、城厢镇电站村分别被表彰为省“平安家庭”创建活动先进集体和示范村。

【妇女儿童实事项目】 2014年，太仓市加强对“十二五”妇女儿童发展规划重点指标和难点问题攻关推进，召开中期评估工作推进会，推动量化指标落到实处。城厢镇获第三批实施“十二五”妇女儿童发展规划省级示范镇称号。启动新一轮农村妇女“两癌”筛查工作，共检查农村妇女33607人。实施“家在太仓·姐妹缘”——五关爱项目，依托市女企业家联谊会，冠名设立“康乃馨”慈善基金，筹集爱心公益款12万元，实施“康乃馨”行动第三批帮扶项目，帮扶单亲贫困母亲30人。深化“风信子”行动，组织六一慰问、“8•26”逛书城等活动，新结对“希望妈妈”80多对，捐资捐物10万余元。深化“蒲公英”行动，募集爱心企业善款7万余元，结对7所试点学校，增办1个流动儿童“春蕾班”，组织“四走进”（走进社会、走进校园、走进家庭、走进心灵）等活动40余场次，评选“蒲公英”好家长10人、好少年350人。深化“勿忘我”行动，结对帮扶空巢老人300余人，提供义诊、日常关爱等服务，重点实施“勿忘我”巾帼志愿者团队培育计划。深化“扶芳藤”行动，继续做好社区矫正妇女帮扶教育工作。“康乃馨”志愿服务队、“勿忘我”志愿服务队分获省十佳巾帼志愿服务队、太仓市优秀志愿者团队荣誉称号。市级妇女儿童活动中心启动运行，以“致慧妇女儿童，和谐千万家庭”为宗旨，开设拉丁舞、中国舞等少儿才艺培训班，举办家庭包粽子比赛、感恩节烘焙DIY、亲子陶艺DIY等亲子系列活动7期，开展公益瑜伽、环保酵素分享会、女子防身术培训等优雅女性沙龙活动20余场次，建好科学育儿、亲子活动、创业就业培训实训和优雅女性沙龙4大基地，受益妇女儿童2万余人。

7月11日，市妇联举办“七彩夏日·关爱成长”夏令营 （市妇联供稿）

【儿童家庭教育】 2014年，太仓市设立专项资金2万元，支持家庭教育研究会会员开展家教课题研究，汇编《提升家长家庭教育素养的途径与方法的研究》等课题成果13个。开设“父母课堂”，举办“育蕾”家教公益讲堂、“教育在四季——爱的交响”家教巡讲、“好爸好妈”父母沙龙等活动20余场次，受益家庭2000多户。深化“星级家长学校”创建活动，评选“星级家长学校”32个、“教子有方好家长”106人。举办第五届“畅享童年•放飞梦想”阶梯成长主题活动，开展“七彩夏日•关爱成长”夏令营、“扬帆绿洲”素质拓展、户外写生等活动，评选表彰第二届“美德少年”“优秀小公民”等典型85人。

【妇联组织建设】 3月5日，太仓市召开全市妇女工作会议，印发《中共太仓市委关于进一步加强和改进新形势下妇女工作的意见》。年内，市妇联举办基层妇女干部培训班，开展演讲比赛、PPT展评等活动。成立女性社会组织指导服务中心，启动实施女性社会组织3年发展规划，举办妇女干部社工培训班6期，孵化培育巾帼心协、娄东红娘婚恋家庭服务中心、女书协等一批女性社会组织，指导12个女性社会组织承接苏州、太仓市首届妇女儿童家庭公益服务项目微创投。开通“太仓妇联•温馨家园”和“太仓市妇女儿童活动中心”微信平台，开展微博有奖抢楼、烘焙微达人大赛、亲子环保插花DIY等活动。新建太仓市级示范“妇儿之家”2个。

（顾　燕）

太仓市科学技术协会

【概况】 2014年，太仓市科协系统获国家级荣誉表彰2项，省级荣誉表彰19项，苏州市级荣誉表彰21项。新增科教新城科协、机器人学会、科技创新人才交流协会、旭川化学（苏州）有限公司科协、太仓荣文合成纤维有限公司科协、苏州贯龙电磁线股份有限公司科协、太仓市康辉科技发展有限公司科协、赛业（苏州）生物科技有限公司科协、太仓市兰燕甲板敷料涂料有限公司科协等9家科协组织。市预防医学会、市化工医药协会、太仓港协鑫发电有限公司科协等3家科协组织完成换届工作。市特种设备学会通过社会组织等级AAAA级评审，粮经研究会、预防医学会通过AAA级评审。截至年底，太仓市共有区（镇）科协9个、社区（村）科协145个、企业科协24个、市级学会37个，注册科普志愿者5000人。科普教育基地41处，其中国家级1个、省级5个、苏州市级5个，城区主要公共场所市级科普画廊68座。

【学术交流】 2014年，市科协继续开展自然科学优秀学术论文评选工作，共收到论文330篇。其中，获太仓市政府表彰100篇，获苏州市级表彰4篇，市科协获苏州市自然科学优秀学术论文评选工作“优秀组织奖”。资助重点学术活动项目10个、软科学研究课题6个。开展科普调研，形成调研文章9篇。1月8日，省自动化技术协同创新服务示范基地首次技术对接活动在太仓举行。省自动化学会理事单位、11所高校自动化相关学院的31位院长、教授和全市50家相关企业负责人参加活动。“江苏省自动化技术协同创新服务示范基地”是由省自动化学会牵头，太仓市科学技术协会、太仓市科技创业园有限公司、太仓市民营科技与人才促进会联合组建并获江苏省科协命名的基地，是一个为太仓产业发展提供科技和人才支持的综合服务平台。促进省自动化学会成员单位科研成果在太仓落地转化，帮助企业和高校建立链接，合作开展技术研发、基础研究和人才培育。9月11—12日，中国科协2014年海峡两岸超仿棉加工技术应用研究青年科学家研讨会在太仓举行，活动分为主旨报告、专题演讲、高端访谈与参观企业，共收录论文43篇；145人出席，其中内地代表124人、台湾代表21人。

【科普宣传】 2014年，市科协在全市建设电视、广播、报纸、网络、科普折页、科普画廊“六位一体”科普宣传体系。太仓电视台每天播放《科普新说》3次，每周播放《科普大篷车》3次；太仓电台新开每周5期《走进科学》栏目，《科普之窗》每周1期；《太仓日报》开设《科学新知》专版，每月2期；太仓科普网每天更新资讯。市科协向科普惠民（惠农）服务站免费配送科普资料，累计配送科普折页12万份、科普丛书2万册、科普挂图100套；市级科普画廊每月更新生活常识、科学知识。

【社区科普直通车率先实现社区全覆盖】 2014年，市科协投资130万元，以新媒体为载体，重点打造集科普自助终端、科协移动官网、微信公众号于一体的科普宣传平台——太仓社区科普直通车。科普自助终端，即交互式广告机，网点覆盖全市各社区服务大厅；太仓科协移动官网提供组织科普活动、访问科协网站、观看科普影视节目、阅读科普书刊和数字党报、参观中国科协数字科技馆等服务；太仓科协微信公众号分为订阅号和服务号每天推送各类科普知识。市民通过自助终端或手机，访问科协官网、观看科普影视节目、参观数字科技馆、阅读科普书刊和数字党报、获取科协和所在社区公告信息等；关注太仓科协微信公众号，享受科普服务定期推送。71台科普自助终端分布全市各社区服务大厅，太仓市在全省率先实现网络科普社区全覆盖。社区科普直通车项目获评2014年江苏省科协“三服务一加强”（服务经济社会发展是方向，服务提高全民科技素质是基础，服务科技工作者是基点，加强自身建设是保证）工作创新案例。

【三级科普场馆群建设】 2014年，市科协落实政府专项资金2000万元布展市科技活动中心。市、镇（区）、社区（村、学校）三级场馆群建设稳步推进。联合建设湖川桥社区科普活动室、金仓湖小学科普设施建设、城厢镇梅园社区科普场馆等科普场馆和科普设施13处；推进浏河镇文化中心科普活动场馆建设。

【科普示范体系建设】 2014年，太仓市获评全国科普示范社区1个，省级科普示范镇1个、科普示范村2个、科普示范社区1个、科普教育基地2个、科学教育特色学校1所、优秀中小学科技辅导员1人、青少年科技创新标兵1人、科普惠农兴村先进单位1家、优秀科普惠农服务站1家、科普惠农服务站1家，获评苏州市科普教育基地1个、科普示范镇3个、科普示范村4个、科普惠农服务站2家、科普惠民服务站4家，命名太仓市科普惠民服务站18家、科普惠农服务站13家、青少年科学教育特色学校

7月9日，中国科协副主席程东红在浮桥镇新城花园社区启动太仓市社区科普网络直通车暨科协微网站项目
（市科协供稿）

5月21日，太仓市第26届科普宣传周开幕　　（市科协供稿）

4所、科普教育基地9个、科普示范家庭及科技示范户各300户。

【重点科普活动】 2014年，市科协开展“科学生活·创新圆梦”第26届科普宣传周和以“创新发展，全民行动”为主题的全国科普日等重点科普活动，调动全市224家单位，组织2014年上海国际科学与艺术展太仓巡展、“科普惠民生·科技助梦想”大型广场科普宣传活动、科普教育基地公众免费开放日等645项科普活动，受益群众43万人次。

【“你点我讲”科普大讲堂】 2014年，市科协继续推进“你点我讲”科普大讲堂建设，以学校、社区为重点，普及科学文化知识，提高市民科学素养。开设3大领域菜单课程300项，讲师团人数增至130人，拥有高级以上职称人数占75%。开展送课服务，全年送课到基层151场，受益人数1.4万人次。11月，邀请联合国教科文组织2013年“卡林伽”奖获得者李象益到苏州健雄职业技术学院作《未来，属于拥有全新思维的人》科普讲座，近400位师生参加。

【服务科技工作者】 2014年，市科协建设市级“科技工作者之家”，建筑面积约1800平方米。年内，太仓港协鑫发电有限公司科协、预防医学会建立“科技工作者之家”。太仓科技工作者科技信息服务机制建立，为100家高科技企业和高科技人才提供自助式科技文献查询、集中式科技类培训、定制式项目咨询报告等服务；不定期举办科技工作者沙龙；赠送科协代表《江苏科技报》。美国钥匙科技公司和太仓智动钥匙有限公司落户太仓科技创业园。日本九州中国人学者联谊会加入太仓海外人才合作组织。推介中欧国际科技资源转移网，组织相关企业参加欧美电动汽车核心技术视频连线推介会。

（牛春艳）

太仓市文学艺术界联合会

【概况】 2014年，市文联坚持以人民为创作导向，推行“月季花开满园春”文艺创作行动，加强创作引领，多方位组织观摩学习、签约资助、展演展赛等活动，为文艺精品创作搭建平台。围绕“中国梦·太仓梦·我的梦”开展主题创作，激励会员创作出更多思想性、艺术性、观赏性相统一的精品力作。年内，全市文学艺术创作成果明显，获苏州市级以上奖项近300件，全国、省级以上发表、入展、入选作品400余件，出版文艺著作46部。太仓市画家组团参加“重温经典”娄东（太仓）全国中国画作品展，太仓画家邢少兰的《金秋苗寨满山歌》、蔡萌萌的《春山春水春江南》、王斌的《苗岭壮歌》、邢曦峰的《初雪》和沈国红的《月落江村》等5件作品入展并获奖，取得太仓市山水画创作在全国性大展中的最好成绩；凌鼎年的小小说集《那片竹林那棵树》、龚璇的诗集《燃烧，爱》入选鲁迅文学奖评奖公示榜；蔡萌萌的版画《六月》和李鹏的漆画《时光风物2》入选第十二届全国美展；王奉振的小品《打针》获第八届江苏戏剧奖·小戏小品奖一等奖；吴利明作曲的《风争艳》获第十一届江苏省“五星工程奖”金奖；王月英的麦秸画《嫦娥奔月》、胡永贵的木雕《苏武牧羊》、奚常青的金属画《关公》获首届中国（苏州）民间艺术博览会精品奖；黄辉的书学论文《博雅与真蓄——南浔小莲庄刻帖持有者的文化心态》获全国第十届书学研讨会优秀奖（最高奖）；胡永平获中国楹联最高奖“梁章钜奖”。至年底，太仓市文联团体会员发展至14个，包括：市作家协会、市民文家协会、市书法家协会、市美术家协会、市摄影家协会、市戏曲家协会、市音乐家协会、市舞蹈家协会、市影视家协会和城厢镇文联、沙溪镇文联、浏河镇文联、璜泾镇文联、双凤镇文联及10多个二级协会。各文艺家协会会员总数1000余人，其中国家级会员90人，江苏省级会员259人，苏州市级会员479人。10月23日，太仓市文艺界学习习近平在“文艺工作座谈会”上的讲话精神导读会在太仓美术馆召开。会议号召全市文艺工作者充分认识肩负的社会责任，避免在市场经济大潮中迷失方向，努力创作出更多思想性、艺术性、观赏性相统一的精品力作。年内，市文联、市作家协会及浏河镇文联获评苏州市文联系统先进集体。

【文艺惠民】 2014年，市文联通过组织文艺家与百姓联络互动，传播艺术，推进“月季花开香万家”惠民品牌打造。开展万幅楹联进万家活动，共计送出春联4万余对；开展“摄影人的中国梦”系列活动，举办“美丽太仓魅力乡村”等省市级摄影展赛；举办“唱响娄城”K歌大赛，吸引全市300余名选手报名参加；在太仓大剧院献演大型沪剧《雷雨》，开展纪念太仓市沪剧名家王阿根100周年诞辰活动，以及民族音乐进校园、新年音乐会、“娄东戏台”、“太仓乐坛”、“舞林会友”、“月季花摄影沙龙”等文艺活动。乡镇文联基层文艺志愿服务队伍蓬勃发展，城厢、沙溪、浏河文联书画作品联展，“情浓中秋，你我同心”经典诵读会，闹元宵民俗活动，“红红火火过大年”敬老院志愿者活动，“庆国庆、迎重阳”群众文艺会演等一批文艺活动丰富多彩，受到群众好评。

4月2日，市文联开展践行群众路线采风创作活动　（市文联供稿）

【文艺交流】 2014年，市文联开展交流活动，拓宽创作视野。带着龙狮、漆画、麦秸画、刺绣、金属画、琉璃、红木雕刻等7种兼具艺术性与地方特色的民间艺术作品，组团参加中国民博会，与全国各地3000余位民间文艺家近百个品种的民间艺术品同台竞技；开展“中国梦·与世界对话”太仓国际吉他交流活动，举办学术讲座及吉他展演；举办土耳其摄影家2014年中国·苏州摄影作品交流展，与土耳其摄影家一起观摩作品，互动交流；民乐组团赴英国、德国开展2014年江南丝竹欧洲行演出；举办上海·太仓两地书画作品交流展及两地书画笔会等多种形式的文艺交流活动，组织观摩各类名作名剧展演近30次，各文艺家协会开展采风创作近50次；举办“师法自然”大别山实地采风写生展、娄东印社·垂虹印社观摩交流座谈等，促进不同风格、流派，不同地域之间文化的交流，激发创作灵感。

【文艺人才建设】 2014年，市文联围绕文艺人才建设等问题开展调研，起草《太仓市文艺人才工程实施意见》《关于加强太仓市文艺人才建设的若干意见》等文件。完善市文联领导联系协会、创作领军人才、拔尖人才制度，零距离接触基层文艺家，发现、扶持、服务、培养优秀文艺人才。举办诗梦江南系列文化主题活动，创建江苏省作家协会文学创作基地、中国微型小说教育基地，邀请全国著名诗人、诗评家与太仓市文艺家开展学习研讨活动；召开长篇小说座谈会、金秋散文研讨会等，交流创作经验。完善文艺人才梯次培养，启动新锐摄影人培养计划，开办摄影培训班、戏曲骨干培训班、江南丝竹鉴赏课、舞蹈培训班、书画培训班等。组织文艺骨干参加苏州文艺家读书班，为文艺工作者“充电”，积蓄发展后劲。推出《梦想成真——太仓市中国摄影家协会会员作品集》，展示太仓市48位国家级摄影家创作成果。举办朱寒汀油画展、王斌山水写生作品展、朱强花鸟画作品展、《情怀——丁松茂太仓港摄影作品集》首发式暨研讨会等活动，为文艺人才搭建展示平台。年内，文艺人才茁壮成长，各协会共新增会员102人，邢少兰、蔡萌萌晋升为中国美术家协会会员，高雪峰为中国民文家协会会员，黄辉为中国书法家协会会员，宋祖荫、王绍樑、陆东兴加入中国摄影家协会，赵剑、郝珉加入中国舞蹈家协会，21人晋升为省级会员，55人晋升为苏州市级会员。

市文联开展万幅楹联进万家活动　（2014年1月摄　市文联供稿）

【《新世纪太仓文学作品集》出版】 2014年8月，《新世纪太仓文学作品集》由中国文联出版社出版，该书为市文联推出的第19种《月季花丛书》，收录中篇小说卷《迷途悔情》、短篇小说卷《天下名巧》、微型小说卷《君子如玉》、散文卷《忧乐烟霞》、随笔卷《真水无香》、诗歌卷《挚爱编织》等6本文集，约245万字。汇集自

2000年以来太仓作家创作、发表的部分优秀作品，展示太仓市文学创作整体实力。10月11日，市文联、市作家协会与苏州健雄职业技术学院联合召开新世纪太仓文学作品研讨会。研究总结太仓市新世纪以来文学创作成绩，探讨太仓文学向后的发展，扩大太仓作家影响力。会议邀请南京、苏州等地文学评论家姜广平、王尧、丁晓源等对6本文集分别研讨点评，30多位作协会员和50多位文学爱好者参加研讨会。

【娄东文艺大讲堂】 2014年，市文联办好娄东文艺大讲堂，发挥太仓本土文艺人才资源，邀请省内外知名艺术家到太仓开设各类文艺讲座。全年举办“春联的习俗和创作”“娄东历史与文化”“山水画创作”等公益讲座12场，内容涵盖文学、书法、美术、摄影、戏曲、音乐、舞蹈等众多艺术门类，受到文艺爱好者和市民欢迎。

【文艺阵地建设】 2014年，市文联巩固、拓展文艺阵地建设。太仓美术馆立足本土，以宣传太仓籍书画名家和书画作品为主，策划“太仓市第四届篆刻艺术展”“马士达作品太仓民间收藏展”等各类艺术展览15项、“重温经典——“娄东画派”临摹作品展”等书画陈列展3项，收藏各类书画作品12件，举办文艺讲座及培训班，全年接待参观者3万余人次，为全市文艺家提供专业创作交流平台的同时，宣传展示太仓历代书画名家的创作成就和书画精品。市文联全年编印《金太仓》杂志6期，每期编印3000余册。撰写展现太仓本土风物人情，贴近生活，打造成太仓最有影响力的文艺杂志。刊出《娄东文艺》25期，指导办好《南园》《古港潮》《青藤架》等镇文联刊物及太仓美术馆网站、江南楹联网、《江南楹联报》等载体。年内，促成溪山琴社、太仓油画学会、蒋慧民族舞蹈传承推广基地等文艺组织的建立，指导影视家协会完成换届工作，增强全市文艺团队的生机活力，引导文艺组织实现自我管理、自我提高、自我规范和自我发展。

【文艺创作资助签约】 5月23日，市文联在太仓美术馆召开资助重点作品、重要活动签约仪式，以资助文艺创作、扶持文艺活动的形式弘扬《延讲》精神。市文联主席团成员、艺指委、各镇文联负责人，各文艺家协会主席、秘书长，签约作者及文艺创作领军人才、拔尖人才等40余人参加会议。市文联与文艺家及协会签署协议书，经评审，全年共有8件文艺作品和8项文艺活动获得签约资助，资助金额16万元。

【市楹联学会为“感动中国的100位道德榜样人物”配诗联】 8月15日，市楹联学会应中国楹联学会邀请，组织太仓市10位诗联家开展主题创作，为“感动中国的100位道德榜样人物”中的30位创作完成30首诗和30副联作，以艺术的形式展现感动中国人物的光辉事迹，宣传践行社会主义核心价值观。

（蒋喜桔）

2014年度太仓市文联“月季花”奖获奖作品表

表63

月季花奖次	获奖作者	作品名称	体裁	创作成果	主办单位
一等奖	凌鼎年	《那片竹林那棵树》	小小说集	选入第六届鲁迅文学奖公示目录	中国作家协会
一等奖	龚　璇	《燃烧，爱》	诗集	选入第六届鲁迅文学奖公示目录	中国作家协会
一等奖	王奉振	《打针》	小品	获第八届江苏戏剧奖·小戏小品奖优秀编剧奖、优秀剧目一等奖	江苏省文联、省文化厅、省戏剧家协会
一等奖	吴利明	《风争艳》	器乐曲	获第十一届江苏省“五星工程奖”金奖	江苏省文化厅
一等奖	王月英	《嫦娥奔月》	麦秸画	获首届中国（苏州）民间艺术博览会精品奖	中国民间文艺家协会、省文联、省民协
一等奖	胡永贵	《苏武牧羊》	紫檀木雕刻	获首届中国（苏州）民间艺术博览会精品奖	中国民间文艺家协会、省文联、省民协
一等奖	奚常青	《关公》	金属画	获首届中国（苏州）民间艺术博览会精品奖	中国民间文艺家协会、省文联、省民协
一等奖	丁松茂	《情怀——丁松茂太仓港摄影作品集》	摄影集	出版	中国摄影艺术出版社
一等奖	邢少兰	《金秋苗寨满山歌》	中国画	获评“重温经典”娄东（太仓）全国中国画作品展优秀作品	中国美术家协会

续表 63

月季花奖次	获奖作者	作品名称	体裁	创作成果	主办单位
一等奖	蔡萌萌	《春山春水春江南》	中国画	获评“重温经典”娄东（太仓）全国中国画作品展优秀作品	中国美术家协会
一等奖	王　斌	《故土情怀》	中国画	获评“中国陶都·陶醉中国”吴冠中艺术馆第二届全国中国画作品展优秀作品	中国美术家协会
一等奖	邢曦峰	《初雪》	中国画	获评“重温经典”娄东（太仓）全国中国画作品展优秀作品	中国美术家协会
一等奖	沈国红	《月落江村》	中国画	获评“重温经典”娄东（太仓）全国中国画作品展优秀作品	中国美术家协会
一等奖	刘永泉	《苏州水，天堂水》	歌曲	获“建国杯”第四届全国大型音乐展演活动作曲金奖	中国大众音乐协会
一等奖	朱　伟	《索尔吉他演奏与教学指导》第二册	音乐教材	出版	上海音乐出版社
一等奖	王　浩	书法字帖	书法教材	出版	苏州大学出版社、古吴轩出版社等
二等奖	陆　瑛	《农家军歌》	小沪剧	获第十一届江苏省“五星工程奖”银奖	江苏省文化厅
二等奖	金　娀	《我从小路走来个人演唱会》	沪剧	DVD	中国和平音像电子出版社
二等奖	周煦青	《洗唰唰》	舞蹈	获江苏省第四届社会舞蹈暨第六届少儿舞蹈比赛少儿创作节目组表演金奖，创作银奖	江苏省舞蹈家协会
二等奖	仇国良	《龙》	民间扎作	获首届中国（苏州）民间艺术博览会金奖	中国文联、中国民协、省文联、省民协、苏州市政府
二等奖	孙　武	《孙武子舍》	琉璃	获首届中国（苏州）民间艺术博览会金奖	中国文联、中国民协、省文联、省民协、苏州市政府
二等奖	叶　莉	《如初》	漆画	获首届中国（苏州）民间艺术博览会金奖	中国文联、中国民协、省文联、省民协、苏州市政府
二等奖	黄　辉	《博雅与真蓄——南浔小莲庄刻帖持有者的文化心态》	书学论文	获全国第十届书学研讨会优秀奖（最高奖）	中国书法家协会
二等奖	朱凤鸣	《卖红薯的老头》	短篇小说	获“文华杯”全国短篇小说大赛一等奖	中国小说学会
二等奖	倪　艳	《童狮共舞》	舞蹈	获第十一届江苏省“五星工程奖”银奖	江苏省文化厅
二等奖	陈　静	《华灯辉映》	舞蹈	获第十一届江苏省“五星工程奖”银奖	江苏省文化厅
二等奖	郝　珉	《追梦》	舞蹈	获江苏省第四届社会舞蹈暨第六届少儿舞蹈比赛创作银奖	江苏省舞蹈家协会
二等奖	张玉平	《回眸小镇》	电视播音	获江苏广播电视播音与主持作品奖电视播音文艺二等奖	江苏省广播电影电视局、省广播电影电视协会
二等奖	张　屹	《新一代水果摊主》	摄影	获首届书香江苏摄影大赛二等奖	江苏省新闻出版局、江苏省摄影家协会
三等奖	周黎霞	《浪淘沙令·赞优秀党员志愿者沈慧琴》	词	发表于《党建》杂志	中共中央宣传部主管杂志社
三等奖	陈海兵	《赵孟頫诗抄》	书法	入展第二届“赵孟　奖”全国书法展	中国书法家协会
三等奖	李　鹏	《时光风物 2》	漆画	入选第十二届全国美术作品展	文化部、中国文联、中国美术家协会

续表 63

月季花奖次	获奖作者	作品名称	体裁	创作成果	主办单位
三等奖	陈永明	《抬头又见》	小戏	获苏州市第八届小戏小品大赛优秀剧目一等奖	苏州市文联、苏州市文广新局
三等奖	时红英	《起点站，终点站》	微型小说	获中国·太仓全球华人网络法治微小说大赛征文一等奖	世界华文微型小说研究会、中国微型小说学会、省作协、苏州市委宣传部
三等奖	钱永泉等	《老街的钟声》	电视专题片	获苏州市广播电视节目“彩虹”奖一等奖	苏州文广新局、广播电影电视协会
三等奖	张丽琴等	《品牌太仓》	电视专题片	获苏州市广播电视节目电视社教奖一等奖	苏州文广新局、广播电影电视协会
三等奖	钱　蕴	《娄东山水》	刺绣	获首届中国（苏州）民间艺术博览会银奖	中国文联、中国民协、省文联、省民协、苏州市政府
三等奖	周　玲	《一块石头醒着》	诗歌	获中外诗歌散文邀请赛一等奖	中华散文网、诗潮杂志社、华夏国际交流中心
三等奖	曹　宏	《国色幽香—1》	漆画	获首届中国（苏州）民间艺术博览会铜奖	中国文联、中国民协、省文联、省民协、苏州市政府
三等奖	胡永平	楹联作品	楹联	获“中国梦·爱国心”诗词楹联大赛优秀奖，《新华日报》刊登楹联作品	江苏省委宣传部、省诗词学会、省楹联学会
三等奖	汪德符	楹联作品	楹联	发表于《人民日报》	人民日报社
三等奖	靳慧慧	谢灵运诗两首	书法	获山东省女书法家作品展优秀奖	山东省书法家协会
三等奖	孙庆阳	唐诗一首	书法	入展江苏省第九届新人书法篆刻作品展	江苏省书法家协会
三等奖	俞镇修	《小山村》	摄影	获评“西递·宏村杯”中国黟县摄影大展优秀作品	中国摄影家协会
三等奖	陆文忠	《晶莹剔透》	摄影	获评“攀枝花——中国阳光花城”国际花卉摄影大展优秀作品	中国摄影家协会
三等奖	田建平	《麦穗千重浪》	摄影	获“金土杯”美丽太仓·魅力乡村摄影大赛一等奖	江苏省摄协、太仓市文联、市农委、市金土公司
三等奖	宋义勇	《炊烟》	摄影	获“金土杯”美丽太仓·魅力乡村摄影大赛一等奖	江苏省摄协、太仓市文联、市农委、市金土公司
三等奖	江　舟	《成为一名幸福的音乐老师》	论文	发表于《中国音乐教育》	人民音乐出版社

2014年度太仓市文艺著作出版情况表

（不完全统计）

表 64

著作书名	作者	体裁	出版社
《新世纪太仓文学作品集·迷途悔情》（月季花丛书）	凌鼎年、朱凤鸣主编	中篇小说卷	中国文联出版社
《新世纪太仓文学作品集·天下名巧》（月季花丛书）	凌鼎年、凌君洋主编	短篇小说卷	中国文联出版社
《新世纪太仓文学作品集·君子如玉》（月季花丛书）	凌鼎年、何济麟主编	微型小说卷	中国文联出版社
《新世纪太仓文学作品集·忧乐烟霞》（月季花丛书）	凌鼎年、樊大为主编	散文卷	中国文联出版社
《新世纪太仓文学作品集·真水无香》（月季花丛书）	凌鼎年、宋祖荫主编	随笔卷	中国文联出版社
《新世纪太仓文学作品集·挚爱编织》（月季花丛书）	凌鼎年、朱文新主编	诗歌卷	中国文联出版社

续表 64

著作书名	作者	体裁	出版社
《追梦》	周锦荣	散文集	中国文联出版社
《唐仪强诗歌 112 首》	唐仪强	诗集	文汇出版社
《行旅纪闻》	凌鼎年	日记集	海天出版社
《王世贞弇山园诗文集》	张炎中、吴聿明	文史集	上海文艺出版社
《太仓美馔古今谈》	陆以延	文史集	中国文联出版社
《只结婚不说爱①婚战》	周勇伶	长篇小说	台湾水星文化事业出版社
《只结婚不说爱②婚劫》	周勇伶	长篇小说	台湾水星文化事业出版社
《只结婚不说爱③婚誓》	周勇伶	长篇小说	台湾水星文化事业出版社
《选择游戏——全国勤廉微型小说选》	凌鼎年主编	微型小说	中国方正出版社
《大爱·真情——抗震救灾微型小说选》	凌鼎年主编	微型小说	中国方正出版社
《你是一条船》	凌鼎年主编	儿童文学	时代出版社
《亚洲华文微型小说选》	凌鼎年主编	微型小说	美国环球作家出版社、捷克华文作家出版社
《世界华文微型小说作家微自传》	凌鼎年主编	传记	美国环球作家出版社、捷克华文作家出版社
《天镜映月》	龚璇、王明韵主编	诗集	上海文艺出版社
《文化浏河》	王更红主编	文史集	光明日报出版社
书法系列字帖 18 册	王　浩	书法教材	江苏人民出版社、古吴轩出版社、苏州大学出版社等
《大家气象·蔡萌萌作品集》	蔡萌萌	画册	北京工艺美术出版社
《蔡萌萌山水画作品集》	蔡萌萌	画册	北京工艺美术出版社
《中国画名家作品集·王斌山水写生》	王　斌	画册	北京工艺美术出版社
《梦想成真——太仓市中国摄影家协会会员作品集》（月季花丛书）	摄影家协会	摄影作品集	内部出版
《情怀——丁松茂太仓港摄影作品集》	丁松茂	摄影作品	中国摄影艺术出版社
《我从小路走来个人演唱会》	金　娥	沪剧 DVD	中国和平音像电子出版社
《索尔吉他演奏与教学指导》第二册	朱　伟	音乐教材	上海音乐出版社
《蔡萌萌山水画作品集》	蔡萌萌	画册	北京工艺美术出版社
《中国画名家作品集·王斌山水写生》	王　斌	画册	北京工艺美术出版社
《梦想成真——太仓市中国摄影家协会会员作品集》（月季花丛书）	摄影家协会	摄影作品集	内部出版
《情怀——丁松茂太仓港摄影作品集》	丁松茂	摄影作品	中国摄影艺术出版社
《我从小路走来个人演唱会》	金　娥	沪剧 DVD	中国和平音像电子出版社
《索尔吉他演奏与教学指导》第二册	朱　伟	音乐教材	上海音乐出版社

太仓市残疾人联合会

【概况】 2014年，太仓市残疾人联合会以改善残疾人民生为根本要求，实施残疾人幸福生活推进计划，让残疾人过上更有保障、更有尊严、更加幸福的生活。截至年底，全市持证残疾人9088人，其中肢体残疾5018人，智力残疾1156人，视力残疾894人，听力残疾279人，言语残疾45人，精神残疾1201人，多重残疾495人。

【残疾预防和辅具适配工作】 2014年，市残联完善预防、治疗、融合三

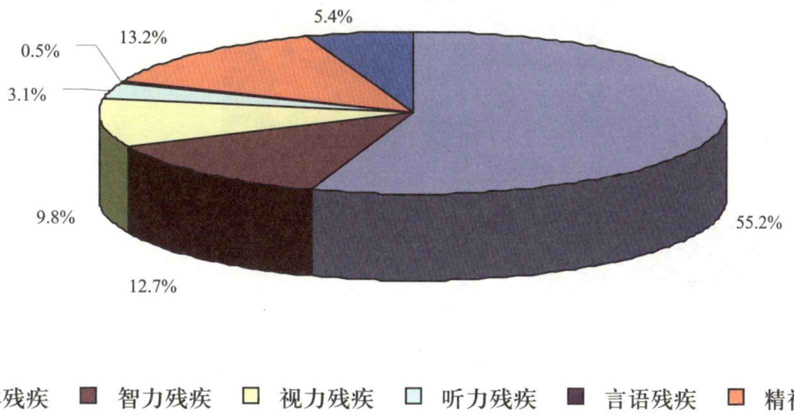

图18　**太仓市持证残疾人比例图**

2014年太仓市残联惠残补贴统计表

表65

序号	类　别	人数（人）	金额（万元）
1	城乡重度无业残疾人免费参加城镇职工基本养老保险	1059	217.73
2	城乡重度无业残疾人享受特惠政策参加城镇职工基本医疗保险	941	75.65
3	低保家庭中重度残疾人重残补贴金	226	25.46
4	精神、智力（三、四级）无业残疾人享受特惠政策参加城镇职工基本养老保险	142	16.04
5	精神、精神（三、四级）无业残疾人享受特惠政策参加城镇职工基本医疗保险	186	14.51
6	就业年龄段残疾人和托养机构人员免费参加团体人身意外伤害商业保险	6668	26.67
7	智力、精神（三、四级）成年无固定收入残疾人生活救助	405	269.59
8	听力和言语残疾人短信信息费补助	221	6.63
9	下肢残疾人代步机动（电动）轮椅车购置补贴	49	9.25
10	残疾学生和低保重残家庭子女助学补贴	100	13.80
11	残疾人自主创业补贴	5	1.50
12	残疾人托养护理费补贴	145	75.35
13	残疾人机动轮椅车燃油补贴	188	4.90
14	残疾人免费乘坐市内公交车（爱心卡）	3061	47.73
15	0～14岁残疾儿童康复训练补贴	46	82.24
16	听障青少年免费配发助听器	8	5.70
17	听力障碍人员人工耳蜗植入手术费用补贴	3	18.00
18	贫困精神残疾人免费体检	265	3.18
19	贫困精神残疾人免费服药	412	24.72
20	辅具器具配发	956	46.40
21	成年残疾人配发助听器补贴	12	2.33
22	肢体残疾人安装假肢矫形器补贴	18	2.96

7 月 27 日，残疾人参加西点培训班学习西点制作　（市残联供稿）

位一体康复服务体系，投资 200 万元支持双凤镇康复医院建设，全年新建社区康复服务站 3 家。支持专业康复机构建设，向港区医院及启悦特殊儿童康复中心配发康复器材 2 套。联合肢体残疾康复技术指导中心（市一院康复医学科）开办社区医生康复适宜技术培训班，对全市 100 多名医生进行康复理论和实践培训。成立残疾儿童康复训练评估领导小组。做好成人肢体康复服务，全年提供免费康复服务 900 人次。对纳入医保报销范围的残疾儿童康复训练、假肢、矫形器、助听器等康复补助进行结算，共结算资金 6.78 万元。启悦特殊儿童康复中心每月举办读书会活动，以故事会的形式，通过志愿者与特殊儿童交流互动，帮助他们更好地融入社会生活。市残联与市疾控中心合作，在全市各社区开展脑卒中、糖尿病残疾预防知识讲座 2 次。通过电视台、报社等本地主流媒体，普及视力、听力残疾预防知识，提高公众防残意识。联合市民政局、财政局、人社局、卫生局等部门印发《太仓市贫困精神残疾人免费基本用药实施办法（暂行）》，启用省规定的第二代精神残疾人免费基本用药范围，基本用药对象扩大到低保、低保边缘重病困难对象、重残、五保等纳入医疗救助范围的困难人群，以及由市镇残联原认定的未享受实时医疗救助的贫困精神残疾人，定点医疗机构为第三人民医院（市精神病防治康复技术指导中心）。全年为 130 余户残疾人家庭提供“四进家庭”（康复知识进家庭、康复指导进家庭、无障碍设施进家庭、辅助器具进家庭）康复服务。市残联推进婴幼儿健康促进工程。与市卫生局合作，在市妇幼保健所、璜泾人民医院、陆渡卫生院建成试点单位 3 家，重新装修和布置筛查室和康复训练室，配备专用筛查和康复训练设备。举办婴幼儿筛查技术培训，对全市儿保医生就《丹佛智力筛选检查方法》《高危儿脑损伤筛选》进行详细讲解、案例分析，为开展高危儿早期筛查与康复训练夯实基础。

【残疾人精神文化生活】 2014 年，太仓市推进基层残疾人文体兴趣团队建设。做好全国残疾人文化体育建设示范市成果转化，形成促进残疾人精神文化发展的长效机制，普及残疾人文化体育服务。全市共有镇（街道）残疾人文体团队 4 个，村（社区）兴趣小组 8 个，其中残疾人小组 6 个，健残融合小组 2 个，社区残疾人总体参与率达到 87%。镇级残疾人文体团队活跃。璜泾镇残疾人桥牌队参加太仓市 2014 年元宵桥牌联谊赛、第十届太仓市“郑和卡”杯夕阳红艺术节桥牌赛、残疾人桥牌邀请赛等比赛，均获得较好成绩。沙溪镇依托残疾人文化体育协会，打造残疾人文化体育品牌“阳光乐园”，吸引残疾人文化体育爱好者 40 多人加入。沙溪聋人舞蹈队受邀参加太仓市老年体协、胜利村和德兴社区的文艺会演，舞蹈《沙溪美》在苏州市首届社区型残疾人文体活动兴趣团队（小组）展评中获一等奖。市残联与市名人馆开办手语推广普及公益培训班 2 期。全国助残日期间，与市文明办、团市委、市文广新局等部门联合举办“携手残疾人、共走幸福路”第三届残疾人文体艺术节，陆续开展体育竞技比赛、摄影沙龙、阅读征文、“看发展、展风貌”、励志讲座等活动，展示全市残疾人文体艺术才能，满足残疾人参与社会及精神文化生活的需求。璜泾镇举办首届残疾人文体艺术节文艺演出。组织肢残人代表开展公共场所无障碍设施体验活动。太仓市自强门球队在苏州市 2014 年残疾人门球邀请赛中夺得第一名。市爱心学校代表队在苏州市智障学生运动会上获团体一等奖。视残人龚思珲和肢残人周应锋获第四届感动苏州“十佳残疾人自强模范”称号。越来越多爱心企业加入扶残助残行列，太仓中升之星举办盲人象棋堆高、残疾人钓鱼和飞镖活动，太仓南洋影院免费为聋人朋友放映 3D 电影，惠耳听力太仓服务中心捐赠总价值 4 万元的定制式助听器，营造全社会健残融合的良好风尚。

【残疾人工作者业务能力提升】 2014 年，市残联组织 11 名基层残疾人专职委员（含社区残疾人专职委员）参加中残联组联部举办的网络业务知识教育，11 人全部达到规定学时并通过测试取得合格证书。推荐 1 名专职委员参加省级优秀残疾人专职委员培训班。组织 3 名专门协会负责人参加为期一年的全国残联专门协会主席远程（网络）培训。组织人员参加全国残疾人就业指导员、国家心理咨询师和社工师培训。组织 6 名镇残疾人专职委员参加苏州市残联举办的基层残疾人工作者业务培训，以助残社会组织运营与服务等知识为重点，提升残疾人工作者业务水平。仝玉等 3 名专职委员获省残联“金鹰自强不息残疾人”称号。

（陆　静）

太仓市归侨侨眷联合会

【概况】 2014年，太仓市归侨侨眷联合会（简称市侨联）夯实“侨胞之家凝心聚力”服务品牌特色，坚持“以侨为本、为侨服务”宗旨，推动惠侨政策落实、维护侨界群众合法权益。加强省华侨华人文化交流基地建设，弘扬爱国主义精神和华侨精神。团结归侨侨眷和海外侨胞，长效联系海外博士（含双硕士、博士后）眷属59人，受理归侨侨眷信访26件（次），解决8件。组织侨界代表和委员参政议政、建言献策，提交代表建议案2件，侨界集体提案1件，委员个人提案6件，委员建议意见10条。全年，《故乡的云——太仓市情月报》电子月刊累计编撰推送34期。

【服务社会】 2014年，市侨联开展“问政于民、问需于民、问计于民”专题调研活动，开展重点课题调研，形成调研文章《侨资企业文化建设思考》和《对侨联参与社会管理和公共服务的思考》。与中法青年企业家协会建立战略合作关系。4月11日，太仓市科技创业园召开海归创业者座谈会，8位海归创业者出席座谈会。11月12日，“相聚深秋——侨界看太仓”活动举行，侨界政协委员、侨联委员、归侨侨眷和在太仓创业的华侨华人、侨资企业代表等30余人参加。

【“吴健雄陈列馆——江苏省华侨华人文化交流基地”揭牌】 5月29日，第2届“吴健雄节”纪念活动在苏州健雄职业技术学院举行，省侨联副主席宫琳和太仓市委常委钱文辉为“吴健雄陈列馆——江苏省华侨华人文化交流基地”揭牌。吴健雄陈列馆坐落于苏州健雄职业技术学院内，由诺贝尔奖获得者李政道题写馆名；2013年12月，获省侨联命名“省华侨华人文化交流基地”，是苏州市第2个获批的省级基地。全年接待侨界人士200余人次，接待全国及海外人士110批3649人次。

【侨界空巢老人关爱行动】 3月11日，市侨联启动主题为“关爱侨界空巢老人·共建共享幸福太仓”的“侨界空巢老人关爱行动”，调研全市侨界空巢老人情况，组建关爱侨界空巢老人志愿者队伍，落实“四个一”服务（每月电话问候一次、每季度上门探望一次、每半年办一件实事、每年组织一次集体活动），建立档案管理、部门联动和志愿者激励等长效服务机制。年内，先后开展送清凉慰问活动，开办烘焙培训、编织围巾等活动，关爱空巢老人。

（时海炜）

太仓市哲学社会科学界联合会

【概况】 2014年，太仓市理论社科工作围绕苏南现代化建设示范区主题，开展理论学习、理论研究、理论宣传及社科普及等工作，为全市深化改革、谱写太仓发展新篇章提供理论支撑和精神动力。年内，全市社团组织管理加强，注重资源整合，市社科联召开2013年度理事会，总结2013年度社科工作，部署2014年工作重点，表彰一批先进社科团体和优秀成果。参加苏州市政研会年度工作会，召开市政研会工作例会，印发《关于开展2014年思想政治工作课题调研的通知》，做好市政研会年检工作。召开市社科联半年度总结会，人社学会、土地学会、审计学会、教育学会等7家单位交流汇报各自工作。举行2014年太仓市社科联学会工作研讨会，开展学会调研工作。

【思想理论武装】 2014年，太仓市组织宣讲团深入基层宣讲中共十八大和十八届三中全会精神，全年开设讲座约360场次。组织市委中心组学习十八届四中全会精神，邀请苏州市委政法委副书记朱耀明作专题讲座。印发《关于组织专家宣讲党的十八届四中全会精神的通知》，成立十八届四中全会精神宣讲团。转发苏州市委宣传部、市委组织部《关于认真组织学习〈习近平总书记系列重要讲话读本〉的通知》，订购读本5000册，并发放至全市各区镇、机关单位。制定《2014年全市党委（党组）中心组专题学习计划》，安排学习专题10个，为各地、各部门制定全年度中心组学习计划提供参考。利用《太仓日报·理论笔谈版》、太仓电视台《党建频道》、太仓新闻网《理论·社科》专栏、网上党校等平台，从不同层面、不同角度对十八大、十八届三中全会及市委十二届七次、八次全体（扩大）会议精神进行解读，对市委、市政府中心工作、重大决策、重要活动进行阐述。开展2013—2014年基层党员干部冬训工作，制作冬训工作汇报片，沙溪镇荣获省冬训工作先进单位。在新区德企中开展党员冬训活动的做法申报全省基层党员冬训工作创新奖。璜泾镇党校获苏州市基层党校“争先创优”活动一类项目，浏河镇党校获三类项目。

5月27日，市侨联组织人员上门慰问侨界空巢老人　（市侨联供稿）

【社科理论研究】 2014年，市社科联围绕全市经济社会发展重大理论和现实问题，围绕加快打造苏南现代化建设示范区太仓样本，围绕转型升级、改革开放、城乡一体、文化繁荣、环境优化、民生改善等重要内容开展选题研究。印发《关于征集太仓市哲学社会科学2014年度研究课题的通知》，确定并公布社科应用研究课题42个，其中重点资助课题5个，一般课题37个。所有课题均进行项目化管理，建立项目负责人责任制，年内，大多数课题基本结题。全年《太仓社科论坛》出版3期，刊发理论性、应用性文章50余篇。《娄东文化丛书》第三辑出版发行，《娄东文化丛书》第四辑完成签约。市社科联召开“苏南现代化示范区建设太仓样本”课题综合、分类调研座谈会，与苏州大学课题组一起听取全市相关各区镇、市级机关对于“太仓样本”方面的工作介绍和意见建议。年内，市社科联在《群众》杂志第5期发表题为《创新社会治理与践行群众路线结合的太仓探索》的文章，在第7期发表题为《上海自贸区对太仓的影响及对策研究》的文章，该文章被市委研究室《调研参考》第7期刊发；在《唯实》杂志第7期发表题为《“领题导读”推动学习型党组织建设》的文章；在《现代领导》第4期下半月刊发表题为《苏南现代化建设示范区太仓样本初探》的文章；组织申报苏州市第十二次哲学社会科学优秀成果奖，其中《娄东文化丛书》第三辑获二等奖，《创新发展合作农场·推进农业转型升级》与《以“云服务”理念转变基层政府职能的探索》获三等奖。与《江南论坛》杂志社合作出版增刊1期，刊登太仓市经济社会发展最新调研成果。启动编撰中国社会科学院系列丛书、“十二五”重点书目——《太仓史话》。

【社科宣传教育】 9月，太仓市第九届社科普及宣传周活动在滨河社区开幕，活动以“弘扬优秀传统文化·践行社会主义核心价值观”为主题，16家学会及图书馆、新华书店等单位现场设摊，分发宣传品和纪念品，接受咨询、提供帮助，参与市民数百人。宣传周期间，举办社会主义核心价值观走进基层主题宣讲活动，开展社会主义核心价值观征文、“魅力中国核心价值观少儿问答赛”、百川文化以及亲子主题活动，评选出太仓市第三批社科普及示范基地。全年共出版《太仓日报·理论笔谈版》10期，内容涉及对苏南现代化建设示范区太仓样本的思考、太仓城市转型升级、构建湿地生态系统等、文化与旅游融合发展等；开设“市民课堂”系列讲座43期，内容涉及经济、文化、法律等各个领域；开设“娄东女性大讲堂”4期，内容涉及妇女工作实务。开展理论社科走基层活动，邀请社保和法律专家在桃园社区开设讲座，受益群众近百人。

（吴　巍）

太仓市无党派知识分子联谊会

【概况】 2014年，太仓市无党派知识分子联谊会（以下简称市联谊会）现有会员63人。联谊会下设城乡建设组、社会事业组、财经组和新阶层组4个界别组。会员中苏州市人大代表1人，苏州市政协委员1人，太仓市人大代表3人（人大常委会委员3人），太仓市政协委员21人（政协常委8人）。

【参政议政】 2014年，市联谊会提出加快发展文化产业建议，提交关于加强片区项目设计、加强政府投资项目管理、加强中小企业知识产权保护、尽快建设妇幼保健医院、加快推进农业综合开发等集体提案5件。其中，《关于加强政府投资项目管理的建议》成为市政协重点督办提案，被评为2014年度优秀提案。开展“住宅小区电梯安全运行和管理”“固废垃圾管理”“天然气安全使用和管理”调研，“住宅小区电梯安全运行和管理”作为“点题式”民主监督课题。开展“为太仓改革发展献一计”活动，提出意见建议20条。

【服务社会】 2014年，市联谊会关注民生，反映社情民意，开展社会公益活动。市联谊会新阶层组关注民营企业发展，为加快企业发展献计献策；财经组调研培育社会组织和社会工作者；城乡建设组重视农业发展，提交《太仓现代水稻产业园建设情况》调研报告；社会事业组调研健雄职业技术学院建设发展情况，为职业教育发展建言。6月，向市科教新城实验小学捐赠价值1万元的图书。9月，市联谊会与城厢镇胜泾村结对，关注农村建设发展情况。

（金庆苏）

太仓市关心下一代工作委员会

【概况】 2014年，太仓市关心下一代工作委员会组织引导青少年培育和践行社会主义核心价值观，全市共有“五老”（老干部、老党员、老教师、老战士、老模范）志愿者2300人，有镇（区）关工委8个，市级机关、政法、教育、农委、民营企业等系统关工委5个，社区（村）关工委143个，市级机关关工委14个，学校关工委52个，民营企业关工委1034个，农委基层关工委8个。市关工委下辖关爱团129个、752人；宣讲团（包括各镇区分团）9个，宣讲员484人；校外教育辅导员骨干1304人；净化文化环境网吧游戏机房义务监督员157人。市关工委在苏州市级以上刊物发表各类文章65篇。全市青少年订阅《关心下一代周报》3万余份。全年157个帮教小组、402位“五老”参与关爱团＋专业社工＋社区团组织（青年志愿者）＋教师的“四帮一”力量，与281位青少年重点帮教结对，创新预防青少年犯罪帮教机制，全市未成年人零犯罪社区（村）占比98.6%。1月6日，太仓市关心下一代工作委员会网站开通。

【青少年主题教育活动】 4月4日，太仓市印发《关于组织开展“文明伴我行——做一个有道德的人”的主题教育活动》通知，在“缤纷冬日”“七彩假日”“我们的节日”等时间段，开展“老少共筑中国梦”“争做美德好少年”“三爱一践行”活动。全年校外教育辅导站组织主题教育活动1931次，参与人数8万余人次。在全市50所中小学校开展“爱学习、爱劳动、爱祖国，践行中国梦”主题教育活动，培育青少年社会主义核心价值观，参与学生4.3万余人次。

6月25日，省关工委常务副主任李明朝（左二）到太仓调研“未成年人零犯罪社区（村）”创建工作
（市关工委供稿）

【帮困助学】 2014年，市关工委校外辅导站组织法制教育253课，受教育人数1.02万人次。全市各级关工委组织开展帮困助学活动，各类资金共计112万元，其中市关工委帮困助学433人，计13.6万元；“六一”国际儿童节期间，慰问在太仓务工人员子女166人，计3.5万元。10月，市关工委组织8位“五老”志愿者帮教市看守所服刑、拘役青年25人。

【义务监督】 4月22日，市关工委、文明办、文广新局联合召开全市网吧和电子游戏机房“五老”义务监督工作交流会，培训义务监督组组长，表彰在网吧和电子游戏机房“五老”义务监督工作中成效显著的优秀“五老”义务监督员49人、先进单位10家、优秀组织单位7家。太仓市共有网吧89家、游戏机房38家，配备“五老”网吧义务监督员157人，每周1～2次在各网吧游戏机房巡视，杜绝未成年人到网吧上网的情况。

【校站结合】 2月，市关工委与市教育局联合印发《关于推进“校站结合”，提高青少年校外教育水平的实施意见》；5月，全市“校站结合”工作基本完成，102位学校领导担任143个社区（村）校外教育辅导站副站长，（其中41位学校领导每人兼任2个辅导站的副站长），197名在职教师担任校外教育辅导员。2014年暑假期间，全市203名在职教师参加各社区（村）校外教育辅导站工作。组织大学生村干部参与校外教育辅导站工作，151名大学生村干部兼任校外教育辅导站副站长和辅导员。建设各社区（村）电子阅览室，组织开展电子阅览室活动1352次，参与学生2.7万人次。

【“五有五好”基层组织创建】 2014年，市关工委在全市部署“五有五好”（有班子、有队伍、有阵地、有经费、有制度，领导班子建设好、“五老”作用发挥好、制度健全执行好、积极探索创新好、活动经常效果好）创建活动，在全市调整关工委成员；143个社区（村）关工委全部由社区（村）书记或主任兼关工委主任、校外教育辅导站站长；1名“五老”志愿者任常务副主任、校外教育辅导站常务副站长；1名学校领导或1名大学生村干部任关工委成员、校外教育辅导站副站长。完善各级关工委和校外辅导站组织网络、活动制度。城厢镇德兴社区电子阅览室校外教育辅导站活动计划入编《全省城乡社区校外教育辅导站电子阅览室优秀活动计划选编》，获一等奖；璜泾镇永乐村校外辅导站第4次获评中国少年儿童美术教育示范单位；沙溪镇关工委为各社区（村）校外教育辅导站活动提供菜单式师资共享服务，创建新北社区关工委家庭教育指导站。

（陶陵夏）

太仓市红十字会

【概况】 2014年，太仓市红十字会贯彻红十字“人道、博爱、奉献”精神，以“三救三献”（救护、救灾、救助和造血干细胞捐献、遗体器官捐献、献血）核心业务为主线，开展人道主义救助各项工作。全年共接收捐赠款物合计90.5万元，发放救助款物74.6万元，完成市民应急救护培训1.02万人次，新募集造血干细胞志愿者103人，新增遗体器官捐献志愿者12人。与市卫生局联合开展“心系百姓健康，温暖送至千家”项目。在11家医疗单位建立志愿者服务基地，成立志愿者队伍，开展义诊79场，

3月，市红十字会和苏州健雄职业技术学院“博爱青春”志愿团队参加徐州市丰县大刘集小学支教活动
（市红十字会供稿）

服务 4000 余人次；开展扶贫帮困活动，助学 29 人，救助住院病人及困难家庭患者 37 人，发放慰问金 5.15 万元；开展应急救护培训 33 期，培训 1804 人次。苏州健雄职业技术学院“助力青春梦，爱在行动中”项目获评苏州市红十字会“优秀志愿服务项目”，并入选省志愿项目，234 名学生参与无偿献血，27 名学生加入中华骨髓库。

【“三救”工作】 2014 年，市红十字会在市公安局警务培训中心、太仓市实验小学、科教新城常丰社区成立救护培训基地；与市教育局合作开展“青春教育校园行”，为学校班主任和学生进行救护培训。8 月，云南省昭通市鲁甸县发生 6.5 级地震，市红十字会组织爱心捐赠，共接受地震捐款 2.8 万元，太仓宝盛服饰有限公司捐赠衣服 43 箱约 3310 件，折价 16.5 万元，圆通快递免费将其运至灾区。市红十字会组织慰问爱心学校残障儿童，走访家境贫寒的白血病、癌症、残障患者家庭、家庭突遭病故的外来务工人员、住院病人；看望家庭贫困的学子，发放助学金。

【“三献”工作】 2014 年，太仓市新增捐髓志愿者 103 人，全市共有造血干细胞捐献志愿者 1201 人。新增遗体捐献志愿者 12 人，成功捐遗 2 人，成功捐献眼角膜 2 人。4 月，市红十字会组织 21 位成功捐遗者家属参加上方山捐遗集体悼念活动。全年全市共 6475 人次进行无偿献血，献血量 1.72 吨，全市临床用血全部来自无偿献血。

（张　燕）

6 月 13 日，民政部部长李立国（前右二）到太仓调研“政社互动”工作

（王绍梁　摄）

基层自治组织

【概况】 截至 2014 年年底，太仓市共有村民委员会 74 个，村民小组 2909 个，社区居民委员会 73 个，居民小组 1887 个。年内，全市深化完善村（居）务公开民主管理工作，在全市村（居）推进“5+X”专业委员会建设［在村（居）委会中，普遍设立社区法律事务与人民调解、社区安全保卫、社区卫生健康、社区文体科教、社区公共事务与互助服务委员会等 5 个专业委员会，X 即各社区根据自身特色和实际需求建立的特色委员会］，提高群众自我管理服务能力。推进政社互动，依法梳理完善履职履约“两份清单”（基层群众自治组织依法履行事项清单、基层群众自治组织协助政府工作事项清单），在全市各村（居）开展民主决策日暨政社互动面对面活动，村（居）自治组织及政府部门直面群众解决问题。太仓市“政社互动”经验得到中央及各级领导肯定。

（胡天立）

2014 年太仓市居民委员会一览表

表 66

镇（街道、区）	居委会名称												数量
娄东街道	惠阳	东郊	太平	洋沙	朝阳	香花桥	太东	太胜	华盛园	滨河	娄江	陆渡	16
	东城	景瑞	城北	珠江									
科教新城	群星	太安	利民	南郊	常丰	鹊桥	学苑						7
城厢镇	南区	西区	梅园	德兴	康乐	西郊	东区	中区	南园	县府	府东	桃园	16
	弇山	新毛	伟阳	太丰									
沙溪镇	东市	西市	利泰	新北	直塘	岳王	归庄	沙东					8
浏河镇	复兴	渔村	新塘	河北	闸北	紫薇苑							6
浮桥镇	浮桥	牌楼	九曲	时思	老闸	茜泾	马北	和平花园	六尺	建红	新城花园	浮南	13
	新港花苑												
璜泾镇	银杏	西塔	王秀	玉影山									4
双凤镇	双凤	湖川桥	新川苑										3
合计													73

2014 年太仓市村民委员会一览表

表 67

镇（街道、区）	村委会名称												数量
娄东街道	花北	小桥	岳南	红庙	横沥	洙泾	陆渡						7
城厢镇	电站	万丰	东林	胜泾	新农	永丰							6
沙溪镇	涂松	印北	洪泾	半泾	中荷	泥桥	虹桥	泰西	胜利	松南	凡山	香塘	20
	渠泾	项桥	庄西	太星	岳星	新建	塘桥	岳镇					
浏河镇	东仓	何桥	新闸	闸北	浏南	万安	张桥	新塘					8
浮桥镇	浮桥	七丫	新邵	丁泾	茜泾	马北	时思	浪港	方桥	绿化	三市		11
璜泾镇	新华	新联	荡茜	永乐	王秀	孙桥	荣文	孟河	杨漕	新海	新明	长洲	13
	雅鹿												
双凤镇	庆丰	凤中	黄桥	勤力	泥泾	维新	新湖	新卫	新闾				9
合计													74

社会组织

【概况】 2014 年，太仓市通过量化发展指标、扩大发展范围、部门联动等措施，促进社会组织发展，全市新增社会组织 209 家，其中社会团体 13 家，民办非企业单位 195 家，基金会 1 家（太仓市海天慈善基金会）。截至年底，全市登记社会组织总数 701 家，其中社会团体 211 家，民办非企业单位 489 家，基金会 1 家。全市 8 个区镇全部建立镇级社会组织服务中心，为服务和培育基层社会组织提供支持和保障。推进社会组织等级评估，提升社会组织规范化水平。截至年底，全市获评等级的社会组织共 164 家，其中 AAAA 级社会组织 23 家，AAA 级社会组织 72 家，AA 级社会组织 46 家，A 级社会组织 23 家。开展第三届社会组织公益创投，投入 300 万元公益金资助 110 个社会组织公益项目，受益群体包括失独家庭、空巢老人、失能失智老人、外来务工子女、就业困难青年、单亲贫困母亲、残疾人等各类弱势人群，活动有效提升社会组织参与公益服务和承接政府职能的能力。

太仓市等级社会组织统计表

表 68

序号	单位	等级	获评时间	序号	单位	等级	获评时间
1	太仓市慈善总会	AAAA	2010 年	15	太仓市老年人体育协会	AAAA	2012 年
2	太仓市老年协会	AAAA	2010 年	16	太仓市义工联合会	AAAA	2012 年
3	太仓市三之三幼儿园	AAAA	2010 年	17	太仓市五洋丝竹乐团	AAAA	2012 年
4	太仓市卉贤小学	AAAA	2010 年	18	太仓市诺贝儿教育培训中心	AAAA	2013 年
5	太仓市私营个体经济协会	AAAA	2011 年	19	太仓市特种设备学会	AAAA	2013 年
6	太仓市璜泾镇商会	AAAA	2011 年	20	太仓市常青藤老干部协会	AAAA	2013 年
7	太仓市新希望才艺培训中心	AAAA	2011 年	21	太仓市浙江商会	AAAA	2014 年
8	太仓市浮桥镇颐悦园	AAAA	2011 年	22	太仓市工业经济联合会	AAAA	2014 年
9	太仓市房地产业协会	AAAA	2011 年	23	太仓市建筑行业协会	AAAA	2014 年
10	太仓市福建商会	AAAA	2012 年	24	太仓市工业经济联合会	AAA	2010 年
11	太仓市英联韵琳外语培训中心	AAAA	2012 年	25	太仓市服装服饰行业协会	AAA	2010 年
12	太仓市耀华学校	AAAA	2012 年	26	太仓市食品行业协会	AAA	2010 年
13	太仓市三港小学	AAAA	2012 年	27	太仓市化工医药协会	AAA	2010 年
14	太仓市总工会职业培训学校	AAAA	2012 年	28	太仓市楹联研究会	AAA	2010 年

续表68

序号	单位	等级	获评时间	序号	单位	等级	获评时间
29	太仓市沙溪镇社会福利中心	AAA	2011年	61	太仓市心航社工服务社	AAA	2013年
30	太仓市洪泾小学	AAA	2011年	62	太仓市璜泾镇残疾人托养服务中心	AAA	2013年
31	太仓市汽车流通行业商会	AAA	2011年	63	太仓市星光灿烂公益艺术团	AAA	2013年
32	太仓市桥牌协会	AAA	2011年	64	太仓市向阳惠民服务社	AAA	2013年
33	太仓市顺宝斋钟表博物馆	AAA	2011年	65	太仓市若水教育培训中心	AAA	2013年
34	太仓市红旗小学	AAA	2011年	66	太仓市城厢镇东林爱心服务社	AAA	2013年
35	太仓市消费者权益保护委员会	AAA	2011年	67	太仓市城厢镇居家养老服务中心	AAA	2013年
36	太仓市陆渡镇幼托园	AAA	2012年	68	太仓市粮食经济研究会	AAA	2013年
37	太仓市美中博乐幼儿园	AAA	2012年	69	太仓市家庭教育研究会	AAA	2013年
38	太仓市新华小学	AAA	2012年	70	太仓市人才学会	AAA	2013年
39	太仓市横沥小学	AAA	2012年	71	太仓市交通运输协会	AAA	2013年
40	太仓市巾帼职业培训学校	AAA	2012年	72	太仓市青年商会	AAA	2013年
41	太仓市江信职业培训学校	AAA	2012年	73	太仓市足球协会	AAA	2013年
42	太仓市浏河镇颐悦园	AAA	2012年	74	太仓市钓鱼协会	AAA	2013年
43	太仓市浮桥镇残疾人托养服务中心	AAA	2012年	75	太仓市律师协会	AAA	2013年
44	太仓市城厢镇人民政府福利院	AAA	2012年	76	太仓企盟信息技术俱乐部	AAA	2013年
45	太仓市璜泾镇福利院	AAA	2012年	77	太仓市浮桥镇小博士幼儿园	AAA	2014年
46	太仓市双凤镇福利院	AAA	2012年	78	太仓市价格协会	AAA	2014年
47	太仓市欢欣燕爱心陪护中心	AAA	2012年	79	太仓市璜泾镇环境卫生管理所	AAA	2014年
48	太仓市自强服务社	AAA	2012年	80	太仓市梅园社区红梅邻里互助服务社	AAA	2014年
49	太仓市亭宾武术搏击俱乐部	AAA	2012年	81	太仓市城厢镇东区社区东港戏曲社	AAA	2014年
50	太仓市足球俱乐部	AAA	2012年	82	太仓市南区社区红枫爱心服务社	AAA	2014年
51	太仓市武术协会	AAA	2012年	83	太仓市艺雅幼儿园	AAA	2014年
52	太仓市篮球协会	AAA	2012年	84	太仓市韦博语言培训中心	AAA	2014年
53	太仓市门球协会	AAA	2012年	85	太仓市医学会	AAA	2014年
54	太仓市人大工作理论研究会	AAA	2012年	86	太仓市人力资源和社会保障学会	AAA	2014年
55	太仓市预防医学会	AAA	2012年	87	太仓市信鸽协会	AAA	2014年
56	太仓市化纤行业协会	AAA	2012年	88	太仓市酒类流通协会	AAA	2014年
57	太仓市烹饪餐饮行业协会	AAA	2012年	89	太仓市集体用餐配送业协会	AAA	2014年
58	太仓市象棋协会	AAA	2013年	90	太仓市福彩爱心艺术团	AAA	2014年
59	太仓市物流协会	AAA	2013年	91	太仓市阳光心理服务中心	AAA	2014年
60	太仓市日月新职业培训学校	AAA	2013年	92	太仓市“三社联动”促进会	AAA	2014年

续表 68

序号	单位	等级	获评时间	序号	单位	等级	获评时间
93	太仓市悦心南山养老配套服务中心	AAA	2014 年	118	太仓市璜泾镇孙桥村社区服务中心	AA	2014 年
94	太仓市金属加工行业协会	AAA	2014 年	119	太仓市璜泾西塔文化艺术团	AA	2014 年
95	太仓市光辉矫正社工事务所	AAA	2014 年	120	太仓市浏河镇居家养老服务中心	AA	2014 年
96	太仓市农村经济研究会	AA	2012 年	121	太仓市浏河镇渔村社区社会事务工作站	AA	2014 年
97	太仓经济开发区商会	AA	2012 年	122	太仓市浏河镇新闸村农村社区服务中心	AA	2014 年
98	太仓市双凤镇居家养老服务中心	AA	2013 年	123	太仓市沙溪镇直塘社区金色年华公益服务中心	AA	2014 年
99	太仓市财政研究会	AA	2013 年	124	太仓市沙溪镇东市社区古镇公益服务中心	AA	2014 年
100	太仓市浮桥镇三市村事务工作站	AA	2014 年	125	太仓市沙溪镇新北社区银色年华志愿者公益服务中心	AA	2014 年
101	太仓市浮桥镇浮桥社区社会事务工作站	AA	2014 年	126	太仓市双凤镇庆丰村社区服务中心	AA	2014 年
102	太仓市浮桥镇九曲社区服务中心	AA	2014 年	127	太仓市双凤镇维新村社区服务中心	AA	2014 年
103	太仓市浮桥镇和平花园社区事务工作站	AA	2014 年	128	太仓市双凤镇新卫村社区服务中心	AA	2014 年
104	太仓市浮桥镇老闸农村便民社区服务中心	AA	2014 年	129	太仓市双凤镇湖川桥社区服务中心	AA	2014 年
105	太仓市浮桥镇浮南社区服务中心	AA	2014 年	130	太仓市双凤镇双凤社区服务中心	AA	2014 年
106	太仓市浮桥镇六尺社区事务工作站	AA	2014 年	131	太仓市双凤镇凤中村社区服务中心	AA	2014 年
107	太仓市浮桥镇牌楼社区事务工作站	AA	2014 年	132	太仓市双凤镇泥泾村社区服务中心	AA	2014 年
108	太仓市浮桥镇时思社区社会事务工作站	AA	2014 年	133	太仓市双凤镇新湖村社区服务中心	AA	2014 年
109	太仓市浮桥镇建红社区法律咨询工作站	AA	2014 年	134	太仓市双凤镇黄桥村社区服务中心	AA	2014 年
110	太仓市浮桥镇新城花园社区事务工作站	AA	2014 年	135	太仓市城厢镇府东社区红霞艺术团	AA	2014 年
111	太仓市娄东街道东城社区阳光少年成长服务中心	AA	2014 年	136	太仓市康乐社区“老沈在线”党员志愿者工作室	AA	2014 年
112	太仓市璜泾镇长洲村社区服务中心	AA	2014 年	137	太仓市城厢镇中区社区阳光爱心服务站	AA	2014 年
113	太仓市璜泾镇雅鹿村社区服务中心	AA	2014 年	138	太仓市城厢镇东区社区阳光舞蹈艺术团	AA	2014 年
114	太仓市璜泾镇新联村社区服务中心	AA	2014 年	139	太仓市高式熊艺术馆	AA	2014 年
115	太仓市璜泾镇新海村社区服务中心	AA	2014 年	140	太仓市新区阳光宝贝幼儿园	AA	2014 年
116	太仓市璜泾镇荡茜村社区服务中心	AA	2014 年	141	太仓市立立语言培训中心	AA	2014 年
117	太仓市璜泾镇王秀村社区服务中心	AA	2014 年	142	太仓市娄东街道陆渡社区事务工作站	A	2014 年

续表68

序号	单位	等级	获评时间	序号	单位	等级	获评时间
143	太仓市娄东街道洋沙社区青少年励志服务中心	A	2014年	154	太仓市浏河镇闸北社区社会事务工作站	A	2014年
144	太仓市娄东街道香花桥社区心理咨询中心	A	2014年	155	太仓市浏河镇复兴社区社会事务工作站	A	2014年
145	太仓市娄东街道太东社区长青艺术团	A	2014年	156	太仓市浏河镇闸北村农村社区服务中心	A	2014年
146	太仓市娄东街道朝阳社区太极拳操俱乐部	A	2014年	157	太仓市沙溪镇岳王社区乐助公益服务中心	A	2014年
147	太仓市经济开发区华盛园社区事务工作站	A	2014年	158	太仓市沙溪镇归庄社区事务工作站	A	2014年
148	太仓市娄东街道太平社区计划生育服务站	A	2014年	159	太仓市沙溪镇沙东社区新颐公益服务中心	A	2014年
149	太仓市娄东街道滨河社区太极拳操社	A	2014年	160	太仓市沙溪镇胜利村妇女儿童之家	A	2014年
150	太仓市娄东街道太胜社区志愿服务站	A	2014年	161	太仓市沙溪镇半泾村绿色家园公益服务中心	A	2014年
151	太仓市娄东街道惠阳社区拳操俱乐部	A	2014年	162	太仓市双凤镇新川苑社区服务中心	A	2014年
152	太仓市浏河镇紫薇苑社区社会事务工作站	A	2014年	163	太仓市双凤镇新闻村社区服务中心	A	2014年
153	太仓市浏河镇新塘社区社会事务工作站	A	2014年	164	太仓市双凤镇勤力村社区服务中心	A	2014年

2014年太仓市新增社会团体统计表

表69

序号	登记证号	社 团 名 称	登记日期	业务主管部门
1	太民社证字349	太仓市自行车中老年骑士联合会	2014年3月	市体育局
2	太民社证字350	太仓市机器人学会	2014年3月	市科协
3	太民社证字351	太仓市工业设计协会	2014年4月	市经信委
4	太民社证字352	太仓市网球协会	2014年4月	市体育局
5	太民社证字353	太仓市建筑装饰家居商会	2014年5月	市民政局（试行无业务主管单位）
6	太民社证字354	太仓市健身气功协会	2014年6月	市体育局
7	太民社证字355	太仓市科技创新人才交流协会	2014年7月	市科协
8	太民社证字356	太仓市莆田商会	2014年8月	市民政局（试行无业务主管单位）
9	太民社证字357	太仓市妇女书法家协会	2014年9月	市妇联
10	太民社证字358	太仓市志愿者总会	2014年9月	市文明办
11	太民社证字359	太仓市跑步协会	2014年10月	市体育局
12	太民社证字360	太仓市排球协会	2014年10月	市体育局
13	太民社证字361	太仓市电子商务协会	2014年12月	市商务局

2014年太仓市新增民办非企业单位统计表

表70

序号	单位名称	证号	登记日期	业务主管单位
1	太仓市浮桥镇茜泾文体公益坊	110051	2014年1月	市民政局(试行无业务主管单位)
2	太仓市连心家园关爱服务中心	110052	2014年1月	市计生委
3	太仓市新雅顿文化艺术团	030036	2014年1月	市文广新局
4	太仓市娄东街道朝阳社区太极拳操俱乐部	050038	2014年1月	市民政局(试行无业务主管单位)
5	太仓市娄东街道朝阳社区戏曲俱乐部	030038	2014年1月	市民政局(试行无业务主管单位)
6	太仓市娄东街道朝阳社区星之灿舞蹈团	030039	2014年1月	市民政局(试行无业务主管单位)
7	太仓市娄东街道朝阳社区滨河舞蹈团	030040	2014年1月	市民政局(试行无业务主管单位)
8	太仓市娄东街道太东社区太极拳操俱乐部	050039	2014年1月	市民政局(试行无业务主管单位)
9	太仓市娄东街道太东社区长青艺术团	030041	2014年1月	市民政局(试行无业务主管单位)
10	太仓市经济开发区华盛园社区夕阳红舞蹈俱乐部	030037	2014年1月	市民政局(试行无业务主管单位)
11	太仓市娄东街道惠阳社区门球操俱乐部	050040	2014年1月	市民政局(试行无业务主管单位)
12	太仓市娄东街道城北社区明星文艺团	030042	2014年1月	市民政局(试行无业务主管单位)
13	太仓市娄东街道惠阳社区太极拳操俱乐部	050041	2014年1月	市民政局(试行无业务主管单位)
14	太仓市娄东街道横沥村广场舞体操俱乐部	050042	2014年1月	市民政局(试行无业务主管单位)
15	太仓市娄东街道岳南村社区服务中心	070145	2014年1月	市民政局(试行无业务主管单位)
16	太仓市娄东街道花北村社区服务中心	070146	2014年1月	市民政局(试行无业务主管单位)
17	太仓市娄东街道珠江社区事务工作站	070147	2014年1月	市民政局(试行无业务主管单位)
18	太仓市娄东街道红庙村老年人服务中心	070148	2014年1月	市民政局(试行无业务主管单位)
19	太仓市娄东街道陆渡村老年人服务站	070149	2014年1月	市民政局(试行无业务主管单位)
20	太仓市娄东街道太胜社区志愿服务站	110053	2014年1月	市民政局(试行无业务主管单位)
21	太仓市娄东街道娄江社区“心系娄江·情暖万家”志愿者服务站	110054	2014年1月	市民政局(试行无业务主管单位)
22	太仓市娄东街道洙泾村综合治理服务中心	110055	2014年1月	市民政局(试行无业务主管单位)
23	太仓市娄东街道太胜社区健康教育服务站	110056	2014年1月	市民政局(试行无业务主管单位)
24	太仓市娄东街道太平社区计划生育服务站	110057	2014年1月	市民政局(试行无业务主管单位)
25	太仓市娄东街道洋沙社区青少年励志服务中心	110058	2014年1月	市民政局(试行无业务主管单位)
26	太仓市娄东街道东郊社区红十字服务站	110059	2014年1月	市民政局(试行无业务主管单位)
27	太仓市娄东街道东郊社区事务工作站	070150	2014年1月	市民政局(试行无业务主管单位)
28	太仓市娄东街道陆渡社区事务工作站	070151	2014年1月	市民政局(试行无业务主管单位)
29	太仓市娄东街道陆渡社区广场舞蹈团	030043	2014年1月	市民政局(试行无业务主管单位)
30	太仓市娄东街道景瑞社区缘梦爱心服务中心	110060	2014年1月	市民政局(试行无业务主管单位)
31	太仓市娄东街道洋沙社区事务工作站	070152	2014年1月	市民政局(试行无业务主管单位)
32	太仓市娄东街道东城六园社区工作站	070153	2014年1月	市民政局(试行无业务主管单位)
33	太仓市经济开发区华盛园社区事务工作站	070154	2014年1月	市民政局(试行无业务主管单位)
34	太仓市娄东街道东城社区阳光少年成长服务中心	110061	2014年1月	市民政局(试行无业务主管单位)
35	太仓市天卓才艺培训中心	010041	2014年2月	市教育局
36	太仓市娄东红娘婚恋家庭服务中心	110062	2014年2月	市妇联

续表 70

序号	单位名称	证号	登记日期	业务主管单位
37	太仓市勤廉文化研究所	110063	2014 年 2 月	市纪委
38	太仓市启航青少年事务服务中心	110064	2014 年 2 月	团市委
39	太仓市沙溪诗文化研究中心	030044	2014 年 2 月	市文广新局
40	太仓市溪山琴社	030045	2014 年 3 月	市文联
41	太仓市璜泾镇永乐村社区服务中心	070155	2014 年 3 月	市民政局（试行无业务主管单位）
42	太仓市洞天七浦文化展示馆	030046	2014 年 3 月	市文广新局
43	太仓市皖江红新市民计划生育服务中心	110065	2014 年 3 月	市计生委
44	太仓市中摄影像数字版权发展中心	110066	2014 年 3 月	市民政局（试行无业务主管单位）
45	太仓市紫藤足球俱乐部	050043	2014 年 4 月	市体育局
46	太仓市娄东文化研究中心	030047	2014 年 4 月	市文广新局
47	太仓市沙溪镇太星村妇女儿童之家	110067	2014 年 4 月	市民政局（试行无业务主管单位）
48	太仓市女性社会组织指导服务中心	110068	2014 年 4 月	市妇联
49	太仓市欣诚社会工作服务社	070157	2014 年 6 月	市民政局（试行无业务主管单位）
50	太仓市浏河镇社会组织服务中心	070158	2014 年 6 月	市民政局（试行无业务主管单位）
51	太仓市浏河镇万安村老年日间照料中心	070159	2014 年 8 月	市民政局（试行无业务主管单位）
52	太仓市浏河镇新塘社区居家养老服务站	070160	2014 年 8 月	市民政局（试行无业务主管单位）
53	太仓市浏河镇闸北社区居家养老服务站	070161	2014 年 8 月	市民政局（试行无业务主管单位）
54	太仓市浏河镇何桥村居家养老服务站	070162	2014 年 8 月	市民政局（试行无业务主管单位）
55	太仓市浏河镇渔村社区居家养老服务站	070163	2014 年 8 月	市民政局（试行无业务主管单位）
56	太仓市浏河镇紫薇苑社区居家养老服务站	070164	2014 年 8 月	市民政局（试行无业务主管单位）
57	太仓市浏河镇东仓村社工工作室	070165	2014 年 8 月	市民政局（试行无业务主管单位）
58	太仓市浏河镇闸北村社工工作室	070166	2014 年 8 月	市民政局（试行无业务主管单位）
59	太仓市浏河镇浏南村社工工作室	070167	2014 年 8 月	市民政局（试行无业务主管单位）
60	太仓市浏河镇张桥村社工工作室	070168	2014 年 8 月	市民政局（试行无业务主管单位）
61	太仓市浏河镇新塘村社工工作室	070169	2014 年 8 月	市民政局（试行无业务主管单位）
62	太仓市浏河镇新闸村社工工作室	070170	2014 年 8 月	市民政局（试行无业务主管单位）
63	太仓市浏河镇紫薇苑社区社工工作室	070171	2014 年 8 月	市民政局（试行无业务主管单位）
64	太仓市浏河镇复兴社区志愿者服务中心	110069	2014 年 8 月	市民政局（试行无业务主管单位）
65	太仓市浏河镇河北社区司法服务工作站	110070	2014 年 8 月	市民政局（试行无业务主管单位）
66	太仓市浏河镇复兴社区江海艺术团	030048	2014 年 8 月	市民政局（试行无业务主管单位）
67	太仓市双凤镇凤祥苑社区工作站	070172	2014 年 8 月	市民政局（试行无业务主管单位）
68	太仓市双凤镇新卫苑社区工作站	070173	2014 年 8 月	市民政局（试行无业务主管单位）
69	太仓市双凤镇新星苑社区工作站	070174	2014 年 8 月	市民政局（试行无业务主管单位）
70	太仓市双凤镇新安苑社区工作站	070175	2014 年 8 月	市民政局（试行无业务主管单位）
71	太仓市双凤镇凤中雅苑社区工作站	070176	2014 年 8 月	市民政局（试行无业务主管单位）
72	太仓市双凤镇庆丰村居家养老中心	070177	2014 年 8 月	市民政局（试行无业务主管单位）
73	太仓市双凤镇泥泾村居家养老中心	070178	2014 年 8 月	市民政局（试行无业务主管单位）
74	太仓市双凤镇勤力村居家养老中心	070179	2014 年 8 月	市民政局（试行无业务主管单位）

续表70

序号	单位名称	证号	登记日期	业务主管单位
75	太仓市双凤镇湖川桥社区居家养老中心	070180	2014年8月	市民政局（试行无业务主管单位）
76	太仓市双凤镇双凤社区日间照料中心	070181	2014年8月	市民政局（试行无业务主管单位）
77	太仓市双凤镇新闾村居家养老中心	070182	2014年8月	市民政局（试行无业务主管单位）
78	太仓市双凤镇维新村老年门球队	050044	2014年8月	市民政局（试行无业务主管单位）
79	太仓市城厢镇社会组织服务中心	070183	2014年8月	市民政局（试行无业务主管单位）
80	太仓市科教新城社会组织服务中心	070184	2014年8月	市民政局（试行无业务主管单位）
81	太仓市娄东街道社会组织服务中心	070185	2014年8月	市民政局（试行无业务主管单位）
82	太仓市双凤镇社会组织服务中心	070186	2014年8月	市民政局（试行无业务主管单位）
83	太仓市浮桥镇社会组织服务中心	070187	2014年8月	市民政局（试行无业务主管单位）
84	太仓市璜泾镇社会组织服务中心	070188	2014年8月	市民政局（试行无业务主管单位）
85	太仓市加一教育培训中心	010042	2014年8月	市教育局
86	太仓市新视觉摄影俱乐部	030049	2014年8月	市文广新局
87	太仓市城厢镇桃园社区日间照料爱心服务社	070189	2014年8月	市民政局（试行无业务主管单位）
88	太仓市城厢镇府东社区老年人日间照料服务中心	070190	2014年8月	市民政局（试行无业务主管单位）
89	太仓市城厢镇东区社区老年人日间照料服务中心	070191	2014年8月	市民政局（试行无业务主管单位）
90	太仓市城厢镇伟阳社区老年人日间照料服务中心	070192	2014年8月	市民政局（试行无业务主管单位）
91	太仓市城厢镇南区社区老年人日间照料服务中心	070193	2014年8月	市民政局（试行无业务主管单位）
92	太仓市城厢镇中区社区老年人日间照料服务中心	070194	2014年8月	市民政局（试行无业务主管单位）
93	太仓市城厢镇县府社区老年人日间照料服务中心	070195	2014年8月	市民政局（试行无业务主管单位）
94	太仓市沙溪镇社会组织服务中心	070196	2014年8月	市民政局（试行无业务主管单位）
95	太仓市沙溪镇直塘社区社工工作室	070197	2014年8月	市民政局（试行无业务主管单位）
96	太仓市沙溪镇东市社区社工工作室	070198	2014年8月	市民政局（试行无业务主管单位）
97	太仓市沙溪镇归庄社区社工工作室	070199	2014年8月	市民政局（试行无业务主管单位）
98	太仓市沙溪镇岳王社区社工工作室	070200	2014年8月	市民政局（试行无业务主管单位）
99	太仓市沙溪镇利泰社区社工工作室	070201	2014年8月	市民政局（试行无业务主管单位）
100	太仓市沙溪镇沙东社区社工工作室	070202	2014年8月	市民政局（试行无业务主管单位）
101	太仓市沙溪镇新北社区社工室	070203	2014年8月	市民政局（试行无业务主管单位）
102	太仓市沙溪镇胜利村社工工作站	070204	2014年8月	市民政局（试行无业务主管单位）
103	太仓市沙溪镇胜利村沙南新村社区工作站	070205	2014年8月	市民政局（试行无业务主管单位）
104	太仓市沙溪镇新建村岳南新村社区工作站	070206	2014年8月	市民政局（试行无业务主管单位）
105	太仓市沙溪镇涂松村印东新村社区工作站	070207	2014年8月	市民政局（试行无业务主管单位）
106	太仓市沙溪镇印北村老年人日间照料服务站	070208	2014年8月	市民政局（试行无业务主管单位）
107	太仓市沙溪镇新建村老年人日间照料站	070209	2014年8月	市民政局（试行无业务主管单位）
108	太仓市沙溪镇岳王社区老年人日间照料站	070210	2014年8月	市民政局（试行无业务主管单位）
109	太仓市沙溪镇岳星村老年人日间照料站	070211	2014年8月	市民政局（试行无业务主管单位）
110	太仓市沙溪镇直塘社区老年人日间照料站	070212	2014年8月	市民政局（试行无业务主管单位）
111	太仓市沙溪镇东市社区乐荫互助养老服务站	070213	2014年8月	市民政局（试行无业务主管单位）
112	太仓市沙溪镇利泰社区老年人日间照料服务中心	070214	2014年8月	市民政局（试行无业务主管单位）

续表 70

序号	单位名称	证号	登记日期	业务主管单位
113	太仓市娄东街道娄江社区事务工作站	070215	2014 年 8 月	市民政局（试行无业务主管单位）
114	太仓市娄东街道滨河社区事务工作站	070216	2014 年 8 月	市民政局（试行无业务主管单位）
115	太仓市娄东街道城北社区事务工作站	070217	2014 年 8 月	市民政局（试行无业务主管单位）
116	太仓市娄东街道香花桥社区事务工作站	070218	2014 年 8 月	市民政局（试行无业务主管单位）
117	太仓市娄东街道太东社区事务工作站	070219	2014 年 8 月	市民政局（试行无业务主管单位）
118	太仓市娄东街道惠阳社区事务工作站	070220	2014 年 8 月	市民政局（试行无业务主管单位）
119	太仓市娄东街道景瑞社区事务工作站	070221	2014 年 8 月	市民政局（试行无业务主管单位）
120	太仓市娄东街道太胜社区事务工作站	070222	2014 年 8 月	市民政局（试行无业务主管单位）
121	太仓市娄东街道东城社区事务工作站	070223	2014 年 8 月	市民政局（试行无业务主管单位）
122	太仓市娄东街道朝阳社区事务工作站	070224	2014 年 8 月	市民政局（试行无业务主管单位）
123	太仓市娄东街道太平社区事务工作站	070225	2014 年 8 月	市民政局（试行无业务主管单位）
124	太仓市娄东街道红庙村社区服务中心	070226	2014 年 8 月	市民政局（试行无业务主管单位）
125	太仓市娄东街道陆渡村社区服务中心	070227	2014 年 8 月	市民政局（试行无业务主管单位）
126	太仓市娄东街道花北村残疾人服务中心	070228	2014 年 8 月	市民政局（试行无业务主管单位）
127	太仓市娄东街道珠江社区残疾人服务中心	070229	2014 年 8 月	市民政局（试行无业务主管单位）
128	太仓市娄东街道陆渡社区残疾人服务站	070230	2014 年 8 月	市民政局（试行无业务主管单位）
129	太仓市娄东街道东郊社区常胜舞蹈队	030050	2014 年 8 月	市民政局（试行无业务主管单位）
130	太仓市城厢镇康乐社区艺术团	030051	2014 年 8 月	市民政局（试行无业务主管单位）
131	太仓市城厢镇德兴社区杨美华戏曲队	030052	2014 年 8 月	市民政局（试行无业务主管单位）
132	太仓市城厢镇太丰社区青少年爱心服务社	110071	2014 年 8 月	市民政局（试行无业务主管单位）
133	太仓市城厢镇弇山社区七彩爱心工艺花社	110072	2014 年 8 月	市民政局（试行无业务主管单位）
134	太仓市城厢镇西郊社区五洋流动人口服务中心	110073	2014 年 8 月	市民政局（试行无业务主管单位）
135	太仓市城厢镇新毛社区慢病防治康馨驿站	110074	2014 年 8 月	市民政局（试行无业务主管单位）
136	太仓市城厢镇西区社区党外人士之家	110075	2014 年 8 月	市民政局（试行无业务主管单位）
137	太仓市城厢镇万丰村党员志愿者服务中心	110076	2014 年 8 月	市民政局（试行无业务主管单位）
138	太仓市城厢镇永丰村党员志愿者服务中心	110077	2014 年 8 月	市民政局（试行无业务主管单位）
139	太仓市城厢镇胜泾村党员志愿者服务中心	110078	2014 年 8 月	市民政局（试行无业务主管单位）
140	太仓市城厢镇电站村党员志愿者服务中心	110079	2014 年 8 月	市民政局（试行无业务主管单位）
141	太仓市城厢镇新农村党员志愿者服务中心	110080	2014 年 8 月	市民政局（试行无业务主管单位）
142	太仓市城厢镇南园社区心理咨询室	110081	2014 年 8 月	市民政局（试行无业务主管单位）
143	太仓市城厢镇东林村晚晴睦邻会馆	110082	2014 年 8 月	市民政局（试行无业务主管单位）
144	太仓市高仁岐油画艺术馆	030053	2014 年 9 月	市文联
145	太仓市璜泾镇新海村老年日间照料中心	070231	2014 年 9 月	市民政局（试行无业务主管单位）
146	太仓市璜泾镇杨漕村老年日间照料中心	070232	2014 年 9 月	市民政局（试行无业务主管单位）
147	太仓市璜泾镇荣文村老年日间照料中心	070233	2014 年 9 月	市民政局（试行无业务主管单位）
148	太仓市璜泾镇荡茜村居家养老服务站	070234	2014 年 9 月	市民政局（试行无业务主管单位）
149	太仓市璜泾镇荣文村社区服务中心	070235	2014 年 9 月	市民政局（试行无业务主管单位）
150	太仓市璜泾镇新华村社区服务中心	070236	2014 年 9 月	市民政局（试行无业务主管单位）

续表 70

序号	单位名称	证号	登记日期	业务主管单位
151	太仓市璜泾镇新联村舞蹈队	030054	2014 年 9 月	市民政局（试行无业务主管单位）
152	太仓市璜泾镇雅鹿村舞蹈队	030055	2014 年 9 月	市民政局（试行无业务主管单位）
153	太仓市璜泾镇银杏社区摄影俱乐部	030056	2014 年 9 月	市民政局（试行无业务主管单位）
154	太仓市璜泾镇永乐村体育健身俱乐部	050045	2014 年 9 月	市民政局（试行无业务主管单位）
155	太仓市璜泾镇雅鹿村校外辅导站	110083	2014 年 9 月	市民政局（试行无业务主管单位）
156	太仓市海之贝青少年足球训练中心	050046	2014 年 10 月	市体育局
157	太仓市悦心社会服务评估中心	110084	2014 年 10 月	市民政局（试行无业务主管单位）
158	太仓市民间收藏展示馆	030057	2014 年 10 月	市文广新局
159	太仓市浮桥镇老闸社区老年人日间照料服务中心	070237	2014 年 10 月	市民政局（试行无业务主管单位）
160	太仓市浮桥镇方桥村老年人日间照料服务中心	070238	2014 年 10 月	市民政局（试行无业务主管单位）
161	太仓市浮桥镇新城花园社区老年人日间照料中心	070239	2014 年 10 月	市民政局（试行无业务主管单位）
162	太仓市浮桥镇马北村日间照料中心	070240	2014 年 10 月	市民政局（试行无业务主管单位）
163	太仓市浮桥镇三市村老年人日间照料服务站	070241	2014 年 10 月	市民政局（试行无业务主管单位）
164	太仓市浮桥镇七丫村老年人服务中心	070242	2014 年 10 月	市民政局（试行无业务主管单位）
165	太仓市浮桥镇浪港村老年活动中心	070243	2014 年 10 月	市民政局（试行无业务主管单位）
166	太仓市浮桥镇六尺社区社工室	070244	2014 年 10 月	市民政局（试行无业务主管单位）
167	太仓市浮桥镇和平花园社区气排球队	050047	2014 年 10 月	市民政局（试行无业务主管单位）
168	太仓市浮桥镇建红乒乓球队	050048	2014 年 10 月	市民政局（试行无业务主管单位）
169	太仓市浮桥镇新港花苑社区门球队	050049	2014 年 10 月	市民政局（试行无业务主管单位）
170	太仓市浮桥镇茜泾村青少年帮扶志愿队	110085	2014 年 10 月	市民政局（试行无业务主管单位）
171	太仓市浮桥镇九曲社区志愿者活动中心	110086	2014 年 10 月	市民政局（试行无业务主管单位）
172	太仓市浮桥镇丁泾村志愿者活动中心	110087	2014 年 10 月	市民政局（试行无业务主管单位）
173	太仓市浮桥镇马北社区志愿者活动中心	110088	2014 年 10 月	市民政局（试行无业务主管单位）
174	太仓市浮桥镇浮桥社区老舅妈调解志愿者服务队	110089	2014 年 10 月	市民政局（试行无业务主管单位）
175	太仓市浮桥镇茜泾社区老娘舅队	110090	2014 年 10 月	市民政局（试行无业务主管单位）
176	太仓市浮桥镇新城花园社区矛盾纠纷调解服务中心	110091	2014 年 10 月	市民政局（试行无业务主管单位）
177	太仓市娄城的士爱心车队	110092	2014 年 11 月	市民政局（试行无业务主管单位）
178	太仓市祺乐空手道运动俱乐部	050050	2014 年 11 月	市体育局
179	太仓市智腾美术馆	030058	2014 年 11 月	市文广新局
180	太仓市娄东网球俱乐部	050051	2014 年 11 月	市体育局
181	太仓市畅　乒乓球俱乐部	050052	2014 年 11 月	市体育局
182	太仓市申宏羽毛球俱乐部	050053	2014 年 11 月	市体育局
183	太仓市浮桥镇浮南社区乒乓球队	050054	2014 年 12 月	市民政局（试行无业务主管单位）
184	太仓市浮桥镇新邵文艺社	030059	2014 年 12 月	市民政局（试行无业务主管单位）
185	太仓市欧派羽毛球俱乐部	050055	2014 年 12 月	市体育局
186	太仓市快乐羽毛球俱乐部	050056	2014 年 12 月	市体育局
187	太仓市璜泾镇新明村社区服务中心	070245	2014 年 12 月	试行直接登记

续表 70

序号	单位名称	证号	登记日期	业务主管单位
188	太仓市璜泾镇西塔社区社会事务工作站	070246	2014 年 12 月	试行直接登记
189	太仓市璜泾镇孙桥村老年日间照料中心	070247	2014 年 12 月	试行直接登记
190	太仓市璜泾镇长洲村老年人日间照料中心	070248	2014 年 12 月	试行直接登记
191	太仓市璜泾镇孟河村计划生育服务中心	110093	2014 年 12 月	试行直接登记
192	太仓市璜泾镇王秀村老年人体育俱乐部	050057	2014 年 12 月	试行直接登记
193	太仓市璜泾镇玉影山社区摄影俱乐部	030060	2014 年 12 月	试行直接登记
194	太仓市“三友”社区为老服务中心	070249	2014 年 12 月	试行直接登记
195	太仓市颐乐社区照顾服务中心	110094	2014 年 12 月	试行直接登记

（胡天立）

法治建设

【法治太仓建设】 社会治理。2014 年，太仓市深化“政社互动”（政府行政管理与基层群众自治互动衔接），创新社会治理，推进“三社联动”（社区、社会组织、专业社会工作者之间的联系互动）工作，实施《“三社联动”实施计划》，计划截至 2015 年完成千名社工人才培养、千万元社会工作服务项目购买、千个社工岗位开发；每年推出百个公益创投项目，新建百个民办社工机构；打造十个社工培训基地。形成以社区为平台、社会组织为载体、社会工作人才为骨干的“三社联动”融合发展。创新“德治、法治、自治”联合，实施农村新型社区、自拆自建小区、自然村落分类管理，太仓市作为唯一一个县级市再次获评“全国和谐社区建设示范市”。2 月，市综治委确定 2014 年加强和创新社会治理项目 12 个，在全市 56 个综治委成员单位和 9 个镇区、街道统筹推进。分别是：建立市“平安指数”评价报表，完善市重大决策社会稳定风险评估机制，健全企业生产经营风险预警机制，政企互动、共享平安——太仓港区新材料产业园区系列平安创建，启航青少年事务服务，完善网络舆情监管引导机制，健全“四联”（信息联合共享，集访联合接待，越访联动化解，矛盾联合调处）保稳定机制，探索建立农民集中居住区“3+X”（社区警务、城管、综治工作站＋社会组织）联动共治机制和“平安边界”系列平安创建、村（社区）便民法律服务站、闲散未成年人梯度预防机制，深化诉调对接机制。

公正司法。2014 年，太仓市规范醉酒驾驶案件办理、轻微刑事案件快速办理、诉访分离沟通协作、虚假诉讼内外联动等。规范办案程序、统一定罪标准、提升司法公信。建设检察为民服务中心、网上诉讼服务中心，搭建涉警涉检涉诉微博微信平台，加快司法活动公开，加大法律援助力度，司法救助专项资金列入财政预算。加强执行指挥中心建设，推进网上司法拍卖，创新执行联动共享机制，强化财产保全手段。

法治文化。2014 年，太仓市深化“六五”普法宣教工作，新建一批村居法治文化阵地，中期考核获评全国先进。推进民主法治示范村建设，累计建成国家、省、苏州市级民主法治示范村 129 个。举办全球华人法治微型小说大赛、首届法治事件法治人物评选、法治思维和法治方式优秀实践案例征评等活动，营造法治文化氛围。3 月，开展第 7 轮“关爱民生法治行”主题活动，实施 2014 年市级关爱民生法治行重点项目 12 个，分别是：推进执行指挥中心建设；推行“检察为民服务中心”模式，加强控申接待窗口规范化建设；推进平安护学岗建设；设立村（社区）便民法律服务“阳光屋”；实施主城区背街小巷整治工程；建立农产品质量安全监管追溯体系；依法规范公路行车环境；开展酒类流通行业规范整治行动；实施小微企业免费人事代理；推进中小河流综合治理项目；实施危险废物规范化管理；实行社保费非诉强制执行机制。全市推进公共法律服务均等化，建成法律服务“阳光屋”126 家。组织开展平安法治建设基层行、小手牵大手、国家宪法日等平安法治文化活动，形成平安法治氛围。

（袁其桃）

【《中华人民共和国大气污染防治法》实施情况检查】 2014 年，太仓市人大常委会成立执法检查组，制定执法检查方案，组织开展《中华人民共和国大气污染防治法》（以下简称《大气污染防治法》）执法检查，推动《大气污染防治法》贯彻执行。8 月，举办《大气污染防治法》专题讲座，听取市人民政府关于《大气污染防治法》贯彻实施工作汇报，召开座谈会，调研《大气污染防治法》贯彻执行情况。8 月 20 日，执法检查组分 3 组赴各镇区，重点检查 12 家单位在电力烟气治理、挥发性有机物治理、化工厌氧废气治理、油气回收治理、扬尘污染治理、餐饮油烟治理、机动车污染治理、茶水炉污染、可再生能源综合利用及清洁能源利用等方面情况。9 月，市人大常委会第 19 次会议听取和审议《大气污染防治法》执法检查报告。执法检查组肯定市人民政府在贯彻落实《大气污染防治法》、提升大气污染防治基础能力、控制主要大气污染物排放、推进工业大气污染防治等方面采取的措施和取得的成效。

建议市政府要以更大的决心、更高的标准、更实的举措，强化环境准入和执法监管，严控污染物排放，加快淘汰落后产能，加强大气污染综合防治，推动空气质量持续改善。

【依法治市】 2014年，太仓市人大常委会举办《中华人民共和国旅游法》《大气污染防治法》法律讲座。依法监督计划和预算，批准有关报告，作出相应决议。组织视察"法治太仓"建设、"平安太仓"建设和公安集镇交通管理工作。对"法治太仓"建设，建议运用法治思维和法治方式，推进依法行政、公正司法、法治文化和基层民主建设。对"平安太仓"建设，建议依法预防化解矛盾，完善公共安全防控和社会服务管理体系，解决影响群众安全的突出问题。对公安集镇交通管理工作，建议坚持依法惩教结合，增强全社会交通法制安全意识，加强执法管理，完善基础设施，开展专项整治，促进道路通行条件改善和交通秩序规范。听取和审议市人民法院商事审判工作报告和市人民检察院惩防一体化建设工作报告。建议法院围绕大局，防范金融风险，化解矛盾纠纷，规范交易秩序，调节市场关系，营造公平诚信、竞争有序的法治环境；建议检察院研究新形势下职务犯罪的特点和规律，完善工作机制，坚持"打防并重"，增强惩防工作实效。

（皇甫丹丹）

3月5日，全市依法行政工作会议召开 （胡宁 摄）

【依法行政】 2014年，太仓市推进依法行政工作，强化依法行政示范点指导，市人社局等5家单位获评"2014—2015年苏州市级依法行政示范单位"。连续第6年实施市政府规范性文件制定计划制度。对《太仓市户外广告管理办法》等5件市政府规范性文件进行实施后评估，提出修改建议15条。全年镇（区）、部门上报备案规范性文件20件，报备率、及时率、规范率均为100%，每月在"太仓法治政府网"公布审查目录及文件。承办《江苏省电信设施建设与保护办法》《苏州市活禽交易管理办法》等立法调研会。实施《太仓市重大行政决策程序规定》，建立健全重大行政决策社会协商机制。完成第9轮行政审批提速增效，减少项目承诺时限358个工作日。健全行政执法监督机制，出台行政执法投诉办法，实施行政执法案例网上评析、日常评查，行政复议、行政诉讼案件法定时限审结率和行政首长出庭应诉率100%。贯彻落实《苏州市重大行政决策程序规定》，明确全市重大行政决策工作联席会议成员单位及分工，组织全市重大行政决策规定修订工作。严格落实重大行政决策5个法定程序，确定公共自行车租赁点建设、镇村布局规划等5个项目作为市级重大行政决策项目。年内，太仓市被省法制办表彰为行政复议工作规范化建设合格单位。

【行政矛盾争议化解】 2014年，太仓市共收到行政复议申请37件，其中立案28件，均在法定期限内审结。经审理，维持16件，驳回2件，终止7件，调解1件，撤销2件。对8件行政复议案件进行听证，提高复议公信力。推进镇（区）拆违、环境集中整治、沙溪镇综合执法、部门执法争议协调、行政权力清单再梳理等事项，为重大矛盾纠纷处理、涉法信访案件处理等提供法律服务。

【执法监督】 2014年，太仓市组织第2届星级行政执法队伍评定工作，评出星级队伍37家，其中五星级12家。全年共抽查15家单位的75件行政执法案卷，指出问题260余项。组织开展"排查整治群众最关心的行政执法疑难问题"活动，征集意见300余条，解决问题220余个。与苏州大学、苏州健雄职业技术学院联合举办行政执法人员法律知识培训班，全市14个部门的84名执法人员参加培训。加强行政执法与行政审判的联系沟通。10月，太仓市印发《关于建立行政执法与刑事司法衔接工作联席会议制度的通知》。12月，首次行政执法与刑事司法衔接（简称"两法衔接"）工作联席会议召开。通过加强和改进行政执法与刑事司法衔接，建立相关配套制度，协调解决重大问题，组织督导检查，规范执法行为。

【政社互动】 2014年，太仓市"政社互动"部署工作项目28个，明确政社权责分工。5月19日，《人民日报》头版刊发《政社勤互动，百姓多参与——苏州善治有底气》，文章通过案例展示太仓"政社互动"实践成效。6月13日，民政部部长李立国到太仓专题调研"政社互动"。9月，中共中央组织部部长赵乐际、国务委员王勇分别作批示，肯定太仓市"政社互动"工作实践经验。11月17日，江苏省政府召开推进"政社互动"创新社会治理座谈会，号召在全省推广"太仓模式"。12月，太仓市申报的《"政社互动"创新实践》获第7届（2013—2014年）"中国地方政府创新奖"。

太仓市民主法治村（社区）汇总表

表 71　　　　　　　　　　　　　　　　　　　　　　单位：个

项目 镇区	村	社区	国家级		省级		苏州市级		太仓市级		未创社区	已创单位		合计		
			村	社区	村	社区	村	社区	村	社区		村	社区	省级以上	苏州市级以上	太仓市级以上
城厢镇	6	16	—	1	2	6	4	9	—	—	—	6	16	9	22	22
沙溪镇	20	8	—	—	5	—	14	5	1	3	—	20	8	5	24	28
浏河镇	8	6	—	—	5	2	3	2	—	2	—	8	6	7	12	14
浮桥镇	11	13	—	—	2	4	9	7	—	—	2	11	11	6	22	22
璜泾镇	13	4	—	—	7	1	6	3	—	—	—	13	4	8	17	17
双凤镇	9	3	—	—	8	1	1	2	—	—	—	9	3	9	12	12
新　区	7	16	—	—	1	5	6	6	—	2	3	7	13	6	18	20
科教新城	—	7	—	—	—	1	—	1	—	3	2	—	5	1	2	5
合　计	74	73	—	1	30	20	43	35	1	10	7	74	66	51	129	140

（史　玲　袁其桃）

公共安全

食品药品安全

【食品安全监管】 2014年，太仓市加强餐饮卫生监督管理，市卫生局完成各类食品抽检3184批次，合格率98.62%，检测结果每月在《太仓日报》公示；对不合格产品移交相关部门查处。太仓工商局落实农贸市场环境整治和长效管理措施，全年未出现一例禽流感疫情。市中心菜场获评2013—2014年苏州市平安市场创建示范点。全市严把流通领域食品经营准入关，全年新核准许可证886份。太仓工商局组织开展豆制品质量安全、农村食品市场、流通领域桶装水等专项整治行动；组织实施肉类、坚果、乳制品、方便食品、速冻食品、水果制品、水制品、豆制品等1513批次流通领域食品质量抽检，其中快检590批次，法检923批次，对腐竹、腊味、纯净水等抽检不合格食品进行立案查处，共查处食品案件33起，案值9.2万元，罚没款43.55万元，没收白酒13瓶，腐竹1307袋。太仓质监局完成食品风险监测1010批次，合格995批次，抽检合格率98.5%。开展桶装饮用水、肉制品、食品添加剂等25项专项治理工作，对全市110家获证食品生产企业进行监督检查和专项抽查。召开食品生产企业负责人座谈会，与企业签订食品质量安全承诺书，承诺保证食品质量安全。

（王艳新　黄　权）

【药品安全监管】 2014年，太仓市开展医疗器械“五整治”（整治医疗器械虚假注册申报、违规生产、非法经营、夸大宣传、使用无证产品）等行动，规范医疗器械流通环节，规范医疗器械广告宣传、医疗器械使用等。强化源头监管，加大新版GMP（药品生产质量管理规范）、GSP（药品经营质量管理规范）认证力度和假劣药品打击力度。年内，全市通过国家级GMP认证单位3家、省级GMP认证单位1家，体外诊断试剂认证单位1家，小容量注射剂认证单位1家，GSP认证单位29家。全年查处违法案件17起，罚没款40万元。完成药品抽样任务144批，实施保健食品快检15批次，配合苏州市药检所完成药品快检100批次。

（叶伟强　杨湘琴）

7月19日，太仓工商局开展超市预包装食品检查　（太仓工商局供稿）

安全生产

【概况】 2014年，太仓市保持安全生产形势稳定好转，各类事故得到有效控制,全市各类事故死亡161人(道路交通事故死亡146人、火灾事故死亡2人),其中工矿商贸企业发生生产安全事故12起、死亡13人，事故起数和死亡人数分别下降53.85%和50%。未发生较大以上和有重大影响的生产安全事故。

【安全生产检查整改专项行动】 6—9月，太仓市集中开展安全生产检查整改专项行动，检查范围为全市所有地区、所有行业和领域、所有生产经营企事业单位、所有人员密集场所，重点检查道路交通运输（含危险化学品运输、客运交通运输、水上交通运输)、企业生产安全（含危险化学品生产企业、油气输送管线企业、冶金等工贸企业、涉氨制冷企业、职业病危害企业)、建设施工（含保障性住房等重点城建工程、城市燃气及地下管线领域、危险房屋等)、消防安全[含人员聚集场所、“九小”（小学校或幼儿园、小医院、小商店、小餐饮场所、小旅馆、小歌舞娱乐场所、小网吧、小美容洗浴场所、小生产加工企业）场所、“三合一”“多合一”（住宿与生产、储存、经营等一种或几种用途混合设置在同一连通空间内的场所）场所、群租房、车库出租住人等场所]、公共安全（含特种设备、旅游、农业机械、水利、电力）等五大领域17个方面的安全生产情况。

【“六打六治”打非治违专项行动】 8—12月,太仓市集中开展以“六打六治”为重点的打非治违专项行动，重点打击有粉尘爆炸危险企业的违规建造厂房、布设生产线、除尘设施和在居民区内从事粉尘爆炸危险作业的行为；打击危险化学品生产、存储、经营等从业单位无证无照、超范围从业和危化品非法运输等违法行为；打击破坏损害油气管道、城镇燃气管道等非法违法行为；打击无资质施工和各类非法建设与施工、违法分包行为；打击交通领域客运货运、客船货船的非法营运行为；打击“三合一”“多合一”场所违法生产经营行为。全市共检查企业及场所4193家次，出动检查人员7722人次，排查隐患5351处，行政处罚164起。

【重大隐患三级政府挂牌督办】 2014年，太仓市共对52家存在重大隐患的单位（场所）实行挂牌督办，其中苏州市级政府挂牌督办项目7个，太仓市级政府挂牌督办20个，区镇级政府挂牌督办25个。截至年底，50家挂牌单位完成整改，累计投入资金1.17亿元。2家苏州市级挂牌督办项目为跨年度项目，其中太仓新湖工业用气有限公司整改完成期限为2015年11月，城厢镇北壕弄小商品市场整改完成期限为2017年11月。

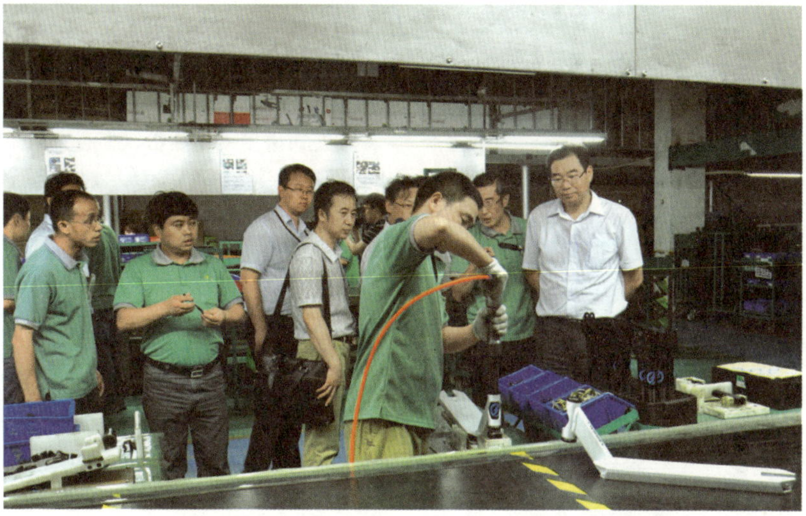

7月24日，市委常委、副市长朱大丰（右一）带队检查企业安全生产情况（顾婷婷　摄）

【危险化学品企业安全监管】 2014年，太仓市对92家化工生产企业进行排查梳理，做好相关企业关停并转搬工作。截至年底，3家不在化工区内且安全条件不符合要求的小化工企业，全部停止生产进入关闭程序。在全市化工企业开展执法检查，共检查化工企业222家次，共计投入整改资金722.63万元。

【职业卫生监管】 2014年，太仓市开展职业危害监督检查，共检查企业327家次。在全市职业危害重点监管企业和电子产品、皮革箱包、胶粘制品生产企业开展联合大检查2次。督促企业开展体检、检测工作，全年有489家（次）企业组织2.53万名员工进行定期职业健康检查，350家（次）企业组织1.74万名员工进行岗前体检，114家（次）企业组织728名员工进行离岗体检；293家（次）企业进行工作场所职业病危害因素检测，共检测1.19万项（次)。推动加强建设项目职业卫生“三同时”（建设项目职业病防护设施必须与主体工程同时设计、同时施工、同时投入使用）工作,全市开展建设项目职业卫生“三同时”工作建设项目73个，其中预评价18个、设计专篇审查1个、控制效果评价4个、现状评价50个，办结职业卫生“三同时”项目审批（备案）23项次。推进职业病危害项目网上申报,新增网上申报单位146家，全市累计有627家企业进行职业病危害项目网上申报。

【存在粉尘爆炸危险企业专项整治】 2014年，太仓市全面检查存在粉尘爆炸危险企业，共排查出涉及17类爆炸危险粉尘企业165家，其中铝镁制品机加工企业43家。太仓市采取政府购买服务方式，聘请4家职业卫生检测机构，对全市涉粉企业进行作业现场粉尘浓度检测，由于部分企业取消抛光打磨工艺以及被责令关停等原因，共检测企业141家，其中全部

7 月 17 日，市安监局组织人员夜间突击检查重点监管化工企业
（张晓宇　摄）

合格 94 家。责令未达标企业限期整改。聘请安评机构 4 家，对涉粉企业进行作业现场风险评估，明确其隐患等级，确认存在严重隐患企业 10 家、存在较大隐患企业 20 家、存在一般隐患企业 85 家，明确列出其存在隐患，并提出相应整改方案。对 43 家铝镁制品机加工企业，根据法律法规和强制性技术规范要求进行整改，责令停止抛光打磨作业，9 家企业限期完成整改，其余 34 家依法予以关闭或取缔。

【安全生产标准化建设】 截至 2014 年年底，太仓市通过三级标准化达标企业 1171 家、二级标准化达标企业 16 家、一级标准化达标企业 1 家；化工企业、加油站全部完成标准化达标创建，规模以上工贸企业基本完成达标创建，小微企业申报创建 455 家，其中 284 家完成考评。年内，325 家安全标准化达标企业开展标准化互查互评工作。太仓化工医药协会配合市安监局开展标准化互查互评，对化工行业三级达标企业进行安全标准化技术诊断，共诊断企业 57 家，发现工作场所、设备、设施等安全隐患 400 余处，发现企业标准化工作运行情况、台账记录、现场管理问题 1500 余条，识别诊断危险工艺企业 22 家。对化工行业三级达标企业进行安全标准化技术诊断。组织专家对完成安全标准化三级考评的危险化学品企业开展两轮互查互评，共有化工企业 79 家、经营带储存企业 24 家、加油站 58 家参加互查互评。

【工业企业生产安全网格化监管】 2014 年，市政府办印发《太仓市工业企业生产安全网格化监管实施意见》，3 月，各镇（区）推进工业企业生产安全网格化监管工作，市安监局到各镇（区）开展调研。7 月，组织各镇（区）到苏州相城区和高新区枫桥街道学习交流。12 月，全市所有镇（区）全部落实工业企业生产安全网格化监管工作，按照每 80 家左右工业企业划分为一个网格、配备一名网格监管员的要求，全市 90 名网格监管员全部配备到位。

【安全宣传培训】 6 月，太仓市开展全国第 13 个“安全生产月”活动，举办安全生产文艺巡演、“安全生产咨询日”活动，组织安全文化进学校、进企业、进工地、进社区、进家庭、进农村等“六进”宣传活动。集中开展系列安全生产宣传教育活动，弘扬安全文化，普及安全法律法规及安全常识。落实企业安全生产主体责任，开展安全生产培训工作。全年市安全生产培训中心共培训企业安全生产工作管理人员、特种作业操作人员共 9852 人次。对全市重点企业、发生死亡事故单位的主要负责人和安全管理人员进行警示教育，组织培训班 6 期，700 余家企业的主要负责人和安全管理人员共 1000 余人参加培训。加大新修订的《中华人民共和国安全生产法》（以下简称《安全生产法》）宣传贯彻力度，市安监局举办安监系统《安全生产法》培训、全市化工企业主要负责人《安全生产法》培训班，深入企业举办《安全生产法》讲座，印制发放《安全生产法》资料 5500 份。

【应急救援能力建设】 2014 年，以阳鸿石化和中化产业园应急队伍为班底，太仓市在港区成立专业危化品事故应急队伍及医疗队伍 2 支，全市共有危化品应急救援队伍 3 支及应急物资储备点 10 处。相关部门通过拉动演练和设立消防特勤中队、建设重大危险源预警监控平台、建立重大危险源监控预警指挥系统等手段，提升应急救援能力，构建政府、部门、企业间的应急联动机制。太仓市印发应急管理工作方案，组织在苏浏线航道城厢海事所水域开展水上搜救综合演练、太仓客运总站突发性险情应急演练、国药集团危化品泄漏应急救援演练、劳动密集型企业火灾逃生演练、长江水域船舶相撞危化品船下沉救援演练等演练活动。

【消防安全管理】 2014 年，太仓市公安消防大队打击消防违法违规行为，确保火灾形势持续稳定，净化全市消防安全环境。开展消防安全专项行动，共检查单位 1532 家，发现火灾隐患 1010 处，督促整改火灾隐患 987 处，实施行政处罚 103 起，下发行政处罚决定书 103 份，临时查封单位 62 家，罚款 59.48 万元。排查全市重大火灾隐患单位，其中市政府挂牌督办单位 8 家。加强业务能力、装备科技和后勤保障建设，提高消防队伍灭火救援能力。做好消防车辆和消防员个人防护装备配置，实施消防装备由单一型向多功能型、由数量型向质量型转变，改善装备结构，提高科技含量，满足灭火救援任务需要。全年市公安消防大队各中队共开展“六熟悉”（熟悉消防队责任区的交通道路、水源情况；熟悉责任区内重点单

5 月 15 日，2014 年太仓市商贸旅游行业第 2 届消防运动会在市体育场举行（顾婷婷　摄）

位的分类、数量及分布情况；熟悉责任区内主要灾害事故处置的对策及基本程序；熟悉责任区内重点单位建筑物使用及重点部位情况；熟悉重点单位内部的消防设施情况；熟悉重点单位的消防组织及其灭火救援任务分工情况）活动 132 次、合成演练 17 次、大跨度联合演习 9 次。加强消防安全宣传，普及消防安全知识，发放消防宣传单、宣传册近 8 万份，张贴《消防安全告知书》3 万余份。

【消防行政服务】 2014 年，市行政审批中心消防窗口共受理竣工备案审核验收项目 550 个，开展消防设计备案抽查 357 项，竣工验收备案抽查 191 项，开业前消防安全检查 72 项。严格执行建设工程消防设计审核、验收分离制度，打造“阳光消防”“一站式”服务，为企业重点项目、政府实事工程开辟“绿色通道”。

【公共消防设施建设】 2014 年，太仓市公安消防大队按照城市消防规划，强化消防队站、车辆装备、消防给水、消防通讯、消防车通道等城市公共消防设施建设，在农村社区开展“网格化”消防管理，提升整体抵御火灾能力。适应生产力布局调整，推动消防基础设施建设与城市建设同步推进，制定《市政消防栓管理办法》，推动相关部门开展建设维护工作。

【商贸旅游行业第 2 届消防运动会】 5 月 15 日，2014 年太仓市商贸旅游行业第 2 届消防运动会在市体育场举行，34 家单位的 28 支代表队共 200 余名运动员参赛。运动会由市文明办、市商务局、市旅游局、市供销合作总社、市公安局、市体育局、市安监局、市总工会等 8 家单位联合主办，旨在提升行业从业者自身掌握消防常识及火场疏散逃生技能。比赛项目包括男子 100 米灭火器接力灭火、女子 60 米火海逃生、男子 80 米物资疏散、男女混合 100 米水枪接力赛等。（顾婷婷　叶　奕）

人民武装

【军事斗争准备】 2014 年，市人武部拓展军事斗争准备，做好战备综合整治、民兵整组和军事训练工作。坚持真打实备，结合任务调整，拟制修订应急方案预案 26 个，做好现地勘察、物资储备等各项准备工作。优化民兵结构，调整改革民兵组织，全市基干民兵中，退伍军人占比 60%，党团员占比 80% 以上，专业对口率 90%。2014 年，先后在太仓海事局、鑫顺装卸有限公司组建企事业武装部。3 月，组织 36 名专武干部集训；5 月，完成民兵应急分队点验；6 月，完成民兵应急分队训练任务。组织 9 支民兵应急分队参与抗洪抢险、反恐维稳等应急课目训练演练。常态化做好民兵情报信息网络建设训练管理工作，提高民兵情报信息员的民社情搜报水平。市人武部更新海上民兵运输分队装备，船舶安装 AIS（船舶自动识别系统）和中国北斗卫星导航系统。11 月，组织海上民兵运输分队实装实载拉动演练，105 名演练人员参加，动用浮吊船 12 艘、海上巡逻艇 2 艘、牵引车 1 辆、双 37 高炮 1 门和救护车 1 辆，按照动员集结、实兵和实装装载、编波航渡 3 个阶段，提升海上民兵运输分队指挥、协同、保障能力，

11 月 5 日，市人武部在海事码头组织太仓市海上民兵运输分队拉动演练（庄明霞　摄）

5月22日，太仓市举行2014年度民兵整组点验大会　　（周春　摄）

提高海上民兵运输分队遂行作战任务能力。

【征兵工作】 2014年，市人武部做好新兵选送任务。7月，调整征兵工作领导小组成员，组织全市50多名工作人员集中开展业务培训和纪律教育，设立举报电话、举报箱。开展征兵宣传，印发征兵政策规定宣传选编500份，严格审批定兵，兵员中高中以上文化程度人数占征集总数97.6%，大专以上学历人数占征集总数34.5%。

【双拥共建活动】 2014年，市人武部开展拥军优属和拥政爱民活动。7月，指导璜泾镇完成太仓第一个党支部纪念馆“干部文化教育基地”挂牌工作。9月，处理1起太仓籍战士家庭涉法问题。组织民兵预备役人员参加义务植树、学雷锋义务为民活动；协调驻太仓的9支部队派出官兵，开展驻太高校、中学学生军训工作，累计军训3600余人。（肖　洋）

海　警

【概况】 江苏省公安边防总队海警支队（亦称武警江苏省边防总队海警支队）是江苏省唯一一支担负海上执勤执法任务的公安现役部队。支队下辖海警大队4个，主要担负江苏省黄海海域及长江口水域的治安接处警，防范和打击海上偷渡、走私、贩枪、贩毒、抢劫等违法犯罪活动，维护国家领海主权和海洋权益。2014年，海警支队严密辖区管控，规范部队管理，确保管辖海域稳定。

【海上辖区稳定】 2014年，海警支队开展辖区巡防管控，定期分析辖区形势，科学实施海上管控，重点巡查敏感海域，专项整治突出治安问题，提升海上见警率。全年出动舰艇485航次，其中日常巡逻410航次，累计航时6910小时，航程2.41万海里，检查船舶1980艘次，渔船民5100人次。接处警67起，查处行政案件35起，侦破刑事案件4起，刑事拘留6人，逮捕3人，移送起诉4起。查获成品油非法交易嫌疑船舶11艘次，罚没非法成品油9000余吨，案值近6000万元。组织海上渔业监管，加强与沿海渔业部门和相关涉海部门协作配合，持续加大海上巡航检查和联合执法工作力度，强化港口、船舶和渔船民管控，重点打击处理无证、套牌、私自改装船舶等违法行为。长江伏季休渔期（6月1日—9月16日），海警支队参与海警东海分局、总队筹备组组织的渔业专项行动3次，出动舰艇21航次，警力137人次，与南通渔政站和沿海渔业部门联合执法15次，检查渔业船舶63艘，扣押移交违规船舶3艘，劝返伏季非法作业船舶120艘，维护海洋渔业生产秩序和国家休渔制度。持续深化社会管理创新和服务群众工作，以海警舰艇为载体，设立“流动医疗点”和“便民服务站”，向海上渔民船只提供帮助和服务，24小时受理报警求助。救助遇险船只和群众3次，为渔民船只提供便利服务23次。依托沿海村委、镇调解中心和边防派出所，建立健全矛盾纠纷联合调处机制。全年共调解涉海矛盾纠纷11起，化解群体性事件1起，促成赔偿金额近200万元。

【综保能力建设】 2014年，海警支队共投入600余万元，完成舰艇、车辆等装备维修保养。组织5艘舰艇上排维修保养，海警32101、32102舰

10月20—30日，海警支队组织全体舰艇在海警第二大队开展舰艇部队正规化管理集训　　（许宁　摄）

5月15—23日，海警支队参加2014年上海亚信峰会海上安保任务

（许宁　摄）

完成TBD620型主副机C级保养，完成海警32021艇4台主机及齿轮箱大修。集中采购并安装车辆行车记录仪33套，为所有车辆安装ETC通行设备。完成32101舰舰炮改装及舰艇通导设备维修更换，完成支队视频监控系统升级改造。组织修船所、通信科、卫生队等业务骨干随艇保障重大勤务33人次，协调洛阳柴油机重工有限公司技术人员随舰保障4次，现场抢修排除各类故障21次。

【亚信峰会海上安保增援】 5月20—21日，2014年上海亚信峰会举行。5月15—23日，海警支队3艘218型舰艇作为增援力量参加亚信峰会海上安保任务。增援舰艇按照“守住边、稳住面、保住点”原则和“无缝衔接，有效管理”要求，结合海上治安实际，开展海上安保工作。主要负责浦东国际机场、江南长兴造船厂、极地科考码头等重点海域的巡逻、警戒、管控工作，严密重点海域管控，严防发生影响安全稳定和亚信峰会安全举办的案件。查控海上进入长江上海段水域载有危化品船舶、“三无”（无船名船号、无船舶证书、无船籍港）船舶、可疑船舶。加强无居民岛屿管控，巡逻管控无居民岛屿19个。累计出动舰艇27个航次、执法警力567人次，航行时间170.5小时，航程761.3海里，比对船舶AIS（船舶自动识别系统）199艘，登临检查54艘，检查渔船民546人次，发现并纠正安全隐患300余处。

（洪澄澄）

武　警

【概况】 2014年，太仓市武警中队围绕建设现代化武警目标，提升遂行多样化任务能力，提高部队正规化管理层次，增强综合保障能力，完成以执勤处突为中队的各项任务。年内，中队狠抓军事训练，组织正规化执勤等级评定、全员额勤训轮换集训等活动，加强应急班建设，针对驻地社会治安形势，完善反恐、处突、维稳预案，做好处突反恐准备，协助公安机关处置各类突发性事件。全年完成押解43起。完善后勤应急保障预案，开展应急保障演练，提高部队应急保障能力。

（蒋攀峰）

人民防空

【概况】 2014年，太仓市民防工作贯彻“长期准备、重点建设、平战结合”方针，坚持人防建设与经济建设协调发展、与城市建设相结合原则，推进人防工程建设，提高城市防护能力。根据《江苏省民防局关于统一全省民防工程标识设置的通知》精神，对全市竣工的人防工程新增“人防工程平面标注图”，完备人防工程标识。

【指挥通信建设】 2014年，市民防局按照军事斗争准备要求和平时应急需求，加强民防指挥通信体系、组织指挥和通信警报建设。完善警报建设，做到覆盖城市、港区、乡镇和部分重点企业。会同市安监局、消防大队在和承汽车配件（太仓）有限公司组织近千名员工开展“关爱民生、珍爱生命”应急疏散演练活动；开展“5月13日”（太仓解放日）防空警报试鸣工作，组织科教新城近300名社区居民开展应急疏散演练，提高公众安全意识、自救互救和处置突发应急事件能力。完成全国人防训练与考核大纲部分试训工作，消防、通信两支专业队试训参训率100%。召开城市社区人口疏散方案编制工作会议，完成城市社区人口疏散方案编制工作。

4月24日，2014年和承汽车配件（太仓）有限公司应急疏散演练举行

（市民防局供稿）

【基层民防建设】 2014年，市民防局推进基层民防建设，重点推进民防工作室进基层、应急防护器材进基层、应急预案进基层、民防应急标识进基层、警报信息进基层、应急训练活动进基层，实现全市所有村社区基层民防工作全覆盖，组建民防志愿者队伍146支；为城市社区制订小区居民民防应急预案及社区人口疏散方案，编制发放应急预案手册4.65万本；建立民防应急器材库146个，制作民防宣传橱窗2190块，配发手提警报器、应急灯、应急绳等民防应急器材8760件；建立城市社区民防图书室29个，配发防空防灾书籍2900本。

【民防宣传教育】 5月1日，市民防科普教育馆免费开放，开展民防知识普及系列活动。针对中小学生开展未成年人科普教育活动，拓宽青少年对防空防灾常识的了解，掌握基本自救互救技能。全年市民防科普教育馆累计接待参观人数3.3万人次，获评2014—2018年江苏省科普教育基地。8月1日，在太仓广播电台录制播出《政务直通车》节目。市民防局与苏州建雄职业技术学院等合作撰写《中学生民防知识》多媒体教学大纲，确定民防知识多媒体教材的制作标准和流程。通过对民防视频、动画、图片等多媒体资料收集、汇总，完成初步成果申报工作。 （董 波）

边防检查

【概况】 2014年，太仓边防检查站检查出入境（港）船舶4733艘次、员工9.19万人次，较上年分别增长11.7%、12.6%。开展集中查港查船行动7次，排查隐患26处，查获违法违规案件67起95人次，调解纠纷54起，救助群众56人，挽回经济损失500余万元。

【口岸辖区稳定】 2014年，太仓边防检查站开展“利剑”系列行动、危爆隐患排查、反偷渡等专项行动，联合海关、国检、长航公安等单位，定期协同开展应急事件处置、防暴反恐、埃博拉疫情防控等联合行动15次。

8月18日，太仓边检站开展防暴处突演练 （陆琦 摄）

全年向口岸企业、出入境人员及辖区群众宣传安保，发放宣传单2万余份，集中宣传20余次，受教育群众3万余人次。完善应急处突预案17类，开展应急指挥培训19次、视频应急拉动50余次，提高边检执法水平和分析研判、应对处置突发事件能力。

【边检服务】 2014年，太仓边防检查站升级“三区两厅一所一中心”（3个警务区、2个办证大厅、1个派出所、1个指挥中心）指挥模式，完善勤务模式，开展服务品牌集中推介暨警营开放日活动，发放“边检告知单”。升级高清摄像头、搭建无线传输网络，配合研发应急指挥平台，实行指挥中心24小时实战化值守，优化“网上边检站”。 （顾 俊）

审 判

【概况】 2014年，太仓市审判工作以“让人民群众在每一个司法案件中都感受到公平正义”为目标，坚持司法为民、公正司法，依法履行审判职责，推进司法改革。全年受理各类案件12069件（含旧存1458件），审结10264件，较上年分别增长15.48%和14.13%，解决争议标的33.14亿元。

【刑事审判】 2014年，市法院推进量刑规范化改革，规范刑罚裁量权。全年新收刑事案件923件，审结903件。坚持惩罚犯罪与保障人权并重理念，既依法打击犯罪又保障被告人诉讼权利。依法惩处暴力犯罪和多发性侵财

8月21日，太仓边检站联合市公安局开展码头巡查 （王钦程 摄）

犯罪案件347件479人。判处非监禁刑258人。依法惩治腐败，审结贪污、受贿等职务犯罪案件13件14人。

【民事审判】 全年新收各类民事案件4037件，审结4036件。注重传统民事案件调解工作，调解撤诉率80.33%，较上年增长12.26个百分点。关注劳动争议、消费者维权等社会民生关注度高的案件，加强与市劳动争议仲裁委员会沟通联系，促进“裁审对接”，依法保障当事人合法权益，构建和谐劳动关系。推行交强险和商业险合并审理模式，提升道路交通事故赔偿纠纷案件审理效果。加强与市建筑行业、房地产业沟通，提升涉房地产、建设工程等案件审理水平，促进房地产行业市场稳定、建筑行业良性发展。

【商事审判】 全年新收各类商事案件1911件，审结1874件。注重以司法裁判方式化解商事纠纷，判决适用率41.22%，较上年增长12.50个百分点。市法院依法审理买卖合同等案件，规范市场交易秩序。妥善审理金融纠纷，防范金融风险，保障金融安全。应对经济结构调整中出现的破产清算、股权转让等案件。

【涉少审判】 2014年，市法院继续推行涉少刑事审判“三步诊疗法”（庭前预诊、庭中治疗、庭后康复）、外地未成年犯本市社区矫正等举措，依法保障未成年被告人合法权益。注重对涉少民事案件联动调解工作，提升案件审理效果。应对校园伤害多发趋势，依法维护学生和学校合法权益。建立“院校维权QQ群”“少年庭微博”等网络平台，加强青少年普法宣传教育。

【知识产权审判】 全年新收知识产权诉讼案件47件，审结46件。深化知识产权刑事、民事、行政“三审合一”改革试点，依法打击侵犯知识产权行为，提升太仓作为国家知识产权试点城市建设水平。加强知识产权法制宣传，提升企业增强知识产权保护意识和维权能力，营造知识产权保护法治环境。

【行政审判】 全年新收行政诉讼案件53件，审结27件；新收非诉行政审查案件27件，结案27件。加大司法审查力度，发挥司法裁判规范引导行政行为的作用，促进行政机关依法行政。杜绝行政案件“不立不裁”现象，依法保障行政相对人诉讼权利。健全行政诉讼协调机制，提升行政争议化解效果。推进行政机关首长出庭应诉工作，实现行政首长出庭应诉率连续7年保持100%。

【执行工作】 2014年，全市新收各类执行案件3369件，执结3111件。推行“分组+分段”的执行分权新模式，强化执行管理和内部监督。推进执行指挥中心建设，提高执行工作信息化水平和快速反应能力。开展涉民生案件专项集中执行活动，依法保障当事人胜诉权益。入驻淘宝网建立网上司法拍卖平台，促进司法拍卖公开、公平、公正。健全公布失信被执行人名单信息制度，公开曝光1250名失信被执行人，发挥信用惩戒作用，促进社会诚信体系建设。

【司法便民】 2014年，市法院深化诉讼服务中心建设，建立网上诉讼服务中心，为当事人提供诉讼指导、网上立案、案件查询等“一站式”服务。建立远程视频接访系统，方便申诉信访。加大巡回审判力度，选取典型案件走进社区，就地化解矛盾，增强法制教育效果。推进诉讼档案数字化扫描工作，便捷当事人和社会公众查询档案信息。

【司法救助】 2014年，市法院完善司法救助制度，依法保护社会弱势群体正当权益。全年缓减免交诉讼费51.84万元，发放执行救助款112.66万元。健全完善刑事被害人救助制度，依法救助经济困难刑事被害人。市法院重视未成年人教育保护，制定《未成年人专项司法救助办法》，启用未成年人救助基金，完善未成年人司法救助长效机制。在新浪网建立“太仓法院少年庭”——未成年人维权微博，搭建未成年人维权新平台

【司法公开】 市法院运用现代信息技术，推进审判流程公开、裁判文书公开和执行信息公开“三大平台”建设，增进公众对司法的了解、信赖和监督。实施法庭技术改造，提升庭审同步录音、同步录像和同步显示记录效果。建立官方微信平台，及时发布法院工作信息，增强法院工作透明度、公开度。

【司法改革】 10月15日，江苏省高级人民法院在74个人民法庭开展审判权运行机制改革试点工作，实施全省人民法庭改革试点总体意见。按照“让审理者裁判，由裁判者负责”改革要求，以完善主审法官办案责任制为核心，以建立审判团队管理模式、改进院庭长监督指导方式为主要内

11月27日，市法院试行“五人制合议庭”开庭审理一起行政诉讼案件（郑金硕 摄）

容，优化审判资源配置，理顺审判权和审判管理权、审判监督权的关系，建立权责明晰、权责统一、监督有序的司法权力运行机制。太仓市人民法院城厢人民法庭作为首批人民法庭审判权运行机制改革试点单位之一，推进主审法官办案责任制、法官办案主体地位、法官办案权力与责任等改革举措，实现人民法庭工作可持续发展。市法院根据苏州市中级人民法院制定《人民陪审员制度改革试点工作实施方案》，推进人民陪审员制度改革试点，依法维护人民陪审员参审独立性，保障人民陪审员履职权利，提升人民陪审制度公信度。（郑金硕）

检　察

【概况】 2014年，太仓市批准逮捕各类刑事犯罪嫌疑人565人，较上年上升13%，提起公诉1310人，较上年上升11%。对轻微刑事犯罪强化批捕、起诉必要性审查，依法不批准逮捕235人，不起诉38人。和解轻微刑事案件27件。立案查处职务犯罪案件16件16人，其中受贿案件10件10人，行贿案件3件3人，渎职案件3件3人。追缴赃款赃物430余万元，挽回直接经济损失460余万元。查办征地拆迁领域案件5件5人，查办涉农补贴领域案件6件6人。通过专项预防调查、发出预防检察建议等方式，推动完善区镇拆迁领域相关制度流程、工程招投标、涉农资金项目网上申报等制度10余项。受理行贿档案查询925批次。在刑事诉讼监督中，追加起诉6人（单位），发出《纠正违法通知书》2份，发出再审检察建议1份。在刑罚执行和社区矫正监督中，开展减刑假释暂予监外执行专项检察活动，共审查245人，未发现违规情形。办理羁押必要性审查案件24件24人，建议变更强制措施20人。督促收监1人。在民事行政诉讼监督中，对法院一审生效裁判，提请抗诉2件，发出再审检察建议1份，对中级人民法院二审生效判决，建议提请抗诉4件，支持起诉4件，督促行政机关履职1件。对法院正确的民事行政裁判，做好服判息诉工作，息诉和解6件。依法办理虚假诉讼案件4件。受理群众来信来访219件，办理检调对接案件19件，对9名刑事案件被害人开展救助工作，救助金额6万元。

【不起诉案件公开听审】 2014年，市检察院实践不起诉案件公开听审办理模式，邀请市人大代表、政协委员组成评议团，公开审查不起诉案件20件，以公开透明的程序运作确保司法公正。

【未成年人合法权益保护】 2014年，市检察院组建负责承办未成年人刑事案件专业队伍，构筑司法关爱、社会关爱网络，搭建法律援助专业平台、社会调查协作平台、犯罪记录封存信息平台，推行未成年人审前羁押风险研判机制、合适成年人参与诉讼机制、未成年人附条件不起诉制度、未成年人心理疏导机制。联合团市委、市妇联、市关工委、市教育局等14个部门构建社会“关爱平台”，启动育苗工程、牵手工程、净化工程和阳光工程等“五大工程”，全方位保障未成年人合法权益。

【检察执法规范化建设】 2014年，市检察院推进办案信息化、执法规范化建设。启用“全国检察机关统一业务应用系统”，该软件涵盖执法信息网上录入、执法业务网上审批、执法流程网上管理、执法活动网上监督等，有利于加强对执法办案活动的全程管理监督。专门设置案件查询、律师阅卷等系统保障诉讼当事人合法权利。整合设立太仓市人民检察院沙溪检察室，在港区、沙溪镇设立民营企业检察服务咨询点。加强对侦查办案工作的监督管理，促进检察机关严格、公正、文明、规范执法；完善讯问职务犯罪嫌疑人全程同步录音录像制度，落实办案安全责任制。

【警示教育】 2014年，太仓市加强廉政文化建设，营造风清气正的勤廉氛围，市检察院参与编写《党政干部勤政廉政警示录》；开展“廉洁与青春同行”“预防为企业发展护航”“廉政故事会”等警示教育活动；以职务犯罪对家庭造成的伤害为题材，拍摄微电影《心莲》，获“苏州市首届预防职务犯罪专题微电影大赛”三等奖。制作发放《2013年度职务犯罪预防案例白皮书》，涵盖2013年度职务犯罪报告、案件警示录、法律链接等内容。

【行政执法与刑事司法衔接】 2014年，市检察院督促行政执法机关移送破坏环境案件线索2件。健全“两院两局”（法院、检察院、公安局、环保局）环境保护联动执法机制，实现环保执法联动工作一体化，办理污染环境犯罪案件2件。依托食品安全联动机制，办理生产销售有毒、有害食品犯罪案件2件。

6月23日，市检察院在市中心广场开展举报宣传周——检察长接待日活动（市检察院供稿）

【案件信息公开】 2014年，市检察院深化检务公开，推进检察信息公开、增强司法透明度。按照“公开是原则、不公开是例外”要求，推进案件信息公开工作。6月1日，试点对判决生效案件起诉书等四类法律文书实行网上公开。9月30日，启用“人民检察院案件信息公开平台”。全年公开生效刑事判决案件起诉书316份，发布职务犯罪案件信息15条。依托网络新媒体发布平台，实时发布检察工作动态、案件信息、法律法规等，提供在线查询案件、受理预约服务等功能。制作业务部门办案流程图，公开办案依据，普及办案知识，增强执法透明度；定期编发聚焦社会热点、研究典型案例的《娄东检风》杂志，向社会各界通报检察工作。

（曹春英）

公　安

【概况】 2014年，太仓市违法犯罪警情、刑事发案率较上年分别下降9.6%和9.8%；破获刑事案件1362起，破案率22.5%，其中“八类”（杀人、纵火、投毒、抢劫、强奸、绑架、爆炸、故意伤害）案件破案率94.3%，破案绩效居苏州大市第一。市公安局制定全局平安太仓建设三年（2014—2016年）规划，巩固平安太仓建设成果。全年未发生有重大影响的恶性刑事案件、有重大影响的群体性事件。

【违法犯罪打击】 2014年，市公安局开展命案侦破、打黑除恶、缉枪治爆、打击“两盗一骗”（入室盗窃、盗窃电动车、电信网络诈骗犯罪）等系列专项行动，年内3起命案均告侦破；打掉恶势力团伙30个，打击处理131人，破获案件54起；摧毁跨省系列电信网络诈骗团伙18个，抓获犯罪嫌疑人120人，破获案件212起，追缴赃款210余万元，破案率6.3%；打掉跨区域、系列性“两盗”团伙21个，破获各类盗窃案件600余起，追、退赃款赃物价值300余万元。

【立体化防控体系建设】 2014年，市公安局加快社会面高清治安监控补建加密和老旧监控设备升级维护工作，新增治安监控1400余个，摄录一体机1100余台。重点加强上海市、昆山市、常熟市沿线村级卡口警力配置和技防建设，全年通过卡口抓获违法犯罪嫌疑人108名，协破各类案件90余起。推行“网格巡逻、便衣巡查、人机互动、监巡对接”工作机制，完成“巡防动态管控平台”升级改造。突出巡防主业地位，巡防警力配比60%以上，全年通过巡防抓获违法犯罪嫌疑人513名，协破各类案件240余起。优化应急指挥调度、多警种联合值守、社会应急联动等机制，组织开展应急处突实战演练3次，做到练指挥、练协同、练战法、练技术有机结合，有效检验扁平化指挥和应急反应机制建设水平，提高各警种响应速度和协同作战能力，增强公安应急处置能力。5月，为丰富拓展警方服务的组织形式及服务内容，组建“义警”队伍，召集辖区有志于从事志愿服务活动的市民群众，在警方统筹协调下，开展社会治安防范和公益服务活动。根据功能定位，“义警”队伍分设防范电信诈骗志愿者团队、红臂章志愿者团队等10余支团队，分别由治安、企事业单位安全保卫、禁毒、人口管理等业务部门组织指导；累计发展“义警”等志愿者1.3万余人。

【社会管理创新】 2014年，市公安局实施《社区警务工作实战化指导意见》，落实社区民警开展群众工作、化解矛盾纠纷、组织安全防范、维护治安秩序等主业责任。实施“警社互动”，创新社区警务工作模式，实现社区群众满意度96%。持续开展流动人口、出租房屋信息采集和群租房专项整治行动，全年累计登记流动人口64.32万人，较上年上升9.57%，变更登记信息11.3万条，受理居住证4.29万张，累计制发51.71万张。全年受理出国（境）审批2.67万人次，较上年上升30%；办理境外人员签证（注）3266人次；登记临时到太仓境外人员2.07万人次。开展境外人员住宿登记专项清理行动，境外人员临时住宿申报率100%、准确率99.5%。

【公共安全监管】 2014年，市公安局严查各类交通违法行为，整治重点车辆安全隐患，查处交通违法行为41.6万起。严格消防安全监管，重点整治火灾隐患突出场所，全年未发生重特大火灾事故。强化单位内部安全防范，检查督导各类企业单位9904家次，对57家隐患较为突出的单位处以行政处罚并责令限期整改；依托太仓市第一人民医院、太仓市中医医院两个警务室，妥善处置较大医患纠纷26起；预防打击金融领域违法犯罪，完善警银协作机制，防阻电信网络诈骗108起，避免人民群众经济损失280万元。

【科技强警建设】 2014年，市公安局整合道路监控资源，建成智能化技防

6月，市公安局侦查民警在河道中寻找一起命案后被丢弃的作案工具

（市公安局供稿）

城实战应用平台，实现全市监控网实时动态布防；开发建设视频图像联网共享应用系统，对接PGIS（警用地理信息系统），提升视频监控服务实战能力；开发移动接处警智能系统，优化报警自动定位，指令单、处警路线和流程自动生成一屏下发等智能指挥调度功能，实现扁平化指挥、快速出警、过程控制、准确处置；与公安部第三研究所合作，建成非标车牌车辆比对系统及视频摘要系统，实现对摩托车、电动车等无法用车牌描述的车辆目标分类识别、以图找图及对监控视频图像的快速处理、智能比对和临时布控。年内，移动接处警智能系统、视频图像联网共享应用系统分获苏州市年度科技强警一等奖和二等奖。

【执法规范建设】 2014年，市公安局开设法制培训班8次，举办专题讲座2期，提升一线民警执法水平。制定《非执法办案类监控调阅查看指导意见》《关于轻微刑事案件实行快速办理机制的指导意见》《常见几类刑事案件追诉标准及法律依据》等规范化制度，提升执法效能。实行每日案件审核、执法预警提示等制度，完善基层所队执法办案功能区、执法办案中心和涉案财物管理中心规范化建设，实施警务公开，开辟网上案件告知系统，对警情受理、案件处理实行网上告知和网上沟通；当事人及其家属通过案件编号可在互联网公安机关办事大厅中查询案件办理情况。创建律师会见服务中心，依法保障律师执业权益，提升执法公信力。全年审核刑事案件653件、行政案件2035件，未发生行政诉讼败诉和国家赔偿案件，市看守所连续54年安全无事故。

【和谐警民关系】 2014年，市公安局加强警民沟通交流，走访3.36万人次，开展警民恳谈1680场次，收集意见建议185条，解决实际问题420余件。创优交通服务管理，在世纪苑社区等地试点推行“交通管理进社区”工作机制，累计上门服务企业93次，为21家单位的1278辆车辆提供车管零距离服务；完善轻微交通事故快速处理机制，实行警务通先期现场取证、联动保险公司事后理赔；缓解校园周边道路通行压力和安全隐患，实施“平安护学岗”等法治实事项目。优化涉外服务管理，在实行网上预约办理服务、畅通出入境证件办理“绿色通道”基础上，推出简化出入境办理便民措施5项。

【警社互动】 2014年，市公安局深化“千日扎社区、三年夯基础”专项行动，重置公安机关与各社会主体之间在社会治安管理方面的合成联动关系，明确权责分工、强化互动合作、完善保障机制，合力推进新型社会治安防控体系构建。推进东林村“政社互动”示范村“警社互动”社区警务工作，提高警务工作在村民自治管理中的参与度；警情量较上年下降57%，刑事案件、火灾事故“零”发生，吸毒人员“零”复吸，矛盾纠纷调解成功率100%。

市公安局交巡警践行“平安护学岗”法治实事工程，保障学生出行安全（2014年11月摄　市公安局供稿）

【大型活动安保】 2014年，市公安局做好安保维稳工作。5月，2014年国际田联竞走世界杯赛在太仓举行，全市公安机关累计出动警力3.8万人次、巡逻车辆1.3万辆次，对1.5万余间出租房和2600余家场所行业进行入户登记、治安检查、消防检查。比赛期间，做好赛场交通组织、外围封闭、护栏设置、停车规划、卡口堵截等交通安保工作。8月，南京青奥会举办期间，全市公安机关每天投入巡逻车70余辆、巡逻和应急处突人员2000余人，对党政首脑机关、大型公共娱乐场所、金融单位、学校、医院、繁华商业区等重点单位、人员密集场所、重点路段和重点要害部位开展不间断武装巡逻。

（蔡玉莉）

司法行政

【概况】 2014年，太仓市司法行政工作围绕“崇尚法律信仰，彰显司法公正，让人的尊严在法律的太阳下熠熠生辉”主题，实施跨越发展“光辉工程”，服务经济发展、保障改善民生、维护社会稳定。市司法局在全省率先实现公共法律服务全覆盖基础上，推进公共法律服务均等化进程。全市律师行业办理各类案件2582件，较上年减少6%；业务收费4640万元，较上年增长21.3%。基层法律服务行业办理各类案件877件，业务收费507万元，较上年减少5.4 %。市公证处共办理各类公证3000余件，收取公证费398万元。全市各类人民调解委员会及两级调处中心共组织纠纷排查6900次，调解纠纷8890件，调处成功率100%。全市累计接收社区服刑人员1544人，在册社区服刑人员221人，刑释解教人员915人。办理各类法律援助案件1011件。年内，市司法局被省司法厅记集体二等功，被省综治委评为“全省刑满释放人员安置帮教工作先进集体”。

【法治宣传教育】 2014年，太仓市获全国“六五”普法中期先进县（市、区）称号。年内，太仓市培育公共法治文化示范点，在市镇两级法治文化阵地全覆盖的基础上，推进法治文化阵地下沉。实现便民法律服务阳光屋、法治学校、法治图书室、法治宣传橱窗全覆盖。推进村（社区）公共法治文化基础设施建设，建成城厢镇东林村法治家园、新区华盛园法治家园、璜泾镇杨漕村法治文化公园、浮桥镇茜泾法治书场等村级阵地。培育城厢镇东林村创建全国民主法治示范村，全市民主法治示范村（社区）苏州级以上129家，达标率87.8%，其中省级以上51家，达标率34.7%。组织开展首个国家宪法日、第3届法治文化艺术节、“太阳宝贝”普法形象大使评选、全球华人网络法治微小说大赛等法治文化活动。开设电视台周末法治微电影、电台律师在线、报刊律师说法栏目。在全市投放普法公益广告、微电影。

【社区矫正】 2014年，太仓市累计接收社区服刑人员1544人，在册社区服刑人员221人，刑释解教人员915人。市司法局丰富社区服刑人员集中教育和社区服务内容，构建融合法律、文化等多元化教育矫正新常态，提升教育矫正针对性和实效性。太仓光辉矫正社工事务所实现社区矫正执法类事务与社会化事务分离。坚持寓管理于服务，加强社会组织内部规范化建设，提升承接政府职能及公益创投项目能力。7月，市司法局与东港戏曲社建立文化矫治协作机制，签订《文化矫治协作协议》。市社区矫正管理教育服务中心完成扩建，阳光心理服务中心进驻市社区矫正管理教育服务中心；市安置帮教管理服务中心启用。

【法律援助】 2014年，太仓市实施法律援助民生工程，扩大法律援助覆盖面，延伸法律援助工作触角，优化法律援助网络布局，加强“半小时法律援助服务圈”建设。培育“农民工维权门诊”“法律服务进高墙”“妇女维权绿色通道”等法援服务品牌，维护弱势群体合法权益。全年市法律援助中心办结法律援助案件1011件，较上年增长21%，法律援助案件连续8年保持“零投诉”。太仓市印发《“12348”法律援助热线工作规范》，整合升级“12348”法律服务热线功能，成为集法律咨询、法律服务、法制宣传、业务解答及形象展示为一体的司法行政公共服务平台。升级后，“12348”由提供单纯的法援服务升级至司法行政公共服务，服务内容扩充至司法行政所有公共服务领域。热线全年解答法律咨询4689次。全市17件法律援助案件获得省法律援助基金会资助奖励；12件法律援助案件获得苏州法律援助基金会资助；市法律援助中心承办的“连兴霞、梅友专提供劳务者受害责任纠纷案法律援助”入选“2014年度苏州市法律援助十大优秀案例”。年内，市法律援助中心获评全省司法系统“青少年维权岗”、江苏省法律援助机构示范窗口。

【人民调解】 2014年，太仓市明确基层司法所政法专项编制人员收归市司法局专编专管专用，建立基层司法所政法专编“实名制”档案库。太仓市娄东街道司法所挂牌成立。家庭装饰行业、汽车销售行业消费纠纷联动调处中心成立，组建建筑行业协会和双凤、璜泾、新区等商会调解组织。在全市14个公安派出所配备专职调解员，城中、沙溪派出所完成“公调对接”示范点建设。推进苏州市规范化村(社区）人民调解委员会创建工作，创建率95%。举办2014年度市镇两级人民调解员培训班，邀请上海市人大代表柏万青担任太仓市人民调解工作顾问。全市各类人民调解委员会及两级调处中心共组织纠纷排查6900次，调解纠纷8890件，调处成功率100%。

【律师服务】 2014年，太仓市加强法律服务规范化管理，打造法律服务精英队伍，引导法律服务人员参与公共法律服务体系建设，印发《关于规范和完善全市法律服务市场秩序的意见》。全市有律师事务所12家，职业律师100名。律师行业办理各类案件2582件，较上年减少6%，业务收费4640万元，较上年增长21.3%；基层法律服务行业办理各类案件877件，业务收费507万元，较上年减少5.4%。市公共法律服务中心完成升级改造，累计接待服务8000余人次，服务质量满意度率98.7%。实现镇级公共法律服务中心全覆盖。全市各村（社区）委员会全面建立社区法律事务和人民调解委员会。建成集律师工作室、法律援助联系点等“七位一体”村（社区）便民法律服务“阳光屋”126家，覆盖率86.9%。开展公共法律服务满意度测评，满意率98%。

【公证服务】 2014年，太仓市公证处办理各类公证3000余件，收取公证费398万元。开展征地拆迁过程中的安置房分房抽签、政府采购招投标、土地拍卖和出让、退伍士兵自谋职业协议等公证项目，全年累计办理招投标公证100余件，累计招标资金数千万元。开展公证法律服务标准化建设，建立健全公证法律服务标准体系，印发《太仓市公证处公证法律服务标准汇编》，规范公证服务提供和管理行为。坚持公证惠民，开展公证进村、社区法律服务宣传。开展公证为民专项活动，为孤寡老人、残障人士等社会弱势群体提供特殊公证服务，对符合法律援助条件的，按规定予以减免公证费用。完善出证审批、重大疑难公证事项集体讨论制度、新型公证请示汇报制度等。

【司法鉴定】 2014年，太仓市推进司法鉴定机构法律援助工作，保障经济困难和其他符合法定条件的公民能够及时获得司法鉴定法律援助。司法鉴定法律援助范围界定为法院审理的法律援助案件受援人。司法鉴定法律援助流程由市法律援助中心统一受理、统一审批，经审批同意后，受援人在规定时限内，凭司法鉴定法律援助决定书，到指定的司法鉴定机构进行鉴定。司法鉴定机构完成法律援助工作后，在30日内向法律援助机构申领个案补贴。司法鉴定法律援助主要面向农村和城镇低保户，盲、聋、哑和其他残疾人，未成年人和老年人，经济条件差的妇女和农民工等弱势群体。

（陈　虹）

地方组织机构

中共太仓市委员会

重要会议

【中共太仓市委第十二届八次全体（扩大）会议】 2014年7月21日召开，全会贯彻落实中央决策部署，按照省委和苏州市委要求，回顾总结上半年工作，研究部署下半年任务。

全会由市委常委会主持。出席会议的有市委委员33人、候补委员6人。市纪委委员，市有关负责人，各镇、太仓港经济技术开发区、新区、科教新城、娄东街道有关负责同志，市委各部委办局、市各委办局、市各人民团体有关负责人，各直属单位、健雄学院、各驻太部队及有关方面负责同志和代表列席会议。会议邀请太仓港口管委会有关领导参加。

全会听取并审议通过市委书记王剑锋代表市委常委会作的题为《勇于担当、创新实干，确保完成全年各项目标任务》的报告，肯定太仓市上半年经济社会发展所取得的成绩，强调全市上下要抓好五个方面工作，以重点突破带动全局发展：一是坚定不移促进经济增长，毫不动摇加快转型升级，更大力度推进科技创新，着力促进经济发展量质并举；二是深化重点领域改革，提升开发开放水平，认真做好“两篇文章”，着力激发经济发展活力动力；三是提高建设管理水平，加快城乡一体步伐，促进绿色低碳发展，着力彰显现代田园城市风貌；四是持续提高居民生活水平，协调发展各项社会事业，切实维护社会和谐稳定，着力提升人民群众幸福感受；五是抓好教育实践活动，提高执政能力水平，加强党风廉政建设，着力凝聚加快发展强大合力。

【中共太仓市委第十二届九次全体（扩大）会议】 2014年12月15日召开，全会落实中共十八大和十八届三中、四中全会精神，贯彻中共中央总书记习近平系列重要讲话精神，按照中央经济工作会议、省委十二届八次全会和苏州市委部署要求，回顾总结全年工作，研究安排2015年任务，动员全市上下适应新常态、开拓新思路，落实新举措、实现新作为，推动经济社会持续健康发展。

全会由市委常委会主持。出席会议的有市委委员31人、候补委员6人。市纪委委员，市有关负责人，各镇、太仓港经济技术开发区、新区、科教新城、旅游度假区、娄东街道有关负责同志，市委各部委办局、市各委办局、市各人民团体有关负责人，各直属单位、健雄学院、各驻太仓部队及有关方面负责人和代表列席会议。会议邀请太仓港口管委会有关领导参加。

全会听取并审议通过市委书记王剑锋代表市委常委会作的题为《适应新常态、实现新作为，全力推动经济社会持续健康发展》的报告，肯定2014年太仓市经济社会发展所取得的成绩，强调要做好2015年工作，必须抓好六个方面：一是深化重点领域改革，提升对外开放水平，做优做强发展载体，勇当改革开放先行军；二是坚持依法行政，推进公正司法，引导全民守法，强化法治保障，创建法治建设先导区；三是全力以赴稳增长，坚定不移促转型，一着不让抓创新，争做转型发展排头兵；四是坚持以港强市，全面接轨上海，构筑沿江临沪新高地；五是加强城市规划建设，推进城乡一体发展，优化生态宜居环境，打造田园城市新样本；六是持续改善民生，加强文化建设，创新社会治理，建设民生幸福首善区。

全会要求，全市各级党组织和广大党员干部要认真贯彻落实中共中央总书记习近平关于从严治党的明确要求，坚持把抓好党建作为最大的政绩，切实履行党风廉政建设“两个责任”（落实党风廉政建设责任制，党委负主体责任，纪委负监督责任），坚定理想信念，严明政治纪律，树立大局观念，坚定正确政治方向；坚持标准选好干部，科学合理用好干部，多措并举管好干部，提升干部整体水平；强化基层组织建设，严肃党内政治生活，提升服务能力水平，夯实党的执政基础；持续深入改进作风，不断提升效率效能，始终保持清正廉洁，优化提升作风效能，全面提升党的建设科学化水平，着力为加快发展提供坚强保证。（顾鸿飞）

组　织

【概况】 2014年，太仓市组织系统认真学习贯彻中共十八大、十八届三

11 月 5 日，市委书记、太仓港经济技术开发区党工委书记王剑锋（前左四）参加港区领导班子成员领题导读活动　（市委组织部供稿）

中全会、十八届四中全会精神，落实从严治党要求，按照全国、省市组织工作会议和市委十二届八次、九次全会部署，开展党的群众路线教育实践活动，优化领导班子和干部队伍结构，加强党员干部队伍建设、基层党组织建设和人才工作，完善干部考察考核工作机制，强化干部监督管理工作，提升组织工作科学化水平。截至 2014 年年底，全市共有基层党组织 3998 个，其中党委 163 个，党总支 106 个，党支部 3729 个；党员总数 39503 人，其中女性党员 10392 人；年内新发展党员 356 人。共有市级机关党组织 270 个，其中党委 19 个，党总支 25 个，党支部 269 个。全市党政机关共有党员 3145 人，事业单位管理人员中有党员 1595 人，事业单位专技人员中有党员 2941 人。

【党的群众路线教育实践活动】 2014 年 2 月起，全市组织动员 3995 个基层党组织和 3.9 万名党员参与活动全过程，以钉钉子精神抓好有关工作落实，确保全市教育实践活动有序开展。把学习教育作为首要任务，下发学习资料，组织开展专题党课、典型巡讲、演讲征文等活动，引导党员干部认真学习。以开好专题民主生活会和组织生活会为重点，抓好督导工作，引导各级党组织和广大党员干部广泛听取群众意见，深入开展谈心谈话，深刻进行对照检查，以整风精神严肃开展批评和自我批评。落实中央 21 项、省委 18 项、苏州市委 12 项专项整治行动，结合全市实际，开展减轻村（社区）负担、食品药品安全等 16 项专项整治行动。根据上级统一部署，修订完善关于改进调查研究、精简会议文件简报、规范改进公务接待和商务接待工作等系列整改落实制度。搭建特色载体，实施“365 服务工程”，开展“民生大巡访”“干部回家乡”等活动，提升基层党组织和党员联系群众、服务群众的能力和水平。以群众满意为风向标，开展“365 服务工程”测评工作，面向有关单位的直接工作对象、服务对象开展满意度测评，邮寄问卷 1848 份，电话访问 1080 人，收集群众关于服务流程、服务效率、服务环境等 7 个方面意见建议，及时反馈。太仓市“365 服务工程”入选省“打通服务群众‘最后一公里’”创新案例。

【领导班子和干部队伍结构优化】 2014 年，市委组织部经常性开展综合分析研判，掌握全市各级领导班子和干部队伍现状，统筹抓好各级班子和干部的科学调配，优化队伍结构。选优配强各级领导班子，重点配强“一把手”和重要岗位干部，保证各级领导班子健康高效运行。扩大选人用人视野，按照企业干部队伍建设需求，在全市范围内选拔市属国有企业经营管理人才。做好干部交流工作，实施《党政领导干部交流工作暂行办法》。全年共调整干部 4 批次 120 人次，提拔干部 45 人，其中 40 岁以下干部 22 人，占总数的 49.2%，女干部 7 人，党外干部 3 人，大学本科及以上学历 39 人。

【干部考察考核工作机制完善】 2014 年，市委组织部继续通过年度考核、任前考察、谈心谈话等方式，了解领导班子运转和干部队伍现状，掌握干部思想动态。深化“对事考察”工作，将其作为现有干部考察考核工作的补充，制定“对事考察”的谈话程序、评价标准，规范考察工作流程，推动“对事考察”经常性开展，做到考察识别干部功夫在平时。全年开展领导班子考察 22 家，“对事考察”35 家。

【干部监督管理】 市委组织部严格干部职数管理，做好干部超职数配备、企业兼任职清理工作。加强干部选拔任用全程监督，以“一把手”为重点，加强领导干部日常监督，全年共对 5 家单位进行“三责联审”（按照干部管理权限和部门职能分工，

资料链接

“365 服务工程”是对农村、市级机关、事业单位党组织开展的“365 服务”的统称。在农村党组织中开展“365 服务体系”建设，即“三全”“六服务”“五保障”，“三全”指服务时间全天候、服务内容全方位、服务形式全过程；“六服务”指服务核心、服务队伍、服务阵地、服务载体、服务机制、服务业绩；“五保障”指思想、组织、资源、经费、责任保障。在市级机关、事业单位中开展“365 服务工程”建设，即“三个目标”“六项措施”“五项保障”，“三个目标”指全心全意为群众服务、尽心尽意为群众办事、称心称意让群众满意；“六项措”施指开展我是人民勤务员主题活动，开展党旗飘扬示范活动，常规服务保姆式，疑难问题诊询办，服务群众连心桥，群众满意风向标；“五项保障”指思想、组织、队伍、机制、责任保障。

资料链接

“对事考察”是太仓市创新开展的一种围绕实质性工作评价干部的考察模式，分“察事、及人、评价”三个步骤。通过对事件“七何”（何时、何地、何事、何人、何故、何情、何效）要素的考察了解，分析干部在具体工作中的作用发挥，对照新时期好干部标准，把干部的德才表现细化到重大关头、关键时刻的态度、作用、协作、效果、担当等方面，由“叙事”转变为“论人”，由此了解发现干部、准确评价干部。

由市委组织部会同市编委办、市审计局等同步实施党政领导干部选人用人责任审查、机构编制责任审核和任期经济责任审计）、11家单位进行经济责任审计、6家单位主要领导离任进行“阳光交接”、73家单位进行“一报告两评议”（地方党委常委会每年向全委会报告工作时，要专题报告年度干部选拔任用工作情况，并在一定范围内接受对本级党委干部选拔任用工作和新选拔任用领导干部的民主评议）。常态化开展领导干部谈心谈话活动，市委组织部与26家单位的主要领导及部分班子成员进行谈心谈话，建立谈心谈话档案，对苗头性问题及时提醒。严格落实领导干部个人有关事项报告、出国（境）审批管理等制度，做好“裸官”排查、信访核查等工作。加强干部监督网络建设，完善执纪执法部门联席会议制度，推进干部监督“三员一网”[地方选派督导员，系统（行业）选聘监督员，单位选用联络员，构建立体、开放、高效的监督网络]建设，提升干部监督管理工作水平。

【年轻干部选拔培养】 太仓市以推进“A730培养计划”为重点，以点带面加强年轻干部队伍建设。截至2014年年底，“A730”入库干部共826名；其中，7类紧缺类型干部239名；年内，“A730”库共有9名干部提拔为市管干部。以坚定理想信念、提升能力素质为主题，搭建年轻干部培养多元平台，举办第17期青年干部培训班，开展“青年干部风采大赛”等特色活动。抓好年轻干部一线培养，继续开展“双向挂职”活动，选派46名年轻干部到一线岗位和困难环境接受锻炼；开展“青年干部进企业”活动，105名年轻干部挂钩联系208家企业，在经济一线锻炼，提升素质。加强大学生村干部队伍建设，专门印发实施意见，建立工作例会制度，举办全市大学生村干部轮训班，加强大学生村干部培养管理。

【干部教育培训】 太仓市以干部理想信念教育和能力建设为重点，加强干部教育培训工作，全年共举办各级各类培训班、专题讲座近600期，参训干部近5万人次。与清华大学、井冈山干部学院、上海交通大学、浙江大学等合作，办好党性教育与理想信念专题培训班、第17期青年干部培训班等8个主体班次和7期“菜单式”讲座。推进“领题导读”工作，开展党的群众路线教育实践活动专题“领题导读”活动，优化选题机制、规范导读流程，推动干部学习与推进工作的有机统一。全年各地各单位共围绕260多个课题开展“领题导读”，其中市领导挂钩指导的重点课题21个。“领题导读”工作得到上级组织部门肯定，相关做法在中共中央组织部《全国干部教育通讯》上刊发。

资料链接

“A730培养计划”指太仓市根据全市经济社会发展和领导干部队伍建设需要，规划以全市年轻科职干部、科级后备干部、省委组织部选调生、大学生村干部和优秀大学毕业生等为主体，计划至2015年建成年轻干部、女干部、党外干部“三支队伍”总库（取英文“ALL”首字母，即“A”库）。在此基础上，根据经济社会发展现实需要和领导干部队伍结构需求，分党政文秘、招商引资、宏观经济、财政金融、社会管理、规划建设、现代服务等7个紧缺类型，每类重点培养不少于30名干部，建成3支队伍的“730”库。

【基层党组织基础建设】 太仓市推进党建工作责任制，落实从严治党要求，把各级党组织书记作为落实党建工作责任制的关键，开展“三级联述联评联考”工作，组织各地各单位“一把手”向市委进行党建工作专项述职，强化党建工作责任落实。优化基层党组织设置，高标准推进村级“四有一责”（有持续稳定的集体收入，有功能齐全的活动阵地，有先进适用的信息网络，有群众拥护的双强带头人，强化村党组织领导责任）、社区“三强一化”（整合功能强、承载功能强、服务功能强，实现信息化）、非公企业等基层党组织建设，探索加强农村新型社区、农民专业合作社等新领域基层党组织建设举措，党的组织覆盖和工作覆盖得到提升。做好整顿帮扶软弱涣散党组织排查、整顿、帮扶工作，全市排查出7个村（社区），通过市领导挂点整顿、分类帮扶等措施，巩固扩大软弱涣散基层党组织整顿帮扶成果。基层队伍建设方面，加强基层党组织“带头人”队伍建设，抓好培训、管理、关怀等各项工作。建立重点村党组织书记调整报备制度，推进“基层党务干部素质提升计划”，举办非公企业党组织书记培训班。完善党员电化教育综合功能，加强太仓党建电视频道建设，开设中共十八大、十八届三中全会和四中全会精神及中共群众路线等专栏，丰富栏目设置，开展红色电影展播、上级精神宣讲、先进典型宣传等活动。

【党员队伍建设】 市委组织部按照党章规定，按中央发展党员工作细则要求，把好党员“入口关”。实施发展党员“提质工程”，坚持发展党员标准，完善公示、答辩、票决、旁听等各环节流程，提升发展党员质量。以提升党员党性意识为重点，抓好党员日常教育，推动“三会一课”（定期召开党支部党员大会、支部委员会、党小组会，按时上好党课）、民主生活会、组织生活会等制度落实，确保党员经常受教育。注重典型引路，开展“身边的共产党员”系列宣传活动，搭建“立足岗位争先锋”“党旗飘扬示范团队”等争创载体，引导全市党

7月1日，太仓市第17期青年干部培训班学员重温入党誓词
（市委组织部供稿）

员发挥先锋模范作用。加强党员队伍日常管理，开展党员管理“积分制”试点，获得上级组织部门关注，在苏州市党员动态管理工作推进会上作专题交流。深化党员关爱帮扶行动，向3059户困难群众发放党员关爱基金360万元。推进流动党员教育管理“三融工程”（融入、融合、融洽），健全流动党员“双重身份”管理机制，搭建流动党员作用发挥的载体。落实党员民主评议等各项制度，探索党员党性分析、教育提醒的有效形式。推进党员“出口”机制，开展全市党员情况调查摸底，重点摸排“游离态”党员情况，探索不合格党员的界定标准、处置等工作程序。

【服务型党组织建设】 太仓市加强农村党组织“365”服务体系建设，构建以“联系零距离、服务全天候、评价交群众、固本强基础”为主要内容“四步循环工作法”，建设农村“365”信息服务平台；建立“365”指标测评体系，发放民意调查问卷9000份，开展电话访问2580人，把党组织服务成效交给群众评判，引导党组织更好地把群众意愿作为开展工作的方向。探索各领域服务型党组织建设路径，推进非公党建“四服务四提升”（服务发展，提升竞争力；服务员工，提升和谐力；服务党员，提升战斗力；服务社会，提升影响力）、社会组织党建“4S”行动计划[按照组建（setup）、示范（sample）、服务（service）、指导（supervision）等4个步骤，取4个关键词的英文单词首字母，简称“4S”行动计划]等各项工作。加强德资企业联合党委建设，建立德企党组织19家，其中单独组建18家，联合组建1家。推进德企党建特色载体建设，加强“德企党建服务联盟”建设，新建1000平方米的德企党员服务中心，开展德企沙龙等各类活动。

【招才引智平台拓展】 太仓市拓宽海内外引才渠道，建设第二批“海外引才直通站”，建立首个“千人计划”引智工作站。继续借力“赢在苏州”创业大赛、“春晖杯”等引才平台，加大招才引智力度。举办“精英周”和全欧、北美高层次人才创新创业对接会等活动，全年共吸引海外精英287人次到太仓对接。推进特色载体建设。统筹全市创新创业载体建设，推动现有人才载体扩容升级。为留德人才量身打造德国留学生创业园，吸引入驻人才项目15个，“赢在苏州”海外创业大赛欧洲赛区的16个获奖项目中有13个签约落户该园。深化产学研合作。协同办好科技人才“双百”对接会，推进教授博士柔性进企业活动，加强“科技镇长团”组织管理和指导服务，发挥其积极作用。全年，与2所高校科研院所签订全面合作协议，新增省博士后创新实践基地1家、省研究生工作站7家、校企联盟28个、产学研联合体30个、产学研合作项目214个。截至2014年年底，全市人才总量达12.86万人，较上年增长12.7%。

【人才项目申报和绩效管理】 太仓市加强对上人才项目申报。全年自主申报5人进入国家“千人计划”面试，引进国家“千人计划”人才5人；新增省“双创计划”人才7人、省博士计划人才4人、省“六大人才高峰”人才1人、省创新创业大赛三等奖1人，姑苏创新创业领军人才9人、姑苏宣传文化人才2人、姑苏高技能重点人才30人。截至2014年年底，全市共有国家“千人计划”人才15人，省“双创计划”人才（团队）35个，省创新团队3支，姑苏创新创业领军人才（团队）44个。推进本级人才项目实施。协调推进“522”人才工程及各子计划实施，新增市科技创新创业领军人才50人，全市累计总数达170人；新增高技能突出人才1人、高技能重点人才58人、文化产业重点人才3人、企业创新人才146人。开展优秀高层次人才“预评审”工作，享受“先参评后落户”特惠政策的优秀高层次人才19人。加强人才项目绩效考核。完善“人才项目绩效评估”体系，重点对2012年度市科技领军人才、2013年度市文化产业人才等分别开展期末验收和期中考核，把评估结果作为人才项目支持的依据。

【人才发展环境优化】 太仓市拓展人才金融服务。加大市产业投资基金资金投入，近两年注资4000万元用于领军人才项目发展。发挥“科才通”创业贷款效能，全年共有11家领军人才企业享受专项贷款1650万元。优化人才创业环境。举办第六届“人才宣传服务月”活动，以“助人才成长、促转型发展”为主题，开展宣传服务活动44项，建立重点人才联系制度，开展领军人才和企业“大走访”。开展市领军人才联谊会活动，聘请投资顾问为科技领军人才提供创业、创投服务；举办企业家高层论坛、高级职业经理人培训、创新人才沙龙活动，加快重点人才队伍建设。加强人才生活性服务。印发《高层次人才购房安家补贴发放实施细则（试行）》，严格安家补贴申请条件，实施安家补贴发放与项目进展情况挂钩，全年共批复安家补贴、薪酬补贴等总计460万元，涉及人才98人次，为17名领军人才办理人才公寓免租入住。建设太仓人才工作“522大数据平台”，在“522人才服务网”增设部长信箱，提升人才服务信息化、专业化水平。

【人才工作机制完善】 太仓市强化人才工作责任机制。分别与区镇和人才工作重点部门签订《人才科技工作责任书》，强化“一把手”抓“第一资源”责任。抓好区镇人才工作目标分解和落实工作。落实“制度管事”机制。健全人才工作定期会商和决策机制，市人才办下设5个工作组，形成各司其职、齐抓共管的良好工作格局。完善专项工作通报制，推动重点工作落实。开展调查研究工作。注重工作开展过程中的情况调研，先后在人才项目管理、绩效评估、生活性待遇拨付方面推出完善举措。开展“‘522’人才工程实施情况”“政企良性互动下的增强企业人才意识研究”等专项调研，为人才工作开展提供决策参考。

（吴　越）

宣　传

【理论武装】 *政治理论学习。*2014年，太仓市组建中共十八届三中全会和四中全会精神宣讲团，其中三中全会宣讲团宣讲120余场，四中全会宣讲团宣讲近40场。组织市委中心组学习十八届四中全会精神，邀请苏州市委政法委副书记朱耀明作专题讲座。召开十八届四中全会精神和中共中央总书记习近平视察江苏讲话精神座谈会。开展时势政策和“家在太仓·成就梦想”宣讲近200场。研究制定《2014年全市党委（党组）中心组专题学习计划》。利用《太仓日报·理论笔谈版》、太仓电视台《党建频道》、太仓新闻网“理论·社科”专栏、网上党校等平台，从不同层面、不同角度对十八届三中、四中全会以及市委十二届八次、九次全会精神进行解读，对市委、市政府中心工作、重大决策、重要活动进行阐述。年内，开展2013—2014年基层党员干部冬训工作，沙溪镇获江苏省党员干部冬训工作先进单位，1人获评先进个人。

*社科理论研究。*2014年，太仓市社科联印发《关于征集2014年度太仓市哲学社会科学研究课题的通知》，确定并公布年度社科应用研究课题42个。《太仓社科论坛》出版3期，刊发理论性、应用性文章50余篇。年内，《娄东文化丛书》第三辑出版，《娄东文化丛书》第四辑完成签约。“苏南现代化示范区建设太仓样本”课题综合、分类调研座谈会召开。市社科联在《群众》杂志第5期发表题为《创新社会治理与践行群众路线结合的太仓探索》的文章，在第7期发表题为《上海自贸区对太仓的影响及对策研究》的文章，该文章被市委研究室《调研参考》第7期刊发；在《唯实》杂志第7期发表题为《“领题导读”推动学习型党组织建设》的文章；在《现代领导》第4期下半月刊发题为《苏南现代化建设示范区太仓样本初探》的文章；在《精神文明导刊》第11期发表题为《乡风文明岗点赞社会好风尚》的文章；在《江南论坛》第12期发表题为《浏河镇“三位一体”探索惠民党建新路径》的文章。组织申报苏州市第十二次哲学社会科学优秀成果奖，其中《娄东文化丛书》第三辑获二等奖，《创新发展合作农场·推进农业转型升级》与《以“云服务”理念转变基层政府职能的探索》2篇文章获三等奖。参与苏州市哲学社会科学界第七届学术大会，获优秀论文二等奖2项，“娄东大讲堂”获2014年度苏州市社科普及品牌讲座。与江南论坛杂志社合作出版一期增刊，刊登太仓市经济社会发展最新调研成果。启动编撰中国社会科学院系列丛书、“十二五”重点书目——《太仓史话》。

*社科宣传普及。*9月，太仓市第九届社科普及宣传周活动在滨河社区开幕，活动以“弘扬优秀传统文化·践行社会主义核心价值观”为主题，组织16家学会及图书馆、新华书店等单位现场设摊，分发宣传品和纪念品，接受咨询、提供帮助，参与市民数百人。宣传周期间，举办社会主义核心价值观走进基层主题宣讲活动，开展社会主义核心价值观征文、“魅力中国核心价值观少儿问答赛”、百川文化以及亲子主题活动，评选出太仓市第三批社科普及示范基地。全年共出版《太仓日报·理论笔谈版》10期，内容涉及对苏南现代化建设示范区太仓样本的思考、太仓城市转型升级等；开设“市民课堂”系列讲座43期，内容涉及经济、文化、法律等各个领域；开设“娄东女性大讲堂”4期，播出“娄东大讲堂”电视版讲座。组织理论社科走基层活动，邀请社保和法律专家在桃园社区进行讲座，受益群众近百人。

【新闻宣传】 *主题宣传。*2014年，太仓市围绕全市中心工作，把握对外宣传窗口期，做好新闻点的挖掘、策划、推介。全年重点策划海上丝绸之路上的太仓、政社互动、居家养老与文化养老、中德企业合作、城乡一体化、深度对接上海等新闻采访主题，先后在《人民日报》、中央电视台、新华社、《光明日报》、《中国日报》、《新华日报》、《群众》杂志、《苏州日报》等中央和省市级主流媒体组织重点报道80余篇，其中《人民日报》头版头条刊登介绍太仓政社互动文章《苏州善治有底气》，《新闻联播》播出《碑上人生系列——吴健雄》，《新华社内参》刊发《苏州太仓突破外资“瓶颈”打造德资高地》，《光明日报》头版头条刊登介绍太仓365体系的报道《“365”让干部走进群众心里》。全年《新华日报》头版重点报道3篇（其中头条1篇）、《苏州日报》头版头条报道5篇。配合《人民日报》完成“一带一路”专题采访和人民网“行走新丝路”大型跨国全媒体报道组采风活动。2014年，太仓市累计邀请150多家媒体近300多名记者到太仓采访报道，刊发报纸、电视、网络等各类新闻1100多篇，主题宣传重点突出，新闻外宣成果显著。

弘扬正能量。太仓市结合开展党的群众路线教育实践活动集中整改，深化“走基层、转作风、改文风”活动，将“讲好百姓故事、弘扬社会正能量”作为新形势下对外宣传创新突破口。在都市类媒体上，先后推出“千里报恩”陶秋根、“送水哥”姚彩亚、“草根词人”周兵、80后鸽子王杨雅琴、“失明退休教师”王福铨等多位百姓人物。注重先期策划和后续跟踪，依靠媒体发动全社会关注弱势群体。推出一系列凡人小事，为太仓改革发展稳定凝聚正能量，让社会主义核心价值观宣传教育更加通俗化、具象化、大众化，为普通百姓所接受。

新闻发布。2014年，太仓市印发《关于建立党委新闻发言人制度的意见》，在全市建立党委新闻发言人制度，先后举办2014年国际田联竞走世界杯赛系列新闻发布会、江海河三鲜美食节暨旅游文化节新闻发布会、沙溪镇诗梦江南新闻发布会、“重温经典”娄东（太仓）全国中国画展新闻发布会、太仓快航开通新闻发布会等多场次专题发布会。在新闻队伍建设上，举办太仓市新闻发言人中国传媒大学培训班，全市各区镇、街道、相关职能部门39名新闻发言人参加30课时的讲座与实践教学，提升党委政府新闻发言人媒介知识和素养。

【境内外宣传】 2014年，太仓市深化中德合作，拓宽合作领域，从经济延伸到文化、教育、社会事业等多个领域。年内，举办2014年德国太仓日活动、2014年太仓中德工业设计周系列活动，德国工商总会在太仓设立办事处，开展中德学生互访活动，邀请德国培训师为太仓残疾人进行培训，中德（太仓）合作成果展示馆投入试运行。围绕以上合作新成果，市委宣传部加大新闻报道力度，在《中国日报》《人民日报·海外版》等媒体刊发报道，提升“德企之乡”知名度和美誉度。借助侨务平台，开通《太仓特写》微信订阅号，每周发布1个太仓文化生活专题深度资讯，开展与海外华文媒体、华人作家合作，在新西兰《华页》、泰国《中华日报》、法国《欧洲时报》等媒体刊出宣传太仓专题文章，在美国《世界名人网》开设太仓资讯专栏并发布专题网页30余个。抓住2014年国际田联竞走世界杯赛在太仓举办的契机，创新整合营销模式，将体育营销与城市形象、文化传播、队伍提升有机整合，多角度开展新闻发布工作，传播太仓城市形象。

【精神文明创建活动】 2014年，太仓市推进文明城市创建，实施文明素质教育、文明风尚弘扬、文明交通倡导、文明环境优化、文明创建示范、未成年人思想道德建设提升“六大行动”。做好全国文明城市实地考核迎检工作，完成台账资料收集整理和录入上报。年内，太仓市获全国文明城市提名城市。先后召开文明城市建设工作业务培训会、创建全国文明城市工作推进会、实地测评迎检工作部署会，细化分解任务，落实责任部门，签订责任书，集中整改薄弱环节。报社、电视台推出《文明太仓365》《文明创建进行时》专栏，报道创建动态，宣传文明知识，曝光不文明行为。开展“我为城市文明创建献一计”金点子活动、“文明创建大家谈”征文，发动全体市民为文明创建献计献策。改版升级文明太仓网，建立市精神文明建设宣传信息系统，组建网络文明志愿者队伍。加强“文明旅游”“文明餐桌”活动，印发宣传资料2万多份，倡导文明有礼、勤劳节俭之风。年内，开展2011—2013年太仓市文明单位、文明村、文明社区评选工作，表彰单位295家。确定预申报江苏省文明单位39家。承办苏州市农村精神文明建设工作推进会，“乡风文明岗”特色经验在苏州大市范围推广。6月，召开太仓市农村精神文明建设工作会议，调整“百村乡风文明岗”活动协调小组，完善部门指导、挂钩联系机制。“家在太仓·百村千户万岗”工程申报江苏省农村精神文明创新案例。开展“美丽家园”“家庭道德建设示范点”创建，开展“百名妇女干部寻访百名‘和谐之星’”暨寻找“最美家庭”活动，评选“五好文明家庭”100户。举办文化、科技、卫生“三下乡”活动，璜泾镇、城厢镇参加苏州市“三进城”（农村特色民俗文化、特色农副产品、特色文明成果送进城市）主题专场展示活动。

【思想道德建设】 社会主义核心价值观宣传教育。太仓市利用主流媒体、户外广告资源推进“图说我们的价值观”“讲文明树新风”公益广告宣传。全年在工地围挡、商业区、主干道公交站台、公共交通工具等媒介投放公益广告1100多块，报纸刊登公益广告700多条，电视台播放公益广告9700多次，新闻网刊载公益广告版面20个，印发核心价值观宣传品近13万份。组织“讲文明树

1月16日，太仓市在浏河镇开展文化、科技、卫生“三下乡”活动
（计海新　摄）

新风”公益广告创意大赛，12件作品获奖。开展“青春风向标”全市微电影大赛，表彰优秀作品15件。举办2014年第九届太仓阅读节，开展“家在太仓·书香娄东”“小手拉大手，阅读让家庭更快乐”等重点阅读活动57项。加强优秀文化传播，《娄东文化丛书》第三辑出版发行，第四辑编纂工作启动。评选表彰“书香企业”10家、“书香社区”10个、“书香学校”10所、“书香家庭”100户，表彰阅读节优秀组织奖单位10家，优秀活动项目35个。开展太仓市第九届精神文明建设“五个一工程”[一部好的戏剧作品，一部好的电视剧（片）作品，一部好的电影作品，一部好的图书（限社会科学方面），一首好歌和一部好的广播剧]奖评选工作，25件作品获奖。举办2014年文化养老艺术节、第七届业余文艺团队“百团大展演”等群众性文化活动，实施“欢乐百村（社区）行”“数字电影村村放”等文化惠民活动。组织开展“中国梦·太仓梦·我的梦”系列文艺作品创作活动。

公民道德建设工程。太仓市制定实施《关于推进诚信建设制度化的意见》，构建奖励诚信、约束失信工作机制，探索“红黑榜”发布制度。开展首届“诚信宣传周”活动，组织诚信倡议、诚信讲座、专项整治、录制节目、选树典型等活动。开展“3•15”消费者权益保护日、“税法宣传月”、“2012—2013年太仓市级诚信守法企业”创建、“行业、企业诚信经营示范街”创建、“争创诚信经营私营企业、个体工商户”等主题活动，开展企业信用管理贯标工作，对接搭建“一网三库”（“一网”是指面向社会开放的“信用网”；“三库”是指以信贷服务为重点的人民银行系统的“企业和个人信用信息数据库”，以市场监管为重点的工商系统的“企业信用信息基础数据库”，以人口信息为重点，依托身份证管理系统的“公民信息数据库”）平台。在全市开展“做精工产品、做诚信企业”、诚信经营示范点、文明诚信市场创建等活动，发挥各类行业协会作用，联合市私营个体协会开展诚信道德讲堂、诚信模范宣传、诚信企业参观等活动，培育树立诚信经营典型。开展“我推荐、我评议身边好人”活动，共寻访“身边好人”70人，年内宣传报道42人。组织“公民道德日”活动，邀请道德模范进企业、进校园进行宣讲，“中国好人”杨建清和“身边好人”陶秋根参加中央文明办举办的“全国道德模范和身边好人现场交流活动”。在村、社区及文明单位设立“善行义举榜”，举办全市道德讲堂总堂活动17期。印发《关于开展太仓市节俭养德全民节约行动的通知》，开展“爱粮节粮进万家、进校园”活动，建立中小学爱粮节粮教育社会实践基地，表彰首批“十佳爱粮节粮食堂”“十佳爱粮节粮饭店”“十佳爱粮之家”“十佳节粮主妇”。

【社会志愿者】 2014年，太仓市调整市志愿者行动协调委员会，印发《关于在全市深入推进志愿服务制度化的意见》《太仓市志愿服务实践基地创建管理办法》，召开全市志愿者总会成立大会，市志愿者网站升级改版。设立首批志愿服务实践基地10个。以“关爱他人、关爱社会、关爱自然”和“邻里守望”为主题，开展“家在太仓·情暖娄城”志愿服务月月行活动，组织“3•5”学雷锋大型广场志愿服务活动、竞走世界杯志愿服务及“环境保护”等主题志愿服务近百项。组织开展“12•5”国际志愿者日系列主题活动，举办“2014年度太仓市优秀志愿者（团队）表彰暨志愿者文艺展演”，评选表彰年度优秀志愿者20人、年度优秀志愿者团队10个。太仓市娄城的士爱心车队获“苏州市志愿之星十佳团队”称号，何逸获“苏州市志愿之星十佳个人”称号。

【未成年人思想道德建设】 2014年，太仓市召开未成年人“八礼四仪”[“八礼”指仪表之礼、仪式之礼、言谈之礼、待人之礼、行走之礼、观赏之礼、游览之礼、餐饮之礼，“四仪”指入学仪式（7岁）、成长仪式（10岁）、青春仪式（14岁）、成人仪式（18岁）]养成教育现场会，举办成长仪式、青春仪式现场观摩活动，深化未成年人思想道德教育。开展“文明伴我行·做一个有道德的人”未成年人主题教育实践活动，确定文明礼仪教育示范学校8所，在金仓湖、乡风文明田园坊等场所建立文明礼仪宣传长廊。通过板报橱窗、主题班会、道德讲堂、展板网站等形式，宣传“八礼四仪”和核心价值观。举办“八礼四仪”知识竞赛、“晒晒身边文明人文明事”演讲比赛和文明礼仪夏令营，组队参加苏州市未成年人文明礼仪风采大赛。组织“七彩夏日”“缤纷冬日”“网上祭英烈”“童心向党”“向国旗敬礼”等“中国梦”系列活动。开展中小学道德讲堂优秀设计方案和优秀乡村学

12月4日，2014年度太仓市优秀志愿者（团队）表彰暨“12•5”国际志愿者日文艺展演活动在市传媒中心举行 （市委宣传部供稿）

校少年宫评选活动，设立首批未成年人社会实践基地10个。评选表彰“美德少年”10人、“优秀小公民”75人。完成市未成年人健康成长指导中心提档升级工程，召开全市未成年人心理健康工作培训会，对新招募的心理志愿者开展上岗培训。实施“阳光结伴，快乐成长”公益项目，举办公益讲座、咨询30场，录制专题节目6期，受益人数2.5万人次。推进“同在蓝天下”公益项目，开展爱心帮困、扶贫助学活动。开展校园周边环境“蓝天行动”，开展联合执法行动6次，收缴非法音像制品、非法书刊4000余件，取缔无证摊点和零售店面14个，净化社会文化环境。

（金 钰）

统 战

【概况】 2014年，太仓市发展民主党派成员28人、无党派知识分子联谊会会员3人，其中新社会阶层人士16人。市委统战部创新统战系统政社互动新载体，在城厢镇便民服务中心设立“党外人士学习实践基地”，在新区、沙溪镇、浏河镇建设“党外人士之家”。民盟、九三学社、无党派知识分子联谊会分别与科教新城常丰社区、城厢镇万丰村、城厢镇胜泾村结对共建。组织开展民主监督活动，动员“统一战线为太仓发展献一计”，汇编整理近百条涉及经济发展、社会民生的意见建议。加强高校统战工作，打造高校统战工作亮点。3月，民盟苏州市委太仓直属小组成立。

【党外代表队伍建设】 2014年，太仓市按照《苏州市2011—2015年培养选拔党外领导干部工作规划》，完善党外干部选拔任用机制，将党外领导干部纳入全市干部队伍建设整体规划。全市有副科级以上党外领导干部76人。建立党外干部、党外代表人事管理信息库，做好党外干部选拔推荐工作。加大党外代表人才储备，做好党外代表培训工作，举办各类培训7期，培训人员350人次。

【统战服务】 2014年，市委统战部打造“侨台之家”“党外人士服务之家”“社区之家”“老沈在线”等统战服务品牌。指导各镇（区）开展统战成员服务工作，城厢镇开展“牵手邻里•守望亲情”首届社区睦邻节，沙溪镇举办“我们的节日”系列活动，浏河镇成立老照片陈列室，浮桥镇举办“邻里文化节”，璜泾镇组建“云统战”服务体系，新区开展统战成员“任务菜单面对面”活动，科教新城成立“新侨之家”。

【民族宗教和谐稳定】 2014年，太仓市成立蒋慧民族舞蹈传承推广基地，在浏河镇成立“民族书屋”。对上争取少数民族创业扶持资金。继续开展“和谐寺观教堂”创建活动，3个宗教活动场所获评江苏省创建“和谐寺观教堂”先进集体。传承发展宗教文化，启动编纂《太仓宗教志》。举办同觉寺素食文化周、双凤寺除夕敲钟、玉皇阁庙会、娄东天主堂五月朝圣等宗教文化活动和“菩提之光”慈善晚会、宗教慈善周等公益活动。

11月28日，太仓市举办党外干部读书活动系列讲座——《国学智慧与当今时代》（市委统战部供稿）

【统战系统支持非公经济发展】 2014年，市委统战部加强基层商会建设，浙江商会、建筑行业协会申报AAAA级社会组织。推进行业商会建设，建成太仓建筑装饰家居商会、双凤镇商会汽配行业分会等。推进全市基层商会调委会建设，覆盖率超过50%。

【海外统战工作】 2014年，太仓市推进沙溪古镇“亲水侨家”建设，侨文化融入古镇开发，展示海外侨界与太仓文化交流成果。向太仓籍海外华侨华人、留学生和合作媒体发布《太仓市2014年度紧缺高层次人才引进资助目录（中英双语）》，委托全美华人协会、波士顿地区南京大学校友会、澳大利亚中国经贸科技联合会等海外侨团推广。开展联系海外博士眷属大包干行动，走访全市海外博士眷属59人次。

（黄建锋）

政 法

【概况】 2014年，全市政法工作围绕构建平安中国示范区和建设法治江苏先导区目标，深化平安太仓、法治太仓建设，履行维护社会大局稳定、促进社会公平正义、保障人民安居乐业职责，提升公众安全感和法治建设满意度。太仓市连续11年获评“全省综治工作（平安建设）先进县（市、区）”。7月，太仓市获评“江苏省2012—2013年法治建设示范县（市、区）”。

【社会稳定风险防控】 2014年，太仓市制定《建立健全社会稳定风险评估长效工作机制实施意见》，明确评估范围程序，落实稳评主体责任，市、镇（区）两级50个重大稳评项目全部完成。市委政法委联合市人社局等部门，对租赁、建筑、小微等8类企业，从用工、薪酬、融资、生产等重点方面预警监管企业经营风险。完成社会治安防控体系建设三年规划目标任务，年内投入资金1200万元，补点增密治安高清监控、摄录一体机1700余台，新建及改造技防村（社区）40个。

【平安太仓建设】 2014年，太仓市深化平安建设，完善立体化社会治安防控体系，推进平安建设“十大行动”，分别是：社会矛盾化解行动，情报信息主导行动，指挥体系智能行动（升级智能指挥系统，开展应急处突演练，规范派出所勤务指挥室工作），打处质效提增行动（多破侵财类“小案”，善用现代破案战术，夯实刑侦基础工作，提优刑事技术应用），治安防控提档行动（做强专业巡防，守住卡口卡点，推进系列平安创建），基础工作深耕行动（做优社区警务，做细人口管理，做实场所行业管理），科技强警领先行动（建好“数据库”，提升“智能化”，拓展“可视化”，推动“移动化”），网络防控升级行动，安全监管治理行动（力保道路交通安全，力保消防安全，力保危险物品安全，力保大型活动安全），群众工作接地行动（抓好部门整体联动，整改解决重点问题，加强考核结果运用，挖掘培养先进典型，拓展群众工作渠道）。平安建设实践融入政治、经济、文化、生态文明各领域。全市“两类人员”（社区矫正人员和刑释解教人员）重新犯罪率保持在1%以下。据统计，全市25周岁以下（不含25周岁）青少年犯罪率较2010—2012年平均犯罪率下降6个百分点，涉罪率下降3.3个百分点；未成年人犯罪率较2010—2012年平均犯罪率下降1个百分点，涉罪率下降0.03个百分点，重新犯罪率为零。推进未成年人零犯罪社区创建活动，创建率99.3%。

【社会稳定】 2014年，太仓市统抓行政、专业、社会“大调解”建设，调处化解率98%。严防严打各类违法犯罪，开展“五大专项行动”（以防范打击暴恐犯罪为重点的社会治安综合整治专项行动，以解决信访突出问题为重点的矛盾纠纷排查化解专项行动，以消除重大隐患为重点的安全生产检查整改专项行动，以保障环境质量为重点的环境保护专项行动，以净化网络内容为重点的网上舆论引导专项行动）。开展“六打六治”活动，打击矿山企业无证开采、超越批准的矿区范围采矿行为，整治图纸造假、图实不符问题；打击破坏损害油气管道行为，整治管道周边乱建乱挖乱钻问题；打击危化品非法运输行为，整治无证经营、充装、运输，非法改装、认证，违法挂靠、外包，违规装载等问题；打击无资质施工行为，整治层层转包、违法分包问题；打击客车客船非法营运行为，整治无证经营、超范围经营、挂靠经营及超速、超员、疲劳驾驶和长途客车夜间违规行驶等问题；打击“三合一”和“多合一”（住宿与生产、储存、经营等一种或几种用途混合设置在同一连通空间内）场所违法生产经营行为，整治违规住人、消防设施缺失损坏、安全出口疏散通道堵塞封闭等问题。全年全市集中整治11个治安重点地区和突出治安问题，全市违法犯罪警情和刑事发案总量连续9年呈下降趋势。

【法治太仓建设】 （参见《社会管理·法治建设》）

（袁其桃）

市委调研与改革

【调查研究】 2014年，市委开展创新政府融资方式专题调研，市委研究室会同市金融办先后赴市水处理公司、建设银行太仓支行、市工投公司、浏河镇财政分局和江阴市等地调研，客观分析太仓市政府融资现状、面临形势，提出做好城市经营、做强国资平台、探索融资新渠道等5条建议。开展楼宇经济专题调研，走访新区、科教新城等地了解全市楼宇经济现状，和新区、科教新城到上海嘉定、无锡崇安区学习先进经验。《关于创新政府融资方式的建议》《关于发展我市楼宇经济的思考》2篇调研文章均获市委主要领导批示。全年共刊发《调研参考》14期。年内，完成《把民生阳光洒进城乡老人心中——太仓市居家养老服务可持续发展模式探索》调研报告，在苏州市委研究室刊物上发表。

【深化改革意见等文件制定】 2014年5月，太仓市制定《中共太仓市委关于全面深化重要领域改革的意见》（以下简称《意见》）、《太仓市2014年改革工作任务》2份改革文件。《意见》明确太仓市到2020年全面深化改革的指导思想、总体目标、主要任务，确定加快转变经济发展方式、提升开发开放水平、深化城乡一体化改革、建设现代田园城市、创新和完善社会治理体系、推进行政体制改革6个方面重要领域改革，强调加强和改善党的领导，为全面深化改革提供坚强政治保证。《太仓市2014年改革工作任务》对改革任务进行细化，明确市分管领导、责任单位。市领导开展改革专项调研，围绕全面深化改革，结合各自分工，精心选题，深入调研，形成高质量调研报告17篇，为下一步推进改革工作理清思路、明确方向。年底，市四套班子会议听取2014年改革工作任务落实情况汇报。太仓市基本完成2014年既定改革工作任务，在着力构建经济发展新形态、开发开放新格局、城乡一体新机制、现代田园城市新生态、文化发展新局面、社会治理新体系、行政管理新体制、反腐倡廉建设新局面、党建工作新格局等方面都取得新成效，为全市经济社会发展增添新动力。

（王伟刚）

农村工作

【概况】 2014年，太仓市农村工作按照“稳粮增收、提质增效、创新驱动”要求，以促进农民持续增收为核心、以深化农村改革为动力、以优化城乡资源配置为重点、以美丽村庄建

10月，太仓市海丰农场早熟稻丰收　　（姚建平　摄）

设为抓手，加快提升城乡一体化发展水平。市委农办加快转变农业发展方式，发展农业产业化；引导规范土地承包经营权向合作农场有序流转，实现集约发展、可持续发展。推进农业科技创新，提高农业物质装备和技术水平；推进农业生产条件和生产技术现代化。注重农业生态环境建设，发展生态循环农业，提升资源综合利用水平。培育新型农业经营主体，构建集约化、专业化、组织化、社会化相结合的新型农业经营体系。创新农业投融资机制，加大对农业的政策支持和资金投入力度；引导金融和社会资本投入农业领域，促进现代农业发展。

【强村富民】 2014年，太仓市健全集体经营机制，合作农场自主经营面积8000公顷。实施《鼓励村级经济联合发展，促进土地节约集约利用的实施意见》，明确列入太仓市村级经济联合发展名录主体，投资发展项目可享受政策优惠。增加村集体经济财产性收入，落实“一村二楼宇”政策，即按照农村集体户籍人口数，以不超过每人3平方米的标准设定集体留用地的用地规模，在符合规划前提下，重点对原有村集体工业用地采取改建、扩建形式，发展社区服务用房和增加集体经济组织财产性收入的经营性物业。探索建立市级联合抱团发展平台，市农村合作经济发展实业有限公司成立运营。拓宽公益性岗位范畴，新增劳务合作社5家，累计97家，增加农民就业和持续增收。落实生态补偿政策，下拨2014年度生态补偿资金4188万元。全年全市村集体净资产34亿元，村均稳定性收入673万元，村均稳定性收入超500万元建制村占比56%。农民收入继续保持两位数增长，增幅继续高于城镇居民，城乡居民收入差距持续缩小。

【农村改革】 2014年，太仓市农村土地承包经营权确权登记颁证工作在双凤镇庆丰村试点展开。农村土地承包经营权确权登记颁证，是依据《中华人民共和国物权法》《中华人民共和国农村土地承包法》等法律规定，由县级农村土地承包管理部门对农户家庭承包土地的地块、面积、空间位置等信息及其变动情况记载登记，由县级以上地方人民政府颁发农村土地承包经营权证书，明确农民对承包土地各项权益，明晰土地承包关系，强化对土地承包经营权的物权保护，保持现有土地承包关系稳定并长久不变的根本手段。相关数据全部录入土地确权登记软件，部分村民小组绘制完成承包地块图。新增4家社区股份合作社完成资产股份量化工作。创新推进农村土地承包经营权抵押贷款，新增3家合作农场获贷款5000万元。5月，制定《太仓市村级集体资产统一保险实施办法（试行）》，创新集体资产投保方式，参保标的物资产总值20.8亿元，实现村（涉农社区）全覆盖，保障集体资产不受意外损失，增强村级集体资产保值增值能力。

东林农场葡萄园　　（2014年8月摄　市委农办供稿）

【农村土地规范流转】 2014年，太仓市新增土地向村集体流转面积2733.33公顷，累计1.73万公顷，77%的农民承包土地流转到村集体。新增合作农场自主经营面积1433.33公顷，农业适度规模经营比重92%。加强农村土地流转管理服务，下发《规范土地流转，建设美好家园》告农户书，杜绝土地私下无序流转现象。制定《关于进一步加强农村土地承包经营权流转管理和服务工作的意见》，规范统一《农村土地承包经营权流转合同》和《农村土地租赁经营合同》格式文本。

【新型农业经营主体培育】 2014年，太仓市新增专业类合作社26家、劳务合作社5家，累计组建农村各类新型合作经济组织 780 家，其中：农民专业类合作社 338 家、合作农场 102 家、劳务合作社 97 家、社区股份合作社 94 家、土地股份合作社 109 家、富民合作社 40 家。太仓市海丰农场等 4 家合作社申报 2014 年省级农业产业化引导项目——农民合作社服务能力建设项目，获财政扶持资金 130 万元。东林农场、绿阳蔬果、仓润农产品联合社等获"国家农民合作社示范社"称号。

【农村集体"三资"监管】 2014 年，太仓市推进农村集体"三资"（农村集体资金、农村集体资产和农村集体资源）管理专项清理整治工作。在全市正式推进集体资产交易管理平台和财务监督管理平台（简称"两个平台"）建设，制定《太仓市农村集体资金资产资源管理办法（试行）》《太仓市农村集体资产交易管理办法（试行）》。截至年底，各镇区财务监管中心、资产管理交易服务中心建立，确定第三方财务管理中介机构 4 家，公开招聘农村集体财会人员 135 人，104 个村级集体经济组织账目全部纳入各镇区财务监管中心监管；资产管理交易网站正常运营，108 笔集体资产通过资产交易平台实现公开出租交易，年租金增长约 10%。继续组织开展对 11 个村(涉农社区)的农经内部抽审工作，追回违规资金 1149 万元。

【农村人居环境建设】 2014 年，太仓市推进农民集中居住工作，新增集中居住农户 2516 户。提升农村公共服务水平，启动第 2 轮 13 个农民自拆自建安置小区提档升级工作。落实小区道路、绿化、路灯、雨污管网、农民会所、配套商业房等整治提升项目 136 个，其中基础设施项目 110 个，投资额8090万元；公建配套设施项目 13 个，投资额 4971 万元；环卫长效管理项目 13 个，投资额 165.5 万元。截至年底，竣工项目 109 个，完成基础建设项目 15 个。推进美丽村庄建设，改善村容村貌，提升农民生活品质，推进新农村建设和生态文明建设。璜泾镇杨漕村、沙溪镇中荷村分别入选苏州市级、江苏省级美丽村庄建设示范点。

【农村调查研究】 2014 年，市委农办围绕农村改革深化及城乡一体化发展过程中的热点、难点、焦点问题，调研集体经济联合发展、集体"三资"管理、保留村庄建设、新型农业经营主体培育等内容，撰写《加强管理服务，推进农村土地承包经营权规范有序流转——太仓市农村土地承包经营权流转的实践与思考》《合作谋发展，联合促转型——太仓市农村合作经济组织联合发展情况调研》《规范发展家庭农场，培育新型农业经营主体》等调研报告 8 篇。制定《关于鼓励村级经济联合发展，促进土地节约集约利用的实施意见》，获江苏省农业农村政策改革创新成果奖。

（朱红华）

机构编制

【概况】 2014 年，太仓市强化机构编制管理，深化行政管理体制改革，推进事业单位分类改革，继续完善机构编制管理和服务，加强机构编制监督检查。探索落实太仓市政府职能转变"517"框架（建立 5 张清单，完善 1 个平台，推进 7 项配套改革措施）和具体工作措施，整合优化市政府组织结构，规范政府机构设置。起草《太仓市人民政府职能转变和机构改革方案》，制定《太仓市政府职能转变和机构改革实施意见》。通过强化职责整合，理顺权责关系，推动政府职能转变。启动行政审批事项清理工作，对照省、苏州市取消和下放的行政审批项目，梳理各部门上报的行政审批事项，做好取消和下放行政审批项目的落实和衔接。对全市各部门提出的拟保留、取消或调整的行政审批项目进行集中会审、评估论证、走访和沟通协商，共减少行政许可审批事项 27 项。

【沙溪镇行政管理体制改革试点】 2014 年，太仓市编办根据沙溪镇现有条件和承受能力，梳理符合沙溪镇发展实际需要的经济社会管理权限，公布第 2 批下放沙溪镇经济管理事项 30 项。完善部门职能和职责，优化组织结构，理顺部门运作机制，提升行政效能。

【机构编制实名制管理】 2014 年，太仓市编办结合机构编制年报工作，强化机构编制人员信息系统维护和实名制管理。全市机关、事业单位全部纳入机构编制实名制管理范围。按照"用编先审批"原则，对机关、事业单位用编严格审批，杜绝超编进人现象，对有关单位出现的人员增减情况及时变更信息。对经市人社局招录以及组织任命的人员及时入库更新信息，推进全市机构编制信息化管理工作，提高机构编制管理水平。

【机关事业单位中文域名注册】 2014 年，太仓市贯彻落实中央编办《关于进一步加强党政群机关和事业单位网上名称管理工作的通知》，做好党政群机关和事业单位中文域名注册工作，加强党政群机关和事业单位中文域名管理，推进太仓市政务和公益中文域名应用普及。市编办将机关事业单位注册中文域名的所有费用纳入市编办预算管理。8 月 25—26 日，市编办组织全市各级机关、事业单位共 300 多人，在太仓市职业教育中心进行政务和公益中文域名注册工作业务轮训，提供免费注册和免费培训服务。全市 365 家机关和事业单位成功申报中文域名，其中".政务"70 家，".公益"295 家，申报中文域名注册率 100%，率先在全省完成政务和公益中文域名注册工作。申报注册工作完成后，市编办提供延伸服务，不定期组织机关事业单位交流中文域名注册管理的做法和经验，推动太仓市党政群机关和事业单位中文域名网站建设和管理。

（钱　峰）

机关党建

【概况】 2014 年，太仓市机关党建工作围绕市委"全力谱写太仓改革发展新篇章"目标要求，创新工作思路，改进工作方法，发挥机关党组织战斗堡垒和广大党员先锋模范作用，提升机关党建科学化水平。截至年底，市级机关党委共有党总支 23 个，党支部 133 个（其中直属党支部 38 个），党员 2500 人（含在职党员 1790 人），其中年内发展党员34人，转正预备党员56人；有工会组织52个，团组织19个。

【“改革创新促发展、务实清廉惠民生”主题教育（“双赢杯”竞赛）活动】 2014年，全市贯彻市委“全力谱写太仓改革发展新篇章”目标要求，开展“改革创新促发展、务实清廉惠民生”主题教育活动，在凝聚思想力量、服务发展大局、密切联系群众、推进行政改革、优化机关服务、健全监督机制等6个方面实现新提升。采取群众评议与绩效考评相结合的方式，对机关部门、条线单位和银行系统等107个部门的重点工作、综合工作和效能建设等情况进行综合考评，市民政局等10家单位获2014年度主题教育活动“十佳先进集体”；市国税局等3家单位获2014年度“双赢杯”竞赛活动一等奖，太仓工商局等5家单位获二等奖，市气象局等7家单位获三等奖；市交通运输局等20家单位获评2014年度主题教育活动表彰单位；太仓市民防局获2014年度主题教育活动“进步奖”，张罗银等10人被评为2014年度主题教育活动“十佳先进个人”。

【“开门评机关”活动创新落实】 2014年，太仓市在全市各镇（区、街道）、村（社区）及各类企业中创新设立机关作风效能建设监测联系点45个，公开招募第二批10名市级机关作风效能建设义务监督员，实施“啄木鸟行动”，查找和解决市级机关在服务中存在的突出问题。继续开展部分重点职能部门“年中民主测评”及全市范围的“千人千企评机关”民主测评活动，并做好各类意见建议的反馈。在民主评议活动中，发放评议表2148份，回收2100份，回收率97.77%，社会各界对机关作风效能总体满意率达99.86%。

【“作风效能大家评”活动首次开展】 市委市级机关工委联合市统计局随机选取18～65周岁的城乡居民、区镇机关工作人员和全市机关作风效能建设监测联系点及市级机关作风效能建设义务监督员，对机关部门服务意识、服务效率、依法行政和廉洁履职等4个方面开展问卷调查，共发放调查问卷1000份，回收961份。调查工作广泛征求群众对机关工作的看法、意见和建议，使机关作风效能考评机制得到完善。

【机关科室（窗口）“作风效能建设示范点”建设】 2014年年初，市委市级机关工委印发《关于进一步深化机关科室（窗口）“作风效能建设示范点”创建活动的意见》，推动机关科室（窗口）工作提质、服务提效、形象提升。年底，会同市效能办对84个作风效能建设示范点进行验收考核和复查，对65个创建措施过硬、服务成效突出、群众认可的星级示范点进行公示及命名，促进示范点服务能力提升。至年底，全市共有三星级作风效能示范点17个，二星级作风效能示范点38个，一星级作风效能示范点33个。经过社会各界公开投票评选，太仓出入境检验检疫局太仓港办事处等10个窗口被评为2014年度主题教育活动“十佳示范窗口”；太仓市档案局业务指导科等10个科室被评为2014年度主题教育活动“十佳先进科室”。

【机关优质服务品牌创建】 2014年，市委市级机关工委修订《太仓市市级机关星级服务品牌评选管理办法》，完善星级服务品牌的晋升、降级和退出机制，打造主题内涵深、服务质量优、群众反响好并富有机关特色、体现时代精神的服务品牌。开展机关优质服务专场展示活动、“群众最满意的机关优质服务品牌”公开评选活动和金融系统“优质服务品牌”评审会，开拓体现特色、服务发展、群众认可的服务品牌创建之路。截至年底，共有85个部门参与服务品牌创建，形成三星级服务品牌30个，二星级服务品牌16个，一星级服务品牌16个，已命名服务品牌14个和创建中的服务品牌9个。太仓市教育局“红烛”等10个品牌被评为2014年度“群众最满意的机关优质服务品牌”。

【机关党组织调研与实践活动】 2014年，根据省委、苏州市委及太仓市委关于党的群众路线教育实践活动的要求，市委市级机关工委组织机关党员干部进社区、进企业、进农村、进社会开展“问政于民、问需于民、问计于民”专题调研活动。通过调研活动，党员干部切实了解群众的所思、所盼、所需、所急、所忧，进一步树立群众观念，密切与群众的联系，提升群众工作能力，提高科学决策能力和水平。全年机关各党组织到基层开展调研2618次，走访群众2.19万人次，分类汇总整理各类意见建议3201条，上报重点调研课题126个，形成调研论文95篇，其中50篇论文被汇编成

8月25日，太仓市党务干部党性教育与理想信念专题培训班在井冈山红色文化教育学院开班 （孙艳 摄）

册。年内，结合“红色 1+3”活动（机关、农村、企业和社区等 4 种类型的党组织中，每种类型党组织分别联系其他 3 种类型党组织开展联建活动），以联系群众察实情、服务基层暖民心、结对帮扶解民忧为主题，开展“接地气、察实情、解民忧”实践活动，机关党组织细化与全市 142 个村（社区）的 513 户困难群众的帮扶任务，主动到企业车间、农村地头、居民家中了解民情民意，在结对帮扶中宣讲惠民政策。至年底，机关各级党员干部累计参与帮扶工作 4225 人次，累计帮扶困难户 1337 户，发放慰问金及慰问物品 247.35 万元。

10 月 21 日，太仓市举行市级机关第六届文体艺术节闭幕式暨青年干部风采大赛颁奖仪式 （缪斌 摄）

【“反四风”专题微型党课巡讲】 2014 年，市级机关各党组织以反对形式主义、官僚主义、享乐主义和奢靡之风为主题，开展学习活动和“反四风、学先进、当先锋”专题微型党课活动。市委市级机关工委成立微型党课讲师团，在机关和基层开展“微型党课”巡讲。至年底，共举办机关单位专场 4 次、机关综合专场 1 次、乡镇专场巡讲 2 次，500 多名党员干部接受教育。微型党课巡讲活动获 2014 年第九届苏州阅读节“优秀活动奖”。

【新党员基层锻炼】 2014 年，市委市级机关工委在科教新城、市公安局、市城管局、市卫生局设立新党员基层锻炼实践基地 4 个，组织 20 家机关单位的 34 名新党员分期分批进行实践锻炼，协助开展社区服务、青奥会安保、市容管理、卫生监督等工作，推动新党员转变工作作风，增强群众意识，提升服务水平。

【机关党务干部培训】 2014 年，市委市级机关工委会同市委组织部在井冈山红色文化教育学院举办党务干部党性教育与理想信念专题培训班，通过专题教学、现场教学、体验式教学、激情教学、音像教学等多种手段，对全市 38 名党务干部进行党性修养、理想信念、群众路线、革命传统等内容的教育，引导基层党务干部加强党性修养、树立坚定的理想信念、提升群众工作能力。

【“党旗飘扬”示范团队争创】 2014 年，市委市级机关工委组织市级机关、事业单位各职能部门（科室）、班组、窗口等团队结合岗位实际，发挥党员先锋模范作用，争创“党旗飘扬”示范团队。以“政治坚定、勤于学习、爱岗敬业、改革创新、服务群众、廉洁奉公”为要求，增强服务意识、深化服务内涵，促进机关服务水平提升。经评审验收，市医疗保险基金结算中心等 10 个团队被命名为 2014 年度市级机关、事业单位“党旗飘扬”十佳示范团队，市经信委资源节约与综合利用科等 11 个团队被命名为 2014 年度市级机关、事业单位“党旗飘扬”优秀团队。

【机关勤廉文化建设】 2014 年，市委市级机关工委紧贴党员干部思想和岗位实际，以弘扬机关勤廉文化为主题，开展市级机关“墨香荷影”勤廉主题书画摄影比赛，配合市纪委开展“5•20”勤廉教育系列活动，承办“阳光清风”主题微博征文活动，组织参加“中国梦，勤廉颂”小品创作表演大赛、勤廉故事会、微型勤廉党课评比等活动，营造风清气正的机关氛围。深化机关勤廉文化示范点创建的省、苏州及太仓“三级联创”机制，召开 2014 年度勤廉文化建设示范点验收会议，巩固创建成果，打造勤政廉政精品工程。年内，市水利局等 22 家单位被评为太仓市级勤廉文化建设星级示范点，市机动车维修管理处等 29 家单位被评为太仓市勤廉文化建设示范点。

【市级机关第六届文体艺术节】 年内，市委市级机关工委与市纪委、市委组织部、市委宣传部联合主办太仓市市级机关第六届文体艺术节。该届艺术节以“美丽太仓•和谐机关”为主题，分为“为民、清风、素质、和谐、活力”5 个篇章，在 8 个多月时间里，80 多家机关单位的 3000 多名干部职工分别参加龙舟比赛、拔河比赛、书画摄影培训、团体趣味运动会等 20 余个文体活动项目，展示广大机关干部职工积极向上的精神风貌。

【党员志愿者队伍建设】 年内，太仓市加强机关党员志愿者队伍建设，将 1416 名机关党员志愿者按 11 个志愿服务项目分类登记，落实对机关党员志愿者的细化分类管理。依托机关党员志愿服务基地，组织机关党员 1100 多人次参加义务献血、义务植树、河道保洁、关爱特殊儿童、关爱空巢老人、当一天农民、文化送温暖等志愿服务，机关各级党组织及党员在“文明太仓”建设过程中先锋作用突出、表率作用加强。市级机关党员志愿者服务总队被评为“2014 年度太仓市优秀志愿者团队”。

（缪　斌）

台湾事务

【概况】 2014年，太仓市新批非公职人员赴台30批（次）、38人次；公职人员赴台12批（次）、35人次。全市登记新台属116人。市委台办走访慰问台商、台胞、台属，帮助处理涉及拆迁、劳资纠纷、涉台婚姻和企业经济纠纷等涉台案件。

【台资企业突发事件应急处置机制建立】 3月，太仓市建立台资企业突发事件应急处置机制，由市委、市政府牵头，成员单位有市委台办、市公安局、市人社局、市住建局、市安监局和各镇（区），形成应急联动机制，统一组织协调台资企业重大工伤、劳资突发事件的处置工作。各成员单位建立24小时通信网络，明确首问负责制。台资企业发生重大工伤、劳动纠纷等事件，首先接到报案的部门为第一责任人，依据有关法律法规和程序开展应急处置工作，提出初步处理意见报送市委台办、相关职能部门和所属地政府。在处理协调过程中，由市委台办负责及时了解处理情况并报告处置工作进展情况，直至应急处置工作结束。涉及重大事件由市委和市政府分管领导召集有关成员部门研究相关应急措施和方案。

【服务台商台企】 2014年是太仓市“台企走访年”。市委台办走访调研全市重点和典型台资企业，形成题为《太仓市台资企业现状分析与应对建议》的调研文章。4月，全国政协常委、海峡两岸关系协会会长陈德铭率领调研组到太仓调研，为桂盟投资（中国）有限公司在太仓落户牵线搭桥。7月，市委台办通过太仓市台湾同胞投资企业协会（简称市台协）组织29名台商到位于连云港市灌南县的太仓灌南高新技术产业园参观考察投资环境。9月15日，太仓市台协青年联合会（简称市台协青联会）第一届委员会第一次会议召开，18名台湾籍青年参加。9月26日，工商银行太仓支行与市台协签订金融服务合作协议，为太仓的台企提供金融咨询、信贷及结算等金融服务。12月16日，2014年台商高阶主管经营研习会在娄东宾馆举行，台湾区电机电子工业同业公会讲师郭立中为全市台资企业负责人及中层管理人员共70余人作专题讲座，助推企业转型升级。

【海峡两岸文化交流】 5月，太仓同觉寺举行首届素食文化交流周，提供两岸美食文化交流。7月，2014年首届江苏青年设计大赛暨海峡两岸大学生设计营在太仓举办。台湾云林科技大学、台湾铭传大学、台南应用科技大学、华东理工大学、江南大学、东南大学、苏州工艺美院、南京林业大学、南京航空航天大学、南京理工大学等两岸百名师生参加活动。活动旨在促进海峡两岸设计院校交流，搭建设计院校与设计企业、制造企业以及政府相关部门之间互动平台，展示工业设计领域新兴力量。

12月16日，2014年台商高阶主管经营研习会在娄东宾馆举行
（汪倩倩 摄）

【台商服务社会】 市台协鼓励台商反哺社会，树立台商良好形象。5月，市台协会设立奖学金和助学金，首笔款项共筹集6万余元，由市教育局统一捐助；为贫困大学生提供实习工作岗位。市台协组织资助西藏大骨节病病区的孩子们发起的“大米行动”，共募款3.32万元。6月，市委台办组织参与“市级机关暖爱列车救济贫困家庭募衣活动”，共计募集衣物1万余件。

（汪倩倩）

侨　务

【概况】 2014年，太仓市共接待华侨华人38批次，处理涉侨信访9件，走访慰问归侨侨眷5人。全市归侨信息纳入侨情信息库统一管理，指导社区将归侨纳入重点联系对象，协调解决医疗、养老等生活问题。开发利用太仓市海外侨情综合管理系统，梳理出拥有双硕士、博士、博士后学历的海外侨胞59人。11月，沙溪镇东市社区获2014年度“江苏省社区侨务工作示范单位。

【侨务活动】 2014年，太仓市创新拓展社区侨务工作空间，从传统“侨务进社区”向“侨务进园区”延伸，在人才聚集地设立“新侨之家”等载体，为华侨华人创业者和留学归国人才提供全方位服务。针对市科教新城海外华侨华人创业者日益集聚的趋势，4月29日，太仓市科教新城大学科技园“新侨之家”成立。太仓市政协港澳台侨（民族宗教）委和市侨办、市侨联在市科教新城大学科技园举行“新侨之家”挂牌成立仪式，集中服务园内华侨华人创业者和留学归国人才。11月12日，太仓市政协港澳台侨（民族宗教）委和市侨联、市侨办举办“相聚深秋——侨界看太仓”

5 月 11 日，太仓留学生创业园、大学科技园的海归单身青年参加“青春有约”户外拓展培训活动 （朱承飞 摄）

活动，侨界政协委员、侨联委员、归侨侨眷、社区侨之家、在太仓创业的华侨华人、侨资企业的代表等 30 余人参加活动，感受太仓文化建设的新亮点。

【侨务服务】 2014 年，市侨办继续推进沙溪古镇“亲水侨家”建设。“亲水侨家”是社区侨务文化建设与沙溪古镇保护和旅游开发结合策划建设的侨界联谊新载体，突出“水”和“家”的概念，利用沙溪古镇民宿水乡民居的特点，在不破坏原有环境前提下，利用木版画、相框、布艺等软装布置，融入侨文化。避免常见的展览馆、陈列馆过于生硬的弊端，突出怀旧温暖的家乡氛围。在内容上，主要展示海外侨界与太仓以及沙溪的文化交流，太仓籍海外杰出人士在沙溪古镇的足迹，“侨”的基本内涵以及侨界活动掠影等。2014 年是中国农历马年，3 月 5—9 日，澳大利亚籍华人画家姚迪雄在太仓美术馆举办“春风得意马蹄疾”画展，展出 60 余幅以马为创作题材的画作。开幕式上姚迪雄现场作画《志在千里》，并捐赠给太仓美术馆。首日参观者超过 300 人，这是首位海外华人在太仓举办画展。5 月 11 日，市侨办协调组织太仓留学生创业园、大学科技园的海外归国单身青年参加“青春有约”户外拓展培训活动，拓展交流平台。7 月，太仓市在海外合作媒体发布《太仓市 2014 年度紧缺高层次人才引进资助目录（中英双语）》，委托全美华人协会、波士顿地区南京大学校友会、澳大利亚中国经贸科技联合会等海外侨团推广传播，吸引海外高层次人才到太仓创业。市侨办参与“海外高层次人才江苏行”活动，做好服务工作。

【侨务宣传】 2014 年，太仓市推进侨务宣传信息化。继续编写《故乡的云——太仓市情月报》，每月向海外华侨华人、留学生以及合作媒体、友好侨团推送月报。5 月 22 日，市侨办开通《太仓特写》官方微信订阅号，每周发布一期太仓文化生活专题资讯。继续开展与海外华文媒体、华人作家的合作，在新西兰《华页报》、泰国《中华日报》、法国《欧洲时报》等媒体刊出宣传太仓的专题文章，在“世界名人网”网站开设太仓资讯专栏。

（朱承飞）

保密工作

【概况】 2014 年，太仓市保密工作适应国家安全战略新要求和保密工作新形势，聚焦定密、网络和涉密人员保密管理重点，开展保密宣传教育培训，推进涉密人员确定试点工作，加大保密检查督查力度。年内，完成保密工作统计数据上报工作，做好保密日常管理工作，主要有：做好各类国家级考试的保密管理，维护国家级考试的安全；强化对涉密项目设备采购的服务、指导，为市公安局采购涉密项目设备提供指导服务；做好全市范围内保密销毁服务工作，全年共销毁各类纸质文件资料 100 多吨，计算机 800 多台套，其他办公设备 100 多台套。

【保密宣传教育培训】 2014 年，太仓市落实《关于进一步加强全国干部保密教育培训工作的通知》精神，开展保密宣传教育培训，主要包括：开展《保密法实施条例》宣传活动，各镇区、有关单位在公共场所、办公场所、大型社区张贴宣传画，在政府门户网站设立专题学习栏，在市中心街道、行政中心、法院等单位公共显示屏播放宣传视频，利用气象信息屏滚动播放宣传视频，扩大宣传范围；发挥党校、行政学校主阵地作用，将保密教育培训纳入党委中心组学习计划、干部教育培训计划，为公务员初任和任职培训等为期一周以上的培训班进行保密知识教育和保密警示教育；开展保密专题党课。市委保密委成员、保密主官、涉密人员 200 多人参加由市委保密委主任讲授的保密专题党课，观看失密泄密警示教育片；开展保密主官、涉密人员业务培训。邀请苏州市保密局领导解读《中华人民共和国保守国家秘密法实施条例》。开展保密统计数据报送业务培训。邀请苏州市保密局进行保密数据报送专题辅导，共 100 多人参加培训。

【涉密人员确定试点工作】 2014 年 6 月，国家保密局开展涉密人员确定试点工作，苏州被确定为试点市。太仓市配合苏州市开展涉密人员确定试点工作。前期准备。选择市检察院、公安局、政府办等涉密单位进行实地走访调研，各重点涉密单位对近三年内的涉密文件、涉密网络、涉密单机等涉密事项进行全面梳理，摸清全市涉密事项的来源、数量、密级、领域、流向等。部署试点工作。编制《太仓市涉密人员确定试点工作实施方案》，明确试点范围为 49 家重点涉密单位和港区、新区 2 个开发区；明确涉密人员确定原则为“以岗定人、分类确定、精准限定”；提出试点工作目标任务，即创建太仓市“涉密人员管理”保密工作特色品牌。印发《关于开展涉密人员确定试点工作的通知》，召开保密工作专项指导会议，部署试点工作，邀请苏州市保密局到太仓进行《国家保密局涉密人员确定标准（试行）》专项业务指导。全面梳理认定。根据各试点单位上报的情况，进行逐一梳理，发现部分单位存在涉密岗位范围较广、尺度把握不准等问题，先后对市司法局、市纪委、市公安局、市委政法委、市检察院、市民防局和人行太仓支行等17家有异议的试点单位进行第二轮走访，就标准尺度把握问题进行交流，对试点单位呈报的涉密人员逐一甄别，从涉密岗位的准确定性入手，帮助其精确限定涉密人员，确保涉密人员衡量标准在全市各试点单位的统一，使涉密人员限定在最小范围。据统计，全市51家试点单位确定有涉密人员的单位40家，零填报单位11家；共确定涉密人员90人。其中，核心涉密人员2人，重点涉密人员33人，一般涉密人员55人。

【保密检查督查】 2014年，太仓市印发《关于进一步开展保密技术专项检查的通知》，各单位对涉密计算机违规外连和USB移动存储介质管理系统监管情况以及涉密网络安全保密防护管理情况开展自查。市保密局进行抽查，对存在问题的单位进行指导整改。11月，市保密局抽查单位3家，根据苏州市保密局的意见，同3家单位沟通联系，指导开展整改工作。在该次检查中发现电子政务内网与其他局域网、互联网私下连接等问题，市委办牵头市机要局、市保密局举一反三，开展检查，对9个违规联接外网单位下发通知，责令说明原因并立刻整改。

（顾鸿飞）

老干部工作

【概况】 2014年，太仓市共有离休干部230人、市管退休干部952人。年内，太仓市老干部工作围绕打造“学习、幸福、快乐、满意”四家园，促进老干部思想常新、文化养老。市委老干部局《小平台·大服务》案例获评全省转型发展优秀案例。

【政治上尊重爱护老干部】 2014年，市委老干部局编印《光荣与梦想——太仓市老干部回忆录》，召开纪念太仓解放65周年座谈会，开展“红色辉煌，党旗风采”纪念建党93周年系列活动。举办第2期全市离退休干部党员培训班、离退休干部党支部书记培训班，组织各类理论学习会、宣讲会11场次，惠及3000余人次。“常青藤”老干部宣讲团开展宣讲活动7次。“常青藤”艺术团开展慰问演出、参加百团大展演7次；“常青藤”老干部关爱基金资助困难家庭9户、贫困学生13人。鼓励老干部参与社会创新治理，协助基层干部推动和谐村镇、和谐社区、和谐楼宇、和谐家庭建设，300余人就近参与各类活动。

【生活上关心照顾老干部】 2014年，市委老干部局落实《关于调整太仓市级机关公务员津贴补贴标准的通知》，协调市民政局做好养老服务工作，调整离休干部补助，介助（半护理）、介护（全护理）对象每户每月服务金额由300元、500元分别调整至500元、700元。全年走访慰问老干部1500人次，组织离休干部健康体检230人，看望住院老干部240人次，组织老干部参观考察4次共670人次，举办各类座谈会7次、报告会4次、培训班2次。提高社区老干部“四就近”（就近学习、就近活动、就近得到关心照顾、就近发挥作用）工作经费，离休干部进社区工作经费由每人每年500元调整至800元，80岁以上市管退休干部进社区工作经费按每人每年800元标准发放。城厢镇中区社区获评全省“四就近”工作“精品”社区。市委老干部局投入资金近36万元，设计开发“老干部综合信息服务平台”，实现老干部基础信息“一图展示”“一图管理”，老干部出入院信息“一图提示”，短信通知“一键发送”，活动情况“一图统计”“一图分析”（通过刷市民卡，平台自动统计参加人员情况），应急救援时“紧急定位”。

【精神上愉悦老干部】 2014年，市委老干部局改善市老干部活动中心建设，投资3万余元购买活动器材，提升活动环境。承办苏州市老干部桥牌比赛、太仓市老年人门球比赛，促进老干部身心健康，展示新时代老干部风采。全年组织活动近200次，参加人数5000余人次，丰富老干部业余生活。4月16日—5月15日，以“春之展、春之讲、春之行、春之赛”为主题的太仓市老干部第9届“走进春天”文体活动月举行，活动月期间，组织老干部参观名人馆、新农村（太星村）、规划展示馆、盆景

5月22日，老干部参观太仓市水处理有限责任公司第三水厂规划建设情况
（市委老干部局供稿）

园等，举办知识讲座，组织开展书画摄影展、盆石花卉展、红色收藏展，举办桌球、乒乓球、羽毛球等比赛。9月28日—10月22日，太仓市举行“庆国庆、迎重阳、展风采”第4届老干部艺术节暨“孝老爱亲”主题实践活动，艺术节包括“组织送关怀、文娱送健康、会演送欢乐、讲座送理论、评选送美德”等5项内容，展示老干部文化建设成果，展现老干部良好精神风貌。

（王林志）

党校教育

【概况】 2014年，市委党校工作围绕“干训阵地，资政智库”机关优质服务品牌，做好干部培训和科研资政工作。全年共举办主体培训班7期，参训学员498人次；举办全市领导干部理论知识讲座6期，参训干部3700人次；开展“党的十八届三中、四中全会精神解读”和“习近平总书记系列讲话精神专题辅导”20余场次；结合党的群众路线教育实践活动，举行全市党的群众路线教育实践活动专题党课，推出“微型党课送基层”活动；出版社科期刊《实践》4期，刊发反映太仓经济社会发展调研文章62篇；完成市委重点调研课题《关于现代田园城市发展目标和路径选择的研究》；全年全校教师共发表学术论文23篇，其中苏州市级以上3篇。

【市委书记王剑锋调研党校工作】 3月11日，市委书记王剑锋调研党校工作。王剑锋要求市委党校增强责任感和使命感，发挥党校职能作用，做好干部教育培训和科研工作，尤其在科研工作方面，要更加贴紧太仓发展实际，重点做好全面深化改革、苏南现代化建设示范区“太仓样本”和党的群众路线教育实践活动等工作。

【太仓市第17期青年干部培训班】 6月27日—8月12日，市委党校与市委组织部联合举办太仓市第17期青年干部培训班，培训班为期47天，参训学员40人。培训班采取与井冈山红色文化教育学院、上海交通大学教育集团合作办学的形式，围绕坚定理想信念主题，组织学员赴井冈山参加理想信念专题教学，共开设课程64门，形成调研报告40篇，以《太仓市第17期青年干部培训班调研报告》命名结集刊印。

2014年太仓市领导干部“菜单式”理论知识讲座一览表

表72

序号	讲座名称	日期	主讲人	人数（人）
1	全市党的群众路线教育实践活动专题党课	3月1日	刘　春	683
2	深化改革开放，加快转型升级——开启中国经济新的黄金十年	3月29日	杨建龙	677
3	上海自贸区建设对周边地区的机遇与挑战	5月24日	张　湧	716
4	新一届中央领导集体治国理政方略	7月29日	姜　平	274
5	网络舆情与危机应对	9月19日	单学刚	707
6	权力监督中的机制改革	11月7日	黄苇町	643

2014年市委党校（行政学校）干部培训主体班次一览表

表73

序号	班次	日期	联办单位	人数（人）
1	2014年太仓市年轻干部轮训班（第1期）	4月10日—4月12日	市委组织部	51
2	2014年太仓市年轻干部轮训班（第2期）	4月17日—4月19日	市委组织部	50
3	2014年太仓市年轻干部轮训班（第3期）	4月24日—4月26日	市委组织部	51
4	2014年太仓市大学生村干部培训班	5月27日—5月29日	市委组织部	113
5	太仓市第17期青年干部培训班	6月27日—8月12日	市委组织部	40
6	太仓市2014年新录用公务员初任培训和选聘大学生岗前培训班	11月10日—11月21日	市委组织部、市人社局	84
7	太仓市2014年事业单位新录用人员岗前培训班	11月24日—11月28日	市人社局	109

3 月 1 日，全市党的群众路线教育实践活动专题党课开讲（陈丽芳　摄）

【《现代化进程中的太仓现代田园城市建设研究》出版】 2 月，《现代化进程中的太仓现代田园城市建设研究》由古吴轩出版社出版。该书是苏州市率先基本实现现代化干部读本之一，全面展现太仓城市文明的发展轨迹、体现对规划建设实践发展的深刻思考，反映太仓在现代田园城市建设中的成功实践和率先探索。

【《太仓“政社互动”100 例》出版】 7 月，市委党校重点科研课题《太仓“政社互动”100 例》由苏州大学出版社出版。该书通过“政社互动”与政府管理、“政社互动”与公共服务、“政社互动”与基层党建、“政社互动”与基层群众自治、“政社互动”与社区治理、“政社互动”与生态建设、“政社互动”与文化建设、“政社互动”与法治建设、“政社互动”中的“政企互动”、“政社互动”中的社会组织和志愿组织、“政社互动”中的志愿服务等 100 个真实事例，全面诠释太仓市政府行政管理与基层群众自治有效衔接和良性互动的实践，并附专家点评，揭示其创新意义和理论价值。该书的出版，为在全国推进“政社互动”经验提供参考价值。

【“微型党课送基层”活动】 3 月，市委党校结合党的群众路线教育实践活动，开展“微型党课送基层”活动，通过无偿送教上门，深入村、社区、街道、社会团体、中小学等基层单位，为基层党员和干部群众提供党的路线、方针、政策等方面知识的宣传与讲解。微型党课课时约 45 分钟，课题涵盖太仓历史文化、群众路线再认识、新时期党的优良作风建设等，授课内容通过《太仓日报》和《实践》公示，共计 40 余场次。

（张曼娜）

8 月 12 日，太仓市第 17 期青干班座谈会暨结业仪式举行　（黄嘉聪　摄）

太仓市人民代表大会

综　述

【太仓市人大常委会概况】 2014 年，太仓市人大常委会依靠广大代表，依法履行各项职权，较好完成太仓市十五届人大三次会议确定的各项目标任务。全年共召开常委会会议 6 次、主任会议 12 次，听取和审议市人民政府、市人民法院、市人民检察院专项工作报告 31 项，作出决议 2 项、决定 1 项，组织执法检查 1 次、视察 5 次，依法任免地方国家机关工作人员 39 人次。截至年底，太仓市人民代表大会共有代表 231 名，其中少数民族代表 1 名。在太仓的全国人大代表 1 名，在太仓的江苏省人大代表 3 名，在太仓的苏州市人大代表 40 名。

（皇甫丹丹）

重要会议

【市十五届人民代表大会第三次会议】 2014 年 1 月 5 日至 7 日召开。应到代表 232 名，实到 228 名。会议听取和审议《政府工作报告》；审查批准《太仓市 2013 年国民经济和社会发展计划执行情况与 2014 年国民经济和社会发展计划》《太仓市 2013 年财政预算执行情况和 2014 年财政预算》；听取和审议《太仓市人大常委会工作报告》《太仓市人民法院工作报告》《太仓市人民检察院工作报告》。会议通过上述各项报告的决议和《加快区镇生活污水治理，提升城乡生态环境质量》议案的决议。会议选举杜小刚为太仓市人民政府市长。

1 月 5 日，太仓市第十五届人民代表大会第三次会议在市行政中心召开
（高海明　摄）

【市十五届人大常委会会议】 2014 年，市十五届人大共召开常委会会议 6 次。

第 15 次会议。1 月 7 日召开。审议通过市人大常委会 2014 年度工作要点。通过市人民政府有关人事任免事项。

第 16 次会议。3 月 31 日召开。听取和审议政府实事工程启动情况报告。通过市人民法院有关人事任免事项。

第 17 次会议。5 月 29 日召开。听取和审议 2013 年财政审计报告和决算报告，作出相应决议；听取和审议公共文化设施建设情况报告。通过市人民法院、市人民检察院有关人事任免事项。

第 18 次会议。7 月 25 日召开。听取和审议太仓市 2014 年上半年国民经济和社会发展计划执行情况报告、2014 年上半年财政预算执行情况报告、保障房建设情况报告。决定任命郑晋为市人民政府副市长（挂职），挂职时间两年。

第 19 次会议。9 月 26 日召开。听取和审议“优化教师队伍，提高教育质量”情况报告。市十五届人大三次会议议案实施情况报告，代表建议、批评和意见办理情况报告，审议通过《中华人民共和国大气污染防治法》执法检查报告。通过市人民法院有关人事任命事项。学习中央、省、苏州市庆祝人民代表大会成立 60 周年会议精神。

第 20 次会议。12 月 5 日召开。审议通过关于召开太仓市第十五届人民代表大会第四次会议的决定；听取和审议 2014 年财政预算调整报告，通过相应决议；听取和审议城市环境综合整治行动计划实施情况报告；审议通过“市人大常委会主任、副主任接待代表”等 3 项制度。决定接受朱卫清因工作变动辞去市人大常委会委员职务的请求；通过市人大常委会财政经济工作委员会组成人员名单；通过市人民检察院有关人事免职事项。

【市十五届人大常委会主任会议】 2014 年，市十五届人大召开常委会主任会议 12 次。其中第 33 次、第 35 次、第 37 次、第 39 次会议主要内容如下：

第 33 次会议。4 月 28 日召开。听取市商务局关于服务外包工作情况报告、市城管局关于“城管全覆盖”议案后续工作及实施成效情况报告。

第 35 次会议。6 月 27 日召开。听取市经信委关于“千企升级行动计划”实施情况报告、市人民检察院关于加强惩防一体化建设工作情况报告。

第 37 次会议。8 月 29 日召开。听取市政府关于市级现代水稻产业园建设情况报告和关于突出企业主体地位、加快自主创新步伐情况报告，市人民法院关于加强商事审判工作情况报告。

第 39 次会议。10 月 30 日召开。听取市财政局关于财政预决算公开工作情况报告、市台办关于台资企业发展情况报告。

（皇甫丹丹）

法律监督

（参见《社会管理 • 法治建设》）

工作监督

【经济工作监督】 2014 年，市人大听取和审议 2014 年上半年国民经济和社会发展计划执行情况报告，肯定政府有效应对经济下行压力所做的工作，分析经济运行中的困难、问题和风险，建议政府采取有效措施，推进各项改革，发展实体经济，扩大有效需求，稳定外贸出口，强化政策支持，巩固经济稳中有进的势头。听取和审议 2013 年度财政决算报告和审计报告、2014 年上半年预算执行情况报告以及 2014 年财政预算调整报告，审查批准市级财政决算和预算调整，建议政府加强财政收支管理，统筹安排财力，为经济发展、民生改善提供有力支撑；建立全口径预算决算体系，形成一般公共预算、政府性基金预算、国有资本经营预算、社会保险基金预算“四位一体”的基本框架，并逐步完善、做细做实。加大对财政预决算、部门预决算及三公经费监督力度，推动公共财政公开和透明，推进预算绩效管理，完善政府性债务管理制度。听取和审议“千企升级”、服务外包、企业自主创新、台资企业发展等工作报告，视察乡村旅游开发建设情况，建议政府实施创新引领战略，狠抓产业升级、项目推进、人才引育等关键工作，推进科技进步和体制机制创新，加快产业结构调整和功能布局优化，增强发展的内生动力。调研接轨上海工作，建议借鉴上海发展理念，加强对上海自由贸易试验区、大虹桥商务区的研究，创新政策体制机制；发挥港口、开发区等对接平台优势，加快港口物贸业、高端制造业和现代服务业发展；加强领导，建立多层面的对接联系机制，推进融合发展。视察“两区一城”（港区、新区、科教新城）建设情况，建议港区加快综合保税区封关运作，创新监管模式，补足功能短板，发挥综合保税区在增强服务辐射能力、提高港区产业层次、提升港口功能上的作用。建议新区深化中德合作，加快规划和载体建设，拓展合作领域，引进高新技术项目，引领区域经济整体水平提升。建议科教新城完善扶持政策，引进人才技术，培育重点企业，扩大成果应用，形成产业特色，推动科技文化产业融合发展。

10月21日，市人大常委会视察市政府实事工程——城市公共自行车工程建设情况 （高海明 摄）

【民生工作监督】 2014年，市人大听取和审议政府实事工程启动情况报告，视察2014年政府实事工程建设情况，实地查看区镇生活污水治理、七浦塘拓浚、城乡公交优化提升、粮食仓储提档升级、农民自拆自建安置点提档升级等工程，听取工作汇报，开展现场督办，协调解决存在的困难和问题。听取和审议“优化教师队伍，提高教育质量”情况报告，建议以“师资队伍、学校管理、内涵教育、均衡发展”为抓手，深化教育改革，优化资源配置，实现优质均衡发展。听取和审议公共文化设施建设情况报告，建议全力推动体制改革，统筹资源，加快基层设施达标建设和规范运作管理，发挥服务功能和社会效益。听取和审议保障房建设情况报告，建议科学规划设计，加快项目建设，完善配套设施，强化项目监管，确保工程质量，扩大保障覆盖面。听取和审议城市环境综合整治行动计划实施情况报告，建议政府坚持建管并重，整合资源，形成城乡一体化管理的新格局。听取市级现代水稻产业园建设情况报告，建议坚持现代化、集约化、规模化种植经营模式，探索农村土地经营权流转机制和新集体经济发展路径，打造规模化生态农业发展样板，提升农业综合效益，促进农民就业增收。推进城乡水环境综合整治工作，加强对“加快区镇生活污水治理，提升城乡生态环境质量”议案的督办，建议政府进一步统筹城乡发展，加快污水治理，健全管护机制，改善城乡面貌。调研“四个十万亩”（粮油、水产、园艺、林地）落地上图、农民自拆自建、农村产权制度改革及农业经营主体创新等工作，督促落实支农惠农政策，完善农村建设规划，健全农业服务体系。

（皇甫丹丹）

6月20日，市人大常委会视察太仓港综合保税区发展情况 （高海明 摄）

人事任免

【概况】 2014年，太仓市十五届人大常委会坚持党管干部和依法任免相统一，全年共任免地方国家机关工作人员39人次。其中：市人大常委会及其工作机构3人次，市政府及其工作部门7人次，法院、检察院29人次。市十五届人大常委会第18次会议决定任命郑晋为市人民政府副市长（挂职）；第20次会议决定接受朱卫清因工作变动辞去市人大常委会委员职务的请求。

（皇甫丹丹）

代表工作

【议案建议督办】 2014年，太仓市十五届人大三次会议表决通过王文尉等17名代表提出的《加快区镇生活污水治理，提升城乡生态环境质量》为大会议案。市人大常委会加强与政府及部门的联系，组织视察并审议议案实施情况。市人民政府高度重视议案办理工作，把《加快区镇污水治理，提升城乡生态环境质量》列为政府一号实事工程，编

2014 年市人大常委会主任会议重点督办建议表

表 74

建议编号	建议名称	建议人
第 5 号	开展城管进社区，提高社区管理水平	徐　彬
第 31 号	加强太仓市中小学校园周边环境整治	邢莉萍
第 43 号	鼓励市民低碳、环保公交出行	李锦龙
第 64 号	对太仓市中小学生学习负担及心理状况调查	杨巧明
第 77 号	建立社区工作系统平台，逐步取消纸质台账	高逸芳
第 132 号	加强水源地保护，确保饮用水安全	华中兴等 15 位代表

制污水处理专项规划，加大资金投入，推进项目建设，完成子项目 59 个，实际完成投资 8706 万元。市人大常委会跟踪视察十五届人大一次会议《切实加强城市管理，加快推进城管全覆盖》议案的后续工作，调研小区物业管理工作，跟踪监督十五届人大二次会议《完善养老服务体系，提高养老服务水平》议案，推动养老模式完善和养老事业发展。

市十五届人大三次会议期间，代表提出书面建议、批评和意见 134 件，其中 10 名以上代表联名议案转为建议、批评和意见的有 7 件。1 月，分别交市人民政府和市委相关部门办理。通过完善代表建议处理办法，健全建议办理的沟通、检查和评价机制，开展常委会领导重点督办和现场督办，组织代表视察和对办理工作进行测评，提高建议办理质量。至年底，代表对建议办理表示满意 118 件、基本满意 16 件。

【代表活动】 市人大常委会加强代表履职培训，传达全国人民代表大会精神，举办生态文明建设等专题讲座，提高代表履职水平。年内，安排代表列席常委会会议、参与视察检查，拓宽代表知情知政渠道。以代表小组为单位，围绕改革发展和社会关注热点，组织代表视察调研长江口旅游度假区建设、动迁安置、美丽镇村建设等，拓展代表活动的广度和深度。

【代表工作机制】 市人大常委会修订领导接待代表和市代表联系选民等制度，明确接待、联系的内容、形式和方法，保持常委会与群众密切联系。推进“一个载体、两项制度”建设（“一个载体”指人大代表之家，“两项制度”指代表接待选民制度、代表向选民述职制度），开展代表接待选民日活动和代表向选民述职，增强代表履职为民的责任感和使命感。定期召开市代表小组组长、镇人大主席工作例会和代表座谈会。

（皇甫丹丹）

调研交流

【概况】 2014 年，市人大常委会围绕地方人大行使人事任免权、残疾人就业、“四个百万亩”（粮油、水产、园艺、林地）落地上图、农村居民无序翻建住房问题、技术技能型人才现状与需求、民族团结工作等课题开展专题调研；组织参加江浙沪 11 县（市、区）第 63、64 次人大工作交流，就“如何发挥镇人大作用”“创新人大工作”主题作交流发言。

（皇甫丹丹）

太仓市人民政府

重要会议

【市政府全体（扩大）会议】 2014 年 3 月 7 日，市人民政府召开全体（扩大）会议。会议贯彻落实市委十二届七次全体（扩大）会议和市十五届人大三次会议精神，紧扣市委提出的要求和市人代会确定的目标任务，突出抓重点、抓落实、抓服务，动员各地、各部门提振精神，坚定信心，咬住目标，真抓实干，确保完成和超额完成全年各项目标任务。

8 月 2 日，市人民政府召开全体（扩大）会议。会议贯彻落实省委十二届七次全会、市委十二届八次全体（扩大）会议精神和省委副书记、省长李学勇，省委副书记、苏州市委书记石泰峰到太仓调研视察时的讲话精神，分析当前经济形势，动员各地各部门解放思想、提高认识，集中精力，狠抓落实，奋力冲刺下半年，确保全面完成全年各项目标任务。

【政府常务会议】 2014 年，太仓市人民政府共召开常务会议 5 次（即第 13 次至第 17 次常务会议）。

第 13 次常务会议。4 月 4 日召开，审议《太仓市政府投资绿化工程项目管理办法（试行）》《关于加强和规范农村保留村庄规划建设管理的指导意见》，通报一季度全市安全生产工作情况。

第 14 次常务会议。5 月 27 日召开，审议《太仓市工业企业生产安全网格化监管实施意见》《关于加快实施农村公路提档升级工程的意见》《太仓市促进外贸进出口发展奖励办法》《太仓市商务发展专项资金管理办法（试行）》《关于进一步加强和规范物业管理工作的实施意见》，通报《关于市级国资布局优化整合的方案》。

第15次常务会议。8月12日召开，审议《太仓市劳动模范评选和管理办法》，研究安全生产工作情况。

第16次常务会议。10月31日召开，审议《关于进一步加强市属国有企业考核评价和薪酬管理的意见》《关于进一步加强市属国有产权型企业管理的意见》《太仓市重大行政决策程序规定》《太仓开放大学建设工作方案》《太仓市灵活就业人员职业伤害保险暂行办法》《太仓市级投资项目拆迁安置补偿经费与镇(区)结算试行办法》《关于建造太仓市工人文化宫的初步方案》《关于亟需明确的五个环保事项》，通报2014年市政府挂牌督办的重大火灾隐患单位整改情况，学习《中华人民共和国安全生产法(修正案)》。

第17次常务会议。12月29日召开，审议《太仓市区镇政府投资项目管理意见》《关于进一步加快技术创新体系建设的若干政策意见》《太仓市商品住宅专项维修资金管理实施细则》《苏州雅鹿置业有限公司土地出让合同违约处置方案》《太仓市人民政府工作规则》《政府工作报告》，通报太仓市行政审批事项清理情况，讨论2015年全市重点项目。

【全市性重要会议】 全市民政工作会议。2月13日召开。

全市教育工作会议。2月14日召开。

全市财政工作会议。2月17日召开。

全市经济工作会议。2月26日召开。

全市依法行政工作会议。3月5日召开。

全市环境保护工作会议。3月5日召开。

全市人口和计划生育工作会议。3月6日召开。

市政府全体(扩大)会议。3月7日召开。

全市司法行政工作会议。3月18日召开。

全市征兵工作会议。7月2日召开。

市政府全体(扩大)会议。8月2日召开。

实事工程

【区镇生活污水治理工程】 由市水利(水务)局、水处理公司、相关镇(区)负责实施。主要任务是新建污水主管网31.46公里，新建污水支管网38.25公里，建设农村生活污水独立处理设施7座。2014年，各项工程全部完成。

【七浦塘拓浚整治工程】 由市水利(水务)局、相关镇(区)负责实施。主要任务是拓浚整治七浦塘太仓段河道21.58公里；建设跨河桥梁12座，配套建设沿线口门控制建筑物49座及水系路网调整。至2014年年底，居民和企业单位征迁完成99.6%；工程方面，Ⅰ标段工程完成97%，Ⅱ标段工程完成96%，Ⅲ标段工程完成80%，Ⅳ标段工程完成84%，Ⅴ标段工程完成50%，Ⅵ标段工程完成45%，Ⅶ标段工程完成50%，Ⅷ标段工程完成41%，Ⅸ标段荡茜1号桥完成10%。

【棚户区改造工程(城区小规模住宅区综合整治工程)】 由市住建局负责实施。主要任务是对南园新村、郑和西路两侧、胜利村等3个零星住宅小区进行综合整治改造；对月亮河新村实施天然气管道专项改造。项目涉及居民1472户，面积9.22万平方米。2014年，各项工程全部完成。

【爱心学校迁建工程】 由市教育局、新区负责实施。主要任务是按国家标准建成18个班，总建筑面积9500平方米。2014年，完成主体结构封顶。

【文化惠民工程】 由市文广新局、相关镇(区)负责实施。主要任务是新建露天舞台32座；为文化馆及6个镇配备流动舞台设备7套；在全市范围内建立图书自助借还点5个；开展广场舞、美术、书法等文化培训50期；更新流动数字电影放映机8套。2014年，完成新建露天舞台30座，其他项目全部完成。

【城区环境综合整治提升工程】 由市城管局负责实施。主要任务是围绕省政府办公厅关于江苏省城市环境综合整治的“九整治”“三规范”“一提升”行动，对城区及城乡接合部进行综合整治，包括：主城区路名牌提档改造，城区早点摊、修理摊等设施规范，204国道城区段店招立面改造，主城区范围内背街小巷整治，城区停车设施建设工程，城区综合交通整治，农贸市场及废品收购、加工维修点整治，新建建筑垃圾(工程渣土)规范消纳处置场2个，闲置地块环境整治。至2014年年底，204国道城区段立面改造项目、闲置地块环境整治项目、建筑垃圾(工程渣土)规范消纳处置场项目、城区停车设施建设项目、城区早点摊、修理摊等设施规范项目全部完成；主城区内背街小巷整治项目、城区综合交通整治项目基本完成进入扫尾阶段；农贸市场及废品收购、加工维修点整治项目完成大部分菜场和路边摊整治。

【城乡公交优化提升工程】 公交优化提升工程由市交运局负责实施。主要任务是加快智能公交建设、新建出租车扬招站点、推行绿色公交工程。至2014年年底，智能公交候车亭四期完成城市亭16个、农村亭12个、电子站牌79个，新购置投运新能源公交车23辆，完成出租车扬招站点一期工程。城市公共自行车工程由市城管局负责实施。主要任务是规划建设城市公共自行车一期工程。至年底，该项目完工投用。

【粮食仓储设施提档升级工程】 由市粮食局负责实施。主要任务是易地新建璜泾粮库，改造新塘粮库，修缮南郊、时思粮库，提升粮库功能。工程建设期为2014年1月至2015年12月，2014年，璜泾粮库完成工程量20%，新塘粮库完成工程量60%，其余子项目全部完成。

【农民自拆自建安置点提档升级工程】 由市委农工办、市住建局、各镇(区)负责实施。主要任务是根据《关于进一步规范和加强农民集中居住区自建住房规划建设管理的意见》(太政发〔2013〕14号)，对小区总平面布局、道路通行系统、建筑造型、公建配套、基础设施、技术指标等方面进行提升改造。确定年度整治提升农民自拆自建小区13个，梳理整治项目156个。至2014年年底，开工项目148个，其中完成项目124个。

【大气污染预警及重点企业污染治理工程】 由市环保局、港区、新区、相关企业负责实施。主要任务是建成港区大气自动预警站；华能、宏达脱硫改造，玖龙、华能、宏达脱硝改造，华能除尘改造，雅本等化工企业废气治理；新区保利协鑫热电有限公司关停。至2014年年底，港区大气自动预警站建成投用。华能脱硫脱硝和除尘改造完成并通过验收，宏达5号炉脱硫脱硝改造完成，玖龙脱硫脱硝改造完成，新毛涤化厂废气治理、雅本化学废气治理项目第一阶段工作完成，港区污水处理厂投用。新区保利协鑫热电厂关停项目完成可研报告审批、施工初步设计、供应商和施工方招标。

（黄小荣）

外事工作

【概况】 2014年，全市因公出国（境）团组33批75人次，较上年减少47%和66%。其中自组团13批48人次，上组团20批27人次。全年接待外宾团组73批830人次，主要有德国联邦议院议员、前联邦教研部部长沙万，俄罗斯原副总理、莫斯科国立大学副校长谢尔盖·沙赫赖，美国南达科他州州长道加德，斯洛文尼亚经济与技术发展部部长梅托德·德拉贡，日本池田市日中友好协会会长仓田薰，比利时驻华大使马怀宇，以色列驻华大使馆参赞尤博恩，30名南京各高校的外籍留学生代表以及斯洛文尼亚议会外委会代表团，日本鸟取市第23次青少年使节团，南非农村企业发展研修班，英国威勒尔市5校校长代表团，德国黑森州访问团，中国—东盟中心联合理事会代表团。

【对外宣传】 5月，2014年国际田联竞走世界杯赛在太仓举行，48个国家和地区的500余名官员和运动员到太仓参赛。为配合全市上下做好赛事的会务工作，市外事办派专员为350多名志愿者培训外事纪律和外事礼仪。做好国际田联官员、运动员和境外媒体的接待工作。会后，市外事办获评“2014年国际田联竞走世界杯赛区工作先进集体”。

【友好交流】 市外事办推动友好交流活动，丰富友城内涵，多渠道发展民间外交。5月7日，太仓市文化代表团应邀赴英国友城威勒尔市举办文化交流活动。威勒尔市议长菲利普·戴维斯、市长格雷厄姆·伯杰斯在威勒尔市市政厅会见代表团并进行友好交流，回顾展望太仓——威勒尔友城关系发展与友城交流计划，代表团向威勒尔市赠送中国书法“友谊长久”的字幅。交流期间，太仓市文化代表团在威勒尔市莱弗艺术馆与当地市民一起开展丰富多彩的文化交流活动。5月12日，太仓市在德国巴登－符腾堡州图特林根举办第7届“走进德国——太仓日”活动。太仓市委副书记、市长杜小刚，巴登－符腾堡州议长桂德·沃夫，中国驻法兰克福总领馆经济领事佘卫华，德国工商大会代表托马斯出席活动。图特林根以医疗器械研发和生产闻名，聚集近百家医疗器械生产企业，有“全球外科医疗器械之都”之称。在德期间，杜小刚一行拜访克恩—里伯斯、通快德国总部，就筹建太仓德国中心与德国巴伐利亚银行高层展开交流。10月19—22日，英国威勒尔市莫斯兰中学、阿普顿中学、卡斯卡特中学、赫尔伯尔中学和唐菲尔德小学组成校长代表团到太仓交流访问，并分别与太仓市第一中学、太仓市沙溪第一中学、太仓市明德中学、太仓市实验小学和太仓市朱棣文小学签订姐妹学校协议书，搭建太仓中小学教育国际化新平台。

【外事服务经济发展】 2014年，市外事办设立办理APEC（亚太经合组织）商务旅行卡和外国人来华邀请函办公室。5月，分别在全市各镇区召开APEC商务旅行卡和外国人来华邀请函业务推介说明会。全年全市共受理APEC商务旅行卡62人次，办理43张；审批办理到中国的邀请函138家149人次。10月，太仓市举办第3届驻沪领事看太仓活动。参加活动的有英国、俄罗斯、奥地利、挪威、以色列等五国的驻沪总领事馆官员。太仓响应中共中央提出的建设丝绸之路经济带和21世纪海上丝绸之路的倡议，打响郑和牌，发挥太仓港优势。10月，“丝路青年行”文化之旅活动走进太仓，30名在南京各大高校的外籍留学生代表参观太仓。11月，丝绸之路和平奖基金会理事长崔永乾一行访问太仓，了

11月12日，德国黑森州中国合作促进中心代表团访问太仓（市外事办供稿）

解太仓的历史文化和发展情况。11月12日，德国黑森州中国合作促进中心名誉主席阿尔弗雷德·施密特，黑森州中国合作促进中心名誉主席、黑森州驻中国代表曾德顺率团到太仓访问。中联部经济联络中心主任胡延新、太仓市委书记王剑锋会见访问团，洽谈项目合作。12月23日，中国—东盟中心联合理事会代表团访问太仓。缅甸常驻东盟使团常驻代表、大使，中国驻东盟使团大使杨秀萍，中国—东盟中心秘书长马明强等参加活动。闵林表示，希望太仓港早日开通东南亚航线。

（朱为民）

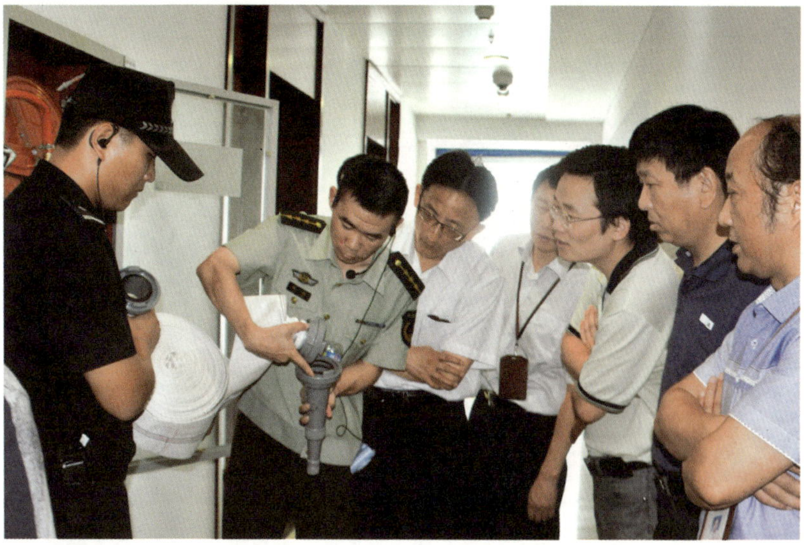

7月30日，市行政中心工作人员接受消防培训　（市机关事务管理局供稿）

机关事务工作

【概况】 2014年，太仓市机关事务工作围绕做好服务精细化、管理科学化、公共机构节能专业化目标，发挥机关后勤管理服务保障职能。市机关事务管理局定期开展安保人员技能培训、反恐培训、消防培训，提高安保水平。全年消防培训2000余人（次），接待群众5.22万人（次）、外来车辆4.52万车（次），服务满意率98.89%。落实公务用车有关规定，执行定车定点定卡加油制度，完善车辆保养、维修审批制度，公务车辆实行定点停放，工作日外公务车辆实行封存停驶，没有公务活动的所有公务车辆一律停放在本单位车库（车位）。开展节约型机关创建，举办节能进机关、进医院、进学校等活动，全年公共机构节能5%。市行政中心、市中医医院获评江苏省公共机构节能示范单位。全市79%的市级单位获得省级节水型单位称号。12月30日，太仓市市级机关事务管理局更名为太仓市机关事务管理局。

【后勤服务】 2014年，市机关事务管理局开展提升机关食堂餐饮保障服务专项治理行动，印发《关于加强机关食堂用餐管理的通知》，规范食堂用餐管理，全年就餐人数48万余人次。全年接待各类会议940余场次，会议服务满意率100%。完善资产管理，定期做好电梯、消防设施、电力等检测调试，确保资产设施设备正常运行，全年共处理各类报修4200余起。完成市行政中心6号楼楼顶幕墙、地下车库A、B、C区环氧地坪改造等工程，消除安全隐患；完成市行政中心3号楼地面改造。财务服务以“支付零障碍、审核零差错、服务零投诉、沟通零距离”为目标，为30家代理记账单位把好财务“政策关”、会计“监督关”，确保财务结算进出无差错。全年为行政中心各单位分发各种报刊信函文件203万份，发放门禁卡434张，销户及挂失324张，现金充值8988笔。

（顾秋艳）

政　协
太仓市委员会

综　述

【政协委员和组织机构概况】 2014年，政协太仓市十三届委员会共有界别21个，包括中共界别、民革界别、民建界别、无党派界别、工商联界别、工会界别、共青团界别、妇联界别、科协界别、文体新闻和艺术界别、科学技术界别、教育界别、医药卫生界别、社会福利和社会保障界别、经济界别、农业和农村界别、侨联界别、台联界别、少数民族界别、宗教界别、特邀人士界别等，共有委员237人，12月16日，市政协十三届十六次常委会对部分政协委员进行调整，共有委员238人，其中中共党员96人，非中共党员142人。政协设常务委员会，截至年底，有主席1人、副主席4人、秘书长1人、常委38人。政协机关内设办公室、研究室和提案委、经济科技委、社会事业委、城乡建设委、港澳台侨（民族宗教）委、学习文史委等专委会6个。

重要会议

【政协太仓市第十三届委员会第三次会议】 2014年1月4—6日，市政协十三届三次会议召开。会议应到委员237人，实到224人。会议听取和讨论中共太仓市委书记王剑锋的讲话；听取和审议市政协主席宋建中作的《中国人民政治协商会议太仓市第十三届委员会常务委员会工作报告》；听取和审议市政协副主席朱薇圆作的《中国人民政治协商会议太仓市第十三届委员会常务委员会关于提案工作情况的报告》；列席太仓市第十五届人民代表大会第三次会议，听取并讨论市委副书记、代市长杜小刚作的《政府工作报告》；审议通过《中国人民政治协商会议太仓市第十三届委员会第三次会议决议》。

1月4日，中国人民政治协商会议太仓市第十三届委员会第三次会议开幕（市政协办供稿）

【政协太仓市委员会常务委员会会议】2014年，市十三届政协共召开常委会议6次。

十三届十一次常委会议。1月6日召开。会议听取分组讨论各报告审议情况，审议市政协十三届三次会议决议（草案）。市政协主席宋建中，副主席郑银林、吕寅、朱薇圆、朱凤兰等出席会议。

十三届十二次常委会议。1月7日召开。会议审议通过市政协常委会2014年工作要点。市政协主席宋建中主持会议并讲话。市政协副主席郑银林、吕寅、朱薇圆、朱凤兰等出席会议。

十三届十三次常委会议。4月28日召开。会议对如何进一步提升全市住宅小区物业管理工作水平进行专题协商。市政协主席宋建中主持会议并讲话，副市长顾晓东到会通报情况并听取建议。市政协副主席郑银林、吕寅、朱薇圆、朱凤兰等出席会议。会议建议针对全市住宅小区物业管理工作实际，彰显人性化、体现以人为本理念，加强法治化、营造良好管理氛围，依靠市场化、发挥市场决定作用，注重社会化、凝聚各方管理合力，突出专业化、提升管理服务质量等方面开展工作，推动物业管理服务行业发展，提升住宅小区物业管理水平。市政府办、民政局、财政局、住建局、城管局等单位负责人，部分物业管理公司、业主委员会及社区代表等应邀参加会议。陆建清、叶俭洁、邢曦峰、孙剑良、黄浩忠、孙惠球等6位常委分别发表意见建议。会议通过张炜、李永川、董志军、孙路远、朱国强、陈雅萍、胡义强等人事任免事项。

十三届十四次常委会议。7月25日召开。市政协主席宋建中主持会议并讲话，市委常委、副市长朱大丰通报市政府上半年经济社会发展情况。市政协副主席郑银林、吕寅、朱薇圆等出席会议。会议听取市政府关于上半年经济社会发展情况的通报和关于提案办理情况的通报；总结市政协上半年工作，对下半年主要工作进行部署。

十三届十五次常委会议。9月25日召开。会议就如何“从源头上确保食品安全”问题开展专题协商。市政协主席宋建中主持会议并讲话，副市长周文彬到会通报情况并听取意见建议，市政协副主席郑银林、吕寅、朱薇圆等出席会议。会议邀请市民代表、食品企业代表和相关行政管理部门列席会议。会议建议政府及相关部门提高对食品安全的认识，强化食品安全保障措施，创新农产品生产经营模式，在统一安全标准、整合监管力量的基础上，发挥管理合力，提升监管实效。

十三届十六次常委会议。12月16日召开。会议审议通过市政协十三届四次会议准备工作有关事宜。市政协主席宋建中主持会议并讲话。市委常委、副市长朱大丰到会通报市政府2014年工作情况及2015年工作打算。市政协副主席吕寅、朱凤兰等出席会议。会议听取市政府2014年工作情况及2015年工作打算的通报；审议通过《关于召开中国人民政治协商会议太仓市第十三届委员会第四次会议的决定》和市政协十三届四次会议其他有关事项；协商通过关于调整、撤销张俊华、孙锦泉、王正梅等政协委员资格，增补陆明、袁志强、周瑛、叶恩良等为政协委员的人事事项。该次调整前政协委员人数为237人，调整后政协委员人数为238人，其中中共党员96人，非中共党员142人。

4月28日，市政协十三届十三次常委会议进行物业管理专题协商（市政协办供稿）

政治协商

【常委会议、主席会议专题协商】 2014年，市政协常委会议、主席会议按照协商在决策之前和决策之中的要求，就创新社会治理、增进民生福祉等方面，开展专题协商。十三届十三次常委会议围绕“完善社区居民小区物业管理”与市政府及城管局、住建局等部门进行专题协商。会议就制定政策意见、加强行政管理、完善市场秩序、增加财政投入等方面提出协商意见。市政府吸纳委员的意见建议，印发《关于加强和规范住宅小区物业管理工作的实施意见》。十三届十五次常委会议围绕“从源头上确保食品安全”与市政府及卫生局、食安办、环保局等部门进行专题协商。会议就提高食品安全认识、强化食品安全保障、改革食品安全监管机制、营造维护食品安全社会氛围等方面提出协商意见。主席会议围绕政府实事工程建设、港区新区经济社会发展、企业转型升级、平安法治太仓建设、现代农业发展、计划生育及“单独两孩”政策实施等方面开展专题协商，提出对策建议。

【专委会对口协商】 2014年，市政协各专委会发挥专业优势，围绕深化中德企业合作、推动现代品牌农业发展、健全养老服务体系、完善医患关系协调机制、优化固废垃圾处理、解决宗教教职人员社会保障、加强城市地名管理和名木古树管护等方面，与对口部门开展对口协商20多次。市委、市政府主要领导和分管领导对协商报告作出批示，要求有关部门研究落实委员意见。市委书记王剑锋在《深化中德企业合作，增强本地民营经济发展活力》调研报告上批示：“深化中德合作要有系统性计划，使之成为太仓独特的品牌。请认真研究调研报告有关建议，抓紧落实。”市政府主要领导在《关于解决太仓市宗教教职人员社会保障问题的建议》调研报告上批示：“反映的问题很现实。请人社部门调研并拿出可行方案，逐步考虑。”市民政局、住建局、卫生局、民宗局、人社局等部门对委员反映的情况和提出的建议十分重视，结合各自工作参考吸纳，解决落实。

【提案办理协商】 2014年，市政协拓展提案线索收集渠道，完善提案办理协商机制，抓好“一号提案”和重点提案办理协商。年初，主席会议将“关于推进传统产业转型升级”“构建多层次医疗保障体系”等10件提案确定为重点督办提案。通过开展常委会议、主席会议专题协商，对“一号提案”和重点提案进行督办。对办结提案，多次组织提案办理“回头看”，让提案者与市委、市政府领导和办理单位面对面协商，使提案的合理化意见建议得到采纳落实。

【界别协商】 2014年，市政协发挥界别骨干作用，在政协全体会议、常委会议、主席会议中为界别委员发表协商意见提供平台，支持各界别组与对口部门开展界别协商。年内，各界别组围绕加强外来务工人员学习培训、完善教育资源分配体系、促进清洁能源使用等方面，开展界别协商10多次。组织“委员沙龙”活动，不同界别委员共同参与，先后就“繁荣娄东文化、满足百姓需求”“推进以港强市和接轨上海战略”等课题与市文广新局、港区等部门协商。市委书记王剑锋对报送的协商意见作出批示，要求“对委员的合理化建议认真采纳，让文化事业惠及更多百姓”。

民主监督

【委员提案】 2014年，市政协十三届三次会议后，共收到提案217件。经审查，立案208件，其中集体提案70件，委员提案135件，界别小组提案3件。按内容可分为：深化改革类31件，占14.9%；转型升级类25件，占12.0%；民生改善类84件，占40.4%；城乡一体类26件，占12.5%；生态文明类28件，占13.5%；其他类14件，占6.7%。截至2014年上半年，提案全部办复。其中，A类提案（已解决或正在解决）137件，占65.9%；B类提案（列入计划拟解决）48件，占23.1%；C类提案（留作参考）23件，占11.0%。收到委员对提案办理结果反馈意见208件，满意195件，基本满意13件。提案中的许多意见建议被吸纳并落实到市委、市政府相关决策、发展规划或部门工作中。通过重点提案督办会议，对52号《关于促进城市管线有序建设发展的建议》、58号《关于提升沙溪现代化小城市能级的建议》、70号《关于进一步完善全市义务段学生免费公交运行的建议》、182号《关于让太仓市民用上放心早餐的建议》等4件提案进行督办。通过重点提案“回头看”活动，对17号提案《关于加快太仓市生物医药产业的建议》、130号提案《关于体现太仓

9月25日，市政协主席会议专题调研市养老服务体系建设情况

（市政协办供稿）

文化“亮点”建设的建议》、135号提案《关于提高市民文化素养的几点建议》、186号提案《关于加快建立与完善太仓市失能、半失能老人养老体系的建议》等4件重点提案办理情况进行督查。

【主席会议专项民主监督】 2014年，市政协主席会议就太仓行政审批改革开展专项民主监督，为促进政府职能转变和依法行政建言献策。支持委员参与党风廉政建设、作风效能建设等评议活动，针对教育、环保、卫生、交通、供电等领域开展民主监督。鼓励支持委员参与市重大实事工程、重点引进项目的论证及公务员、事业单位人员招考的现场监督。

【社情民意反映】 2014年，市政协拓展渠道、完善机制，通过“走基层、访委员、听意见”等活动，使收集和反映社情民意工作更加知民情、接地气。年内，整理报送《社情民意专报》20期、《社情民意信息》260条，内容涉及加强乡镇安全生产监管工作、完善农村新型社区管理、加大“黑车”整治力度、加强各镇管理区公共基础设施建设等方面。市委、市政府主要领导和分管领导对每期信息都作出批示。市交运局、城管局、旅游局和太仓地税局等部门，对反映的情况和问题及时处理解决并予以答复。

【《委员之声》《政协之窗》专栏】 2014年，市政协加强与媒体监督互动，围绕“健康服务业发展”“发挥社会自治组织作用”“现代农业品牌建设”等课题，在报刊和电视媒体上以《委员之声》《政协之窗》专栏，邀请委员进行访谈式评议。

参政议政

【专题调研】 2014年，市政协把调查研究作为履行职能的首要环节，结合贯彻落实中共十八届三中、四中全会精神和市委全会精神，选择10个重点课题开展专题调研，为开展各层面的协商建言打下基础，向市委、市政府报送《政协调研专报》15期。跨年度组织开展“委员调查研究”活动，共收集编印调研文章82篇，委员们围绕太仓“五位一体”建设中的新问题、新情况，提出许多有价值的新观点、新对策。市政协牵头港口经济发展研究会形成《太仓口岸与上海口岸环境分析》《太仓港港口产业与城镇联动发展战略思考》等调研报告。编写报送《港口经济研究》简报9期，内容涉及上海自由贸易试验区最新政策解读、2014年航运业形势预判等，为实施以港强市和接轨上海战略提供参考依据。

重要活动

【“履职为民、服务百姓”系列活动】 2014年，市政协支持和引导委员为增进民生福祉做好事、干实事。年内，市政协全体委员、各党派团体、各专委会、各镇（区）政协工委（联络委）组织开展捐资助学、送医送药、帮贫扶困、为农服务、助岗就业等各项活动50余场次，参与委员300余人次，爱心捐助和各项公益活动价值100多万元，直接受益群众2000多人。

【基层政协工作研究】 2014年，市政协组织课题组对基层政协工委工作和如何发挥协商民主重要渠道作用等方面进行专题研究，形成《基层政协工委工作实践与探索》《基层政协发挥协商民主重要渠道作用的实践与探索》等研究成果，参与省、苏州市政协工作专题研讨会。《基层政协工委工作实践与探索》一书总结提升太仓市镇（区）政协工作经验，对基层政协工作面临的热点难点特别是对如何实现工作制度化、规范化、程序化等方面，提出思考和建议。该书于2014年10月由文史出版社出版发行。

文史工作

【刊物编印】 2014年，市政协提升撰稿水平和稿件质量，拓宽史料征集渠道和文史专题，编印出版《太仓文史》第29期、《太仓政协》会刊6期（总25期）、《太仓政协简讯》14期（总72期）。

（徐玉婷）

中共太仓市纪律检查委员会

综　述

【概况】 2014年，太仓市纪检监察机关围绕全市发展大局，落实党中央和上级纪委对落实党风廉政建设纪委监督责任的要求，深化转职能、转方式、转作风，提升监督执纪问责的有效性，推动党风廉政建设和反腐败工作不断向纵深发展，为全市经济社会持续健康发展提供有力保证。2月20日，中共太仓市第十二届纪律检查委员会第四次全体会议召开，回顾总结2013年全市党风廉政建设和反腐败工作情况，部署2014年工作任务。市委书记王剑锋出席会议并讲话。市委常委、市纪委书记顾金泉代表市纪委常委会作题为《聚焦中心任务，坚持改革创新，扎实推进党风廉政建设和反腐败工作》工作报告，明确2014年党风廉政建设和反腐败工作任务，要求全市纪检监察机关加强党的纪律建设，维护党的集中统一；深化党的作风建设，纠正“四风”（形式主义、官僚主义、享乐主义、奢靡之风）问题；依纪依法查办案件，以零容忍的态度惩治腐败；推进预防腐败工作，强化权力运行监督制约；加强纪检监察干部队伍建设，做到打铁自身硬。

党风廉政建设

【党委主体责任落实】 2014年，市纪委把落实党风廉政建设党委主体责任和纪委监督责任作为推进党风廉政建设切入点，推进纪检监察机关转职能、转方式、转作风，推动纪检监察体制改革。年内，协助市委制定《中共太仓市委关于落实党风廉政建设党委主体责任、纪委监督责任的实施意见（试行）》，明确“两个责任”（落实党风廉政建设责任制，党委负主体责任，纪委负监督责任）基本内涵，把各项规定和要求落到实处。按照党委主体责任、纪委监督责任和部门具体工作责任的要求，把全年党风廉政建设任务进行责任分解，共计5大类25项工作任务，明确到各地各部门。强化压力传导，综合运用现场调研、约谈“一把手”、听取专题汇报等方式，督促“两个责任”落实。在太仓电视台开设访谈节目，在《太仓日报》开辟专栏，在“勤廉网”设置专版，加大“两个责任”宣传力度。制定《落实党风廉政建设党委主体责任监督检查和责任追究办法（试行）》，明确对党委（党组）及领导班子成员落实党风廉政建设主体责任不力的，视情节追究相应责任，开展“一案双查”（纪检监察机关在查处案件时，既追究当事人责任，又倒查追究相关领导责任，包括党委和纪委的责任）。

【纪委监督责任落实】 2014年，市纪委、监察局制定实施《关于对全市纪检监察系统落实党风廉政建设监督责任开展综合评估的意见（试行）》，明确3大类14项评估内容，采用跟踪和抽查方式，评估各级纪检监察组织落实监督责任情况，确保监督责任落到实处。根据《太仓市党风廉政建设责任制过程管理办法》，对“两个责任”落实情况加强过程管理，全年发出《党风廉政建议书》11份。协调做好党风廉政建设责任制年底考核，由市委常委、党员副市长带队，对8个区镇和10个市级机关部门开展重点检查，与主要负责同志进行廉政谈话18次，提出整改建议39条。

【纪律检查体制改革】 2014年，市纪委、监察局落实中央、省委、苏州市委深化改革部署要求，推进纪检监察机关“三转”（转职能、转方式、转作风）。清理市纪委、监察局参与的议事协调机构，取消或不再参与139个，保留或继续参与19个，把不该管、管不了、管不好的工作交给主责部门；调整优化市纪委、监察局机关内设机构，合并业务相近的内设机构，撤销党风廉政建设室、纠风效能室和执法监察室，设立党风政风监督室、执法和效能监督室，增设第二纪检监察室，在办公室增挂干部管理室牌子，机构设置、人员配置向执纪监督工作倾斜，执纪监督部门占内设机构总数的70%，从事执纪监督人员占总编制的65.7%。在部分市级机关增设纪检组并明确领导职数，开展市级机关部门纪委书记、派驻纪检组组长清理分工和兼职工作，保障聚焦主业、有效履职。

作风建设

【作风效能警示教育】 2月8日，太仓市召开全市作风效能建设动员大会，部署2014年全市作风效能建设。拍摄作风效能专题片，公开曝光违纪违规典型案例。5月28日，召开全市作风建设警示大会，市委书记王剑锋围绕“党员干部‘本’的坚守”主题，要求全市党员干部坚守修身立德之“本”，理想信念的根子动摇不得；坚守从政立信之“本”，人民公仆的本分不能忘记；坚守律己立身之“本”，做人做事的基本不能马虎。市委常委、市纪委书记顾金泉通报近年来全市作风建设存在问题和党员干部违纪违法案件情况。市纪委编印《太仓市党政干部勤政廉政警示录》，选取28个身边案例开展警示教育；汇编中共十八大以来廉政新规，提醒党员干部在制度规范的轨道上履职。12月31日，组织包括市四套班子全体领导在内的近800名党员干部，集中观看由中央纪委和中央电视台联合摄制的《作风建设永远在路上》电视专题片，要求全市各部门自行组织观看，对照作风规定找差距、找不足；对照思想实际抓整改、抓提高。

【作风建设监督检查】 2014年，市纪委、监察局建立以“严查、快纠、反馈、跟进、立制”为主要内容的作风建设检查机制，该做法被中央纪委监察部网站刊载。年内，突出中秋、国庆、元旦、春节等重要时间节点，综合运用自查自纠、集中督查、随机抽查、明察暗访等方式，开展“清风行动”（作风建设专项督查行动），全年共组织集中督查6次，派出检查组22个，涉及单位70多家，延伸检查下属单位26家，检查车辆封存单位80多家，走访商场、餐饮企业65家，组织暗访12次。对检查中发现的公务用车、公务接待、财务管理等方面问题，发出要求说明情况的函26份、《党风廉政建议书》5份。开展“会所中的歪风”、党政机关干部收受购物卡问题等专项整治，推进反浪费、反奢侈专项行动，督促落实厉行节约反对浪费各项规定。全年全市党政机关因公出国（境）、公务接待、公车运行、会议活动等费用较上年分别下降61.5%、47.9%、12.3%和53.8%。

【群众诉求平台办件督查】 2014年，市纪委、监察局围绕群众诉求，做好省政风热线、苏州“寒山闻钟”论坛、“12345”便民服务热线等群众诉求平台的办件和督查工作。会同有关

5月28日，全市作风建设警示大会在市行政中心召开　（市纪委供稿）

部门制定太仓市群众诉求平台办件工作规程和流程图，以流程固化提升办件效率和质量。联合市委办、政府办和行政服务中心对平台办件情况进行督查，制定考核办法，综合考评各单位办件情况。年内，召开“民情e路通”暨“12345”便民服务热线推进会，开通运行“民情e路通”手机客户端，共受理各类办件638件，手机客户端获评苏州市新媒体创新奖。全年，省政风热线平台共办件14件，均按期回复；“寒山闻钟”论坛受理办件843件，及时关注率和及时处办率均为100%；“12345”便民服务热线受理办件22.10万件，办结率99.96%，回访满意率98.2%。

【群众诉求渠道畅通】 2014年，市纪委、监察局开展“双联系、双覆盖”（村干部联系党员、党员联系群众的“双联系”工作制度，党员全覆盖、群众全覆盖的“双覆盖”工作网络）党员联系服务群众活动，扩大联系服务群众工作影响力。办好《连心桥》《政务直通车》等政风行风热线栏目，完善联动机制和督查督办机制，保证群众诉求件件有回复、事事有结果。召开《连心桥》电视栏目工作会议，发挥该栏目在及时掌握群众诉求、监督政风行风、传递政府惠民政策等方面作用。采取“三网联报”（纪检监察信息在太仓勤廉网发布后，同时向苏州市纪委廉石网和江苏省纪委清风扬帆网报送）方式，加强太仓勤廉网维护管理，年内，太仓勤廉网点击率突破110万人次。做好网络舆情处置工作，推广“太仓纪检”微博和微信，全年微博发布信息1152条，微信发布信息80条。

【作风建设制度保障】 市纪委、监察局制定市四套班子离退休领导干部公务用车办法，取消相对固定用车，建立统一登记用车制度，每月定期汇总监督，既从制度上规范离退休领导干部公务用车，又保障老干部正常活动。会同市政府办、财政局、机关事务局、国资办开展违反公务用车行为自查整改和清理工作，明确车改单位公务用车清理工作办法，清理超标、超数量公务用车，统一张贴公务用车标识，规范保留公务用车单位的公车使用管理。

执纪查案

【纪检监察信访举报】 2014年，太仓市开通纪检监察短信信访举报受理平台，建立信访调查视频接待和信访调查结果视频通报机制。优化信访举报工作流程，建立重要信访由领导亲自办、紧急信访由信访室直接办、复杂信访由相关职能室共同办的信访举报分级分类办理机制。发挥信访举报线索主渠道作用，挖掘案件线索来源。高效办结中央巡视组下转的信访件。全年全市纪检监察机关共接收信访举报139件次，较上年增加12%；为案件提供线索18件，占信访总量13.6%。

【案件查处】 市纪委、监察局把办案工作摆在突出位置，加大查办案件力度。2014年共查办案件93件，其中经济案件40件，移送司法机关14人，涉及乡科级干部9人，给予党纪政纪处分88人；挽回经济损失2868.71万元。重点查处拆迁领域腐败案件，查处太仓新区科级干部4人。重点查处涉农财政专项补贴项目申报、建设、验收和资金拨付中存在的权钱交易问题，追究相关责任人违规申报项目、滥用职权的违纪违法责任。关注发生在群众身边的腐败案件，查处基层干部违纪违法案件，其中涉及村书记6人、村财务人员4人。

【办案队伍建设】 市纪委、监察局整合办案力量资源，调整优化委局办案人员库，重大案件实行全委办案；完善特邀办案员制度，邀请公安、检察、审计等机关业务骨干协助查办案件；更新和扩充办案陪护队伍和驻点医疗队伍，为办案安全提供保障。建立区镇片区协作办案制度，在各镇区明确1～2名办案人员，根据办案需要统筹安排参与办案。

【安全文明办案】 市纪委、监察局按照“装备先进、管理规范、保障有力、确保安全”的基本要求，改造启用新的固定办案点，提升各类办案设施和装备。制定《关于进一步加强办案安全工作的通知》，重新修订《办案人员工作纪律》《办案陪护人员管理办法》《驻点医疗保障方案》《办案点突发事件应急预案》《办案安全保障通讯录》等制度，做到办案点制度上墙。组织办案人员开展新办案点指挥系统使用培训、急救业务知识培训，提高办案人员隐患排查和应急处置能力。

【查案治本专项行动】 2014年，市纪委、监察局针对重点领域腐败案件暴露出的问题，开展查案治本专项行动，建章立制促进源头治理。将太仓

8月13日，市委常委、市纪委书记顾金泉（中）到浮桥镇督查安全生产工作
（市纪委供稿）

新区系列案件作为查案治本工作重点，协调指导新区确定农户拆迁、企业拆迁、工程项目、集团公司资金监管、土地供管、政府采购、项目引进和人员招聘等重点工作项目8个，以编制工作规程和业务流程为重点，完善制度建设。

监督检查

【政府投资项目监管】 2014年，市纪委、监察局联合市政府办、发改委等单位对市政府实事工程进行督查，重点督查推进速度相对缓慢的项目，形成督查通报。对区镇2012年以来政府投资项目情况进行排摸分析，提出建设性意见。制定《太仓市政府投资绿化工程项目管理办法（试行）》（以下简称《办法》），对《办法》实施以来的绿化工程项目进行抽查问责，对不按文件规定执行的部门发出《监察建议书》7份，监督制度执行情况。

【项目抽查和岗位抽查】 2014年，市纪委、监察局建立重点项目抽查数据库，将10个政府实事工程、4个十大工程和86个重点项目纳入数据库，组建由相关责任部门负责人和党风廉政建设专家成立的抽查组，以听取汇报、查看资料、个别访谈、踏勘现场、分析研判等形式，随机抽取太仓生物港一期、西城区改造、城区环境综合整治等3个项目，从项目立项到工程跟踪审计等各个环节进行督查，对督查发现的问题，逐一分析、逐一反馈，提出整改建议15条，以飞行检查的方式督促相关责任单位整改到位。建立抽查单位数据库，将98家单位分成8个片区纳入数据库，采用随机抽取方式，产生被查单位和抽查组成员，由被查单位根据全部岗位及其人员名单，随机抽取被查人员3人，通过听取被查人员汇报、现场调阅资料、开展个别访谈、进行集中研判等方式，检查党员干部守岗尽责、勤廉履职等情况，解决党员干部"不作为、慢作为、乱作为"问题。年内，分别对市统计局、市文联、市行政服务中心进行岗位抽查。

7月17日，市纪委、监察局协调抽查组进驻市统计局开展抽查监督工作
（市纪委供稿）

【关爱教育勤政廉政半月谈】 2014年，市纪委、监察局探索开展重在关爱、重在预防、重在帮助的关爱教育勤政廉政半月谈工作。每2个月抽取5名党政领导干部，其中4名为随机抽取对象，1名为信访指定对象。由市人大、市纪委、市委组织部联合组成谈话小组，询问、核查谈话对象半个月来的思想、工作、生活等情况，及早发现苗头性问题，及时进行提醒纠正，减少干部违纪违法行为。年内，共对24名领导干部进行谈话。为巩固和扩大半月谈成果，提交市委办、市政府办印发《关于在全市全面推进关爱教育勤政廉政半月谈工作的通知》，在全市推行半月谈制度，督促各地各部门对各自管辖干部开展关爱教育，教育引导党员干部习惯在接受监督的环境下工作，习惯在制度规范的轨道上用权。

【群众关注问题专项督查】 2014年，市纪委、监察局加强行政执法工作督查，对执法流程、人员权限、自由裁量等方面工作进行监督检查。加强环境保护工作督查，印发《关于对太仓市大气污染防治工作开展监督检查的通知》，对环保部门执法监督工作进行再监督。加强安全生产工作督查，吸取"8•2"昆山事件教训，对安全生产重点工作、重大事故开展监督检查。加强食品安全工作督查，重点督查"天安行动"（食品安全集中治理整顿行动）治理整顿四项整治和五项提升工作的推进落实，突出督查豆制品小作坊整治规范，解决群众普遍关心的食品安全问题。加强涉农专项资金和科技专项资金督查，严查专项资金申报全过程，通过对发现问题的调查，查处市农委系统5人渎职受贿案件。

【领导干部个人重大事项抽查】 太仓市执行领导干部个人有关事项报告制度，明确领导干部需如实报告本人、配偶及子女名下的家庭财产情况、投资收益情况及经商办企业等情况。2014年，市纪委、监察局对领导干部个人有关事项报告进行抽查核实。制定实施《太仓市党员领导干部防止利益冲突暂行办法》和《太仓市党员领导干部防止利益冲突实施细则（试行）》，要求党员领导干部主动报告存在利益冲突的情形，规范市场经济条件下党员领导干部从政行为。

【机关效能督查】 太仓市紧扣服务发展、服务企业、服务群众主题，全市107家单位确定重点服务项目321个，年初向社会公开承诺项目实现目标，年中跟踪督查项目进展情况，年底向社会公开展示项目完成情况。市纪委、监察局会同市主题教育办公室，深化机关科室（窗口）"作风效能建设示范点"创建和机关优质服务品牌创建工作，促进市级机关各部门提升服务能力和服务水平。聘请作风效能义务监督员，对区镇机关、市级机关、重点服务窗口开展明察暗访。在各区镇设立作风效能监测点45个，委托市统计局对机关效能工作实施第三方评价。2014年度太仓市“作风效能大家评”满意度为95.54%。

源头预防和治理腐败

【勤廉文化宣传教育】 太仓市坚持预防在先、治本抓源，以完善权力运行制约监督体系为重点，推进惩防体系建设，构建党员干部不想腐、不能腐、不易腐的防控机制。2014年，市纪委、监察局举办“太仓杯微型勤廉小说大赛”，选编微型小说119篇结集成《选择游戏》，4月在全国各大新华书店公开发行。组织开展第四届“520（我爱廉）”宣传教育系列活动，共有勤廉小品创作表演、摄影比赛、勤廉家书征集、微博征文、勤廉故事会等活动10项，在全社会营造崇勤尚廉的氛围。推进太仓市勤廉文化研究所工作，召开研讨会和推进会，推动勤廉文化理论成果转化为实践成果。建立太仓市勤廉文化展示中心，汇总展示市纪委、监察局各室职责和特色工作。项目化推进勤廉文化“六进”（进机关、进社区、进学校、进企业、进农村、进家庭）工作，协调指导“六进”牵头部门制定工作方案和工作流程，开展各项勤廉文化活动。对25个申报太仓市勤廉文化星级示范点、35个申报太仓市级勤廉文化示范点的单位进行综合评估，对获得确认的示范点开展抽查和“回头看”。

【惩防体系建设】 2014年，市委印发《贯彻落实〈建立健全惩治和预防腐败体系2013—2017年工作规划〉的意见》，指导全市党风廉政建设和反腐败工作。市纪委、监察局坚持源头防腐，在前两年推进惩防体系重点工作项目建设基础上，开展惩防体系重点项目建设，督促各地各部门对现行行政审批类权力事项以及财务、人事、采购、工程等事务管理类权力事项进行梳理，通过合理划分和科学配置权力、编制权力运行流程图、固化权力运行和业务操作程序、明确权力运行时限、限制自由裁量权等工作举措，建立权责一致、边界清晰、分工合理、责任到人的岗责体系。

【农村资产和国有资产监督制约】 2014年，市纪委、监察局会同市委农办在城厢镇开展农村集体财务监督管理平台和资产交易管理平台（简称“两个平台”）建设试点工作，协助制定资产交易平台实施方案和资产交易管理办法，规范交易流程，6月11日，开展首次农村集体资产交易活动。印发《关于推进农村集体财务监督管理平台和资产交易管理平台建设的实施意见》，召开“两个平台”建设现场推进会，在全市部署“两个平台”建设工作，12月，对全市“两个平台”进行检查验收，在全市搭建起市、镇、村三级在线财务监督管理平台，提升农村集体财务规范化管理水平。协调市国资工委建立全市统一的国有资产信息管理平台，提供完整、准确、及时的国有资产信息，实现国有资产信息资源共享共用、风险预警动态反馈和资金运行实时监管。

【党风廉政建设专家库建设】 2014年，市纪委、监察局拓宽社会第三方力量参与党风廉政建设和反腐败工作渠道，建立运行党风廉政建设专家库，制定专家库管理办法和积分管理制度，对专家库实施动态管理。举办专家聘用仪式，向专家通报市纪委、监察局重点工作。组织专家参与惩防体系建设重点工作项目、作风建设专项督查和抽查监督等工作，发挥专家智力优势和监督作用。举办专家业务培训班，向专家发放相关业务书籍，提高专家监督能力和水平。

纪检监察干部队伍建设

【概况】 2014年，太仓市纪检监察机关着力打造政治强、业务精、作风硬的纪检监察干部队伍，提升纪检监察干部队伍专业化水平，推进反腐倡廉工作。加强纪检监察干部学习培训，帮助纪检监察干部适应“三转”新形势、新要求。在太仓勤廉网发布上级最新决策部署、制度规定、领导讲话、政策解读等，分类分层次对全市纪检监察干部进行培训，举办新任职纪检监察干部“三转”业务培训班，提升工作能力和水平。借鉴现代企业管理理念，优化工作方法。引入目标管理、项目管理、方案管理、过程管理、绩效管理五种现代管理方法推进工作。确定党风廉政建设长远目标、近期目标、当前目标；将党风廉政建设工作任务细化为具体项目，对确定的工作，组建项目组；每个项目建立方案，明确时序进度和阶段目标；在工作推进中按确定方案开展过程管理；完善目标管理综合考评办法，对目标任务完成情况进行追责问效，确保每个项目抓到位。

【纪检监察干部自身监督管理】 2014年，太仓市纪检监察机关树立“打铁还需自身硬”“执纪者必先守纪”的意识，完善《市纪委、监察局选调干部制度》《市纪委、监察局工作人员外出活动报备审批暂行规定》等管理制度10余项，保证工作机制规范、机关管理规范、干部行为规范。在单位内部开展抽查监督，在全市纪检监察系统开展勤政廉政半月谈，对纪检监察干部加强监督和提醒。

（孙方全）

民主党派·工商联

民主党派

中国国民党革命委员会太仓市委员会

【概况】 2014年，中国国民党革命委员会太仓市委员会（以下简称民革太仓市委）发展会员7人，共有会员86人，下设支部7个。会员中有民革全国代表大会代表1人；江苏省人大代表1人；苏州市人大代表、政协委员3人，政协常委1人；太仓市人大代表、政协委员23人，政协常委5人。会员中本科学历75人，中高级职称79人，硕士以上学位16人，博士学历2人。江苏省特级教师2人，

3月30日，民革太仓市委召开坚持和发展中国特色社会主义学习实践活动动员大会　　（民革太仓市委供稿）

“省333工程高层次人才”3人，姑苏人才1人。

【学习实践活动】 2014年，民革太仓市委按照民革中央和民革江苏省委的统一部署，成立学习实践活动领导小组和办公室，制订三年活动方案。2014年主题是“缅怀先哲，薪火相传走中国特色政治发展道路”。3月30日，民革太仓市委召开坚持和发展中国特色社会主义学习实践活动动员大会，履行参政党职能，加强参政能力建设。

【参政议政】 2014年，民革太仓市委提交提案33件、议案3件。《放大上海自贸区辐射效应，加快太仓市开放型经济转型升级》《关于加强农田生态环境保护的建议》被列为市政协重点提案；《关于重视中小学学生心理素质教育的建议》被市人大列为年度重点督办建议。3件提案被市政协评为年度优秀提案。提交苏州市人大、政协议案、提案4件。按照市政协关于做好“委员调查研究年”工作的通知和“统一战线为太仓改革发展献一计活动”要求，民革太仓市委成立调研组20个，形成调研报告40余篇。民革太仓市委提交民革中央《关于设立两岸（太仓）文创产业实验区的调研》。5月，民革中央联络部到太仓实地调研，初步达成与科教新城共建具有两岸特色的“人才+设计+贸易的文创产业链”和设立“两岸文创人才服务基地”意向。

【社会服务】 2014年，民革太仓市委以“博爱慈善协会”为平台，开展“博爱•牵手”系列社会服务活动，开展“博爱励志奖学金”“关注骨髓移植健康行动”“社区义诊、法律服务”等公益活动。7月1日，首届“博爱励志奖学金”活动在太仓市新区中学举行。10月8日，16名民革会员到浮桥镇和平花园社区开展义诊和法律咨询服务活动。11—12月，“老年人骨质疏松症防治”和“老年人冬季常见病防治”健康系列讲座在市颐悦园举行。12月23日，“关注骨髓移植健康行动”座谈会举行，12位捐献者和接受移植患者参加，“博爱慈善协会”向每位患者和捐献者发放慰问金。

（张建民）

中国民主同盟苏州市委太仓直属小组

【概况】 2014年3月，中国民主同盟苏州市委太仓直属小组（以下简称民盟太仓直属小组）成立。截至年底，民盟太仓直属小组共有成员11人，其中本科以上学历10人，硕士学历2人，博士学历1人；中级职称3人，高级以上职称5人；苏州市人大代表1人，太仓市政协常委1人。

（黄建锋）

中国民主建国会太仓市委员会

【概况】 2014年，中国民主建国会太仓市委员会（以下简称民建太仓市委）发展会员13人，共有会员125人。会员中有省政协委员1人，苏州市人大代表1人，太仓市人大常委会委员1人，苏州市政协常委1人，太仓市政协委员28人（其中常委7人）；2人享受国务院特殊津贴。会员中拥有硕士以上学历11人，本科学历82人，大专学历26人；高级职称28人，中级职称55人，初级职称18人。民建太仓市委下设支部8个，工作委员会6个。

【参政议政】 2014年，民建太仓市委制定《民建太仓市委员会关于开展坚持和发展中国特色社会主义学习实践活动实施方案》，重点调研进一步深化农村改革、创新驱动经济发展转型升级等，形成调研文章5篇。全年提交政协大会发言5篇、提案40余篇。其中《关于从源头上确保食品安全的建议》被列为1号提案，《关于在更高层次上提高太仓市社会医疗保障水平的建议》被列为重点提案。《关于从源头上确保食品安全的建议》《关于推进太仓律师行业发展的建议》《规范民间借贷防止市场风险》等提案被评为2014年度优秀提案。5人获聘为太仓市党风廉政建设专家库成员。参政议政专委会组织会员对政府投资项目进行点题式民主监督，形成《进一步加强政府投资项目的监管的几点建议》调研报告。全国政协科技委就科技创新、产业转型到市科技创业园调研。省政协科技委就科技创业生态到市科技创业园作专题调研。组织开展“统一战线为太仓改革发展献一计”活动，收集建议24条。

【社会服务】 2014年，民建太仓市委参加“履职为民、服务百姓”活动。开展义诊、法律咨询、法律讲座等活动。企业家工作委员会组织走访会员企业，与企业家座谈，就转型升级、创新驱动等问题进行专题研究；举办企业与文化微论坛。民建会员孙剑良为 100 多位太仓市女企业家作企业法律风险及防范策略讲座。

（瞿金龙）

中国民主促进会 太仓市总支部委员会

【概况】 2014 年，中国民主促进会太仓市总支部委员会（以下简称民进太仓总支）共有会员 78 人，其中文化艺术界 16 人，教育界 26 人，医药卫生界 17 人，其他界别 19 人。会员中具有中高级职称 63 人，担任各级人大代表、政协委员 15 人。民进太仓总支下设支部 5 个。年内，民进太仓总支获“民进全省组织建设先进集体”称号

【参政议政】 2014 年，民进太仓总支提交代表建议、委员提案 54 件，在政协太仓市十三届三次会议上作《关于加快推动我市民营经济腾飞的建议》的发言，提交《完善太仓模式——大病再保险的几点建议》等大会书面发言 2 篇。提案《加强镇级图书馆长效管理，构建普惠均等的公共文化服务》《关于加快推动太仓市民营经济腾飞的建议》被市政协列为 2014 年度重点提案。调研新型城镇化和城乡发展一体化中建筑形式和布局中的传统文化元素与生态文明问题，形成调研报告《新型城镇化的空间形态应留住传统文化的根》《新型城镇化和城乡发展一体化中如何优化城镇空间布局和形态》《城乡一体化进程中完善农村文化建设》《留一抹可以触摸的乡愁给子孙》。调研“太仓港现代物流发展思路与策略研究”“医患纠纷第三方调解”，点题式民主监督课题调研“传承历史文化基因，将历史文化元素融入长江口旅游度假区建设”。组织参与“统一战线为太仓改革发展献一计”活动，提交建议 21 条。

【社会服务】 2014 年，民进太仓总支加强与结对社区联系，开展“写春联、义诊”活动。为社区居民捐赠健身器械，走进学校作法治安全讲座、书法讲座等。开展“民进爱心奖学金”助学活动。

（邢丽萍）

中国农工民主党 太仓直属支部

【概况】 中国农工民主党太仓直属支部（以下简称农工党太仓直属支部）共有党员 22 人。其中医卫界 7 人，在职党员 17 人，退休党员 5 人；具有中高级职称 16 人。农工党太仓直属支部以“新农村帮扶基地”为依托，开展结对助学、科普宣传、扶贫助农、卫生服务等社会服务活动，提高农业科技含量和技术水平。

（黄建锋）

九三学社苏州市委 太仓直属小组

【概况】 2014 年，九三学社苏州市委太仓直属小组（以下简称九三学社太仓直属小组）共有社员 12 人。全年九三学社太仓直属小组共向市政协提交提案 9 件，完成课题研究 2 项，撰写政协发言稿 2 篇。

（黄建锋）

工商联

【概况】 2014 年，太仓市工商业联合会（以下简称市工商联）围绕行业商会建设、服务民营转型升级、商会调委会建设等方面开展工作。截至年底，共筹建发展各类商会组织 25 家，其中镇区商会 7 家，街道商会 5 家，行业商会 10 家，异地商会 3 家。全年新发展会员 180 余人。市工商联筹建成立太仓建筑装饰家居商会；筹建成立双凤镇商会汽配行业分会，是太仓首个汽配产业专业性协会。继续推进基层商会社会团体等级评估工作，推动基层商会规范化管理。

【服务企业】 9 月，市工商联联合市委统战部、市人才办举办太仓市民营企业高层管理人员研修班，组织民营企业高层经营管理人才 45 人到浙江大学学习进修。10 月，组织成立太仓民营企业家沙龙，成员 40 余人，开展企业组织系统建设专题讲座等活动 4 期。

【社会管理】 2014 年，市工商联联合市委统战部、市司法局推进全市基层商会调委会建设。全市基层商会调委会组建覆盖率 80%，新区、双凤镇、城厢镇、璜泾镇等商会成立商会人民调解委员会。推进异地、行业商会中调委会建设工作，安徽商会、建筑商会、加弹商会成立调委会。11 月，《中华工商时报》刊发《太仓浙商调委会：基层解“疙瘩”三方得满意》报道。联合市人武部在民营企业试点成立武装部，11 家民营企业成立武装分队。

【参政议政】 2014 年，市工商联提交《关于在职工工资正常增长的同时做好企业减负工作的建议》和《关于重视推进太仓市传统产业新兴化的建议》集体提案 2 件，其中《关于重视推进太仓市传统产业新兴化的建议》获评优秀提案。形成调研文章《关于化纤加弹产业发展及融资情况的调研报告》《2013 年度太仓市民营经济发展报告》。

【服务社会】 2014 年，市工商联组织会员企业参与助贫帮困、助学送温暖等公益活动，累计捐助金额近 80 万元。开发区商会动员 40 余家会员企业向扶贫助学专项基金捐款近 7 万元。浏河镇商会对组建的“明德小学教学奖励基金”增资 20 万元，基金额度由 60 万元增至 80 万元。岳王商会向学校捐款 2 万元，会员企业捐款 8 万元。福建商会于向市教育局捐款 10 万元，奖励优秀师生。

（施燕秋）

城镇街道

城厢镇

【概况】 城厢镇位于太仓市域西南部，西接昆山，南临上海，镇域面积52.95平方公里，辖6个村、2个“村改居”社区、14个城镇社区，户籍人口8.3万人，流动人口6.2万人。2014年，城厢镇实现地区生产总值129.7亿元，较上年增长7.2%；公共财政预算收入8.86亿元，较上年增长12.7%；全社会固定资产投资48亿元，较上年增长24.7%；城镇居民人均可支配收入46377元，农民人均可支配收入26290元。

【经济发展】 2014年，城厢镇完成工业总产值140亿元，96家规模以上工业企业完成总产值105亿元；新兴产业产值占比45.7%；规模高新技术产业产值占比42.6%；新增注册外资8079万美元，实际利用外资4026万美元；新增注册内资9.7亿元，较上年增长69%；规模工业实现利税5.1亿元、利润2.5亿元，分别增长7.1%和1.5%；完成工业投资22亿元，其中技改投资7.6亿元，佳电飞球电机、捷赛农业机械等6个市级重点项目完成投资14.5亿元。实现服务业增加值93.4亿元，较上年增长6.1%，列统占比8.7%；完成服务业投入26亿元，增长21.9%。月星家居广场、五洋商城等十大市场运营良好，景尚翡翠湾、弇州府、中南世纪城等商业房产项目销售良好。金仓湖公园全年接待游客88万人次。

10月21日，城厢镇召开迎接全国文明城市测评工作动员会 （城厢镇供稿）

【园区建设】 太仓市科技产业园是城厢镇重点工业载体。2014年，科技产业园获批省机电装备科技产业园。园区重点发展机电装备、新材料等先进制造业，和泰物流、辛柏工业机柜、阿美泰克工业设施等12个总投资22亿元的项目开工建设，福地工业园一期、佳电飞球电机、上海连成水泵、捷赛农业机械等市级重点项目竣工投产，科技产业园机电装备产业特色凸显。全年盘活闲置低效用地12公顷，区内32家企业实现截污纳管，园区形态功能持续优化。

【城乡统筹】 2014年，东林村、电站村完成国家供销总社合作示范产销对接项目；万丰农机服务中心及农场总部建成投用，万亩优质水稻基地引进多个新品种；电站林果基地扩种优质林果20公顷；东林小麦高产田块亩产突破500公斤，水稻高产创建区亩产超800公斤，万丰水稻高产创建区亩产达944公斤，均排名全省第一，连续三年达到省A级方标准。“新毛芋艿”获批太仓首件国家工商总局地理标志证明商标。年内，城厢镇制定实施农村土地承包经营权流转实施办法和操作程序，规范土地流转，全年新增流转土地33.33公顷，合作农场经营面积1380公顷。推进“五大合作”改革，继续推进村集体资产股份量化，完善村级集体财务监管平台管理，完成资产交易管理平台建设，村级平均可支配收入1097万元。南郊盛园农民安置小区竣工，1114户农户搬进小区实现集中居住。

【社会治理】 2014年，金仓湖小学建成启用，城厢第三小学新建工程实现土建封顶，太仓市第二中学体育馆、城厢第一小学教学楼完成加固改造。举办“金仓湖之春”文化艺术节、风筝放飞、端午龙舟竞渡等大型文体活动10余次，首届社区睦邻节在南区社区启动并获评太仓市十佳新事，开展“我们的节日”系列文化惠民活动42项，惠及群众1万多人次。城厢文化书场改造、福利院修缮等民生实事基本完成。14个城市社区启用智慧社区协同平台；做好失地农民土地换社保及各类社会保险扩覆提标工作，新增东林村、电站村老年人日间照料服务中心。

4月15日，城厢镇举办首届社区睦邻节活动 （城厢镇供稿）

2014年城厢镇主要经济社会指标表

表75

项　目	单　位	数　值	项　目	单　位	数　值
国内生产总值	亿元	129.7	三产增加值	亿元	88.64
财政收入	亿元	20.32	镇村主干道	公里	80
耕地面积	公顷	1919	电话普及率	部/百人	29
农业总产值	亿元	3.68	科技人员	人	1860
粮食总产值	万吨	1.61	中小学校	所	6
农机总动力	万千瓦	1.96	在校中小学生	人	7567
出栏生猪	万头	1.2	在职教师	人	473
出栏家禽	万羽	1300	开通有线电视	万户	4.11
工业企业	家	787	医院	家	21
工业销售收入	亿元	140.3	卫生室	个	10
工业利税	亿元	7.2	农民人均可支配收入	元	26290
实际利用外资	万美元	4026	农民人均住房	平方米	68
出口创汇	亿美元	4	—	—	—

2014年城厢镇各村基本情况表

表76

村名	党组织书记	村委会主任	村集体收入（万元）	人均可支配收入（元）	村名	党组织书记	村委会主任	村集体收入（万元）	人均可支配收入（元）
伟阳	朱炳良	郑玉良	1183	25210	永丰	吴　平	钱志刚	1432	28867
太丰	张　健	浦文耀	1168	26800	电站	王义平	陶志强	2190	30500
新农	吴储彬	汤德华	1112	21588	万丰	吴玉兰	钱凤华	1656	25575
胜泾	薛文明	虞炳华	1080	25799	东林	苏齐芳	张耀忠	5704	27300

2014 年城厢镇骨干企业基本情况表

表 77

企业名称	法人代表	销售收入（万元）	利税总额（万元）
江苏仓环铜业股份有限公司	徐　明	244773	4390
苏州隆祥电子有限公司	风野晋滋	78336	4125
苏州金纬机械制造有限公司	何海潮	35611	5259
苏州东帝士纤维地毯有限公司	郑寿全	29402	4219
苏州杰威尔精密机械有限公司	何海潮	28306	5271
资勇五金制品（太仓）有限公司	陈建昆	22734	3081
苏州良林金属制品有限公司	戴兴丰	21948	–170
上海连成集团苏州股份有限公司	张锡淼	20435	1659
太仓市南丰特种有色合金	沈忠华	19368	–1268
太仓肇丰电器有限公司	许美玉	17898	1462
太仓汇丰化学肥料有限公司	成凤鸣	17086	–97
苏州久鋐电子有限公司	张江忠	17011	3491
太仓南郊冶炼厂	耿金华	15386	438
苏州久和砼有限公司	周文斌	15318	1263
太仓英丰电器有限公司	陈玉溪	15093	1444
美利驰医疗器械（苏州）有限公司	郑明权	13411	363
苏州克劳斯光电科技有限公司	孙自强	13024	489
苏州维艾普新材料有限公司	周介明	12847	276
太仓市新毛涤纶化工有限公司	陆振新	12578	1390
太仓荣宇混凝土制品有限公司	倪建荣	12272	1150
敬得（苏州）科技有限公司	刘兴台	11532	–47
苏州诺伊曼实业有限公司	王伟卫	11011	465
太仓制药厂	许建新	10755	380
太仓金煌电子材料有限公司	刘晓萍	10677	1212
太仓市永丰有色金属合金有限公司	顾培新	9944	224
太仓市嘉峰涂装有限公司	陈春生	9786	100
捷赛机械（苏州）有限公司	刘　枫	9429	589
苏州东伸汽车地毯有限公司	中川恒靖	9374	156
太仓市方舟标识有限公司	林乃敏	8637	126
苏州睿昕汽车配件有限公司	岳胜桥	8485	423
新中联物流设施（苏州）有限公司	TAN HOCK SENG	8441	–153
太仓环亚装饰材料有限公司	孙　渝	8148	232
苏州岩谷金属制品有限公司	本折宪司	7926	619
苏州天和砼有限公司	朱雄飞	7652	533
苏州上研化肥科技发展有限公司	陈隆隆	7314	37

续表 77

企业名称	法人代表	销售收入（万元）	利税总额（万元）
太仓华庆涂装有限公司	黄华平	7017	913
太仓欧亚标准板材有限公司	陈橚盈	6546	401
太仓市巨力砼制品有限公司	李　杰	6530	106
太仓市锦澄混凝土有限公司	朱建荣	6387	365
邓元水处理器材（太仓）有限公司	邓忠荣	6378	687
太仓市恒洋实业有限公司	王建新	6257	653
太仓康源化建医药有限公司	徐建青	6239	479
苏州汇洋实业有限公司	朱建刚	6174	–2756
苏州鸿仁窗饰有限公司	黄介仁	5997	283
苏州大云塑料回收辅助设备有限公司	何海潮	5603	139
太仓宏大方圆集团	周介明	5583	–129

说明：收录销售收入 5000 万元以上企业

（张怡亮）

沙溪镇

【概况】 沙溪镇东与港区、浮桥镇相连，西与双凤镇、昆山周市镇接壤，南与城厢镇毗邻，北接璜泾镇和常熟支塘镇，镇域面积 132.14 平方公里，辖 20 个村、8 个社区，户籍人口 8.44 万人，常住人口 14.86 万人。2014 年，沙溪镇实现地区生产总值 121.52 亿元，完成全社会固定资产投入 43.61 亿元，较上年增长 3.5%；实现公共财政预算收入 5.75 亿元，较上年增长 12.5%。年内，获评“中国人居环境范例奖”“江苏省群众体育先进集体”“苏州市美丽镇村建设示范镇”，沙溪古镇获评国家 AAAA 级旅游景区。

【经济发展】 2014 年，沙溪镇完成工业总产值 347.49 亿元，较上年增长 1.8%；其中，规模以上工业总产值 259.22 亿元、销售额 245.98 亿元，分别增长 2.4% 和 0.22%。悠远环境科技、金普诺安生物科技、平谦现代产业园等一批新兴产业重点项目竣工投产，新兴产业产值占比 54.28%。全年引进外资项目 4 个，注册外资 4092 万美元，实际到账外资 3337 万美元；引进内资企业（苏州市外）111 家，新增注册内资 5.72 亿元，增长 84.66%。获批国家创新基金项目 3 项。新认定国家重点高企 1 家、省高新技术企业 5 家，实现授权发明专利 72 件。古镇区完成连环画博物馆、“洪泾往事”馆、唐调研习所、牙行等景点建设，通过国家 AAAA 级旅游景区验收。浦南农贸市场投入使用，永久广场商业圈、沙南路商业带等形成特色。商贸物流、房地产健康发展，全年实现服务业增加值 51.44 亿元，较上年增长 4.1%。泰西、庄西 286.67 公顷高标准农田建设完工，市级 2000 公顷水稻生态园塘桥片区项目基本完成，农业现代化进程加快。

【城乡统筹】 2014 年，沙溪镇南部新镇区完成主干道沿线绿化、印溪生态湿地公园提档等形态优化工程，印溪商务大厦主体结构封顶。古镇区完善停车场等基础配套，乐荫园商务酒店完成桩基工程。岳王街区、北院新村等老小区综合改造工程竣工。白云花园土建完工，启动首批农户安置工作。中荷新村、印北新村等农民集中居住小区配套进一步完善。村级集体财务监管中心、村级集体资产交易管理中心两个平台建成运作。村级抱团发展平台——金溪公司 1.3 万平方米标准厂房竣工。新农村建设示范村实施重点项目 28 个，竣工率 53.5%。新增合作经济组织 3 家。年底，村级总资产 8.27 亿元，村均可支配收入 620 万元，农民人均纯收入 27990 元。健全环境管理联动执法机制，开展无证无照经营等专项整治、秸秆禁烧等污染防治工作，关停重度污染企业 1 家，完成废气处理限期达标 2 家、企业锅炉接管淘汰 5 家，疏浚河道 37.93 公里，新增绿化面积 66.67 公顷。

【公共服务】 2014 年，沙溪镇推进行政管理体制改革，内设机构打破人员性质综合安排岗位，促进工作效能提升。承接市政府授权下放的第二批 30 项行政权限，镇便民服务中心受理服务事项 5335 件，办结率 100%。镇综合执法局建立数字化监督指挥中心，加大综合巡查力度。生物医药产业园核心区完成昭衍路南延工程，核心配套区结构封顶，推进生物医药试剂、药物中试等平台建设。三角洲塑化、金盟生物科技、妙管家日用品分别加入中广核、信立泰和纳爱斯等集团企业。亦昭生物硅谷、中广核核技术应用产业园、普洛斯物流等重大项目完成签约。

【社会治理】 2014 年，沙溪镇完成城镇养老保险扩覆 8126 人、基本医疗保险扩覆 7859 人、住房公积金扩面 1320 人。发放各类救助款 886.9 万元。松南村、太星村 2 个日间照料服务站竣工。安息堂工程完成建设。沙溪第二小学完成迁址新建并投入使用，直塘小学综合楼加固等校舍升级工程竣工，沙溪第一小学迁址新建完成方案设计。新沙溪人民医院进入医技设备安置阶段。举办第三届中国新诗论坛、"诗梦江南"主题文化活动。镇全民健身中心归庄分站、直塘分站完成建设。沙溪客运服务站原址新建工程有序推进。建立完善社会稳定风险评估、和谐劳动关系创建等源头性预防机制，全年受理群众来信来访 333 批（件），办结率 98.2%。开展安全生产大检查 7 次，关停粉尘企业 8 家，责令停产整改 5 家。

2014 年沙溪镇主要经济社会指标表

表 78

项　目	单　位	数　值	项　目	单　位	数　值
地区生产总值	亿元	121.52	出口创汇	亿美元	6.63
财政收入	亿元	13.4	三产增加值	亿元	51.44
耕地面积	公顷	6315	乡镇公路里程数	公里	160
农业总产值	亿元	11.33	电话普及率	%	100
粮食总产量	万吨	4.12	科技人员	人	7610
农机总动力	万千瓦	2.91	中小学校	所	10
出栏生猪	万头	4.3	在校中小学生	人	10122
出栏家禽	万羽	766	在职教师	人	753
工业企业	家	2331	开通有线电视	户	99%
工业销售收入	亿元	331.4	医院	家	1
工业利税	亿元	10.46	卫生室	个	3
合同利用外资	万美元	4092	农民人均可支配收入	元	27990
实际利用外资	万美元	3337	农民人均住房	平方米	58

2014 年沙溪镇各村基本情况表

表 79

村名	党组织书记	村委会主任	村级经济总收入（万元）	人均可支配收入（元）	村名	党组织书记	村委会主任	村级经济总收入（万元）	人均可支配收入（元）
涂松	吴雪荣	王秋明	950	28193	项桥	张永彬	苏利德	374	26215
印北	陈利民	邹菊华	878	28675	庄西	苏庆丰	徐　健	710	27772
洪泾	王　健	孙燕红	748	25800	凡山	邱惠良	吴月兴	500	26157
半泾	王建宏	沈建国	1077	27435	香塘	龚志昌	徐振兴	245	29862
中荷	许建中	曹　锋	1772	29000	渠泾	刘建强	王月明	450	28148
松南	魏　强	陈卫兵	1424	30000	太星	柳文彬	陆志豪	884	30240
胜利	汤庆丰	徐立群	624	30448	岳星	陈国仪	周志杰	691	28250
泥桥	王建春	蒋惠元	668	29366	新建	丁卫清	钱建明	611	26819
泰西	奚卫明	陆建国	586	28365	岳镇	阚伟民	何永良	935	28076
虹桥	陈金元	陈兴涛	251	24885	塘桥	龚利锋	薛　元	879	27574

2014 年沙溪镇骨干企业基本情况表

表 80

企业名称	单位负责人	销售收入（万元）	利税总额（万元）
香塘集团有限公司	顾建平	531230	15160
江苏明辉化纤科技股份有限公司	朱月明	250653	7817
太仓利泰纺织厂有限公司	潘雪平	134714	−8507
苏州市宏达集团有限公司	黄耀臻	128357	5970
宝利嘉集团有限公司	葛富春	124361	−8800
太仓仲英金属制盖有限公司	刘　雄	98836	11290
江苏德威新材料股份有限公司	周建明	96615	7713
东又悦（苏州）电子科技材料有限公司	刘显模	70453	−26
苏州勤益化纤纺有限公司	朱永明	35014	−2535
丰武光电（苏州）有限公司	田中肇	34632	−631
安佑生物科技集团有限公司	洪　平	32307	13522
中广核三角洲（江苏）塑化有限公司	魏建良	30024	4966
苏州上好佳食品有限公司	施学理	27296	3156
凡甲电子（苏州）有限公司	游万益	26736	678
苏州宝利来粮油集团有限公司	张全文	24175	89
太仓仓松金属制品有限公司	李嘉辉	23198	211
环琪（太仓）塑胶工业有限公司	蔡　环	22571	4425
苏州金辉纤维新材料有限公司	谈　辉	22530	1960
苏州明军化纤织造有限公司	张友兴	20423	261
瑞宏精密电子（太仓）有限公司	郑宝瑞	18960	2133
创艺卫生用品（苏州）有限公司	山田菊夫	18561	1058
爱克（苏州）机械有限公司	提莫·希尔顿	17471	1559
太仓双力面粉有限公司	孙艳春	15718	344
太仓市金世纺织有限公司	金祖元	15630	714
苏州一井新型织物有限公司	高东贤	14650	1453
苏州英利汽车部件有限公司	林启彬	14544	−253
太仓市开林油漆有限公司	徐锦明	14516	1754
太仓中博铁路紧固件有限公司	林　波	13963	1159
太仓天宇电子有限公司	王春飞	12904	488
苏州海铂晶体有限公司	刘金狮	12055	129
太仓梦伦日用化工有限公司	沈德兴	11985	445
苏州莱尔特清洁器具有限公司	支晓峰	11017	199
苏州勤太纺织制品有限公司	朱永明	10541	−1020
太仓沪试试剂有限公司	张　明	9703	1569
苏州康辉纺织有限公司	王建康	9441	208
太仓市骋贸纺织有限公司	张坤良	9296	−5

续表80

企业名称	单位负责人	销售收入（万元）	利税总额（万元）
苏州金马纺织有限公司	万解平	9237	100
太仓长鸿工程塑胶有限公司	李培宏	9188	507
太仓市月生电镀有限公司	夏月生	9000	1954
苏州博圣化纤有限公司	瞿晓波	8933	17
江苏斯穆一碧根柏金属制品有限公司	李东明	8722	996
太仓市天普化纤有限公司	曹彐英	8679	52
太仓市弘海皮革制品有限公司	陈　健	8648	856
群耀实业（苏州）有限公司	陈顺义	8386	49
安姆达清洁能源技术（苏州）有限公司	HoangPhuNguyen	7864	77
苏州莱斯贝特化纤有限公司	龚雪萍	7655	107
苏州顺唐化纤有限公司	唐雪明	7599	33
太仓市海峰电镀有限公司	王海峰	7287	1558
苏州花仙子环保科技有限公司	张信得	7220	63
苏州亚田超市用品有限公司	林熙宰	6879	740
苏州绿香源食品有限公司	胡兴兆	6822	9
太仓市宇神机械有限公司	周永良	6567	452
太仓星盛汽车零部件制造有限公司	王　琳	6516	169
苏州市万松电气有限公司	洪焕松	6515	852
苏州欣麟制衣有限公司	戴庆林	6506	579
江震金属制品（苏州）有限公司	陈忠纬	6316	–347
苏州荣亿达化工有限公司	陈荣明	6272	535
苏州恒光化纤有限公司	李胜光	6162	–1695
优缔精细化工（苏州）有限公司	曾裕峰	5899	396
苏州生富科技金属材料有限公司	简川富	5753	–546
苏州斯曼尔时装有限公司	纪幼兰	5738	197
太仓久本机械科技有限公司	倪利平	5640	310
太仓市泓隆化纤有限公司	夏　良	5635	47
太仓市永金纺织有限公司	吴晓刚	5631	–99
鑫联金属资源（太仓）有限公司	简有彦	5613	–916
伟克健身器材（苏州）有限公司	吴荣林	5529	203
太仓市强弟印染有限公司	周小弟	5475	100
太仓市新悦化纤有限公司（波悦）	赵建飞	5440	14
太仓市俊达塑化有限公司	龚　清	5402	253
太仓市立鹤电梯配件厂	董建平	5257	131
太仓市广泰纺织有限公司	吴林龙	5136	58
太仓市恒力纺织有限公司	滕国强	5098	407
亿鸿环保机械（苏州）有限公司	李伯仲	5085	808

说明：收录销售收入5000万元以上企业

（沈建中）

长江口旅游度假区

浏河古镇　　(2014 年 11 月俞镇修　摄)

【概况】 江苏省太仓长江口旅游度假区位于太仓市浏河镇，浏河镇是滨江临沪重点镇，距上海市中心 39 公里、虹桥机场 35 公里、浦东国际机场 70 公里、苏州 70 公里，苏昆太高速、沿江高速、沪太一级公路、338 省道、339 省道、浏翔公路直达境内。2014 年，全区总面积 68 平方公里，辖 8 个村、6 个社区，总人口约 10 万人，其中户籍人口 4.96 万人。全年完成地区生产总值 79.55 亿元，公共财政预算收入 4.52 亿元，较上年增长 6.28%，全社会固定资产投资 38.05 亿元，较上年增长 19.24%。2014 年 8 月，度假区党工委、管委会和浏河镇党委、政府实行“区政合一”管理体制，对度假区、浏河镇实施统一领导和管理。

【经济发展】 2014 年，全区完成工业总产值 126.34 亿元，较上年增长 5.77%，其中规模以上企业完成产值 94.21 亿元，较上年增长 5.25%。北部工业区初具规模，保捷精锻、久鋐电子等重点项目投产，三樱包装、宇兆能源等点供项目加快建设。全年新增注册外资 4428 万美元，实际利用外资 3083 万美元，引进内资 7.37 亿元。实现进出口总额 4.61 亿美元，较上年增长 6.93%。完成服务业增加值 40.38 亿元，增长 7.38%，占地区生产总值 50.8%。全社会研究与试验发展经费支出占地区生产总值 2.04%。贯龙公司被认定为省级企业技术中心，保捷锻压和海嘉汽配 2 家企业获批省级工程技术研究中心，保捷锻压、金诸养殖 2 家企业建立省级研究生工作站。4 家单位通过省高新技术企业认定。规模以上企业完成研发费备案 1.75 亿元，申请发明专利 231 件。东仓假日酒店抓紧装修，滨江丽都、上海假日等一批房地产项目营销良好。举办江海河三鲜美食节、牡丹文化节等节日庆典，旅游人气逐步提升。

【城乡统筹】 2014 年，长江口旅游度假区总体规划和城市设计启动修编。基础设施日趋完善，滨江新城主干道基本贯通，钱泾路、长宁路建成通行。滨江大道、338 省道环境整治和景观绿化、洋子泾拓宽等工程加快推进，度假区主要出入口形象标志加快建设，江滩湿地公园、芦苇湿地基本建成。古镇业态日益丰富，娄东会馆加快建设，老照片陈列馆建成开放。度假区游客服务中心和咨询点建成投运，旅游标识导向系统设置完成。全区新增高标准农田 200 公顷，累计完成高效农业 1986.67 公顷。农业机械化作业率 98% 以上。农民集中居住安置房和自建小区建设有序推进，东方花园中区安置房交付使用，滨江花园二期开工建设。村级经济抱团发展，联合入股太仓市农村合作经济发展实业公司。农村居民人均可支配收入 2.61 万元，增长 15%。农村集体财务监督管理中心和农村集体资产交易管理服务中心两个平台完成组建。集体合作农场经营面积 2200 公顷。

江滩湿地公园　　(2014 年 9 月陈文贤　摄)

【社会治理】 2014 年，全区新增社保 8739 人，公积金扩覆新增 1270 人。发放低保资金 410 万元。新建浏河人民医院抓紧装修，安息堂基本建成，新塘社区服务中心、明德初级中学综合楼竣工投用。文化艺术中心建成开放，《文化浏河》编撰出版。度假区获评江苏省人居环境范例奖。规划完成居民集中居住点 4 个、村庄保留点 10 个。“政社互动”（指政府行政管理与基层群众自治互动衔接）“三社联动”（指社区、社会组织、专业社会工作者之间的联系互动）深入推进，东方花园工作站启动运行，全市首家社会组织服务中心建成启用，社会管理能力得到增强。“六五”普法深入开展，矛盾纠纷调解率100%。社会治安形势总体平稳，公众安全感和法治满意度得到提升。安全生产、食品药品安全监管等工作加强。

2014年长江口旅游度假区主要经济社会指标表

表81

项目	单位	数值	项目	单位	数值
国内生产总值	亿元	79.55	出栏生猪	万头	5.1
财政收入	亿元	8.79	出栏家畜	万羽	4.2
耕地面积	公顷	2985.00	工业企业	家	973
农业总产值	亿元	3.90	工业销售收入	亿元	126.34
粮食总产值	万吨	1.25	工业利税	亿元	7.11
农机总动力	万千瓦	1.21	合同利用外资	万美元	4428
实际利用外资	万美元	3083	在职教师	人	271
三产增加值	亿元	40.38	开通有线电视	%	100
镇村主干道	公里	195.00	医院	家	2
电话普及率	%	100	卫生室	个	16
科技人员	人	4998	农民人均可支配收入	元	26100
中小学校	所	3	农民人均住房	平方米	81
在校学生总数	人	4066	—	—	—

2014年长江口旅游度假区各村基本情况表

表82

村名	党组织书记	村委会主任	村集体收入（万元）	人均可支配收入（元）	村名	党组织书记	村委会主任	村集体收入（万元）	人均可支配收入（元）
浏南	周忠兵	唐玉泉	630	26100	闸北	杨志刚	李宝良	343	25500
东仓	仇仕良	仇　刚	2723	28600	万安	唐维青	严利明	788	23800
何桥	徐栋梁	陆　健	388	24200	张桥	陈宝国	马宏飞	1126	27000
新闸	李　伟	顾解龙	676	26400	新塘	顾红彬	沈建新	370	27700

2014年长江口旅游度假区骨干企业基本情况表

表83

单位名称	单位负责人	销售收入（万元）	利税总额（万元）
苏州巨能发电配套设备有限公司	潘耀东	94871	12599
江苏保捷锻压有限公司	吕景林	88376	2948
太仓敬富塑胶制品有限公司	黄世彰	64187	3403
苏州兴亚钉业有限公司	何永兴	30516	522
苏州双鸿服饰有限公司	黄丁其	29098	969
苏州东元电机有限公司	杨清亮	25206	1281
星光印刷（苏州）有限公司	LYZ	25008	1230
苏州铃兰卫生用品有限公司	国枝靖弘	23943	1896
苏州永丰装饰材料有限公司	张殿成	23109	184

续表 83

单位名称	单位负责人	销售收入（万元）	利税总额（万元）
太仓海嘉车辆配件有限公司	张　晓	19955	1517
太仓长顺纸业有限公司	白希国	18102	324
太仓优尼泰克精密机械有限公司	夏源涛	17982	9557
太仓科博尔精密铸业有限公司	潘显根	17208	168
太仓市华鼎塑料有限公司	范兴华	16339	2125
江苏宇兆能源科技有限公司	王建安	13962	−1381
苏州东力机电工业有限公司	林义杰	13848	2378
伊藤喜（苏州）家具有限公司	西谷和彦	13465	74
太仓海祥家具有限公司	李德忠	13448	957
奇兴家居（太仓）有限公司	顾品兴	13006	629
苏州泰利电器照明制造有限公司	黄正明	12286	1499
太仓力九和塑胶工业有限公司	姚聪明	12044	2866
太仓美事得时装有限公司	于建林	11865	350
苏州佛朗尼齐拉服饰有限公司	黄丁其	10826	387
苏州群鸿服饰有限公司	黄丁其	10686	461
科益精密模塑（太仓）有限公司	曾荣源	10248	425
苏州意友金属材料有限公司	徐旭东	9104	73
苏州小松精密电子有限公司	吉村洋一	8787	1509
苏州九鼎珍珠棉有限公司	俞春雷	8436	480
太仓市农药厂有限公司	鲍菊篱	7808	−382
苏州宝津塑业有限公司	徐培君	7677	−89
康峰（苏州）纸品有限公司	JOSE LUIS ARTIGA PEREZ	7041	566
太仓英硕空调材料有限公司	张靖敏	6994	806
铁王数控机床（苏州）有限公司	李炉堂	6565	211
太仓市新星轻工助剂厂	卢钦能	6397	1983
亚星（太仓）再生资源开发有限公司	孙自力	6284	201
平和（苏州）商业设备有限公司	黄太平	6127	593
太仓华峰机电设备有限公司	施　宇	6116	353
太仓市意欣塑胶有限公司	宣秋兴	6106	107
吉翔宝（太仓）离型材料科技发展有限公司	於险峰	5587	176
江苏宝泽高分子材料股份有限公司	陈勇刚	5581	130
太仓市新塘电镀有限公司	徐振华	5418	656
江苏申迈电机有限公司	鹿　苏	5401	228

说明：收录销售收入 5000 万元以上企业

（王轶斐）

浮桥镇

【概况】 浮桥镇位于太仓市东部，枕江濒海，距太仓市区30公里，镇域面积144.44平方公里，常住人口7.8万人，辖浏家港、金浪、时思3个办事处，11个村、6个纯社区、6个涉农社区。2014年，浮桥镇实现地区生产总值57.30亿元；公共财政预算收入3.02亿元；全社会固定资产投资8亿元，较上年增长20%。

【经济发展】 2014年，浮桥镇完成工业总产值104.4亿元；年内注册内资3.98亿元，增长97%；实现服务业增加值26.72亿元。全年认定省高新技术企业1家，江苏省科技民营企业7家，苏州市工程技术研究中心4家，省高新技术产品7件。申请专利693件，其中发明专利216件，国际PCT专利2件，超额完成年度任务。中远电梯、华辰净化被列为新三板上市后备企业。获批苏州市名牌产品2件，落实ISO9000贯标企业6家。全年新批技改项目15个，完成技改投资3亿元，较上年增长20%。

【园区建设】 中小企业创业园于2008年启动，2011年初经太仓市人民政府批准为太仓市中小企业创业园，并于同年获批"江苏省重点培育小企业创业基地"和"小企业创业示范基地"。园区管理单位为中小企业创业园管委会，主要投资方为浮桥镇富桥公司。园区整体规划建设面积2.8平方公里，开发建设1.9平方公里，建造标准厂房及配套办公用房28万平方米，集宿楼3.44万平方米，停车场6.6万平方米，公共服务设施900平方米。截至2014年年底，园区入驻企业204家，其中规模以上企业28家，全年完成产值12.5亿元，实现利税3800万元。

【城乡统筹】 2014年，浮桥镇集中力量推进动迁工作，全年完成农户签约110户、腾房82户，完成工业企业（含个体工商户）签约55家。根据群众需求及时调整分房模式，全年累计组织分房10批次，共分配多层公寓235套、联体公寓44套，做好和平花园五期高层公寓分配准备工作，首批分配369套，制定高层公寓汽车库购置操作办法。拓宽村级经济发展渠道，全年实现村集体可支配收入7038万元，村集体平均可支配收入414万元。加快现代农业发展，杨林高标准农田一期水稻实现稳产高产，二期工程完工。

【生态环境】 2014年，浮桥镇新建彩虹桥12座、农桥12座，投入1000余万元改造升级农路11.1公里。投入420万元对新港花苑、六尺社区等农民自建小区实施配套设施提档。改善农村水环境，基本实现河道长效保洁全覆盖，争取到"中小河流整治""小农水"等项目支持，共投入3800万元清淤整治河道123条。加强镇区及周边重点区域环境整治，通过江苏省卫生镇复查验收。做好村庄环境日常管理，总结推广绿化村卫生保洁全覆盖试点经验。开展人居大棚整治，整治面积15.84公顷；加大巡查力度，秸秆焚烧得到控制；整治集镇秩序，投入678万元提档各类市政设施，增添交通标志标识，设置隔离栏，整治占道经营、违章停车等现象，维护集镇区交通秩序。

【公共服务】 2014年，浮桥镇落实六项实事工程：七浦塘生态公园竣工投用，和平花园公寓房天然气入户工程装表通气，新建小区配套工程完成，村庄环境长效管理推进工程向面上推广，杨林塘生态林带工程种植绿化33.33公顷，浏家港、老闸社区文体活动中心工程建成。推进就业保障，打造政策扶持、创业培训、创业服务"三位一体"工作机制，全年举办各类招聘会104场，推荐就业9300多人次。拓宽失地农民创业渠道，共帮助失地农民成功创业50例，创办企业35家，协助办理小额担保贷款130万元。完善社会救助体系，做好低保户、重残对象动态管理，全年共发放低保、低保边缘补助568万元，助残金117万元，弱势群体慰问金450万元。健全养老服务体系，发放尊老金350万元，新增日间照料中心7家，全镇24家居家养老服务站运转正常。

高层公寓安置房　　（2014年12月摄　浮桥镇供稿）

【社会治理】 2014年，浮桥镇提升基层民主，开展民主决策、民主评议、村务居务公开等工作，通过积分引导惠民项目，党员、居民、青年议事会等活动调动群众参与社区治理的积极性。探索村居管理新方式，通过村居购买服务、政府引导奖补模式，初步实现村居物业管理全覆盖。重视社会主义核心价值观培育，创新形式举办第七届“和为贵”邻里文化节，开展“我们的节日”、阅读节、电影村村放等系列文化活动，配合做好创建全国文明城市工作。加大文体设施投入，建设露天舞台12座。

9月23日，浮桥镇举办第一届“舞动港城”广场舞比赛　（浮桥镇供稿）

2014年浮桥镇主要经济社会指标表

表84

项　目	单位	数值	项　目	单位	数值
地区生产总值	亿元	57.30	镇村主干道	公里	490
财政收入	亿元	5.98	电话普及率	部/百人	82
耕地面积	公顷	4259	科技人员	人	1985
农业总产值	亿元	9.91	中小学校	所	8
粮食总产量	万吨	3.86	在校中小学生	人	6778
农机总动力	万千瓦	2.51	在职教师	人	454
出栏生猪	万头	4.52	开通有线电视	户	24950
出栏家禽	万羽	63	医院	家	6
工业企业	家	1459	卫生室	个	25
工业销售收入	亿元	104.00	医保普及率	%	99.9
工业利税	亿元	3.50	年末存款余额	亿元	62.03
出口创汇	万美元	42512	人均储蓄存款	元	76725
三产增加值	亿元	26.72	农民人均纯收入	元	25859
商品零销总额	亿元	9.73	农民人均住房	平方米	80

2014年浮桥镇各村（涉农社区）基本情况表

表85

村名	党组织书记	村委会主任	村集体收入（万元）	人均可支配收入（元）	村名	党组织书记	村委会主任	村集体收入（万元）	人均可支配收入（元）
浮桥	石万良	沈建忠	31273	24860	丁泾	张国红	谭幼锋	29025	24860
七丫	展益峰	吴进飞	14763	26267	新邵	浦建初	支逢春	9258	26998
方桥	陆叶青	龚月良	9441	26200	九曲社区	王建明	—	42520	27300
时思	李建秋	王　燕	82052	26520	时思社区	陆建忠	陆利平	31258	24320
浪港	冯建华	顾忠强	9052	25310	老闸社区	陆利兵	张　耀	6052	24300
绿化	陈志强	陆清平	8025	24200	建红社区	沈伟刚	费福康	4250	24750
三市	陆建革	沈益飞	7858	26800	浮南社区	张群英	王　辉	5205	24785
茜泾	苏云周	吴海雄	30275	28950	牌楼社区	高建清	—	30250	28401
马北	陶立平	闻国强	20012	24789	—	—	—	—	—

2014年浮桥镇骨干企业基本情况表

表86

单位名称	单位负责人	销售收入（万元）	利税总额（万元）
怡球金属资源再生（中国）股份有限公司	黄崇胜	201600	2411
太仓双胞胎饲料有限公司	邓书甄	33336	1297
太仓市金鹿电镀有限公司	支建明	25477	3597
格瑞夫（太仓）包装有限公司	蔡志荣	22311	3691
太仓金汇再生资源有限公司	杨　柳	22032	337
盛兴环保资源（太仓）有限公司	黄金练	19183	200
苏州天和再生塑料制品有限公司	袁　飞	16693	210
鼎泰铝业科技（太仓）有限公司	洪玉环	16686	1807
太仓上电混凝土制品有限公司	王学芹	13517	1069
太仓市世佳实业有限公司	艾　迪	13224	164
佳顺工程塑胶（太仓）有限公司	涂　敏	13144	112
太仓思成塑化有限公司	颜思达	10576	208
佳利塑业（太仓）有限公司	袁　英	9425	386
苏州天路薄板有限公司	朱卫民	9356	960
太仓市华夏电镀有限公司	陈耀祖	9347	1044

说明：收录销售收入5000万元以上企业

（浦春燕）

璜泾镇

乡风文明田园坊　　（2014年7月摄　璜泾镇供稿）

【概况】 璜泾镇位于太仓市东北部，镇域面积83.55平方公里，设王秀、鹿河2个管理区，辖13个村、4个社区，常住人口8.6万人，流动人口约4万人。2014年，璜泾镇实现地区生产总值108.28亿元；公共财政预算收入2.55亿元，较上年增长13.8%；全社会固定资产投资48.01亿元，较上年增长9%；农民人均可支配收入32963元，较上年增长9.8%。

【经济发展】 2014年，璜泾镇实现工业总产值352.6亿元；引进内资新增注册资本7.42亿元，较上年增长42.9%；个私经济注册资本净增10.89亿元，较上年增长416.11%；实际利用外资3050万美元，较上年增长22%；进出口总额实现3.05亿美元，较上年增长1.03%，其中出口1.54亿美元，较上年增长15.91%；实现服务业增加值34.32亿元。天丝利塑化、晓谕精密机械等5个项目竣工投产，嘉璜工业、惠林空调等7个项目加快建设，瑞高新材料、荣文光电、申久三期等项目稳步实施，220千伏变电站、华能电厂蒸汽管道集中供热等重点配套项目进展顺利。商务文化园完成注册企业15家，注册资本5.64亿元。成功申报涤纶低弹网络丝省级联盟标准，中润化纤被认定为新三板拟挂牌企业。新增专利申请635件，完成教授博士柔性进企业7人、企业科技副总2人，荣文院士工作站获评中国纺织工业联合会科技一等奖。

【城乡统筹】 2014年，璜泾新镇区核心区拆迁基本完成，片区详规通过专家论证，5条主干道及桥梁建设项目启动，框架形态加速形成。玄武路西延、湘杨路完成新建工程2.4公里并通车。知青时代等商业综合体建设稳步推进，茂林尚街开业。新华花园公寓房完成分房，雅鹿小区、新华小区服务中心完工，王秀小区、新华联体小区建设规划启动。农村集体财务监督管理中心和农村集体资产交易管理服务中心两个平台运行顺利。农村土地流转、高标准农田、合作农场三个“全覆盖”有序推进。现代农业水平提升，璜泾镇获评首批“苏州市现代农业园区”。

农民集中居住小区　　（2014年11月摄　璜泾镇供稿）

【生态环境】 2014年，璜泾镇成立全市首个镇级环境保护委员会。环境大整治行动成效明显，沙鹿路立面改造及沿路沿线整治启动。落实卫生长效管理工作，完成91个村庄整治点市级考核。开展美丽镇村建设行动，拆除各类违法建设2万多平方米。推进荡茜河开挖、中小河流整治、污水管网铺设等项目。

【社会治理】 2014年，璜泾镇做好社会救助工作，发放各类固定民政对象经费694.83万元。鹿河卫生院投入运行，璜泾人民医院扩建工程基本完成。王秀幼儿园完成“省优质幼儿园”创建。王秀管理区服务中心投入运行，在全市率先实现村、社区日间照料服务中心全覆盖。杨漕村“乡风文明田园坊”开园，“云服务”平台、“智慧孟河”平台逐步完善，雅鹿村获评全市首个全国文明村。

2014年璜泾镇主要经济社会指标表

表87

项目	单位	数值	项目	单位	数值
地区生产总值	亿元	108.28	农业总产值	亿元	4.2
财政收入	亿元	5.36	粮食总产量	万吨	3.9
耕地面积	公顷	4404	农机总动力	万千瓦	2.51
出栏生猪	万头	2.99	科技人员	人	3100
出栏家禽	万羽	62	农业技术服务机构从业人员	人	38
工业企业	家	1094	中小学校	所	5
工业销售收入	亿元	337.36	在校中小学生	人	3747
工业利税	亿元	4.52	在职教师	人	280
注册利用外资	万美元	2584	开通有线电视	户	18650
实际利用外资	万美元	3050	医院	家	3
出口创汇	亿美元	1.53	卫生室	个	17
三产增加值	亿元	34.32	初保普及率	%	100
商品零售总额	亿元	15.47	全社会固定资产投资	亿元	48.01
镇村主干道	公里	101.5	农村人均收入	万元	3.29
电话普及率	部/百人	175	农民人均住房	平方米	70

2014年璜泾镇各村基本情况表

表88

村名	党组织书记	村委会主任	村集体收入（万元）	人均可支配收入（元）	村名	党组织书记	村委会主任	村集体收入（万元）	人均可支配收入（元）
新华	胡庆丰	李冬梅	251387	37500	孟河	杨翠珠	李忠球	14280	31380
荣文	曹旭东	高　萍	156495	32452	杨漕	李炳元	吴振清	11580	29200
新联	黄耀清	朱锦芬	455765	41369	新海	曹孟栋	沈建林	20004	27000
荡茜	潘锦球	夏卫良	19850	28695	新明	蔡锦球	夏建国	673346	35960
永乐	倪伟峰	朱惠明	441904	35000	长洲	高振球	费振尧	46932	29782
王秀	周陆彦	朱雪刚	123011	34196	雅鹿	吴惠芳	顾爱东	480592	30006
孙桥	黄金明	王祖明	23650	28224	—	—	—	—	—

2014年璜泾镇骨干企业基本情况表

表89

单位名称	单位负责人	销售收入（万元）	利税总额（万元）
雅鹿集团股份有限公司	顾振华	384145	25510
江苏申久化纤有限公司	陈俊民	294460	-10490
江苏长乐纤维科技有限公司	瞿振清	216412	-6301
江苏锦凯集团有限公司	陈锦乐	88177	-5070
苏州荣文集团有限公司	管雪平	70248	-228
华伦皮塑（苏州）有限公司	高金岗	38690	-1931

续表 89

单位名称	单位负责人	销售收入（万元）	利税总额（万元）
太仓市天丝利塑化有限公司	盛庆华	31454	3829
太仓鹿影包装材料有限公司	阮桂儿	26178	487
中润科技股份有限公司	高忠林	24886	−1961
苏州长乐化纤有限公司	瞿振清	23620	470
太仓市信逸纺织化纤有限公司	顾耀明	18645	241
苏州翔怡化纤有限公司	戴燕刚	18159	191
太仓市中明化纤有限公司	顾学明	18070	193
太仓市仓乐化纤厂	瞿建明	16988	7
太仓市宏晖化纤有限公司	瞿庆红	15708	57
太仓市新佳化纤有限公司	戚福明	15698	109
太仓市德隆化纤有限公司	瞿文龙	15691	−894
太仓市美丽纱化纤有限公司	黄宏斌	15608	183
太仓市晨禾化纤有限公司	浦国平	15382	7
苏州新乐化纤有限公司	瞿耀宗	14290	−37
太仓市锦飞电镀有限公司	沈建强	14287	529
苏州东源化纺有限公司	狄丁元	14180	83
苏州瑞昱华化纤织造有限公司	朱玉华	14046	−93
太仓市双达化纤有限公司	王锦明	13990	16
太仓市兰顺化纤有限公司	瞿国清	13680	226
太仓市晨丰化纤有限公司	范明岐	13529	31
太仓市新胜化纤有限公司	戴艳刚	13210	−12
太仓市利旺化纤有限公司	侯理球	12956	43
太仓大顺纺织化纤有限公司	潘林娣	12480	44
太仓市永发化纤纺织有限公司	陆建昌	11923	47
太仓市雅裕化纤有限公司	朱艳丽	11713	−25
太仓市景泰化纺有限公司	陆云浩	11482	−191
苏州宝联化纤有限公司	黄惠其	11430	−53
太仓明辉化纤有限公司	华宪良	11378	107
太仓市璜泾新丰化纤厂	徐耀明	11311	−3
苏州雅华化纤有限公司	朱月明	11047	299
太仓市兰燕甲板敷料涂料有限公司	李月明	10703	825
苏州凌云化纤有限公司	高锦明	10455	18
太仓市晓晖化纤有限公司	史晓峰	10246	−12
太仓仁德化纤有限公司	倪水忠	10193	75
苏州拓邦服饰化纤有限公司	瞿建明	10152	−4
太仓瑞怡化纤织造有限公司	戴燕刚	9832	141

续表 89

单位名称	单位负责人	销售收入（万元）	利税总额（万元）
苏州市龙缘纺织化纤有限公司	倪红良	9776	30
太仓市中江化纤厂	张振荣	9595	119
太仓鼎业化纤有限公司	夏明元	9416	25
太仓市雄瑞化纺有限公司	戴　艳	9365	–37
苏州欧凯化纤有限公司	高菊萍	9294	94
太仓芳怡化纤纺织有限公司	苏建明	9195	30
太仓市文胜化纤有限公司	王　文	9166	81
太仓市申江纺织化纤有限公司	季丁兴	9079	127
苏州精艺纺织有限公司	赵雪球	8877	80
苏州同舟化纤有限公司	侯关球	8653	24
太仓佩博实业有限公司	邹浩明	8635	–76
太仓市恒丰化纤有限公司	李　刚	8603	72
太仓隆顺化纤有限公司	范锦良	8535	46
太仓市耀祥化纤有限公司	赵德耀	8522	32
太仓市宏亿化纤有限公司	陆国强	8286	–198
苏州兆龙化纤有限公司	顾兆岐	8279	378
太仓市鹰鹏化纤有限公司	后鹰岐	8232	33
太仓市新磊化纤有限公司	严国栋	8166	90
太仓市富宝化纤有限公司	朱晓东	7992	11
太仓市桑榆化纤有限公司	史晓东	7707	77
太仓同益化纤有限公司	霍惠峰	7654	180
太仓市引德威化纤有限公司	冯佳秋	7490	34
苏州高洁日用品有限公司	黄艳菊	7433	–68
太仓市万里化纤有限公司	盛洪兴	7395	70
太仓市佳禄化纤纺织有限公司	曹瑞娟	7316	37
太仓市三丰化纤有限公司	梁臻彪	7189	44
太仓市鑫海纸业有限公司	吴建中	7104	226
太仓市华发化纤有限公司	戴惠芳	7091	62
太仓市新艳化纤有限公司	戴惠良	6995	8
苏州双宏纺织有限公司	钱永兴	6991	121
太仓市华昌化纤有限公司	周惠林	6925	22
苏州顺达化纤有限公司	张丁明	6900	31
苏州肖氏化纤纺织有限公司	肖学秀	6850	126
太仓市锦艳纺织有限公司	李锦球	6708	391
太仓市明正化纤有限公司	黄喜明	6586	57
太仓市维宏化纤有限公司	朱承维	6581	12

续表89

单位名称	单位负责人	销售收入（万元）	利税总额（万元）
太仓市顺络化纤有限公司	杨瑞娥	6511	44
太仓市银成化纤有限公司	郑继红	6509	-3
太仓市天行化纤有限公司	戴阿秀	6438	12
太仓市金宏化纤有限公司	徐耀红	6400	81
苏州明盛化纤有限公司	黄红明	6382	55
苏州市长海化纤有限公司	周建明	6222	56
太仓市东华化纤有限公司	张振明	6203	12
太仓市万能化纺有限公司	姜凤华	6187	9
太仓市嘉乐化纤有限公司	沈书航	6181	31
太仓恒佳化纤有限公司	闵建中	6178	90
太仓市佳纺化纤有限公司	沈　健	6141	11
太仓市诚乐化纤有限公司	陈秀珍	6137	22
太仓市雅苑化纤有限公司	朱燕红	6096	52
太仓市华乐化纤有限公司	倪惠忠	6089	4
太仓市永通化纤有限公司	夏海清	6008	17
苏州天彩化纤有限公司	周志刚	5938	124
太仓市银燕化纤有限公司	马振球	5907	54
太仓市安圣化纤有限公司	闵建国	5895	11
苏州平元化纤有限公司	邹　健	5858	12
苏州市新祥化纤有限公司	沈玲玲	5706	–5
苏州瑞恩化纺有限公司	冯玉龙	5670	28
太仓乙全布料定型有限公司	张伟飞	5650	538
太仓市中环化纤有限公司	杜家平	5603	–56
太仓市隆纺油剂有限公司	赵国良	5600	222
太仓市永宏化纤有限公司	陈惠标	5479	6
太仓市南洋化纤有限公司	沈雪明	5444	–22
苏州银鹿服饰有限公司	钱仲良	5412	415
太仓市建杰化纤有限公司	倪锦明	5406	18
太仓市龙威化纤有限公司	戴志明	5403	55
太仓时代潮化纤有限公司	李静秋	5352	143
太仓市恒安化纤有限公司	高永清	5258	117
太仓市明源化纤有限公司	方士明	5173	11
太仓市众源化纤有限公司	胡永贵	5080	16
太仓市特灵化纤有限公司	张　青	5057	14
苏州腾龙化纤有限公司	曹向阳	5045	48
太仓市万隆化纤有限公司	王月芬	5005	26

说明：收录销售收入5000万元以上企业

（姚巍峰）

双凤镇

【概况】 双凤镇位于太仓市西部，紧邻城区，204国道、339省道、苏昆太高速贯通全境，全镇总面积62平方公里，辖9个村、3个社区，户籍人口3.3万人。全年实现地区生产总值31.97亿元，较上年增长7.34%；完成公共财政预算收入2.44亿元，较上年增长13.12%；实现全社会固定资产投资34.37亿元，较上年增长13.57%。

【经济发展】 2014年，双凤镇工业经济稳中有升。全年完成工业总产值110亿元、销售收入108.01亿元，分别较上年增长7.84%、7.78%，其中规模企业产值87.05亿元，占比79.14%；超亿元企业22家，规模经济总量支撑和带动作用凸显。完成工业投入23.19亿元，较上年增长10.16%。新增注册外资3056.25万美元，到账外资1057.05万美元，引进内资注册资金3.25亿元；进出口总额1.73亿美元，其中出口1.41亿美元，分别较上年增长23.54%和19.07%。项目建设加快推进。年内，举办太仓市金秋经贸月双凤分会场重点项目开工开业活动。总投资10.97亿元的8个竣工项目投产，总投资15.62亿元的15个在建项目加快建设，总投资30.29亿元的24个扩建项目得到落实，总投资12.1亿元的10个待建项目开工建设。创新能力增强。双凤镇获批江苏省第四批创新型试点乡镇。富尔达科技股份有限公司在上海股票交易中心挂牌。向56家企业兑现科技奖励85.31万元。23家企业获市“千企升级”“争先创优”“市场开拓”“节能改造”和“循环经济”等专项资金支持。完成专利申请593件，授权230件。申报国家级科技项目2项、省级项目25项、苏州市级项目12项、太仓本级项目14项。申报省级、苏州、太仓市级人才计划各1个。新增省高新技术企业8家、省高新技术产品10个、产学研项目15个、校企联盟5家。规模以上企业研发费备案1.22亿元。申报省、市名牌产品5件，制定行业标准产品1件。全年实现服务业增加值13.56亿元，较上年增长7.28%；服务业固定资产投资11.18亿元，增长21.38%。6个房地产项目实现销售面积11.94万平方米，销售额5.97亿元。宝业地块6.89公顷土地上市交易，成交价1.55亿元。推进华麟针织、橡胶厂地块上市准备。利用服务外包优惠政策，完成接包合同额880万美元，离岸执行额509万美元，分别较上年增长53.45%和62.69%。做大口水娃电子商务销售平台，全年网上销售额突破9000万元。“凤凰湖”获评省级水利风景区。国家级垂钓中心举办大中型赛事30场，生态园休闲旅游影响力逐步扩大。

【城乡统筹】 2014年，双凤镇完善城镇规划体系，完成《太仓市双凤镇总体规划（2013—2030）》修编，全镇62平方公里区域形成“一轴、两带、三片区”（“一轴”即城镇发展轴，“两带”即吴塘河生态景观带、盐铁塘景观风光带，“三片区”即双凤生活片区、高端经济产业片区、新湖生活片区）布局结构。配套制定《镇土地利用总体规划（2006—2020）修改方案》《镇生态文明建设规划（2012—2030）》，明确26个村庄保留点的镇村布点规划。完成庆丰村三星级康居乡村环境整治提升方案。镇区面貌得到提升。镇村路网建设日趋完善，投入1600万元完成栖凤路北延建设，投入1600万新建改建农村道路6.3公里，投入130万元完成70公里农路维修养护，投入40万元完成中市路涵洞改造和徐泾河中段护岸工程。投入1000万元完成苏昆太高速双凤出口景观和雕塑工程。投入3000万元实施新安苑和凤苑小区道路硬化、河塘整治、物业用房和便民超市等30个项目提档升级工程。铺设天然气市政管道3公里，完成凤祥苑、新川苑小区386户天然气装表通气工作。投入260万元铺设污水主管网2.5公里，投入600万元铺设3个小区污水支管网12.5公里，投入75万元实施工业区21家企业污水接管工作。投入50万元完善农村污水独立处理设施管理养护工作。推进拆迁安置工作，共计发放拆迁资金8418万元（含市级工程）。农业产业布局优化，“四个万亩”加快落地形成。投入1250万元完成高标准农田建设210.67公顷；投入1360万元完成庆丰万亩水

双凤镇凤凰湖 （2014年4月摄 双凤镇供稿）

稻示范区道路、桥梁等基础设施建设，三纵四横路网框架体系基本成形。现代渔业产业园投入 300 万元完成水产科技精品园养殖基地建设，被评为苏州市首批现代农业园区。新闯村 46.67 公顷锦鲤鱼项目、新卫村 20 公顷金银花项目、维新村 6.67 公顷林果基地项目、新湖蔬菜基地产供销一体二期配送项目等陆续建成投产。完成泥泾社区股份制析股量化分红，启动庆丰村土地承包确权颁证试点工作。建立养殖户动物防疫日常监管制度和追溯制度。

双凤镇泥泾公寓房　　（2014 年 7 月摄　双凤镇供稿）

【公共服务】 2014 年，双凤镇共投入 3.3 亿元实施六项实事工程。一是生活安居工程：投入 2200 万元完成泥泾公寓房建设及验收，完成安置户分房 275 户 454 套 54826 平方米。投入 1400 万元完成新卫苑和凤中小区便民服务中心建设。投入 60 万元引进物业公司参与泥泾公寓房管理，凤祥苑小区成立业主委员会。投入 400 万元完成绿化种植 40 公顷，投入 60 万元完成新卫苑小区路灯亮化工程。二是岸清水绿工程：投入 2000 万元完成新一轮小农水项目，新建、改建灌溉泵站 11 座、农桥 17 座，新建渠道 41.38 公里，改造排水沟 23 公里，管道灌溉 20 公顷。投入 800 万元实施盐铁塘双凤段整治工程，完成 3.5 公里河道疏浚整治和护坡建设。三是方便出行工程：投入 2000 万元完成凤北路黑色化改造和管线入地。投入 1400 万元实施双湖路北延工程，跨杨林塘大桥开工建设。投入 480 万元实施迎春路北延工程，新建道路 800 米和湖川塘桥 1 座。黄桥路提档工程完成 500 米明沟及过路管道建设。四是社会治理工程：维新集宿楼二期项目完成初步设计；黄桥集宿楼二期项目土地通过市场拍卖取得，完成立项与施工设计。对 60 岁以上老人提供“六助”（助餐、助洁、助急、助行、助浴、助医）养老服务，完成居家服务 4905 人次，服务经费 29.4 万元。投入 70 万元新增视频监控 80 个，纳入镇视频监控中心。五是学校、医院迁建续建工程：投入 1400 万元完成双凤中学续建项目并投入使用。投入 600 万元完成双凤卫生院续建项目。投入 1200 万元完成新湖小学主体建筑施工，市政配套及装修工程抓紧施工。六是共享惠民工程：落实免费灌溉政策，对全镇种植水稻确权承包户免收每亩（1 公顷≈15 亩）60 元灌溉费用，涉及农田 976.87 公顷，减免费用 94.22 万元。成立雅韵艺术团，完成免费送戏村村演 20 场、免费数字电影放映 250 场，为全镇 4755 户 60 周岁以上老年人家庭赠送节目包。

【社会治理】 2014 年，双凤镇社会保障健全发展，累计新增社会养老保险 8488 人，工伤、失业、生育保险 7274 人，基本医疗保险 8204 人，农保转城保 530 人，土地置换保障 358 人，居民医疗保险参保人数 14289 人。完成住房公积金扩覆 1046 人。举办创业培训班 2 期、现场招聘会 35 场。调解劳资纠纷投诉案件 98 起，仲裁立案 55 起，申请工伤认定 45 起。落实社会救助和双拥优抚工作，做好低保救助动态管理，发放低保、低保边缘、重残等生活救助金 315 万元，发放慰问物品和普惠金 129 万元、尊老金 108 万元及其他救助、慰问金 240 万元。促进农民持续增收，培训职业农民 225 人。社会管理架构完善。五个社区工作站实现独立运作。推进“三社联动”（社区、社会组织、专业社会工作者之间的联系互动）工作，开展村务公开与民主管理，开展好民主决策日活动。推进政社互动工作，完成 2014 年政社互动签约及双向履职评估工作。村级服务载体逐步完善，新闯村社区服务中心建成使用，泥泾村一站式服务大厅和黄桥村老年人日间照料中心完成改造，福利院部分硬件设施提档升级。安息堂投入使用，实现人员到位、制度上墙。双凤龙狮文化展示馆被命名为首批太仓市非物质文化遗产保护示范基地。做好创建省级公共文化服务体系示范区验收工作。解决群众反映问题 616 件。完成 1 个小区、10 条道路的地名申报工作。抓好平安法治工作。妥善处理各类社会矛盾，共受理来信来访案件 161 件 710 人次，结访率 98%。创建省级规范化乡镇人民调解委员会，成立镇公共法律服务中心、新太仓人法治文化俱乐部。便民法律服务阳光屋实现村、社区全覆盖。通过“六五”普法中期考核。重视安全生产工作，落实各级安全生产责任制，开展各类安全检查 2596 家次。完成 45 家小微企业三级安全标准化考评。组建企业安全生产网格化监管队伍。开展对职业病危害、危化品、胶粘制品企业等六项安全整治。排查涉爆粉尘企业 65 家，取缔关闭铝镁、异地生产企业 10 家，整改规范其他涉爆、金属粉尘生产企业 16 家。完成三级政府挂牌督办事故隐患 7 处。镇公众安全感量化指标达 93.2%。

2014年双凤镇主要经济社会指标表

表90

项目	单位	数值	项目	单位	数值
地区生产总值	亿元	31.97	出口创汇	万美元	17267
财政收入	亿元	2.44	三产增加值	亿元	13.56
耕地面积	公顷	2528.67	镇村主干道	公里	69.49
农业总产值	亿元	38605	电话普及率	部/百人	95
粮食总产量	吨	14721	科技人员	人	2544
农机总动力	千瓦	16300	中小学校	所	3
出栏生猪	万头	2.16	在校中小学生	人	2226
出栏家禽	万羽	28.5	在职教师	人	159
工业企业	家	746	开通有线电视	户	6051
工业总产值	亿元	110	卫生院	家	2
工业销售收入	亿元	108.01	卫生室	个	11
工业利税总额	亿元	2.48	初保普及率	%	100
新增注册外资	万美元	3056.25	农民人均纯收入	元	27602
实际利用外资	万美元	1057.05	农民人均住房	平方米	58

2014年双凤镇各村基本情况表

表91

村名	党组织书记	村委会主任	村集体收入（万元）	人均可支配收入（元）	村名	党组织书记	村委会主任	村集体收入（万元）	人均可支配收入（元）
庆丰	梁金龙	陆奇	1091	27720	维新	钱培忠	柏利青	2219	30302
凤中	潘雪荣	张学军	1322	27588	新湖	王国梁	顾芳芳	1044	27557
黄桥	王解忠	曹彩华	1377	30732	新卫	方凤球	张裕清	576	27206
勤力	朱庆兰	高树云	569	22615	新闾	张建明	—	746	22620
泥泾	俞雪忠	顾雪良	1073	28391	—	—	—	—	—

2014年双凤镇骨干企业基本情况表

表92

企业名称	销售收入（万元）	利税总额（万元）
苏州口水娃食品有限公司	49835	2815
太仓富豪铜业有限公司	43782	255
苏州富瑞铜合金科技有限公司	40989	–39
羽田电子科技（太仓）有限公司	36292	1212
皇冠（太仓）胶粘制品有限公司	35913	1252
龙博士纺织印染（太仓）有限公司	33347	1343
国药集团致君（苏州）制药有限公司	33335	–4841
太仓市再生资源有限公司	28722	–888
苏州东南碳制品有限公司	27836	1607
苏州贝斯特装饰新材料有限公司	21730	157

续表92

企业名称	销售收入（万元）	利税总额（万元）
太仓新锦表面处理有限公司	21157	1725
雷瑞卡（苏州）汽车电器有限公司	18819	1004
伍享汽车配件（太仓）有限公司	18025	2064
江苏博众汽车部件有限公司	16709	451
太仓大东保健器有限公司	16453	382
太仓市汇湖电镀有限公司	16332	1695
苏州富洲胶粘制品有限公司	14712	804
太仓浦源医药原料有限公司	14463	363
苏州国光机电工业有限公司	11828	306
江苏群雄集团有限公司	11589	428
苏州优金金属成型科技有限公司	10033	211
赛纳（苏州）安防用品有限公司	10002	463
苏州考斯丹五金制品有限公司	9615	197
太仓新奇乐婴儿用品有限公司	9318	570
苏州金山门变压器有限公司	9190	30
太仓徐氏铜业有限公司	9076	–481
苏州弘州机械有限公司	8986	5
苏州扬信德汽车零部件有限公司	8340	243
苏州剑派实业有限公司	8293	132
太仓鸿恩电子科技有限公司	7788	327
苏州维港包装有限公司	7480	769
太仓新宏电子科技有限公司	7458	356
苏州圣雷动力机械有限公司	7412	317
苏州巨莹玻璃有限公司	7177	77
苏州佳侣家用电器有限公司	7149	–125
太仓市华鑫轧辊有限公司	6605	143
太仓雪莉莱服装有限公司	6458	217
太仓佳通金属制品有限公司	6323	94
苏州德能电机有限公司	6321	361
苏州创扬医药包装科技有限公司	6225	108
太仓群特电工材料有限公司	5768	113

说明：收录销售收入5000万元以上企业

（张　祎）

科教新城

【概况】 科教新城位于太仓市西南部，东、南至上海交界，西至204国道，北至新浏河。辖区面积12平方公里，户籍人口1.3万人，规划总人口约12万人。下辖群星、太安、利民、南郊、常丰、鹊桥、学苑7个社区。2014年，科教新城完成公共财政预算收入2.90亿元，全社会固定资产投资12.2亿元，分别较上年增长13.38%、8%。引进内资当年新增注册资本3.29亿元，注册外资1032.8万美元。全年新增落户项目百余个。中兴智慧城市产业园项目签约。新增省双创人才1人，姑苏领军人才3人，太仓市“522”人才8人。中兴通讯亚太实训总部、水晶石全国实训基地、苏州德致伦电子科技有限公司等培训机构运营良好，全年累计培训人员1000余人次。制定科教新城专利资助办法，申请专利505项，其中发明专利306件，新增授权专利54件，版权登记1350件。年内，科教新城科协成立，天镜湖文化科技产业园获评苏州市服务业集聚区。

【园区建设】 2014年，大学科技园获评江苏省三星级中小企业公共服务平台、省级大学生创业示范园、省级重点培育小企业创业基地、国家级高校学生科技创业实习基地，上报国家级大学科技园。与上海第二工业大学合作设立技术转移中心，与上海大学数码艺术学院合作设立产学研合作基地，与28家中介机构及市版权登记中心、省科技厅情报所太仓分所建立合作关系，其中10家中介机构入驻科技服务超市。

【城乡统筹】 2014年，科教新城推进新一轮控制性详细规划修编，深化绿色生态城区规划和总体照明规划研究。全年新开工建筑面积39.96万平方米，竣工面积49.11万平方米。推进科技信息产业园二期、张江信息产业园等市重点项目。海运堤健身中心、淏华国际大厦、国信金融大厦等项目基本建成。东仓五期等8个在建城乡一体化和公建配套项目加快实施。沪通铁路科教新城段开工建设。督查区域内违法用地，联合多部门从严把控，确保区域内无卫片违法用地事件发生。推进太安高标准农田提档建设，完成群星区域200公顷高标准农田建设。各社区共同参股的邻里中心项目主体封顶。同创绿化园艺工程有限公司组建完成。开展利民社区集体资产折股量化试点工作。完成农村集体财务监督管理中心和农村集体资产交易管理服务中心两个平台建设。全年动迁农户72户、企业7家，动迁面积4.54万平方米。完成东仓三期、东仓四期、群星三期、利民二期、利民三期共2670套近30万平方米的安置房安置工作。

【生态环境】 2014年，海运堤二期建成试运营。天镜湖公园运营管理加强。完成文华路、子冈路等1.9公里道路工程，推进道路绿化。新增绿化面积35.93公顷。建设各类管线9.8公里。推进水系环境整治、防汛防旱、慢行交通系统等工作。市政设施和城市绿化纳入主城区一体化管理，实现与主城区无缝对接。落实“931”综合整治（以“九整治、三规范、一提升”为内容的城市环境综合整治）、夏季环境大整治等城市管理专项工作。强化“党政同责、一岗双责”安全工作机制，开展金属粉尘企业和“五大领域”“六打六治”等专项整治。

【公共服务】 2014年，科教新城完善鹊桥、学苑两个新型城市社区组织架构。科教新城社会组织服务中心成立。中国社科院在常丰社区设立国情调研基地。科教新城人力资源和社会保障局挂牌成立。社会管理综合治理工作中心运作，制定《科教新城信访工作管理制度》。为引领和推进学校内涵建设，南郊中学更名为良辅中学。良辅中学新校舍、利民幼儿园建成投用，加快南郊小学改扩建项目规划建设。过渡期间，实行南郊小学与科教新城实验小学“一区两校”管理模式。

【国资管理】 2014年，科教新城成立国有资产管理领导小组，整合、组建科教文化发展有限公司、大学科技园有限公司、兰海文化商旅有限公司、兰博资产管理有限公司、兰科投资有限公司等五大国资公司，理顺管理体系。基本完成国有资产清理和资产信息管理系统建设。推进科教文化发展有限公司发债工作，控制融资规模和融资成本，化解债务风险，科教新城建设发展得到保障。制定实施科教新城创业投资有限公司和大学科技园创业投资有限公司投资管理办法。

（陈　雯）

海运堤二期　　（2014年11月摄　科教新城供稿）

娄东街道

【概况】 娄东街道区域面积87平方公里，管辖区域与新区一致。2014年，娄东街道常住人口18.14万人，管理娄江、太平、惠阳、滨河、陆渡、东城、景瑞、城北8个城市社区和朝阳、太东、洋沙、东郊、太胜、华盛园、香花桥、珠江8个村改社区及小桥、花北、岳南、红庙、陆渡、横沥、浏泾7个村。

【城乡统筹】 2014年，娄东街道办推进拆迁安置工作，全年完成拆迁签约468户，总面积16.45万平方米；做好惠阳新苑、华盛八园安置工作，化解陆渡景湖小区宅基地分配矛盾。加快发展现代农业，加强小桥、陆渡、三港高标准农田建设，新增青园、绿旺两家农产品专业合作社。探索村级经济抱团发展，入股太仓市农村合作经济实业有限公司，壮大集体经济实力。完善集体资产监管体系，建设农村集体财务监督管理平台和资产交易管理平台。落实惠民政策，娄东富农专业联合社完成首次农户股份分红257万元。完成红庙、岳南、珠江等股份制量化工作，股份制改革实现全覆盖。响应全市“931”综合整治行动（以“九整治、三规范、一提升”为内容的城市环境综合整治），抓好沈海高速两侧、339省道板桥段沿线环境整治工程。开展夏季环境大整治行动，对洛阳路、青岛路、兰州路等道路及陆渡菜场、华盛园菜场、板桥菜场周边环境开展集中整治，落实长效管理机制。城市执法文明规范，陆渡、板桥城管中队开展各类整治180起，全年数字城管二级平台处理案件数27322件，结案率97.2%。社区管理更加精细，太胜社区成为全市首家“江苏省城市管理示范社区”，滨河社区完成“江苏省城市管理示范社区”验收；恒通佳苑、珠江新村、红枫新村、花园新村完成小区物业招标和入驻工作，提升物业服务水平。

【社会治理】 2014年，娄东街道办抓好社会稳定工作，来信来访数量下降，信访案件较上年下降44%，办结率95.8%，便民服务系统（含“寒山闻钟”论坛）办结率100%。成立处置“家饰佳问题”领导小组，妥善依法应对和化解“家饰佳问题”。抓好稳控排查，做好信访老户稳定工作，确保在全年各重点时间段内的社会稳定。推进依法治理工作，23个社区（村）全部通过苏州市规范化人民调解委员会标准验收，21个社区（村）完成“便民法律服务阳光屋”建设。开展法制宣传，华盛园法治家苑、太仓市新市民法治俱乐部三期工程完工。完成陆渡医院老年康复改造、东城社区卫生服务站、中市路门诊、集宿区卫计公共服务阵地等一批卫生设施建设。做好殡仪服务所运转准备，落实花北社区、城北社区、朝阳社区、太东社区会所改造建设。加强社会救助，关爱贫困家庭、老年人及弱势群体，对563户家庭发放慰问金100万元，对826户家庭发放临时救济款70万元，全年发放低保等各类救助资金242万元。举行“生育关怀，服务到家”品牌活动，走访2万多户家庭开展计生服务。举办“百团大展演”、K歌大赛、广场舞比赛、羽毛球团体赛等各类群众文体活动，丰富群众业余生活。

2014年娄东街道各村（涉农社区）基本情况表

表93

村名	党组织书记	村集体收入（万元）	人均可支配收入（元）	村名	党组织书记	村集体收入（万元）	人均可支配收入（元）
花北村	孙建春	719	2.53	朝阳社区	金解良	402	2.73
小桥村	罗建华	798	2.04	太东社区	蔡国福	1373	2.80
岳南村	王秋生	680	2.19	太胜社区	蔡建平	719	2.74
红庙村	张益民	469	2.66	东郊社区	朱彩红	529	2.70
陆渡村	金亚其	855	2.70	洋沙社区	金利峰	833	2.72
横沥村	管鸿嘉	793	2.70	华盛园社区	张建明	1973	2.83
浏泾村	徐建刚	555	2.75	香花桥社区	蔡士兵	1006	2.63
珠江社区	钱惠清	3963	2.68	—	—	—	—

（王一鸣）

重要文献

重要报告

适应新常态　实现新作为　全力推动经济社会持续健康发展

——在市委十二届九次全体（扩大）会议上的讲话

2014 年 12 月 15 日

王剑锋

同志们：

这次会议的主要任务是：认真落实党的十八大和十八届三中、四中全会精神，深入贯彻习近平总书记系列重要讲话精神，按照中央经济工作会议、省委十二届八次全会和苏州市委部署要求，回顾总结今年工作，研究安排明年任务，动员全市上下适应新常态、开拓新思路，落实新举措、实现新作为，全力推动经济社会持续健康发展。

下面，我根据市委常委会讨论的意见，讲四个问题。

一、充分肯定今年工作成绩

今年以来，我们坚决贯彻中央、省委和苏州市委决策部署，坚持一手抓党的群众路线教育实践活动，一手抓改革发展稳定各项工作，经济社会继续保持稳健发展态势。

（一）*教育实践活动基本完成。*

根据上级统一部署要求，今年 2 月到 10 月底，我市围绕“照镜子、正衣冠、洗洗澡、治治病”的总要求，扎实开展以“为民务实清廉”为主要内容的党的群众路线教育实践活动，着力解决党员干部“四风”问题和群众反映强烈的突出问题。市级领导班子、10 个镇（区、街道）、78 家市级机关部门和直属单位、73 名处级以上党员领导干部、1075 名科级党员干部、3995 个基层党组织、3.9 万名党员参加活动。狠抓学习教育。市委常委会带头加强学习，各级党组织和广大党员通过重温经典、学习典型、宣讲教育等方式，进一步坚定理想信念，拧紧世界观、人生观、价值观这个“总开关”。深挖问题根源。严格完成撰写对照检查材料、谈心谈话等环节任务，各级专题民主生活会和组织生活会敢于揭短亮丑、真刀真枪，自我批评触及根源、相互批评不留情面，起到了排毒治病、加油鼓劲的作用。严肃整改落实。集中开展清理整治“会所中的歪风”等系列专项行动，市委常委班子带头制定 8 个方面 56 项 62 条整改措施和 16 个专项治理行动、12 个建章立制重点，促进作风建设制度化常态化长效化。坚持民生导向。敞开大门接受群众监督、倾听群众意见，对市级层面收集到的 8 大类 390 条意见，细化制定 1100 多条即知即改举措，推动解决一批事关民生的突出问题。结合实际创新开展“365 服务工程”“民生大巡访”等特色活动。通过教育实践活动，全市广大党员干部党性修养显著提升，党群干群关系更加密切，党风政风明显好转，社会风气更为清新。

在深入推进教育实践活动的同时，我市把抓好中央巡视组反馈意见整改落实作为一项重要政治任务，及时成立领导小组和专项小组，迅速制定整改落实分工方案和工作方案，确定四个方面问题的 17 项整改任务和 82 条具体措施，明确责任分工和整改时限，确保在规定时间内将整改任务落实到位、抓出成效。

（二）*改革发展任务有效落实。*

坚持加快发展、深化改革、强化创新，不断提升经济发展质量和效益。经济发展稳中有进。全年完成（预计，下同）地区生产总值 1070 亿元，增长 8.6%；公共财政预算收入 106 亿元，增长 6%；全社会固定资产投资 530 亿元，增长2%；规模以上工业总产值2087亿元，增长5.2%。结构调整步伐加快，战略性新兴产业保持较快增速，服务业继续提质增效，占比分别为50.8%、44%；现代农业实现提升发展，现代农业示范区综合考评全国第一。改革开放不断深化。制定实施《中共太仓市委关于全面深化重要领域改革的意见》《太仓市2014年改革工作任务》，重要领域和关键环节的改革取得新成效。开放型经济水平进一步提升，完成注册外资6亿美元、实际利用外资5亿美元、进出口总额135亿美元，太仓港综合保税区通过国家级验收。创新能力持续增强。创新型企业群体三年培育计划深入实施，科技载体平台不断完善，政产学研合作稳步推进，高新产值占比达33%，新增国家"千人计划"人才5人、省"双创"人才7人，万人发明专利拥有量达16.11件，获评江苏省知识产权示范市。

（三）田园城市建设成效明显。

深化城乡统筹发展，持续提升城市品质，不断加快现代田园城市建设步伐。规划建设有序实施。完成现代田园城市、城市绿线等专项规划编制。新区中央商务区及陆渡片区、新港城、科教新城城市功能得到增强，"三片区"新镇区建设稳步推进。沪通铁路太仓段开工建设，杨林塘航道整治工程进展顺利。"数字城管"二级平台实现全覆盖。城乡一体稳步推进。完成镇村布局规划修编工作，启动编制103个保留村庄规划，农民集中居住率继续提高。区镇生活污水治理、中小河流治理、第二轮小农水重点县等项目进展顺利。"粮食银行"做法全国推广。组建市农村合作发展实业公司。农村土地承包经营权抵押贷款、集体资产"两个平台"建设等改革工作深入推进。生态环境不断改善。美丽城乡建设行动有序推进，十大城乡生态项目基本完成，大气污染防治计划有效实施，"931"行动在苏州各市（区）考核中总分第一。顺利通过国家生态市省级复核。

（四）人民幸福指数持续提高。

积极创新社会治理，持续改善民生，不断提升群众生活满意度和幸福感。富民保障不断加强。城镇、农村居民人均可支配收入46505元、23698元，分别增长8.8%和10.5%。大病再保险制度运行平稳有效，社会保障质量不断提高。市颐悦园正式投用，居家养老服务实现城乡全覆盖。公共服务持续优化。十大民生实事工程加快推进。新一轮教育规划基本完成，一批异地新建学校建成投用。全国文明城市创建工作有效开展，第二批省公共文化服务体系示范区成功创建，荣获"全国文化养老示范基地"称号。公立医院综合改革稳步推进，市一院成功晋升三级医院，"单独两孩"政策平稳实施。2014年国际田联竞走世界杯赛成功举办。社会保持和谐稳定。"五大专项行动"扎实开展。"政社互动""三社联动"创新实践得到深化，"政社互动"获中国法治政府奖。平安法治太仓建设取得新成效，连续第11年获评"省平安县（市、区）"，列入第二批"江苏省法治建设示范县（市、区）"。蝉联"全国和谐社区建设示范市"称号。

（五）党建工作水平实现提升。

与时俱进加强党的建设，切实为党领导的各项事业提供根本保证。干部能力素质得到增强。健全党委中心组学习制度，深化"领题导读"工作，认真贯彻《干部任用条例》，出台实施《党政领导干部交流工作暂行办法》，深入推进"对事考察""A730培养计划"等工作。党的基层基础不断夯实。农村服务型党组织建设继续深化，社会组织党建工作深入推进，非公党建"四服务四提升"行动有效实施，德企党建工作得到加强。党风廉政建设有效推进。机关主题教育活动深入开展，干部服务效能实现整体提升。制定落实"两个责任"实施意见以及监督检查和责任追究办法，持续开展"清风行动"，严肃惩治腐败行为，全面推行勤政廉政半月谈制度，采用抽查方式加强监督，推进惩防体系重点工作项目，开展防止利益冲突工作，源头治理工作不断深化。

一年来，市委常委会高度重视自身建设，坚决维护党中央权威，认真贯彻执行民主集中制，努力在各方面特别是在改进作风上当好表率。支持市人大及其常委会围绕全市发展大局依法行使职能，支持人民政协依照政协章程履行政治协商、民主监督、参政议政职能，加强与各民主党派和无党派人士的合作共事。加强对工青妇等群团组织的领导，做好党管武装、统战、民族、宗教、侨务、对台、老干部、老龄和关心下一代等工作，凝聚社会各方力量，不断增强推动发展的强大合力。

在肯定成绩的同时，我们也要清醒看到当前存在的矛盾和不足，主要是：经济下行压力加大，有效投入增长乏力，科技创新能力有待进一步增强；改革举措落地见效不够快，少数单位存在等待观望等倾向；社会稳定面临较大压力，各种不稳定因素相互交织；生态环境问题依然比较突出，距离群众期盼还有一定差距；一些党员干部的党性修养亟须进一步提升，干事创业的锐气闯劲需要进一步增强；"四风"问题时有反复，党风廉政建设任重道远。我们必须高度重视这些矛盾和不足，采取有力措施加以解决。

二、适应新常态谋求新发展

习近平总书记今年5月在河南考察时首次提及新常态，11月在APEC峰会期间系统阐述了新常态的内涵，刚刚闭幕的中央经济工作会议进一步从九个方面详释了新常态的特征。对新常态的重大战略判断，集中体现了新一届中央领导集体遵循经济、自然、社会和执政规律，对中国发展方向与阶段性特征的准确把握，为我市推动经济社会持续健康发展提供了重要指导。我们要科学认识新常态、主动适应新常态，努力实现新作为、推动新发展。

（一）适应新常态，必须把握新特征。

作为东部发达地区之一，我市发展较早地呈现出一系列新态势新变化，经济正在向形态更高级、分工更复杂、结构更合理的阶段演化，在全面深化改革、坚持从严治党、推进依法治市等方面展现出新气象，经济社会发展进入新常态。我们要准确把握新常态下我市发展的阶段性特征，牢牢掌握工作主动权。新常态是转型发展的常态。经济从高速增长转向中高速增长，发展方式转向质量效率型集约增长，经济结构转向调整存量、做优增量并存的深度调整，发展动力转向投资和创新双轮驱动，改革红利、沿江沿沪开放带动力进一步释放，城乡发展一体化更高质量推进。新常态是民生优化的常态。民生投入增幅虽有放缓，但实际增量持续增加；城乡居民收入占比上升，拥有更加可靠的社会保障，学有优教、病有良医、老有善养、住有宜居，发展成果惠及更广大人民群众。新常态是全面进步的常态。经济、政治、文化、社会、生态等“五位一体”建设和党的建设统筹推进，物质文明、政治文明、精神文明、社会文明和生态文明协调发展，实现经济健康运行、社会全面进步和人的全面发展。

（二）适应新常态，必须顺应新形势。

谋划我市向后发展，需要我们顺应形势变化，有效应对挑战，积极抢抓机遇。要正确看待新常态下面临的新挑战。当前，我市“既转又赶”双重任务压力叠加，区域竞争日益激烈；短期内第三产业、消费难以成为主体，现代产业体系尚未形成；新旧增长动力转换“青黄不接”，要素驱动、投资驱动效应减弱，创新驱动作用不够明显；土地要素和环保制约加大，存在一定的债务风险。要准确把握新常态下蕴含的新机遇。国家实施区间调控、定向调控，协同推进新型工业化、信息化、城镇化、农业现代化，加大转型升级、改革创新力度，以及“一带一路”、长江经济带、上海自贸区、苏南自主创新示范区等建设，一些新技术、新产品、新业态、新商业模式的投资机会大量涌现，将为我市发展提供难得机遇。发展进入新常态，没有改变我市发展仍处于大有可为的重要战略机遇期的判断，没有改变我市发展总体向好的基本面。我市发展韧性好、潜力足、回旋空间大，为今后发展提供了有利条件。我们要辩证看待挑战和机遇，趋利避害、顺势而为，不断取得经济社会发展新的进步。

（三）适应新常态，必须增创新优势。

要进一步明确思路目标，探索实践新路径，促进全面发展，努力构筑发展新优势。要明确发展思路。牢牢把握发展第一要务不放松，促进经济总量、发展质量、生态容量、人均均量“四量齐升”，实现遵循经济规律的科学发展、遵循自然规律的可持续发展、遵循社会规律的包容性发展，不断增强发展后劲、提升综合实力。要优化路径选择。坚持向创新要动力，把创新作为发展新引擎，深入实施创新引领战略，加快建成创新型城市；坚持向改革要红利，深化重要领域和关键环节改革，增强改革的系统性、协同性、实效性；坚持向开放要活力，利用好国际国内两个市场、两种资源，放大港口开发、对德合作等比较优势，加快构建开放型经济新体系。要坚持统筹发展。坚持量质并举，保持经济运行在合理区间，提升经济发展的质量和效益；持续改善民生，构建以“政社互动”为特色的社会治理新格局；推进文化太仓建设，提高城市文明程度；推动绿色发展、循环发展、低碳发展，打造现代田园城、美丽金太仓；积极发展民主政治，推进依法治市、建设法治政府；坚持党要管党、从严治党，提升党的建设科学化水平，不断增强发展的全面协调可持续性。

（四）适应新常态，必须明确新要求。

适应新常态，推动新发展，需要与时俱进把握工作新要求。要树立科学思维。强化战略思维，善于从方向性、全局性和前瞻性角度思考问题；强化法治思维，切实以法治方式深化改革、推动发展、化解矛盾、维护稳定；强化底线思维，守住经济增长、民生、环保和安全稳定底线。要提高本领能力。加快知识更新、防止本领恐慌，着力提高研判形势、科学决策、驾驭全局的能力，提高应对新情况、解决新问题的能力。要保持良好状态。既要保持平常心，在战略上保持定力，切实摆脱“速度情结”，又要增强拼搏意识，在战术上积极作为，推动发展行稳致远，更要严于律己，争当勤政廉政的表率。要加强党的领导。充分发挥党的领导核心作用，与时俱进、开拓创新，不断提高党领导发展的科学化、法治化、专业化、制度化水平，推动党领导的各项事业不断前进。

三、全力做好明年各项工作

明年是全面完成“十二五”规划的收官之年，是深入推进改革发展的关键之年，也是全面落实依法治国任务的开局之年，做好明年工作意义重大。我们要从新常态下经济社会发展的阶段性特征出发，以更高的标准、更新的理念、更实的举措推进各项工作迈上新台阶。

明年工作的指导思想是：**认真落实党的十八大和十八届三中、四中全会精神，深入贯彻习近平总书记系列重要讲话精神，按照中央、省委和苏州市委部署要求，坚持稳中求进工作总基调，坚持以提高经济发展质量和效益为中心，主动适应新常态，切实抓好深化改革开放、推进依法治市、推动稳增快转、做好两篇文章、统筹城乡发展、持续改善民生等“六大任务”，坚决落实从严治党要求，全力推动经济社会持续健康发展。**

明年发展主要预期目标是：地区生产总值增长 8% 左右，公共财政预算收入增长 8% 左右，全社会固定资产投资完成 460 亿元，社会消费品零售总额增长 10%，进出口总额增长 5% 左右，城镇居民人均可支配收入增长 8%，农村居民人均可支配收入增长 10%，其他各项转型升级指标不低于苏州平均水平。

着力抓好六个方面工作：

（一）激发活力动力，勇当改革开放先行军。

1. 深化重点领域改革。坚持顶层设计和基层探索良性互动，坚决贯彻上级党委重大改革决策部署，围绕解决我市发展面临的突出问题推进改革，打造一批质量高、有影响的改革品牌，以改革的率先支撑发展的领先。着力抓好经济体制、行政管理体制、城乡一体、社会治理、党的建设等方面的改革工作，进一步激发市场活力、发展动力和社会创造力，推进治理体系和治理能力现代化。加强组织领导，强化改革动力机制、协调机制、监督机制、法治保障机制，确保改革蹄疾步稳、取得实效，为新常态下构筑发展新优势创造体制条件。

2. 提升对外开放水平。稳定外商投资规模和速度，引导外资投向战略性新兴产业和现代服务业，拓展金融、医疗、文化教育、电子商务等领域利用外资。积极发展跨境贸易电子商务、保税贸易等新型贸易方式，开拓外贸新兴市场，加快推进外贸通关便利化“三个一”工程，推动外贸稳定增长。坚持引进来和走出去同步推进，深入实施外商投资备案审核和境外投资便利化措施，鼓励本地企业对外投资兴业、参与国际竞争合作。组织开展跨国公司外汇资金集中运行试点，加快落地实施上海自贸区可复制的金融创新、贸易投资等先行经验。

3. 做优做强发展载体。强化科学布局规划，优化资源配置，加快提升各类开发载体能级。港区要围绕全省一流开发区目标，大力发展临江产业和物贸经济，运作好太仓港综合保税区。新区要宽领域、高层次推进对德合作，提升“两新”产业、现代服务业集聚水平，早日进入省级、国家级高新区行列。科教新城要围绕打造全省一流科技文化城，在科技研发、文化创意等现代产业上实现重大项目突破。旅游度假区要加强规划建设，完善基础设施，进一步打造休闲旅游业态。科技产业园、生物医药产业园、大学科技园等特色产业园区要坚持招商选资和完善配套两手抓，不断提升产业集聚水平。

（二）推进依法治市，创建法治建设先导区。

1. 坚持依法行政。依法全面履行政府职能，健全完善政府权力清单制度，促进权力透明规范运行。健全依法决策机制，严格落实重大决策法定程序，建立重大决策终身责任追究制度及责任倒查机制，完善政府法律顾问制度。深化行政执法体制改革，积极探索综合执法长效机制，健全行政执法和刑事司法衔接机制。严格规范公正文明执法，健全完善行政裁量、行政执法公示、全过程记录等制度体系，不断提高群众对行政执法的满意度。

2. 推进公正司法。支持司法机关依法独立公正行使职权，建立领导干部干预司法、插手具体案件的记录、通报和责任追究制度。全面推行司法公开，扩大人民群众了解、参与、监督司法的渠道，构建开放、动态、透明、便民的阳光司法机制。推进严格公正司法，加快以审判为中心的诉讼制度改革、量刑规范化改革，完善人权司法保障制度，坚决反对司法不公、司法腐败，让人民群众在每一个司法案件中都感受到公平正义。

3. 引导全民守法。强化全民法治观念，广泛开展基层法治创建活动，切实提高法治教育质效，加强法治文化建设，在全社会形成守法光荣、违法可耻的浓厚氛围。加强公民道德建设，培育社会公德、职业道德、家庭美德、个人品德，引导人们自觉履行法定义务、社会责任、家庭责任。健全公共法律均等化服务体系，扩大法律援助范围，及时有效地为群众提供法律帮助，将群众信访纳入法治轨道。坚持领导带头、以上率下，推进领导干部学法经常化、制度化，推动社会各界学法尊法守法用法。

4. 强化法治保障。健全党委领导依法治市的工作制度和工作机制，把法治建设成效作为领导班子和领导干部工作实绩的重要内容。坚持依规管党治党，带头依法办事，加强党内制度建设，提高约束力和执行力。提高法治专门队伍素质，加强法律服务队伍建设，为全面推进依法治市提供人才保障。制定实施法治太仓建设指标体系，有力有序推进依法治市工作，使法治成为太仓核心竞争力的重要内容和标志。

（三）突出稳增快转，争做转型发展排头兵。

1. 全力以赴稳增长。认真对接国家宏观调控政策措施，着力解决经济运行中的突出问题，采取针对性措施促进经济稳定增长。高度重视发挥投资的关键作用，优化投资结构，抓好重大项目建设，促进投资创业便利化，以欧美等区域为重点引进一批旗舰型、科技型、税源型、总部型的优质项目，加快培育新的经济增长点。始终把实体经济抓在手上，着力保障生产要素供给，大力扶持大企业大集团，做活做精中小企业，积极支持民营企业发展，加快培育现代企业新集群。按照严控增量、区别对待、分类施策、逐步化解的原则，主动防范和化解各种经济风险。

2. 坚定不移促转型。立足现有产业基础和区域功能定位，构建适应新常态的现代产业体系。加快培育发展战略性新兴产业，加强超前规划、系统管理、动态调整，推动新兴产业规模化、高端化，逐步成为先导性、支柱性产业。持续深化服务业发展计划，提升发展港口物流、服务外包、创意设计等现代服务业，加快服务业集聚区建设，不断提升服务业占比。加快转变农业发展方式，探索以先进科技为支撑、现代农业园区为承载的现代农业发展新途径，推进“四个十万亩”主导产业落地，走产出高效、产品安全、资源节约、环境友好的现代农业发展道路。

3. 一着不让抓创新。进一步完善创新体系、提高创新能力，不断增强科技创新对发展的支撑和引领作用。深入实施创新型企业群体三年培育计划，完善科技型中小微企业发展梯队，力争高新技术企业数量突破200家。鼓励开展多种形式政产学研合作，启动实施“研发机构扩面提质”计划，促进专利量质齐升。调整优化人才政策，凝聚人才工作合力，加快引进培育更多高端创新创业人才。提升创新创业载体平台运作水平，增强对科技、人才等创新要素的吸引力承载力。加大对科技创新的财政投入，优化科技金融等配套服务。

（四）做好两篇文章，构筑沿江临沪新高地。

1. 坚持以港强市。充分放大一类口岸、开发区、综合保税区三大国家级载体作用，带动临江产业高端化发展、物流贸易规模化发展、港口新城特色化发展。在更高层次上推进以工兴港，瞄准海洋装备、清洁用品、新能源、新医药等特色板块，再引进一批世界500强企业、欧美企业，着力打造新装备、新材料、新能源3个500亿元新兴产业基地。在更高平台上推进以港兴贸，加快实施贸易便利化措施，打造沪太通关一体化升级版，着力打造大宗物资交易交割、进口商品展示交易、电子商务物流3个1000亿级的物流贸易基地。在更高水平上推进港城建设，不断完善港城基础设施、增强城市功能，全面提升港城支撑产业、服务港口和改善民生的配套功能。

2. 全面接轨上海。自觉把工作放在长三角地区一体化发展的大局中去谋划和推进，与上海积极对接、密切协作、深化合作。大力推动产业对接和互动发展，加快推进以港区、旅游度假区为核心的沿江产业带，以新区、科教新城为核心的临沪产业带建设。配合做好沪通铁路太仓段建设等工作，提升基础设施互联互通水平。进一步完善环境治理合作协调机制，共建共享良好生态环境。全面提升技术、人才、金融等方面的对接水平，充分利用上海科技创新资源提升我市科技创新能力。深化与上海的公共事业合作，进一步放大沪太同城效应。

（五）统筹城乡发展，打造田园城市新样本。

1. 加强城市规划建设。加快规划体制改革，推进经济社会发展规划、土地利用总体规划、城乡规划和生态保护规划等“多规合一”。抓好旅游度假区等片区规划、有轨电车等专项规划的编制报批工作。加快“一市双城三片区”建设，提升主城首位度，增强区镇集聚人口、产业能力。有序推进338省道改造、岳鹿公路扩建等干线道路建设，加快完成杨林塘航道整治、七浦塘拓浚整治等工程。统筹推进棚户区改造、城区防洪排涝改造、交通便民优化等工程，细化实施垃圾分类处置、停车等管理制度，推进住宅小区物业管理规范化建设，提升城市管理服务水平。

2. 推进城乡一体发展。坚持以新一轮镇村布局规划为指引，有序推进农民集中居住区建设，鼓励农户通过自拆自建方式入区集中居住，加快推进保留村庄整治提升。积极引导集体经济组织增量扩股，推进“一村二楼宇”项目建设，加强市农村合作发展实业公司运作，抓好经济薄弱村扶持工作，有效增强集体经济实力。培育新型农业经营主体，鼓励合作农场、农业企业、专业合作社、家庭农场等主体加强联合合作，提升管理水平和经营效益。抓好集体资产“两个平台”的规范运作，提升集体“三资”监督管理水平。积极推进农村集体资产折股量化、土地承包经营权确权登记颁证工作，保障农民财产权利。

3. 优化生态宜居环境。扎实推进节能减排和生态环境保护，坚持源头严防、过程严管、后果严惩，治标治本多管齐下，朝着蓝天净水的目标不断前进。加快高污染、高能耗、技术装备落后企业淘汰速度，支持节能低碳产业和新能源、可再生能源发展，认真落实节能减排任务。扎实推进“931”行动和“美丽城镇”建设，深化城乡水环境治理、村庄环境综合整治。严厉打击各类违法排污排废行为，严格控制煤炭消耗及有机废气排放，强化对噪声污染、有害粉尘的监管治理。深化“绿色太仓”建设，继续推进盐铁塘、城北河湿地等慢行系统建设。组织实施绿色建筑行动计划，创建国家绿色建筑示范市。

（六）坚持以人为本，建设民生幸福首善区。

1. 持续改善民生。深入实施居民收入倍增计划，促进城乡居民持续增收。加大政策落实力度，激发各类群体参保积极性，推动社保全覆盖向高水平转变。加快幼儿园、中小学校建设，高水平推进城乡义务教育均衡发展，提升特色职业教育发展水平。深化公立医院改革，抓好区镇医院建设，加快构建现代医疗卫生体系。继续实施全民健身工程，不断提高群众身体素质和健康水平。健全完善养老服务体系。认真做好住房保障、社会救助等工作，切实保障困难群众基本生活。

2. 加强文化建设。积极培育和践行社会主义核心价值观，使之成为全市人民的共同价值追求。健全全国文明城市创建常态化机制，深化“家在太仓”“文明市民大行动”等活动，提升城市文明程度和市民素质。完善公共文化服务标准化制度，健全公共文化设施网络，深入推进文化惠民工程，鼓励民间资本和社会力量参与公共文化建设，提升公共文化服务水平。加快传统媒体和新兴媒体融合发展，加大对文化旅游、文化创意产业的扶持力度，延伸文化产业链，推动文化产业繁荣发展。

3. 创新社会治理。加快提升社会治理法治化水平，健全社会稳定风险评估、矛盾纠纷预防化解机制，完善立体化、现代化社会治安防控体系。继续深化“政社互动”、推进“三社联动”，有效提升基层组织自治能力、承接政府公共服务能力、参与社会治理积极性。推动平安法治创建融合发展，加快打造平安太仓升级版，不断提升群众安全感和社会治安满意度。时刻绷紧食品药品安全和安全生产工作这根弦，切实保障人民群众生命财产安全。

四、坚决落实从严治党要求

治国必先治党，治党务必从严。回顾我们党的发展历程，党要管党、从严治党始终是贯穿其中的一根主线，也是我们党始终成为坚强领导核心的有力保障。站在新的起点上，我们要认真贯彻落实习近平总书记关于从严治党的明确要求，坚持把抓好党建作为最大的政绩，全面提升党的建设科学化水平，着力为加快发展提供坚强保证。

（一）加强思想建设，坚定正确政治方向。

1. 坚定理想信念。理想信念是共产党人精神上的“钙”。各级党组织和广大党员干部要把加强学习教育作为坚定理想信念的重要抓手，系统深入地学习马克思列宁主义、毛泽东思想和中国特色社会主义理论体系，用先进的思想理论武装头脑、指导实践、推动工作，不断增强党性修养和理论水平。要把学习与转变干部的思维方式、工作方式、生活方式紧密结合起来，增强对事业的热爱之意、对群众的关爱之情、对纪律的敬畏之心，做到内外相融、知行合一。

2. 严明政治纪律。政治纪律严明，才能思想行动统一，才能从容应对困难挑战、推动各项事业发展。严明政治纪律，最核心的是坚持党的领导，最根本的是同党中央保持高度一致。要立足全国、全省、苏州发展大局，结合实际创造性地开展工作，确保上级各项决策部署在太仓不折不扣落到实处。要自觉用党章规范思想言行，始终做到政治信仰不变、政治立场不移、政治方向不偏。要加强教育监督，及时提醒和纠正触犯政治纪律的苗头性倾向性问题，坚决制止违反政治纪律的各种行为。

3. 树立大局观念。各级党组织和广大党员干部要坚持从全市发展大局出发，始终与市委保持高度一致，确保政令畅通、执行有力。要着眼全局想问题、办事情，坚决克服“小我思想”、本位主义，健全密切配合、相互支持的工作机制，不推诿、不避责，凝聚起推动发展的强大合力。要以更大的智慧魄力，把握和处理好从严治党与全局发展的关系，克服怕犯错误、怕担责任等畏难思想，在推动发展中勇担重任、建功立业。

（二）加强队伍建设，提升干部整体水平。

1. 坚持标准选好干部。要按照习近平总书记“二十字”好干部标准，牢固树立“凭实绩、重德才”的选人用人导向，大力培养选拔信念坚定靠得住、为民服务有本领、勤政务实敢担当、清正廉洁有正气的人，真正做到按标准定取舍、凭德才选贤能。要严格执行干部选拔任用工作各项规章制度、政策要求和程序标准，完善动议、民主推荐、干部考察、任前公示等环节的实施细则，规范干部选拔任用工作流程，进一步提升选人用人科学化水平。

2. 科学合理用好干部。要加大干部信息收集力度，健全综合分析研判的常态机制，加强对领导班子和干部的日常了解，通过领导班子日常考察、对事考察、谈心谈话等各种形式，全面掌握班子运行情况，着力考准考实干部，为科学合理用好干部提供依据和参考。要选优配强各级领导班子，重点配强"一把手"和重点岗位干部。要进一步优化各级领导班子结构，加强干部的统筹调配，严格按照核定职数配备干部，推动干部有序轮岗交流，不断提升各级班子整体功能。

3. 多措并举管好干部。要深入推进"A730培养计划"，以坚定理想信念、提升能力素质为主题，多渠道培养年轻干部，搭建完善基层锻炼平台，为发展储备人才。要加强干部教育培训，推进"领题导读"工作，建设干部党性教育和作风教育实践基地，推动干部学与用的有机结合，促进干部作风养成和能力提升。要创新思路举措、完善载体平台，从严抓好干部管理、监督各项工作，推进干部管理监督常态化长效化。

（三）加强组织建设，夯实党的执政基础。

1. 强化基层组织建设。要抓好非公党建"四服务四提升"、"德企党建集群"建设、社会组织党建"4S"行动等工作，全面提升新经济组织、新社会组织、农村新型社区等领域党建工作水平。要继续加强软弱涣散党组织整顿帮扶，提升基层党组织建设整体水平。要深入实施党员"提质工程"，严把入口、加强管理，保持党员队伍先进性纯洁性。要强化"一把手"抓党建的思想认识，提升"一把手"抓党建的工作水平，进一步优化基层党建工作考核。

2. 严肃党内政治生活。要严格执行党内政治生活准则和党内各项规定，推进"三会一课"、民生生活会、组织生活会等各项制度落到实处。要从制度建设入手、以督查问责为手段，推动各级党组织认真贯彻民主集中制，切实维护好组织权威。要用好批评和自我批评武器，经常性地开展积极健康的思想斗争，提高班子、干部发现和解决自身问题的能力。要创新方式方法，丰富内容形态，切实提高党内政治生活的吸引力感染力。

3. 提升服务能力水平。要突出抓好服务型党组织建设，把工作重心转到服务发展、服务民生、服务群众、服务党员上，使服务成为基层党建的鲜明主题。要深入推进"365服务工程"，健全工作机制，完善测评体系，推动形成党组织联系服务群众新常态。要组织开展"身边的共产党员"宣传、"党旗飘扬"示范团队争创等活动，引导广大党员发挥先锋模范作用，积极投身发展大局。

（四）加强勤廉建设，优化提升作风效能。

1. 持续深入改进作风。要从抓好教育实践活动和巡视反馈意见的整改任务入手，突出村（社区）、基层站所和窗口服务单位等重点，进一步加强督查问责、健全制度机制，推动作风建设持续见效。要从解决"四风"问题延伸出去，坚决治理好传统思维、习惯做法背后存在的作风问题。要与时俱进抓作风，针对新问题、落实新对策，把作风建设不断推向前进。

2. 不断提升效率效能。要加大监督检查力度，坚持系统查与抽查相结合，有效解决"为官不为"、"慵懒散"等问题。要围绕深化改革重点，加大行政审批事项"减、转、放、免"力度，简化审批程序，提高审批效率。要继续组织开展好机关主题教育、"三访三促"等活动，不断提升服务基层、服务群众、服务发展的能力水平。广大党员干部要践行"三严三实"要求，摒弃"为官不易"等错误思想，把心思和精力集中到干事创业上来，不断提升工作效率效能。

3. 始终保持清正廉洁。要切实履行党风廉政建设党委主体责任和纪委监督责任，把真抓真管、严抓严管变成一种工作常态。要坚持规范用权、阳光用权，把权力关进制度的笼子里、晾晒在阳光下，养成在接受监督下工作、在纪律约束下履职、在法治轨道上用权的习惯。要坚持严管厚爱、抓早抓小，以"零容忍"的态度坚决惩治腐败，以"治未病"的理念加强预防提醒。要常态化执行领导干部个人有关事项报告制度和防止利益冲突实施细则，认真开展抽查核实工作，促进领导干部廉洁从政。广大党员干部要强化自我约束，守住做人、干事、为官的底线，永葆清正廉洁的政治本色。

同志们，做好明年工作，任务艰巨、责任重大。让我们紧密团结在以习近平同志为总书记的党中央周围，高举中国特色社会主义伟大旗帜，坚持以邓小平理论、"三个代表"重要思想、科学发展观为指导，深入贯彻习近平总书记系列重要讲话精神，团结一心、锐意进取，优化作风、扎实工作，全力推动经济社会持续健康发展，为加快建设现代田园城市、谱写好中国梦的太仓篇章而努力奋斗！

有关名词解释

1. "365服务工程"：是对农村、市级机关、事业单位党组织开展的"365服务"的统称。

在农村党组织中开展"365服务体系"建设，即三全、六服务、五保障，三全指"服务时间全天候、服务内容全方位、服务形式全过程"；六服务指服务核心、服务队伍、服务阵地、服务载体、服务机制、服务业绩；五保障指"思想、组织、资源、经费、责任保障"。

在市级机关、事业单位中开展"365服务工程"建设，即三个目标、六项措施和五项保障，三个目标指"全心全意为群众服务、尽心尽意为群众办事、称心称意让群众满意"；六项措施指"开展我是人民勤务员主题活动，开展党旗飘扬示范活动，常规服务保姆式，疑难问题诊询办，服务群众连心桥，群众满意风向标"；五项保障指思想、组织、队伍、机制、责任保障。

2. 集体资产"两个平台"：为规范农村财务管理和集

体资产管理交易行为，建立的村集体财务监管平台和资产管理交易平台。

3.“931”行动：即以“九整治、三规范、一提升”为内容的城市环境综合整治工作的简称。九整治：整治城郊接合部、城中村、危旧房小区（棚户区）、老旧小区、背街小巷、城市河道环境、低洼易涝易淹片区、建设工地、农贸市场；三规范：规范占道经营、车辆停放及运营、户外广告设置；一提升：提升城市长效管理水平，建立城市管理长效机制。

4.“A730培养计划”：以全市年轻干部、女干部、党外干部为主体，计划利用3年时间，建成“三支队伍”总库（即“A”库，取英文“ALL”首字母）。在抓好总体基础上，分党政文秘、招商引资、宏观经济、财政金融、社会管理、规划建设、现代服务等7个紧缺类型，每类重点培养不少于30名干部，建成“三支队伍”“730”库。

5.“五大专项行动”：即以防范打击暴恐犯罪为重点的社会治安综合整治专项行动，以解决信访突出问题为重点的矛盾纠纷排查化解专项行动，以消除重大隐患为重点的安全生产检查整改专项行动，以保障环境质量为重点的环境保护专项行动，以净化网络内容为重点的网上舆论引导专项行动。

6.外贸通关便利化“三个一”工程：指报关报检的货物和物品，享受海关和检验检疫“一次申报、一次查验、一次放行”的便利。

7.“一村二楼宇”：指对村或社区低效利用、零星分散的存量建设用地，鼓励通过增减挂钩和工矿废弃地盘活政策，化零为整，按规划用途开发建设，从而使每一个村（社区）集体经济组织拥有“二楼宇”，即社区服务用房、增加财产性收入的经营性物业。

8.“四服务四提升”：服务企业发展、提升核心竞争力；服务职工群众、提升发展凝聚力；服务人才开发、提升转型原动力；服务文化建设，提升发展软实力。

9.“三会一课”：定期召开党支部党员大会、支部委员会、党小组会，按时上好党课。

政府工作报告

——2015年2月10日在太仓市第十五届
人民代表大会第四次会议上

代市长　沈　觅

各位代表：

现在，我代表市人民政府向大会报告工作，请予审议，并请市政协委员和其他列席人员提出意见。

2014年工作简要回顾

过去的一年，面对错综复杂的外部经济形势，在中共太仓市委的正确领导下，我们认真贯彻落实党的十八大、十八届三中、四中全会精神，凝心聚力、奋发进取、狠抓落实，统筹做好各项工作，全市经济社会保持持续健康发展。全年实现地区生产总值1065.3亿元，增长8.6%；公共财政预算收入106.5亿元，增长6.3%；全社会固定资产投资530.4亿元，增长2%；城镇居民人均可支配收入46377元，增长8.5%，农村居民人均可支配收入23590元，增长10%。

一年来，我们坚持提高发展质量效益，经济运行进一步稳健。

——工业经济转型升级。完成工业总产值2630.3亿元，增长2.6%；其中规模以上工业产值2082.4亿元，增长4.8%，利税、利润增幅均超过产值增幅。新兴产业占规模以上工业比重为49.8%。工业投资、技改投资分别增长11.2%、14.5%。完成个私投资251.3亿元，增长19.9%。新增省著名商标7件。企业主导或参与制定国家标准7项、行业标准9项。成功承办第九届中国工业设计周太仓分会场暨2014中德工业设计周活动。

——现代服务业量质并举。实现服务业增加值469.8亿元，增长9.8%，占地区生产总值比重达44.1%。社会消费品零售总额增长9.3%。荣获“2014中国城市物流杰出成就奖”。新增省“十百千”重点培育企业2家、省服务业百强企业3家。全市旅游接待量、总收入分别实现450万人次、67亿元。沙溪古镇成功创建国家4A级景区。港口开发投资公司、资产经营公司各发行企业债券12亿元。维艾普获准新三板挂牌。金融机构本外币存贷款余额分别增长2.2%和5.6%。新入驻4家银行。

——高效农业集约集聚。现代农业示范区综合考评全国第一。新建粮食高产示范方9个、高标准农田4万亩、设施农（渔）业0.24万亩。丰产方单产列全省第一。农业综合机械化水平达92%。录取新型职业农民委培生108名。“凤凰湖”获评省级水利风景区，中小河流治理等项目顺利推进。农药集中配送率达91%。农产品定量监测合格率达98.4%。“粮食银行”做法全国推广。

——科技创新持续增强。全社会R&D经费支出占地区生产总值比重达2.37%。高新技术产业实现产值682.4亿元。新增省级以上各类研发机构15家、国家“千人计划”人才5人、省“双创”人才7人。科技产业园获批省机电装备科技产业园。新增产学研合作项目233个。万人发明专利拥有量达17.13件。居民科学素质提升工程扎实推进。获评江苏省实施知识产权战略示范市。

一年来，我们坚持扩大改革开放成效，特色优势进一步彰显。

——综合改革不断推进。沙溪镇行政管理体制改革试点深入推进，长江口旅游度假区与浏河镇实现“区镇合一”。减少行政许可审批事项27项。实施外商投资项目审批制度和注册资本登记制度改革，设立登记各类企业2917户、资金总额192.7亿元，分别增长47.9%、55.5%。市级预决算和9家试点单位部门预算对外公开。政府性债务管理和风险防控力度持续加强。市属国有公司优化整合为6个，国资监管体系逐步完善。

——以港强市不断深入。太仓港综保区顺利通过国家级验收。太仓港与上海港开展战略性合作，实现了“两港”信息一体化。开辟了至洋山港“太仓快航”，江海中转功能明显提升。区域通关一体化正式实施，试运行“启运港退税”政策，成功获批开展“单一窗口”试点。新辟加密内外贸航线57条（班）。完成集装箱、货物吞吐量306万标箱、1.57亿吨，分别增长40.9%和32.5%。

——接轨上海不断拓展。加强了与上海自贸区、虹桥商务区等地的对接，与上海市现代服务业联合会、口岸办、股权托管交易中心签订战略合作协议。与嘉定区构建了跨区域环境保护协作机制。教育、科技、人才、卫生等对接工作取得实效，建立联合紧急医疗救援机制。精心组织“驻沪领事看太仓”活动。引进沪上项目92个，新增注册资本15.5亿元，实际到账资金27.8亿元。

——开放型经济不断提升。新增注册外资5.7亿美元，实际利用外资4亿美元。新批省级地区总部企业4家。新增内资注册资本72.8亿元。完成外贸进出口总额138亿美元，增长8.1%。其中，出口60.8亿美元，增长10.2%。新批境外投资企业14家。服务外包实现接包合同额6.6亿美元、离岸执行额2.9亿美元。新增德企20家，中德中小企业工业园、德国留学生创业园、太仓驻德办事处、德国商会太仓办事处投运，中德质量安全示范区通过国家验收。德国中心入驻。成功举办“德国—太仓日”活动。

一年来，我们坚持统筹城乡协调发展，城市品质进一步优化。

——城市能级持续提高。完成镇村布局、现代田园城市等专项规划和科教新城、科技产业园等片区控规编制。原二棉厂等地块商业开发加快推进，原市一中地块国有土地房屋征收完成，西城区2号地块安置房启动建设。完成南园新村等零星老小区9.2万平方米房屋综合改造。城区公交换乘站、公共自行车系统一期等投运。新区中央商务区7幢商务大楼封顶，陆渡教育园区等建成投用。科教新城海运堤二期试运营。新港城路网框架拉开，浮桥中兴商业街招商加速。长江口旅游度假区、沙溪和璜泾新镇区建设加快。沪通铁路太仓段开工建设。市域骨干路网不断完善。七浦塘拓浚整治、杨林塘航道整治及吴塘河配套工程等加快推进。500千伏太仓变扩建、110千伏板桥输变电等工程完工。

——城市管理持续细化。“931”行动在苏州各市（区）考核中总分第一，完成城郊接合部等74个整治项目。数字城管平台实现市域全覆盖。太胜社区、滨河社区、北门街分别被评为“省级示范社区”和“省级示范路”。城区18个积水点改造完成。住宅小区物业管理得到加强，垃圾分类工作扩大至9个居民小区和14所中小学校。广告整治深入推进，拆除26个高炮广告。完成传媒中心电视塔等亮化工程。城区智能停车管理系统（一期）建成，新增停车泊位3658个。建成渣土管理交易信息化共享平台。拆除违法建筑14万平方米。

——生态环境持续改善。污染减排工程深入实施，化学需氧量、氨氮、二氧化硫提前完成“十二五”减排目标任务。华能等6台燃煤机组完成脱硫脱硝除尘改造，22家重点企业有机废气治理完成。完成节能降耗目标任务，实施关停不达标企业、淘汰落后产能、改善生态环境三年专项行动计划，关停企业46家。区镇生活污水治理顺利推进，新增污水管网71公里、农村生活污水处理点9个。节水型社会示范区创建、水源地达标建设通过省级验收。2个省级水美乡镇和13个省级水美村庄创建完成。城北河南岸及盐铁塘慢行系统、滨河公园西段、七浦塘生态公园等建成开放。新增绿化1万亩。顺利通过国家生态市省级复核，被评为省级绿色建筑示范市。

——城乡一体持续推进。启动编制保留村庄规划。“三集中”、“三置换”稳步推进，81.3万平方米农民安置房交付使用，新增集中居住2516户。第二轮13个农民自拆自建安置小区的提档升级工程进展顺利。新增向村集体流转土地4.1万亩，新增专业合作社26家、劳务合作社5家。组建市农村合作经济发展实业有限公司。农村土地承包经营权抵押贷款稳步推进。试点开展农村土地承包经营权确权登记颁证工作。完成验收增减挂钩项目和占补平衡项目共3601亩，盘活闲置低效用地1403亩。

一年来，我们坚持全面加强社会建设，民生福祉进一步增强。

——社会事业全面发展。十项政府实事工程加快推进。教育布局规划编制完成，现代化校舍升级工程竣工25万平方米，双凤中学、港城小学、沙二小等多个易地新建学校建成投用。健雄学院及省太中专各获得国家级教学成果奖1项。进入全国文明城市提名城市行列。开展各类文化惠民活动3000场次，建成了省级公共文化服务体系示范区，被授予“全国文化养老示范基地”。成功承办2014年国际田联竞走世界杯赛等国际国内赛事。市人民医院被评为三级医院，中医院老病房楼改造工程竣工投用。医疗机构双向转诊机制全面建立。“单独两孩”政策平稳实施，关爱失独家庭创新经验全省推广。成功创建全国新农村建设档案工作示范县。出版发行《太仓市志（1986—2005）》。

——社会保障健全发展。城镇职工社会保险、城乡居民养老保险和医疗保险覆盖率保持在99%以上，发放国标社保卡近58万张。创新实施灵活就业人员职业伤害保险。实行城乡劳动力动态管理，新增获得国家职业资格技能人才12500多人，应届高校毕业生、农村劳动力转移就业率分别达98%和96%，城镇登记失业率2%。建立残疾人就业实训基地。低保标准提高至每人每月700元，发放各类救助、慰问金7400多万元。社会救助服务实行“一门式”受理。市颐悦园投入运行，居家养老服务在全省率先实现城乡全覆盖，养老工作经验在全省推广。各镇安息堂基本建成。蝉联全国“六星级”慈善城市称号。新增保障房2000套、缴存住房公积金职工3.9万人。

——*社会治理创新发展*。“政社互动”项目获“中国法治政府奖”，成为唯一荣获“全国和谐社区建设示范市”的县级市。社会组织倍增计划圆满完成。荣获第二批江苏省法治建设示范县（市、区）。立体化治安防控体系建设有力推进，连续第11年获评“江苏省平安县（市）”。信访形势总体平稳可控。公共法律服务均等化工作经验全国推广。实施社会重点单位“户籍化”管理，食品药品安全监管、安全生产等工作常抓不懈，工业企业“网格化”安全监管工作深入推进，未发生较大及以上安全事故。

一年来，我们坚持开展群众路线教育实践活动，政府作风进一步改进。

——*依法行政日益加强*。创新开展规范性文件网上公开等12项工作。出台了《太仓市重大行政决策程序规定》。行政复议案件法定时限审结率为100%。开展了行政权力清单清理。政务信息公开加快推进，政府门户网站、电子政务、政务微博等平台功能逐步完善。严格遵守和执行各项法律法规，自觉接受市人大的工作监督、法律监督和市政协的民主监督，定期向市人大报告工作、向市政协通报情况，认真办理人大议案、代表建议124件和政协委员提案191件。

——*服务效能日趋提高*。全面推进部门内部审批流程再造，建立审批办理“在线对话”。项目审批流程进一步简化，第九轮行政审批提速增效工作顺利完成，提速率达11.1%。政府绩效管理更加完善。“12345”公共服务热线共办理市民各类诉求24.1万余件。成功研发“民情e路通”，《连心桥》《政务直通车》等栏目影响持续扩大，政府与群众互动更为紧密。

——*机关作风日臻优化*。深入开展群众路线教育实践活动，严格落实中央八项规定。进一步精简文件和会议。“三公”经费下降28.6%，减少因公出国（境）33批150人次。党风廉政建设深入推进，党政领导干部勤政廉政半月谈全面推开，党员领导干部防止利益冲突工作有序开展。农村集体财务监管平台、资产交易管理平台、政府投资项目信息化管理系统等加快建设。“三责联审”进一步加强，对党政领导干部在企业兼职进行了规范清理。

同时，应急管理、机关事务、妇女儿童、民族宗教、侨务、对台事务、双拥、兵役、民防、气象、盐务、邮政、电信等工作也取得了长足进步。

各位代表，回首过去，我们深刻体会到，太仓这座城市取得的所有成就，都是中共太仓市委坚强领导的结果，都归功于全市人民万众一心、奋力拼搏。在此，我谨代表市政府，向在各个岗位上辛勤劳动、无私奉献的全体市民，向给予政府工作大力支持的人大代表和政协委员，向离退休老同志，向各民主党派、工商联、无党派人士，向各人民团体，表示最崇高的敬意！向驻太人民解放军、武警官兵和公安民警，向国家和省驻太单位，向所有参与、关心和支持太仓发展的海内外朋友，表示最衷心的感谢！

质量追求永无止境，科学发展任重道远。虽然全市经济社会发展实现了一些积极的变化，但基础还不够牢固。同时，政府工作还存在一些亟待解决的问题。一是实体经济面临更大挑战，保持经济中高速增长的压力较大。比如，部分经济指标未能完成年度目标。二是科技、人才资源竞争日益激烈，科技与产业的融合度不高。比如，高新技术产业产值占比有待提高。三是部分区域环境污染问题依然存在，人居环境有待进一步优化。比如，在实质性推进过程中，城区保利协鑫热电公司未能如期关停。四是公共服务领域的优质资源总量不足，不能很好地满足社会需求。比如，在2014年秋季招生中，小学和幼儿园资源短缺。五是政府管理中干预过多与监管不力并存，一些部门内部审批流程复杂。比如，在行政执法过程中还部分存在相互推诿、扯皮的现象。我们必须认真负责地对待这些问题，不回避、不推卸、不护短，尽最大努力切实解决问题。

2015年总体思路和主要任务

2015年是全面贯彻落实党的十八届三中、四中全会精神的重要之年，是深入推进改革发展的关键之年，是全面落实依法治国任务的开局之年，也是全面完成“十二五”规划的收官之年。做好今年工作意义重大。

当前，我们要以习近平总书记系列重要讲话精神为根本遵循，按照总书记对江苏工作的最新要求，辩证看待新常态，努力谋求新发展、再创新辉煌。要科学认识新常态。新常态要求不能一谈抓经济就搬出“老三样”，不计成本搞政策优惠，不顾影响环境搞建设，一味铺摊子上项目。要厘清政府与市场的边界，更多依靠市场的力量、运用市场的手段推动发展，让市场活力得到充分释放。新常态要求经济保持中高速增长，经济结构加快调整、优化升级，增长动力从要素驱动、投资驱动转向创新驱动。要积极适应新常态。当前内外部环境仍不容乐观，许多困难和问题只有靠发展才能解决。新常态下，我们无法回避挑战，只能与危机赛跑，切实转变经济工作方式、经营发展方式和传统思维方式。要用发展的眼光看待前进中的问题，以成熟理性的心态适应新常态，以积极向上的姿态迎接新常态，把握主旋律，汇聚正能量。要创新引领新常态。新常态孕育新机遇。要把强化发展责任作为“新常态”，把迎着矛盾和困难前进作为“新常态”，从增长速度、发展方式、结构调整、增长动力等多个维度谋划新追求，增强新动力。强化接轨上海、生态文明、对德合作等领域的制度建设，重视经济社会发展的结构性指标，推动工作新提升、取得新成效。

今年政府工作的总体要求是：**认真落实党的十八大和十八届三中、四中全会及中央经济工作会议精神，深入贯彻习近平总书记在江苏视察时的重要讲话精神，按照中共太仓市委十二届九次全体（扩大）会议部署，坚持稳中求进总基调，坚持以提高经济发展质量和效益为中心，坚持依法治市，坚持创新驱动，主动适应新常态，统筹推进稳增长、促改革、调结构、优生态、惠民生、控风险等工作，**

努力实现经济平稳健康发展和社会和谐稳定。

主要预期目标是：地区生产总值增长8%左右，公共财政预算收入增长8%左右，全社会固定资产投资完成500亿元，新兴产业产值占规模以上工业比重超50%，服务业增加值占地区生产总值比重提高1个百分点，进出口总额、实际利用外资保持正增长，社会消费品零售总额增长12%，全社会R&D支出占地区生产总值比重达2.5%，单位地区生产总值能耗及主要污染物减排等约束性指标完成苏州市下达任务，城镇和农村居民人均可支配收入分别增长8%和10%，城镇登记失业率控制在2.5%以内。

为了实现上述预期目标，将突出抓好以下九个方面工作。

一、突出深化改革，着力增强发展内生动力。

1. 深化经济体制改革。认真总结“十二五”发展的基本经验，高水平编制“十三五”发展规划，策划和储备一批事关全局发展的重大项目，构建未来发展蓝图。深入推进预决算公开。深化国资国企改革，大力发展混合所有制经济，完善国有资本经营预算管理。加强政府投资项目管理，严格控制债务规模，确保债务运行安全平稳。深化工商登记制度改革，激发市场主体活力。做好“营改增”扩围试点准备工作。探索PPP融资模式。创新科技金融模式，鼓励社会资本投入创新研发。

2. 深化行政管理改革。做好上级已取消和下放的行政审批事项的落实工作，公布行政审批事项目录清单。梳理政府部门职责和权力事项，公布行政权力清单。继续做好经济发达镇行政管理体制改革，深入推进“区镇合一”改革。稳妥推进卫生、人口和计生、工商、质监、食品药品监督管理等新一轮政府机构改革。深化执法体制改革，整合执法主体，推进综合执法。

3. 深化社会事业改革。以信息化推动教育现代化，扩大优质资源覆盖面，缩小城乡、校际之间的差距。鼓励和引导社会资本举办民办学校。进一步深化医药卫生体制改革，鼓励社会资本举办各类健康服务机构，满足群众医疗服务多元需求。鼓励社会资本进入文化事业领域，引导社会力量参与文化建设。健全养老服务和需求评估制度，实行分级分类管理，促进社会化养老服务和养老产业加快发展。稳步推进环卫体系和殡葬事业改革。

二、突出转型发展，着力构建现代产业体系。

1. 全力建设重大项目。加强重点项目管理与服务，开展工业企业亩均效益综合评价，探索引入绩效管理，鼓励和引导生产要素向重大项目倾斜。强化项目导向，推进扬子江海工、新大洲本田、中科院上海硅酸盐所工业技术研究院、同济大学太仓高新技术研究院等重点项目建设。优化投资结构，做实做强做大新材料、高端装备、生物医药、新能源等新兴产业；加快传统产业改造升级，拉长传统产业链条，增加传统产业增值环节；坚决淘汰落后产能，盘活存量低效用地2000亩。继续实施服务业提升发展计划，壮大发展现代物流、电子商务、服务外包、融资租赁等现代服务业，推进商贸、文化、旅游等融合发展。加大扶优扶强力度，提升民营经济发展质量。

2. 全力发展重点企业。推进千企升级行动计划，开展工业经济提质增效年活动。支持优势企业扩大生产、技术改造、创建名牌名标。力争实现销售超100亿元企业1家、超50亿元企业3家、超10亿元企业41家。积极借鉴“工业4.0”发展模式，鼓励企业推进智能制造和“机器换人”，加快推进信息化和制造业融合，发展电子商务、定制生产、“生产+销售+服务”等商业新业态和赢利新模式。加大总部经济培育和引进力度，新认定苏州市级以上总部企业2家。拓宽企业融资渠道，力争3家企业上市挂牌，尝试发行项目收益债券。

3. 全力优化产业载体。提升国开区综合承载能力，加快新兴产业、物流贸易和创新成果转化等基地建设，努力打造全省一流的国家级开发区。扩大新区中德合作成果，全面建设苏州国家先进制造技术国际创新园，有效运作太仓驻德办事处等机构，新增德企20家，办好“德国—太仓日”活动，筹备申报国家级高新区。完善规划布局，加快科教新城和旅游度假区基础设施建设，提高产城融合水平。加速生物医药产业园、大学科技园、科技产业园等建设。推进节约集约用地“双提升”行动和“三优三保”行动，依法依规使用土地，加大对违法用地行为的查处力度。

4. 全力提升自主创新。抢抓苏南自主创新示范区建设契机，强化创新驱动，力争科技进步贡献率达60%，新认定高新技术企业50家、省民营科技型企业100家。力争实现大中型工业企业和规上高新技术企业研发机构建有率超95%，高新技术产业产值占比超36%。发挥科技镇长团作用，深入开展产学研合作，推进科技成果产业化。强化创新载体建设，新增省级以上科技园区2个。新增苏州市级以上领军人才超20人。全年申请专利5000件，其中发明专利2000件，万人发明专利拥有量达20件。积极创建全国科技进步先进市、国家知识产权示范市和全国科普示范市。

三、突出开发开放，着力打造区域发展亮点。

1. 全面繁荣太仓港。深化与上海港的战略合作，争取复制上海自贸区相关政策。以太仓港为纽带，主动融入长江经济带发展，积极参与海上丝绸之路建设。全力突破东南亚航线，力争近洋航线全覆盖。开工建设润禾件杂货等码头，建成鑫海煤码头等泊位，筹备建设集装箱四期等工程。放大港口与综保区的叠加效应，发展大物流、大贸易，积极发展冷链物流。

2. 全面接轨上海。强化组织架构建设，加大统筹协调力度，探索形成合作对接机制。着力推进以国开区为核心的沿江产业带建设，精心运作综保区，放大区港联动效应。着力推进以新区为核心的临沪产业带建设，加快与沪上现代服务业、汽车零部件等高端制造业的对接。加快岳鹿公路对接嘉定城北路建设，启用上海（虹桥）机场太仓航站楼。及早明确对接上海轨道交通的具体方式，做好沪通铁路市域内场站及沿线的规划。全面提升科技、人才、金融、教育、医疗、环境治理等工作的对接水平。

3. 全面扩大开放。继续紧盯欧美、日韩，加大先进制造业、现代服务业的招商引资力度。积极发展流量经济、平台经济，重点发展跨国并购、区域总部。推进加工贸易向高附加值延伸，探索发展跨境电子商务，大力开拓新兴市场。推进交易中心平台、外贸出口基地建设。坚持引进来与走出去同步，加快本土民营企业走出去步伐。构建开发区经济新体制，培育吸引外资新优势。主攻海洋装备、清洁能源、新医药等，提升国开区产业集聚水平。大力引进德国先进制造业，拓展服务业和教育、文化、卫生、科技等社会事业的对接合作，丰富对德合作内涵。

四、突出城乡统筹，着力推动“三农”全面发展。

1. 有效推进农村发展。市场化运作市农村合作经济发展实业有限公司，推进“一村二楼宇”项目建设。大力扶持经济薄弱村，增强集体经济发展后劲。加快培育新型农业经营主体，鼓励合作农场与企业、合作社、家庭农场联合发展。全面开展土地承包经营权确权登记，做好村(社区)资产折股量化。实施农田水利设施产权制度改革。抓好“两个平台”规范运作，提升集体“三资”监管水平。有序推进农民集中居住区建设，规范保留村庄农房建设。

2. 努力建设美丽乡村。完善村庄环境长效管理机制，持续改善农村环境面貌。启动开展第三批10个自拆自建农民集中居住小区的提档升级及10个自然保留村庄的整治提升。加强古镇、古村落保护和管理，激发镇村发展活力。推进农旅结合，加快乡村旅游规划落地工作，加大休闲农业旅游营销力度，发展各具特色的乡村旅游业。加快水生态文明城市建设，加强农村水环境治理，创建苏州市级美丽村庄示范点1个。

3. 持续做大现代农业。推进国家现代农业示范区建设，重点建设省级“菜篮子”工程蔬菜基地、市级3万亩水稻产业园、双凤现代渔业精品园，提升“四个十万亩”发展水平。继续实施高标准农田建设项目。新建标准化机库10个。创建省级秸秆全量综合利用示范市，建设农产品质量安全数字化监管指挥平台。推进中小河流治理重点县项目和高标准农田水利建设示范重点县项目。加快粮食仓储设施提档升级，推进国家粮安工程试点示范市建设。加大新型职业农民培训力度。

五、突出综合承载，着力丰富田园城市内涵。

1. 提升城市品位。开展好城市总体规划中期评估、东部城区等控制性详规及保留村庄等专项规划编制，推进经济社会发展规划、土地利用总体规划、城乡规划和生态保护规划等“多规融合”。完成城区地下综合管线普测。加速东郊等地块改造步伐，推动原市一中等棚户区改造建设。完成新区中央商务区10幢商务大楼建设，加快陆渡片区开发。完善新港城核心区路网，配套建设五洋滨江广场等商业设施。推进科教新城绿色生态示范区、长江口旅游度假区、金仓湖片区等建设。规范房地产企业开发建设行为，稳定发展房地产业。

2. 拓展城市功能。完成杨林塘航道整治及吴塘河配套工程，实施苏浏线航道段护岸工程。有序推进346国道改造和省下达的四级以下农村公路提档改造任务。完成七浦塘拓浚整治，加快推进湖川塘东段拓浚工程，启动北横沥河整治工程，疏浚河道356条、332公里，拆坝造桥125座。完成十八港南闸站建设。加快城区防洪排涝工程建设，开展生活污水排水达标区建设。加快建设1000千伏特高压、220千伏寿安、220千伏璜泾输变电等工程。

3. 加强城市管理。全面完成“931”综合整治任务，创建省优秀管理城市。高效运行数字城管全覆盖系统，推进市、镇两级数字城管平台融合。扩大垃圾分类试点范围，加快餐厨废弃物无害化处理厂建设，建成生活垃圾无害化应急填埋场。推进“城管进社区”工作，开展住宅小区物业管理规范化建设。实施绿色照明改造。加快区镇公交站场建设，优化公交服务体系。新增城区停车位1000个。规范主要街道和高炮广告，提高公益广告比重。

4. 建设智慧城市。建设智慧城市信息化支撑平台和人口基础信息库，实现数据和业务流纵横贯通和共享。建设集道路交通监测、决策、控制和服务为一体的智慧交通管理和信息服务平台，提高社会管理精细化程度。统筹公共管理、公共服务和商业服务等资源，建设智慧社区综合信息服务平台，为居民提供多种居家服务。实现户籍人口及参加社保人员“市民卡”全覆盖。

六、突出绿色低碳，着力建设宜居宜业家园。

1. 推进“三大工程”。深入实施“蓝天工程”，新建璜泾、双凤、金仓湖3个大气自动监测站。落实“黄标车”淘汰、扬尘控制、秸秆禁烧等措施。完成21个有机废气及61个燃煤锅炉整治项目。确保关停城区保利协鑫热电公司，推进危废处置中心项目建设。深入实施“清水畅流工程”，开展水环境质量提升行动。完成港区污水处理厂二期扩建工程，加快生活污水管网建设，加大农村生活污水治理。深入实施“宁静工程”，加强建设工地、商业音响广告的降噪管理。

2. 打造绿色城市。加快“绿色太仓”建设，新增林地、绿地0.2万亩，林木覆盖率达到18.5%。实施杨林塘、半泾河、新浏河风光带等5个绿色水廊和沪太路、双浮路等4个绿色通道建设工程，完成204国道、339省道城市入口湿地改造工程。继续实施绿色建筑行动计划，积极推广自然再生能源，完善镇村天然气管网建设。强化节能降耗工作，推广应用新能源汽车，有序推进公共自行车二期工程。启动实施生态文明建设三年行动计划。做好国家绿化模范城市、生态文明建设示范市、生态园林城市等创建工作。

3. 强化铁腕治污。加大新《环保法》宣传和执行力度，提高环境准入门槛，严格环保审批程序，重拳打击批建不符、超标排放、违法排污、危废违规处置等违法行为，关停一批高污染高能耗企业。全面投用国开区化工区“一厂一管”及大气自动预警站，逐步清理化工区外新改扩建项目。新增三星级以上“能效之星”企业2家、苏州市循环经济示范企业2家、清洁生产审核企业25家。推进城东集中洗车场建设。继续实施污染土壤治理、农业面源污染防控、违法养殖及木材加工等整治。

七、突出社会效益，着力提高人民幸福指数。

1. 健全社会保障。深入实施居民收入倍增计划，促进城乡居民持续增收。壮大技能人才队伍，加大人力资源市场调控力度。完善劳动关系动态监测机制，探索建立劳动关系预警标准化体系。探索重大疾病门诊医保。稳妥出台新的土地换保障实施办法，做好新老办法的衔接。加快推进养老机构城乡全覆盖，推动慈善帮扶，建立“救急难”新机制，规范“一门式”救助平台建设，形成多渠道、立体化的社会救助网络体系。完成青年人才公寓建设，建成各类保障房1800套，不断提高职工住房公积金覆盖率。建立价格调控机制，保持物价水平总体稳定。

2. 完善公共服务。加快城区学前、义务教育资源扩充布点建设，新改扩建镇洋小学等11所中小学、幼儿园，扩建实验初中、朱棣文小学。深化“双元制”本土化实践，整合、共享职业教育资源，推进开放大学建设和教育国际交流合作。健全公共文化服务标准化制度，继续开展文化惠民活动。完成全国第一次可移动文物和第二次地名普查，做好海上丝绸之路和江南水乡古镇申报世界文化遗产工作。完善广播电视运营机制。继续实施全民健身工程，承办好国际田联竞走挑战赛等一批重大赛事。推进分级诊疗，完善双向转诊服务，加快区镇医院建设。做好国家卫生城市复评迎检工作。创建省“十二五”人口协调发展先进县(市)。做好国家一级档案馆复查验收。争创全国文明城市、全国双拥模范城。

3. 办好实事工程。认真做好城区防洪排涝改造等十大政府实事工程，确保完成年度目标任务。

八、突出社会治理，着力促进社会和谐稳定。

1. 切实保障公共安全。深化平安太仓建设，建立立体化、现代化治安防控体系。认真贯彻落实新《安全生产法》，推进网格化监管，严格督促企业落实安全生产主体责任，做好工业企业、交通、建筑、人员密集场所等领域的安全监管，严防较大安全事故发生。加强食品药品安全整治，加快建成畜禽无害化处理体系，打击食品药品违法犯罪活动，确保人民群众“舌尖上的安全”。

2. 继续深化“政社互动”。深化“政社互动”“三社联动”工作，不断激发社会活力。大力发展社会组织，不断加强社工人才队伍建设。建立多元参与、协商合作的基层民主治理新机制，提升群众自治水平。积极推动政府购买服务，大力开展公益创投活动，促进社区基本公共服务提供方式多元化。

3. 扎实推进综合治理。做强各类专业调解力量，提高基层各类矛盾纠纷的发现化解能力，加强创稳体系建设。固化重大决策事项事前程序，强化群众参与、结果运用和责任追究，从源头上减少信访矛盾的发生。推进领导干部接访下访、信访积案和信访老户化解，确保信访秩序持续平稳。构建公共法律服务均等化体系，实施全市村（社区）法治文化公共设施三年建设工程。强化全民法治观念，培育法治信仰，树立法律消费理念，在全社会营造守法光荣、违法可耻的浓厚氛围。

九、突出依法履职，着力加快法治政府建设。

1. 加快职能转变。推动政府职能法定化，正确处理政府与市场的关系，减少直接管理、微观干预和事前审批准入，强化间接管理、宏观调控和事中事后监管服务，发挥市场在资源配置中的决定性作用。加强发展战略、政策、标准等制定和实施，切实履行好公共服务、市场监管、社会治理、环境保护等职能。清理规范税收等优惠政策，营造公平的市场竞争环境。加强政府、企业、个人等信用平台建设，推广使用信用产品，着力构建社会信用体系。深化政务公开，加大重点领域和关键环节的政府信息公开力度，通过政府网站、政务微博、微信等发布政务信息，构建综合性公共服务平台。

2. 推进依法行政。严格执行《太仓市重大行政决策程序规定》，健全依法决策机制。普遍建立法律顾问制度。做好规范性文件备案审查，完善制定程序。依法健全行政裁量权基准制度。强化行政执法监督，落实行政执法责任追究等制度。深化行政复议相对集中权工作，建立法治政府建设考核体系和标准。自觉接受市人大常委会的工作监督、法律监督和市政协的民主监督，主动接受司法机关、新闻舆论和社会公众的监督，高质量办理人大议案、代表建议和政协建议案、提案。

3. 提升服务效能。严格落实中央八项规定和省、市实施意见，巩固群众路线教育实践活动成效，健全反对“四风”长效机制，继续开展好主题教育活动，持之以恒抓好作风建设。认真执行党政机关厉行节约反对浪费条例，严控公务消费，推进公务用车制度改革，规范因公出国（境）管理。大力改进文风会风。强化对财政资金分配使用、国资监管、政府投资、政府采购等领域权力的监督制约。深入开展领导干部下基层“三访三促”活动，推进“365服务工程”建设，放大“12345”、“民情e路通”、《连心桥》、《政务直通车》等平台的功能，积极回应社会关切。

4. 坚持廉洁从政。严格执行党风廉政建设责任制，推进重点领域、薄弱环节的制度建设，健全惩治和预防腐败体系，严肃查办发生在重点领域、关键环节和群众身边的腐败案件，始终保持惩治腐败的高压态势。深入开展党政领导干部勤政廉政半月谈和抽查监督工作，常态化执行领导干部个人有关事项报告制度和防止利益冲突实施细则，开展抽查核实工作，及早发现苗头性问题，及时提醒纠正。严格执行“三责联审”制度。健全职能部门内部监督、纪检监察再监督、社会各界助力监督的监管体系，加大零容忍的问责力度，打造清正廉洁的政府形象。

各位代表！美丽城市是我们的共同家园，美好生活是我们的共同追求。让我们在中共太仓市委的坚强领导下，为实现共建美丽家园、共享美好生活的城市理想，为加快建设经济强、百姓富、环境美、社会文明程度高的新太仓而努力奋斗！

有关词、句及内容的说明

1. 省“十百千”：“十二五”期间，江苏省围绕金融服务、现代物流、科技服务、软件和信息服务、创意设计、商贸会展、文化教育、节能和环境服务、旅游健康以及传统服务业转型升级十大重点产业领域，强化百个服务业重大项目示范带动作用，每年新增千亿元社会投资；推动百个省级现代服务业集聚区提档升级，每年新增千亿元营业收入；培育百家创新型服务业领军企业，户企年均利税达到千万元水平，促进服务业产业结构层次、集聚区发展水平、企业创新能力、城市服务功能和居民消费水平“五个提升”。

2.“新三板”：指非上市股份公司进入全国中小企业股份转让系统进行股份报价转让的交易板块。

3.“粮食银行”：是粮食企业借鉴银行业经营模式，利用自身仓储经营条件，代农户存储粮食，在通过契约方式保障农户粮食所有权的同时，将粮食经营权以“定期”或“活期”的形式让渡给企业，农民可按约定提取粮食（成品粮）或折现的新型粮食流通业态。

4. 全社会R&D经费支出：是指统计年度内全社会实际用于基础研究、应用研究和试验发展的经费支出。

5.“千人计划”：是指围绕国家发展战略目标，在国家重点创新项目、学科、实验室以及以高新技术产业开发区为主的各类园区等，引进2000名左右人才并有重点地支持一批能够突破关键技术、发展高新产业、带动新兴学科的战略科学家和领军人才来华创新创业。

6.“双创”：指江苏省高层次创新和创业。

7.“单一窗口”：是指主要依托上海电子口岸，实现贸易和运输企业通过单一平台一点接入、一次性递交满足监管部门要求的标准化单证和电子信息，监管部门处理状态通过单一平台反馈给申报人。

8.“三集中”：指工业企业向规划区集中，农业用地向规模化经营集中，农民居住向新型社区集中。

9.“三置换”：指集体资产所有权、分配权置换社区股份合作社股权；土地承包权、经营权通过征地置换基本社会保障，或入股换股权；宅基地使用权可参照拆迁或预拆迁办法置换城镇住房，或进行货币置换，或置换二、三产业用房，或置换置业股份合作社股权。

10.“政社互动”：指政府行政管理与基层群众自治互动衔接。

11.“民　情e路通”：是太仓市继电话、网络、微博之后开发的一款以“12345”平台为基础的移动受理平台，把现有的“12345”热线服务延伸到手机应用上，构建手机端服务，有效实现诉求入口、受理权限、办理要求三方面统一。

12.“三责联审”：由组织部门、编制部门、审计部门联合对党政领导干部开展用人责任审查、编制责任审核和经济责任审计。

13. PPP融资模式：是政府和社会资本合作模式，政府为增强公共产品和服务供给能力、提高供给效率，通过特许经营、购买服务、股权合作等方式，与社会资本建立的利益共享、风险分担及长期合作关系。

14.“工业4.0”发展模式：是以智能制造为主导的第四次工业革命，或革命性的生产方法；旨在通过充分利用信息通讯技术和互联网将虚拟系统与物理系统相结合的手段，将制造业向智能化转型。“工业4.0”项目主要分为智能工厂、智能生产、智能物流三大主题。

15.“双提升”：提升节地水平、提升产出效益。

16.“三优三保”：以优化建设用地空间布局保障发展；以优化农用地结构布局保护耕地；以优化镇村居住用地布局保护权益。

17.“一村二楼宇”：指对村（社区）低效利用、零星分散的存量建设用地，鼓励通过增减挂钩和工矿废弃地盘活政策，化零为整，按规划用途开发建设，从而使每一个村（社区）集体经济组织拥有“二楼宇”，即社区服务用房、增加财产性收入的经营性物业。

18.“两个平台”：农村集体财务监管平台和资产交易管理平台。

19.“三资”：指资金、资产、资源。

20. 346国道：太仓境内的原338省道。

21.“能效之星”：指在用能单位中，最大限度提高能源利用效率，降低碳排放的活动，以年为周期考核评定星级。

22.“双元制”：是德国职业教育的主要模式，“一元”指企业，“一元”指学校，是企业和学校共同培养职业技能人才的教育制度。

23.“三访三促”：领导干部深入基层一线，访基层企业、促转型升级，访基层组织、促创先争优，访基层群众、促改善民生。

文件辑存

关于全面深化农村改革，进一步提升城乡一体化发展水平的实施意见

一、总体要求

深入贯彻党的十八大、十八届三中全会和中央、省农村工作会议精神，紧紧围绕打造苏南现代化建设示范区“太仓样本”的总目标，牢固树立“四化同步”发展理念，按照中央提出的“稳定政策、改革创新、持续发展”的总要求，坚持以新型城镇化为引领、以稳粮保供为基础、以促进农民持续增收为核心、以深化农村改革为动力、以优化城乡资源配置为重点、以美丽村庄建设为抓手，进一步提升太仓市城乡一体化发展水平。

二、工作重点

（一）围绕保供增收提效，着力构建现代农业发展体系。

1．构建现代农业产业体系。围绕“四个十万亩”农业主导产业布局规划，全面推进18万亩优质水稻、6万亩特色水产、15.6万亩高效园艺、9万亩生态林地产业落地，重点打造3万亩现代水稻产业园、浏河—新区设施农业园区的省级“菜篮子”工程核心基地、新港路沿线万亩林果产业基地、东部沿江特色水产养殖示范区和西部圩区规模化生态养殖区等典型样板。

2．构建现代农业设施装备体系。持续加大农业有效投入，提升农业基础设施建设与农业机械化装备水平。整合土地复垦整理、农田水利建设、农业资源开发等项目，每年新建3万～4万亩高标准农田，到2015年，高标准农田占比提高到75%以上。巩固提高粮油生产机械化水平，合理规划建设一批标准化机库。加快先进适用高效农业机械的引进、示范和推广力度，创新农机服务模式和运作机制，探索建立农机4S服务体系。到2015年，确保农业综合机械化水平达到92%以上。

3．构建粮食安全保供体系。加快粮食流通基础设施建设，全力实施《太仓市粮食流通仓储设施建设规划（2013—2017）》，以粮食危房老库改造工程为抓手，对全市规划内粮库实施功能提升。加强“数字粮库”标准化建设，着力形成“一个中心库、三个骨干库、四个收纳点”的现代粮食仓储物流新格局。认真落实地方储备粮扩储计划，增强宏观调控能力。深化国有粮食购销企业改革，增加粮食加工设施的投入，创新粮食生产与粮食流通企业的合作机制，探索“合作农场＋粮食收储＋粮食加工＋粮食批发＋粮食银行”的新型合作模式，构建粮食“产、购、储、加、销”一条龙产业链。强化粮食流通市场监管，加强粮油质量检测，完善放心粮油配送服务体系，促进放心消费。

4．构建现代农业经营体系。加快构建以农业龙头企业为引领、合作农场为主体、专业合作社及家庭农场为补充的现代农业经营体系，解决好“谁来种地、谁来经营农业”的问题。规范引导工商资本进入农业领域，重点发展种质种苗、加工流通等产前产后服务，加快培育一批辐射面广、带动力强、与农户利益联结机制好的农业龙头企业，年内力争新增1家省级、2家苏州市级、5家太仓市级农业龙头企业。争创一批省级农业科技型企业。发展壮大合作农场，鼓励跨区域合作、片区化经营，创新完善合作农场管理体制和运营机制，实现合作农场资源共享、品牌共创、市场共建、利益共得，打造太仓区域性农产品精品名牌。以合作社星级评定为抓手，加快提升各类专业合作社的规范化建设水平。抓紧发展和培育一批以本地农民为主的示范性家庭农场。建立健全新型职业农民培育机制、认证制度、政策扶持体系和投入保障机制，参照工业企业职工社会保障标准，建立由个人缴费、单位补助、政府补贴相结合的职业农民养老、医疗等社会保障体系，加快建设一支数量充足、结构合理、素质良好的新型职业农民队伍。

5．构建新型农业服务体系。加强农业公共服务能力建设，健全农产品质量监管体系和追溯体系，落实地方政府属地管理和生产经营主体责任，强化质量安全检测和监管能力建设。全面推进农业标准化生产，健全农药集中配送和绿色防控体系，到2015年，统一配送率提高到92%以上。引导经营性服务组织开展育秧供苗、耕种服务、加工配销等社会化服务，加大政策购买服务的力度。完善合作农场“大承包、小包干”的运作机制，充分发挥合作农场“统”与“分”结合的优势。强化科技兴农，加快农业科技服务平台建设。加强与农业院校合作，促进科技成果转化应用及推广。建成太仓国家农业园生物农业技术平台。积极推广生态循环的农业发展模式。加大农业信息化技术的运用和推广力度，探索通过连锁经营、电子商务等现代流通方式畅通农产品流通渠道。到2015年，农业科技进步贡献率达70%以上。

（二）围绕节约集聚高效，不断优化城乡资源配置。

6．推进产业集聚发展。强化功能片区规划，坚持与工业产业规划、本地资源利用和产业优势相结合的原则，高起点、高标准抓好园区规划，加快工业园区基础设施建设步伐，培育主导优势产业，实行链式开发，鼓励采取租金优惠、金融支持等激励措施，引导散落在农村的工业企业向镇级及以上工业园区集中。加快淘汰落后产能，加大资源整合力度，提升产业层次，提高资源利用水平，实现集聚发展、转型发展，推动产业和城镇融合发展。

7．推进农民集中居住。优化镇、村布局规划，科学合理确定保留村庄的区域范围和规模数量。稳步有序推进“三置换”，实现人口转移、产业发展与城镇建设协同推进。贯彻落实《关于进一步规范和加强农民集中居住区自建住房规划建设管理的意见》，提升农民集中居住区规划建设水平，鼓励各地出台引导政策，发挥农民的主体作用推进农保区范围内特别是撤并村庄范围内的农民进入集中居住区。加快撤并村庄土地的成片复垦整理和建设用地指标的挂钩周转。研究制定《关于加强和规范农村保留村庄规划建设管理的指导意见》。探索规划保留村庄内农村宅基地腾退流转机制，实现农民宅基地和房屋的有序流转。到2015年，农民集中居住率达到70%以上。

8．推进农地规模经营。坚持以发展壮大合作农场为依托，提升农村土地规模经营水平，至2015年，土地适度规模经营比重达92%以上。加快引导农村土地向村集体规范有序流转，健全完善生态补偿机制，逐步提高土地流转费补贴和合作农场自主经营补贴标准。至2015年，80%左右的农村土地流转至村集体，60%左右的水稻由村合作农场自主经营。

（三）围绕强农富农惠农，全面深化农村各项改革。

9．深化社区股份合作改革。全面开展以清产核资、资产量化、股权管理为主要内容的集体产权股份合作制改革，赋予农民对集体资产股份占有、收益、有偿退出以及抵押、担保、继承权，至2015年底，年可支配收入达到400万元以上，或者位于城郊接合部和城市建成区内的村（社区）完成集体资产折股量化到人（户）工作。不断健全社区股份合作社运行机制，规范管理，鼓励村民增资扩股，巩固壮大集体经济，提升集体资产经营效益，逐步提高农民的分红收益。

10．建立健全集体经济抱团发展体制机制。坚持走联合、抱团发展之路，镇区全面建立抱团发展市场主体，优质资源配置给村集体经济组织，落实“一村二楼宇”政策。探索成立市农村合作经济发展基金，发展一定领域范围内国有资本、集体资本、民间资本等交叉持股、融合发展的混合所有制经济，实现更大范围、更宽领域、更高平台上的抱团发展。对村集体控股的各类抱团发展市场主体缴纳的税收地方留成部分，通过“以奖代补”的形式给予全额返还。确保村集体资产和收入增幅不低于10%。

11．积极推进农村土地制度改革。扎实开展集体土地所有权、集体建设用地使用权和土地承包经营权确权登记颁证工作；采取确权确股确利的方式开展土地承包经营权登记，2014年争取完成一个镇（区）的试点工作，非试点镇（区）各完成1个村，力争用3年左右时间基本完成土地承包经营权确权登记颁证工作。对历年征地补偿费村集体留成未到位的区镇，鼓励通过设立土地基金等方式，加强集体资金有效运作，保障村集体和村民的利益；加快建立农村资产（资源）交易平台，推行农村资产（资源）交易公开化、市场化。推动农村金融创新，探索土地承包经营权、宅基地使用权等抵押贷款。确保农民收入增幅高于城镇居民收入增幅，城乡居民收入比控制在1.9:1之内。

12．健全完善农民增收政策体系。逐步提高被征地农民社会保障水平，深入推进“大病再保险”等创新实践，完善各类社会保障标准正常调整机制，优化城乡社会保障一体化建设。突出农村中低收入家庭增收，建立低收入家庭救助信息平台，实现多部门信息共享，稳步提高最低生活保障标准和医疗救助水平。贯彻执行《关于进一步扶持农村劳务合作社发展促进农民就业创业的意见》。建立市农村劳务合作指导站和农村劳务合作联合总会，加强农村劳动力信息化管理，加大对村集体劳务合作社的指导、行业管理及政策扶持力度，让农村中有就业能力、有就业愿望的农民实现充分就业、持续增收，确保中低收入家庭收入增幅比全市平均高出3个百分点以上。

（四）围绕绿色生态宜居，加快提升农村环境建设质量。

13．积极发展生态农业。严格防控农业面源污染，推广测土配方施肥，大力扩种绿肥与推广应用商品有机肥，实施农药化肥减量工程。创新秸秆禁烧奖补方式，积极开展秸秆饲料、秸秆食用菌等多渠道综合利用秸秆试点示范与推广，提高秸秆综合利用率。推进农村面源氮磷生态拦截系统工程建设。制定完善养殖业发展规划，加大违法养殖场的整治，推进规模化养殖场建设，建立持续、高效、生态平衡的规模化畜禽养殖生产体系。

14．加强农村大环境建设。以提高绿化覆盖率和绿化质量为重点，加大生态建设、修复和保护力度，加快发展绿色产业，深入推进“绿色太仓”建设。切实抓好水环境建设，建立“河长制”、河道管护制度，落实镇、村河道轮浚机制，继续加强河道长效管理，不断优化区域水质，打造“美丽、流动、生态”的河道水网。全力推进农村截污纳管工作，水功能区水质达标率力争达70%以上。健全完善“户收集、组保洁、村集中、镇转运、市处理”垃圾收集处理系统，提升农村卫生的长效管理水平。

15．加快实施美丽村庄建设行动实施计划。加快确定并启动第二批小区的整治提升工程，重点抓好人居环境的功能化改造和景观化提升，切实提高小区的长效管理水平，提升入区农民幸福指数。着力加强10个苏州市级美丽村庄内涵建设，加快培植具竞争优势的主导产业，因地制宜发展各具特色的乡村旅游业，重点打造以东林、太星为代表的观光农业旅游点，以三市、新塘为代表的历史文化旅游点，以闸北、牌楼为代表的渔家乐、农家乐乡村休闲旅游点，推动农旅互动、农旅结合，加快农业产业化向旅游的拓展和延伸，打造产村相融互动发展的典型。

（五）围绕文明和谐稳定，全力创新城乡社会管理。

16．加快实行“政经分离”。加快村级行政管理职能与经济发展职能分离，强化党的领导核心作用，形成在党组织统一领导下，村委会（或社区）主抓行政事务，集体经济组织（或社区股份合作社）主抓经济发展的新格局。扩大公共财政覆盖农村的范围，建立村级公益事业建设和社会管理费用合理分担机制。

17．深入推进“政社互动”。厘清政府与村（社区）自治组织的职责，执行村（社区）事项“准入制度”，对协助政府工作的事项给予必要的经费保障，落实双向评估、社会服务政府购买等“政社互动”制度，进一步规范政府行政行为，提升基层群众自治组织自治能力，构建相互尊重、衔接互动、充满活力的运作机制。

18．有效实现“协同共管”。建立健全新型社区组织管理体系，形成社区党组织统一领导，社区居委会（社区工作站）＋业主委员会＋物业公司多方共建共管社区的模式。治安、卫生、医疗、养老、计生等社会管理，坚持以居住地管理为原则，实现“人户合一”，由新型社区居委会统一管理。引导社区居民确立付费服务的观念，加快建立新型社区物业管理市场化运作机制。采取“先收缴、后补助”的办法，促使物业管理由政府主导向居民主导转变，提升服务质量。加强社区居民自治，充分发挥群团组织、社团组织等的积极作用，借鉴浮桥镇义工积分制，引导和激发更多人加入到社区义工（志愿者）队伍，使之成为和谐社区的建设者和受益者。

三、保障措施

各地各部门要从全局和战略高度，充分认识加快推进城乡一体化对全市现代化建设的重大意义，切实把城乡一体化改革发展摆上更加突出的位置。市、区镇财政要按照“两个高于、两个确保”的要求，健全“三农”投入稳定增长机制。要强化各地财政投入“三农”的考核，力求予得更多、取得更少、放得更活，真正把“重中之重”的要求落到实处。各地要进一步建立健全党委统一领导、党政齐抓共管，主要领导亲自抓、分管领导具体抓、部门分工负责的领导机制和推进机制，切实加强对城乡一体化工作的组织领导。相关部门要加强沟通联系、密切配合，深入基层搞好指导服务。村党组织书记、村委会主任要尽职尽责、敢于担当、真抓实干，把各项工作措施真正落到实处。各地、各有关部门要加快出台相关配套政策，使本意见的各项要求细化、实化、具体化。

——摘自《中共太仓市委、太仓市人民政府印发〈关于全面深化农村改革，进一步提升城乡一体化发展水平的实施意见〉的通知》（太委发〔2014〕17号）

关于全面深化重要领域改革的意见

一、充分认识全面深化改革的重要性，进一步明确指导思想、总体目标和主要任务

党的十八届三中全会是在中国改革开放新的重要关头召开的一次重要会议，是全面深化改革的又一次总部署、总动员。全会通过的《决定》，提出了全面深化改革的指导思想、目标任务、重大原则，描绘了全面深化改革的新蓝图、新愿景、新目标，形成了改革理论和政策的一系列重大突破，为我们在新的历史起点上全面深化改革提供了科学指南和行动纲领。省委、苏州市委就贯彻落实中央《决定》、全面深化改革、扎实推进“两个率先”已作出了新的部署。认真学习领会、广泛深入宣传、全面贯彻落实党的十八届三中全会精神和省委、苏州市委的决策部署，是当前和今后一个时期全市上下的一项重要政治任务。

改革是关乎太仓命运的重要抉择、推动发展的不竭动力。立足当前，破除发展中存在的体制性、结构性矛盾和问题，不断提升发展的内涵和质量，仍需要进一步深化改革。面向未来，再创太仓发展新辉煌，更加需要坚定不移深化改革。全面深化改革，既是太仓率先基本实现现代化的动力支撑，也是太仓转变经济发展方式的紧迫任务，更是太仓谋求区域竞争新优势的必由之路。要自觉担负起全面深化改革的历史使命，把智慧和力量凝聚到理解改革、支持改革、参与改革上来，不为风险所惧、不为干扰所惑、不为成绩所困，努力争当改革攻坚的排头兵、先行军。

全面深化改革的指导思想是：高举中国特色社会主义伟大旗帜，以邓小平理论、“三个代表”重要思想、科学发展观为指导，深入学习贯彻习近平总书记系列重要讲话精神，坚持社会主义市场经济改革方向，以促进社会公平正义、增进人民福祉为出发点和落脚点，进一步解放思想、解放和发展社会生产力、解放和增强社会活力，更加注重改革的系统性、整体性、协同性，加快构建有利于科学发展的体制机制，以全面深化改革来加快打造苏南现代化建设示范区“太仓样本”，奋力谱写我市改革发展新篇章。

全面深化改革的总体目标是：按照中央提出的“完善和发展中国特色社会主义制度，推进国家治理体系和治理能力现代化”总目标，扎实推进六大改革在太仓的率先探索和实践创新，走出一条具有时代特征、中国特色、太仓特点的深化改革之路，让一切劳动、知识、技术、管理、资本的活力竞相迸发，让一切创造社会财富的源泉充分涌流，让发展的成果更多更公平惠及全体人民。

全面深化改革的主要任务是：

深化经济体制改革，发挥市场在资源配置中的决定性作用，依托太仓港经济技术开发区、高新区等载体，构建更高水平的现代产业体系、开放型经济体系，持续做大经济总量、提高经济质量、增强发展后劲。

深化政治体制改革，坚持党的领导、人民当家作主、依法治国有机统一，推进社会主义民主政治制度化、规范化、程序化，加快建设法治太仓，巩固和发展政通人和、生动活泼的政治局面。

深化文化体制改革，着力践行社会主义核心价值观，加快完善文化管理体制和文化生产经营机制，全面增强先进文化引领作用、公共文化服务能力和文化产业发展活力，推进文化强市建设。

深化社会体制改革，完善保障和改善民生制度安排，推进基本公共服务均等化，改革收入分配制度，促进共同富裕，加快形成科学有效的社会治理体制机制，确保社会既充满活力又和谐有序。

深化生态文明体制改革，完善生态源头保护制度、资源有偿使用和生态补偿制度，理顺和强化生态环境监管制度，健全自然资源资产管理体制和完善自然资源监管体制，努力建成生态文明建设示范区。

深化党的建设制度改革，深入推进党建工作创新工程，加强民主集中制建设，保持党的先进性和纯洁性，提高科学执政、民主执政、依法执政水平，为改革开放和社会主义现代化建设提供坚强政治保证。

经过全市上下的共同努力，到2020年，在重要领域和关键环节改革上取得决定性成果，形成系统完备、科学规范、运行有效的体制机制，使各方面制度更加成熟更加定型，在全面深化改革中走在前列，努力为苏州、全省乃至全国创造新鲜经验。

二、牢牢把握全面深化改革的重要领域，努力争当深化改革先行军

（一）加快转变经济发展方式。

推进制造业转型升级。坚持先进制造业在经济发展中的主导地位，推动企业做大做强，力争到2020年培育销售100亿级企业10家，50亿级企业15家，拥有核心技术和行业话语权、占据国内同行业前三位、产值超亿元的小巨人企业20家，全市规模以上工业实现销售3500亿元。全力推动高端装备制造、精密机械、生物医药、新能源、新材料等战略性新兴产业发展成为太仓工业经济新的支柱产业，力争到2020年新兴产业、高新技术产业产值占规模工业比重分别突破70%和45%。大力支持科技型中小微企业发展，充分发挥沿江沿沪的区位优势和国家特种功能材料高新产业化基地、国家先进制造技术国际创新园、省级高新区（筹）、省级大学科技园等载体优势，积极推进碳纤维、高端装备、核材料、信息计算技术等先进技术的推广应用和成果产业化，力争比2013年再增加规模以上企业500家。广泛开展区域内产业合作与技术交流，全力打造新能源装备、专用精密机械、汽车零配件等重点产业链。加强新技术、新工艺、新材料、新装备的推广应用，鼓励企业实施技术改造项目，促进产业升级和产品换代。以抢占产业链高端环节为目标，大力推进传统产业企业自主创新、质量品牌建设和标准创建，引导企业争创各类质量奖。应用信息管理手段，助推企业实现由加工制造向品牌经营转变、由制造环节向研发销售和服务领域延伸，由传统营销向创新营销、网络营销提升。建立更加严格的落后产能淘汰机制，综合应用规划、舆论、政策、法律等手段，加快腾笼换凤步伐。

提升服务业发展能级。积极探索生产性服务业向中高端发展、生活性服务业向繁荣规范发展的途径和措施，推动服务业与工业、农业深度融合，催生新技术、新工艺、新产品，促进企业组织结构完善和经营模式创新，不断增强我市产业发展综合优势；探索发展服务业与推进城镇化的有机结合、相互促进的模式和办法，适应城镇化发展的趋势和要求，强化服务产业支撑，增强服务功能，在城镇化进程中完善服务体系，提升城镇宜居宜业水平；推动服务业发展模式创新，积极培育服务业新兴产业发展，探索制定适合新兴产业发展的市场环境，引导企业集聚、集约发展；探索建立客观反映新兴产业发展速度、发展水平、发展潜力以及投入产出效益的综合统计指标体系，促进服务业产业结构调整，逐步形成以服务经济为主的产业结构，到2020年，力争服务业增加值达到1025亿元，占地区生产总值比重达53%以上。

全面提升民营经济发展水平。抢抓积极发展混合所有制经济的重大机遇，进一步降低准入门槛，鼓励民间资本进入法律法规未禁止的行业和领域。鼓励民营企业加快发展战略性新兴产业和现代服务业，支持民营企业加快技术改造步伐。支持香塘、雅鹿、荣文、五洋、宏达等骨干民营企业"二次创业"，以产业升级、技术升级和装备升级为方向，以管理升级和现代企业制度建设为前提，发展民营企业总部，推动民营企业面向市场科学决策，建强职业经理人队伍，力争到2020年新增全国500强民营企业2家，民营企业制造业500强5家，全省百强民营企业5家。推动民营企业集聚发展，创建2～3家省级特色产业集群及中小微企业集聚示范区。积极培育大企业大集团，支持民营企业"走出去"，加强对外投资，直接参与国际竞争。以深化中德中小企业合作为平台，以配套协作为突破，推进本土民营企业与德资企业的合作交流逐步迈向技术、管理和人才交流。打通就业创业通道，积极为各类民间资本和人才投资创业提供便利条件，鼓励和促进符合条件的个体工商户转制为私营企业，引导投资者转变传统创业思维，选择联合投资、合股合作、知识产权入股、兼并重组等形式创业发展。

推进土地集约节约利用。实施"空间优化、五量调节、综合整治"三大战略，开展"三优三保"行动计划，通过扎实推进农村土地综合整治、城镇低效用地再开发、工矿废弃地复垦利用等工作，优化城乡土地资源配置，释放存量建设用地空间。严格落实供地政策，实现工业新增用地预申请制度，加强建设用地精细管理，推动节地水平和产出效益双提升。扩大国有土地有偿使用范围，减少非公益性用地划拨，探索工业用地弹性出让和租赁制。建立兼顾国家、集体、个人的土地增值收益分配机制，合理提高个人收益。建立不动产统一登记制度。缩小征地范围，规范征地程序，落实征地补偿标准动态调整机制，健全对被征地农民合理、规范、多元保障机制，做到即征即保、应保尽保，将被征地农民全部纳入城乡社会保障体系。

创新金融服务体系。大力发展地方法人金融机构，支持国有公司和集体经济组织参股地方法人银行，允许具备条件的民间资本依法发起设立中小型银行、消费金融公司、金融租赁公司等金融机构。深化农村合作金融机构改革，继续发展村镇银行、小额贷款公司。吸引民营资本发展融资租赁、融资性担保公司、典当行等准金融机构。优化市产业投资基金运作流程，不断扩大基金规模。鼓励境内外机构和自然人在我市发起设立天使投资基金、股权投资基金和创业投资基金，多层次支持实体经济发展。积极推进企业赴境内主板、中小板、创业板上市融资，鼓励企业赴香港、澳洲等境外上市，扶持中小企业赴新三板、区域性股权市场挂牌，帮助企业从场外市场转板场内市场，力争到2020年全市拥有上市企业15家以上。支持符合条件的企业开展优先股试点，鼓励企业通过定向发行、并购重组等方式融资发展，支持创新型、成长型企业股权融资。稳步扩大债券市场规模，做好企业债券融资，发展中小企业集合债券、私募债等融资工具，推进企业资产证券化，拓宽企业融资渠道，加大支持实体经济力度。支持发展科技金融、绿色金融、文化金融、民生金融和互联网金融，大力发展普惠金融。加强金融稳定协调机制建设，落实金融监管职责和风险处置责任，强化金融监管，防范区域性、系统性金融风险。

发展创新型经济。优化区域创新体系空间布局，高效配置科技资源，全面推进创新型城市建设，完成创新型乡镇建设全覆盖。推动省级高新区"二次创业"，着力完善技术创新体系，优化创新创业环境，争创国家级高新区。建成国家级大学科技园，加快生物医药产业园、科技产业园、创业园等省级以上科技园区建设，推动研发机构、高层次人才、重大创新项目向园区集聚，力争到2020年建成3～5家创新资源富集、智力产业繁荣、具有国际竞争力的创新型园区。深化产学研合作机制，建设高水平产学研联合创新载体，推动产学研创新联盟组织化发展，支持有条件的联盟向实体化运营模式转变，鼓励联盟成员采取衍生公司、项目实体运营、合资建立公共研发平台、引入风险投资等多种形式开展合作。创新科技与金融结合的体制机制，建立科技投融资风险分担、科技企业成长抚育两大机制，推进科技投入方式、新型科技金融组织、科技金融服务和品种三大创新，建立科技企业信用、科技担保、科技金融服务、科技金融政策保障四大体系。推动研发设计服务规模化、成果转移转化服务社会化、创新创业服务网络化、科技咨询服务专业化，做大做强科技服务业。

（二）进一步提升开发开放水平。

推进开放型经济体制机制创新。积极推动对内对外相互促进、引进来和走出去更好结合，促进国际国内要素有序自由流动、资源高效配置、市场深度融合，构建开放型经济新体制。密切关注国家外商投资法律法规及实施细则修订并贯彻落实，改革外商投资管理模式、放宽投资准入，探索实现负面清单管理。争取最大限度减少对外投资核准范围、实行以备案制为主的境外投资管理模式。积极开展

“一次申报、一次查验、一次放行”联合通关试点和外贸综合服务体系建设试点，发展跨境贸易电子商务、保税贸易等新型贸易方式。借鉴上海自贸区制度创新成果，构建与国际接轨的制度和监管体系，实现通关便利化。承接上海自贸区金融外包，仓储物流等产业转移，形成与上海自贸区相配套的物流基地、制造基地、外包基地。以服务外包基地城市为基础，做大服务外包产业规模，发展信息技术外包、创意设计产业，打造服务外包中心城市。大力发展连锁商业、便民商业，逐步建成完备的现代商贸服务体系。加快推进企业电子商务应用，完善电子商务发展环境。

深化接轨上海发展战略。积极融入长三角一体化进程，深度参与上海自贸区、大虹桥商务区建设与发展，以上海四个中心建设为引领，重点围绕区域合作、产业对接、城市管理与社会事业等领域开展对沪交流与合作。以太仓张江信息产业园为载体，对接上海创意产业园区，打造科教创意产业集聚区。以新区高端制造业为核心，对接上海汽车行业，打造沪太汽车产业合作载体。加快推进太仓港建设，对接上海港及长江沿线各港口，增强并发挥“上海港北翼”作用。整合全市物流运输资源，统筹规划太仓港、沪通铁路太仓段物流建设，建成物流集散枢纽基地。深化城市管理、基础设施、公共交通、环保、医疗卫生、科技、人才、教育、文化等合作，打破行政区域壁垒，发挥沪太同城效应，促进太仓与上海、长三角地区的生产与消费要素的自由流通。到2020年，基本形成以港区、长江口旅游度假区、科教新城区为主的产城一体、对沪产业高水平协作的沿沪发展区域，进一步提升长三角县域经济区域首位度，成为上海北翼地区区域走廊重要节点。

建成全省一流国家级经济技术开发区。优化空间布局，集约利用土地，科学使用岸线，积极对接上海自贸区，全力提升配套服务、产业支撑和集聚发展水平，争取成为苏州自贸试验区太仓港区，形成开发开放新优势。加快建设以海洋工程、交通运输、汽车整车及核心零部件为重点的新装备产业园；以高档润滑油、清洁用品为重点的石化新材料产业园；以光伏、风电等清洁能源为重点的新能源产业；以体外诊断试剂、医疗器械、基因检测等为重点的新医药产业园；以综合保税区、渤海华东物流基地、各类电子商务物流园为重点的现代服务业平台；以大宗物资交易、进出口贸易、电子商务等平台经济为主营业态的物流贸易基地；以同高院、太仓生物港、博济科技园等为重点的科技载体，形成产业竞争新优势。着力完善交通功能，建成疏港快速通道、苏昆太东延、S338改造等重大疏港工程，推进以核心区路网为重点的区内道路建设。着力完善居住功能，大力推进集中居住，提高港城承载人口居住能力。着力完善生态功能，加大传统产业环保改造力度，加快推进环保设施建设，强化生态修复再造，持续扩大绿化面积，彰显田园城市风貌，早日建成国家级生态工业园区。着力完善服务功能，建成港城中学、省中专港城分校、港城医院。着力完善商务功能，建成运营邻里中心，中兴商业街、五洋滨江广场等城市综合体，形成城市功能新优势。借鉴上海自贸区制度创新成果，扩大服务业开放，实现投资贸易便利化等国际通行规则，推动沪太通关一体化改革，探索区港一体化监管模式。依托国家级开发区平台，积极向上争取和承接行政审批事项，简化审批流程，提高服务效率。理顺财税土地结算机制，集中财力加快港城开发。对港区引入的各类人才、企业中高层管理人员，在人才政策、户籍准入、住房保障等方面给予更加优惠的政策支持，形成港区建设机制的新优势。

打造国家高新技术产业开发区。以德资品牌为先导、科技创新为引擎、有效投入为重点、城市建设为基础、体制机制为保障，全力打造经济发展升级版、改革创新示范区和生态宜居幸福城。加大税源型企业、欧美先进制造业、自主创新型企业引进力度，做优精密机械制造、汽车零部件等特色产业，培育新能源、新材料和生物医药等新兴产业，大力发展现代物流、信息服务、金融保险、服务外包、中介服务等现代服务业。实现主导产业规模达到1500亿元，“两新”占比均超过65%，服务业占比达到60%，打造产业发展高地。加大高新技术企业招引和培育力度，建立一批创新型领军企业、科技型上市企业和民营科技企业。加强科技创新平台建设及其政策扶持，大力发展“双元制”教育和高端人才培育工程，形成政策、人才与项目资源高效集成的内生创新机制。实现全区上市公司5家以上，高新技术企业120家，省市级研发机构、工程技术中心120家，引进和培育国家“千人计划”人才16人，打造科技创新高地。持续引进科技含量高、示范带动效应好的德国中小企业，力争经过7年发展，区内德企超过400家，投资总额超过40亿美元，使德企成为新区经济发展、科技创新和产业升级的主力军。加强德企生产和生活配套服务，通过建立德国商务中心、德国留学生创业中心、德国风情文化生活区以及深化中德文化交流等多种途径，打造德资品牌高地。完善以企业集群式发展为特征的区域规划，合理布局产业园区与各项城市功能，积极创新城乡统筹方式以及社会建设和管理，走出一条田园化、集约化、现代化的新型城市化发展道路，打造产城融合高地。

建设全省一流科技文化城。强化创新驱动，发展科技研发、文化创意、信息技术、电子商务等现代产业，建设产城融合发展的全省一流科技文化城，加强文化原创激励，推动文化创新平台建设，孵化文化科技品牌，发展文化科技总部，加速技术、人才、资金、政策等要素聚集，探索集群式创新发展的新模式。重点培育影视后期制作和电子信息产业，集聚一批文化企业和高新技术企业，形成完整的产业链和创新链，争取成为国家级文化和科技融合示范基地。做强天镜湖文化科技产业园，做大新兴产业载体，做优海运堤国家特色商业街。重点建设“太仓市科技服务超市”项目，形成以科技研发、文化创意、电子商务和科技中介服务为主体的现代服务业技术创新体系和产业体系，积极推动融资租赁、股权投资等金融业务创新发展，以环天镜湖区为载体，全力构建小贷、担保、创投业等集聚区，争取成为国家级现代服务业集聚区。发挥大学科技园的作用，优化产学研协同创新基地建设方案，明确核心区功能定位。支持企业与高等院校、科研院所组建产业技术创新战略联盟，做大做强人才实训机构，争创国家级科技人才实训基地，争取成为国家级产学研协同创新示范基地。

加快建设长江口旅游度假区。以“城市即旅游”为理念，以“天然长江口、风情旅游港”为主题，把长江口旅游度假区逐步建设成为在长三角、全国乃至国际上具有影响力的著名度假胜地和特色商务旅游城。加快修编旅游度假区总体规划，同步编制土地利用、旅游、综合交通、产业发展等专项规划。严格按照总体规划，引导和调控旅游度假区的开发建设。推进公共服务功能建设，加紧自行车道、徒步道等慢行交通道路建设，合理布局服务网点，形成高标准高起点的旅游产业集聚发展平台。以引进国内外知名的旅游专业投资商为重点，大力开发建设休闲度假类项目、旅游综合体项目、旅游新业态和产业延伸类项目。以“长江入海口、郑和下西洋”为主题，突出江海河美食体验、历史人文观光、休闲养生和商务旅游等相组合的度假产品，打响江海文化、郑和文化和娄东文化旅游文化品牌。到2020年，基本建成度假区内滨江新城、浏河古镇、渔人码头、长江口森林公园四大板块，全面形成旅游和商务业态，成为全省一流的旅游度假区。

统筹兼顾推进特色经济产业园。做大做强新兴产业，促进产业集聚发展，推动产业转型升级，争创新的发展优势。一是加快建设科技产业园。基本建成以现代制造业为主体，科技含量高、集约程度高、综合效益高的生态型科技产业园。以引入大型上市公司、世界500强、央企、行业龙头企业为目标，打造百亿级产值的省级高新技术产业园区。新兴产业产值占工业产值占比达到70%以上，成为我市先进制造业发展新高地。二是加快建设生物医药产业园。努力打造一批引领世界生物医药服务和生产的风向标型企业，开发一批具有自主知识产权和关键技术的名牌产品，进一步巩固我市在生物医药、研发孵化评价和医疗器械三大领域的优势，成为全国知名的科技型中小生物医药企业蓬勃发展的中国医药“硅谷”。三是加快建设纤维新材料产业园。通过强化园区配套设施的共建共享，提升对项目的承载能力，进一步整合传统产业，做大做强企业能级，着力引进精密机械、新能源、新材料等高新企业，使纤维新材料产业园成为省级和国家级人才集聚园区、科技创新园区和产业集聚园区。

（三）深化城乡一体化改革。

始终保持太仓城乡一体化改革的领先优势，坚持先试先行探索新境界，力争成为苏南现代化示范区建设的样板，全国城乡发展一体化的示范区。到2020年，实现城镇化率超过75%，农村居民人均纯收入达5.5万元，城乡居民收入比控制在1.82:1，现代农业发展水平达到98%，基本实现城乡发展一体化。

健全现代农业发展体系。深入推进“四规”融合，优化“四个十万亩”农业产业布局。加快现代农业基础设施建设，坚持最严格的耕地保护制度，推广耕地耕作层剥离再利用。全面提高物质装备水平，完善生态补偿机制，形成现代粮食仓储物流新格局。深化国有粮食购销企业改革，探索“合作农场＋粮食收储＋粮食加工＋粮食批发＋粮食银行”的新型合作模式。发展壮大合作农场，创新完善合作农场管理体制和运营机制，加快构建以农业产业化龙头企业为引领，以村合作农场为主体，以家庭农场为补充的现代农业经营体系，打造太仓区域性农产品精品名牌。建立健全新型职业农民培育机制、认证制度、政策扶持体系和投入保障机制，建立职业农民养老、医疗等社会保障体系。加强农业公益性和社会化服务体系建设，健全农产品质量监管体系和追溯体系。积极推进农业标准化生产，大力推广低碳生态循环的农业发展模式。

加快新型城镇化进程。加快以人为核心的新型城镇化建设进程，实现人口转移、产业发展与城镇建设协同推进，建成一批经济充满活力、镇容整洁有序、环境生态宜居、城镇特色鲜明的现代化新型“美丽城镇”。加强功能片区规划，培育主导优势产业，进一步强化产城互动的体制机制建设，实现国家级开发区、省级开发区等与城镇的功能融合、空间融合、景观融合、文化融合。优化镇、村布局规划，注重城镇化和新农村建设双轮驱动、齐头并进，推进农村工业企业向镇级工业园区集中。编制实施新建集中居住区和保留村庄规划，引导非保留村庄农民进入集中居住区，有序撤并非保留自然村庄。巩固提升村庄环境整治成果，保护和修缮古镇、古村落、古建老宅，彰显优美宜人的江南水乡田园风光。因地制宜发展各具特色的乡村旅游业，重点建设打造一批农旅结合、产村相融互动发展的典型，提升“美丽村庄”建设内涵。

深化农村产权制度改革。全面开展集体产权股份合作制改革，赋予农民对集体资产股份占有、收益、有偿退出以及抵押、担保、继承权。鼓励农民增量扩股、现金参股，有效增加农民财产投资性收入。规范农村集体经营性建设用地流转，实行农村集体经营性建设用地与国有土地同等入市、同权同价，保障农民公平分享土地增值收益。完善农村宅基地管理办法，探索规划保留村庄内宅基地腾退流转机制，保障农民宅基地用益物权。扎实开展集体土地所有权、集体建设用地使用权和土地承包经营权确权登记颁证工作，明晰所有权、稳定承包权、搞活经营权。加快农村承包土地向村集体规范有序流转，实现土地的生产、生活、生态价值的最大化。加快建立农村资产（资源）交易平台，推行农村资产（资源）交易公开化、市场化。推动农村金融创新，探索农村集体建设用地使用权、土地承包经营权、宅基地使用权等抵押贷款，完善现代农村金融服务体系。

创新农村经营体制模式。加快推进“政经分离”，扩大公共财政覆盖农村的范围，建立村级公益事业建设和社会管理费用合理分担机制。加快推进“政资分离”，厘清村党组织、村民委员会和村集体经济合作社三者关系，确立集体经济组织市场主体地位。引导集体经济组织联合、抱团、异地发展，镇（区）全面建立抱团发展市场主体。加快设立市农村合作经济发展基金，发展国有资本、集体资本、非公有资本交叉持股、相互融合的混合所有制经济。加快扶持发展村集体劳务合作社，建立市农村劳务合作指导站和农村劳务合作联合总会，促进农民充分就业和持续增收。

推进城乡公共服务均等化。加快城乡交通、水利、电力、电信、环保等重大基础设施共建共享共用。统筹城乡教育、卫生、计生、文化、体育等服务资源，着力设施建设，提高服务水平，实行城乡同质同价。完善农民增收政策体系，逐步提高被征地农民社会保障水平。深入推进“大病再保险”等创新实践，建立各类社会保障标准正常调整机制。健全城乡统一的就业制度，提高城乡居民就业质量。

（四）建设现代田园城市。

完善城市规划建设管理体制。按照“一市双城三片区”城市发展的总布局，细化完善城乡空间布局设计，确定田园生态隔离区、现代产业发展区、发展预留区等，做深做细各组团规划，推动生态、民生、城市特色等重点领域专项规划覆盖。提升中心城区能级，放大“产城融合”发展效应。做优各镇基础设施，优化新镇区功能，引导一批特色强镇逐步发展成为现代小型城市。推动城市建设向绿色低碳转型，促使生态示范区、绿色廊道、绿化节点有机结合，推进慢行系统、生态湿地、林荫道路、立体绿化建设，推广节能建筑、可再生能源利用、绿色施工等低碳模式，构建生态园林城市。依托“智慧城市”建设，不断提升“城市管理全覆盖”和“数字城管”水平，拓展城市管理精细化管理领域，健全城市管理成效机制，实现太仓特色的城市管理现代化。

深化交通体制改革。对接上海、苏州轨道交通规划，加快市域有轨电车的规划建设。积极推进沿江城际铁路建设，建成沪通铁路，构建“接轨上海”的立体交通网络。以建立“六纵六横”的市域“网格状”快速通道体系，构建“七纵八横九连接”的多层次主干公路网，实现过境及对外交通快速化通行，总里程达到1330公里。中心城区（主城、港城）40分钟通达各区镇，中心城区30分钟接入上海高速公路网，公路交通疏港能力达到10000pcu/h以上。加快农村公路提档升级步伐，实现四级公路双车道达到50%的目标。建成以杨林塘为骨干的高等级干线航道网，实现千吨级船舶联网畅通，干线航道里程达到115公里，建成1～2个水上综合服务区。以快速公交、公交专用道为骨架，以常规公交为主体、以旅游公交及出租车交通为辅助，加快建立公共客运交通体系。努力构建职能集中、管理规范、上下一致、运行有效的水上、陆上和交管所综合执法体系。

创新水利发展机制。认真践行可持续发展的治水思路，加快构建充满活力、富有效率、创新引领、法治保障的水利体制机制，至2020年，率先建成全国水生态文明示范市。积极开展水权交易试点，在深层地下水等方面先行，探索取水权有偿使用与转让的新途径，推进水权水市场建设。研究政府有偿出让水资源使用权的措施，初步建立水权转让制度体系。稳步推进阶梯式水价制度，实行超计划、超定额累进加价。深化小型水利工程管理体制改革，进一步推进管养分离，积极培育水利工程维修养护市场，不断健全水利工程管护体系。健全基层水利服务网络，建立以乡镇水利站为纽带，群众服务组织、社会化、专业化服务组织为网络的基层水利服务体系，逐步实现基层水利服务功能多样化、服务社会化、组织网络化。

推进生态文明建设。完善生态环境源头保护措施，对河流、林地、滩涂、湿地等自然生态空间进行统一确权登记，形成归属清晰、权责明确、监管有效的自然资源资产产权制度。严格执行《太仓市重要生态功能保护区区域规划》，通过强化依法管理，建立不可逾越的生态红线。优化国土空间开发格局，控制开发强度，调整空间结构，构建科学合理的城市景观格局、生态经济格局、生态安全格局。推动资源利用方式根本转变，大幅降低能源、水、土地消耗强度，提高利用效率和效益。坚持预防为主、综合治理，以解决损害群众健康突出环境问题为重点，强化水、大气、土壤等污染防治，严格控制农业面源污染。加快污水处理、危险固废处理、建筑垃圾资源化利用等环境基础设施建设，提升环境承载能力。健全资源有偿使用制度和生态补偿制度，把资源消耗、环境损害、生态效益纳入经济社会发展评价体系，建立体现生态文明要求的目标体系、考核办法、奖惩机制。加强生态文明宣传教育，增强全民节约意识、环保意识、生态意识。到2020年，建立适应社会经济可持续发展的良性生态系统，提高人民群众对生态环境满意率，率先建成特色鲜明、高水平的国家生态文明建设示范市。

（五）创新和完善社会治理体系。

着力推进文化体制创新。完善文化市场准入和退出机制，鼓励各类市场主体公平竞争。鼓励非公有制文化企业发展，引导社会资本以多种形式投资文化产业。建立健全多层次文化产品和要素市场，鼓励金融资本、社会资本、文化资源相结合。完善文化经济政策，扩大政府文化资助和文化采购。加强版权保护。完善文化产品评价体系，改革评奖机制，推出更多文化精品。建立公共文化服务体系建设协调机制，统筹服务设施网络建设，促进基本公共文化服务标准化、均等化。建立群众评价和反馈机制。完善有利于文化遗产保护和传承的工作机制。深化文化事业单位改革，明确不同文化事业单位功能定位，完善绩效考核机制，吸纳社会人士参与管理。引入竞争机制，推动公共文化服务社会化发展，培育文化非营利组织。坚持政府主导、企业主体、市场运作、社会参与，积极开展多渠道多形式多层次对外文化交流和文化贸易，提高文化开放水平。鼓励社会组织等参与对外人文交流项目。积极吸收借鉴优秀文化成果，引进有利于文化发展的人才、技术、经营管理经验。

深化社会事业改革。教育治理体系和治理能力现代化加快推进，教育领域综合改革不断深化，教育发展主要指标达到世界发达国家同期平均水平。基础教育优质均衡发展。职业教育办学规模、专业结构、人才质量更加符合经济发展的需要，与市场需求及劳动就业结合更加紧密。全面建立以更为科学、更加开放、更高品质为特点的现代国民教育体系和以学习型城市为标志的、覆盖城乡、涵盖一生的终身教育体系。教育的供给服务能力、人才支持能力、文化引领能力和知识贡献能力显著增强，教育综合竞争力位居国际先进城市前列。推进公立医院综合改革，完善医疗绩效评价机制、基层医疗服务运行机制，加强与高等院校和上海、苏州等地医疗机构对接，健全适应行业特点的人才培养、人事薪酬制度。加强公共卫生服务资源整合，合理配置机构、人员、检测设备、服务场所等，进一步提高公共卫生服务效能和水平。创新市场调节手段，保障企业人力资源供给，加快推进就业更加充分向更高质量转变。创新社保经办模式，加大政策落实力度，加快推进社保全覆盖向高水平转变。创新维权工作机制，放大劳资矛盾防控效应，加快推进劳动关系总体稳定向全面和谐转变。优化养老、助残、慈善等工作机制，提高群众满意度。

创新“政社互动”实践。严格执行社区工作事项进入社区制度，严禁政府部门干预基层群众自治范围内的事务。整合社区考核创建工作，建立社区工作分级考核工作机制。村（居）委会按照法规政策规范印章使用和管理。加强村（居）自治组织建设，合理设置城乡社区，统筹规划建设村（居）委会工作用房、公益性服务措施。建立以财政为主的经费保障制度。完善社区管理平台，实现社区基础信息共享。不断加强村（居）自治制度建设，创新和完善民主选举、民主决策、民主管理、民主监督形式。健全“政社互动”工作机制，扩大群众参与度，加强民主协商，拓展诉求渠道。

促进社会组织健康发展。积极推进政府购买服务，梳理公布政府购买公共服务项目清单，为社会组织承接政府转移职能进行有效引导。制定实施政府购买服务具体办法，推进政府购买服务工作的有序化、制度化、规范化。加快社会组织培育孵化建设，推进社会组织规范化建设评估工作，建立社区服务多元化投融资体系，推进社区服务的社会化、产业化、实体化进程。加强社会组织和社工专业人才队伍建设，力争到2020年，每万人（常住人口）拥有社会组织数不低于20个，全市登记社会组织总数不少于1000个，社区备案社会组织总数不少于2000个。90%以上的社会组织建立社会组织从业人员职业经理制度，社会工作制度框架基本建立，社会工作逐步实现职业化和专业化。到2020年，全市公益性社会服务类事业单位、社区和公益性社会组织全部完成社会工作岗位设置。从事社会工作的专职社会工作者人数达1000名以上。

健全维护社会稳定长效机制。健全社会稳定风险评估机制，认真抓好重大决策的风险研判，切实防止因决策不当引发社会矛盾。完善矛盾纠纷常态化滚动排查化解机制，切实从源头上预防和减少纠纷。健全完善应急指挥、联动处置、舆论引导一体化工作机制。完善反恐工作体制机制，确保不发生暴力恐怖袭击事件。改革信访工作制度，健全联合接访机制，建立健全网上受理信访制度，及时就地解决群众合理诉求。把涉法涉诉信访纳入法治化轨道解决，建立涉法涉诉信访依法终结制度。健全完善公共法律服务体系，全面实现全市城乡公共法律服务均等化。

（六）推进行政体制改革。

加快转变政府职能。正确处理政府与市场、政府与社会的关系，严格按照法定权限和程序行使权力、履行职责，确保所有行政行为于法有据、程序正当。规范行政许可、非行政许可审批以及内部管理类、服务类和其他类型事项，取消一批行政审批项目，探索负面清单管理模式，加强事中事后监管，实行“宽进严管”。优化审批流程，建立审批联动机制，提高审批效率。建立健全行政权力网上公开透明运行机制，对不涉及国家安全和企业秘密的审批，在网上公布审批流程、条件和进度，接受企业和社会公众的质询。

稳步推进机构改革。按照中央和省、市的统一部署，优化政府组织结构，理顺部门职责关系，合理调整政府机构设置、职能配置、工作流程。严格控制机构、编制总量。积极稳妥实施大部门制，组建卫生和计划生育管理机构及食品药品监督管理机构。深化事业单位改革，实行分类定位、分开管理、分别改革，努力在编制管理、法人治理结构等方面实现制度创新。

深化财税国资改革。按照建立现代财政制度的要求，实施全面规范、公开透明的预算制度，实行全口径预算管理体系，建立事权与财权相匹配的财政分配机制。加快推进预决算公开，逐步实现非涉密部门政府收支的全面公开。规范政府举债行为，实现政府债务统一扎口管理，建立规范合理的地方政府债务管理及风险预警机制，逐步将政府债务纳入财政预算管理。完善财政资金配置机制，增量资金优先用于民生投入。继续推进营业税改征增值税改革。规范财税收入征管，建立健全税收征管保障体系，严格依法征税。加强对税收优惠特别是区域税收优惠政策的规范管理。加快国资管理体制改革，推动国有企业完善现代企业制度，加强国有企业资源的优化整合和功能性重组，推动国有企业改制上市。发挥市场在资源配置中的决定性作用，支持国有企业多元化运作资本，积极发展混合所有制经济。鼓励国有企业进入产业投资领域，积极推动传统产业整合，主导产业园区建设，增强国有企业内生动力和市场竞争力。完善国资运行监管体系，建设统一高效的国资监管平台。深化国有企业内部管理制度改革，健全长效激励约束机制，强化国有资产保值增值考核机制和国有企业经营投资重大损失责任追究制度。建立与现代企业制度相一致的国有企业领导人员和人力资源管理机制，合理增加市场化选聘比例，加强企业经营管理人才储备。

推动其他重要领域管理体制改革。认真总结沙溪镇行政管理体制改革试点经验，完善机构设置和职能配置，研究进一步下放相应的管理权限，充实完善沙溪镇管理职能，扩大改革成果。推动有条件的开发区和行政区实施“区镇合一”管理体制，增强社会管理和公共服务职能。稳步推进镇村体制向街道社区体制转变，实现政府行政管理和社区自我管理的有效衔接，政府依法行政和居民依法自治的良性互动。

三、加强和改善党的领导，为全面深化改革提供坚强政治保证

全面深化改革是一项长期艰巨复杂的系统工程，必须充分发挥党委总揽全局、协调各方的领导核心作用，提高党的领导水平和执政能力，确保各项改革举措有力有序推进。

切实履行各级党委对改革的领导责任。全面认清深化改革的历史使命，坚定不移落实中央、省委、苏州市委关于全面深化改革的决策部署，把握改革方向，理清改革思路，推进改革实践，提高领导和推进改革的能力。建立健全领导改革的决策机制和责任机制，市委成立深化改革领导小组，加强总体谋划，细化目标任务，统筹协调和督促落实各项改革措施。加强各级领导班子建设，深入开展党的群众路线教育实践活动，完善干部教育培训和实践锻炼制度，不断提高领导班子和领导干部推动改革能力。大力推进党建工作创新，加强基层服务型党组织建设，充分发挥基层党组织的战斗堡垒和党员的先锋模范作用，引导广大党员积极投身改革事业，为全面深化改革做出积极贡献。

强化组织保证和人才支撑。坚持党管干部原则，深化干部人事制度改革，构建有效管用、简便易行的选人用人机制。强化党委（党组）、分管领导和组织部门在选拔任用干部中的权重和干部考察识别的责任，坚持正确的用人导向，改进对领导干部科学发展实绩和品德作风的考核，改进竞争性选拔干部办法，突出实绩竞争，注重能力素质与一贯表现，改进优秀年轻干部培养选拔机制，用好各年龄段干部，真正把信念坚定、为民服务、勤政务实、敢于担当、清正廉洁的好干部选拔出来。坚持从严管理干部，完善和落实领导干部问责制。有序推进干部跨领域、跨部门交流，推进管人、管钱、管审批等关键岗位干部内部轮岗及跨部门交流。深化公务员分类改革，推行公务员职务与职级并行、职级与待遇挂钩制度。落实党管人才责任，深入实施人才强市战略，打破体制壁垒，扫除身份障碍，完善党政机关、企事业单位、社会各方面人才顺畅流动的制度体系。完善人才评价、激励和绩效考核机制，增强人才政策开放度，广泛吸引境内外优秀人才到太仓创新创业。

强化权力运行制度制约和监督体系。完善党的纪律检查工作双重领导体制，强化上级纪委对下级纪委的领导，查办腐败案件以上级纪委领导为主，各级纪委书记、副书记的提名和考察以上级纪委会同组织部门为主。进一步深化派驻纪检监察机构统一管理工作，推进党委部门纪检监察机构设置工作。落实中央《建立健全惩治和预防腐败体系2013—2017年工作规划》，完善具有太仓特色的惩防体系，强化用制度管权管事管人各项措施，提高反腐败工作规范化、制度化水平。健全改进作风、提高效能常态化制度，持之以恒反对“四风”。各项改革举措体现惩治和预防腐败要求，同防范腐败同步考虑、同步部署、同步实施。

放手鼓励基层和群众的改革探索。坚持把人民群众拥护不拥护、满意不满意作为落实改革决策的出发点和检验改革成效的落脚点。充分发挥人民群众的改革主体作用，尊重群众的探索实践和首创精神，鼓励和支持各地敢试敢闯。及时总结和推广基层创造的新鲜经验，充分调动基层深化改革的积极性、主动性、创造性，把广大人民群众的智慧和力量凝聚到改革实践上来。积极推进各类改革试点工作，努力发挥各类改革试点的示范带动作用。要坚持从实际出发，发挥特色优势，注重制度创新，积极先行先试，为全面深化改革探索路子、积累经验。

营造有利于改革发展的良好社会环境。以深入开展党的群众路线教育实践活动为契机，建立健全社会参与机制，团结带领广大人民群众齐心协力推进改革。充分发挥工会、共青团、妇联等人民团体作用，引导群众理解改革、支持改革、参与改革，不断巩固和扩大全面深化改革的深厚群众基础。形成推动军民融合、军地协调、需求对接、资源共享机制，加强军地联合应急体系建设，深入推进“双拥”工作，推动军民融合深度发展。加强对改革的正面宣传和舆论引导，做好中央《决定》、省委《意见》、《苏州意见》和市委改革部署的宣传解读，及时回答干部群众关心的思想认识问题，大力倡导和弘扬敢于创新、敢为人先、敢担风险的改革精神，形成支持改革者、鼓励干事者、宽容失误者的良好氛围，最大程度汇聚推进改革的正能量。

全力抓好各项改革落实。各区镇各部门要按照中央、省委、苏州市委精神和市委要求，结合实际细化改革方案，落实年度推进计划，分解任务，明确责任，切实抓好各项改革措施的组织实施。准确研判影响改革发展的重大问题和群众反映强烈的突出问题，及时分析查找改革推进中的突出矛盾和原因，拿出解决办法，增强改革的针对性、科学性、实效性。强化监督检查，抓好跟踪督办，建立定期评估机制，确保各项改革举措落到实处。更好地把深化改革与稳定增长、加快转型结合起来，以改革推动“稳增快转”，确保经济社会各项目标任务的完成。

全市各级党组织和广大干部群众要紧密团结在以习近平同志为总书记的党中央周围，解放思想，勇于创新，坚定不移深化改革，全力以赴加快发展，为全面建成苏南现代化建设示范区“太仓样本”而努力奋斗！

——摘自《中共太仓市委关于全面深化重要领域改革的意见》（太委发〔2014〕20号）

关于进一步加强和规范房屋征收拆迁与补偿安置工作的意见

一、进一步明确征收拆迁的指导思想和基本原则

指导思想：以党的“十八大精神”为指导，按照“科学发展、以人为本、依法推进”的要求，坚持“政府主导、属地负责、上下联动”的工作原则，进一步理顺和完善征收拆迁管理体制，严格政策标准，规范操作行为，创新工作机制，强化司法保障，促进全市征收拆迁与补偿安置工作依法、规范、有序和公开、公平、公正地高效推进，为全市现代化建设和人居环境及生活品质的进一步提升提供强有力的基础保障。为了实现上述指导思想，必须坚持以下五个原则：

——科学规划原则。以《太仓市国民经济和社会发展规划》和《太仓市总体规划》等规划为指导，充分考虑城乡发展目标、近远期发展重点、开发时序和土地资源科学配置等要素，科学编制全市房屋征收拆迁中长期规划和年

度计划，坚持成片规划、成片开发改造、成片安置、成片建设和分类、分期、有序实施的基本原则，坚决杜绝无规划和无序征收拆迁行为的发生。

——以人为本原则。坚持把维护人民群众的长远根本利益作为出发点和落脚点，推动政策向基层、向被征收拆迁群众倾斜，切实维护和保障群众的合法利益，不断满足群众对现代基础、公建服务设施的需要和改善人居环境、提升生活品质的需求。

——属地负责原则。镇（区）人民政府（管委会）组织实施辖区内的房屋征收拆迁与补偿安置工作，街道、村（社区）根据镇（区）人民政府（管委会）的统筹安排和调度，承担相应的工作责任。

——部门联动原则。坚持条块结合，以块为主，协调推进，形成房屋征收拆迁的强大合力。

——公开透明原则。坚持阳光操作，对房屋征收拆迁与补偿安置工作的每一个政策和标准，每一个环节和步骤完全公开，提高透明度，确保征收拆迁与补偿安置工作的公平、公正。

二、健全征收拆迁工作的领导和管理体制

（一）加强组织领导。调整市房屋征收拆迁工作领导小组，由市政府主要领导挂帅，分管领导具体负责，各相关部门为成员单位。领导小组统一组织领导全市房屋征收拆迁与补偿安置工作，研究决定全市征收拆迁工作的重大问题。领导小组下设工作推进、安全稳定和督查保障三个工作组，由市政府相关领导担任组长。对于重大和重点项目，领导小组可下设项目或区域征收拆迁指挥部，统一协调征收拆迁中的相关事宜。

（二）健全机构职能。在全市房屋征收拆迁与补偿安置的主管部门市住房和城乡建设局内增设“太仓市房屋征收拆迁与补偿安置办公室”（简称市征补办公室），将原赋予太仓市人民政府房屋征收办公室（太仓市房屋拆迁安置管理办公室）的管理职责划归市征补办公室。将“太仓市人民政府房屋征收办公室”（太仓市房屋拆迁安置管理办公室）更名为“太仓市房屋征收服务中心”，继续承担房屋征收与补偿安置的具体工作，依法实行管理和具体实施的职责分离。各镇（区）要进一步建立、健全镇（区）房屋征收拆迁管理机构，对上接受市主管部门的业务指导和行业管理。各镇（区）设立征收服务分中心，承担国有土地上房屋征收与补偿的具体实施工作。

（三）强化联动机制。市建立由发改、财政、住建、国土资源、工商、审计、监察、公安、信访、土地储备等相关部门和属地政府组成的联席会议制度，协调处理征收拆迁与补偿安置工作中的疑难问题。联席会议可根据情况定期或不定期召开，由市政府分管领导主持。市发展和改革、住房和城乡建设、财政、国土资源等部门要加强对房屋征收拆迁与补偿安置工作的指导和监管，审计、工商、公安、信访、土地储备等部门要按照分工，相互配合，认真履行好各自职责。

三、完善补偿和安置政策体系

（一）积极探索市场化补偿安置政策。认真总结现行政策确定的产权调换和货币结算两种补偿安置方式，在保持稳定的前提下，积极探索市场化补偿机制。在充分尊重被征收人选择权的前提下，鼓励被征收人选择货币化补偿方式。

（二）完善城乡一体化安置政策。在新一轮《镇村布局规划》修编完善的基础上，全面梳理和科学界定公寓房集中区、自拆自建集中区和农村村庄保留点原地翻建区布局和区域范围，实行区别化的城乡一体化集中居住和安置政策。对于公寓房集中区和自拆自建集中区的私房一律禁止原地翻建，并实行预拆迁方式逐步解决农民的住房更新问题。

（三）制定完善相关政策体系。1. 根据即将出台的《江苏省国有土地上房屋征收与补偿条例》，修订和完善《太仓市国有土地上房屋征收与补偿暂行办法》，依法规范征收决定、征收程序、补偿标准和法律责任，进一步强化依法征收。2. 根据相关法律、法规，制定《太仓市集体土地房屋拆迁安置暂行办法》，规范全市集体土地上房屋拆迁工作的程序，并对安置补偿的标准提出原则性指导意见。3. 根据《太仓市总体规划》《太仓市土地利用总体规划》和新一轮《镇村布局规划》，研究制定《太仓市农村村庄保留点住房建设管理暂行办法》，严格规范规划（用地）审批、建设监管和验收发证等程序，遏止原地无序翻建现象，努力营造江南水乡特色风貌。4. 根据太仓市棚户区（城中村）改造规划，制定市区和镇区范围内危旧公寓、城中村农房的改造政策，加强城市基础设施建设，积极探索和完善商品化、市场化住房政策体系。

四、强化征收拆迁的工作机制

（一）严格执行“八公开一监督”制度。在征收拆迁实施过程中严格做到政策依据公开，程序及操作方式公开，评估标准及结果公开，被征收人权利及义务公开，公示地点和时限公开，安置房源及选房情况公开，征收拆迁部门、实施单位和工作人员及纪律公开，补助补贴公开，各级行政主管部门及纪检监察部门对征收拆迁与补偿安置实行全过程监督。

（二）实行严格的行业监管制度。整合现有征收拆迁人力资源，制定行业准入和人员准入制度，加强对具备拆迁执照和资质的公司的年检和业绩、诚信等因素的评审考核。强化对房屋拆除公司的准入和监管，清理和整顿征收拆迁人员，加强相关法律、法规、规章等规定和其他业务知识的培训和教育，提升征收拆迁工作人员的政治、业务素质和工作能力。

（三）健全征收拆迁资金监管制度。完善房屋征收补偿资金“专户存储、专款专用”制度，确保征收补偿费用及时、足额拨付到位。完善预算、审核、审批和审计等制度，对征收拆迁补偿资金的组织、拨付、发放和补偿安置情况实行全过程监管。

（四）进一步完善工作竞争制度。要在征收拆迁从业单位、测绘评估、房屋拆除、法律服务等征收拆迁服务单位中进一步完善竞争机制和诚信评审机制，市场配置资源，促进征收拆迁效率的最大化。建立健全年前计划、年中监管和年终评比考核制度及奖惩机制。

（五）建立信息反馈报送制度。建立市、镇（区）和实施单位三级信息和档案资料管理系统，市、镇（区）两级相关部门和征收实施单位要及时做好征收拆迁信息的收集整理和反馈报送工作。

（六）完善信访督办制度。及时掌握各种信息动态，耐心细致地做好思想工作，努力把矛盾化解在基层。按属地管理原则由责任主体负责做好信访工作，市主管部门和相关部门密切配合。市领导小组下设的安全稳定组负责指导、协调和督促检查，确保社会和谐稳定。

五、努力营造征收拆迁的良好氛围

（一）加强目标考核。市委、市政府将征收拆迁工作列入各区镇、部门和单位的年度工作目标，进行绩效考核，并与作风效能建设和主题教育等创优评先活动相挂钩。各区镇、部门和单位要强化目标意识，落实逐级负责、逐级包干的工作机制，把征收拆迁任务予以细化、分解和落实，形成强大的工作动力。

（二）严肃责任追究。坚持“公开、公平、公正”原则，推进依法、文明、和谐征收拆迁，接受群众监督。各镇（区）、部门和单位要严格按照法律、法规、规章和政策办事，进一步规范行政许可、补偿安置、司法强制等行为，切实维护好群众的切身利益。对在征收拆迁工作中碰到的特殊问题，要实事求是、公开透明进行妥善解决。要严肃工作纪律，如在征收拆迁过程中发现徇私舞弊、违法违纪等损害群众利益的行为，一律严肃查处，追究责任。

（三）广泛宣传发动。各镇（区）、部门和单位要通过各种形式进一步广泛宣传，深入发动，使广大市民群众充分认识现代化建设和改善人居环境的重要意义，知晓了解我市房屋征收拆迁的相关政策、工作程序等，使征收拆迁工作广泛赢得百姓群众的理解、配合和支持。市各新闻单位要重视征收拆迁工作宣传，客观报道反映出来的正反两方面案例，努力营造全市房屋征收拆迁工作的文明、和谐氛围。

——摘自《市政府印发〈关于进一步加强和规范房屋征收拆迁与补偿安置工作的意见〉的通知》（太政发〔2014〕1号）

太仓市农民自拆自建集中居住小区配套燃气工程三年（2014—2016年）行动计划

一、指导思想

以中共十八大精神为指导，深入开展群众路线教育实践活动，把解决群众实际需求和“为民办实事”作为第一动力，围绕“现代田园城、美丽金太仓”总体目标，根据《太仓市镇村布局规划》和《太仓市燃气规划》，有计划、有组织、有步骤地用三年（2014—2016年）时间实施完成农民自拆自建集中居住小区天然气配套工程，加强和规范建设施工和安全运行管理，提高安全高效清洁能源在农村的覆盖率，进一步提升农村居民的生活环境和居住水平，促进全市经济和社会更好更快地发展。

二、目标任务

根据上述指导思想，制定目标任务如下：

（一）工作目标。用三年（2014—2016年）时间，实施完成全市85个农民自拆自建集中居住小区（全市共有90个自拆自建小区，其中城厢镇5个小区均已实现燃气入户）、37185户的燃气配套工程，使入住的农村居民使用上安全、高效、清洁的天然气能源，农村集中居住小区居民的燃气使用覆盖率达到90%以上。

（二）管理目标。根据相关法律、法规，建立起农民自拆自建集中居住小区燃气工程项目许可审批到位、监管职责到位、安全达标到位、普及宣传到位的体制、机制，形成管理和安全使用的规范化和法制化。

三、基本原则

（一）规划先行原则。各镇（区）和建设单位要根据《镇村布局规划》和《燃气规划》等上位规划，结合基础设施建设规划，科学确定农民自拆自建集中居住小区的燃气规划，优化燃气管网布局设计，为实施燃气工程提供科学依据。

（二）“三同时”原则。农民自拆自建集中居住小区燃气工程实行与小区基础设施“同步设计、同步施工和同步竣工验收”的“三同时”原则，确保基础设施配套的完整性和规范性。

（三）集中开通原则。农村自拆自建居住小区燃气工程整体或分期竣工验收备案后，由市天然气公司根据小区用户申请，在确保安全使用的前提下，确定开通户数和范围，并实行集中开通和使用管理。

（四）安全第一原则。农民自拆自建集中居住小区的天然气规划、建设和使用必须把“加强安全管理、消除安全隐患，切实保障人民群众生命财产安全与社会和谐稳定”作为首要目标和原则。

四、工程实施和管理

（一）实行项目核准和规划许可制度。农民自拆自建集中居住小区的管道燃气工程项目和小区主体工程及配套工程项目同时向市发改委办理项目核准或备案手续，并向市住建局办理规划核准手续。

（二）严格初步设计和施工图审查。建设单位选定的工程勘察、设计、施工单位必须具有相应的等级资质证书。项目初步设计方案必须提交市住建局审查批准，施工图必须经图审机构或相应的专家组审查通过后方能施工。如遇特殊情况确需进行修改时，应按照规定重新审查。

（三）加强施工质量和安全监管。农民自拆自建集中居住小区燃气工程应与小区房屋建设工程及配套工程同时向镇（区）规划建设管理部门办理开工建设手续，严格执行天然气设计规范和标准，并实行强制性监理制度和压力管道监检制度。为了便于建设施工管理，各镇（区）可委托市天然气公司具体负责组织设计、安全规范施工等事宜，建设进度应与路面硬化同步进行，避免出现无序施工带来的质量安全问题。

（四）规范工程竣工备案。燃气工程竣工后，建设单位应组织设计、施工、监理和监检等单位进行竣工验收，未经验收或者验收不合格的工程，不得交付使用。竣工验收合格后，建设单位凭主体工程建设批准文件、燃气工程设计、竣工验收资料以及日常维护操作规程、应急处置预案等资料到市住建局办理相关竣工备案手续，并做好燃气工程档案移交工作。对已接燃气而未经燃气工程竣工备案的小区，不得办理房产登记手续。

（五）强化燃气设施日常维护管理。市天然气公司要按照有关规定、规程和行业标准，配足配齐管理人员，落实岗位责任制，加强岗位教育和培训，提高管理人员的能力和水平。对于小区内燃气管道和附属设施应定期进行安全运行状况评估并及时排除安全隐患。要完善小区地面安全警示标志，明确划定安全保护范围，对可能影响燃气安全的行为及时采取措施加以制止，对不听劝阻者及时上报有关部门进行处理。

五、保障措施

（一）加强组织领导。市政府建立联席会议制度，由分管领导担任召集人，市发改委、住建局、安监局、公安局、城管局和各镇（区）分管领导为成员，负责农民自拆自建集中居住小区燃气工程三年行动计划的组织实施和监督检查落实等工作。

（二）加强资金保障。凡列入农民自拆自建集中居住小区三年行动计划的新增用户，小区工程材料安装费统一按物价部门指导价每户6000元计价，其中：市天然气公司承担3000元/户，镇（区）及用户承担3000元/户（分担比例由各镇（区）自定）。小区工程材料安装费包括小区管网建设、户内安装、一户一表二接口材料费用，由市天然气公司负责收取。

（三）加强责任落实。市住建局为全市燃气的行业主管部门，负责全市燃气管网的规划、安全和质量监督；对工程的设计、施工和监理进行相应的资质审查及竣工备案；对违法行为依法实施行政处罚；负责对镇（区）三年行动计划进度、安全管理进行考核，并每季度将考核结果报市政府。各镇（区）按属地管理的原则，负责辖区内自拆自建集中居住小区管网和管道燃气工程质量、安全的监督管理；协调解决燃气工程实施、安全管理中的相关问题；组织三年行动计划的实施管理。市质监局负责对压力管道进行监检。市天然气公司对小区燃气配套工程推进承担主体责任；受建设方委托负责小区管道燃气工程的设计、施工，并组织竣工验收；负责日常运行管理和安全维护、保养、巡检和入户安检等具体工作。

（四）加强宣传引导。要把在农村推广安全高效清洁能源使用提高到全市生态文明和美丽城乡建设的高度来认识；把在农民自拆自建集中居住小区实施燃气工程，作为深化群众路线教育实践活动和为人民群众“办实事、做好事”的具体行动来推进。同时，要充分利用广播、电视、报刊、网络和小区宣传专栏等各种渠道，广泛普及和宣传燃气安全使用知识，提高公众对事故的预防和应急处置能力，不断增强全社会保护燃气设施和安全使用燃气的意识和氛围。

——摘自《市政府办公室关于印发〈太仓市农民自拆自建集中居住小区配套燃气工程三年（2014—2016年）行动计划〉的通知》（太政办〔2014〕100号）

年度文件目录

中共太仓市委文件

1.	2014年1月15日	太委发〔2014〕1号	中共太仓市委、太仓市人民政府关于分解落实《〈苏南现代化建设示范区规划〉太仓实施方案》各项主要工作任务的通知
2.	2014年1月15日	太委发〔2014〕2号	关于转发《太仓市人大常委会2014年度工作要点》《政协太仓市第十三届委员会常务委员会2014年工作要点》的通知
3.	2014年1月22日	太委发〔2014〕3号	中共太仓市委、太仓市人民政府关于表彰2013年度太仓市人才科技工作先进奖、创新进步奖的决定
4.	2014年1月24日	太委发〔2014〕4号	中共太仓市委、太仓市人民政府关于表彰2013年度主题教育活动、“双赢杯”竞赛活动先进集体、先进个人的决定
5.	2014年1月24日	太委发〔2014〕5号	中共太仓市委、太仓市人民政府关于表彰2013年度太仓市优化发展环境“创新奖”获奖单位的决定
6.	2014年2月17日	太委发〔2014〕6号	关于开展“改革创新促发展、务实清廉惠民生”主题教育活动的意见
7.	2014年2月19日	太委发〔2014〕7号	印发《关于深入开展党的群众路线教育实践活动的实施意见》的通知
8.	2014年2月18日	太委发〔2014〕8号	关于建立市委常委、党员副市长党的群众路线教育实践活动联系点的通知
9.	2014年2月18日	太委发〔2014〕9号	中共太仓市委、太仓市人民政府关于表彰2013年度农业、农村工作先进单位和先进个人的决定
10.	2014年2月18日	太委发〔2014〕10号	中共太仓市委、太仓市人民政府关于表彰2013年度全市开放型经济

			工作先进单位的决定
11.	2014 年 2 月 21 日	太委发〔2014〕11 号	中共太仓市委、太仓市人民政府关于表彰 2013 年度区镇落实科学发展观工作实绩综合考评先进单位的决定
12.	2014 年 2 月 21 日	太委发〔2014〕12 号	中共太仓市委、太仓市人民政府关于表彰 2013 年度十大高新产值企业、十佳研发型企业、十佳专利示范企业的决定
13.	2014 年 2 月 21 日	太委发〔2014〕13 号	中共太仓市委、太仓市人民政府关于表彰 2013 年度工业销售十强企业、工业纳税十强企业、十佳管理创新企业的决定
14.	2014 年 3 月 1 日	太委发〔2014〕14 号	关于进一步加强和改进新形势下妇女工作的意见
15.	2014 年 3 月 1 日	太委发〔2014〕15 号	关于表彰全市妇女工作先进集体和先进个人的决定
16.	2014 年 3 月 24 日	太委发〔2014〕16 号	关于印发《2014 年全市党委（党组）中心组专题学习计划》的通知
17.	2014 年 3 月 28 日	太委发〔2014〕17 号	中共太仓市委、太仓市人民政府印发《关于全面深化农村改革进一步提升城乡一体化发展水平的实施意见》的通知
18.	2014 年 4 月 9 日	太委发〔2014〕18 号	中共太仓市委、太仓市人民政府关于表彰 2013 年度信访工作先进集体和先进工作者的决定
19.	2014 年 4 月 22 日	太委发〔2014〕19 号	关于贯彻落实中央《建立健全惩治和预防腐败体系 2013—2017 年工作规划》、省委《实施办法》和苏州市委《意见》的意见
20.	2014 年 5 月 30 日	太委发〔2014〕20 号	关于全面深化重要领域改革的意见
21.	2014 年 6 月 17 日	太委发〔2014〕21 号	中共太仓市委、太仓市人民政府印发《关于加强和规范农村保留村庄规划建设管理的指导意见》的通知
22.	2014 年 6 月 19 日	太委发〔2014〕22 号	中共太仓市委、太仓市人民政府关于 2014 年度区镇落实科学发展观工作实绩综合考评办法
23.	2014 年 7 月 1 日	太委发〔2014〕23 号	关于印发《太仓市党政领导干部交流工作暂行办法》的通知
24.	2014 年 8 月 15 日	太委发〔2014〕24 号	关于落实党风廉政建设党委主体责任、纪委监督责任的实施意见（试行）
25.	2014 年 9 月 4 日	太委发〔2014〕25 号	关于调整市委常委分工的通知
26.	2014 年 9 月 10 日	太委发〔2014〕26 号	中共太仓市委、太仓市人民政府关于表彰“六五”普法中期先进集体和先进个人的决定
27.	2014 年 9 月 12 日	太委发〔2014〕27 号	关于命名表彰 2011—2013 年太仓市文明单位、文明村、文明社区的决定
28.	2014 年 9 月 16 日	太委发〔2014〕28 号	关于印发《市委常委班子教育实践活动整改方案》的通知
29.	2014 年 10 月 13 日	太委发〔2014〕29 号	关于印发《第四届全国文明城市测评迎检工作实施意见》的通知
30.	2014 年 11 月 17 日	太委发〔2014〕30 号	关于落实党风廉政建设党委主体责任监督检查和责任追究办法（试行）
31.	2014 年 12 月 15 日	太委发〔2014〕31 号	关于开展 2016—2020 年江苏省和全国科普示范市创建工作的实施意见
32.	2014 年 12 月 30 日	太委发〔2014〕32 号	关于印发《太仓市人民政府职能转变和机构改革实施意见》的通知
33.	2014 年 12 月 31 日	太委发〔2014〕33 号	中共太仓市委、太仓市人民政府关于表彰 2012—2013 年法治太仓建设先进集体和先进个人的决定

太仓市人民政府文件

1.	2014 年 1 月 8 日	太政发〔2014〕1 号	印发《关于进一步加强和规范房屋征收拆迁与补偿安置工作的意见》的通知
2.	2014 年 1 月 8 日	太政发〔2014〕2 号	关于认真做好 2014 年春节期间拥军优属工作的通知
3.	2014 年 1 月 8 日	太政发〔2014〕3 号	关于下达 2014 年财政收入任务的通知
4.	2014 年 1 月 21 日	太政发〔2014〕4 号	关于成立 2014 年国际田联竞走世界杯赛区工作领导小组及相关工作机构的通知
5.	2014 年 1 月 22 日	太政发〔2014〕5 号	关于分解落实 2014 年政府各项主要工作任务的通知
6.	2014 年 1 月 24 日	太政发〔2014〕6 号	关于下达 2014 年部门预算收支计划的通知
7.	2014 年 1 月 28 日	太政发〔2014〕7 号	关于关停不达标活禽交易市场的公告
8.	2014 年 1 月 28 日	太政发〔2014〕8 号	关于下达 2014 年全市主要经济指标工作目标的通知
9.	2014 年 1 月 28 日	太政发〔2014〕9 号	关于成立太仓市全国绿化模范县市创建工作领导小组的通知

10. 2014年1月28日 太政发〔2014〕10号 关于聘任太仓市人民政府教育督导团第四届督学顾问、总督学、副总督学、专(兼)职督学、特约督学的决定
11. 2014年1月28日 太政发〔2014〕11号 印发《太仓市大气重污染应急预案》的通知
12. 2014年2月8日 太政发〔2014〕12号 关于下达2014年度市级政府投资项目计划的通知
13. 2014年2月8日 太政发〔2014〕13号 关于印发《太仓市2014年度重点项目建设意见》的通知
14. 2014年1月16日 太政发〔2014〕14号 关于调整太仓市规划委员会组成人员的通知
15. 2014年2月17日 太政发〔2014〕15号 关于认定太仓市第三批总部企业的决定
16. 2014年2月20日 太政发〔2014〕16号 关于命名2012年度太仓市重合同守信用企业的决定
17. 2014年2月25日 太政发〔2014〕17号 关于调整太仓市安全生产委员会成员的通知
18. 2014年2月25日 太政发〔2014〕18号 关于表彰全市2013年度污染物总量减排工作先进集体和先进个人的决定
19. 2014年2月27日 太政发〔2014〕19号 印发《2014年太仓市推进依法行政工作要点》的通知
20. 2014年3月4日 太政发〔2014〕20号 关于对高污染排放机动车实行区域限行的通告
21. 2014年3月6日 太政发〔2014〕21号 下达2014年度人口与计划生育目标管理任务的通知
22. 2014年3月11日 太政发〔2014〕22号 关于成立打造太仓工业经济升级版联席会议的通知
23. 2014年3月13日 太政发〔2014〕23号 市政府、市人武部关于做好2014年度民兵整组工作的通知
24. 2014年3月17日 太政发〔2014〕24号 关于成立市政府党组党的群众路线教育实践活动领导小组的通知
25. 2014年3月17日 太政发〔2014〕25号 关于印发《市政府党组开展党的群众路线教育实践活动实施方案》的通知
26. 2014年3月13日 太政发〔2014〕26号 关于印发《太仓市重要生态功能保护区区域规划》的通知
27. 2014年3月13日 太政发〔2014〕27号 关于修订印发《太仓市政府投资建设工程预选承包商补充名录实施意见》的通知
28. 2014年3月13日 太政发〔2014〕28号 关于印发《太仓市2014年价格调控目标责任制实施意见》的通知
29. 2014年3月13日 太政发〔2014〕29号 关于印发《太仓市地震应急预案的通知》
30. 2014年3月26日 太政发〔2014〕30号 关于对全市8个重点环境问题实行挂牌督办的通知
31. 2014年3月26日 太政发〔2014〕31号 关于调整市铁路建设领导小组的通知
32. 2014年4月3日 太政发〔2014〕32号 关于成立太仓市关停不达标企业、淘汰落后产能、改善生态环境三年专项行动计划领导小组的通知
33. 2014年4月21日 太政发〔2014〕33号 关于确定2014年太仓市级重大事故隐患“挂牌督办”整改单位的通知
34. 2014年4月22日 太政发〔2014〕34号 关于印发《太仓市政府投资绿化工程项目管理办法(试行)》的通知
35. 2014年4月23日 太政发〔2014〕35号 关于调整太仓市接轨上海工作领导小组的通知
36. 2014年4月24日 太政发〔2014〕36号 转发省政府关于发布《江苏省政府核准的投资项目目录(2014年本)》的通知
37. 2014年4月29日 太政发〔2014〕37号 关于颁发2013年度太仓市科学技术奖的决定
38. 2014年5月15日 太政发〔2014〕38号 调整太仓市电网建设规划与建设协调小组的通知
39. 2014年5月15日 太政发〔2014〕39号 市政府、市人民武装部关于2014年度民兵军事训练工作的通知
40. 2014年5月15日 太政发〔2014〕40号 关于成立太仓市信息安全等级保护工作协调小组的通知
41. 2014年5月21日 太政发〔2014〕41号 关于表彰2014年国际田联竞走世界杯赛区工作先进集体和先进个人的决定
42. 2014年5月21日 太政发〔2014〕42号 关于调整市防汛防旱指挥部成员的通知
43. 2014年5月21日 太政发〔2014〕43号 调整太仓市旅游委员会的通知
44. 2014年5月29日 太政发〔2014〕44号 关于表彰2013年度节能工作先进单位、优秀能管员的决定
45. 2014年6月11日 太政发〔2014〕45号 关于调整市秸秆禁烧与综合利用工作领导小组的通知
46. 2014年6月11日 太政发〔2014〕46号 关于支持市国资委发行2014年太仓市科教文化发展有限公司公司债券的意见
47. 2014年6月17日 太政发〔2014〕47号 印发《关于加快实施农村公路提档升级工程的意见》的通知
48. 2014年6月17日 太政发〔2014〕48号 关于成立太仓市住宅小区物业管理工作领导小组的通知
49. 2014年6月19日 太政发〔2014〕49号 关于调整全市处理涉外事(案)件领导小组的通知
50. 2014年6月19日 太政发〔2014〕50号 关于确认全市镇(区、街道)所辖行政村村民委员会和社区居民委员会的通知

51. 2014年6月20日 太政发〔2014〕51号 关于表彰2012—2013年太仓市自然科学优秀学术论文的决定
52. 2014年6月24日 太政发〔2014〕52号 印发《关于进一步推进市级国资优化整合的实施意见》的通知
53. 2014年6月28日 太政发〔2014〕53号 关于在全市集中开展安全生产检查整改专项行动的通知
54. 2014年6月26日 太政发〔2014〕54号 印发《关于加强和规范住宅小区物业管理工作的实施意见（试行）》的通知
55. 2014年7月1日 太政发〔2014〕55号 市政府、市人武部关于调整市征兵工作领导小组成员的通知
56. 2014年7月1日 太政发〔2014〕56号 市政府、市人武部关于表彰2013年度征兵工作先进单位和个人的通报
57. 2014年7月11日 太政发〔2014〕57号 关于认真做好“八一”期间拥军优属工作的通知
58. 2014年6月27日 太政发〔2014〕58号 关于成立太仓现代水稻产业园建设领导小组的通知
59. 2014年7月29日 太政发〔2014〕59号 关于市政府领导工作分工的通知
60. 2014年8月1日 太政发〔2014〕60号 关于《樊泾村地块改造工程项目房屋征收补偿方案（征求意见稿）公开征求意见》的通知
61. 2014年8月6日 太政发〔2014〕61号 关于公布第五批太仓市非物质文化遗产代表性名录的通知
62. 2014年8月14日 太政发〔2014〕62号 关于成立太仓市大气污染防治专项工作领导小组的通知
63. 2014年8月20日 太政发〔2014〕63号 关于印发《太仓市劳动模范评选和管理办法》的通知
64. 2014年9月5日 太政发〔2014〕64号 关于调整义务兵家庭优待金等标准的通知
65. 2014年9月18日 太政发〔2014〕65号 关于加强镇村布局规划和农房建设监督检查及执法管理的通知
66. 2014年9月25日 太政发〔2014〕66号 关于公布《樊泾村地块改造工程项目房屋征收补偿方案（征求意见稿）》意见收集及修改情况的通告
67. 2014年9月28日 太政发〔2014〕67号 国有土地上房屋征收决定
68. 2014年9月28日 太政发〔2014〕68号 国有土地上房屋征收决定公告
69. 2014年9月20日 太政发〔2014〕69号 关于调整太仓市社会信用体系建设领导小组成员的通知
70. 2014年10月8日 太政发〔2014〕70号 关于组织预备役高炮第二团57高炮1营专业集中驻训的通知
71. 2014年10月8日 太政发〔2014〕71号 关于调整太仓市节能减排工作领导小组的通知
72. 2014年9月30日 太政发〔2014〕72号 关于成立市镇村布局规划和农房建设监管领导小组的通知
73. 2014年9月30日 太政发〔2014〕73号 关于在全市开展环安行动的通知
74. 2014年10月16日 太政发〔2014〕74号 印发《关于加强太仓市社会信用体系建设的实施意见》的通知
75. 2014年10月23日 太政发〔2014〕75号 关于公布第二批下放沙溪镇经济社会管理事项的通知
76. 2014年10月30日 太政发〔2014〕76号 关于命名苏州美锦汇风能源投资有限公司码头为“太仓市爱民固边模范码头”的决定
77. 2014年10月30日 太政发〔2014〕77号 关于命名太仓边防检查站监护二中队为太仓市“爱民固边模范中队”的决定
78. 2014年11月5日 太政发〔2014〕78号 关于印发《太仓市行政决策程序规定》的通知
79. 2014年11月8日 太政发〔2014〕79号 关于印发《太仓市重污染天气应急预案》的通知
80. 2014年11月10日 太政发〔2014〕80号 关于成立太仓市危废焚烧处置中心项目建设领导小组的通知
81. 2014年11月15日 太政发〔2014〕81号 印发《太仓市灵活就业人员职业伤害保险暂行办法》的通知
82. 2014年11月15日 太政发〔2014〕82号 关于成立太仓市工商登记制度改革领导小组的通知
83. 2014年11月16日 太政发〔2014〕83号 印发《关于进一步加强市属国有企业考核评价和薪酬管理的意见》的通知
84. 2014年11月16日 太政发〔2014〕84号 印发《关于进一步加强市属国有产权型企业管理的意见》的通知
85. 2014年11月18日 太政发〔2014〕85号 关于进一步加强全市燃气安全管理工作的通知
86. 2014年12月1日 太政发〔2014〕86号 关于印发《太仓市市属国有资本收益收缴管理暂行办法》的通知
87. 2014年12月15日 太政发〔2014〕87号 关于印发《太仓市市级（及以上）投资项目拆迁安置补偿经费市与镇（区）结算试行办法》的通知
88. 2014年12月18日 太政发〔2014〕88号 关于支持发行太仓市滨江新城发展有限公司公司债务工具的意见
89. 2014年12月18日 太政发〔2014〕89号 关于确定2014年度太仓科技创新创业领军人才的通知
90. 2014年12月20日 太政发〔2014〕90号 关于进一步加强农产品质量安全监管工作的通知
91. 2014年12月30日 太政发〔2014〕91号 关于公布《太仓市市级行政许可实施主体及实施的行政许可项目》的通知
92. 2014年12月31日 太政发〔2014〕92号 关于进一步加强今冬明春火灾防控工作，全力防范重特大火灾事故

的紧急通知
93. 2014年12月31日 太政发〔2014〕93号 关于印发《太仓市人民政府规则》的通知

中共太仓市委办公室文件

1. 2014年1月7日 太委办〔2014〕1号 市委办公室、市政府办公室关于开展2014年春节“扶贫帮困送温暖”活动的通知
2. 2014年1月26日 太委办〔2014〕3号 关于印发《太仓市关心下一代工作委员会2014年工作要点》的通知
3. 2014年1月27日 太委办〔2014〕4号 市委办公室、市政府办公室关于做好2014年各界人士情况通报会有关工作的通知
4. 2014年1月27日 太委办〔2014〕5号 关于层转《关于在全省认真开展“会所中的歪风”专项整治活动的通知》的通知
5. 2014年1月29日 太委办〔2014〕6号 市委办公室、市政府办公室关于做好2013年度农业、农村工作先进单位和先进个人推荐申报工作的通知
6. 2014年2月12日 太委办〔2014〕7号 关于印发《2014年“文明太仓”市民大行动实施意见》的通知
7. 2014年2月14日 太委办〔2014〕8号 关于市委办公室领导班子分工的通知
8. 2014年3月3日 太委办〔2014〕10号 关于印发《2014年法治太仓建设工作要点》的通知
9. 2014年3月5日 太委办〔2014〕11号 市委办公室、市政府办公室关于做好《苏州年鉴（2013）》及《苏州年鉴（1983—2013）》全文检索数据光盘发行工作的通知
10. 2014年3月10日 太委办〔2014〕12号 关于印发《市领导赴城厢镇调研协调会会议纪要》的通知
11. 2014年3月10日 太委办〔2014〕13号 关于成立中共太仓市委办公室党的群众路线教育实践活动领导小组的通知
12. 2014年3月10日 太委办〔2014〕14号 印发《中共太仓市委办公室（研究室、机要局、保密局）关于深入开展党的群众路线教育实践活动实施方案》的通知
13. 2014年3月11日 太委办〔2014〕15号 关于召开党的群众路线教育实践活动动员大会的请示
14. 2014年3月11日 太委办〔2014〕16号 关于印发《市委办（研究室、机要局、保密局）党的群众路线教育实践活动学习教育、听取意见环节实施办法》的通知
15. 2014年3月18日 太委办〔2014〕17号 印发《关于进一步加强大学生村官工作的意见》的通知
16. 2014年3月24日 太委办〔2014〕18号 市委办公室、市政府办公室关于清明节期间开展纪念革命烈士活动的通知
17. 2014年4月15日 太委办〔2014〕19号 市委办公室、市政府办公室关于开展太仓市“慈善一日捐”活动的通知
18. 2014年4月16日 太委办〔2014〕20号 市委办公室、市政府办公室关于调整太仓阅读节组委会的通知
19. 2014年4月18日 太委办〔2014〕21号 市委办公室、市政府办公室关于调整太仓市公共机构节能工作领导小组的通知
20. 2014年5月6日 太委办〔2014〕22号 市委办公室、市政府办公室印发《关于采取抽查方式加强监督的意见（试行）》的通知
21. 2014年5月22日 太委办〔2014〕23号 市委办公室、市政府办公室关于成立太仓市夏季环境大整治行动领导小组的通知
22. 2014年5月23日 太委办〔2014〕24号 市委办公室、市政府办公室关于印发《太仓市夏季环境大整治行动方案》的通知
23. 2014年5月23日 太委办〔2014〕25号 市委办公室、市政府办公室关于开展2014年度农业农村重点工作考核的通知
24. 2014年5月28日 太委办〔2014〕26号 市委办公室、市政府办公室印发《〈关于全面深化农村改革 进一步提升城乡一体化发展水平的实施意见〉目标任务责任分工方案》的通知
25. 2014年5月30日 太委办〔2014〕27号 关于印发《太仓市2014年改革工作任务》的通知
26. 2014年6月3日 太委办〔2014〕28号 关于市政协十三届三次会议第12号提案的答复
27. 2014年6月4日 太委办〔2014〕29号 印发《关于对“民情e路通”暨“12345”热线成员单位开展考核工作的意见》的通知

28.	2014 年 6 月 5 日	太委办〔2014〕30 号	市委办公室、市政府办公室印发《关于加强农村土地承包经营权流转管理和服务工作的意见》的通知
29.	2014 年 6 月 5 日	太委办〔2014〕31 号	市委办公室、市政府办公室印发《关于进一步加强领导干部厉行节约节俭办事的内部规定（试行）》的通知
30.	2014 年 6 月 16 日	太委办〔2014〕32 号	关于印发《江苏省太仓长江口旅游度假区党工委管委会主要职责内设机构和人员编制规定》的通知
31.	2014 年 6 月 17 日	太委办〔2014〕33 号	市委办公室、市政府办公室印发《关于推进农村集体财务监督管理平台和资产交易管理平台建设的实施意见》的通知
32.	2014 年 7 月 1 日	太委办〔2014〕34 号	关于市十五届人大三次会议第 112 号建议的答复
33.	2014 年 7 月 10 日	太委办〔2014〕35 号	关于开展全面深化重要领域改革专项调研活动的通知
34.	2014 年 7 月 15 日	太委办〔2014〕36 号	关于召开中共太仓市委十二届八次全体（扩大）会议的通知
35.	2014 年 7 月 22 日	太委办〔2014〕37 号	市委办公室、市政府办公室关于印发《太仓市市级机关会议费管理办法》的通知
36.	2014 年 7 月 22 日	太委办〔2014〕38 号	印发市关工委《关于建立健全关工委成员单位联席会议协调制度的实施意见》的通知
37.	2014 年 8 月 1 日	太委办〔2014〕39 号	市委办公室、市政府办公室印发《关于鼓励村级经济联合发展促进土地节约集约利用的实施意见》的通知
38.	2014 年 8 月 5 日	太委办〔2014〕40 号	市委办公室、市政府办公室关于印发《太仓市机关事业单位工作人员带薪年休假制度实施办法》的通知
39.	2014 年 8 月 20 日	太委办〔2014〕41 号	市委办公室、市政府办公室关于印发《太仓市处置群体性事件联动工作机制》的通知
40.	2014 年 8 月 25 日	太委办〔2014〕42 号	市委办公室、市政府办公室转发市级机关事务管理局《关于加强机关食堂用餐管理的通知》的通知
41.	2014 年 9 月 4 日	太委办〔2014〕43 号	关于在全市全面推进关爱教育勤政廉政半月谈工作的通知
42.	2014 年 9 月 12 日	太委办〔2014〕44 号	市委办公室、市政府办公室关于做好太仓市党政机关厉行节约反对食品浪费有关工作的通知
43.	2014 年 9 月 16 日	太委办〔2014〕45 号	市委办公室、市政府办公室关于加强国庆期间值班工作的通知
44.	2014 年 9 月 17 日	太委办〔2014〕46 号	关于印发《太仓市培育和践行社会主义核心价值观工作推进意见》的通知
45.	2014 年 9 月 29 日	太委办〔2014〕47 号	市委办公室、市政府办公室关于做好《太仓年鉴（2014）》发行工作的通知
46.	2014 年 10 月 11 日	太委办〔2014〕48 号	市委办公室、市政府办公室关于开展行政许可审批事项清理工作的通知
47.	2014 年 10 月 11 日	太委办〔2014〕49 号	市委办公室、市政府办公室印发《关于在第二批教育实践活动中开展“十六项专项治理行动”实施方案》的通知
48.	2014 年 10 月 11 日	太委办〔2014〕50 号	关于转发《太仓市农村土地承包经营权确权登记颁证工作方案》的通知
49.	2014 年 10 月 10 日	太委办〔2014〕51 号	市委办公室、市政府办公室关于成立太仓市公务用车制度改革领导小组的通知
50.	2014 年 10 月 15 日	太委办〔2014〕52 号	市委办公室、政府办公室关于转发《苏州市政府向社会购买服务实施意见》的通知
51.	2014 年 10 月 22 日	太委办〔2014〕53 号	市委办公室、市政府办公室关于做好乡镇志编纂工作的通知
52.	2014 年 10 月 27 日	太委办〔2014〕54 号	市委办公室、市政府办公室关于加强市教育系统代课教师管理的意见
53.	2014 年 10 月 27 日	太委办〔2014〕55 号	市委办公室、市政府办公室关于转发《2014 年度市级机关主题教育活动暨垂直条线部门“双赢杯”竞赛活动考评实施细则》的通知
54.	2014 年 10 月 29 日	太委办〔2014〕56 号	市委办公室、市政府办公室关于建立行政执法与刑事司法衔接工作联席会议制度的通知
55.	2014 年 11 月 11 日	太委办〔2014〕57 号	市委办公室、市政府办公室关于做好 2015 年度重点党报党刊征订发行工作的通知
56.	2014 年 11 月 17 日	太委办〔2014〕59 号	市委办公室、市政府办公室关于印发《太仓市党员领导干部防止利

			益冲突实施细则（试行）》的通知
57.	2014年11月20日	太委办〔2014〕60号	市委办公室、市政府办公室关于进一步严格落实领导干部外出报批制度的通知
58.	2014年11月27日	太委办〔2014〕62号	市委办公室、市政府办公室印发《关于建立健全太仓市物业纠纷调解工作机制的实施意见》的通知
59.	2014年12月2日	太委办〔2014〕63号	市委办公室、市政府办公室关于组织对领导干部外出请假报备情况进行自查自纠的通知
60.	2014年12月4日	太委办〔2014〕64号	市委办公室、市政府办公室关于转发《苏州市司法救助资金使用办法（试行）》的通知
61.	2014年12月5日	太委办〔2014〕65号	市委办公室、市政府办公室关于进一步强化大气污染防治措施落实的通知
62.	2014年12月10日	太委办〔2014〕66号	关于召开中共太仓市委十二届九次全体（扩大）会议的通知
63.	2014年12月11日	太委办〔2014〕67号	市委办公室、市政府办公室关于开展2014年度党风廉政建设责任制检查考核工作的通知

太仓市人民政府办公室文件

1.	2014年1月6日	太政办〔2014〕1号	印发《2013年度全市消防工作考核实施方案》的通知
2.	2014年1月9日	太政办〔2014〕2号	关于成立2014年全市春运工作领导小组的通知
3.	2014年1月10日	太政办〔2014〕3号	关于成立太仓市水生态文明建设领导小组的通知
4.	2014年1月17日	太政办〔2014〕4号	关于开展2012—2013年度太仓市自然科学优秀学术论文评选的通知
5.	2014年1月20日	太政办〔2014〕5号	关于印发《2014年国际田联竞走世界杯赛区各工作机构职责》的通知
6.	2014年1月24日	太政办〔2014〕6号	印发《2014年列为太仓市级重大事故隐患“挂牌督办”整改单位》的通知
7.	2014年1月17日	太政办〔2014〕7号	关于做好人感染H7N9禽流感防控工作的通知
8.	2014年2月11日	太政办〔2014〕8号	关于开展河道长效管理工作市级检查考核的通知
9.	2014年2月26日	太政办〔2014〕9号	印发《关于开展2014年3月15国际消费者权益日纪念活动方案》的通知
10.	2014年3月2日	太政办〔2014〕10号	关于下达2014年度区镇生活污水治理工作任务的通知
11.	2014年3月3日	太政办〔2014〕11号	关于调整太仓市预防和处置非法集资工作领导小组成员的通知
12.	2014年3月4日	太政办〔2014〕12号	关于转发《2014年太仓市预防和打击处置非法集资工作方案》的通知
13.	2014年3月4日	太政办〔2014〕13号	关于加强工业企业场地再开发利用环境安全管理工作的通知
14.	2014年3月4日	太政办〔2014〕14号	关于印发《太仓市高污染排放机动车区域限行实施方案》的通知
15.	2014年3月7日	太政办〔2014〕15号	印发《关于加强全市河道管理“河长制”工作实施意见》的通知
16.	2014年3月10日	太政办〔2014〕16号	关于成立太仓市人民政府办公室党的群众路线教育实践活动领导小组的通知
17.	2014年3月11日	太政办〔2014〕17号	印发《太仓市2014年全民科学素质百项行动计划》的通知
18.	2014年3月11日	太政办〔2014〕18号	关于调整太仓市全民科学素质工作领导小组成员的通知
19.	2014年3月12日	太政办〔2014〕19号	关于开展2014年市政府规范性文件评估工作的通知
20.	2014年3月17日	太政办〔2014〕20号	印发《太仓市政府办公室关于深入开展党的群众路线教育实践活动的实施方案》的通知
21.	2014年3月17日	太政办〔2014〕21号	印发《太仓市政府办公室党的群众路线教育实践活动学习教育、听取意见环节实施办法》的通知
22.	2014年3月19日	太政办〔2014〕22号	印发关于杨林塘航道整治工程所涉港区四季苗搬迁事宜的会议纪要
23.	2014年3月19日	太政办〔2014〕23号	关于印发《太仓市政策性农业保险大面积灾情应急处理预案》的通知
24.	2014年3月24日	太政办〔2014〕24号	转发《市科技局2014年度全市科技工作要点》的通知
25.	2014年3月25日	太政办〔2014〕25号	关于调整太仓市商标战略推进工作领导小组成员的通知
26.	2014年3月26日	太政办〔2014〕26号	关于印发《2014年度太仓市农业保险工作专题会议纪要》的通知
27.	2014年4月1日	太政办〔2014〕27号	转发《太仓市2014年度审计项目计划》的通知
28.	2014年4月1日	太政办〔2014〕28号	印发《2014年太仓市政府规范性文件制定计划》的通知

29. 2014年4月8日　太政办〔2014〕29号　印发《关于进一步加强政务信息工作的意见》的通知
30. 2014年4月9日　太政办〔2014〕30号　关于调整太仓市再生资源回收利用网络体系建设领导小组的通知
31. 2014年4月10日　太政办〔2014〕31号　印发《关于开展“生育关怀、服务到家”活动》的意见的通知
32. 2014年4月11日　太政办〔2014〕32号　印发《太仓市第二十六届科普宣传周实施意见》的通知
33. 2014年4月15日　太政办〔2014〕33号　关于切实做好小麦穗期病虫防治工作的紧急通知
34. 2014年4月24日　太政办〔2014〕34号　关于转发《苏州市市级现代农业园区认定管理办法》的通知
35. 2014年4月25日　太政办〔2014〕35号　印发《太仓市市级国有资产清理和资产信息管理系统建设工作实施方案》的通知
36　2014年2月29日　太政办〔2014〕36号　关于印发《太仓市金融创新服务暨银企合作系列活动方案》的通知
37. 2014年4月30日　太政办〔2014〕37号　关于做好2014年防灾减灾日有关工作的通知
38. 2014年5月6日　太政办〔2014〕38号　关于印发《太仓市村级集体资产统一保险实施办法（试行）》的通知
39. 2014年5月8日　太政办〔2014〕39号　转发《关于拓展低保边缘重病困难对象救助范围意见》的通知
40. 2014年5月9日　太政办〔2014〕40号　关于成立市板桥区域环境综合整治工作领导小组的通知
41. 2014年5月12日　太政办〔2014〕41号　关于调整市特高压工程建设领导小组的通知
42. 2014年5月12日　太政办〔2014〕42号　印发《关于在全市推进信息安全等级保护工作的意见》的通知
43. 2014年4月30日　太政办〔2014〕43号　关于李天一等同志职务任免的通知
44. 2014年5月21日　太政办〔2014〕44号　转发《苏州市人民政府办公室关于印发〈苏州市退役士兵经济补助暂行办法〉》的通知
45. 2014年5月21日　太政办〔2014〕45号　关于印发《2014年接轨上海工作要点》的通知
46. 2014年5月23日　太政办〔2014〕46号　关于调整市招生委员会和高等教育自学考试委员会组成人员的通知
47. 2014年5月28日　太政办〔2014〕47号　关于印发《太仓市科技产业园协调会议纪要》的通知
48. 2014年5月28日　太政办〔2014〕48号　关于深化蔬菜大棚安全隐患专项整治工作的通知
49. 2014年5月28日　太政办〔2014〕49号　关于印发《2014年夏季秸秆禁烧巡查工作方案》的通知
50. 2014年6月3日　太政办〔2014〕50号　关于印发《数字太仓地理空间框架建设工作实施方案》的通知
51. 2014年6月3日　太政办〔2014〕51号　印发《太仓市政府办党的群众路线教育实践活动查摆问题、开展批评环节实施办法》的通知
52. 2014年6月4日　太政办〔2014〕52号　关于开展秸秆禁烧与综合利用专项督查的通知
53. 2014年6月5日　太政办〔2014〕53号　关于调整市电力需求侧管理城市综合试点工作领导小组的通知
54. 2014年6月5日　太政办〔2014〕54号　关于调整市电力供需协调领导小组的通知
55. 2014年6月5日　太政办〔2014〕55号　关于调整市平安电力创建工作领导小组的通知
56. 2014年6月9日　太政办〔2014〕56号　关于下达2014年中小学和职业类学校招生计划的通知
57. 2014年6月11日　太政办〔2014〕57号　关于印发《太仓市工业企业生产安全网格化监管实施意见》的通知
58. 2014年6月11日　太政办〔2014〕58号　关于建立太仓市社会救助部门联席会议制度的通知
59. 2014年6月11日　太政办〔2014〕59号　关于印发《农药集中配送相关事宜专题会议纪要》的通知
60. 2014年6月20日　太政办〔2014〕60号　关于转发《太仓市2014年度生态文明建设目标任务书》的通知
61. 2014年6月24日　太政办〔2014〕61号　关于将太仓市新安康医院等2家单位列为2014年太仓市级重大火灾事故隐患挂牌督办整改单位的通知
62. 2014年6月24日　太政办〔2014〕62号　关于成立太仓市农村公路提档升级工程建设工作领导小组的通知
63. 2014年6月30日　太政办〔2014〕63号　关于印发《太仓市关停不达标企业、淘汰落后产能、改善生态环境三年（2014—2016）专项行动计划实施方案》的通知
64. 2014年6月26日　太政办〔2014〕64号　印发《关于华旭财富中心项目红线外配套工程费用问题的会议纪要》的通知
65. 2014年7月3日　太政办〔2014〕65号　关于印发《供销工作相关事宜专题会议纪要》的通知
66. 2014年7月11日　太政办〔2014〕66号　关于印发《组建太仓市交通发展有限公司协调会议纪要》的通知
67. 2014年7月11日　太政办〔2014〕67号　关于印发《太仓市城通建设投资有限公司重组协调会议纪要》的通知
68. 2014年7月11日　太政办〔2014〕68号　关于印发《太仓市资产经营投资有限公司重组协调会议纪要》的通知
69. 2014年7月11日　太政办〔2014〕69号　关于印发《太仓市产业发展有限公司重组协调会议纪要》的通知
70. 2014年7月15日　太政办〔2014〕70号　关于印发《2014年太仓市整治违法排污企业保障群众健康暨保障青奥会环境质量环保专项行动工作方案》的通知
71. 2014年7月15日　太政办〔2014〕71号　关于成立太仓市整治违法排污企业保障群众健康暨保障青奥会环境

质量环保专项行动工作领导小组的通知
72. 2014 年 7 月 21 日　太政办〔2014〕72 号　关于成立太仓市“双低”油菜生产基地建设项目领导小组的通知
73. 2014 年 7 月 21 日　太政办〔2014〕73 号　关于建立太仓市加强金融生态环境建设联席会议的通知
74. 2014 年 7 月 22 日　太政办〔2014〕74 号　印发《关于深入推进未成年人社会保护工作意见》的通知
75. 2014 年 7 月 23 日　太政办〔2014〕75 号　印发《关于解决苏州盛邦房产公司盛大花园、盛世华庭项目业主集访问题的会议纪要》的通知
76. 2014 年 7 月 10 日　太政办〔2014〕76 号　关于印发《太仓市小型农田水利工程运行管理考核办法》的通知
77. 2014 年 7 月 24 日　太政办〔2014〕77 号　关于开展全市小型农田水利工程运行管理检查考核的通知
78. 2014 年 7 月 24 日　太政办〔2014〕78 号　关于成立太仓市覆盖拉网式农村环境综合整治试点工作领导小组的通知
79. 2014 年 7 月 24 日　太政办〔2014〕79 号　关于印发《太仓市进一步深化金融信用村（社区）建设的实施意见》的通知
80. 2014 年 7 月 28 日　太政办〔2014〕80 号　关于成立太仓市政策性农业保险工作领导小组的通知
81. 2014 年 7 月 30 日　太政办〔2014〕81 号　关于做好 2015 年高标准农田（鱼池）项目预报入库的通知
82. 2014 年 8 月 1 日　太政办〔2014〕82 号　关于 2014 年上半年度政府信息公开工作和政府网站建设情况的通报
83. 2014 年 8 月 6 日　太政办〔2014〕83 号　关于成立太仓市节水型社会建设工作领导小组的通知
84. 2014 年 8 月 11 日　太政办〔2014〕84 号　关于印发《城区樊泾村地块棚户区改造项目实施方案》的通知
85. 2014 年 8 月 14 日　太政办〔2014〕85 号　关于印发《太仓市大气污染防治行动计划实施方案》的通知
86. 2014 年 8 月 14 日　太政办〔2014〕86 号　关于印发《太仓市高污染燃料锅（窑）炉大气污染整治实施方案》的通知
87. 2014 年 8 月 15 日　太政办〔2014〕87 号　关于下达太仓市“十三五”规划前期研究课题的通知
88. 2014 年 8 月 18 日　太政办〔2014〕88 号　关于调整 2014 年度住房保障相关政策的通知
89. 2014 年 8 月 20 日　太政办〔2014〕89 号　转发《苏州市人民政府办公室关于切实抓好水稻生产抗灾管理》的紧急通知
90. 2014 年 8 月 20 日　太政办〔2014〕90 号　关于进一步做好督查督办工作的通知
91. 2014 年 8 月 21 日　太政办〔2014〕91 号　关于征求《太仓市重大行政决策程序规定（征求意见稿）意见》的通知
92. 2014 年 8 月 21 日　太政办〔2014〕92 号　关于印发《太仓市房屋征收补偿工作联席会议制度》的通知
93. 2014 年 8 月 22 日　太政办〔2014〕93 号　关于切实加强学校安全工作的通知
94. 2014 年 8 月 22 日　太政办〔2014〕94 号　印发《关于进一步加强农村劳务合作社规范化管理意见》的通知
95. 2014 年 8 月 22 日　太政办〔2014〕95 号　关于转发《省政府办公厅关于转发〈省环保厅财政厅江苏省生态红线区域保护监督考核暂行办法〉的通知等文件》的通知
96. 2014 年 8 月 22 日　太政办〔2014〕96 号　市政府办公室、市征兵办公室转发《省政府办公厅省军区司令部关于进一步做好 2014 年征兵工作》的通知
97. 2014 年 8 月 26 日　太政办〔2014〕97 号　关于将苏州明辉新材料纤维有限公司等 5 家单位列为 2014 年太仓市级重大火灾事故隐患挂牌督办整改单位的通知
98. 2014 年 9 月 1 日　太政办〔2014〕98 号　印发《太仓市食品安全放心行动工作方案》的通知
99. 2014 年 9 月 3 日　太政办〔2014〕99 号　关于成立推进“三个一”“三互”工作领导小组的通知
100. 2014 年 9 月 11 日　太政办〔2014〕100 号　关于印发《太仓市农民自拆自建集中居住小区配套燃气工程三年（2014—2016 年）行动计划》的通知
101. 2014 年 9 月 15 日　太政办〔2014〕101 号　印发《关于太仓市生活垃圾应急卫生填埋项目建设问题的会议纪要》的通知
102. 2014 年 9 月 16 日　太政办〔2014〕102 号　关于建立太仓市石油天然气管道保护工作联席会议制度的通知
103. 2014 年 7 月 18 日　太政办〔2014〕103 号　关于印发《关于沙溪镇白云镇大厦项目公寓式酒店预售许可问题的会议纪要》的通知
104. 2014 年 9 月 19 日　太政办〔2014〕104 号　印发《关于樊泾村地块房屋征收补偿方案修改及资金拨付使用等问题的会议纪要》的通知
105. 2014 年 9 月 24 日　太政办〔2014〕105 号　关于填报 2014 年全社会固定资产投资计划预计执行情况、2015 年投资计划初步安排和投资项目情况的通知
106. 2014 年 9 月 23 日　太政办〔2014〕106 号　关于印发《太仓市石油天然气管道保护工作联席会议第一次会议纪

要》的通知
107. 2014 年 9 月 29 日　太政办〔2014〕107 号　关于征集 2015 年度太仓市政府实事工程的通知
108. 2014 年 9 月 30 日　太政办〔2014〕108 号　关于转发《省政府办公厅关于切实做好国庆节日和近期安全生产工作》的通知
109. 2014 年 10 月 9 日　太政办〔2014〕109 号　关于推进 2014 年度大气污染防治重点工作任务并做好考核准备工作的通知
110. 2014 年 10 月 11 日　太政办〔2014〕110 号　关于成立太仓市埃博拉出血热疫情防控工作领导小组的通知
111. 2014 年 10 月 11 日　太政办〔2014〕112 号　印发《太仓市 2014 年度依法行政工作考核内容和评分标准》的通知
112. 2014 年 10 月 16 日　太政办〔2014〕113 号　转发《省水利厅〈关于开展全省“水美乡村”创建工作的意见〉〈江苏省水美乡村考核评分细则（试行）〉》的通知
113. 2014 年 10 月 14 日　太政办〔2014〕114 号　关于印发《太仓市社会信用体系建设工作考核办法》的通知
114. 2014 年 10 月 14 日　太政办〔2014〕115 号　关于印发《太仓市行政管理中实行信用报告信用承诺和信用审查的办法》的通知
115. 2014 年 10 月 14 日　太政办〔2014〕116 号　关于转发《苏州市政府关于印发苏州市公共信用信息归集和使用管理办法》的通知
116. 2014 年 10 月 15 日　太政办〔2014〕117 号　印发《关于朝阳路加气站和毛太路加气站审批手续等问题的会议纪要》的通知
117. 2014 年 10 月 16 日　太政办〔2014〕118 号　关于报送 2015 年度太仓市国有土地上房屋征收计划的通知
118. 2014 年 10 月 20 日　太政办〔2014〕119 号　关于组织开展太仓市“十三五”规划基本思路课题调研的预备通知
119. 2014 年 10 月 20 日　太政办〔2014〕120 号　关于印发《2014 年秋季秸秆禁烧巡查工作方案》的通知
120. 2014 年 10 月 20 日　太政办〔2014〕121 号　关于转发《太仓市农用机械财产保险实施办法》的通知
121. 2014 年 10 月 24 日　太政办〔2014〕122 号　关于申报 2015 年土地储备计划的通知
122. 2014 年 10 月 29 日　太政办〔2014〕123 号　关于切实抓好秋收秋种工作的通知
123. 2014 年 10 月 29 日　太政办〔2014〕124 号　关于成立太仓市国家粮安工程建设试点示范市领导小组的通知
124. 2014 年 10 月 29 日　太政办〔2014〕125 号　关于调整市社区教育工作领导小组成员的通知
125. 2014 年 10 月 31 日　太政办〔2014〕126 号　关于成立涉侨事务协调小组的通知
126. 2014 年 11 月 3 日　太政办〔2014〕127 号　关于做好苏州市 2014 年度依法行政评议考核迎检工作的通知
127. 2014 年 11 月 10 日　太政办〔2014〕128 号　印发《太仓市养老服务需求评估实施办法》的通知
128. 2014 年 11 月 13 日　太政办〔2014〕129 号　关于下达 2014—2015 年冬春水利河道疏浚整治计划任务的通知
129. 2014 年 11 月 17 日　太政办〔2014〕130 号　关于印发太仓市 2014 年四季度环境空气质量改善强化方案的通知
130. 2014 年 11 月 17 日　太政办〔2014〕131 号　关于明确 2014 年大气污染防治工作任务责任单位及责任人的通知
131. 2014 年 11 月 20 日　太政办〔2014〕132 号　印发《太仓市自然灾害救助应急预案》的通知
132. 2014 年 11 月 21 日　太政办〔2014〕133 号　关于印发《太仓市进一步加强违法用地、违法建设管理工作意见》的通知
133. 2014 年 11 月 27 日　太政办〔2014〕134 号　印发《太仓市基层社会救助服务窗口工作细则》的通知
134. 2014 年 12 月 1 日　太政办〔2014〕135 号　关于印发《太仓市科技型中小企业贷款风险补偿资金池操作细则》的通知
135. 2014 年 11 月 30 日　太政办〔2014〕136 号　关于俞杨等同志职务任免的通知
136. 2014 年 12 月 2 日　太政办〔2014〕137 号　关于开展行政权力清单再梳理工作的通知
137. 2014 年 12 月 8 日　太政办〔2014〕138 号　关于转发《苏州市企业限产停产专项管控等四个方案》的通知
138. 2014 年 12 月 5 日　太政办〔2014〕139 号　关于改善和调整市以上劳动模范待遇标准的通知
139. 2014 年 12 月 8 日　太政办〔2014〕140 号　关于印发《太仓市企业限产停产专项管控等四个方案》的通知
140. 2014 年 12 月 10 日　太政办〔2014〕141 号　印发《关于双凤镇景和有江南房产项目问题的会议纪要》的通知
141. 2014 年 12 月 11 日　太政办〔2014〕142 号　关于印发《贯彻实施〈苏州市重大气象灾害预警信息手机全网发布实施细则〉专题协调会议纪要》的通知
142. 2014 年 12 月 24 日　太政办〔2014〕143 号　转发《关于编制市级国有资本经营预算的意见》的通知

（市委办、市政府办）

年度荣誉

先进集体名录（部分）

表 94

序号	获奖单位	荣誉称号	授予单位
1	太仓市	全国“六五”普法中期先进县（市、区）	全国普法办
2	太仓市	全国“社会主义新农村建设档案工作示范县”示范单位	国家档案局、民政部、农业部
3	太仓市	全国和谐社区建设示范城市	民政部
4	太仓市	首批全国社会工作服务示范地区	民政部
5	太仓市	第 3 届中国公益慈善指数六星级城市	民政部
6	太仓市	全国文化养老示范基地	中国群众文化学会
7	太仓市	全国文明城市提名城市	中央文明委
8	太仓市	最具商业发展潜力县（市）	长江三角洲城市市场信息协作网
9	太仓市	国家现代农业示范区第 1 名	农业部
10	太仓市	2014 中国城市物流杰出成就奖	第 11 届中国国际物流节组委会
11	太仓市	2014 年中国中小城市综合实力百强县市第 4 名	中国社科院《报告》
12	太仓市	2014 年福布斯中国大陆最佳县级城市第 6 名	《福布斯》中文版
13	太仓市商务局	服务外包人才培养突出贡献奖	中国国际投资促进会
14	中美冠科生物技术（太仓）有限公司	2014 年中国服务外包成长型企业	中国国际投资促进会
15	苏州健雄职业技术学院	全国职工教育培训示范点	全国总工会
16	太仓质监窗口	2013 年度全国组织机构代码“文明服务窗口”	全国组织机构代码管理中心
17	东林农场专业合作社	第 2 批全国农民合作社示范社	农业部、国家发改委、财政部、水利部、国税总局、工商总局、国家林业局、中国银监委、全国供销合作总社
18	绿阳蔬果专业合作社	第 2 批全国农民合作社示范社	农业部、国家发改委、财政部、水利部、国税总局、工商总局、国家林业局、中国银监委、全国供销合作总社
19	仓润农产品专业合作联合社	第 2 批全国农民合作社示范社	农业部、国家发改委、财政部、水利部、国税总局、工商总局、国家林业局、中国银监委、全国供销合作总社
20	璜泾镇永乐村校外辅导站	中国少年儿童美术教育示范单位	中国少年儿童美术教育协会
21	双凤镇双凤社区	全国科普示范社区	中国科协、财政部
22	太仓市总工会	全国职工公共安全健康知识普及竞赛活动“最佳组织单位”	全国总工会、安监总局
23	太仓市供电公司	2013 年度全国“安康杯”竞赛优胜单位	全国总工会、安监总局
24	太仓现代农业园区管理处	全国青少年农业科普示范基地	农业部、团中央

续表 94

序号	获奖单位	荣誉称号	授予单位
25	太仓港集装箱三期工程	中国建筑工程鲁班奖	中国建筑业协会
26	苏州港太仓港区三期工程	交通运输部交通建设项目档案示范工程	交通运输部办公厅
27	苏州港太仓港区武港码头工程	2013—2014 年国家优质工程奖	中国施工企业管理协会
28	苏州港太仓港区美锦码头工程	2014 年度水运交通优质工程奖	中国水运建设行业协会
29	长江引航中心太仓引航站	工人先锋号	中国海员工会长江航务委员会
30	太仓边检站	公安边防部队 2014 年度安全工作标兵单位	公安部边防局
31	中国工商银行太仓支行	安全管理星级支行	中国工商银行
32	太仓民生村镇银行	2014 年度风险管理优秀奖	中国民生银行
33	太仓民生村镇银行	2014 年度经营绩效奖	中国民生银行
34	中国银行太仓分行新区支行	2013—2014 年总行级青年文明号考核认定	中国银行
35	中国银行太仓分行营业部	“巾帼文明示范岗”考核认定	中国银行
36	中国银行太仓分行新区支行	“巾帼文明示范岗”考核认定	中国银行
37	中国银行太仓分行	2012—2013 年安全保卫工作优秀集体	中国银行
38	太仓市广电总台	全国职工书屋	全国总工会
39	太仓市新区第二小学	全国教育系统先进集体	人社部、教育部
40	太仓市民政局婚姻登记处	国家 AAA 级婚姻登记机关	民政部
41	太仓市城厢镇梅园社区	全国综合减灾示范社区	民政部
42	太仓市公安局车辆管理所	全国优秀县级车辆管理所	公安部交管局
43	太仓市体育局	2009—2012 年全国群众体育先进单位	国家体育总局
44	太仓市图书馆	2013 年度全民阅读示范基地	中国图书馆学会
45	双凤镇	2011—2013 年“国家卫生镇”	全国爱国卫生运动委员会
46	沙溪镇	2014 年中国人居环境范例奖（特色小城镇建设项目）	住建部
47	璜泾镇雅鹿村	全国文明村	中央文明委
48	太仓市	江苏省第十届双拥模范城（县、区）	省委、省政府、省军区
49	太仓市	2012—2013 年江苏省法治建设示范县（市、区）	省委、省政府
50	璜泾镇	2011—2014 年全省社会治安综合治理先进集体	省委、省政府
51	江苏德威新材料股份有限公司	全省优秀民营企业	省委、省政府
52	太仓市民宗局	全省民族团结进步模范集体	省政府
53	太仓市	行政复议工作规范化建设合格单位	省法制办
54	太仓市	江苏省现代民政建设示范市	省民政厅
55	太仓市	2013 年度全省福利彩票销售十强县（市）	省民政厅
56	太仓市	消除疟疾工作考核达标	省血地防领导小组

续表 94

序号	获奖单位	荣誉称号	授予单位
57	太仓市委办公室	2013 年度信息工作先进单位	省委办公厅
58	太仓市委机要局	江苏省党政机要系统先进集体	省委办公厅、省政府办公厅、省人社厅
59	太仓市政府办公室	2013 年度全省政务信息工作先进单位	省政府办公厅
60	太仓市发展改革委办公室	2013 年度全省政务信息工作先进单位	省政府办公厅
61	太仓市安全生产监督管理局	2013 年度全省冶金等工贸行业安全生产工作先进集体	省安监局
62	太仓地税局	2013 年度按比例安排残疾人就业工作优秀单位	省残工委
63	太仓市人民法院	江苏省公共机构节能示范单位	省级机关事务管理局、省经信委
64	太仓市人民法院	江苏省高院第 8 届“金法槌”杯案例工作组织奖	省高级人民法院
65	太仓市公安局刑警大队	集体二等功	省公安厅
66	太仓市公安局交巡警大队	集体二等功(青奥安保)	省公安厅
67	太仓市公安局	全省公安机关集中开展解决信访突出问题专项行动成绩突出集体	省公安厅政治部
68	太仓市国税局	江苏省文明单位	省文明委
69	沙溪镇东市社区	2014 年度江苏省社区侨务工作示范单位	省侨办
70	太仓木材进口交易中心	江苏省进口商品交易中心试点	省商务厅
71	江苏省科技兴贸创新基地(生物医药)	省级生物医药基地	省商务厅
72	太仓市司法局	集体二等功	省司法厅
73	太仓市司法局	2013 年度全省司法行政系统信息工作先进集体	省司法厅
74	太仓市司法局	全省刑满释放人员安置帮教工作先进集体	省综治委特殊人群服务管理工作领导小组
75	太仓市法律援助中心	全省司法系统“青少年维权岗”	团省委、省司法厅
76	太仓市法律援助中心	江苏省法律援助机构示范窗口	省司法厅
77	吴健雄陈列馆	江苏省华侨华人文化交流基地	省侨联
78	苏州健雄职业技术学院	江苏省大学生创业示范基地	省教育厅
79	太仓市海天禅寺	第 2 届江苏省创建和谐寺观教堂先进集体	省委统战部、省宗教局
80	太仓市科协	创新发展综合示范县级科协	省科协
81	太仓市科协	2014 年全国科普日活动优秀组织单位	省科协
82	城厢镇梅园社区	2014 年度江苏省科普示范社区	省科协
83	璜泾镇	2014 年度江苏省科普示范乡镇	省科协
84	双凤镇维新村	2014 年度江苏省科普示范村	省科协
85	城厢镇东林村	2014 年度江苏省科普示范村	省科协
86	太仓规划展示馆(民防科普馆)	2014 年度江苏省科普教育基地	省科协
87	太仓市档案馆	2014 年度江苏省科普教育基地	省科协

续表 94

序号	获奖单位	荣誉称号	授予单位
88	璜泾镇雅鹿村	2014年江苏省科普惠农服务站（优秀）	省科协
89	璜泾镇杨漕村	2014年江苏省科普惠农服务站	省科协
90	浮桥镇新邵村中华绒螯蟹养殖基地	2014年度江苏省科普惠农兴村先进单位	省科协、省财政厅
91	太仓市经贸小学	江苏省科学教育特色学校	省科协、省教育厅
92	太仓港协鑫发电有限公司	2013—2014年江苏省“讲理想、比贡献，奋力实现中国梦”活动先进集体	省科协、省发改委、省经信委、省科技厅、省国资委
93	太仓中化环保化工有限公司	2013—2014年江苏省“讲理想、比贡献，奋力实现中国梦”活动创新团队	省科协、省发改委、省经信委、省科技厅、省国资委
94	太仓团市委	江苏希望工程“圆梦行动”十周年优秀组织奖	省青基会、省希望办
95	太仓团市委	2014年度全省团属报刊宣传工作先进集体	团省委
96	太仓市预防办	2013年度全省预防青少年违法犯罪工作先进集体	省综治委预防青少年违法犯罪工作领导小组、省综治委预防办
97	太仓中等专业学校	“挑战杯—彩虹人生”江苏省三等奖	团省委、省学联
98	城厢镇中区社区	全省“四就近”工作“精品”社区	省委组织部、省委老干部局、省敬老助老总会
99	沙溪镇离退休干部党支部	全省离退休干部先进集体	省委老干部局、省委组织部
100	太仓市残联	2013年度按比例安排残疾人就业工作先进单位	省残工委
101	浏河镇	2014年江苏人居环境范例奖（特色小城镇建设）	省住建厅
102	科教新城太胜社区	江苏省城市管理示范社区	省住建厅
103	科教新城滨河社区	江苏省城市管理示范社区	省住建厅
104	太仓市城管局团委	江苏省五四红旗团委创建单位	团省委
105	太仓电信浏河支局	温馨家园·和谐支局	中国电信江苏公司、省电信工会
106	太仓市综治办	江苏省“平安家庭”创建活动先进集体	省维护妇女儿童合法权益联席会议暨“平安家庭”创建活动领导小组
107	城厢镇电站村	江苏省“平安家庭”创建活动示范社区（村）	省维护妇女儿童合法权益联席会议暨“平安家庭”创建活动领导小组
108	太仓“康乃馨”志愿服务队	江苏省十佳巾帼志愿服务队	省妇联
109	太仓“勿忘我”志愿服务队	江苏省十佳巾帼志愿服务队	省妇联
110	太仓海关	2013年度省文明口岸	省口岸办
111	太仓海事局	2013年度省文明口岸	省口岸办
112	太仓出入境检验检疫局	2013年度省文明口岸	省口岸办
113	太仓边防检查站	2013年度省文明口岸	省口岸办
114	长江引航中心太仓引航站	2013年度省文明口岸	省口岸办
115	长江航运公安局苏州分局太仓派出所	2013年度省文明口岸	省口岸办
116	太仓国际集装箱码头有限公司	2013年度省文明口岸	省口岸办

续表 94

序号	获奖单位	荣誉称号	授予单位
117	太仓港数据信息中心有限公司	2013 年度省文明口岸	省口岸办
118	太仓海事局	2014 年度江苏海事局党建工作先进单位	江苏海事局党组
119	太仓海事局党群工作部（纪检监察处）	江苏海事局 2013 年度先进集体	江苏海事局党组
120	太仓海事局海巡 06861 艇（船舶交通服务一号工班）	江苏海事局 2013 年度先进班组	江苏海事局党组
121	太仓海事局第六党支部	2014 年度江苏海事局党建工作先进基层党组织	江苏海事局党组
122	海警支队第一大队海警 32101 舰党支部	先进基层党支部	江苏海警总队筹备组
123	海警支队第一大队海警 32019 艇党支部	先进基层党支部	江苏海警总队筹备组
124	海警支队第二大队海警 32102 舰党支部	先进基层党支部	江苏海警总队筹备组
125	海警支队第一大队海警 32019 艇团支部	先进团支部	省边防总队
126	海警支队机动中队团支部	先进团支部	省边防总队
127	太仓边检站	2014 年度先进党委	省边防总队
128	太仓边检站	2014 年度安全工作先进单位	省边防总队
129	太仓边检站执勤业务二科	执法示范单位	省边防总队
130	太仓边检站监护三中队	先进基层党组织	省边防总队
131	太仓边检站监护三中队团支部	先进团支部	省边防总队
132	太仓出入境检验检疫局	江苏检验检疫系统文明单位	江苏出入境检验检疫局
133	太仓出入境检验检疫局	全省系统政务信息工作先进集体	江苏出入境检验检疫局
134	太仓出入境检验检疫局	全省系统新闻宣传工作先进集体	江苏出入境检验检疫局
135	太仓出入境检验检疫局	2013 年度进出境动植物疫情检疫防控工作先进单位（动检）	江苏出入境检验检疫局
136	太仓出入境检验检疫局	2013 年度全省系统卫生检疫监管工作先进集体	江苏出入境检验检疫局
137	太仓出入境检验检疫局	2013 年度全省进出口商品检验监管把关成效先进集体	江苏出入境检验检疫局
138	太仓出入境检验检疫局动植科	2013 年度江苏检验检疫系统“十佳文明窗口”	江苏出入境检验检疫局
139	太仓检验检疫局太仓港办事处	省级青年文明号	团省委
140	中国银行太仓分行	2011—2013 年江苏省平安金融示范单位	省平安金融创建活动领导小组
141	太仓市职工业余学校	江苏省五一劳动奖状	省总工会
142	太仓市国家税务局第一税务分局	江苏省工人先锋号	省总工会
143	太仓申金时装有限公司后整理车间折叠包装组	江苏省工人先锋号	省总工会
144	星光印刷（苏州）有限公司物料组	江苏省工人先锋号	省总工会

续表 94

序号	获奖单位	荣誉称号	授予单位
145	太仓市供电公司客户服务班	2014 年度江苏省质量信得过班组	省质量管理协会、省总工会、省妇联、省科协
146	太仓市供电公司	2014 年度安全生产先进集体	省电力公司、省电力公司工会
147	太仓市供电公司	协同办公推广应用先进单位	省电力公司
148	太仓市供电公司	2013 年度电费回收先进单位	省电力公司、省电力公司工会
149	太仓市供电公司金浪供电所	2013 年度电费回收先进农村供电所	省电力公司、省电力公司工会
150	太仓市供电公司新区供电所	2013 年度安全生产先进供电所	省电力公司
151	太仓市供电公司运维站变电二次检修班	标兵班组	省电力公司
152	太仓市供电公司运维站输电运检班	2014 年度“安康杯”竞赛优胜班组	省电力公司、省电力公司工会
153	太仓广电总台	江苏省节水型单位	省住建厅
154	太仓市国土资源局	江苏省节水型单位	省住建厅
155	太仓市委市级机关工委办公室	2014 年度县（市、区）级机关信息工作先进单位	省委省级机关工委办公室
156	太仓市交通运政管理中心	省级青年文明号	省交运厅、团省委
157	太仓市科教新城幼教中心南郊幼儿园	江苏省优质幼儿园	省教育厅
158	太仓市璜泾镇幼教中心王秀幼儿园	江苏省优质幼儿园	省教育厅
159	太仓市教育局	全省教育信息工作先进单位	省教育厅
160	双凤镇勤力生态园凤凰湖水利风景区	江苏省2014年度首批“省级水利风景区”	省水利厅
161	太仓红太阳国际旅行社有限公司	2013—2014 年江苏省旅游行业诚信示范单位	省旅游局
162	太仓市人社局	全省人力资源社会保障系统先进集体	省人社厅
163	太仓市体育局	2013 年江苏省县级体育工作先进单位	省体育局
164	太仓市体育运动学校	四星级业余体校	省体育局
165	太仓市住建局	江苏省住房保障（棚户区改造）工作先进单位	省住建厅
166	双凤镇	江苏省和谐社区建设示范乡镇	省民政厅
167	沙溪镇	江苏省群众体育先进集体	省体育局
168	沙溪镇	2013 年度江苏省村庄环境整治工作先进集体	省村庄环境整治推进工作领导小组
169	浏河镇社区教育中心	2013 年度江苏省标准化社区教育中心	省教育厅
170	璜泾镇	江苏省“六五”普法中期先进集体	省法制宣传教育工作领导小组
171	璜泾镇文体站	全国乡镇综合文化站一级文化站（2014—2017 年）	省文化厅
172	璜泾镇设施蔬菜产业便利店	2014 年度江苏农村科技服务超市考评优秀便利店	省科技厅

先进个人名录（部分）

表 95

序号	姓名	单位	荣誉称号	授予单位
1	卢阳松	太仓市安监局	安全生产监管监察先进个人	国家安监总局
2	张世红	太仓地税局	通报表扬	国家税务总局督察内审司
3	王建宏	太仓团市委	全国农村青年致富带头人	团中央
4	尹　敏	太仓海事局	直属海事系统优秀青年	交运部海事局党组
5	朱向阳	太仓出入境检验检疫局	2013 年度中国检验检疫杂志新闻宣传工作优秀通讯员	中国质检报刊社
6	朱向阳	太仓出入境检验检疫局	《中国检验检疫》杂志创刊 30 周年优秀作者	《中国检验检疫》编辑部
7	焦　雯	中国人民银行太仓市支行	中国人民银行国库业务知识竞赛一等奖	中国人民银行
8	周新源	太仓中等专业学校	全国职业教育先进个人	教育部、国家发改委、财政部、人社部、农业部、国务院扶贫办
9	钱　澜	太仓市实验小学	全国优秀教育工作者	人社部、教育部
10	徐伯明	太仓市民政局	全国殡葬工作先进个人	民政部
11	胡永平	太仓市楹联学会	第 2 届“梁章钜奖”	中国楹联学会
12	何伟伟	太仓市政府办	2013 年度全省政务信息工作先进单位	省政府办公厅
13	张浩峰	太仓地税局	2013 年度按比例安排残疾人就业工作先进个人	省残工委
14	凌伟东	太仓地税局	2013 年度省稽查局重点税源企业检查先进个人	省地税局
15	沈敏洁	太仓地税局	2014 年度参加省局局大企业税收风险管理工作先进个人	省地税局
16	王　晓	太仓市人民法院	2013 年度全省法院系统个人二等功	省高级人民法院
17	杨喜贤	太仓市人民法院	2012—2013 年全省优秀人民法庭庭长	省高级人民法院
18	金永明	太仓市人民法院	2013 年度驻京信访工作“先进个人”	省驻京信访工作领导小组
19	张朋朋	太仓市人民法院	江苏省高院第 8 届“金法槌”杯优秀通讯编辑	省高级人民法院
20	胥静汝	太仓市人民法院	全省法院司法警察业务能手	省高级人民法院
21	刘亚彬	太仓市司法局	2013 年度全省司法行政系统信息工作先进个人	省司法厅
22	陆建国	太仓市浮桥中学	2014 年度省优秀中小学科技辅导员	省科协、省教育厅
23	周王晖	太仓市浮桥中学	2014 年度省青少年科技创新标兵	省科协、省教育厅
24	陈　舟	苏州维艾普新材料有限公司	2013—2014 年江苏省“讲理想、比贡献，奋力实现中国梦”活动创新标兵	省科协、省发改委、省经信委、省科技厅、省国资委
25	王志萍	太仓市科协	2013—2014 年江苏省“讲理想、比贡献，奋力实现中国梦”活动优秀组织者	省科协、省发改委、省经信委、省科技厅、省国资委
26	张　义	太仓团市委	江苏省优秀共青团干部	团省委
27	陆革锋	太仓团市委	2014 年度全省团属报刊宣传工作先进个人	团省委

续表95

序号	姓名	单位	荣誉称号	授予单位
28	张志明	太仓市关工委	全省离退休干部先进个人	省委老干部局、省委组织部
29	崔　氢	太仓海事局	江苏海事局2013年度先进工作者标兵	江苏海事局党组
30	张薇薇	太仓海事局	江苏海事局2013年度先进工作者	江苏海事局党组
31	董　萍	太仓海事局	江苏海事局2013年度先进工作者	江苏海事局党组
32	李祝清	太仓海事局	江苏海事局2013年度先进工作者	江苏海事局党组
33	李　雷	太仓海事局	江苏海事局2013年度先进工作者	江苏海事局党组
34	张　喜	太仓海事局	江苏海事局2013年度先进工作者	江苏海事局党组
35	张开文	太仓海事局	2013年度新闻宣传报道工作先进工作者	江苏海事局党组
36	甄慧慧	太仓海事局	2013年度新闻宣传报道工作优秀通讯员	江苏海事局党组
37	张耀辉	太仓海事局	2013年度新闻宣传报道工作优秀通讯员	江苏海事局党组
38	尹　敏	太仓海事局	2013—2014年江苏海事好青年	江苏海事局党组
39	郭长进	太仓海事局	2014年度江苏海事局党建工作优秀共产党员	江苏海事局党组
40	胡　红	太仓海事局	2014年度江苏海事局党建工作优秀党务工作者	江苏海事局党组
41	薛建军	太仓海事局	2013年度省文明口岸先进个人	省口岸办
42	陈文举	省公安边防总队海警支队	优秀共产党员	江苏海警总队筹备组
43	陈小明	省公安边防总队海警支队	优秀共产党员	江苏海警总队筹备组
44	高洪波	省公安边防总队海警支队	优秀共产党员	江苏海警总队筹备组
45	潘　杰	省公安边防总队海警支队	优秀共产党员	江苏海警总队筹备组
46	伍　翔	省公安边防总队海警支队	优秀党务工作者	江苏海警总队筹备组
47	王国洲	省公安边防总队海警支队	优秀党务工作者	江苏海警总队筹备组
48	沈建培	太仓海关	2013年度省文明口岸先进个人	省口岸办
49	何舜荣	太仓边检站	优秀主官	省边防总队
50	朱锦仕	太仓边检站	优秀主官	省边防总队
51	王亚洲	太仓边检站	优秀支队级班子成员	省边防总队
52	李　科	太仓边检站	优秀支队级班子成员	省边防总队
53	李兴华	太仓边检站	优秀支队级班子成员	省边防总队
54	黄　翔	太仓边检站	江苏省边防总队执法标兵	公安部边防局、省公安厅
55	刘　涛	太仓边检站	优秀党务工作者	公安部边防局
56	孙　勤	太仓边检站	优秀共产党员	省边防总队

续表95

序号	姓名	单位	荣誉称号	授予单位
57	陆　磊	太仓边检站	优秀团务工作者	省边防总队
58	张　源	太仓边检站	优秀团务工作者	省边防总队
59	张金川	太仓边检站	三等功	省边防总队
60	黄陈刚	太仓边检站	三等功	省边防总队
61	张晓钧	太仓边检站	三等功	省边防总队
62	顾　俊	太仓边检站	三等功	省边防总队
63	沈宇奇	太仓边检站	三等功	省边防总队
64	窦　玥	太仓边检站	江苏省档案工作先进个人	省档案局
65	蒋　芳	太仓边检站	江苏省档案工作先进个人	省档案局
66	陆　琦	太仓边检站	优秀报道员	省边防总队
67	顾　俊	太仓边检站	“四会”优秀政治教员	省边防总队
68	周　诚	太仓边检站	“四会”优秀政治教员	省边防总队
69	刘　治	太仓出入境检验检疫局	全省系统政务信息工作先进个人	江苏出入境检验检疫局
70	邢国亮	太仓出入境检验检疫局	全省系统新闻宣传工作先进个人	江苏出入境检验检疫局
71	殷　鸣	太仓出入境检验检疫局	全省系统新闻宣传工作先进个人	江苏出入境检验检疫局
72	胡姚斌	太仓出入境检验检疫局	2013年度进出境动植物疫情检疫防控工作先进个人	江苏出入境检验检疫局
73	卞锋彬	太仓出入境检验检疫局	2013年度进出境动植物疫情检疫防控工作先进个人	江苏出入境检验检疫局
74	陈　建	太仓出入境检验检疫局	2013年度进出口食品安全工作先进个人	江苏出入境检验检疫局
75	杨凤英	太仓出入境检验检疫局	2013年度全省系统卫生检疫监管工作先进个人	江苏出入境检验检疫局
76	丁志强	太仓出入境检验检疫局	2013年度全省系统认证监管先进工作者	江苏出入境检验检疫局
77	简保磊	太仓出入境检验检疫局	2013年度全省系统认证行政执法先进个人	江苏出入境检验检疫局
78	唐迎春	太仓出入境检验检疫局	2013年度信息化工作先进个人	江苏出入境检验检疫局
79	赵党乾	太仓出入境检验检疫局	2013年度通关业务工作先进个人	江苏出入境检验检疫局
80	殷　鸣	太仓出入境检验检疫局	2013年度通关业务工作先进个人	江苏出入境检验检疫局
81	浦伊峰	太仓出入境检验检疫局	2013年度通关业务工作先进个人	江苏出入境检验检疫局
82	吴建波	太仓出入境检验检疫局	2013年度突出贡献奖个人项目三等奖	江苏出入境检验检疫局
83	夏维一	太仓出入境检验检疫局	2013年度法制工作先进个人	江苏出入境检验检疫局
84	丁志强	太仓出入境检验检疫局	2013年度质量管理体系优秀内审员	江苏出入境检验检疫局
85	丁志强	太仓出入境检验检疫局	2013年度全省进出口商品检验监管工作先进个人	江苏出入境检验检疫局

续表 95

序号	姓名	单位	荣誉称号	授予单位
86	徐志刚	太仓出入境检验检疫局	2013 年度全省进出口商品检验监管工作先进个人	江苏出入境检验检疫局
87	吴建波	太仓出入境检验检疫局	江苏省青年文明号优秀号长	江苏出入境检验检疫局
88	江红星	太仓出入境检验检疫局	2013 年度省文明口岸先进个人	省口岸办
89	吕　飞	太仓出入境检验检疫局	省级青年岗位能手	团省委
90	张成春	江苏申久化纤有限公司	2014 年江苏省五一劳动奖章	省总工会
91	蒋永平	太仓市供电公司	2014 年度优秀高级经营管理者	省电力公司
92	王盛辉	太仓市供电公司	2014 年度优秀班组长	省电力公司
93	龚海华	太仓市供电公司	2013 年度协同办公推广应用先进个人	省电力公司
94	张　莉	太仓市供电公司	2013 年度协同办公推广应用先进个人	省电力公司
95	李鸣镝	太仓市供电公司	2013 年度物资工作先进个人	省电力公司
96	高永清	太仓市供电公司	2013 年度安全生产先进个人	省电力公司
97	须祖其	太仓市供电公司	2013 年度安全生产先进个人	省电力公司
98	刘　军	太仓市供电公司	2013 年度电费回收先进个人	省电力公司、省电力公司工会
99	朱方明	太仓市供电公司	2013 年度农村供电所电费回收先进个人	省电力公司、省电力公司工会
100	苏永良	太仓市供电公司	2014 年度先进农电员工	省电力公司、省电力公司工会
101	杜　培	太仓市供电公司	2013 年度优秀共青团干部	省电力公司团委
102	邬大为	太仓市供电公司	2014 年度优秀通讯员	省电力公司、省电力公司工会
103	步勇军	太仓市供电公司	2014 年配电线路专业岗位能手	省电力公司
104	陈惠良	太仓市明德小学	2014 年江苏省优秀教育工作者	省教育厅
105	邢晓东	太仓中等专业学校	2014 年江苏省优秀教育工作者	省教育厅
106	柏黎平	太仓市双凤中学	2014 年江苏省优秀教育工作者	省教育厅
107	陈永明	太仓市文化馆	第 11 届江苏省“五星工程奖”（群文之星）	省文化厅
108	徐兆群	太仓市影剧公司	江苏省特色文化标兵	省文化厅
109	刘　剑	太仓市文广新局	江苏文物网 2014 年十佳通联员	省文物局
110	赵志俊	太仓市地震局	江苏省优秀应急志愿者	省志愿者协会、省地震学会、省城市应急协会
111	程新亚	璜泾镇统计站	太仓市第三次全国经济普查省级先进个人	省第三次全国经普办
112	黄晓东	璜泾镇统计站	太仓市第三次全国经济普查省级先进个人	省第三次全国经普办
113	左　明	太仓市残联	2013 年度按比例安排残疾人就业工作先进个人	省残工委
114	杨太庆	太仓市残联	2013 年度按比例安排残疾人就业工作先进个人	省残工委

（市委办、市政府办、各单位）

统计资料

太仓市社会经济主要指标

表 96

指　标	单位	2010 年	2011 年	2012 年	2013 年	2014 年
年末户籍人口	万人	46.89	47.04	47.26	47.45	47.74
# 非农业人口	万人	20.28	20.13	20.27	26.55	27.27
地区生产总值（当年价格）	亿元	730.32	867.53	955.12	1002.28	1065.33
第一产业	亿元	26.98	30.88	33.61	36.84	35.24
第二产业	亿元	418.96	485.72	520.36	532.46	556.65
第三产业	亿元	284.38	350.93	401.15	432.98	473.44
农业总产值	亿元	46.02	53.00	57.52	63.10	66.30
工业总产值	亿元	1900.00	2320.91	2436.09	2564.36	2630.27
全社会固定资产投资	亿元	335.45	410.08	472.04	520.00	530.42
# 房地产开发	亿元	63.04	87.10	69.47	67.79	71.74
财政收入（预算内）	亿元	180.00	226.45	230.17	262.37	244.15
# 公共财政预算收入	亿元	70.00	85.41	90.15	100.13	106.47
财政支出（预算内）	亿元	112.80	149.30	146.93	169.86	138.60
# 公共财政预算支出	亿元	65.81	80.51	86.16	92.36	97.63
金融机构存款余额（人民币）	亿元	806.97	890.23	1018.88	1145.18	1172.26
城乡居民年末储蓄存款余额（人民币）	亿元	293.67	328.44	377.17	420.82	450.61
金融机构贷款余额（人民币）	亿元	642.71	749.49	863.41	994.92	1068.03
外汇收入	亿美元	51.64	52.36	54.47	55.97	80.36
外汇支出	亿美元	48.25	50.61	53.80	62.32	80.25
城镇居民人均可支配收入	元	30629	34887	39422	43010	46377
农村居民人均可支配收入	元	14662	17201	19411	21605	23590
居民消费价格指数	%	103.2	104.8	102.1	101.9	101.8
全社会客运量	万人次	2505	3112	3479	1915	2059
全社会旅客周转量	亿人公里	10.84	13.30	14.98	6.48	7.01
全社会货运量	万吨	2187	2145	2250	2257	1670
全社会货物周转量	亿吨公里	19.47	22.03	23.67	24.45	28.88
港口航线	条	83	99	108	114	168
港口货物吞吐量	万吨	8058	10254	12262	13003	15721
港口集装箱吞吐量	万标箱	221	306	401	327	306
全社会用电量	亿千瓦小时	70.82	77.93	81.00	89.54	90.05
# 工业用电量	亿千瓦小时	60.92	66.78	68.79	75.83	77.08
社会消费品零售总额	亿元	141.43	167.17	195.07	218.70	239.04
进出口总额	亿美元	87.02	121.64	126.21	127.71	138.00
# 出口总额	亿美元	41.05	53.57	56.60	55.19	60.79
注册外资	亿美元	15.26	16.00	16.06	7.93	5.70
实际利用外资	亿美元	8.08	8.10	8.11	6.18	3.96

续表 96

指 标	单位	2010 年	2011 年	2012 年	2013 年	2014 年
高等院校数	个	1	1	1	1	1
高等院校在校学生数	人	5140	4586	4567	4532	4795
普通中学数	个	19	19	18	18	18
普通中学在校学生数	人	20562	19841	19155	19440	19867
小学数	个	28	28	29	29	37
小学在校学生数	人	30234	30435	30234	30605	40127
卫生机构数	个	170	189	223	223	227
# 医院、卫生院	个	28	28	28	29	29
卫生机构床位数	张	2608	3167	3184	3297	3577
# 医院、卫生院	张	2608	3167	2914	3003	3183
卫生机构人员数	人	3698	3943	4323	4576	4868
# 卫生技术人员	人	3039	3297	3644	3872	4143

说明：1.2013 年起，“全社会客运量”“全社会货运量”按新口径调查统计

2.2014 年起，“农民人均纯收入”调整为“农村居民人均可支配收入”

（市统计局）

2014 年太仓市实有人口统计表

表 97 单位：人

镇、区	派出所	常住人口	暂住人口（在册数）
城厢镇	城西派出所	41654	50218
	城中派出所	32880	13372
	金仓湖派出所	8612	4843
小计		83146	68433
科教新城	科教新城派出所	14456	11566
沙溪镇	沙溪派出所	70649	60094
	岳王派出所	13738	12865
小计		84387	72959
浏河镇	浏河派出所	49047	45689
	边防派出所	0	293
小计		49047	45982
双凤镇	双凤派出所	33313	32501
璜泾镇	璜泾派出所	47374	39760
浮桥镇	港区派出所	25101	31774
	金浪派出所	24256	20471
	浏家港派出所	26080	32290
小计		75437	84535
娄东街道	开发区派出所	54704	45410
	板桥派出所	20576	35062
	陆渡派出所	14960	45027
小计		90240	125499
合 计		477400	481235

说明：暂住人口统计数据截至 2014 年 12 月 20 日

（市公安局）

2014年太仓市户籍人口及其变动情况表

表98

镇区、派出所		年末总户数（户）	年末总人口（人）								本年度人口变动（人）									
			合计	其中：非农业人口	性别		年龄				出生			死亡			迁入		迁出	
					男	女	18岁以下	18～35岁	35～60岁	60岁以上	合计	男	女	合计	男	女	省内迁入	省外迁入	迁往省内	迁往省外
合计		147862	477400	272680	231154	246246	57069	90255	191196	138880	3967	1975	1992	3866	2012	1854	1258	2802	329	650
城厢镇	城中派出所	11486	32880	32880	15987	16893	6055	7502	13647	5676	360	171	189	128	77	51	152	255	19	74
	城西派出所	13737	41654	41654	20265	21389	6163	8864	16868	9759	384	191	193	248	125	123	140	296	25	59
	金仓湖派出所	2632	8612	8612	4124	4488	678	1333	3463	3138	46	25	21	89	36	53	5	6	0	1
浏河镇	浏河派出所	15186	49047	16455	24052	24995	4608	8845	20286	15308	309	157	152	446	216	230	76	188	41	66
浮桥镇	港区派出所	7654	25101	22227	12080	13021	2318	4147	9739	8897	189	93	96	254	130	124	44	130	11	24
	浏家港派出所	7899	26080	14564	12534	13546	2252	4321	10165	9342	142	63	79	287	168	119	26	106	11	21
	金浪派出所	7326	24256	12743	11657	12599	1827	3588	9149	9692	142	82	60	272	145	127	26	31	7	19
双凤镇	双凤派出所	9555	33313	2912	16084	17229	3173	6081	13891	10168	254	124	130	302	157	145	30	91	5	23
沙溪镇	沙溪派出所	20629	70649	19631	33965	36684	7075	12003	28553	23018	479	249	230	630	332	298	98	247	20	71
	岳王派出所	4064	13738	1067	6593	7145	1155	1984	5386	5213	72	35	37	139	70	69	10	26	1	9
璜泾镇	璜泾派出所	15412	47374	9555	22690	24684	4024	7416	18681	17253	280	145	135	473	241	232	50	112	12	39
娄东街道	开发区派出所	17742	54704	54704	27117	27587	11734	14906	21579	6485	827	408	419	169	93	76	448	940	104	175
	板桥派出所	5822	20576	12646	9885	10691	2051	3365	8133	7027	139	66	73	192	96	96	29	96	2	21
	陆渡派出所	4352	14960	8574	7181	7779	2068	2715	5894	4283	152	66	86	131	73	58	38	157	2	32
科教新城	科教新城派出所	4366	14456	14456	6940	7516	1888	3185	5762	3621	192	100	92	106	53	53	86	121	69	16

（市公安局）

2014 年太仓市户籍人口姓氏统计表

表 99　　　　单位：人

姓氏	人数	姓氏	人数	姓氏	人数	姓氏	人数	姓氏	人数	姓氏	人数
王	35212	张	30155	陆	24452	顾	24245	陈	23799	周	18612
朱	17052	徐	16546	杨	14683	李	14651	吴	13541	沈	13268
黄	8936	钱	8327	孙	7034	刘	6893	高	5973	曹	5860
龚	5559	金	5543	赵	5362	马	4711	冯	4407	胡	4186
唐	4126	倪	3870	何	3593	许	3584	蔡	3479	施	3443
严	3380	蒋	3332	潘	3245	毛	3186	姚	2926	丁	2887
浦	2884	陶	2806	夏	2784	俞	2668	范	2640	邵	2580
薛	2453	苏	2442	戴	2301	袁	2240	叶	1884	闵	1869
闻	1842	盛	1809	谢	1743	宋	1719	郑	1717	汪	1688
郁	1597	方	1541	凌	1501	肖	1493	杜	1484	姜	1472
董	1453	汤	1435	韩	1434	季	1411	费	1369	吕	1270
邹	1257	罗	1231	瞿	1202	秦	1162	林	1142	殷	1124
包	1110	郭	1085	程	1076	管	1008	梁	986	石	964
邱	940	奚	935	邢	860	章	849	江	779	屠	755
侯	752	庄	751	史	741	彭	715	万	707	时	699
田	693	崔	689	曾	666	任	649	魏	638	霍	618
洪	611	单	588	尹	585	谭	560	项	543	支	537
熊	528	葛	512	余	503	邓	498	华	496	傅	491
孟	462	梅	457	居	454	卢	449	戈	431	吉	428
沙	423	薄	420	庞	405	景	403	全	400	孔	399
仇	397	虞	369	樊	366	于	366	柏	352	成	337
仲	337	祝	334	查	319	钟	311	童	308	颜	296
武	295	贾	294	缪	280	宣	276	翁	269	尤	262
翟	253	邬	253	韦	252	付	247	宗	241	茅	237
柳	236	须	236	褚	232	狄	225	屈	212	戚	208
展	207	谈	205	诸	200	耿	199	纪	193	鲍	190
卞	184	段	182	乔	178	嵇	177	滕	176	欧	170
偶	166	焦	156	阮	149	廖	145	柴	143	常	143
桂	141	左	141	祁	139	楼	138	骆	138	鲁	137
郏	136	卫	133	印	126	后	125	荣	125	白	118
阚	117	归	114	席	114	莫	109	向	109	郎	107
穆	107	濮	107	申	105	柯	104	郝	102	房	98
雷	98	齐	96	计	95	茹	94	卜	89	乐	88
艾	84	杭	84	政	82	岳	81	储	78	贺	77
强	77	桑	77	易	77	文	76	毕	74	裴	72
温	72	康	71	应	71	代	70	闫	69	牛	68

续表99

姓氏	人数	姓氏	人数	姓氏	人数	姓氏	人数	姓氏	人数	姓氏	人数
束	62	伍	62	聂	61	黎	60	谷	59	路	58
欧阳	57	商	56	尚	56	喻	55	詹	55	安	54
舒	54	宫	53	解	53	苗	53	池	52	甘	52
糜	52	钮	51	车	50	涂	49	窦	48	丰	47
龙	46	花	45	司	42	辛	42	臧	42	冷	40
贝	39	步	39	赖	39	平	38	占	38	胥	38
封	36	符	36	宁	36	候	35	雍	35	游	35
冉	34	树	34	芮	34	娄	33	关	32	甄	32
沐	32	栾	32	裘	31	崇	30	丛	30	刁	30
智	30	凡	29	芦	29	年	29	饶	29	晏	29
古	28	祖	28	和	27	滑	27	惠	27	靳	27
佘	27	干	26	过	26	匡	26	寿	26	卓	26
荀	26	鞠	25	厉	25	曲	25	简	24	边	23
萧	23	鱼	23	覃	23	班	22	迟	22	苟	22
衡	22	仓	21	乘	21	燕	21	邝	21	端木	20
兰	20	米	20	敖	19	伏	19	麻	19	皮	19
蒲	19	巫	19	阳	19	郜	19	於	19	明	18
侍	18	仝	18	鲜	17	阙	17	井	16	巴	15
官	15	远	15	征	15	东	14	鄢	14	宓	14
鹿	13	上官	13	索	13	笪	13	承	12	楚	12
姬	12	敬	12	练	12	业	12	蒯	12	师	11
云	11	茆	11	巢	10	初	10	皋	10	晋	10
荆	10	阎	10	岑	10	雒	10	道	9	公	9
巩	9	皇甫	9	冒	9	朴	9	隋	9	相	9
羊	9	端	8	贡	8	户	8	满	8	密	8
渠	8	戎	8	山	8	帅	8	位	8	伊	8
佟	8	郦	8	郜	8	淡	7	海	7	还	7
矫	7	寇	7	连	7	廉	7	漆	7	权	7
腾	7	莳	7	晁	7	博	6	布	6	府	6
呼	6	英	6	开	6	栗	6	隆	6	蒙	6
那	6	释	6	司马	6	仰	6	义	6	禹	6
谌	6	畦	6	别	5	从	5	党	5	盖	5
怀	5	宦	5	冀	5	农	5	圣	5	习	5
乙	5	犹	5	诸葛	5	壮	5	佐	5	郗	5
杲	5	保	4	昌	4	都	4	鄂	4	勾	4
赫	4	回	4	汲	4	经	4	蓝	4	梁	4
羌	4	陕	4	韶	4	疏	4	斯	4	藤	4
铁	4	吾	4	咸	4	尧篇	4	招	4	芈	4

续表 99

姓氏	人数	姓氏	人数	姓氏	人数	姓氏	人数	姓氏	人数	姓氏	人数
蔺	4	庋	4	恽	4	贲	4	筱	4	訾	4
把	3	藏	3	操	3	慈	3	达	3	辜	3
及	3	慕	3	南	3	年	3	青	3	慎	3
水	3	司徒	3	粟	3	锁	3	檀	3	潭	3
庭	3	未	3	忻	3	修	3	夷	3	英	3
原	3	苑	3	战	3	郄	3	郇	3	鄞	3
蒿	3	璩	3	柘	3	昝	3	竺	3	洑	2
拜	2	潮	2	揣	2	第	2	豆	2	逄	2
敢	2	国	2	哈	2	槐	2	火	2	建	2
揭	2	亢	2	旷	2	藕	2	盘	2	普	2
岂	2	容	2	汝	2	伞	2	生	2	绳	2
仕	2	随	2	天	2	帖	2	宛	2	望	2
伟	2	蔚	2	问	2	沃	2	校	2	刑	2
幸	2	寻	2	移	2	裔	2	有	2	元	2
湛	2	佴	2	菅	2	呙	2	宥	2	迮	2
琚	2	暨	2	佡	1	昂	1	暴	1	卑	1
闭	1	宾	1	补	1	簿	1	传	1	褚	1
刀	1	迪	1	藩	1	奉	1	凤	1	扶	1
浮	1	福	1	副	1	弓	1	观	1	果	1
荷	1	赫连	1	呼延	1	化	1	环	1	记	1
夹	1	将	1	降	1	缴	1	教	1	接	1
菊	1	坎	1	况	1	来	1	疖	1	灵	1
令狐	1	禄	1	伦	1	麦	1	门	1	庙	1
母	1	睦	1	牧	1	能	1	泥	1	尼	1
欠	1	钦	1	卿	1	庆	1	丘	1	仁	1
闰	1	润	1	闪	1	善	1	申屠	1	神	1
世	1	是	1	税	1	四	1	宿	1	台	1
桃	1	同	1	徒	1	拓	1	危	1	尉	1
毋	1	轩	1	鸦	1	岩	1	言	1	扬	1
也	1	依	1	衣	1	益	1	音	1	影	1
勇	1	由	1	油	1	雨	1	宇	1	玉	1
渣	1	掌	1	真	1	资	1	纵	1	亓	1
俸	1	谯	1	邸	1	郅	1	邾	1	郓	1
茳	1	逓	1	庾	1	泮	1	骞	1	逄	1
逯	1	骈	1	缑	1	瑭	1	璋	1	戢	1
昕	1	昴	1	綦	1	隽	1	—	—	—	—

（市公安局）

2014年太仓市暂住人口（在册）姓氏统计表

表100　　　　单位：人

姓氏	人数	姓氏	人数	姓氏	人数	姓氏	人数	姓氏	人数	姓氏	人数
王	37189	张	35309	李	32846	刘	23995	陈	21745	杨	14895
周	11326	吴	10148	朱	9717	赵	9534	徐	9428	孙	8441
黄	8222	胡	7552	马	5066	高	4924	郭	4866	何	4830
汪	4490	丁	4319	郑	3999	余	3779	宋	3726	罗	3525
夏	3515	许	3491	曹	3392	唐	3388	沈	3361	程	3307
彭	3288	潘	3093	谢	3043	韩	2998	袁	2976	冯	2745
邓	2714	蒋	2608	林	2540	田	2481	董	2451	蔡	2413
魏	2354	肖	2325	陆	2296	任	2214	姚	2205	杜	2195
顾	2166	叶	2137	梁	2043	方	2042	范	2014	金	1989
吕	1980	姜	1950	曾	1898	卢	1842	熊	1809	石	1692
付	1668	苏	1658	孟	1597	江	1565	于	1554	秦	1534
贾	1517	钱	1497	崔	1496	陶	1485	邹	1464	葛	1435
戴	1432	谭	1378	尹	1364	汤	1344	邵	1328	薛	1275
鲍	1263	邱	1231	严	1144	廖	1119	占	1112	闫	1111
雷	1110	史	1089	钟	1086	万	1082	施	1056	侯	1040
段	1035	毛	1013	龚	1001	倪	954	孔	949	代	918
殷	884	向	860	章	818	文	811	武	788	贺	780
白	774	屈	773	盛	769	常	754	樊	743	童	739
洪	737	梅	718	耿	713	牛	713	韦	708	邢	686
翟	673	龙	673	单	653	左	641	项	637	季	635
鲁	633	颜	624	乔	619	郝	591	尚	583	时	579
聂	570	齐	547	焦	536	岳	526	欧	522	康	518
纪	516	庞	513	毕	503	冉	501	庄	488	管	472
庹	463	易	462	凌	454	黎	449	伍	444	卞	434
涂	427	祝	425	路	414	温	409	霍	406	阮	402
申	398	裴	393	詹	389	谷	382	商	375	苗	368
成	366	吉	362	柳	353	包	352	喻	348	骆	348
房	341	缪	337	甘	335	司	334	尤	331	游	329
褚	325	华	324	祁	319	舒	318	解	317	柯	316
赖	314	仲	304	费	304	戚	304	傅	303	靳	290
莫	285	关	279	翁	275	覃	274	束	267	辛	266
党	262	郁	261	桂	260	宗	252	柏	252	兰	248
娄	247	蒲	246	候	242	柴	240	卜	239	饶	237
瞿	234	桑	234	卫	230	窦	226	滕	220	佘	216
穆	208	席	205	宁	205	沙	199	麻	198	仇	197
晏	197	花	197	凡	193	车	193	臧	190	卓	188
艾	188	牟	187	简	187	闵	186	姬	183	荣	181

续表 100

姓氏	人数	姓氏	人数	姓氏	人数	姓氏	人数	姓氏	人数	姓氏	人数
景	178	符	169	阳	169	储	166	郎	165	巩	164
查	164	刁	159	惠	158	南	156	燕	151	苟	150
虞	148	谈	148	应	144	封	143	胥	136	伏	135
豆	134	仝	133	师	130	嵇	130	闻	130	支	130
宫	129	曲	124	雍	123	匡	120	沐	114	乐	113
戈	110	郇	109	阚	108	明	108	蓝	108	普	107
甄	106	於	105	居	104	古	104	贡	102	禹	100
侍	100	强	98	连	98	屠	98	位	98	奚	97
全	97	帅	94	敖	92	芦	92	米	92	祖	92
池	89	权	89	蒯	86	皮	84	印	83	远	79
计	79	官	79	宣	79	浦	78	相	76	楚	76
岑	75	郜	74	原	73	狄	73	丰	71	班	71
况	70	栾	70	芮	70	苑	70	谌	69	茆	69
鄢	69	杭	69	边	69	伊	68	阿	68	诸	68
栗	67	和	67	郐	67	荀	64	蒙	64	蔺	63
尧	63	寇	61	荆	61	阙	60	鹿	60	年	59
展	59	鞠	59	汝	58	戎	58	隆	57	漆	57
平	57	凤	55	茅	54	冀	54	迟	53	云	53
井	52	厉	52	廉	52	来	51	隋	51	巴	50
晁	49	安	47	皇	46	母	46	俞	46	衡	44
门	44	卿	44	圣	44	宛	43	敬	43	巫	43
钮	43	腾	43	满	43	鲜	43	海	42	纵	41
楼	41	轩	41	佟	40	薄	40	阎	39	辜	38
智	38	缑	38	渠	37	慕	36	化	36	邸	35
索	34	练	34	呼	33	尉	33	刑	32	种	32
鄂	32	农	31	滑	31	靖	31	开	31	别	31
禄	30	危	30	粟	30	訾	30	濮	29	但	29
操	29	郗	29	崇	29	户	28	都	28	晋	28
冶	27	从	27	蒿	27	赫	27	刁	27	麦	27
裘	26	随	26	隗	26	冒	25	藏	25	沃	25
潭	24	仓	24	刀	24	修	24	檀	24	仵	23
干	23	逯	23	幸	23	由	23	羊	22	丛	22
亢	22	征	22	未	22	湛	21	昌	21	巨	21
把	21	步	21	茹	20	疏	20	盘	20	糜	19
闪	19	水	19	張	19	邝	18	卯	18	畅	18
盖	18	木	18	过	18	国	18	绳	18	介	18
上	17	元	17	贲	17	仰	17	佴	17	历	17
琚	17	先	17	山	16	保	16	汲	16	杲	16
笪	16	揭	16	娜	16	台	16	亓	16	柘	16

续表 100

姓氏	人数	姓氏	人数	姓氏	人数	姓氏	人数	姓氏	人数	姓氏	人数
旷	16	朴	16	经	15	宇	15	岩	15	茶	15
后	15	郇	15	银	15	怀	15	青	15	要	15
菅	15	慈	15	公	15	冷	15	勾	14	宇	14
巢	14	黑	14	令	14	续	14	咸	14	奉	14
扶	14	昝	14	佘	14	洋	14	谯	14	员	14
寻	14	那	14	竹	14	陟	14	扈	13	第	13
能	13	钦	13	雒	13	产	13	乙	13	丘	13
淡	13	拜	12	阵	12	东	12	皋	12	掌	12
宿	12	贝	12	阴	12	尼	12	念	12	粱	12
密	12	还	12	利	11	玉	11	郏	11	招	11
镐	11	苌	11	萧	11	仁	11	贯	11	么	10
勒	10	英	10	扬	10	宦	10	加	10	郦	10
战	10	宏	10	吝	10	资	10	布	10	籍	10
亚	10	容	10	衣	10	义	9	庆	9	植	9
生	9	脱	9	斯	9	喇	9	将	9	须	9
库	9	英	9	完	9	宾	8	佐	8	刚	8
剡	8	颛	8	营	8	沭	8	寥	8	裔	8
顿	8	俄	8	端	8	玄	8	音	8	戢	8
欠	8	蹇	8	克	8	眭	8	油	8	迮	7
光	7	各	7	同	7	寿	7	承	7	负	7
的	7	仉	7	铁	7	乌	7	你	7	税	7
杞	7	钞	7	建	7	锁	7	拥	7	信	7
竺	7	鄍	6	宓	6	可	6	接	6	钼	6
瓮	6	劳	6	祈	6	次	6	瓦	6	堵	6
达	6	归	6	奏	6	纳	6	闾	6	暴	6
多	6	鱼	6	衷	6	格	6	望	6	校	6
有	6	西	6	富	6	骈	6	藤	6	洛	6
高	6	犹	6	矫	5	憨	5	恰	5	赤	5
宥	5	类	5	啊	5	拉	5	延	5	他	5
自	5	用	5	雅	5	树	5	初	5	寮	5
忻	5	节	5	奕	5	主	5	淦	5	楊	5
璩	5	宴	5	职	5	切	5	弋	5	偏	5
秋	5	睢	5	卲	5	蔚	4	僧	4	綦	4
陕	4	郄	4	双	4	虎	4	剧	4	越	4
羿	4	才	4	乜	4	栋	4	毋	4	甫	4
果	4	院	4	槐	4	留	4	起	4	弓	4
朝	4	恒	4	凃	4	郗	4	录	4	宰	4
棘	4	哈	4	折	4	庙	4	待	4	谬	4
羌	4	厍	4	仪	4	矣	4	郏	4	宜	4

续表 100

姓氏	人数	姓氏	人数	姓氏	人数	姓氏	人数	姓氏	人数	姓氏	人数
暨	4	排	4	此	4	帖	4	邦	4	太	4
颉	4	郦	4	永	4	威	4	牧	4	底	4
恽	4	补	4	考	4	合	4	弥	3	律	3
红	3	四	3	闭	3	友	3	浮	3	荔	3
褚	3	揣	3	奎	3	松	3	邛	3	郅	3
批	3	首	3	浩	3	俎	3	道	3	黄	3
买	3	泰	3	汉	3	弯	3	負	3	三	3
妮	3	敦	3	及	3	逓	3	日	3	扎	3
宝	3	呙	3	独	3	业	3	励	3	忽	3
蒽	3	小	3	辅	3	摆	3	超	3	法	3
荐	3	吕	3	革	3	逢	3	彩	3	逄	3
昔	3	迪	3	杏	3	甲	3	苍	3	贤	3
绪	3	寸	3	禚	3	缪	3	力	3	庭	3
滚	3	蒋	2	骞	2	环	2	怡	2	淳	2
懂	2	立	2	静	2	会	2	卑	2	皱	2
吡	2	嘎	2	磨	2	恭	2	禅	2	伯	2
者	2	广	2	踪	2	见	2	中	2	真	2
汏	2	扁	2	陳	2	言	2	沓	2	芶	2
收	2	息	2	钭	2	消	2	夷	2	雪	2
所	2	长	2	政	2	蜂	2	貊	2	浓	2
妙	2	测	2	府	2	刁	2	约	2	朋	2
墨	2	澹	2	慧	2	喜	2	伞	2	回	2
隽	2	昂	2	是	2	呷	2	疗	2	敏	2
蓟	2	冬	2	洗	2	稽	2	卡	2	火	2
尔	2	吾	2	庚	2	傅	2	角	2	奇	2
赛	2	度	2	闰	2	清	2	九	2	攀	2
社	2	苳	2	冼	2	壮	2	进	2	彦	2
旦	2	博	2	皎	2	菊	2	伦	2	晃	2
酒	2	故	2	吴	2	问	2	佃	2	察	2
甯	2	倾	2	薜	2	伟	2	益	2	枚	2
桌	2	斐	2	团	2	莲	2	千	2	乃	2
呈	2	吁	2	堇	2	少	2	翦	2	行	2
优	2	戍	2	侣	2	仕	2	奥	2	滇	1
希	1	殳	1	斗	1	沪	1	墩	1	影	1
苹	1	奶	1	塞	1	培	1	依	1	慎	1
央	1	京	1	允	1	负	1	佛	1	更	1
绍	1	忝	1	比	1	定	1	忙	1	且	1
禾	1	昊	1	敢	1	朗	1	娅	1	浏	1
任	1	泽	1	如	1	韶	1	鉏	1	发	1

续表 100

姓氏	人数	姓氏	人数	姓氏	人数	姓氏	人数	姓氏	人数	姓氏	人数
俱	1	传	1	勃	1	堪	1	庚	1	橐	1
帝	1	出	1	柳	1	努	1	坎	1	思	1
末	1	筒	1	簿	1	美	1	泮	1	散	1
租	1	源	1	聍	1	偶	1	联	1	广	1
微	1	淤	1	袭	1	番	1	哀	1	贰	1
济	1	句	1	飘	1	乾	1	珙	1	奴	1
说	1	兀	1	贵	1	肽	1	晴	1	罡	1
侠	1	亿	1	休	1	觉	1	玛	1	辙	1
蓦	1	七	1	翼	1	枉	1	鸦	1	筏	1
催	1	肇	1	屯	1	贺	1	甑	1	蘑	1
养	1	冲	1	拔	1	禤	1	卓	1	添	1
竟	1	璠	1	蘖	1	锅	1	吋	1	胜	1
凯	1	也	1	旱	1	闹	1	土	1	儿	1
厚	1	丑	1	猴	1	牙	1	运	1	陀	1
咪	1	贞	1	侏	1	若	1	潜	1	降	1
柬	1	睦	1	饨	1	百	1	下	1	辇	1
个	1	颜	1	聪	1	弗	1	鹂	1	神	1
里	1	样	1	善	1	尢	1	杂	1	莹	1
鲍	1	恳	1	厦	1	褥	1	桓	1	廷	1
召	1	藉	1	打	1	地	1	芷	1	岱	1
翰	1	固	1	欣	1	现	1	冈	1	福	1
侣	1	芹	1	荷	1	仙	1	蕺	1	纽	1
渡	1	葫	1	结	1	鸾	1	斩	1	撒	1
航	1	谷	1	虢	1	捌	1	雀	1	无	1
某	1	乘	1	耶	1	架	1	钤	1	钊	1
盈	1	殿	1	箫	1	工	1	殴	1	钻	1
樵	1	书	1	畔	1	闾	1	萨	1	供	1
荞	1	坚	1	桥	1	盆	1	镟	1	楠	1
俆	1	鉴	1	柔	1	歌	1	夭	1	漫	1
倩	1	豪	1	村	1	柒	1	辉	1	梨	1
咱	1	藕	1	尾	1	商	1	紫	1	阁	1
区	1	抗	1	昊	1	苓	1	鼓	1	芈	1
芒	1	启	1	堆	1	晓	1	缴	1	匀	1
塔	1	岁	1	效	1	闾	1	大	1	娇	1
冻	1	柏	1	颈	1	露	1	速	1	幺	1
德	1	棍	1	拓	1	侬	1	目	1	祭	1
春	1	宸	1	羡	1	老	1	哑	1	旺	1

（市公安局）

2014 年“211 工程”“985 工程”在太仓录取本科学生名单（180 人）

表 101

序号	姓 名	录取学校	录取专业
1	宗福航	北京航空航天大学	材料类
2	张奕珣	北京科技大学	英语
3	王力辉	北京体育大学	运动康复
4	李文慧	大连海事大学	法学
5	吴倩娇	大连海事大学	数学与应用数学
6	刘钰照	大连理工大学	能源动力类
7	张　旭	大连理工大学	能源动力类
8	张昕夫	电子科技大学	通信工程
9	徐晨清	电子科技大学	智能电网信息工程
10	李建明	东北大学	机械类
11	张吉喆	东北大学	机械类
12	凌嘉婧	东华大学	产品设计
13	李嘉懿	东华大学	管理科学与工程类
14	孔　壮	东华大学	环境工程
15	彭泺晴	东华大学	会展经济与管理
16	陆　璐	东华大学	计算机科学与技术
17	周胡晔	东华大学	数学与应用数学
18	陆菲儿	东华大学	数字媒体艺术
19	马文嘉	东华大学	数字媒体艺术
20	熊　昊	东华大学	自动化
21	单婧雯	东南大学	测控技术与仪器
22	陈吴越	东南大学	工商管理类
23	曹琪琪	东南大学	数学类
24	张周申	哈尔滨工业大学（威海）	软件工程
25	何宇霆	合肥工业大学（宣城校区）	计算机类
26	杨子杰	河海大学	港口航道与海岸工程
27	陆辰阳	河海大学	环境科学
28	张诗冶	河海大学（常州校区）	电子科学与技术
29	唐佳妮	河海大学（常州校区）	国际经济与贸易
30	龚晓锋	河海大学（常州校区）	计算机科学与技术
31	李晓晓	河海大学（常州校区）	计算机科学与技术
32	倪婷婷	湖南大学	行政管理
33	王菲儿	湖南大学	数学类
34	陈晓杰	湖南师范大学	机械设计制造及其自动化

续表101

序号	姓 名	录取学校	录取专业
35	曹天宇	华北电力大学（北京）	电气工程及其自动化
36	沈一峰	华东理工大学	测控技术与仪器
37	唐雨菲	华东理工大学	工商管理类
38	倪思炜	华东理工大学	制药工程
39	肖梦茜	华东师范大学	德语
40	张 琰	华东师范大学	电子信息科学与技术
41	虞孙敏	华东师范大学	金融学类
42	汪 昊	华东师范大学	金融学类
43	李婧一	华东师范大学	金融学类
44	周 怡	华东师范大学	金融学类
45	陈 哲	华东师范大学	金融学类
46	杨君弈	华东师范大学	经济学类
47	王 欢	华东师范大学	经济学类
48	王思悠	华东师范大学	物理学
49	张晨蕊	华东师范大学	音乐学
50	刘行思	华中科技大学	光电信息科学与工程
51	张 芮	华中师范大学	计算机类
52	严泽贵	吉林大学	财政学
53	孙鑫怡	江南大学	包装工程
54	冯晓婷	江南大学	法学
55	谢佳璐	江南大学	国际经济与贸易
56	陆怡佳	江南大学	国际经济与贸易
57	潘若晨	江南大学	化学工程与工艺
58	夏洋阳	江南大学	会计学
59	余 攀	江南大学	机械工程
60	董飞洋	江南大学	日语
61	顾薛菲	江南大学	生物工程
62	徐毅文	江南大学	食品科学与工程
63	顾晓宇	江南大学	食品科学与工程
64	张 杰	江南大学	食品质量与安全
65	周琦君	江南大学	英语
66	陆 挺	辽宁大学	化学类
67	戴 燕	南昌大学	食品科学与工程
68	朱 力	南京大学	材料类
69	俞筠珏	南京大学	法学
70	章承舜	南京大学	强化班
71	章承尧	南京大学	软件工程

续表 101

序号	姓 名	录取学校	录取专业
72	陈丹妮	南京大学	软件工程
73	戴添趣	南京大学	天文学类
74	杨瑞卿	南京航空航天大学	飞行器设计与工程
75	李 博	南京航空航天大学	飞行器设计与工程
76	陆 好	南京航空航天大学	机械工程
77	陆雪苑	南京理工大学	广播电视学
78	张浩然	南京理工大学	机械类（中外合作办学）
79	张景译	南京理工大学	机械类（中外合作办学）
80	王家宸	南京农业大学	电子信息科学与技术
81	陆晓雯	南京农业大学	工程管理
82	王张豪	南京农业大学	机械设计制造及其自动化
83	马衡雨	南京农业大学	农村区域发展
84	袁 正	南京农业大学	农业机械化及其自动化
85	唐逸文	南京农业大学	生物科学类（生命科学与技术基地班）
86	杨雨薇	南京农业大学	生物科学类（生命科学与技术基地班）
87	周 祎	南京农业大学	园艺
88	金祎婧	南京师范大学	电气工程及其自动化
89	王叶青	南京师范大学	电气工程及其自动化
90	徐 相	南京师范大学	电气类（中外合作办学）
91	周雅倩	南京师范大学	公共管理类
92	沈佳淳	南京师范大学	化学类
93	陆 青	南京师范大学	会计学
94	薄寒琼	南京师范大学	会计学
95	沈锺杰	南京师范大学	理科试验班类（工科强化班）
96	王宇杰	南京师范大学	能源动力类
97	虞沈怡	南京师范大学	生物科学
98	何小梦	南京师范大学	外国语言文学类
99	孙依凝	南京师范大学	外国语言文学类
100	郁晨希	南京师范大学	英语
101	徐 颖	南京师范大学	英语
102	徐家颖	南京师范大学	应用心理学
103	陆艳粗	南开大学	软件工程
104	杜凯伊	厦门大学	物理学类
105	朱渊静	山东大学	材料类
106	陈舒雯	山东大学	化学类
107	王 聪	山东大学	生物医学工程
108	陆玥谷	陕西师范大学	古典文献学

续表 101

序号	姓 名	录取学校	录取专业
109	陆宇晖	上海财经大学	工商管理类（中外合作办学）
110	周港华	上海财经大学	金融学类
111	李　欢	上海大学	电气工程及其自动化
112	朱皇臣	上海大学	雕塑
113	陆欣旖	上海大学	绘画
114	顾成思	上海交通大学	工科试验班类
115	陈　城	上海交通大学医学院	临床医学
116	顾幼臻	四川大学	微电子科学与工程
117	顾　涛	苏州大学	电气工程及其自动化
118	柯雩溱	苏州大学	电气工程及其自动化
119	杨昊天	苏州大学	纺织类（中外合作办学）
120	支远超	苏州大学	公共事业管理
121	张雨婷	苏州大学	管理科学
122	丁　瑜	苏州大学	国际经济与贸易
123	施敏雯	苏州大学	国际经济与贸易
124	邢佳玥	苏州大学	汉语言文学
125	陆文杰	苏州大学	护理学
126	唐　靖	苏州大学	机械类
127	李莺娇	苏州大学	金融学
128	蔡　乾	苏州大学	金融学类（中外合作办学）
129	顾定南	苏州大学	经济学
130	李　莉	苏州大学	临床医学（本硕连读）
131	张佳文	苏州大学	临床医学（本硕连读）
132	陈佳浩	苏州大学	能源与动力工程
133	顾　宇	苏州大学	能源与动力工程
134	任佩佳	苏州大学	轻化工程
135	许　诺	苏州大学	日语
136	马　博	苏州大学	软件工程
137	陆思凡	苏州大学	软件工程
138	陆有为	苏州大学	生物制药
139	李奕波	苏州大学	数学与应用数学
140	李雅慧	苏州大学	图书情报与档案管理类
141	杨　晨	苏州大学	新能源材料与器件
142	施叶菲	苏州大学	药学
143	陈银春	苏州大学	药学
144	崔敏雅	苏州大学	英语
145	张　茜	苏州大学	英语

续表 101

序号	姓 名	录取学校	录取专业
146	张子坚	苏州大学	应用心理学
147	戴安迪	苏州大学	预防医学
148	陆雅兰	苏州大学	园艺
149	何思涛	苏州大学	运动人体科学
150	路轩帆	苏州大学	知识产权
151	吴可菲	天津大学	物联网工程
152	刁欣雨	武汉大学	光电信息科学与工程
153	文　超	武汉理工大学	电子信息类
154	陆　婧	武汉理工大学	自动化类
155	郑　珉	西安交通大学	电子科学与技术
156	徐亚平	西安交通大学	社会学
157	陈宇涛	西安交通大学	生物工程
158	邹　煜	西北工业大学	法学
159	王　珏	云南大学	环境设计
160	许逸文	浙江大学	理科试验班类
161	宋雨晴	中国传媒大学	新闻学
162	徐莹捷	中国科学技术大学	物理学类
163	赵泓诚	中国矿业大学	地质类
164	蒋宗凯	中国石油大学（华东）	机械设计制造及其自动化
165	沈丹蕾	中国药科大学	环境科学
166	陈欣彤	中国药科大学	环境科学
167	王铭珏	中国药科大学	市场营销（医药）
168	崔宇宁	中国药科大学	信息管理与信息系统（医药）
169	陆逸飞	中国药科大学	药物制剂
170	马天宇	中国药科大学	药学
171	郁思韵	中国药科大学	英语（医药）
172	张怡静	中国药科大学	制药工程
173	华子天	中南财经政法大学	金融学
174	顾怡超	中南大学	生物工程
175	王怡婷	中山大学	地理科学类
176	陈月婷	中山大学	经济学类
177	朱宇钧	中山大学	微电子科学与工程
178	严泽富	中央民族大学	电子信息工程
179	周景怡	重庆大学	化学工程与工艺
180	刘伯一	重庆大学	建筑学

（市教育局）

2014 年度太仓市百岁老人名单

表 102

序号	姓　名	性别	出生年月	家庭居住地	备注
1	唐静贞	女	1909 年 4 月 20 日	城厢镇梅园社区	—
2	宋协屏	女	1911 年 3 月 10 日	城厢镇县府社区	—
3	张金弟	女	1913 年 10 月 30 日	城厢镇电站村	—
4	李家汶	女	1914 年 4 月 17 日	城厢镇梅园新村	—
5	毛妹妹	女	1914 年 1 月 15 日	城厢镇县府街	—
6	王秀英	女	1915 年 2 月 23 日	城厢镇人民新村	—
7	陆秀珍	女	1908 年 10 月 4 日	沙溪镇胜利村	—
8	陈银贵	女	1909 年 12 月 14 日	沙溪镇虹桥村	—
9	曹汝珍	女	1911 年 4 月 24 日	沙溪镇岳镇村	2 月去世
10	顾阿妹	女	1911 年 7 月 20 日	沙溪镇香塘村	—
11	吴金媛	女	1912 年 12 月 25 日	沙溪镇西市社区	—
12	金凤英	女	1913 年 12 月 23 日	沙溪镇洪泾村	—
13	陈阿翠	女	1913 年 3 月 27 日	沙溪镇泥桥村	—
14	汤三囡	女	1913 年 9 月 9 日	沙溪镇虹桥村	—
15	单小妹	女	1914 年 10 月 10 日	沙溪镇涂松村	—
16	张招荣	女	1914 年 12 月 14 日	沙溪镇印北村	1 月去世
17	赵文英	女	1914 年 8 月 12 日	沙溪镇中荷村	—
18	张凤娣	女	1914 年 3 月 3 日	沙溪镇岳镇村	3 月去世
19	周杨氏	女	1914 年 7 月 24 日	沙溪镇岳镇村	4 月去世
20	张阿囡	女	1914 年 8 月 10 日	沙溪镇渠泾村	11 月去世
21	陈杏娣	女	1914 年 4 月 26 日	沙溪镇西市社区	11 月去世
22	马振斌	男	1914 年 10 月 10 日	沙溪镇利泰社区	6 月去世
23	张阿能	女	1915 年 8 月 21 日	沙溪镇泥桥村	6 月去世
24	李　杜	女	1915 年 10 月 15 日	沙溪镇泰西村	5 月去世
25	钱近南	女	1915 年 10 月 3 日	沙溪镇岳镇村	—
26	沈招娣	女	1915 年 10 月 6 日	沙溪镇塘桥村	—
27	顾大妹	女	1915 年 6 月 30 日	沙溪镇项桥村	7 月去世
28	周二妹	女	1915 年 8 月 30 日	沙溪镇凡山村	3 月去世
29	郭爱宝	女	1909 年 5 月 25 日	璜泾镇杨漕村	1 月去世
30	吴小妹	女	1911 年 8 月 3 日	璜泾镇新联村	—

续表 102

序号	姓　名	性别	出生年月	家庭居住地	备注
31	盛杏和	女	1914 年 4 月 23 日	璜泾镇新联村	10 月去世
32	顾阿英	女	1915 年 11 月 25 日	璜泾镇荣文村	2 月去世
33	浦杏金	女	1915 年 8 月 12 日	璜泾镇永乐村	—
34	黄蕴娥	女	1915 年 8 月 9 日	璜泾镇新海村	2 月去世
35	邵玉英	女	1915 年 12 月 21 日	璜泾镇团结街	—
36	黄凤珍	女	1911 年 9 月 15 日	浏河镇新闸村	—
37	高月华	女	1912 年 10 月 9 日	浏河镇浏南村	—
38	金巧英	女	1913 年 10 月 29 日	浏河镇浏南村	8 月去世
39	张金娥	女	1913 年 12 月 3 日	浏河镇闸北社区	—
40	戴秀英	女	1915 年 11 月 17 日	浏河镇复兴社区	2 月去世
41	马阿妹	女	1908 年 3 月 23 日	浮桥镇荷池村	9 月去世
42	孙杏宝	女	1910 年 10 月 20 日	浮桥镇和平村	—
43	石　度	女	1911 年 1 月 10 日	浮桥镇浪港村	—
44	顾阿妹	女	1912 年 9 月 2 日	浮桥镇六尺社区	11 月去世
45	沈爱大	女	1913 年 1 月 1 日	浮桥镇六尺社区	—
46	周王氏	女	1913 年 11 月 15 日	浮桥镇新城花园	1 月去世
47	杨　泉	男	1913 年 9 月 15 日	浮桥镇陆公村	—
48	杨沙氏	女	1913 年 7 月 18 日	浮桥镇建红社区	2 月去世
49	祝才华	女	1914 年 5 月 6 日	浮桥镇茜泾村	—
50	黄小妹	女	1914 年 5 月 10 日	浮桥镇丁泾村	—
51	秦培英	女	1915 年 12 月 17 日	浮桥镇时思社区	—
52	徐玉珍	女	1915 年 9 月 17 日	浮桥镇六尺社区	—
53	陆凤奎	男	1915 年 12 月 7 日	浮桥镇牌楼社区	11 月去世
54	王凤英	女	1915 年 5 月 27 日	浮桥镇三市村	—
55	许文华	女	1912 年 7 月 21 日	新区东郊社区	—
56	孙小妹	女	1912 年 10 月 16 日	新区岳南村	—
57	吕祖纯	男	1912 年 1 月 30 日	新区华盛园社区	—
58	汪　墉	男	1914 年 12 月 24 日	新区太平新村	—
59	李英娣	女	1911 年 12 月 16 日	双凤镇庆丰村	6 月去世
60	伍二度	女	1911 年 10 月 18 日	双凤镇黄桥村	2 月去世
61	顾翠和	女	1912 年 8 月 22 日	双凤镇庆丰村	—

（市民政局）

服务指南

太仓市灵活就业人员职业伤害保险暂行办法

第一章　总则

第一条　为了使灵活就业人员因职业遭受事故伤害后享有相应的基本生活保障，根据国务院《工伤保险条例》(国务院第586号令)，以及《江苏省实施〈工伤保险条例〉办法》(省政府第29号令）精神，结合本市实际，特制定本办法。

第二条　本办法所称的灵活就业人员，是指本市户籍劳动年龄段内未与任何用人单位或雇主存在劳动关系（包括事实劳动关系），从事非全日制工作或者自由择业，且不在《工伤保险条例》规定参保范围内的人员。

第三条　开展灵活就业人员职业伤害保险（以下简称"职业伤害保险"），坚持政府主导、社会参与、统筹城乡、突出重点、分类保障、公平效率的原则，实现保障水平与本市经济社会发展水平相适应。

第四条　灵活就业人员应当遵守国家有关安全生产法律法规，执行安全卫生规程和标准，预防职业伤害事故发生。

第二章　参保范围

第五条　灵活就业人员参加本市社会保险（包括城镇企业职工养老保险或居民养老保险、城镇职工医疗保险或居民医疗保险，下同），并正常缴纳社会保险费的，均可参加灵活就业人员职业伤害保险。

第六条　职业伤害保险的期效为，每年的4月1日至次年的3月31日。

第七条　灵活就业人员参加职业伤害保险，须持本人居民身份证、社会保障卡，在每年的4月1日—5月31日到居住地社区、村劳动保障服务站办理登记参保。失业人员须在失业的次月内办理登记参保。

第八条　职业伤害保险参保人员进入用人单位就业，或中断缴纳社会保险费的，视作职业伤害保险自行退保，不再享有相应的待遇。

第三章　职业伤害保险基金

第九条　职业伤害保险基金根据以支定收、收支平衡的原则筹资，列入社会保险补贴范围，参保人员个人不承担缴费。

第十条　职业伤害保险基金根据本市上个社会保险结算年度末的灵活就业人员参加社会保险人数，按不超过每人每年当年度社会保险最低缴费基数1%的缴费总额筹资。

第十一条　建立职业伤害保险基金财政专户，实行专户核算管理，专项用于本办法规定的职业伤害保险待遇。职业伤害保险基金不足支付时，由市财政承担。同时，积极探索引入市场化保险运行机制，促进职业伤害保险制度的可持续发展。

第四章　职业伤害认定和劳动能力鉴定

第十二条　职业伤害保险参保人员，有下列情形之一的，可由本人或其近亲属在事故发生之日起60日内向市人力资源和社会保障部门申请认定职业伤害：

（一）在工作场所及职业岗位上因工作原因受到伤害的；

（二）因履行工作职责受到暴力等意外伤害的；

（三）在抢险救灾等维护国家利益、公共利益中受到伤害的；

（四）在工作场所及职业岗位上突发疾病，经劳动能力鉴定确定为完全丧失劳动能力的。

第十三条　下列情形之一的，不得认定为职业伤害：

（一）不在工作场所或职业岗位上受到伤害的；

（二）故意犯罪的；

（三）醉酒或者吸毒的；

（四）自残或自杀的。

第十四条　职业伤害保险参保人员受到职业伤害后，可由本人或其近亲属在医疗期结束后向劳动能力鉴定委员会提出劳动能力鉴定。劳动能力鉴定标准按国家及江苏省相关规定执行，劳动能力鉴定伤残等级分为1～10级。

第十五条　市人力资源和社会保障部门在认定职业伤害过程中，相关社区、医疗机构、单位和个人应予以配合，据实提供情况和证明材料。具体认定细则由市人力资源和社会保障部门另行制定。

第五章　职业伤害保险待遇

第十六条　职业伤害保险参保人员受到职业伤害后，其医疗费用由医疗保险基金按照工伤保险相关规定标准结报。

第十七条　职业伤害保险参保人员受到职业伤害后，按照劳动能力鉴定伤残等级享有以下待遇：

（一）社会保险补贴。从作出劳动能力鉴定结论的次月起，享受本市灵活就业人员社会保险缴费补贴，伤残等级为1～4级的，享受全额补贴；5～6级的，享受80%的补贴。城镇企业职工养老保险缴费补贴至累计缴费年限满15年为止，医疗保险缴费补贴至按月领取养老金之月为止。

（二）基本生活补助。伤残等级为1～4级的，从作出劳动能力鉴定结论的次月起，每月按照城乡居民低保标准发放职业伤害基本生活补助，发放至按月领取养老金之月停止；伤残等级为5级、6级、7级、8级、9级、10级的，分别一次性发放12个月、10个月、8个月、6个月、4个月、2个月的生活补助。

（三）安装辅助器具。确因日常生活或就业需要，可按照规定申请安装假肢、助听器、义眼、拐杖、轮椅等辅助器具，所需费用在国家规定标准范围内享受补贴。

灵活就业人员职业伤害死亡的，按照城镇企业职工养老保险或居民养老保险规定享受相应的丧葬费、抚恤金待遇。

第十八条　下列情形之一，停止享受职业伤害保险待遇：

（一）职业伤害保险自行退保的；

（二）被判刑的；

（三）死亡的。

第十九条　本办法自2015年1月1日起施行。原《关于推行灵活就业人员工伤保险的实施意见（试行）》（太政办〔2010〕20号）文件停止执行。

第二十条　本办法在实施过程中的具体问题由市人力资源和社会保障部门负责解释。

（市人社局）

太仓市灵活就业人员职业伤害保险问答

1. 哪些人可以参加灵活就业人员职业伤害保险?

答：本市户籍劳动年龄段灵活就业人员，参加本市基本养老保险和医疗保险（包括城镇企业职工养老保险或居民养老保险、城镇职工医疗保险或居民医疗保险），并正常缴纳社会保险费的，均可参加灵活就业人员职业伤害保险。

2. 参加灵活就业人员职业伤害保险是否需要缴纳保险费?

答：灵活就业人员职业伤害保险，参保人员个人不承担缴费。

3. 灵活就业人员如何参加职业伤害保险？期效有什么规定?

答：每年4月1日至5月31日，携带本人居民身份证、社会保障卡至居住地村、社区劳动保障服务站填写太仓市灵活就业人员登记表并办理参保登记，失业人员须在失业的次月内办理参保登记。保险时效为每年的4月1日至次年的3月31日，参保人员进入用人单位就业，或中断缴纳社会保险费的，视作职业伤害保险自行退保。

4. 职业伤害保险参保人员在什么情况下可以申请认定职业伤害?

答：①在工作场所及职业岗位上因工作原因受到伤害的；

②因履行工作职责受到暴力等意外伤害的；

③在抢险救灾等维护国家利益、公共利益中受到伤害的；

④在工作场所及职业岗位上突发疾病，经劳动能力鉴定确定为完全丧失劳动能力的。

5. 申请认定职业伤害有时效规定吗?

答：可由本人或其近亲属在事故发生之日起60日内向市人力资源和社会保障部门申请认定职业伤害。

6. 发生职业伤害后如何进行申报流程?

答：发生职业伤害后到户籍所在地的村、社区劳动保障服务站领取申报所需的资料，准备好相关资料后在规定时间内向市人力资源和社会保障局工伤认鉴中心提交。

7. 申请认定职业伤害需要哪些材料?

答：①灵活就业职业伤害保险认定申请表；

②申请人身份证和社会保障卡原件复印件；

③太仓市灵活就业人员登记表；

④医疗机构出具的伤害诊断证明书（包括初诊病历）；

⑤两人以上的旁证材料；

⑥因履行工作职责受到暴力伤害的，提交公安机关或人民法院的判决书或其他有效证明；

⑦在抢险救灾等维护国家利益、公众利益活动中受到伤害的，提交民政部门或者其他相关部门的有效证明；

⑧在工作场所及职业岗位上突发疾病的需提供《苏州市劳动能力鉴定结论》。

8. 灵活就业人员职业伤害保险待遇是如何规定的?

答：①社会保险补贴。从作出劳动能力鉴定结论的次月起，享受本市灵活就业人员社会保险缴费补贴，伤残等级为1～4级的，享受全额补贴；5～6级的，享受80%的补贴。城镇企业职工养老保险缴费补贴至累计缴费年限满15年为止，医疗保险缴费补贴至按月领取养老金之月为止。

②基本生活补助。伤残等级为1～4级的，从作出劳动能力鉴定结论的次月起，每月按照城乡居民低保标准发放职业伤害基本生活补助，发放至按月领取养老金之月停止；伤残等级为5级、6级、7级、8级、9级、10级的，分别一次性发放12个月、10个月、8个月、6个月、4个月、2个月的生活补助。

③安装辅助器具。确因日常生活或就业需要，可按照规定申请安装假肢、助听器、义眼、拐杖、轮椅等辅助器具，所需费用在国家规定标准范围内享受补贴。

（市人社局）

公积金新政解读

自2015年5月15日起，太仓市的公积金贷款政策出现较大调整，其中的家庭购房最高贷款限额将提高至70万元，缴存职工得到的购房资金支持更大，住房公积金保障作用发挥更加明显。这一新政实施的背景和具体内容有哪些？对市民有哪些影响？

政策出台背景

住房公积金是重大的民生工程，对提高职工住房消费能力、解决住房问题、稳定房地产市场发挥着重要作用。从2014年10月以来，住建部等三部门就帮助职工用足用好住房公积金连续下发文件，太仓市住房公积金也实施配套政策措施，发掘和释放公积金的潜力，进一步支持职工解决基本住房问题，充分发挥公积金的住房保障作用。

此次实施这一系列新的政策，旨在进一步放宽住房公积金贷款政策，加大住房公积金贷款力度，这是太仓市建立住房公积金制度以来，政策调整力度最大、突破最多的一次，也是呼应国家促进房地产市场发展“积极信号”的具体体现。新政的出台，将进一步帮助职工减轻购房负担，体现保障基本住房需求，支持改善性住房消费需求的导向，使住房公积金在支持职工住房需求、改善民生，促进房地产市场稳健发展方面发挥更积极的作用。

主要内容解读

最高限额提高到70万元。

政策内容：提高贷款最高限额。家庭贷款最高限额从原来的新建住房50万元、存量成套住房（即二手房）35万元统一调整至70万元，分别提高40%和100%。个人贷款最高限额从原来的新建住房30万元、存量成套住房21万元统一调整至45万元，分别提高了50%和114%。

政策作用：对于申请贷款的职工来说，只要满足计算条件，获得的公积金贷款额度将大幅度提高，直接增强了职工购房融资能力。

新增贷款额度选择方式。

政策内容：增加贷款额度计算公式。除继续执行按个人账户余额10倍计算贷款额度的公式外，增加按职工还款能力计算贷款额度的公式，由职工自主选择。

按职工还款能力计算贷款额度的公式为：借款申请人（含符合计算贷款额度条件的共同借款申请人）缴存住房公积金的月工资基数之和 ×35%×12（月）× 贷款年限。

政策作用：职工可以根据自己的公积金缴存情况，自主选择贷款额度计算公式。缴存基数不高但个人账户余额较多的职工，可选择个人账户余额倍数法计算贷款额度；个人账户余额不多但缴存基数较高的职工，尤其是新参加工作准备买房结婚的刚需族，可选择还款能力公式法计算贷款额度。

买大房子首付也只要20%。

政策内容：职工首次使用公积金贷款购买自住住房的，首付款比例统一调整为不低于住房总价的20%。即将原来首付款比例不低于住房总价20%的适用对象，从购买90平方米以下新建住房，扩大至购买所有自住住房。

而第二次使用公积金贷款首付款比例不低于住房总价30%的规定，太仓市于2014年10月31日起执行。

意义：降低公积金贷款门槛，职工只需满足20%的首付款比例要求，即可申请首次使用公积金贷款。

第二次贷款利率不再上浮。

政策内容：取消第二次使用公积金贷款利率上浮。取消第二次公积金贷款利率按同期首次使用公积金贷款利率1.1倍执行的规定，即首次和第二次公积金贷款均执行公积金贷款同档次基准利率。

意义：使购买改善型住房的职工减轻利息负担。如职工申请第二次公积金贷款70万元20年，按等额本息方式还款，在不提前还款的前提下，新政使职工减少利息支出3.3万元。

什么样的家庭能贷到70万元？

实施新政后，共有两种公积金贷款选择方式，第一种方式按个人账户余额10倍计算贷款额度，那么只要家庭成员账户上的公积金余额有7万元，即可以贷款70万元。

按第二种方式，贷款额为“缴存住房公积金的家庭月工资基数之和 ×35%×12（月）× 贷款年限”。计算可知，假如贷款20年，那么这个家庭成员缴存住房公积金的月工资基数总和要达到8334元；假如贷款10年，则需要达到16667元。

用足新政，能省多少钱？

以职工小王和小徐夫妇为例，两人均为新入职的职工，首次使用公积金贷款购买了一套二手房，房屋总价154万元。小王的缴存工资基数7000元，个人账户余额2.5万元，小徐的缴存工资基数6600元，个人账户余额1.5万元。

按原有政策，首付30%，即46.2万元，剩余107.8万元办理组合贷款。由于原来的公积金二手房贷款限额35万，按原有10倍的余额倍数法计算，可以取得公积金贷款35万元，商业贷款72.8万元。按贷款20年，商业贷款基准利率5.65%，公积金贷款3.75%，等额本息法计算，需偿还本息合计约171.48万元。按新政策，虽然小徐和小王账户余额只有3.5万，但是由于他们公积金缴存基数较高，按公式法计算，可以申请到70万元公积金贷款，商业贷款部分只有37.8万元。仍按贷款20年，等额本息法计算，需偿还本息合计约162.78万元。两者相比，新政比原有政策减少利息支出约8.7万元。

（太仓公积金中心）

太仓市服务机构名录（部分）

交通运输服务机构一览表

表 103

单位名称	负责人	电　话	邮　编	单位地址
太仓市公路管理处	桑庆宝	53526159	215400	太仓市长春北路 66 号
太仓市航道管理处	范泽和	53572319	215400	太仓市城西南路 58 号
太仓市地方海事处	景志清	53525746	215400	太仓市城西南路 29 号
太仓市运输管理处	孙志坚	53105010	215400	太仓市城西北路 98 号
太仓市机动车维修管理处	汤　俊	53113608	215400	太仓市城西北路 96 号
太仓市交通运输局运政稽查大队	孙志坚	53115067	215400	太仓市城西北路 98 号
太仓杨林船闸管理处	钱志寅	53182099	215434	太仓市浮桥镇仪桥村
太仓市综合中心交管所	沈　平	53701376	215434	太仓市浮桥镇
太仓市城厢中心交管所	刘　军	53115077	215400	太仓市城西北路 98 号
太仓市沙溪中心交管所	孙　军	53221678	215421	太仓市沙溪镇
太仓市浏河中心交管所	范雪峰	53610028	215431	太仓市浏河镇
太仓市璜泾中心交管所	龚　健	53814600	215427	太仓市璜泾镇
太仓市港区中心交管所	曹　丰	53701376	215434	太仓市浮桥镇
太仓市开发区中心交管所	张洪青	53580561	215400	太仓市经济开发区
太仓市交通工程质量监督站	陆　敏	53579934	215400	太仓市县府东街 10 号
太仓交通运输集团有限公司	凌锦章	53525823	215400	太仓市太平北路 107 号
太仓市公共交通有限公司	姚红兵	53526521	215400	太仓市太平北路 109 号

（市交通运输局）

法律服务机构一览表

表 104

单　位	主　任	电　话	邮　编	地　　址
太仓市公证处	周　敏	53522996	215400	太仓市城厢镇人民南路 132-3 号
江苏金太律师事务所	包忠华	53570909	215400	太仓市城厢镇朝阳路香塘发展大厦 6 楼
江苏广浩律师事务所	施　铭	53516040	215400	太仓市郑和中路 309 号工业发展大厦南楼 10 楼
江苏众谊律师事务所	吴保华	53353612	215400	太仓市东仓北路 2 号 1 幢（东昌大厦）305 室
江苏孙剑良律师事务所	孙剑良	53542020	215400	太仓市上海东路 86 号世纪财富大厦 18 楼
江苏周瑞昌律师事务所	周瑞昌	53592880	215400	太仓市上海东路 5 号华侨大厦 10 楼
江苏德龙律师事务所	顾齐红	53523628	215400	太仓市城厢镇人民南路 132-3 号
江苏新中远律师事务所	顾　斌	53585308	215400	太仓市郑和中路 309 号工业发展大厦 706 室
江苏名仁（太仓）律师事务所	虞浩础	53280291	215400	太仓市人民南路 36 号圣德商务大厦 606 ~ 610 室
江苏新天伦（太仓）律师事务所	徐　渊	53206902	215400	太仓市五洋广场 13 楼 1301 号
江苏娄东律师事务所	马金龙	53990080	215400	太仓市上海东路 5 号华侨大厦 13 楼
江苏至誉律师事务所	沈自强	53233336	215400	太仓科教新城健雄路 20 号
上海利歌（太仓）律师事务所	薛国斌	53111915	215400	太仓市人民南路 95 号华旭财富中心 A1103 室

续表 104

单位	主任	电话	邮编	地址
上海光明（太仓）律师事务所	单学生	53102968	215400	太仓市县府西街 39 号 320 室
太仓市娄江法律服务所	周建明	53524199	215400	太仓市城厢镇东仓北路 8 号
太仓市城厢法律服务所	朱　强	53510070	215400	太仓市城厢镇郑和西路 46 号
太仓市浏河法律服务所	浦兆明	53458588	215400	太仓市浏河镇东港路 3 号汇金坊 102
太仓市沙溪法律服务所	单炳奎	33001618	215421	太仓市沙溪镇白云路
太仓市双凤法律服务所	吴惠明	53438982	215416	太仓市双凤镇凤东街东首
太仓市璜泾法律服务所	张振宇	13063843812	215427	太仓市璜泾镇新华村
太仓市浮桥法律服务所	傅培浩	53781794	215434	太仓市浮桥镇中兴街 18 号

（市司法局）

土地管理服务机构一览表

表 105

单位名称	负责人	电话	邮编	单位地址
太仓市地籍测绘站	彭　盛	53515579	215400	太仓市上海东路 96 号
太仓市土地管理档案室	吴雪峰	53890646	215400	太仓市上海东路 96 号
太仓市太地不动产评估咨询有限公司	程海忠	53513684 53533684	215400	太仓市东仓北路 2 号东仓大厦 4 楼
太仓众信房地产评估土地评估测绘有限公司	陈建忠	53568700	215400	太仓市郑和西路 26 号

（市国土资源局）

太仓市行政服务中心各窗口服务电话

表 106

单位	电话（办）	单位	电话（办）	单位	电话（办）
中心服务总台	53890556	质监局窗口	53595074	因私出国服务中心	53890536
发改委窗口	53595093	保密局（综合窗口）	53595090	经信委窗口	53595094
教育局窗口	53890562	残联（综合窗口）	53595090	城管局窗口	53595081
公安局（户政）窗口	53890511	法制办（综合窗口）	53595090	水利局窗口	53595095
公安局（治安）窗口	53890511	粮食局（综合窗口）	53595090	商务局窗口	53595092
公安局（出入境）窗口	53890512	烟草局（综合窗口）	53595090	卫生局窗口	53595084
公安局（禁毒）窗口	53890511	统计局（综合窗口）	53595090	计生委窗口	53890535
公安局（消防）窗口	53595077	安监局（综合窗口）	53595090	民防局窗口	53595082
住建局窗口	53595083	财政局（综合窗口）	53595090	国税局窗口	53595075
交通运输局窗口	53595078	档案局（综合窗口）	53595090	工商局窗口	53595091
农委窗口	53890569	民政局（综合窗口）	53595090	气象局窗口	53595080
文广新局窗口	53595085	人社局（综合窗口）	53595090	公积金中心	12345
环保局窗口	53595087	体育局（综合窗口）	53595090	水处理	53890538
物价局窗口	53890522	天然气	53890530	福瑞德税务	53890534
广电总台窗口	53890533	苏州国旅	53890537	协诚企业咨询代理	53890541
地税局窗口	53595076	蓝天票务	53890599	大业翻译社	53890542

（市行政服务中心）

太仓常用便民电话

表 107

特服电话		市民生活服务热线	
中国国际代码	0086	太仓市第三人民医院	53572401
报警求助	110	太仓市疾病预防控制中心	53102972
医疗救助	120	太仓市妇幼保健所	53521778
火警	119	行业服务热线	
交通事故	122	中国电信客服热线	10000
电话号码查询	114	中国移动客服热线	10086
报时	12117	中国联通客服热线	10010
天气预报	96121	中国邮政客服热线	11185
市话障碍申告	112	中国人民保险公司	95518
市民生活服务热线		中国人寿保险公司	95519
太仓市电力报修电话	95598、53523368	中国平安保险公司	95511
太仓市天然气报修电话	53533030、53521392	中国太平洋保险公司	95500
太仓市液化气报修电话	53521837	中国银行客服	95566
太仓市路灯报修电话	53530500	农业银行客服	95599
太仓市白蚁防治所	53526323	建设银行客服	95533
太仓市有线电视客服电话	96296、53571018	工商银行客服	95588
太仓市民政救助站电话	56551999	交通银行客服	95559
太仓市民政福利院电话	53456130	太仓农商行客服	4001840060
太仓市水上搜救电话	12395	招商银行客服	95555
太仓市出租车招车热线	9688999	华夏银行客服	95577
太仓市汽车站咨询热线	53875387	光大银行客服	95595
太仓市汽车站订票热线	53522999	民生银行客服	95568
江苏高速公路特服号	96777	中信银行客服	95558
太仓市白云票务公司	53536363	江苏银行客服	40086、96098
太仓市发达票务公司	53524373	苏州银行客服	96067
太仓市第一人民医院	53101356	邮政储蓄客服	95580
太仓市第二人民医院	53528666	中国银联客服	95516

续表 107

市公安机关电话		市公安机关电话	
市公安局总机	53583112	交警沙溪中队	53212839
城中派出所	53514402	交警璜泾中队	53824801
城西派出所	53526341	太仓市禁毒举报热线	88212596
开发区派出所	53561516	咨询、维权、举报、监督、投诉热线	
板桥派出所	53445110	太仓市纪委监察举报热线	12388、53541796
南郊派出所	53405229	太仓市检察院举报中心	53552000
双凤派出所	53439673	太仓市法院举报电话	53522680
陆渡派出所	53458110	太仓市消费者维权热线	12315、53543315
浏河派出所	53611136	太仓市劳保、社保咨询热线	12333、53570505
浮桥派出所	53701356	太仓市住房公积金咨询热线	53532183
沙溪派出所	53212921	太仓市质量监督投诉电话	12365、53542848
璜泾派出所	53811054	太仓市价格监督投诉电话	12358
浏家港派出所	53645337	太仓市税务举报投诉电话	12366、53510509
岳王派出所	53301130	太仓市法律援助热线	12348
港区派出所	53787119	太仓市环保局举报投诉电话	12369、53527044
水上派出所	53280899	太仓市交通局执法投诉电话	53570538
边防派出所	53611698	太仓市客运投诉电话	53522236
长航派出所	53372110	太仓市出租车举报投诉电话	53573386
户政科	53572116	运政稽查(黑车)举报电话	53105067、53533146
出入境大队	53583823	太仓市规划局举报投诉电话	53522962
车管所	53446986 53989221（服务站）	太仓市安监局举报投诉电话	53573236
交警大队事故科	53522639	太仓市文化市场综合执法电话	12318、53537683
交警大队秩序科	53528454	太仓市烟草专卖举报电话	53523731、53534070
交警城厢中队	53525475	太仓市旅游投诉电话	53518145
交警港区中队	53705529	太仓市城管执法热线	12319、53540566
交警南郊中队	53405306	《太仓日报》新闻热线	33018055
交警浏河中队	53611443	太仓电视台新闻热线	53575234、53598860

太仓市部分机构全称、简称对照表

表 108

全　称	简　称	全　称	简　称
中共太仓市委员会	市委	太仓市国土资源局	市国土局
太仓市人大常务委员会	市人大	江苏省苏盐连锁有限公司太仓分公司	苏盐太仓分公司
太仓市人民政府	市政府	太仓市烟草专卖局	市烟草局
政协太仓市委员会	市政协	中国电信江苏省太仓分公司	太仓电信
中共太仓市委办公室	市委办	中国联通太仓分公司	太仓联通
太仓市人大常委会办公室	市人大办	中国移动太仓分公司	太仓移动
太仓市人民政府办公室	市政府办	太仓出入境检验检疫局	太仓国检局
太仓市政协办公室	市政协办	太仓市关心下一代工作委员会	市关工委
中共太仓市纪律检查委员会	市纪委	太仓市发展和改革委员会	市发改委
中共太仓市委组织部	市委组织部	太仓市经济和信息化委员会	市经信委
中共太仓市委宣传部	市委宣传部	太仓市人民武装部	市人武部
中共太仓市委统一战线工作部	市委统战部	太仓市科学技术局	市科技局
中共太仓市委政法委员会	市委政法委	太仓市人力资源和社会保障局	市人社局
太仓市机构编制委员会办公室	市编办	太仓市交通运输局	市交通运输局
中共太仓市委农村工作办公室	市委农办	太仓市文化广电新闻出版局	市文广新局
中共太仓市委市级机关工作委员会	市委市级机关工委	太仓市人口和计划生育委员会	市人口计生委
中共太仓市委台湾工作办公室	市委台办	太仓市环境保护局	市环保局
中共太仓市委老干部局	市委老干部局	太仓市住房和城乡建设局	市住建局
中共太仓市委机要局	市委机要局	太仓市城市管理（行政执法）局	市城管局
中共太仓市委保密办公室	市委保密办	太仓市安全生产监督管理局	市安监局
中共太仓市委党校	市委党校	太仓市综合治理办公室	市综治办
太仓市精神文明建设指导委员会办公室	市文明办	太仓市广播电视总台	市广电总台
太仓市史志办公室	市史志办	太仓市农业委员会	市农委
中国国民党革命委员会太仓市委员会	民革太仓市委	太仓市口岸管理委员会	市口岸委
中国民主建国会太仓市委员会	民建太仓市委	太仓市国有资产监督管理委员会办公室	市国资办
中国民主促进会太仓市总支部委员会	民进太仓总支	苏州市住房公积金管理中心太仓分中心	太仓公积金中心
中国农工民主党太仓直属支部	农工党太仓直属支部	中国人民银行太仓市支行	人行太仓市支行
九三学社苏州市委太仓直属小组	九三学社太仓直属小组	中国银行业监督管理委员会苏州监管分局太仓办事处	银监太仓办

续表 108

全 称	简 称	全 称	简 称
太仓市工商业联合会	市工商联	中国工商银行股份有限公司太仓支行	工行太仓支行
太仓市总工会	市总工会	中国农业银行股份有限公司太仓分行	农行太仓分行
中国共产主义青年团太仓市委员会	团市委	中国银行股份有限公司太仓分行	中行太仓分行
太仓市妇女联合会	市妇联	中国建设银行股份有限公司太仓分行	建行太仓分行
太仓市科学技术协会	市科协	中国农业发展银行太仓市支行	农发行太仓市支行
太仓市归侨侨眷联合会	市侨联	交通银行股份有限公司太仓支行	交行太仓支行
太仓市文学艺术界联合会	市文联	中信银行股份有限公司太仓支行	中信银行太仓支行
太仓市残疾人联合会	市残联	中国光大银行股份有限公司太仓支行	光大银行太仓支行
太仓市哲学社会科学界联合会	市社科联	华夏银行股份有限公司太仓支行	华夏银行太仓支行
太仓市人民政府法制办公室	市法制办	招商银行股份有限公司太仓支行	招行太仓支行
太仓市民族宗教事务局	市民宗局	浦发银行股份有限公司太仓支行	浦发银行太仓支行
太仓市市级机关事务管理局	市级机关事务局	中国民生银行股份有限公司太仓支行	民生银行太仓支行
太仓市服务业发展办公室	市服务办	兴业银行股份有限公司太仓支行	兴业银行太仓支行
太仓市外事办公室	市外事办	江苏银行股份有限公司太仓支行	江苏银行太仓支行
太仓市供销合作总社	市供销总社	太仓农村商业银行	太仓农商行
苏州市太仓工商行政管理局	太仓工商局	中国邮政储蓄银行股份有限公司太仓市支行	邮储银行太仓市支行
太仓市人武部	市人武部	苏州银行股份有限公司太仓支行	苏州银行太仓支行
太仓市人民法院	市法院	太仓民生村镇银行股份有限公司	太仓民生村镇银行
太仓市人民检察院	市检察院	恒丰银行股份有限公司太仓支行	恒丰银行太仓支行
太仓港经济技术开发区	港区	东吴证券股份有限公司太仓分公司	东吴证券太仓分公司
太仓市娄东街道办事处	娄东街道办	华泰证券股份有限公司太仓太平南路证券营业部	华泰证券太仓营业部
太仓市上市办公室	市上市办	中国人民财产保险股份有限太仓支公司	人保财险太仓支公司
太仓市重点项目办公室	市重点办	中国人寿保险股份有限公司太仓支公司	中国人寿太仓支公司
太仓市金融合作管理办公室	市金融办	中国太平洋财产保险股份有限公司太仓支公司	太平洋财险太仓支公司
江苏省太仓市国家税务局	市国税局	中国太平洋人寿保险股份有限公司太仓支公司	太平洋人寿太仓支公司
苏州市太仓地方税务局	太仓地税局	中国平安财产保险股份有限公司太仓支公司	平安财保太仓支公司
苏州市太仓质量技术监督局	太仓质监局	中国平安人寿保险股份有限公司太仓支公司	平安人寿太仓支公司

（市史志办）

索 引

说 明

一、本索引以类目、分目、副分目、子目标题为对象，按标题首字的汉语拼音字母顺序排列，同音字按声调排列，声调相同按下一字的音序排列。

二、标题后的数字表示所在页码，数字后的拉丁字母a、b、c分别表示版面的第1栏、第2栏、第3栏。类目标题用小标宋表示，分目标题用黑体表示，副分目标题用宋体表示，子目标题用楷体表示。

T